www.glamourpress.com

市场调研
Marketing Research
第2版·精要版

著者　A.帕拉苏拉曼（A.Parasuraman）
　　　迈阿密大学

　　　德鲁弗·格留沃（Dhruv Grewal）
　　　百森学院

　　　R.克里希南（R.Krishnan）
　　　迈阿密大学

译者　王佳芥　应　斌

中国市场出版社

图书在版编目（CIP）数据

市场调研：第2版：精要版/（美）帕拉苏拉曼（Parasuraman, A.）著；王佳芥，应斌译. —北京：中国市场出版社，2011.3
ISBN 978-7-5092-0720-8

Ⅰ.①市… Ⅱ.①帕… ②王… ③应… Ⅲ.①市场—调查 Ⅳ.①F713.52

中国版本图书馆CIP数据核字（2010）第242341号

A. Parasuraman　Dhruv Grewal　R. Krishinan
Marketing Research
ISBN 978-0-618-77164-6
First published by Houghton Mifflin Company, Boston, Massachusetts, United State of America.
Copyright © 2007 by Houghton Mifflin Company.
Simplified Chinese edition copyright © 2011 by Scientific and Educational Press.
All rights reserved.

本书中文简体字翻译版由中国市场出版社出版发行。未经出版者书面许可，不得以任何方式复制或抄袭本书内容。

书　　名：	市场调研：第2版（精要版）
作　　者：	A. 帕拉苏拉曼　格留沃　克里希纳
责任编辑：	孙　忠
出版发行：	中国市场出版社
地　　址：	北京市西城区月坛北小街2号院3号楼（100837）
电　　话：	编辑部（010）68033067　　读者服务部（010）68022950
	发行部（010）68021338　68020340　68053489
	68024335　68033577　68033539
经　　销：	新华书店
印　　刷：	河北省高碑店市鑫宏源印刷包装有限责任公司
规　　格：	787×1092毫米　1/16　36.25印张　760千字
版　　本：	2011年3月第1版
印　　次：	2011年3月第1次印刷
书　　号：	ISBN 978-7-5092-0720-8
定　　价：	68.00元

版权所有，翻印必究。

献　　词

To my beloved wife Ranga and in loving memory of her sister Sara Swany—A. P.

To my parents, wife Diana, and children Lauren and Alex—D. G.

To my parents, wife Bala, son Ram, and daughter Vidhya—R. K.

教学课件

中文版开发商读天下为《市场调研》配备了教学课件,包括教师手册和PPT。订购本教材的高校教师请向本部联系申请。

注释部分限于篇幅未印出,需要的读者请致电或来函索取。

电　话:010 - 68033067

e - mail:szpress@gmail.com

QQ:1291259423

网　址:www.glamourpress.com

提高学习效果的结构设计

本章学习目标
清楚说明本章需要掌握的学习要点,做到有目的的学习

开篇故事
真实世界中的市场调研,紧扣本章的主题

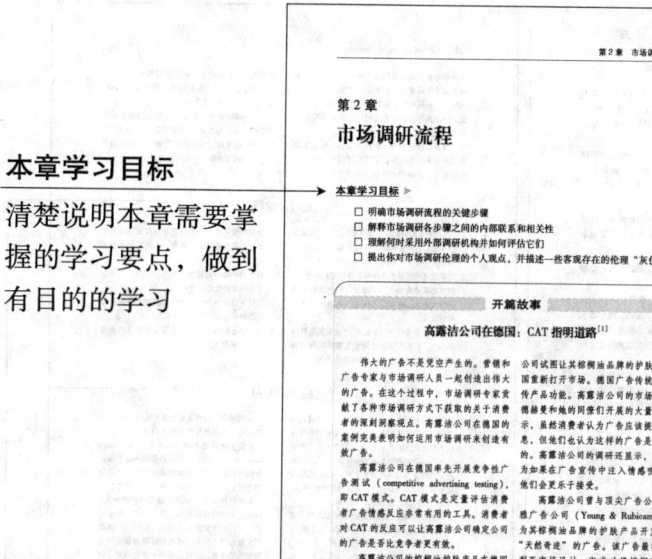

现场实例
来自现实的精彩示例,随时提醒你市场调研如何为组织提供价值

实地调研
随文案例,学习解决市场调研问题的角度和方法

注重应用,将知识转化为创造价值的技能

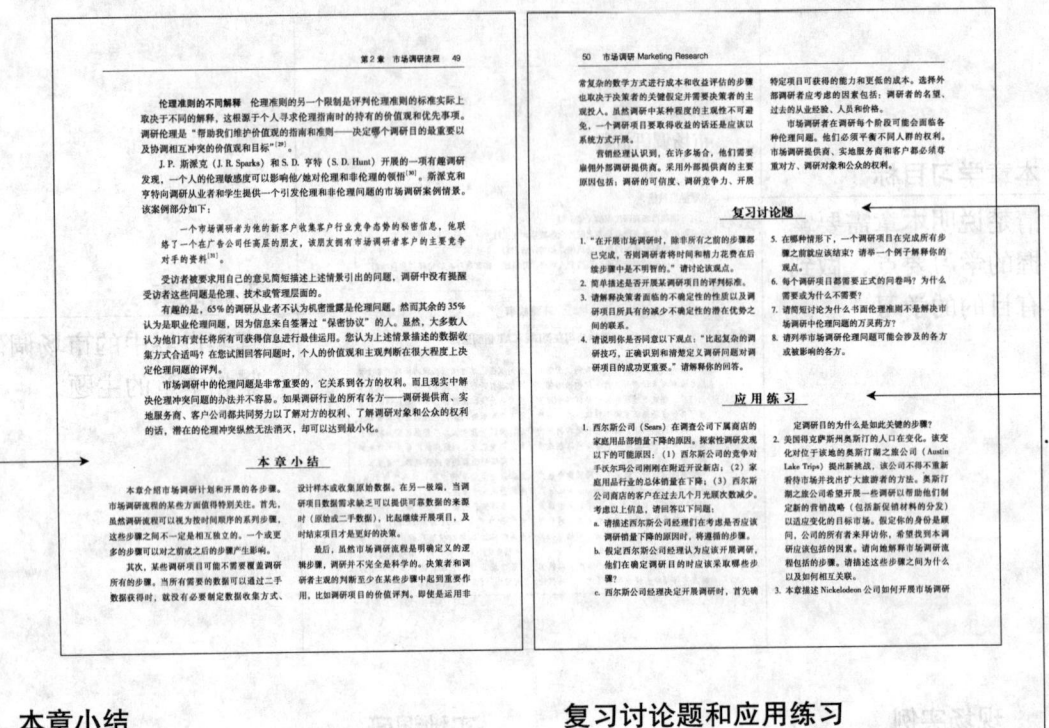

本章小结

对本章要点的回顾,复习知识的有力工具,引导你加强对概念的准确理解

复习讨论题和应用练习

通过答题和练习复习本章关键概念,提高分数。

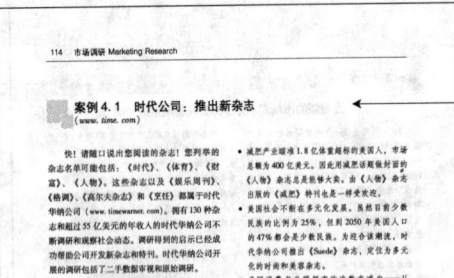

本章案例

贴近实际市场调研工作的、完整的案例研究,从问题的提出、调研的设计、评估到得出结论,身临其境的学习体验。

译　序

　　无论是在营销理论领域还是在营销实践领域，中国的营销人都在不断地学习过程中成长和成熟。中国的营销经过近30年的发展，已经从跟随和模仿西方进入到一个全面创新和影响世界的阶段。尽管如此，我们仍然需要继续加强对外来思想的吸收和借鉴，因为一个善于学习的人才能更好地成长，一个终身学习的人才能不被时代所淘汰。

　　任何营销战略计划和决策制定都离不开对市场的洞悉和预测，因此每个企业都十分重视市场调研所发挥的作用。尽管国内关于市场调研的专著和教材不在少数，但能够结合当前时代发展的新趋势和企业营销活动的实际将市场调研枯燥繁杂的体系深入浅出地介绍清楚的书并不多见。而 Parasuraman 博士、Grewal 博士和 Krishnan 博士的著作正好满足了这样的市场需求。他们所著的《市场调研》一书充分考虑了调研使用者和调研者两方的需要，引入了许多新技术、新方法和新案例，强调学习的趣味性、启发性和受益性。对于营销专业的学生以及市场调研人员和企业管理者来说，都是一本不可多得的教材。

　　由于本书的作者提出了很多新东西，给我们的翻译工作带来了不少的难题。在本书的翻译过程中，我们查阅和借鉴了一些国内外的相关文献，韩啸先生和陈海英女士参与了部分章节的翻译工作，并且得到了杜鹏先生的帮助，在此一并表示感谢。由于译者水平有限，错漏之处在所难免，祈请各位读者不吝赐教。

译　者

译者简介

王佳芥 硕士，西南财经大学国际商学院教师，成都市商务局外贸专家顾问。

毕业于比利时安特卫普大学管理学院国际管理专业，安特卫普市长嘉奖的优秀毕业生；2001 年获德国政府奖学金，赴德国柏林经济学院深造。在欧洲多国学习工作，熟悉国际商业文化和运作，在中国有从事国际市场营销和贸易、国际投融资的丰富工作经验。

担任课程有《国际市场营销》、《国际金融》、《国际商务》、《跨国公司管理》等。国内外先后发表论文 5 篇，代表性成果为获得四川省教育厅"高等教育本科课程体系改革"项目的资助，担任课题负责人。

应斌 博士，副教授，中南财经政法大学工商管理学院贸易与营销管理系市场营销教研室主任，研究生导师，中国高等院校市场学研究会理事。

2001 年赴德国参加"宏观经济学与公共财政"高级进修项目。2005 年赴瑞典隆德大学工商管理学院做访问学者，多次为瑞典的大学教师、学生、MBA（EMBA）以及企业家做关于中国营销的讲座，获得好评。

主要为本科生、研究生、MBA 讲授"市场营销学"、"国际市场营销学"、"营销管理"等课程。国家级精品课程"市场营销学"主讲教师，MBA"营销管理"主讲教师。曾为武汉市政府、武汉电信、武汉邮政及其他企业开展咨询。

主要研究方向为市场营销、企业管理、消费者行为、老年市场营销。2000 年至今，在国内外学术杂志上公开发表专业学术论文 30 余篇，出版著作 6 部、译著 3 部。主持和参与完成多个国家和省部级科研课题。

目　　录

前言 ……………………………………………………………………………………… (1)

第 1 部分
市场调研基础

第 1 章　市场调研的性质和内容 ……………………………………………………… (3)
　　1.1　市场调研在战略规划和决策制定中的作用 ……………………………… (4)
　　1.2　市场调研的定义 …………………………………………………………… (9)
　　1.3　市场调研基本原则 ………………………………………………………… (10)
　　1.4　分析和解释数据的重要性 ………………………………………………… (11)
　　1.5　市场调研协助决策，但不能取代决策 …………………………………… (12)
　　1.6　市场调研应用 ……………………………………………………………… (13)
　　1.7　市场调研的组织和职业 …………………………………………………… (15)

第 2 章　市场调研流程 ………………………………………………………………… (25)
　　2.1　市场调研流程的主要步骤 ………………………………………………… (26)
　　2.2　调研步骤之间的联系 ……………………………………………………… (38)
　　2.3　市场调研外部提供者 ……………………………………………………… (42)
　　2.4　市场调研中的伦理因素 …………………………………………………… (45)

第 3 章　市场调研类型 ………………………………………………………………… (55)
　　3.1　探索性调研和结论性调研 ………………………………………………… (56)
　　3.2　开展探索性调研 …………………………………………………………… (58)
　　3.3　结论性调研：描述性和实验性的调研 …………………………………… (62)
　　3.4　开展描述性调研 …………………………………………………………… (67)
　　3.5　开展实验性调研 …………………………………………………………… (73)
　　3.6　决定采用的调研类型 ……………………………………………………… (75)

第 2 部分
数据收集：类型和方法

第 4 章 二手数据 ......(83)
- 4.1 二手数据的优点 ......(85)
- 4.2 二手数据的缺点 ......(86)
- 4.3 二手数据的来源和类型 ......(92)
- 4.4 管理二手数据 ......(99)
- 4.5 营销信息系统（MkISs） ......(100)

第 5 章 采用地理信息系统开展市场调研 ......(117)
- 5.1 地理信息系统 ......(118)
- 5.2 绘图和瞄准客户 ......(122)
- 5.3 选择新店地址 ......(127)
- 5.4 制订本地的广告战略 ......(133)

第 6 章 原始数据收集 ......(145)
- 6.1 数据收集的不同方式 ......(146)
- 6.2 询问方式和观察方式 ......(148)
- 6.3 问卷格式 ......(152)
- 6.4 问卷的管理方式 ......(156)
- 6.5 观察的类型 ......(166)

第 7 章 定性调研 ......(181)
- 7.1 什么是定性调研 ......(182)
- 7.2 定性和定量调研 ......(182)
- 7.3 焦点人群访问 ......(184)
- 7.4 焦点人群访问的优势 ......(191)
- 7.5 焦点人群的缺陷 ......(193)
- 7.6 焦点人群访问的运用 ......(194)
- 7.7 焦点人群调研技术的影响 ......(196)
- 7.8 其他定性调研技术 ......(200)
- 7.9 最后的说明 ......(206)

第 8 章 市场调研中的实验 ......(212)
- 8.1 描述性调研和实验性调研 ......(213)
- 8.2 推导因果关系的条件 ......(214)

8.3　实验室实验和实地实验 .... (215)
8.4　确定采用的实验类型 .... (217)
8.5　内部有效性和外部有效性的威胁 .... (223)
8.6　实验设计 .... (228)

第 3 部分
数据收集：测量手段与抽样

第 9 章　测量与换算 .... (247)
9.1　测量水平 .... (248)
9.2　变量的类别 .... (254)
9.3　态度测量 .... (255)
9.4　在自我报告式测量中使用量表 .... (260)
9.5　常用的多项量表 .... (269)
9.6　多项量表的优点 .... (275)

第 10 章　问卷设计 .... (285)
10.1　问卷设计 .... (286)
10.2　问卷设计过程 .... (288)
10.3　问题格式 .... (290)
10.4　问题的关联性与措辞 .... (296)
10.5　问题的排序 .... (304)
10.6　问卷的外观与编排 .... (308)
10.7　预先测试 .... (309)
10.8　电算化和网上调查的问卷 .... (310)
10.9　为邮件调查和网上调查设计介绍信 .... (312)
10.10　私人访谈和电话访谈的开头 .... (314)
10.11　设计观察表格 .... (314)
10.12　在 SurveyZ.com 网站上创建在线问卷 .... (315)

第 11 章　抽样调查基础 .... (330)
11.1　抽样与普查 .... (331)
11.2　概率抽样和非概率抽样 .... (336)
11.3　抽样误差和抽样分布 .... (344)
11.4　评估置信区间 .... (348)
11.5　得到总体比例的置信区间 .... (350)

11.6 样本大小的确定 ……………………………………………………………… (352)
11.7 确定样本容量的方法 …………………………………………………………… (354)

第 4 部分
数据分析

第 12 章　数据质量控制与初步分析 ……………………………………………… (367)
12.1 编辑 ……………………………………………………………………………… (369)
12.2 编码 ……………………………………………………………………………… (373)
12.3 初步数据分析：基本描述统计 ………………………………………………… (381)

第 13 章　假设检验 ………………………………………………………………… (399)
13.1 描述性分析和推断性分析 ……………………………………………………… (400)
13.2 数据分析中假设检验的作用 …………………………………………………… (410)
13.3 特殊的假设检验 ………………………………………………………………… (410)

第 14 章　相关分析与回归分析 …………………………………………………… (439)
14.1 斯皮尔曼相关系数 ……………………………………………………………… (441)
14.2 皮尔森相关系数 ………………………………………………………………… (442)
14.3 一元回归分析 …………………………………………………………………… (446)
14.4 回归方程的实际应用 …………………………………………………………… (456)
14.5 运用回归分析时需注意的问题 ………………………………………………… (457)
14.6 多元回归分析 …………………………………………………………………… (461)
14.7 多重共线性的含义 ……………………………………………………………… (464)

第 15 章　多变量分析方法和数据挖掘 …………………………………………… (475)
15.1 相依分析技术和互依分析技术 ………………………………………………… (476)
15.2 方差分析 ………………………………………………………………………… (477)
15.3 因子方差分析 …………………………………………………………………… (482)
15.4 判别分析 ………………………………………………………………………… (485)
15.5 因子分析 ………………………………………………………………………… (494)
15.6 聚类分析 ………………………………………………………………………… (499)
15.7 多维标度分析 …………………………………………………………………… (501)
15.8 联合分析 ………………………………………………………………………… (504)
15.9 获取消费者和市场数据的挖掘工具 …………………………………………… (508)
15.10 数据挖掘 ……………………………………………………………………… (508)

第5部分
与调研用户沟通

第16章 提交调研结果 ……………………………………………………………（529）
    16.1 理解读者的重要性 ……………………………………………………（531）
    16.2 书面报告的组成部分 …………………………………………………（531）
    16.3 准备有效的书面报告 …………………………………………………（536）
    16.4 图形说明 ………………………………………………………………（540）
    16.5 口头报告 ………………………………………………………………（547）

附录1 标准正态分布下的区域（左侧区域）……………………………………（553）
附录2 卡方分布（X_α^2 的值）…………………………………………………（555）
附录3 学生 t-分布（t_α 的值）………………………………………………（556）
附录4 样本相关系数 r 的临界值 ………………………………………………（557）
附录5 $F_{.05}$ 的值 …………………………………………………………………（558）

案 例 目 录

目　　录	开篇故事	页　码
第 1 章	沃尔沃的市场调研	3
第 2 章	高露洁公司在德国：CAT 指明道路	23
第 3 章	消费者驱动的调研如何让美太格公司焕发新生	51
第 4 章	信息竞争力：Pure 和 Persil 洗衣粉、好奇纸尿裤、Birds Eyes 鱼竿和吉百利巧克力的共同之处	77
第 5 章	星巴克、百视达、现代公司的共同之处？	108
第 6 章	谁是航空乘客？他们在机场做些什么？机场希望了解	134
第 7 章	焦点人群帮助 Gap 公司确定顾客需要	167
第 8 章	爱迪·保尔公司的电子窗口	195
第 9 章	美国最著名的公司	227
第 10 章	电路城公司：BizRate 网站顾客满意度调查	263
第 11 章	盖洛普抽样	306
第 12 章	罗克布里奇营销调研公司的数据分析：从数据完整性到假设检验	339
第 13 章	假设检验：可行性的关键	368
第 14 章	你知道吗？	404
第 15 章	虚拟消费者计划	437
第 16 章	纺织品配额的终结：中国会成为大灰狼吗？	489

前　　言

学习市场调研可以而且应该是有趣的、有益的和开阔眼界的体验。《市场调研》第二版在设计时就是以此为目标的。学生们在上市场调研课时往往会有恐惧和不情愿的心理。基于我们三人超过五十年的教学经验，我们相信激励学生以及强调市场调研重要性和相关性的最好方法是不断地提醒学生调研在现实世界的运用。因此，我们在第一版的每章中采用大量现实例子，以易于理解和生动的方式提出各种市场调研术语、工具和概念。另外，我们也探讨了互联网的影响以及在开展市场调研时信息技术的最新进步。

本书的主要对象是学习市场调研初级课程的学生，各个主题的广度和深度都经过仔细甄选以满足将来可能成为调研使用者或希望成为调研从业人员的学生。我们强调在调研用户和调研人员之间的有效沟通，我们也高度注意在调研项目不同阶段他们各自的作用和责任。

本版的新特点

本版有许多吸引学生和导师的新特征。

1. 在多变量分析技术（第 15 章）部分增加了数据挖掘的内容。该节按照易理解的方式讨论数据挖掘的能力、运用以及最新发展，并以大量例子加以说明。
2. 在问卷设计章（第 10 章）增加新的一节，讨论基于 SurveyZ.com 的网络调研方式。该节帮助学生获得通过网络收集数据的实际经验。该节描述了开发和管理网络调研的易于使用的方式。
3. 每章结束后的案例中超过 1/3 为新案例。这些案例注重当代调研主题和事宜（应该能吸引学生）的作用。案例包括通用公司推出悍马（案例 1.1）、为政府开发网络服务（案例 3.2）、汉堡王公司推出巨型鸡蛋卷汉堡（案例 7.1）、美国 2004 年总统选举的投票后民意调查（案例 11.2）。
4. 两个新案例——"罗克布里奇公司：全美技术准备调研（A 部分）"（案

例 12.2）以及"罗克布里奇公司：全美技术准备调研（B 部分）"（案例 13.1）——包括学生可用的大量数据。该数据来源于最近的对美国 1000 个代表性成人样本（18 岁和以上）的现实调研。它包括与消费者技术有关的态度和行为以及他们的人口统计特征的数据。案例问题注意覆盖与数据分析相关的广泛作业类型——从为数据组建立一个编码方案到运用讨论的各种数据分析计划要素来解释 SPSS 结果。

5. 新 SPSS 运用问题。
6. 全书增加许多新的案例和调研应用以反映市场调研最新发展。

内容和结构

本教材包括五个部分、共十六章。第 1 部分：包括三章，提供市场调研的性质和内容的概述、市场调研的类型。第 2 部分：包括五章，讨论营销者可以运用的各种数据类型、为协助决策而开发的越来越复杂和高功能的各种基于调研的系统，以及开展市场调研的基本调研方式和设计。第 3 部分：包括三章，注重在数据收集中运用的各种测量工具和抽样方式。第 4 部分注重讨论数据分析，各章分别讨论数据质量控制和初步分析、假设检验、相关和回归分析以及其他的多变量分析技术。第 5 部分：包括最后一章，注重讨论准确性和与调研客户沟通的重要性。

本教材重要特点

本教材的设计目标是让市场调研更有趣、有益和富于启发。为了保持主题明确和相关，本版不仅保留之前版本的独特特点，而且在许多方面进行提高：

- 本书每章都有审慎甄选、符合教学要求的大量案例。每个关键概念、原则和技术都采用一个或多个例子来说明。许多这样的例子来源于国际范畴，包括技术产品和服务，并注意关注当代问题。
- 本书的编写风格适合阅读和理解。每章的关键思想都按照逻辑顺序开展和组织以确保方便和迅速的掌握。
- 具吸引力、多彩和令人愉快的版面设计，用图形、图表和其他图形解释来补充文字论述。
- 本书广泛覆盖实践中经常采用的市场调研流程，有些流程在许多教材中只是泛泛而谈。比如，本书专门设置的章节包括地理信息系统（第 5 章）和定性调研（第 7 章）。

- 本书提供有用的框架和解释以便理解和有效运用市场调研的技术层面（比如第 11 章的概率抽样技术和第 13 章的假设检验程序）。
- 为那些希望学生熟悉统计分析软件的教师，在本书之外，我们还准备了学生版本的 SPSS。
- 分析章节采用同一个数据组——国民保险公司数据——来解释如何根据调研问题和数据类型来选用最适合的技术（包括如何用 SPSS 来开展分析）。该同一数据组是从保险公司 285 个客户实际调研中获得的数据，它为各章提供一致性并提供在同一市场调研中开展多元分析技术的现实运用。

教学法特色

为突出市场调研的重要概念和主题，我们运用了大量教学法特色。

- 开篇故事提供来自商业世界的有趣和最新的趣闻，可以及时应用本章概念和为后续学习奠定基础。
- 本章学习目的提出关键概念、内容指南并向学生提供清晰的最应该掌握的要点。
- 在正文的例子之外，现场实例提供更深刻的例子以及简短的案例情景以解释主要观点。
- 调研应用解释该章概念或技术在现实世界中的应用。部分案例是一手调研资料，通常包括不落俗套的主题。
- 每章的复习和讨论问题、运用练习和互联网练习或 SPSS 练习提供各种主题以帮助学生巩固所学知识和开展对概念有意义的运用。
- 每章结束后的案例都是为本书专门编写的。这些案例包括相关现实和公司数据以解释市场调研在现实世界的运用。

教师的灵活性

在教师希望采用的教学方式和他们希望针对不同主题设置相对重点方面，本书的内容和组织被设计为向教师提供最大程度的灵活性。简明的编写风格和大量采用例子减少了用于阐述本书概念的课堂时间。因此教师可以有更多的时间来深入讨论他们希望强调的关键主题、开展实验活动，比如案例讨论、计算机辅助教学和学生项目。

致　谢

Many individuals and organizations contributed significantly to the development of this textbook. Our sincere appreciation goes to the numerous organizations and executives who generously provided materials for cases, exercises and illustrations in this book. Special thanks goes to Dennis Malamatinas (former CEO of Burger King), Douglass Riggan of Burger King, David Moxley of Customer Knowledge Consultants, Charles Colby and Regina D. Woodall of Rockbridge Associates, Carey Watson of Burdines, Paul Abbate of Quicktak, Christian Sager of Pankey, Miichael G. Rider of Polariod, Mark Eisner of MSR Research, Andrea Gallagher (IRI), Caroline Anawati of Taco Bell, and John Tietjen, John Watkins, Kathy Thornhii, and Jim Figuraof Colgate-Palmolive. We extend our deep appreciation to Jeanne Munger for her contribution to the cases, to Catharine Curran-Kelly for her contribution to the *Instructor's Resources Manual and Test Bank*, and to Cornelia Perchmann for her authorship of chapter 5," using Geographical Information System for marketing Research." Other colleagues who provided valuable input include RayBUrke, john Hauser, Meghan McCardle, Michael Levy, David Hardesty, Anne ROGGEVEEN AND Elaine Allen. W'd also like to thank Giao Nguyen, nacy Dlott, Morgan Wolters, Julie Rusch, and David Snacley, who helped us with research for the text, as well as our former students Eesty Russel and Kristen presenell. In addition, our sincere appreciation goes to Dean Paul Sugrue, university of Miami; Provost Michael Fetter, Babson Coolege; Dean Terri Swartz, California Polytechnic and State University; Professor Arun Sharman, Former Chairman, marketing Department, University of Miami; Professor Abdul Ali, Chairman, Marketing Division, Babson College; and Professor Norm Borin, Chairman, Marketing Area, California Polytechnic and State university, for their support during this project.

We are deeply indebted to the team of professionals at Houghton Mifflin, whose excellent support and encouragement were critical in transforming our vision for the book into a finished product. In particular, our sincere thanks go to Jessica Carlisle (Development Editor), George Hoffman (Publisher), Paula Kmetz (Project Editor), and Mary Dalton-Hoffman (Permission Editor).

We are also indebted to the following reviewers for their thoughtful and helpful comments and suggestions: David Andrus, Kansas State university; Linda Anglin. , Minnesota State University; David Ambrose, university of Nebraska, Omaha; Michael Dotson, Appalachian State University; Susan Heckler, Georgetown university; Gopal Iyer, Florida Atlantic University; John Milewicz, Jacksonville State University; Nacef Mouri, University of Central Florida; Vernon Murray, Marist College; Sabrina Neeley, Miami University; Sak Onkvisit, San Jose State University; Eric Panitz, Ferris State University; Pushkala Rman, Florida State University; Jim Roberts, Baylor University; Michael Russell, St. Bonavenuture University; Daniel Rutledge, Saint Joseph's College;

Charles Seifert, Siena College; David Snepenger, Montana State University; Robert Stassen, University of Arkansas; Scott Swain, Boston University; William R. Thomas, University of South California; Philip Trocchia, Knasas State University; and David J. Urban, Virginia Commonwealth University.

 Finally, word alone are insufficient to thank our wives and children for their generous understanding, support and sacrifices throughout this project.

A. P.

D. G.

R. K.

第1部分

市场调研基础

第1章 市场调研的性质和内容

第2章 市场调研流程

第3章 市场调研类型

第 1 章
市场调研的性质和内容

本章学习目标 ▶

- ☐ 明确市场调研在战略规划和决策制定中的作用
- ☐ 明确市场调研的流程
- ☐ 理解市场调研提供有效信息的三大原则
- ☐ 解释市场调研为何要分析和解释数据
- ☐ 讨论市场调研和决策制定之间的联系
- ☐ 描述市场调研的各种应用
- ☐ 了解市场调研中的各种职业机会

开篇故事

沃尔沃的市场调研[1]

全球市场调研费用合计超过 166 亿美元,其中美国占了 38%。汽车行业是市场调研信息最大的用户之一。总部位于瑞典歌德堡的沃尔沃汽车公司也不例外。该公司每年开展约 400 项大型的市场调研。沃尔沃运用多种方式来收集客户信息,在沃尔沃汽车公司,市场调研被视为新产品开发(NPD)的组成部分。

沃尔沃公司还花费巨资来跟踪调查客户对公司产品和经销商服务的满意度。虽然沃尔沃产品以安全著称,但该公司最近试图摆脱传统的笨重造型,以迎合市场调研中发现的客户对流行设计的需求。沃尔沃 XC 90 车型和 S40 车型均为基于市场调研结果而设计的车型。在设计 SUV 车型时,沃尔沃聘请了一组加州女性客户实时参与该车型 NPD 的全过程,最终成功开发出完全以客户为本的车型。此外,沃尔沃公司还开展了一系列客户关系管理创新活动以加强同沃尔沃车主的联系。沃尔沃的经理们也通过正式调研以及与客户/同行的非正式会谈来获取客户信息。

上述信息收集活动只是市场调研的一角。沃尔沃公司、其他汽车制造商以及其他产业的公司都采用了大量的市场调研来协助市场战略的制定和评估。沃尔沃公司采用规范的调研方式来识别成功的概念和提供产品以满足不同利益相关者的要求。例如，产品概念的提出来源于对潜在市场机会的分析，概念工程和概念测试在客户和特定目标群中的验证也是如此。在设计流程的后续阶段，沃尔沃公司会紧密联系客户、确定他们对新车型的关键需求。同时，该公司会继续调研以支持新车型推出。在新车推出前、推行中和推出后都会做新车的定位、赢利和沟通战略的调研。汽车经销商也会提供关于客户行为、产品满意度以及售后服务的完善数据。

所有的营销经理都理解营销组合（marketing mix，或 4Ps，即产品、地点、价格和促销）在制定营销战略时的重要性。但是经理们如何知道什么样的战略才是最有效的呢？这就引出市场调研的重要性。市场调研可以让经理们更好地理解市场最不可控的层面：客户以及他们在竞争环境中的作用。最成功的经理善于洞察现有客户和潜在客户的需求、生活方式和期望。他们用这种洞察力来提升产品质量和改善服务决策。在模糊和变动的环境和有限的时间框架内识别存在的问题、考虑变通策略和作出正确决策都是最具挑战性的管理问题。

沃尔沃公司是将市场调研和公司整体战略结合起来的成功典范。它所组织的市场调研显示沃尔沃对目标市场的清楚认识和调整营销组合以适应目标市场需求的重要性。下面，我们将详细探讨市场调研在战略规划和决策制定中的作用。

1.1 市场调研在战略规划和决策制定中的作用

在任何组织中都会有大量的决策制定。然而我们最关注的却是市场调研在**营销战略**（marketing strategy）决策中的作用，即向特定消费者营销产品、服务或观念直接相关的决策（见图1.1）。**营销计划**（marketing plan）是高度概括战略营销决策的正式文件，详细列出组织的资源、目标、战略、执行和控制等因素。营销计划由三个部分组成：发现营销机会和限制条件、制定和执行营销战略、评估营销计划的有效性[2]。

发现营销机会和限制条件

发现营销机会和限制条件是制定市场战略的出发点。特别是公司在考虑推出新产品或用现有产品开拓新市场时，以下信息将非常有用：

- 潜在竞争者是谁？他们的市场地位有多强？
- 客户对我们现有产品满意吗？

- 有没有尚未满足的客户需求?
- 客户如何看待我们的产品和竞争者产品?

市场调研有助于回答以上和其他市场问题。越来越多的公司定期开展市场调研来获得制定有效战略需要的信息。

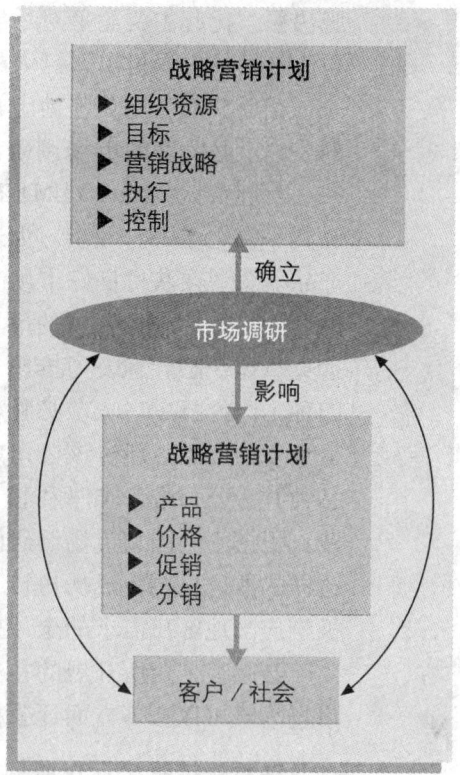

图1.1 市场调研在战略规划和决策制定中的作用

现场实例 **星期五餐厅** 星期五餐厅公司(Thank Goodness It's Friday,T. G. I. Friday)是一家在美国49个州和55个国家营业的休闲连锁餐厅。每年,T. G. I. 星期五餐厅吸引8000万食客。该公司对食客进行正式访谈,并要求饭店服务生留意客户喜好和需要。星期五餐厅公司注意到越来越多的食客不再点薯条,或要求将土豆泥换为沙拉和蔬菜。另外,卡尔森饭店(星期五餐厅公司的母公司)的IT人员还会收集饭店服务生在销售点系统录入的食客订单数据。星期五餐厅公司通过分析销售点系统数据得出的结论与来自顶尖市场调研机构——AC尼尔森公司的独立报告不谋而合。该报告指出,有5900万美国人关注他们的碳水化合物摄入量,而且全美家庭成员中超过17%的人为低卡路里膳食者。卡尔森餐厅和阿特金斯公司(由减肥专家罗伯特·C. 阿特金斯博士创建)联合推出了阿特金斯品牌(Atkins)的低卡路里午餐和晚餐。卡尔森饭店的首席信息官(CIO)德宝(Deborah Lipscomb)曾说过,"我们认为,向客户传达我们正在努力改善他们生活方式的最佳途径就是拥有一个品牌合作伙伴"。基于饭店服务生对食客饮食习惯的仔细观察以及销售点数据分析,T. G. I. 星期五餐厅公司得以了解和掌握低卡路里饮食习惯带来的市场机遇[3]。现在,低卡路里饮食潮流已经开始退潮,那些反应迟钝的公司则失去了赢利机会[4]。

消费用品巨头联合利华公司就是这样的一个负面典型。因为忽视对低卡路里饮食潮流的调研,该公司未能预料到阿特金斯低卡路里餐对减肥快餐替代产品业务的毁灭性影响。结果是该公司未能对减肥类产品(在当时,该公司近50%的产品为此类)进行及时调整,联合利华公司在2003年底才推出5种低卡路里减肥快餐。比起主要竞争对手宝洁公司在2003年取得两位数的增长，联合利华公司为自己的失误付出了巨大的代价[5]。

相反，知名比萨连锁店必胜客公司是有效利用市场调研并成功识别发展机遇的公司。必胜客的市场调研激发新比萨产品的开发。2003年，必胜客的母公司——百胜餐饮集团（YUM! Brands, Inc.）将比萨品牌重新定位，目标瞄准家庭和其一家之主——母亲。为迎合该目标市场，必胜客公司在2003年评估了大量产品概念。在获得良好市场测试反映后，必胜客公司向全国推出了野水牛鸡肉比萨[6]。必胜客公司开展的市场调研显示，家庭中不同的成员喜欢不同口味。这一远见卓识令必胜客公司推出一种新的比萨产品——"1款4味"，即一款比萨有四种不同的酥皮口味。必胜客认为，"1款4味"比萨是填馅酥皮比萨引入以来最重要的产品革新。该公司期望"1款4式"比萨产品成为餐厅菜单的永久保留品种并为公司带来丰厚利润[7]。在国际领域，必胜客公司也通过市场调研获益匪浅：根据不同国家市场调研的结果，该公司将比萨的口味按当地喜好进行调整。这样的本地化调整成功扭转了必胜客只是一家美国公司的印象，而树立起一个积极响应当地客户需求的全球公司形象[8]。

必胜客公司所开展的各项市场调研表明，根据正确的市场调研结果而制定的市场战略可以在多方面让公司受益。

注重营销概念　众所周知，开展市场调研的目的在于了解客户和他们的需要，正如T. G. I. 星期五餐厅公司和必胜客公司的案例显示那样。越来越多的公司开始注重**营销概念**（marketing concept），即以客户为本的哲学。公司应当首先洞察客户需要，再协调公司的行动以满足这些需要。

为了更好地了解客户和其需要，营销概念也强调在制定营销战略的早期就开展市场调研的重要性。许多公司就是由于在决定推出新产品前忽视了研究营销机会和限制条件，而导致新产品失败。一个典型的例子是诺基亚公司。

诺基亚是著名的移动电话生产商，该公司一直试图超过其主要竞争者——索尼公司和任天堂公司，因为索尼和任天堂公司已经进入迅速增长的手机电脑游戏产业。诺基亚不经消费者试用就推出了N-Gage产品，一款可以玩高品质游戏的手机。但是N-Gage遭遇了市场惨败，因为该机型明显不符合消费者对产品实用性和功能的预期。该机型通话时需要侧面贴脸，为此消费者专门建立了一个网站（www.sidetalking.com）来挪揄该产品。消费者需要的是更多的游戏选择、更大的游戏屏幕、更善解用户需求的设计以及合理的价格。在听取了消费者的意见后，诺基亚改良了N-Gage，推出N-Gage QD机型，该产品电池寿命更长、屏幕更亮、游戏更好控制[9]。对消费者需要的重视使得诺基亚在第二回合胜出。N-Gage QD机型推出后，短期内全球销售100万台。然而，诺基亚因为最初推出N-

Gage 机型时忽视了消费者需求，其竞争对手索尼和任天堂已经有足够时间推出自己的新机型。

理解竞争环境 市场调研是保持和提高公司整体竞争力的关键。众多机构都在持续收集和评估市场信息以识别未来市场的机遇和威胁。一个著名的案例是网络 DVD 服务商、拥有 25000 部电影的 Netflix 公司（www.netflix.com）。在 2004 年前 9 个月，Netflix 公司花费 800 万美元购买 DVD。如今，美国有超过 250 万家庭订购该公司在线 DVD 服务，每月支付 20 美元左右就可以享受不限量的 DVD 邮寄租赁业务[10]。

虽然很成功，Netflix 公司却总要担心公司的生存。Netflix 公司的经营环境中竞争非常激烈，来自影碟租赁业内外的压力重重。比如，低价格的 DVD 和直接卫星播放录像（DBS）以及有线电视都在侵蚀影碟租赁市场。Netflix 公司不仅与录像/DVD 租赁巨头百视达公司直接竞争，后者在全球有 8500 个店和 4800 万客户；同时还有许多影碟客户直接从超市和折扣店（比如沃尔玛）租赁影碟，这也让 Netflix 公司疲于应对。而且，沃尔玛公司和百视达公司也推出网络服务来与 Netflix 公司竞争。为应对激烈的竞争和保留客户，Netflix 公司和百视达公司展开了价格战，月租从 20 美元降至 18 美元，这种做法侵蚀了各自的利润。Netflix 公司还与 TiVo 公司达成网络电影递送协议。另一家私人公司 Akimbo 公司也通过网络零售巨头——亚马逊公司（Amazon.com）开展覆盖广泛的影碟租赁服务上门业务。总之，影碟租赁市场是高度不稳定和变化的，消费者租赁和观看影碟有更多的选择。

那么市场调研适合上述情景吗？比如，有了市场信息，Netflix 公司可以确定亚马逊公司进入影碟租赁市场产生的确切影响，是否应当更新和扩大录像和 DVD 的库存，也可以确定百视达公司和沃尔玛产生的影响。而市场调研对获得这种信息尤其有用。比如，调研可以掌握 Netflix 公司的客户是否从沃尔玛、百视达公司、杂货店和其他网络服务渠道租赁影碟。传统租赁店的哪些客户目前是、或可能是 Netflix 公司的客户？Netflix 公司如何根据客户口味更新碟片？怎样的技术可以提升 Netflix 公司网络租赁业务市场上的地位？在高度激烈的商务环境中，该公司需要持续和系统检验这些事项才可以成长。

制定和执行营销战略

一个公司必须制定有效的营销战略和有效的营销组合才能充分利用市场上未发掘的机会。也就是说，公司必须就以下事项作出正确的决定：产品性质、产品促销方式、对潜在消费者的定价以及让消费者获得产品的途径。好的市场调研能够发现某一营销组合能否将现有的机会有效地变成公司最大的利益（销售额、利润、客户满意度和价值)。许多新产品在开发之前都会进行深入的市场调研以帮助确定营销组合的一个或多个要素。

在2004年日内瓦汽车展上,沃尔沃公司推出面向女性的YCC车型,引起了轰动。在开发该车型时,深入的市场调研起到了重要作用。沃尔沃公司虽然生产和销售众多汽车系列,但是之前并没有专门针对女性购买者的汽车。YCC的推出响应了女性购买者的需求。根据CNW市场调研公司的结果,49%的新车和55%的二手车由女性购买。根据行业估计,女性影响了80%的新车购买决定。54%的沃尔沃购买者也是女性。基于上述事实,为抓住市场机会,沃尔沃开展调研以确定车型的何种形象和特点更适应女性消费市场。它采用了市场调研以及该公司400名女性员工的意见,还有一个由25个女性雇员组成的小组参与YCC的设计[11]。

评估营销计划的有效性

获得市场反馈并采取行动对产品或服务要素进行改善的活动通常被视为控制或控制功能。控制是计划和决策制定的重要组成部分,也是市场调研提供解决方案的另一领域。

要取得市场的成功,公司必须定期监测市场情况,常用手段为消费者反馈和采用问卷方式提出与控制功能相关的问题。比如:产品的市场份额是多少?市场份额上升、下降还是持平?谁是我们的用户?用户的性质、他们购买量同我们的预期(目标)切合吗?如果不切合,为什么?公司希望质疑这类问题来评估其市场表现。只有市场调研,而非营销商的主观意见,才可以正确回答这些问题。

爱尔兰的雪碧市场案例证实了市场调研在控制阶段的作用:可口可乐公司早在20世纪90年代初就推出了雪碧,但是直到1999年才在爱尔兰推出。爱尔兰七喜公司(7 UP)是爱尔兰柠檬水饮料市场的主导者。为激活雪碧品牌,该公司邀请了"有影响的青少年"来探讨他们对该产品的态度、价值观以及对营销组合要素(产品、价格、分销和促销)的看法。根据调研结果调整后的营销组合非常有效。全球促销口号"渴望无限"(Image is Nothing——Thirst is Everything——Obey Your Thirsty)被参与调查的青少年广为认同,他们不仅能记住该广告,而且会影响他们的购买行为。34%的青少年自发地回忆起雪碧的电视广告,相比之下,传统广告只有25%的回忆率。58%的青少年能无障碍地回忆雪碧的户外广告,比传统标准高出20%。雪碧的售出量是预期估计数字的两倍。在柠檬汽水细分市场,雪碧从主要竞争对手中赢得15%份额。来自消费者和零售商的强势需求激励可口可乐公司推出大瓶装产品,如2升瓶装,比最初的时间表提前了六个月[12]。

市场调研是营销决策者和市场之间的基础联系。市场调研在计划和决策所有的三个环节中都可以发挥重要作用:发现市场机会和限制条件、建立和执行营销战略,以及评估营销计划的有效性。在进一步探讨之前,我们先学习市场调研的内涵。

1.2 市场调研的定义

市场调研的初学者可能认为市场调研程序为:

- 从市场收集信息
- 开展客户调查
- 识别消费者的需求
- 评估消费者对广告的反映
- 收集竞争者的销售数据和市场份额
- 在市场中测试产品或服务
- 估计公司产品或服务的销售潜力

虽然上述定义描述了市场调研,但是该定义没有完全反映市场调研的内容。该定义只是市场调研潜在运用的例子而已,而非正确的定义。

美国营销协会(AMA)的定义是:市场调研是用信息来联系营销者和消费者、客户和公众的活动,市场调研信息用于发现和确认营销机会和问题,并制定、提升和评估营销活动,监测市场表现,改进对营销过程的认识。

市场调研详细提供回答上述问题所需的信息,并设计收集信息的体系、管理和执行数据收集流程、分析结果、传达调研结果和应用意义[13]。

图1.2显示市场调研是如何为决策者提供信息并影响决策制定。可以看出,在公司作出涉及整个组织的决策时,来自客户和整个社会的市场调研可以提供所需信息。市场调研也提供营销决策的输入信息,该决策对客户和社会产生特定影响,这两个方面都向机构提供反馈信息。

更简明的定义为:**市场调研**(marketing research)是用于系统收集、记录、分析和解释数据的一整套技术和原则,向营销产品、服务或思想的决策者提供帮助。注意,本定义既强调市场调研技术,又强调市场调研原则。它也包括分析和解释收集到的数据的重要性。市场调研可以协助决策者,但它并不

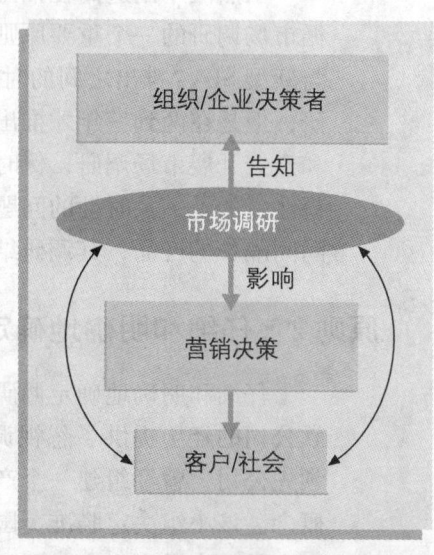

图1.2 市场调研在组织/企业中的作用

能取代决策功能。在本章其他部分，我们将仔细研究上述特点。

1.3 市场调研基本原则

为了向管理者们提供有效信息，市场调研需要遵循三个原则或准则：

- 调研的及时性和相关性。
- 仔细和明确地确定调研目标。
- 不要用调研来支持已经作出的决定。

以上原则看似简单，甚至也许是直觉性的。然而，上述原则对市场调研的正确和成功开展至关重要。

原则1：调研的及时性和相关性

如果没有遵循及时性的原则，市场调研会导致错误的决定。以汽车行业为例，在过去的几年中，美国汽车生产商，比如通用汽车和福特汽车公司根据市场调研得到的需求预测和客户反应开发和销售了大量的运动型汽车（SUVs）。虽然销售战略非常成功，但是客户对SUVs的需求却受到中东紧张局势和石油价格猛涨的影响而开始走软。由市场调研公司——哈里森互动公司（Harris Interactive Inc.）和汽车信息凯利蓝皮书（Kelly Blue Book）共同开展的调研发现，近来每六个汽车购买者中就有一个因为高昂的汽油价格而改变原购买计划[14]。

虽然汽车制造商在推出SUVs前开展了大量的市场调研，但是该调研没有遵循市场调研的一个重要原则：及时性原则。在变化迅速的市场环境中，市场调研与新型SUVs推出之间的时间间隔太长。虽然投资新产品开发的决策基于市场调研，但是在两到三年才推出产品是不妥的。因为在开发新车型之前花费大量时间和金钱开展市场调研，保时捷、大众和沃尔沃也在2004年才进入SUVs市场。值得注意的是，及时性的问题也适用于其他车型和其他产品，特别是设计与推出时间间隔长的产品，其调研结果的及时性和相关性是值得怀疑的。

原则2：仔细和明确地确定调研目标

仔细和明确地确定调研目标是取得准确和有效市场调研结果的关键步骤。微软公司的经历提供了忽视调研目标而导致失败的案例[15]。微软公司是全球技术领先公司，曾经组建一个产品小组来开发Ehome产品，这是一种完全的网络居家概念。该小组决定瞄准美国家庭，并且在规定时间内成功开发出新产品。但是这一产品从来没有上市，因为它所需要的市场条件一直没有出现。该小组的市场成员也曾经开展市场调研、确定 Ehome 潜在客户资料并瞄准这些客户群体。但是，他们没有考虑 Ehome 产品的关联技术必须符合相关的产业标准。比如，具备互联网功能的家电是 Ehome 成功推出的关键，但是具备互联网功能的家电最近才上市。

微软公司本来可以选择首先突破家庭某主要领域，比如电视。但该公司选择推出视窗 XP 媒体中心（XP Media Center）产品线，重点是用视窗操作系统来改进收看电视、播放音乐或互联网冲浪的体验。微软公司 Ehome 案例显示，高科技市场的调研目标必须覆盖新兴技术的所有方面。

原则 3：不要用调研来支持已经作出的决定

当市场调研潜在用户已经作出决定后，开展市场调研则不是有效利用稀缺资源的活动。摩托罗拉公司的铱星、苹果公司的牛顿个人数字助理、索尼的 MiniDisc 产品、WebTV 和 ITV 数字产品都没有足够重视本原则[16]。显而易见，这些公司的决策者都已经被令人惊讶的科技冲昏头脑，开展市场调查只不过用以支撑他们已经作出的决定。他们开展市场调研的目的只是确认客户购买意向，却没有对围绕这些技术的社会、文化、竞争和经济因素进行调研。比如，索尼的 MiniDisc 产品在日本非常成功，但在美国却是一场灾难。因为市场调研没有研究新兴技术的所有方面，而只限于对新产品提供支撑理由，索尼公司的错误决策导致公司数百万美元的损失。这些技术只能用另一种商业模式试图卷土重来。

投资于 SUVs（汽车业）、Ehome（微软）、高科技玩意（摩托罗拉、索尼、WebTV 和 ITV 产品）的资源明显都是浪费，不是因为它们没有采用复杂的调研技术，而是因为没有对数据的及时性、调研目标的准确性以及决策者的开放思维等因素给予足够重视。市场调研的原则与定量工具和技术一样对于结果的有效性至关重要。

1.4 分析和解释数据的重要性

关于市场调研的一个通常误解是调研仅仅是数据收集和记录的一组工具。如果仅仅是数据收集和记录，则市场调研对决策是没有用的，毕竟所有公司都在开展日常收集和记录各种客户信息的工作。然而，除非这些数据得到分析和这些分析得到诠释，公司才可以从调研中获得收益。

数据和信息的区别在哪里？比如联邦快递公司（FedEx）对客户交易和他们的成本保有大量数据。然而，事实本身对决策的意义并不大，比如，不同客户群体、市场项目和赢利性之间相互的关系怎样？联邦快递公司注重客户数据和客户赢利性的关系。基于其数据库，联邦快递公司将不同客户群体的交易成本同赢利水平进行比较。在其尖端的 20% 客户中，联邦快递公司将交易数据同人口统计数据匹配以确定潜在的增长机会。数据的分析和解释已经成功帮助联邦快递公司将市场投资回报提高 4~5 倍。联邦快递公司的市场调研早已超越简单的数据记录和存储，而是创造出更高的价值：为经理作出更完善决策提供**信息**。

联邦快递公司并不是客户信息进行分析的唯一公司，美国电报电话公司、卡夫食品公司、联合服务汽车协会（USAA）、西北互助人寿保险公司、第一资本金融（Capital One Financial）、MCI、MBNA 信用卡公司和美国运通公司都从客户数据分析和解释中获益。只有对数据进行分析和解释，市场调研才能真正帮助决策者。

1.5　市场调研协助决策，但不能取代决策

市场调研本身不能提供可靠的营销决策。市场调研可以向决策者提供信息来源，即提供相关、及时、可靠的信息。反过来，市场调研的相关性取决于营销人员正确判断问题性质的能力；或营销人员在恰当时间、恰当的数据收集过程中，正确判断需要解决的问题以及提出正确问题的能力。比如，在微软公司的 Ehome 项目中，某些与市场调研有关的决策——产品推出之前调研的及时性和放弃额外调研（可以了解新兴技术的影响）的决定——导致了产品最初的挫败。

概括起来，虽然市场调研可以协助和影响决策，但是调研的有效性受调研决策者的影响。市场调研和决策者之间存在互动关系；双方面不可相互取代。

市场调研只能协助而不是取代决策的另一个原因是最终决策不仅受到市场调研结果的影响，同时受到公司其他因素的影响，比如资源限制、公司目标以及公司外部因素，比如竞争者的反应和法律制约等都必须考虑。因为决策者比调研者更清楚这些因素，所以他们对最后的决策负最终的责任。

当市场调研和决策不相同时

家乐氏公司（Kellogg Company）是世界领先的方便食品和传统谷类食品的生产商，产品包括烤面包、麦片、甜点、饼干和冷冻华夫等。该公司的产品在六大洲 17 个国家生产，在全球 180 多个国家销售，2004 年销售额接近 100 亿美元。由于在美国很难维持客户增长率，家乐氏公司开始在海外市场积极促销产品，具体的成果则不尽相同[17]。

例如，家乐氏公司试图让拉脱维亚人、墨西哥人和印度人改变他们的早餐习惯，代之以麦片，但是没有完全成功。根据市场调研结果，拉脱维亚人喜欢香肠、冷肉片、土豆、鸡蛋以及几片粗糙的厚面包。墨西哥人和印度人喜欢辛辣早餐。因为家乐氏公司的早餐只对小部分关注健康的人群有吸引力，市场调研并没有给出积极的销售预测。然而，家乐氏公司却选择提前启动全球扩张计划。

最新迹象显示，家乐氏公司在拉美国家非常成功，包括墨西哥。东欧国家市场也持续增长，拉脱维亚人也成为家乐氏公司长期增长的源泉。虽然印度人最初对家乐氏公司的麦片有强劲需求，但很快还是回归他们的辛辣早餐了。印度市场表现欠佳的部分原因是家乐氏公司属于高价品牌产品，而当地有价廉的麦片产品和更便宜的早餐产品。然而，家乐氏公司却愿意耐心地等待印度人饮食习惯的转变。

本案例并不意味着家乐氏公司应当忽略市场调研的结果。相反，调研结果显示不同的国家有不同的饮食习惯，会激发经理们将这些国家视为公司长期增长战略的一部分。在任何情况下，调研结果成为鼓舞家乐氏公司开展一场培养印度市场接受公司营养早餐的动力。时间会证明家乐氏公司继续开展全球扩张的决定是否正确。

市场调研和决策的关系

图 1.3 描述了市场调研和决策活动的关系。双向箭头表示在组织内市场调研既影响决策活动，又受决策活动影响。

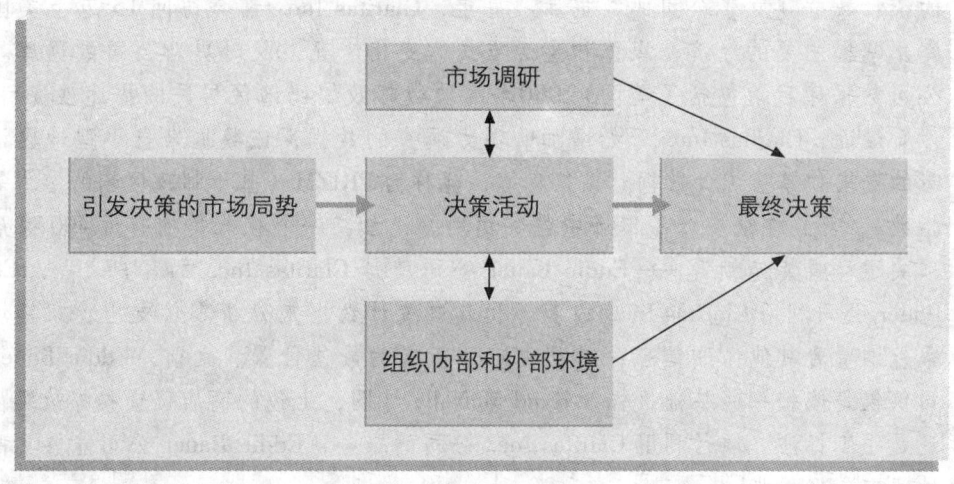

图 1.3　市场调研与决策活动的关系

与此类似，在组织环境和决策活动间存在互动关系。决策的最终责任由决策者承担，而不是调研者，图中细实箭头从"决策活动"指向"最终决策"。这样的最终决策可能会受市场调研影响，但不是由市场调研决定。

1.6　市场调研应用

市场调研应用可以划分为基础调研或应用调研。**基础调研**（basic research）是为获得或创造知识而开展的调研。基础调研的例子在营销期刊，比如《营销研究学报》、《消费者研究学报》、《营销学报》、《零售学报》等都可以找到。研究价格促销影响价值知觉，或研究价格和绩效评估影响满意度的论文就是基础调研的例子[18]。

应用调研（applied research）是为解决问题而开展的调研。营销者可以运用调研来帮助他们制定产品和服务的营销战略，解决从个人电脑、清洗剂到网络银行的各类营销问题。

市场调研有许多潜在的运用场合。市场调研不仅对制订产品和服务营销计划有用，还可以协助开发成功的营销理念。

现场实例

服务的营销 Claritas Inc. 是一家致力于向媒体、电讯、金融服务和汽车公司提供营销信息的公司[19]，是美国主要的以邮政编码区覆盖美国消费者个人资料和生活方式的信息提供商。Claritas Inc. 的创始人罗宾斯（Jonathan Robbins）谨慎地根据美国人口统计局从各个地区调研得到美国消费者的生活方式/态度的统计数据建立了公司的数据库。每年，Claritas Inc. 都会访问15万个美国家庭，掌握主要的经济、媒体和生活方式的变化情况，及时更新公司数据库。该公司数据库目前包括了美国36 000个五位数邮政编码地区居民的描述性资料。

最近，Claritas Inc. 开始增加购买力调查的数据，该数据来自小型地区消费者的支出和零售统计数据。该信息库，昵称为PRIZM（基于邮政区划的潜力等级指数），已经在众多产品市场中得到运用。比如，一个在北美拥有近400家店的顶尖运动服装连锁商——Eddie Bauer 公司就是 Claritas Inc. 的客户之一。Eddie Bauer 公司利用 Claritas Inc. 的市场和人口统计数据来分析零售支出、家庭增长率、消费者其他详细信息，以及决定开新店的最佳位置。之前，Eddie Bauer 公司仅仅是依赖一些基础报告和 Rand McNally 地图，上边的商店位置和邮政编码都还是手工标注。通过利用 Claritas Inc. 公司的服务，Eddie Bauer 公司能够更高效地决定市场扩张[20]。

媒体也开始利用市场调研来制造新闻。市场调研在非商业用途中最广泛的运用是美国有线新闻网（CNN）对2004年美国总统竞选趾在任总统乔治·布什和马塞诸塞参议员约翰·克里之间竞争的报道。在竞选日临近时，CNN 充分利用每天的电话和互联网民意测验来评判公众意见。CNN 利用在线民意测验来调查大众对广泛事宜的意见，它的在线民意测验系统"快速投票 QuickVote"吸引了许多互联网用户[21]。

市场调研可以运用于众多的非营利型、非商业性、非营销性的场合。比如美国联合劝募会和美国红十字会这样的组织开展市场调研的目的是向公众推广他们的事业和争取公众对他们事业的最大支持。美国大型市场调研公司的客户包括许多非商业性的机构。比如，意见调研公司（Opinion Research Corporation）的客户名单包括美国经济基金会、哥伦比亚大学、全美教育协会、全美职业工程师协会、美国交通部、退伍军人管理局等[22]。市场调研的一个新应用是调查客户对清洁空气、未破坏的荒野、濒危动物保护等事项的价值观念[23]。

总之，市场调研不仅是收集和存贮数据和统计资料。它的用途超越了传统商品和服务营销的范围。

1.7 市场调研的组织和职业

企业可以通过**内部市场调研**（in-house marketing research，即自行开展调研）和**外部市场调研**（external marketing research，即由外部机构来开展调研）来获得与决策相关的信息。内部和外部调研都可以提供市场调研的职业机会。

内部调研可由一个正式设立的市场调研部门来开展或委任给某些雇员。直觉告诉我们，比起小型公司，大型公司似乎更应该设有正式的市场调查部门。而且，比起工业产品制造商和服务企业，这样的部门在消费品公司更为普遍[24]。这类公司可以提供众多和更广泛的就业选择。职位可能包括项目经理、产品开发经理以及其他职位。表1.1描述了市场调研的职位。

表 1.1　市场调研提供职业机会

市场调研提供的职业机会的领域、职位如下：

- 数据录入员；制表专家；程序员：在数据处理公司（编制调研数据、格式数据）工作。
- 访问员（电话或实地）：电话或实地访问员在数据收集公司工作，专门访问客户和专家，招募焦点小组成员或进行个人访问，以及中央地区测试。
- 调研分析员：调研分析员在调研公司（提供调研全套服务）工作，进行定性或定量调研并负责一个项目的所有阶段，包括提案、调查设计、问卷制定、数据分析、报告撰写、客户接触等。调研分析员可以是某个或多个领域的顾问。
- 市场调研经理：在主管的领域内全面负责所有市场调研项目事宜，包括聘用、培训市场调研雇员。其他责任包括创收和维持密切客户关系。
- 市场调研总监：负责管理所有市场调研部门和提供支持服务（客户经理和销售队伍）。他/她制定调研流程和部门程序、维护稳定的工作关系、处理同主要利益关系人的关系、参与特定项目的战略评估、调查工具的成本/收益分析、在必要时制定方案、同客户和执行队伍沟通以及指导项目主管。

内部市场调研部门面临的一个关键问题是如何组织这样的部门。特别是，应该建立**集权式的结构**让公司的一个部门来负责公司所有的调研需求，还是建立**分**

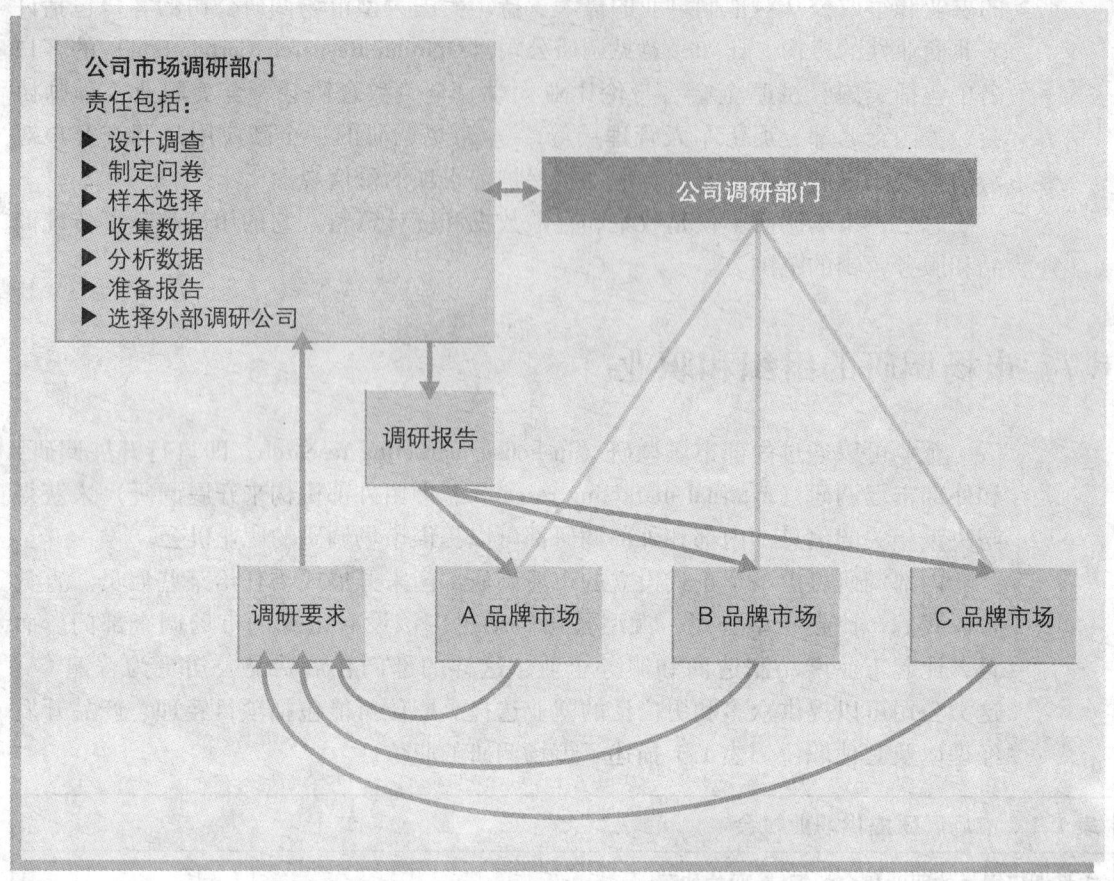

图1.4 多品牌公司集权式市场调研

权式结构、在不同的情景下采用不同的市场调研队伍（比如，按产品线或市场分部来设立调研部门/小组）？比较图1.4和1.5，每一种模式都有其他模式所缺乏的某种优点，因此很难断言。例如，集权式结构模式带来规模效益；该模式下设立的专门市场调研部门在问卷设计、样本选取、统计技术等方面同分权结构模式相比，可能更节约。然而，集权式模式比分权式模式的功能也可能更差，因为后者可以帮助经理了解和响应不同产品线或市场的独特信息需求。

要从两种调研结构模式中获利，企业，特别是开展多种业务的公司，应该采用**混合结构**，即集权调研模式与分权式结构模式共存并互补（见图1.6）。实地调研1.1描述了汉堡王公司使用的结构模式。许多商业公司的市场调研活动在公司内部由一个或几个委任的雇员开展。实地调研1.2描述了BISSELL Homecare公司推出蒸汽清洁业务的原因很大程度上归功于一个市场调研员的努力。对那些追求自主和责任感的人来说，这样的公司提供完美的职业机会。

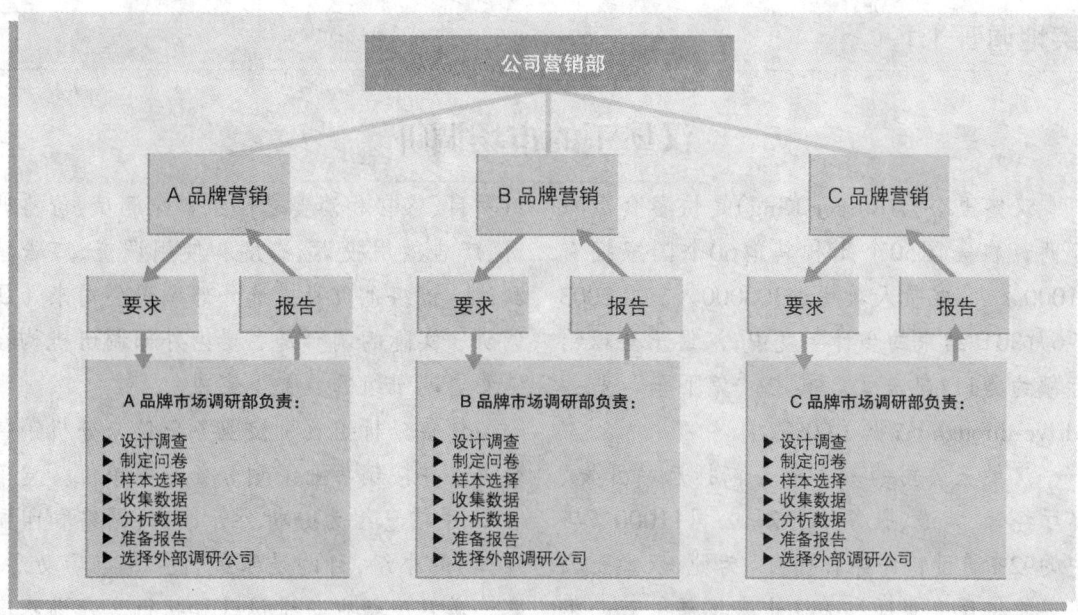

图 1.5　多品牌公司的分权式结构市场调研机构

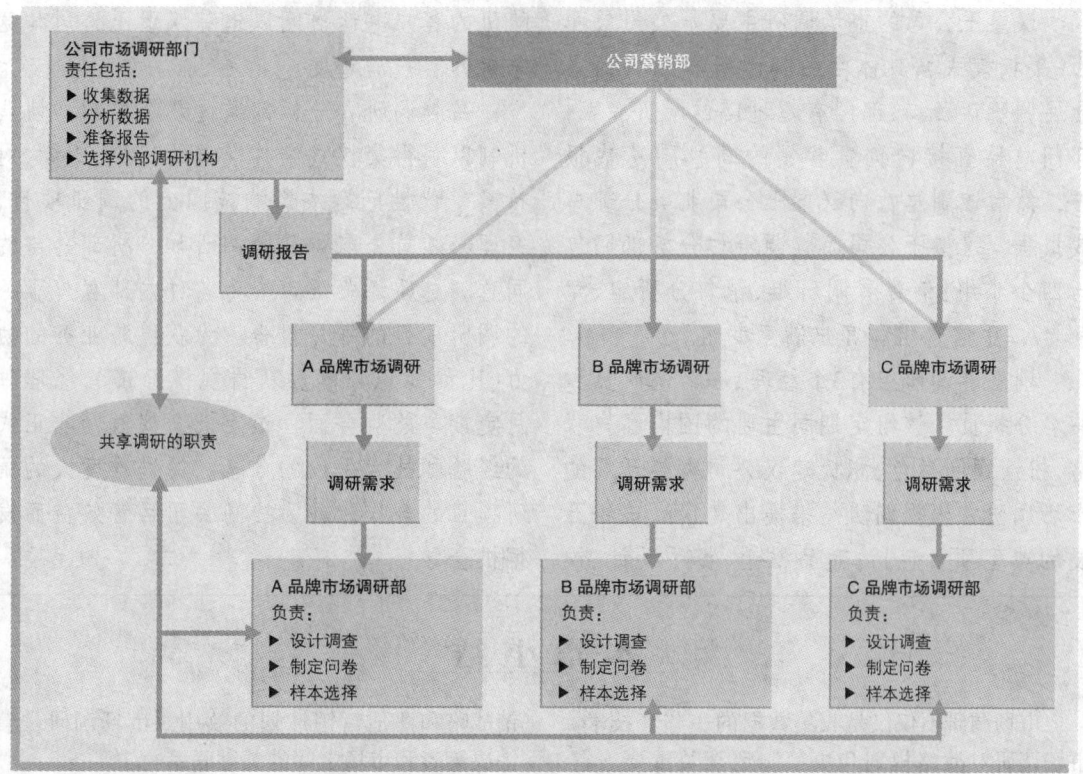

图 1.6　多品牌公司的混合结构市场调研机构

实地调研 1.1

汉堡王的市场调研

汉堡王公司(Burger King)是快餐食品服务商,在美国50个州和其他60个国家拥有11000家店,雇员人数超过300000人。在2003年6月30日结束的会计年度中,汉堡王全球销售额约为111亿美元。其中"免下车"业务(drive-through)占据了60%。

汉堡王公司的基本业务包括产品开发、餐厅经营、装潢、服务和广告。公司11000家店中的92%通过特许经营拥有。为此,汉堡王公司要维持现有餐厅和关注未来发展,就必须持续地检测经营环境。

汉堡王公司的市场调研主要是公司层面的(集权模式),具体由品牌调研和分析部来开展调研活动。该部门有超过15位调研专家,部门总监直接向负责营销的高级副总裁报告,然后该副总裁向汉堡王公司北美分部总裁报告。汉堡王公司品牌调研和分析部门包括四个小组:消费者调研组、销售分析组、竞争者/二手信息组和客户满意度组。

消费者调研组有3个经理、一名调研员和一名分析员。该组定期同主要的国内客户联络,扮演顾问角色,积极建议公司需要开展的市场调研并根据调研结果提出建议。该组开展的典型项目包括:商品推销、餐厅设计、饮料项目、感官和消费者小组口味测试、价格调研、广告效用投诉、态度和使用调查、广告单测试。该组也负责挑选外部调研公司来开展调研。实际的调研是主要由外部调研机构在消费者调研组的监督下完成。

销售分析组负责按业务单位来分析销售数据,并按销售业绩划分各业务单位。竞争者/二手信息组为分析公开数据(网络和印刷媒体)的小组,目的是掌握行业和市场动态。客户满意度组则负责设计和执行客户满意度项目。在外部调研公司的帮助下,该小组开展随机的客户电话访问以追踪汉堡王公司和竞争者的客户满意度。

品牌调研和分析部通过几个控制和协调机制以获得集权式结构模式的优势。比如,对特具争议性问题或影响范围大的调研项目,经理必须首先取得品牌调研和分析部总监的同意。总监还负责审查为各种内部客户服务的调研项目的每月报告。为获得跨业务的协力(比如知识分享和获得规模经济),经理每月定期与总监会面。该定期会议鼓励非正式的经验和技术手段的分享、促进难度大的调研项目的合作,并为提高公司运营效益而发掘机会[b]。

本 章 小 结

市场调研不仅仅是收集数据的一整套技术。市场调研对战略规划和决策制定至关重要。它协助公司发现营销机会和限制,建立和执行营销战略和评估营销计划的效用。市场调研是营销决策者和市场之间的关键联系。

要获得对管理者有用的信息,市场调研必

实地调研 1.2

BISSELL's 公司推出的蒸汽清洗业务

市场调研究竟多有用？看一下由 BISSELL Homecare Inc. 公司销售的"蒸汽枪 Steam Gun"——一种欧洲清洗工具的案例。BISSELL's 公司的市场调研主管派吉尔（Erich Pagel）被委以调查如何将该超长型手持清洁工具卖给美国消费者。虽然时间和预算都有限，派吉尔不仅成功完成任务，而且在此过程中提高了 BISSELL's 公司相关产品在美国的销售。

派吉尔需要运用创造性，因为没有外部调研公司资源，只能依靠他个人的知识。派吉尔判断，带小孩的美国妇女可能是 BISSELL's 公司的主要客户。派吉尔首先通过公司密执安州基地的家长教师协会（PTA）来调研。在雇用人种学家、决定采用定性观察调研法以及向 PTA 捐助 1500 美元之后，派吉尔选定 20 人作为样本。每个人发给蒸汽枪使用 2~3 周。他们要将新产品的体验记录在日记中，然后派吉尔本人亲自上门拜访以观察新产品使用情况并和消费者开展互动。

初期一些重要的负面反应如下：

- 美国母亲希望使用化学品清洁，对仅靠热水清洁的设施持有疑虑。
- 产品的附件太多，造成混淆。
- "蒸汽枪"的名字与武器的发音和名字雷同。母亲们反映他们的孩子在不适当的游戏中都"武装"有该产品。

产品的正面反应包括：该产品对室内清洁者非常有用，特别是用于"吹掉"坚硬的、难以触及的表面灰尘有用。

根据以上调研结果，BISSELL's 公司改变产品名字为"蒸汽清洁机"。该产品市场反响极好并在 2100 家凯玛特店中销售。

须符合几项主要原则，这些原则是调研的及时性和相关性、明确调研目标的重要性、不要用调研来支持已经作出的决定。

市场调研还要求分析和解释数据以获得相关信息。虽然市场调研密切影响决策活动，但是调研本身不能取代决策活动。

市场调研有广泛的应用。市场调研可以协助经理建立营销产品和服务的战略，甚至具体的营销建议。

市场调研提供的职业机会非常广泛。公司可以通过内部调研或外部调研来获得信息。每个领域都提供众多的就业机会。

复习讨论题

1. 请仔细评述以下市场调研定义："市场调研是一整套用于协助营销人员制定决策的数据收集技术。"
2. 本章开头关于"沃尔沃市场调研"的短文突出了市场调研的哪些要点？
3. 为以下可能使用市场调研的组织指出一个特

定的调研目的：
a. 医院
b. 美国国会议员
c. 加油站业主
d. 国内收入署

4. 市场调研如何有助于营销计划和决策制定的三个组成部分？
5. 举一个例子说明在市场状况不好时，市场调研如何确认应该采取的正确行动。
6. 内部调研和外部调研有何区别？

应用练习

1. Candlesticks 是一家蜡烛生产商，它决定开展网络经营。最近该公司购置了所需要的硬件和软件设施。该公司又委任一个市场调研机构来了解该公司的客户是否认为在线经营能增加公司传统的店铺的价值。换而言之，Candlesticks 公司想知道公司客户是否会使用网络。市场调研机构购买了关于该网站价值期望的二手数据。根据该二手数据（至少为两年前的数据），市场调研机构的结论是支持并确认 Candlesticks 原来作出的决定。

   请运用上述商业情形的信息，讨论 Candlesticks 公司是否违背了市场调研的三个原则。如果你是负责 Candlesticks 在线经营的经理，你在决策时会采用何种方式？

2. 一个大学图书馆在考虑出售有大学标志的车牌。请向商店经理描述他/她应该收集以识别该产品市场机会和限制条件的信息类型。

互联网练习

1. 假定你是为麦当劳服务的市场分析员。你为是否在特定地区（选择你所在的邮政地区）开设新店的决策提供信息。用互联网查询可以协助连锁公司决策的相关信息（提示：这样的信息可能覆盖总人口、人口密度、年龄、人口增长率、收入，等等）。

2. 市场调研和直效营销的区别是什么（提示：到 ESOMAR 网站 www.esomar.nl 并检验 ESOMAR 的"市场调研和直效营销区别的指南"）？为你的电话营销部准备一页的报告进行说明。

3. 登录 www.monster.com 网站并搜索市场调研职位信息，使用以下步骤：
   a. 登录 www.monster.com 网站。
   b. 点击"找工作"。
   c. 在"地区选择"中不要敲入任何文字；在"职位选择"中，点击"广告/市场/公共关系"；在"输入关键字"中，敲入"市场调研"，然后点击"结果"。
   d. 找一个你感兴趣的职位。

   在以上步骤之后，找三个你感兴趣的职位，将该页打印并概括你感兴趣职位的主要特点。

案例 1.1　悍马上市
(*www.hummer.com*)

新产品可能来自任何地方。悍马品牌最初开发是出于军事目的，而非商业用途。1979年，军方需要一种多功能的车型以适应各种需要：在任何场地下都能完成接送功能和救护车功能。AM通用公司开发了HMMWV（高机动性多功能汽车）。但是直到1991年海湾战争，悍马才为公众所知。因为阿诺·施瓦辛格在拍摄《幼稚园特警》的时候，说服AM通用公司出售给他一台民用悍马。这迅速奠定了悍马品牌坚强、强壮和大型的品牌形象。

AM通用公司嗅出了市场机会，开始考虑进军消费者市场，民用悍马在1992年上市。1999年，AM通用与通用汽车公司（通用汽车）建立合作伙伴关系，一起营销悍马。AM公司生产汽车，通用汽车公司拥有悍马品牌的独家冠名权。在AM—通用汽车交易达成后，通用汽车开始扩展产品线。在将悍马更名为H1后，相继推出更小型、更时髦的H2，使得具相同功能的悍马系列产品更易识别。

营　销

在开始生产H2时，必须注意营销的一些关键要素。通用汽车需要理解什么人是H2的消费者以及在什么地方出售。通用汽车认为，H2应该采用不同的营销组合，以便和大型H1区分开来。通用汽车首先使用市场调研来识别目标市场。调研结果显示50%的消费者认为悍马具有吸引力，另50%认为不具吸引力。对H1购买者的详细分析显示他们属于同一社会阶层：H1的价格和独特性使得该产品只被少数人群接受。他们的购买决定不是在购买H1和其他SUV中取舍，而是在购买H1或游艇、飞机或第二套住宅中抉择。H2的价格仅为H1的一半，因此客户群体更广一些。调研显示H2的潜在购买者为极端个人主义者和成功人士：比如喜欢在周末攀岩100英尺绝壁的商人或特例独行的人。因为他们是与H1非常不同的客户群体，整个的营销组合应该根据H2进行调整。

为最大程度地迎合目标市场，悍马的广告在CNN、橄榄球联盟赛、电视剧《白宫群英》《反恐24小时》和《CIS犯罪现场》中播出。H2的定位策略为独树一帜的顶级汽车，与其标志"悍马——与众不同"的宣言不谋而合。H2的定位是车主们独特的宣言方式。通用汽车还认为，如果强调悍马的军用车背景，也可以吸引目标市场客户。

最初的H1非常昂贵、市场有限，因此只有少数经销商。H2需要更多的经销渠道以便渗透消费市场。为推广悍马的顶级品质，通用汽车根据销售额、客户服务和地点等关键因素来挑选经销商。在2004年，有170个经销商自豪地成为悍马经销者。

2002年，通用汽车在50 000美元以下的价位成功推出了悍马H2，让底特律哑口无言。在前六个月，在无任何购买刺激的情况下，该公司销售出18861台。到了后来，最初的成功似乎消失了。2003年，H2的销量为34 529台，但在2004年头九个月内，销量减少了20%。经销商开始提供租赁和其他金融服务以弥补销量下降。通用汽车希望悍马的销量在2005—2006年得到好转。

通用汽车也注重不断扩展悍马家族。更小型、更适合城市的H3车型以及更大型的旗舰版本 H1 阿尔法系列车型在 2005—2006 年成为汽车展的焦点。另外，H2H 也由公众人物、原动作片影星、现任的加州州长阿诺·施瓦辛格开展测试。H2H 采用氢燃料，它是对传统燃料消耗大户、触怒众多环境保护人士的 SUVs 的巨大挑战。通过不断更新，通用汽车希望继续保持悍马品牌的吸引力并吸引更多的人加入悍马生活方式。

生活方式和许可

通用汽车认为悍马超越了一个品牌，而是生活方式的象征。市场调研显示悍马购买者都是追求独特的个人主义者，他们按自己的生活方式行事。为让悍马拥有者自主改造汽车，通用汽车公司还为悍马车主提供车顶架、灯、悬吊设施等配件。除传统的帽子、衬衣和其他辅助机械等设施外，悍马还提供设计精妙的山地自行车，它很好地诠释了悍马代表的高贵。该自行车原为军方专门为伞兵部队设计的高科技自行车。该顶级自行车可以折叠成非常小体积并方便运输，这也再一次呼应了悍马的军用品背景。

悍马品牌的另一个推广例子是悍马动力学院。该学院是 300 英亩的测试场地，专门为悍马和其拥有者服务。这同样回应了悍马的军事血统，因为这块地曾是军方训练场地。军事为民用服务，悍马也希望它的车型如此。通用汽车公司的另一创举是开展"悍马帮助"项目，该项目与社会慈善组织一起开展创建自然和社会和谐的工作。

在悍马两个推广项目（悍马动力学院和悍马帮助项目）中，通用汽车试图营造悍马独一无二性的个性和品牌忠诚。此种做法让人回忆起哈雷·戴维森为其摩托车和其他产品线所营造的高品位生活方式。一个生活方式产品成型的信号，是产品的拥有者开始组成围绕产品的社团。悍马拥有者社团如今遍布美国、加拿大、法国、日本和荷兰。悍马拥有者经常自诩为 HOGS（悍马拥有者社团），但是当建立自己的网络域名时，他们同 HOGS（哈雷摩托车拥有者社团）发生了冲突。悍马希望悍马家庭的最新成员 H3 和 H2H 进一步扩大品牌吸引力并增加 HOGS 新会员。

案例问题：

1. 市场调研如何帮助通用汽车提升 H3 和 H2H 品牌？
2. 当初通用汽车有可能通过悍马品牌的早期成功获得更大收益吗，通用汽车那时应该怎样做？

案例 1.2　耐克　链锯广告（A 部分）
(*www.nike.com*)

耐克公司的经理在审阅刚刚由 Quick-Take.com（绿地在线的一个部门）制作的调研报告。耐克公司曾在澳大利亚悉尼奥运会期间通过 NBC 播出过一条引发争议的广告，该调研评估了 150 个客户对该争议广告的反响样本。耐克公司的经理在考虑针对该广告，公司应该如何采取行动。

公司背景

耐克公司是世界最大的运动服装和运动鞋的生产商，主要业务是在全球设计、开发和营销高品质的运动鞋、运动服装、运动设备和配件。它的业务分成四个产品线：鞋类、服装、设备和其他品牌（表1：按产品线统计的销售收入）。

耐克品牌在全球享有盛誉，产品在美国和140个国家销售（表2：按地区统计的销售收入）。耐克产品在美国通过19 000个零售点销售，在海外有30 000个零售点销售。

耐克公司本身主要负责耐克产品的研发、开发、设计和营销。所有的耐克产品由分布在全球各地的独立合同生产商制造。

表1　耐克公司按产品线统计的收入，2002—2004年

	2004年5月31日结束的会计年度		
	2004（百万美元）	2003（百万美元）	2002（百万美元）
鞋类	6 569.9	5 983.4	5 676.6
服装	3 545.4	3 130.4	2 801.3
运动装备	751.0	662.9	591.2
其他	1 386.8	927.0	823.9
总计	12 253.1	10 697.0	9 893.0

资料来源：10 - K for NIKE, Inc., Inc., FYE May 31, 2004, available online at www.sec.gov.

表2　耐克公司鞋类、服装、运动装备业务按地区统计的收入，2002—2004年

	2004年5月31日结束的会计年度		
	2004（百万美元）	2003（百万美元）	2002（百万美元）
美国	4 793.7	4 658.4	4 669.6
欧洲、中东及非洲	3 834.4	3 241.7	2 696.5
亚洲、太平洋地区	1 613.4	1 349.2	1 134.9
美洲地区	624.8	527.0	568.1

资料来源：10 - K for NIKE, Inc., Inc., FYE May 31, 2004, available online at www.sec.gov.

链锯广告

当耐克公司决定在悉尼奥运会期间赞助苏珊·菲尔·汉密尔顿（Suzy Favor Hamilton）时，这是一个好的动议。汉密尔顿是全球1 500米赛跑中速度最快的女性，她也参加800米、3 000米、5 000米的比赛。她不仅在电视媒体上有国际影响力，而且在印刷媒体[1]上也有广泛的曝光率，是深受大众熟悉和喜爱的运动员。

该广告是一个系列广告中的一条，初衷是幽默搞笑。广告的开始是一个遥远的茅屋正面，然后镜头切换至室内汉密尔顿的特写。在她梳头时，她凝视着镜子看见杀人狂在身后，他戴着面具、挥舞着链锯。接下来镜头系列切换，该杀人狂追赶他的目标、用链锯打碎镜子、在森林里追逐受惊吓的女运动员。唯一的对白是汉密尔顿的毛骨悚然的尖叫和喘息声。广告的结局是杀人狂跑得筋疲力尽、跪倒在地，而奥运会冠军早已快步消失在丛林中。结尾字幕是"为什么运动？您会活得更久"。然后是耐克标记。

该广告是为青少年设计的。因为青少年占据了运动鞋60%销售[2]。然而该广告的反响是非常负面的。NBC播出该广告后，几天内接到2 000多个投诉，该广告因为其争议性也成为众多媒体大讨论的主题。以下为互联网就该广告的讨论，原文如下[3]：

"是否品位太差？也许。耐特自己做事毫无顾忌吗？该广告是在嘲弄恐怖片电影吗？关键是如果电影中的人物拥有耐克鞋的话（有世界水平的运动鞋），她就可以逃脱坏人。如果大众要声讨该广告，应该首先责问好莱坞并要求他们少制造这样粗制滥造的电影。只有电影人停止制造这样的电影，公众才可以声讨耐克公司的拙劣广告。"

"请！请问有人没有看过'星期五第十三'这部电影以及它的续集'被爱的EM'？我认为该广告只是一个宣传手段而且颇具创造性。耐克总是令人耳目一新。别贬低他们。"

"我们的非正式民意调查赞成该广告是

品位差、拙劣的表现。唯一不同点是去电影院要付钱，而且大多智力健全的人都会猜到电影的发展。但是电视广告不提供这样的答案，我们不可以这样快地按遥控板换台。广告没有必要在一个反对暴力的社会中宣扬对女性的暴力。我宁愿耐克公司用拍该广告的资金来建立一个庇护妇女和儿童的安全场所，这样做是对耐克公司资金和形象的更好运用。NBC，太不可思议了。"

"我认为该广告完全不必要。让杀人狂挥舞着锯链追逐妇女的点子一点不幽默。那个为耐克公司制作广告的人最好开始找别的工作。糟透了！"

"我认为耐克董事长费尔·耐特应该为此次决策失误引咎辞职。我有三个小孩收看了NBC的广告。这对小孩子来讲真是一个恶梦。美国公众居然容忍这样没有品位的广告出现，应该有人为播出这样病态的广告负责。"

问卷的选择结果

该问卷包括10个问题，并通过互联网让150名澳大利亚悉尼夏季奥运会的观众回答。样本中包括不同收入人群的男性和女性的交叉样本。44%的被调查者能回忆起耐克的广告，25%的人认为该广告在某种意义上是拙劣的。在被问到该广告的最大争议是什么时，70%的负面反映是使用链锯伤害或杀害一名妇女。

案例问题

1. 评估市场调研如何可以帮助耐克公司制定战略营销计划。根据以上结果，您认为耐克公司应该继续播出该广告吗？
2. 如果耐克公司继续播出该广告，短期和长期的后果会是什么？

第 2 章
市场调研流程

本章学习目标 ▶

- ☐ 明确市场调研流程的关键步骤
- ☐ 解释市场调研各步骤之间的内部联系和相关性
- ☐ 理解何时采用外部调研机构并如何评估它们
- ☐ 提出你对市场调研伦理的个人观点,并描述一些客观存在的伦理"灰色地带"

开篇故事

高露洁公司在德国:CAT 指明道路[1]

伟大的广告不是凭空产生的。营销和广告专家与市场调研人员一起创造出伟大的广告。在这个过程中,市场调研专家贡献了各种市场调研方式下获取的关于消费者的深刻洞察观点。高露洁公司在德国的案例完美表明如何运用市场调研来创造有效广告。

高露洁公司在德国率先开展竞争性广告测试(competitive advertising testing),即 CAT 模式。CAT 模式是定量评估消费者广告情感反应非常有用的工具。消费者对 CAT 的反应可以让高露洁公司确定公司的广告是否比竞争者更有效。

高露洁公司的棕榈油护肤产品在德国落在市场领导者妮维雅公司之后。高露洁公司试图让其棕榈油品牌的护肤产品在德国重新打开市场。德国广告传统上注重宣传产品功能。高露洁公司的市场调研经理德赫曼和她的同僚们开展的大量调研却显示,虽然消费者认为广告应该提供功能信息,但他们也认为这样的广告是非常乏味的。高露洁公司的调研还显示,消费者认为如果在广告宣传中注入情感吸引元素,他们会更乐于接受。

高露洁公司曾与顶尖广告公司——扬雅广告公司(Young & Rubicam)合作,为其棕榈油品牌的护肤产品开发出一条"天然奇迹"的广告。该广告最初为澳大利亚市场设计,它成功将棕榈油品牌的"天然性"(品牌的核心内容)和户外活动结合起来。但是,调研显示德国人对家庭和家庭和谐的重视远甚于户外生活方式。这一洞察令高露洁公司在德国市场推出棕榈油沐浴露产品新广告,强调家庭和家庭的内部和谐,而不是户外生活方式。

之后,高露洁公司又首先开展系列CAT测试来测量消费者对公司新广告和妮维雅公司广告的对比反应。CAT让100个受访者观看广告并通过两种方式回答问题。在开放模式下回答他们对广告的第一印象,之后回答观众反应描述(Viewer Response Profile,VRP)。VRP测量消费者对广告特性(如相关性、个人满足度、参与性、独创性、易接受度等)的情感反映。高露洁公司德国营销经理豪温特说:"我们取得了卓越成就——开展CAT以来最好的测试结果。我们本来最多只期望取得同妮维雅公司一样的好成绩。让我们惊讶的是,我们的广告在CAT所有主要方面,都超过了妮维雅公司。"

上述案例显示高露洁公司运用市场调研在德国成功开展广告和营销战的例子。本章介绍**市场调研流程**(market research process),它是构成一个市场调研项目的相互关联的系列步骤。

2.1 市场调研流程的主要步骤

将市场调研流程按照时间顺序进行划分是非常容易的。然而,现实中各步骤之间是高度关联的;每一步对它之前和之后的步骤都有影响。详细分析各步骤,会更好地揭示它们之间的相互联系。

市场调研的主要步骤是:

1. 确定市场调研的必要性。
2. 明确市场调研的目的。
3. 确认数据需求。
4. 确认数据来源。
5. 选择适当的调研设计和数据收集模式。
6. 设计调研工具或方式。
7. 确定样本。
8. 收集数据,包括任何有关的二手数据。
9. 分析和解释数据。
10. 与调研客户沟通。

图2.1提供了市场调研流程各步骤的一览图。左边的箭头强调各步骤之间的相

互联系。例如，即使在第一步（确定市场调研的必要性）时，调研者、决策者也必须对之后的步骤有所预见；否则，很难作出是否开展调研项目的实事求是的评估。

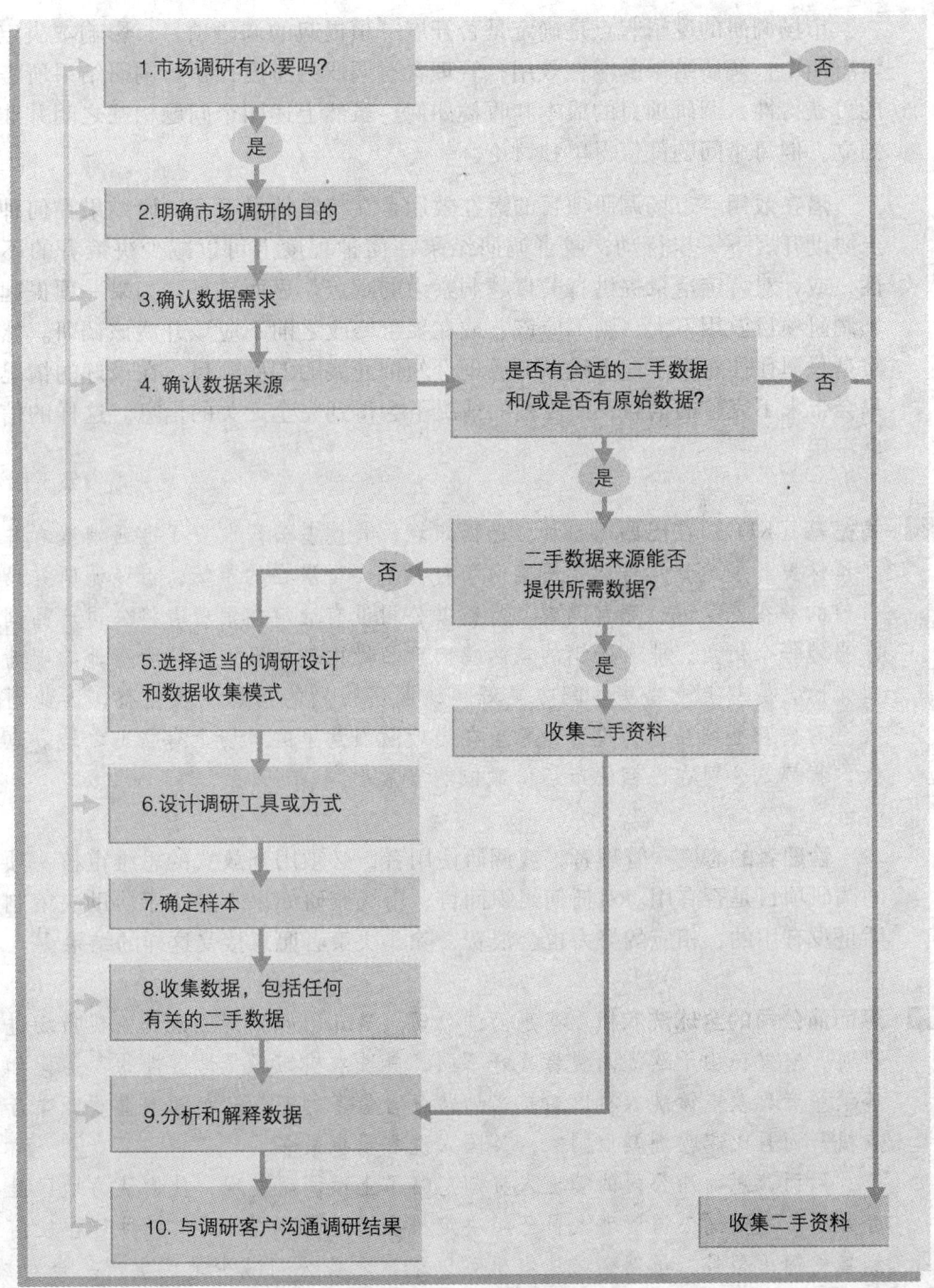

图2.1 市场调研流程的各步骤

第一步：确定市场调研的必要性

市场调研的逻辑起点是确定是否开展一项提起的调研项目。影响本决定的因素有四个：调研结果的潜在效用；管理者对调研的态度；执行调研结果所需资源的可获得性；调研项目的成本和收益如何。虽然上述四个问题相互之间并非完全独立，但每个问题都值得单独讨论。

潜在效用 市场调研项目的潜在效用是在特定情景下，调研结果在何种程度上协助开展下一步行动；或者调研结果在何种程度上可以减少决策者的不确定性，或针对特定情景提供有关卓越洞察力的观点。显而易见，如果一项提起的市场调研项目效用不大，则不应该、或在妥善修改之前不应该开展该调研。然而现实是公司往往忽视了这个浅显的道理。匆忙开展的调研项目，在最好的情况下也只会带来不完整的信息，而更糟的情况下会得到完全无关的信息。这样的信息完全没用。

`现场实例` **肯德基（KFC）在巴西** 为加强巴西市场，肯德基公司调查了巴西消费者并决定在圣保罗开展运营。虽然调研确认了肯德基公司潜在的市场，但该调研并没有对目前的潜在竞争进行完整调查。肯德基公司没有让潜在消费者将公司产品同出现在当地每个街角、非常畅销的碳烤鸡肉产品做比较。巴西人认为当地的碳烤鸡肉口味比肯德基上校鸡块的配方更好。该调研得到的信息是不完整，因此用处不大。肯德基继续在巴西投资，希望在当地激烈竞争的市场上有立足之地。直到今天，肯德基公司在巴西的市场份额依然非常小[2]。

管理者的态度 管理者，或调研使用者，必须用开放式的思维审核一项提起的调研项目是否有用。对任何组织而言，市场调研如果不是出于协助决策制定的话是没有用的，相应的努力也会浪费，除非决策者愿意接受这样的结果[3]。

`现场实例` **惠而浦公司的全球洗衣机** 当惠而浦公司（Whirlpool）对欧洲洗衣机市场进行调研时，它发现由于欧洲消费者喜好不同，其洗衣机市场是地区性的[4]。比如，瑞典消费者喜欢电镀洗衣机以对抗当地盐分含量多的空气。英国人喜欢低噪音的洗衣机，而且比起欧洲其他国家，英国人洗衣量也最多。

然而，惠而浦公司的管理人员却忽略了上述调研发现，他们认为地区差异被夸大了。惠而浦公司管理人员已经决定推出"全球洗衣机"，一种可在任何地方销售的简单型号。虽然全球洗衣机可以让惠尔普公司减少地区生产平台的数量，然而欧洲市场的严峻竞争却迫使惠而浦公司不得不更加注重消费者的不同需求。

惠尔普公司在这一全球化经历中遇到的困难让公司经理们认识到，在战略规划中考虑消费者喜好国别差异的重要性。这一认识体现在惠而浦公司前董事长、CEO 惠特曼（Dave Whiteman）的讲话中："我们承认全球消费者是不同的。他们有不同的口味、文化对我们的产品有不同使用方式。我们希望能比行业内其他公司更好地认知这些差别以满足不同消费者。"[5] 当惠而浦公司的产品创新小组在继续出于生产效率考虑而推进规模经济时，公司高层管理者责成产品创新小组也应该考虑公司服务的不同市场中消费者的独特需求。"思考全球化，行动本地化"已经成为惠而浦公司的口头语。

实施调研结果所需要的资源 假定一个调研项目能够产生有价值的建议而且管理层也愿意执行该建议。在这种情况下，我们可以说该调研项目是有价值的吗？答案是不一定。如果管理层缺乏执行调研结果必须的资源（资金、人员、时间），则该调研也将被浪费。上述资源对试图发掘营销机会而考虑开展市场调研的公司而言，特别有用。考虑以下的情景：

情景 X-Disk 公司：该公司是 DVD 驱动器的主要生产和营销商。在试图扩展其产品种类时，该公司考虑开展市场调研来识别拇指驱动器或存贮条产品的消费者需求特性和规模。然而 X-Disk 公司目前闲置的生产能力有限，而且缺乏扩大生产能力的资金。另外该公司也缺乏大规模生产拇指驱动器产品所需要的技术。显然，X-Disk 公司试图发掘营销机会，但是在没有确保获得执行调研结果所需的资金和技术资源之前，该公司不应该将资金花费在拇指驱动器的市场需求调研上。

调研的成本和收益 上述三个因素，调研的潜在效用、管理者对调研的态度、执行调研结果所需要的资源，都与调研项目的成本和收益间接相关。每个因素都在讨论市场调研是否有必要开展的问题，在这里我们直接考虑与市场调研相关的货币成本和收益。

调研成本比调研收益更容易衡量。当特定调研项目的主题确定后，完成该项目所需的总成本估算相对容易。然而，如果我们对可能涉及的调研各阶段不清楚时，我们对项目成本无法做有用的估计。上述事实强调了调研流程各步骤之间的相互关联。从调研者的角度，如果采用外部调研提供者，那么估计调研成本非常容易，因为调研提供者的报价即为调研成本。

但是如何量化调研收益呢？没有统一标准。然而由于任何调研的基本目的是协助决策者减少不确定性，一个有用的出发点是检验决策者面临的不确定性的性质。考虑以下场景。

场景 A 健康生活公司（Healthy Life Corporation）的产品经理佩姬在考

虑为一种新型全天然、低热量软饮料产品——NatSlim 开展市场调研以衡量潜在市场份额。根据 NatSlim 产品的生产成本和营销成本预算,该产品的盈亏保本销售额应该占到低热量软饮料产品市场份额的 10%。目前该市场上有 30 个饮料品牌。长期以来,三个品牌为市场领导者而且每个品牌都拥有超过 20% 的份额;其他品牌的份额为 5% 或更少。

佩姬认为 NatSlim 产品不逊于市场上任何产品。然而,她却不能确定如果推出该产品可能会创造的市场份额。以她对低热量软饮料产品市场的经验和理解,她预计 NatSlim 的份额为 2%~8% 之间,业绩异常好才会超过 8%。那么,在决定大规模推出 NatSlim 之前,佩姬应该先测试市场吗?

比起佩姬目前 2%~8% 的预测,对 NatSlim 产品进行营销测试(test-marketing)将提供该产品潜在市场份额的更准确估计。但是减少不确定性的货币收益微乎其微。因为该产品的盈亏保本销售额应该为低热量软饮料产品市场份额的 10%,佩姬认为只有在非常特殊的情况下,该产品销售才有超过 8% 市场份额的机会。换而言之,佩姬现在就可以决定不应当大规模推出 NatSlim。根据直觉,除非健康生活公司准备冒险,否则佩姬会决定不推出 NatSlim。但是,不管佩姬的决定如何,做不做营销测试对结果都不会有影响。

场景 B 清爽公司(Nice Smell Corporation)的广告经理威尔森为公司除味剂产品采用哪一条电视广告(X 和 Y 广告)而犹豫不决。广告 X 采用反面烘托方式:一个男人使用某竞争品牌的除味剂,但在后来的派对中人人对他避而远之,原因是该产品没有效果。广告 Y 采用浪漫的烘托方式:使用清爽公司产品的男人在派对中发现不少妇女都倾心于他,明显是该公司除味剂产品的功效。

威尔森在决策时面临的困难和风险比场景 A 中佩姬面临的更大。选择正确的广告能确保清爽公司除味剂产品的成功,而错误选择会带来失败。更重要的是,市场调研能显示 X 广告还是 Y 广告才是正确的选择。因此,场景 B 的调研收益比场景 A 的收益更大。

预算制约 市场调研的预算是非常有限的,因此,调研者必须谨慎使用预算。美国营销协会前主席和安吉尔调研集团(Angell Research Group)的 CEO——大卫·戈顿(David Gordon)针对小公司提出了一些在紧缩预算限制下开展市场调研的简单建议[6]:

- 将每个员工都视为市场调研者。员工应该留意公司产品和竞争者产品的用户使用情况、消费趋势、购买人群情况。员工在例会中提出非正式的报告。

- 派遣员工观察客户。
- 派遣员工对展览会的参与者进行访谈;展览会的市场调研成本一般不过1 000美元,而焦点小组调研的预算可能高达5 000美元或更多。
- 采用产品保修卡或产品注册卡来调查客户、客户采购的商店以及客户获知公司品牌的途径。

实地调研2.1描述了费雪公司如何有效地使用市场调研预算。

实地调研 2.1

费雪公司的市场调研

费雪公司(Fisher-Price Inc.)是莫泰(Mattel)公司的全资子公司。该公司的产品线包括学龄前儿童玩具、托儿所监视器和摇椅等。市场调研已经帮助该公司成功推出系列新产品。市场调研主管格瑞夫说,该公司每年将销售收入的不同比例用于调研。每年调研预算的波动迫使格瑞夫根据调研项目的价值来分配预算。当预算紧张时,格瑞夫采取若干步骤以确保预算资金用于价值容易确认的项目。格瑞夫一般采用以下步骤:

1. 测试少量的产品:该公司只测试预期销售看好的产品;如果可能,在同一时间段,测试多于一种产品。
2. 使用二手数据:该公司调研相同产品、贸易展览(批发商、零售商和竞争者的反应)和价格点。
3. 压缩战略调研。
4. 减少样本数量。
5. 在概念测试中采用产品图片而非模型。

虽然格瑞夫总是反复确认调研是可行的,她也承认由于上述原因,市场调研的效用经常受到影响。[a]

第二步:明确市场调研的目的

准确定义调研问题或调研目标是决定是否开展调研活动以及确定调研性质的关键。著名调研专家劳伦斯·D. 吉布森(Lawrence D. Gibson)指出:

> 正确定义调研问题将带来巨大收益——没有一项因素可以对利润产生如此大的杠杆效应。在发现识别问题的能力过程中,我们为自己、部门和公司创造了额外价值。我们将能够实践自己的诺言和潜力……总结起来就是,正确定义市场问题是成功市场调研的前提,也是解决营销问题的真正关键[7]。

情景 Pac'n'Sac, Inc. 公司是消费产品纸箱生产商,该公司去年销售额减少15%。因为销售急剧下降,公司考虑是否需要改变促销战略来提高销售额，Pac'n'Sac Inc. 公司的营销经理求助于市场调研部门。该调研部门建议采用一个精密和全面的消费者调查来评估促销战略。营销经理审核上述调研建议，认为可靠并同意实施。

在 Pac'n'Sac Inc. 公司试图扭转销售额下降的情景中，营销经理和调研部门采用的方式有何不当吗？答案是肯定的。营销经理明显是假定问题出在 Pac'n'Sac Inc. 公司的促销战略中。然而，如果该假定错误，则相应的调研毫无价值。比如，如果问题是因为消费者认为 Pac'n'Sac Inc 产品价格过高或质量更差呢？在这种情景下，提起的调研就算能在众多策略中识别最佳的促销战略，然而如果促销战略不是销售额下降的主要原因，那么即使采用最佳促销战略也不能提高 Pac'n'Sac Inc 产品的销售额。

来自新的、非纸箱产品的竞争导致消费产品纸箱的行业销量在去年下降30%。在这样的情况下，全行业的销量下降是问题症结所在，Pac'n'Sac Inc. 公司销量下降只是一个表现症状。而且因为 Pac'n'Sac Inc 的销售业绩虽然下降15%，但实际上比行业整体水平还好，所以上述市场调研很可能对提高销售额作用非常有限。因此市场调研的费用会被浪费。

从 Pac'n'Sac Inc 公司例子中得出的一个重要教训是：在一开始，就必须花费一定的时间和资金去确认问题症结，以确定是否存在市场调研可以解决的问题。实际上，公司应当开展一些探索性调研（以后章节会详细讨论）以便在设计调研项目前就确认调研问题。

问题定义中应避免的错误　　明确调研项目的准确目的需要：（1）识别出众多具体问题；（2）确定值得进一步调查的事宜。如果问题认定时出现错误，则将导致调研资源的无效运用，甚至会导致错误决定。

现场实例　**迪阿吉奥集团的摩根船长金酒**　　鉴于在斯米尔诺夫冰伏特加酒（Smirnoff Ice Vodka）产品中取得的成绩，迪阿吉奥集团（Diageo's）决定开拓更多的即饮酒精饮料市场以扭转公司下滑的利润。该公司推出了摩根船长金酒，一种郎姆酒口味的麦芽饮料，营销预算为6 500万美元[8]。然而，尽管摩根船长金酒宣传攻势浩大，该产品的市场反映却很一般。

迪阿吉奥集团在推出摩根船长金酒之前开展了市场调研吗？答案是肯定的。实际上，调研结果表明，即饮麦芽饮料——摩根船长金酒产品将会与之前的斯米尔诺夫伏冰特加酒一样受欢迎[9]。那么失误在哪里呢？行业分析人员和专家的共识，是该公司开展的调研没有包含对消费者口味的调查。非常简单，消费者不喜欢摩根船长金酒的口味。市场调研检测了错误的问题，没有调查消费者喜欢什么样的即饮麦芽饮料产品。迪阿吉奥集团没有实地测试摩根船长金酒产品，而一厢情愿地认为该产品会像斯米尔诺夫伏特加酒一样成功。这个错误根源于公司管理人员急于对竞争者推出即饮麦芽饮料产品进行回击的心态。

如果公司管理层不是如此短视，通盘考虑成人市场而不单纯是推出一种类似产品，消费者调研中的"问题"就不会只限于调研摩根船长金酒产品的受欢迎度。同样的调研费用本来可以用于获得更深入的发现，还可以避免匆忙推出摩根船长金酒昂贵代价。

正如摩根船长金酒例子所表明的，调研只局限于某一问题是错误的。其实直觉上，该公司应该调研所有相关的问题。虽然这是常识，因为决策者的不谨慎或错误假定，许多调研仍然关注错误的或范围太窄问题。

有效沟通的重要性 决策者和调研者之间的有效沟通是正确诊断市场调研情景的关键。在 Pac'n'Sac Inc. 公司的案例中，营销经理假定存在某类问题，而且调研部门也没有质疑该假定。如果在问题确认阶段时决策者和调研者之间缺乏建设性沟通，结果是大大提高调查错误问题或不存在的问题的可能性。比起解决特定问题的调研，有效的对话在调研目的是探索机会（explore opportunities）时（比如我们产品的市场潜力如何？）尤其有用。由于这时还没有特定的问题提出来，决策者和调研者对调研目的的确认很可能南辕北辙。然而如果没有建立和认同调研目的的话，调研的有效性将会降低，还会导致决策者和调研者双方的不必要摩擦。

第三步：确认数据需求

调研项目应该收集何种数据？这取决于我们在最初阶段对调研目的的定义和这种定义是否清楚。识别特定数据需要意味着仔细确认调研目的并列举完成该调研目的所需要的数据类型。

情景 全国性小食品品牌联合面包公司（Consolidated Bakery）决定开展市场调研以确定公司和竞争对手的市场地位。该调研的目的着重于确认联合面包公司目前市场份额并评判在以后几年中相对市场地位会提升、维持还是恶化。联合面包公司应该在调研中收集何种数据？

达到联合面包公司调研目的第一部分（确认公司目前市场份额）所需数据仅仅为公司本身的销售数据和产业总销售数据。达到联合面包公司调研目的第二部分（确认公司潜在市场地位）所需数据并不清晰。各种不同数据都可能提供关于联合面包公司未来发展态势的信息，虽然没有任何一种数据能单独提供完整和准确的前景。以下为联合面包公司应该收集的数据类型举例。

- 消费者对联合面包公司产品的品牌忠诚度。到目前为止,联合面包公司一直享有品牌忠诚度吗?如果是,公司未来的市场地位将和目前地位一样优越。
- 过去几年联合面包公司竞争对手的市场份额以及市场份额变动趋势。联合面包公司面临哪些大型强劲竞争对手,或竞争分散在相对规模较小的竞争者之间?在过去,联合面包公司相对市场地位是提升、维持还是下降?竞争对手的份额如何?回答以上问题可以提供联合面包公司未来发展态势的暗示。
- 对联合面包公司产品和其竞争对手产品的消费者预期,比如产品质量、价格和方便获得性。

一旦联合面包公司确认好所需数据,就可以开始确认数据来源的以下步骤。

第四步:确认数据来源

在确认数据需求后,下一步是确认能提供数据的来源。确认数据来源的难易程度取决于所需信息的性质。

二手数据(secondary data) 一般情况下,事实数据(如产品去年销售量)可以通过二手数据获得,二手数据是其他渠道已经成功收集并可以从该渠道获得的数据。比如,联合面包公司目前和过去的市场份额数据可以轻易地从商业调研机构获得,比如 AC 尼尔森公司(提供尼尔森零售指数[10]和 Scan Track[11]数据)和信息资源公司(提供行为扫描[12])。行为扫描这样的系统可以提供消费者品牌偏好的演变。比如利用品牌忠诚度指标,可以提供联合面包公司调研所需的数据。

当调研目的可以通过二手数据完成时,调研流程的后续步骤中至少有一些可以不需要进行。比如,假定联合面包公司调研的唯一目的是确定自己和竞争者的市场份额。通过确定适当二手数据渠道、从该渠道获取数据、分析数据就可以达到目的。该调研项目在本阶段完成。联合面包公司案例得出的推论是:不是每个调研项目都需要遵循照图 2.1 描述的全部步骤。

原始数据(primary data) 不是所有的数据都是现成的。比如,联合面包厂案例中所需要的消费者预期数据只有通过与消费者直接联系才可以获得。这样的为特定调研目的收集的数据被称为原始数据。收集原始数据需要耗费调研者大量的时间和精力。原始数据的收集是第 6 章的主题。

时间框架的重要性 至此,我们假定调研者有能力获得数据(无论原始还是二手数据)来满足他们的数据需求。但是在特定项目中,如果所需要数据的类型缺乏合适来源渠道又怎么办呢？比如，假定联合面包公司调研目的是评判在未来五到十年内的消费者口味和喜好。由于时间框架太长，调研很可能会缺乏适当和可靠的数据来源。因此，公司在本阶段应该及时放弃调研活动而不是继续推进；否则调研结果将是值得怀疑的。

第五步：选择适当的调研设计和数据收集模式

在确定调研目的和需要收集数据的性质后，调研者必须选择适当的调研设计，该设计选择会影响它在项目其他部分中承担的任务。调研设计可以是探索性的或结论性的。

探索性调研（exploratory research）帮助调研者获得初步的洞察，并为以后的调研铺平道路。比如，一个工业产品公司希望为改进产品线提供一些建议，它可以通过特定客户和分销商的非正式讨论来达到目的。

结论性调研（conclusive research）帮助调研者确认初步的洞察并选择适当的行动路线。结论性调研可以是描述性的或体验性的。例如，百货公司试图获得消费者的人口统计描述，它可以对消费者开展正式的、结构式的调研。该数据收集方式传统上被称为"描述性调研设计（descriptive research design）"。如果百货公司想了解销售中价格折扣的作用，它可以变换价格组合并检验相应的效果。这种方式被称为实验式调研（experimental research）。在实验式调研（或因果调研，causal research）中，调研者调查一个变量对另一个变量的影响：变量 A 如何改变或决定变量 B？

在因果关系调研中，一个自变量被假定为影响另一个因变量。因变量是调研者试图预测或解释的，而自变量是调研者控制或操纵的。比如，假设调研者研究销售价格对消费者购买意向的影响。该调研可以调查价格折扣（自变量）的两种水平的效应：10%折扣和50%的折扣对购买意向（因变量）的影响。该调研选择两组类似的消费者样本（每个折扣水平一组样本）并询问系列问题，以确定在每个折扣水平下的购买意向。两组样本表现出重大的购买意向差别，即价格折扣这一自变量"导致"购买意向这一因变量的变化。这样的实验性调研也必须考虑自变量操纵的时间性。一个自变量如果要对因变量产生影响，该自变量应该出现在因变量之前。在上述例子中，在被询问购买意向相关的问题前，必须向受访者提供调研主题和解释价格折扣。没有这一步骤，调研者不能作出因果关系的假定。

下一章将讨论不同的调研设计、它们适合使用的情景以及数据收集和分析的相应方法。选定的调研设计是调研项目执行的蓝图。该蓝图一般体现在**调研建议书**（research proposal）中，建议书描述调研的目的和范围、特定目标、样本选择、数据收集流程、数据分析计划、时间表和预计费用。调研建议书可以促进调研者和决策者之间的对话并确保双方没有误解、产生的信息是合适和足够的。最后,调研建议书将不断修改以被各方接受。

调研者或调研部门通常起草调研建议书。然而有时提出调研的部门自己起草调研建议书并提交调研部门。不论调研建议书的来源如何,双方必须仔细研究建议书,提出他们关注的问题,并通过修订建议书来共同解决问题。

表2.1包括客户和市场调研者在制作调研建议书前必须回答的问题。就这些问题开展直接对话可以确保调研项目最终成功。对话的一个重要益处就是在启动调研项目前,对话可以鼓励双方在各种关键事宜上充分讨论并达成一致。

表2.1 调研建议书应该包括的事宜

客户/市场调研机构必须回答的问题:

- 为什么需要开展本调研项目?
- 如果我们的项目成功,会怎样?
- 采用何种方式?
- 应该询问什么问题?
- 访谈对象是谁?
- 如何联络潜在受访者?
- 在何时、何地收集数据?
- 外部和内部工作如何划分?
- 需要开展何种统计分析?
- 在机构中如何沟通调研结果?

数据来源:Lari Laflin, "Planning a Successful Research Project." Marketing News, January 4, 1999, p. 21. 1999 by the American Marketing Association. All rights reserved by the permission of the American Marketing Association, Chicago, IL.

第六步:设计调研工具或形式

在需要收集原始数据时,设计数据收集工具或方式是非常必要的。原始数据常常通过访问方式来收集,但有时也通过观察方式。不论采用哪种方法,必须要设计用于记录收集数据的工具。虽然设计数据收集方式可以很容易,但如果没有仔细操作的话,会影响数据质量和性质。

一家知名运动杂志试图了解订阅者的个人资料。该杂志制定了非常详细的数据收集方式以尽可能多的收集信息。该杂志似乎做得很好,首先邮件通知订阅者留意接收问卷并提供一美元作为感谢支持的报偿。然而该数据收集方式长度接近10页,并对受访者的经济状况详细询问。这样的问卷结果是吓跑了受访者。

第七步：确定样本

设计收集原始数据的样本意味着明确由哪个人群或哪个单位来提供数据，确定设计样本的某些一般原则。对于一个公众态度调查项目（关于政府支持私立学校），原始数据的来源可能确定在"超过 18 岁个人样本"中。然而，在数据收集开始前，还有几个因素必须解决：本调研应该选取多少超过 18 岁的个人样本？应选择地理区域是什么？如何选择？

比如，选择个人样本的方式取决于是否是概率样本/或非概率样本方式。非常简单，在**概率样本**（probability sample）中，人群的每个单位有已知、非零的出现几率。有多种方式可以建立概率样本（见第 11 章）。比较而言，**非概率样本**（nonprobability sample）是概率样本之外的任何样本。在非概率样本中，调研者在选择主题时，头脑中已有特定目标（比如调研的便利性），他会根据自己头脑中的特定调研目的来选择调研主题、匹配人口统计数据，或根据之前受访者的推荐而选定本次受访者。每个方式都有优点和缺陷。与抽样选择方式有关的内容以及样本规模将在第 11 章详细讨论。

第八步：收集数据，包括任何有关的二手数据

数据收集方式和抽样方式确定后，下一步就是收集数据。注意，调研各步骤间是相互联系的，在设计数据收集形式和样本选取方式时应该考虑所使用的数据收集方式。比如，问题的措辞取决于问卷调查的方式，即以访问者为主导的调研（比如电话访问调查），或是自主调研（如邮件或互联网调查）。

在分析数据之前，应该对收集回答的完整性、一致性以及与预先确定原则的相关性开展审核工作。该审核程序以及所采取的相应更正措施都可以确保数据的质量，这一过程被称为编辑（editing）。经过编辑的回答要整理成后续分析步骤需要的形式，该转换被称为编码（coding）。

第九步：分析和解释数据

在第 1 章谈到，数据分析和解释是市场调研不可分割的部分。在调研项目中采用的分析类型取决于数据的性质，而数据性质反过来又受数据收集方式类型的影响。第 12 章到第 15 章将讨论数据分析和结果解释的各种方法。

第十步：与调研客户沟通调研结果

市场调研的最后一步是准备调研报告，将调研结果传达给决策者。本步骤相

当关键。只有通过清楚和具说服力的报告，市场调研者得出的结果和结论才会得到实施。考虑到调研结果有效沟通的重要性，我们将在第 16 章讨论如何通过书面和口头形式来展现调研结果。

2.2 调研步骤之间的联系

总结起来，任何调研项目都可以分为若干逻辑步骤，起点为确定调研的价值，终点为分析和解释调研结果。虽然为方便起见，我们认为各调研步骤是按时间顺序发生的，但实际上一些步骤和其他步骤之间是相互独立的[13]。调研者和决策者面临的一个主要挑战就在于他们开展调研项目之前应该通盘考虑。计划一个潜在的、有价值的调研项目需要更广阔的视野，而不是只局限于某一步骤。为更好理解调研各步骤在现实中如何联系，以下用汉堡王公司的市场调研项目来说明。当然，所有的市场调研项目的结构和开展并不是完全按照下述例子。然而，所有的调研都包括了相同的基本关联步骤。

汉堡王公司的新产品推出

汉堡王公司定期开展产品扫描调研以确定菜单中对消费者最具吸引力的新产品概念。调研创意由市场调研部、研究开发部、广告机构和营销伙伴（比如可口可乐公司）来共同产生。

调研将在全美年龄在 13～64 岁之间、过去四周内光顾过汉堡王餐厅的消费者中开展。之后会向受访者提供附有产品简介和价格的产品照片。将询问消费者是否愿意专门前往汉堡王餐厅去购买该产品、消费者如何看待产品独特性，以及如何看待产品价值。

凡是符合汉堡王公司行动标准的产品都将被测试。首先，由汉堡王公司的员工在测试厨房开展公司内部感官测试；接下来，产品将由全美消费者进行进一步测试。通常，产品通过"味觉测试调研"来开展，即在商场请消费者品尝的方式；有时，该产品也会在汉堡王餐厅提供给那些符合调研条件、而且愿意尝试的消费者。下面我们将学习汉堡王公司如何对烤鸡三明治产品开展市场调研。

汉堡王公司烤鸡三明治产品的市场调研

第一步：确定市场调研的必要性 汉堡王公司烤鸡三明治产品在 1998 年曾出现销售低迷。汉堡王公司的消费者主要是男性，该公司相信只要吸引女性消费，烤鸡三明治产品就可以扩大销售。汉堡王公司需要市场调研来识别和制定有胜算的定位战略并吸引女性消费者。因为该公司需要该调研结果，而且公司也具备执行调研结果所需的资源，该调研似乎势在必行。

第二步：明确市场调研的目的 本调研的主要目的是为烤鸡三明治新产品寻找目标市场的最佳定位。首要要是确定潜在客户对新产品的反应。改良后的烤鸡三明治比目前的三明治产品体积更小、脂肪含量更少、采用整块鸡肉而非目前的机械成型鸡肉饼。该三明治新产品还采用玉米粉撒面包、开胃烧烤调料，撒有蔬菜颗粒。本调研主要目的是为获得消费者对烤鸡三明治新产品四种不同市场定位方式的反应。

四种不同的市场定位分别是：

- 精选白肉/鸡胸肉
- 家庭烧烤口味
- 酱汁特别口味/家庭口味
- 竞争主张（仅为概念）

消费者评估前三种市场定位方式的产品概念、产品定位和产品口味。对第四种，只测试产品概念。汉堡王公司在"精选白肉/鸡胸肉"三明治的产品概念测试中采用的定位说明如下：

> 汉堡王公司隆重推出美味的烟熏鸡肉三明治产品。我们特别精选上等白肉/鸡胸肉以保证美妙的口味。
>
> 汉堡王公司一直保证选用最佳的三明治产品原料，所以我们的三明治产品质量是最好的。我们的新产品——烟熏鸡肉三明治选用质量最好、口感最嫩的整块鸡胸肉；并采用新鲜的玉米粉撒恺撒面包卷，上面浇上我们特制的酥脆蔬菜颗粒（新鲜莴苣、番茄）和让人垂涎的美味香料。
>
> 只有在汉堡王餐厅，您才可以到体验口味最好和质量最好的烟熏鸡肉三明治产品。试试我们的新产品，所有餐厅均有销售[14]。

第三和第四步：确认数据需求和数据来源

汉堡王公司需要四种数据：

1. 购买意向衡量。购买意向衡量主要用于评价受访者购买三明治产品的可能性。
2. 产品全面诊断。汉堡王公司需要获得信息，以了解消费者产生购买意向的基础原因。汉堡王公司经理们感兴趣的是消费者对产品概念、产品独特性或差异性、内在兴趣和产品价值等的全面评价。
3. 特性诊断。致力于未来定位和发展，汉堡王公司需要关于产品具体特性导致消费者购买意愿的数据。

4. 受访者描述变量。人口统计学数据被认为是理解消费者快餐习惯的重要因素。

由于上述数据大多来自调查消费者对鸡肉三明治新产品的反应,原始数据收集的方式不可避免。该公司过去的经验(类似产品的内部二手资料)将为评判调研结果提供标准。

第五步:选择适当的调研设计和数据收集模式 汉堡王公司聘请外部调研机构来设计和执行市场调研。因为本调研的目的为协助汉堡王公司的经理选择特定的行动路线,所以本调研属于结论性、实验性调研。汉堡王公司和调研机构都清楚他们需要的数据类型。

选择数据收集模式 该调研机构决定采用购物中心阻截访问的方式来获得所需数据。之所以采用阻截访问,而非电话或邮件调查,是因为要想获得有意义的数据,调研者必须事先筛选受访者以确定他们是快餐餐厅鸡肉产品的食客。那些对产品概念持中性或良性反应的受访者在以后将被邀请至餐厅尝试产品。因为调研者和受访者的互动如此重要,其他数据收集方式是不恰当的。

第六步:设计调研工具或方式 该调研机构采用精心设计问卷来收集与产品概念和受访者有关的数据。问卷包括:

- 预先筛选受访者的问题
- 概念评估问题(只针对合格受访者)
- 口味测试(只针对产品概念中性或良性反应的受访者)
- 分类问题

第七步:确定样本 调研样本在过去三个月中至少光顾过一次快餐厅的鸡肉产品食客中进行选取。该样本包括:

- 约65%的女性和35%的男性(偏向女性是为了反映新烟熏鸡肉三明治产品试图争取的食客)。
- 约50%的人年龄为18~34岁,另50%为35~54岁。
- 约50%为汉堡王公司食客,另50%为非汉堡王公司食客(在过去四周内)。

第八步:收集数据,包括任何有关的二手数据 在全美10个地理区位、在预先筛选受访者中开展了835次访问。对前三个口味定位开展了约150次的口味测试。

第九步:分析和解释数据 虽然四种定位都得到高分数的"绝对要购买"的消费意向,"精选白肉/鸡胸肉"产品定位在非汉堡王公司食客中分数最高。该调研表明驱动顾客尝试新产品的兴趣为：鸡肉三明治的预先处理以及产品在图片中看起来的美味程度。产品的健康理念——烟熏烧烤而非油炸——也是另一驱动力。"精选白肉/鸡胸肉"产品获得购买意向的最高分数（见图2.2）。在口味测试调研中，消费者也认为该产品非常不错。

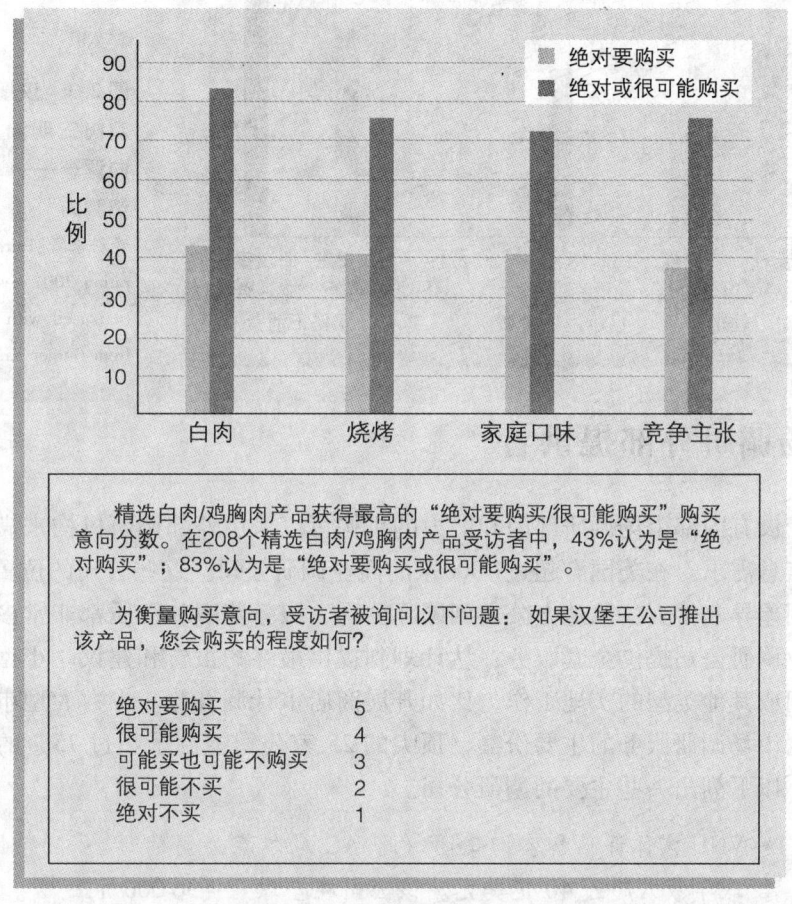

图2.2　汉堡王公司烟熏鸡肉三明治产品购买意向调查

资料来源：Burger King Corporation 2001 research information used with the permission from Burger King Corporation.

第十步：与调研客户沟通调研结果　根据以上结果，汉堡王公司消费者调研小组建议公司推荐"精选白肉/鸡胸肉"产品。该三明治产品在女性消费者（调研目标市场）、非汉堡王公司食客以及35~54岁的消费人群中非常受欢迎（见图2.3）。然而，调研者也建议应该开展另外的调研以确定三明治产品的最佳名称和价格。

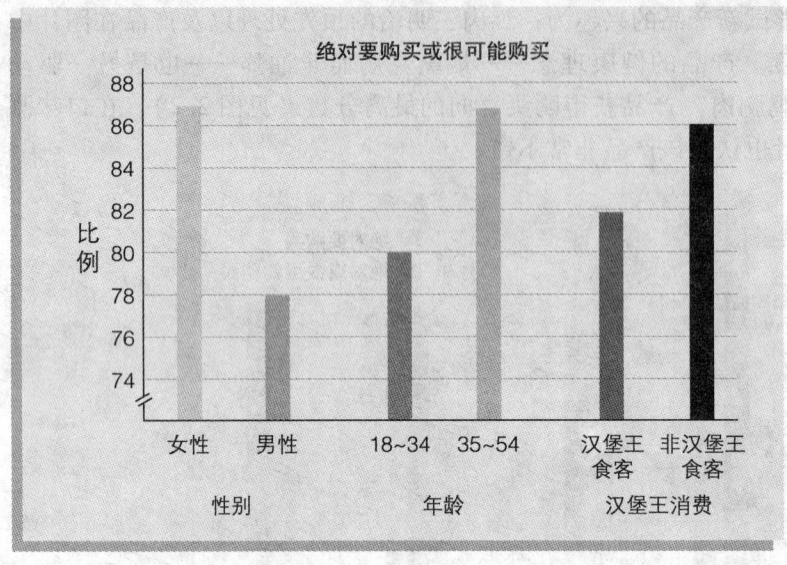

图 2.3　汉堡王公司烟熏鸡肉三明治产品购买意向调查——"精选白肉/鸡胸肉"

资料来源：Burger King Corporation 2001 research information used with the permission from Burger King Corporation.

2.3　市场调研外部提供者

没有内部市场调研部门和能力的机构可以采用外部调研机构来满足他们的一些信息需求。在美国有超过1 000家的商业调研公司。这些公司的位置分布和运作范围差异非常大：从地方公司到国际公司，服务范围和性质都非常多样化。大型商业调研公司提供全套服务：从计划到提供最终的报告和建议。小型公司专注于访问或其他类型的实地工作，比如开展商店审计调查等。少数大型市场调研公司占据市场调研服务的主要份额，顶尖的25家公司控制了超过75%的调研支出费用。以下列出一些主要的调研公司。

- VNU 媒体评估和咨询集团（即 AC 尼尔森公司的母公司）独占鳌头，全球年收入超过40亿美元。该公司在全球雇佣36 000员工[15]。
- 信息资源公司（Information Resources Inc.）是大型市场调研公司，年收入超过5亿美元，在20个国家开展业务。IRI 专业于联合市场扫描服务。（第4章在讨论二手数据时将详细分析联合市场扫描服务）[16]。
- IMS 医疗保健数据公司（IMS Health Inc.）是大型市场调研公司，年收入约为14亿美元。该公司从制药供应环节的各个点位上收集数据，包括批发商、独立和连锁药店、邮购公司、制造商、普通药和柜台药提供商等[17]。
- GFK 客户调研公司（GfK—CRI）建立于1974年，是服务行业中最早（1996年）获得著名"鲍尔德里奇全国质量奖（Malcolm Baldrige National

Quality Award)"的公司。GfK—CRI 在超过 50 个国家开展经营并与来自 90 多个国家的合作伙伴合作。该公司提供量身定做的调研解决方案、覆盖新产品开发、新服务提供、沟通、跟踪、战略指导、网络解决方案以及其他服务。此外,客户满意度调研服务提供品牌忠诚度、客户满意度衡量以及战略细分的调研服务。数据库解决方案服务可以有效结合态度数据和数据库[18]。

采用外部调研机构时应考虑的因素

虽然美国有众多的市场调研公司,但少数公司占据了市场调研市场的大部分份额。该行业内的多数公司规模相对较小。没有内部调研机构的公司在需要了解公司所处的市场环境时,不可避免会雇佣外部调研者。然而,即使本身拥有调研能力的公司(比如汉堡王公司),也会采用外部调研。采用外部调研时应考虑四个关键因素(4C):可信度、竞争力、成本和能力(见图 2.4)。每个因素的具体内容如下:

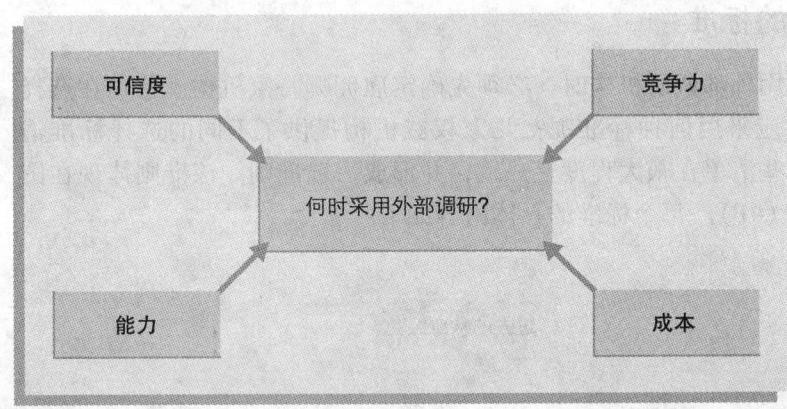

图 2.4 采用外部调研机构时应考虑的因素

可信度(credibility)。是对调研和调研结果的预计可信度。任何一个拥有完善内部调研部门的公司在雇佣外部调研组织开展调研时的主要考虑是调研的可信度以及调研结果的有用性,这都取决于选择哪家外部机构以及该机构调研水平如何。比如,一家大公司的董事局需要了解公司高层管理人员是否在公众面前成功树立公司正面形象。在这种情景下,比起内部调研部门,公司董事局会发现采用外部独立调研公司将更能得出客观的评价。一般情形是,如果用内部调研机构会引发利益冲突(实际或预期的冲突),或调研来源的独立性对调研结果至关重要时候,应推荐使用外部调研机构。

竞争力(competence)。指内部调研部门缺乏、但外部调研提供者却具备的特殊能力或便利。公司有时不得不雇佣合适的外部调研者来开展需要特殊技能的调研项目。比如，AC 尼尔森公司的全国扫描跟踪服务。该服务以全国装备扫描仪的众多超市的数据为基础，为众多包装商品制造商提供产品分类、品牌和商品销售、品牌份额、销售价格等信息。尼尔森公司之所以能获得这样的数据是因为它在商店审计上的经验以及与超市的长期联系。一个包装商品制造商，即使拥有内部调研部门，也缺乏如尼尔森公司那样的获取数据的途径。

成本（cost）。特定的调研项目，采用外部调研机构开展部分或全部的工作也许比采用内部调研机构更节约。比如，由内部调研机构设计调研，但是却采用外部服务公司来收集数据。

能力（capacity）。有时当公司内部调研部门手头的工作堆积时，公司会雇佣外部调研机构来开展不能拖延的重要调研项目。换而言之，在紧急情况下外部调研机构作为扩大内部调研机构能力的措施使用。当调研项目的时间紧迫时，即使内部调研部门的人员能完成任务，公司也会不得以采用外部调研机构。关键是"内部调研机构何时能完成调研任务？"而不是"内部调研机构能否完成调研任务？"

评价外部调研机构的标准

当公司决定采用外部调研机构时，必须先确定雇佣哪一家机构。公司在选择外部调研提供者时应采用何种标准呢？几家权威机构提供了不同的选择标准清单。幸运的是，这些清单在很大程度上一致，并形成一般准则。该准则体现在图2.5 中的四个标准（4P）。每个标准的具体内容如下：

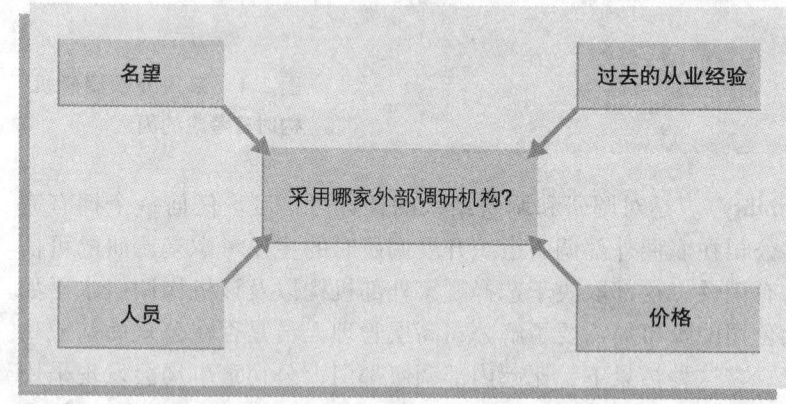

图 2.5 评价外部调研机构的标准

名望（prestige）。指外部调研机构的行业名气，它是调研质量和能力的指标。同其他行业一样，调研行业内也有招摇撞骗者。因此公司应该审核可能聘用的调研公司的名望。简单的方式是让调研提供者提供推荐人或提供其客户名单。调研公司的客户是衡量调研者工作和可信度的衡量标准。

过去的从业经验（past Experience）。一般情况下，可能聘用的调研公司执行调研任务的能力与它过去的从业经验有关。因此，虽然过去的经验不是调研公司能力的唯一指标，但也是重要的指标之一。过去的经验也反映该调研公司和其客户公司之间过往工作关系的范围和性质。雇佣一家从业良好的调研公司好处很多，比如节约成本以及和客户公司与调研公司之间的更好沟通。

人员（personnel）。在选择外部调研机构时的另一关键考虑是调研公司人员的能力，特别是与客户公司直接联络的调研公司员工。能力这个词不仅仅局限于技术的合格，同样重要的是非技术性技能，比如人际交往能力、沟通能力、领悟客户调研问题的能力、与客户公司人员协调的能力。

价格（price）。价格是任何客户公司都关注的问题。名气大、服务质量好的调研公司通常要价比较高。由于对调研性质和范围的理解不一样，相互竞争调研公司之间对同一调研项目的报价会不一样。实际上，在最后的调研合同签订前，客户公司同调研公司会拟出书面调研建议，详细列明调研任务应该覆盖、不覆盖的内容。调研公司的报价虽然对客户公司预算非常重要，但是它不能成为选择调研公司的决定因素。

2.4 市场调研中的伦理因素

市场调研是非常复杂的，由相互关联的不同步骤组成。不是每个调研都按照相同程度来开展全部步骤，但是所有调研相同之处在于都必须提供有效信息。确保有效信息的最好方式就是赢得受访者的信任。他们必须在调研者面前感到"安全"，这样他们的回答才会是真实和完整的。他们也需要确定他们的回答会被如何运用。这引出了伦理问题。显然，市场调研开展的方式以及开展调研的理由都会引发众多伦理问题。

现场实例 ▶ **Nickelodeon 公司想了解您**[19]　在当今竞争激烈的娱乐业中制作成功电视节目是非常不易的。比如 2001 年在黄金时间播出的节目中目前只有 41% 还在继续播出[20]。

相反，Nickelodeon 公司制作的系列热播节目，从任何标准来看都是巨大胜利。该公司的成功秘诀在于最大可能发掘出孩子们喜欢的电视节目。在这一过程中，调研结果指导着所有的电视节目。该电视网总裁斯凯内尔（Herb Scannell）说："Nickelodeon 公司一直认为从孩子的角度看世界是非常重要的。如果您想通过孩子的角度看世界，那么最重要的就是获得孩子的角度。"

Nickelodeon 公司的营销经理如何获得从孩子的角度看待电视节目的想法呢？

- Nickelodeon 公司设立一家白天护理中心,用于测试新节目或电视人物。
- Nickelodeon 公司附属网络 Noggin 向新泽西州的一所学校支付上万美元以每周在那里开展市场调研。同时给孩子们配备相机以记录他们的活动。
- Nickelodeon 公司调研人员对学龄观众的重点人群开展调研。
- 调研者询问孩子生活的各个方面,这有助于 Nickelodeon 公司完美调整电视节目。比如,调研显示许多年轻人生活在非传统家庭。因此,电视人物"嗨!阿诺德!"就生活在祖父母家;小鬼当家(Chucky in Rugrats)中的人物也被设计为失去母亲。

以上活动只是市场调研活动的一瞥。Nickelodeon 公司用市场调研信息来确保电视产品反映新一代的需求和喜好。"布鲁司的暗示"节目的调研和制作人桑托墨瑞(Angela Santomero)说过:"当我掌握观众的想法后,我对自己的素材感到得心应手。我知道一个节目为什么行、为什么不行。"然而,Nickelodeon 公司开展的调研可能涉及伦理问题。

伦理准则

美国韦氏大字典中对伦理的定义为"规范个人或群体的行为原则"[21]。根据该定义,市场调研伦理(marketing research ethics)可以定义为规范市场调研行业的行为准则。美国营销协会为市场调研伦理概括如下:

- 禁止借市场调研的名义进行销售或融资活动
- 维护调研的公正,避免对相关调研数据错误解释和遗漏
- 公平对待外部客户和信息提供者[22]

一些专业市场调研机构也制定了自己的市场调研伦理准则。比如,欧洲舆论和市场调研协会,即 ESOMAR(美国营销协会为其成员)和国际商会(ICC)在 1976 年共同制定了一个国际准则,并在 1986 年和 1994 年进行修订。该准则列举规范市场和社会调研的基本的伦理准则和商业准则。本准则的主要关联方有五类人群:

1. 直接同客户公司交易的外部调研提供者(例如全面服务提供商)。该公司传统上称为**调研提供商**(research suppliers)。
2. 为调研提供商或内部调研机构服务提供有限服务的外部提供商(比如数据收集公司)。上述公司传统上称为**实地调研提供商**(filed service firms)。
3. 提供数据的调研对象或受访者。
4. 使用调研信息的客户公司。

5. 调研结果传播可能会涉及的公众。

上述五种人群都有某种权利，也意味着相应义务。另外市场&意见调研委员会（CMOR）也承担了保护调研行业不被滥用的职责，该协会由相关机构（比如美国营销协会）、调研提供商和调研使用者组成。CMOR的一个中心目标就是通过"受访者权利宣言"（见表2.2）来鼓励受访者合作。

表2.2　市场&意见调研委员会（CMOR）的受访者权利宣言
对我们而言,您参与的合法调研非常重要,我们会珍视您提供的信息。因此,我们之间的关系是基于以下事实的相互尊重和理解：
● 您个人的隐私和回答的隐秘性都会得到尊重和维护。
● 您的姓名、地址、电话和个人信息或个人回答,在取得您的允许前,不会向本调研以外的人员泄露。
● 将告知您和您联系的人员姓名、公司名称和调研的性质。
● 在本调研的名义下,不会向您推销任何商品或集资。
● 会在您方便的时候拜访,但如果时间不合适的话,请告诉我们再联络的合适时间。
● 毫无疑问,您参与调研的决定、回答的问题或退出调研活动都会得到尊重。
● 您提前会得知访问是否会录音和该录音的预计用途。
● 我们保证您提供的信息,在收集和报告时,会得到最高水平的专业处理。
调研是我们民主社会的重要部分,允许人们对政治和社会问题以及产品和服务表达意见。

资料来源：Reprinted by permission of the Council for Marketing and Opinion Research.

伦理灰色地带：伦理准则的局限

之前讨论的每个伦理准则都是不言而喻的,任何谨慎的调研者都必须了解和尊重这些准则。然而,如果超出这些权利定义来看,我们会发现很多需要调研者作出判断的伦理灰色地带。

一个伦理情境？您来决定　比如,电子邮件的隐秘性。我们每个人都认为检测别人的电子邮件是对个人隐私的严重侵犯。然而,如果是电子邮件提供商因促销战而采用关键字扫描您的电子邮件,或在您关闭邮件账户后仍储存您的邮件呢？如果提供商通知您它在采用关键字扫描邮件或贮存邮件,您会怎样呢？这是不是侵犯隐私呢？请在阅读下面案例后回答。

情景　谷歌公司在2004年4月1日推出免费电子邮件服务Gmail。Gmail不仅只是一个简单的电子邮件服务。Google将通过关键字来扫描通过Gmail发送的信件、在发送邮件时还会附带相关广告信息。而且即使在您关闭邮件账户后,谷歌公司仍在储存您的邮件内容。Gmail引起了隐私保护倡导者的强烈抗议,特别是在欧洲,抗议者认为 Gmail 是对人权的严重侵犯[23]。早先欧洲通过"自愿反垃圾邮件"法案,禁止邮件服务商在征得邮件主人的同意前、乱发促销广告[24]。在 Gmail 推出两周后,一家人权保护机构"隐私国际"同时在 16 个国家对 Gmail 提起诉讼。但是,欧洲和美国的法律机构认为 Gmail 没有任何问题,因为提供 Gmail 服务以及和客户签订合同前,谷歌公司已经告诉客户使用本服务的条件。登录谷歌公司的网站(www.google.com/gamil/help/privacy.html)可以证明此点。您认为科技会在将来侵蚀个人隐私吗?谷歌公司的伦理责任仅仅因为一份隐私申明就结束了吗?您认为只要邮件用户同意该隐私申明,谷歌公司就有权扫描邮件信息了吗?

本案例表明现实中营销者和调研者经常遇到的困惑。在当今的网络大环境中,更大的伦理问题是:如何界定调研者对数据需求的权利以及消费者或调研对象权利之间的界限?这样的问题很难回答。

认知伦理情景的困难 经验证据表明,拥有和实行伦理准则的调研机构往往表现出较高的伦理行为[25]。然而,特定调研情景下的伦理问题并不是一份书面的准则就可以解决的。不同调研实践者之间对伦理问题和非伦理问题的意见并不一致,调研机构与客户公司和其他调研和调研结果相关方之间意见也不同。调研实践涉及广泛且迅速变化,从而无法准确定义调研伦理,对层出不穷的调研问题给出伦理定义是很难的。通常,伦理的概念取决于特定调研项目和所研究的问题。实际上,一些调研者在遇到包含伦理因素的决策环境时,从未认识到存在的任何伦理问题[26]。

现场实例 ▶ 营销数据间谍软件 在互联网日益成为信息和娱乐的主要来源时,越来越多的市场调研公司采用互联网来追踪客户行为。一种追踪方式是叫做间谍软件的程序。该间谍软件监控互联网用户的行为:用户登录哪个网站,有时还涉及个人信息(比如密码、财务数据等)。通常在用户并不知道或没有同意的情况下,该软件就下载在客户的计算机上。因此,该间谍软件在幕后窃取客户信息并将数据传给像 Claria 公司这样的市场调研公司。

Claria 公司是网络行为调研的领导公司,也是间谍软件的领导开发者。该公司说,"根据实际的网络行为,1 000 万消费者……同意接受广告"[27]。虽然该公司自认为没有错,因为它事先获得消费者的同意,但是该情景确实为伦理灰色地带。使用者许可协议通常语言模糊并且长篇大论(Claria 公司的使用者许可协议就多达 5541 字),消费者并没有仔细阅读[28]。在如今的数字时代,采用网络媒体收集消费者信息的调研公司和调研者面临的关键挑战是如何认识和避免潜在的侵犯隐私问题。

伦理准则的不同解释　伦理准则的另一个限制是评判伦理准则的标准实际上取决于不同的解释，这根源于个人寻求伦理指南时的持有的价值观和优先事项。调研伦理是"帮助我们维护价值观的指南和准则——决定哪个调研目的最重要以及协调相互冲突的价值观和目标"[29]。

J. P. 斯派克（J. R. Sparks）和 S. D. 亨特（S. D. Hunt）开展的一项有趣调研发现，一个人的伦理敏感度可以影响他/她对伦理和非伦理的领悟[30]。斯派克和亨特向调研从业者和学生提供一个引发伦理和非伦理问题的市场调研案例情景。该案例部分如下：

> 一个市场调研者为他的新客户收集客户行业竞争态势的秘密信息，他联络了一个在广告公司任高层的朋友，该朋友拥有市场调研者客户的主要竞争对手的资料[31]。

受访者被要求用自己的意见简短描述上述情景引出的问题，调研中没有提醒受访者这些问题是伦理、技术或管理层面的。

有趣的是，65%的调研从业者不认为机密泄露是伦理问题。然而其余的35%认为是职业伦理问题，因为信息来自签署过"保密协议"的人。显然，大多数人认为他们有责任将所有可获得信息进行最佳运用。您认为上述情景描述的数据收集方式合适吗？在您试图回答问题时，个人的价值观和主观判断在很大程度上决定伦理问题的评判。

市场调研中的伦理问题是非常重要的，它关系到各方的权利。而且现实中解决伦理冲突问题的办法并不容易。如果调研行业的所有各方——调研提供商、实地服务商、客户公司都共同努力以了解对方的权利、了解调研对象和公众的权利的话，潜在的伦理冲突纵然无法消灭，却可以达到最小化。

本 章 小 结

本章介绍市场调研计划和开展的各步骤。市场调研流程的某些方面值得特别关注。首先，虽然调研流程可以视为按时间顺序的系列步骤，这些步骤之间不一定是相互独立的。一个或更多的步骤可以对之前或之后的步骤产生影响。

其次，某些调研项目可能不需要覆盖调研所有的步骤。当所有需要的数据可以通过二手数据获得时，就没有必要制定数据收集方式、设计样本或收集原始数据。在另一极端，当调研项目数据需求缺乏可以提供可靠数据的来源时（原始或二手数据），比起继续开展项目，及时结束项目才是更好的决策。

最后，虽然市场调研流程是明确定义的逻辑步骤，调研并不完全是科学的。决策者和调研者主观的判断至少在某些步骤中起到重要作用，比如调研项目的价值评判。即使是运用非常复杂的数学方式进行成本和收益评估的步骤也取决于决策者的关键假定并需要决策者的主观投入。虽然调研中某种程度的主观性不可避免，一个调研项目要取得收益的话还是应该以系统方式开展。

营销经理认识到，在许多场合，他们需要雇佣外部调研提供商。采用外部提供商的主要原因包括：调研的可信度、调研竞争力、开展特定项目可获得的能力和更低的成本。选择外部调研者应考虑的因素包括：调研者的名望、过去的从业经验、人员和价格。

市场调研者在调研每个阶段可能会面临各种伦理问题。他们必须平衡不同人群的权利。市场调研提供商、实地服务商和客户都必须尊重对方、调研对象和公众的权利。

复习讨论题

1. "在开展市场调研时，除非所有之前的步骤都已完成，否则调研者将时间和精力花费在后续步骤中是不明智的。"请讨论该观点。
2. 简单描述是否开展某调研项目的评判标准。
3. 请解释决策者面临的不确定性的性质以及调研项目所具有的减少不确定性的潜在优势之间的联系。
4. 请说明你是否同意以下观点："比起复杂的调研技巧，正确识别和清楚定义调研问题对调研项目的成功更重要。"请解释你的回答。
5. 在哪种情形下，一个调研项目在完成所有步骤之前就应该结束？请举一个例子解释你的观点。
6. 每个调研项目都需要正式的问卷吗？为什么需要或为什么不需要？
7. 请简短讨论为什么书面伦理准则不是解决市场调研中伦理问题的万灵药方？
8. 请列举市场调研伦理问题可能会涉及的各方或被影响的各方。

应用练习

1. 西尔斯公司（Sears）在调查公司下属商店的家庭用品部销量下降的原因。探索性调研发现以下的可能原因：（1）西尔斯公司的竞争对手沃尔玛公司刚刚在附近开设新店；（2）家庭用品行业的总体销量在下降；（3）西尔斯公司商店的客户在过去几个月光顾次数减少。考虑以上信息，请回答以下问题：
   a. 请描述西尔斯公司经理们在考虑是否应该调研销量下降的原因时，将遵循的步骤。
   b. 假定西尔斯公司经理认为应该开展调研，他们在确定调研目的时应该采取哪些步骤？
   c. 西尔斯公司经理决定开展调研时，首先确定调研目的为什么是如此关键的步骤？
2. 美国得克萨斯州奥斯汀的人口在变化。该变化对位于该地的奥斯汀湖之旅公司（Austin Lake Trips）提出新挑战，该公司不得不重新看待市场并找出扩大旅游者的方法。奥斯汀湖之旅公司希望开展一些调研以帮助他们制定新的营销战略（包括新促销材料的分发）以适应变化的目标市场。假定你的身份是顾问，公司的所有者来拜访你，希望找到本调研应该包括的因素。请向她解释市场调研流程包括的步骤。请描述这些步骤之间为什么以及如何相互关联。
3. 本章描述 Nickelodeon 公司如何开展市场调研

来开发新电视节目。为迎合目标市场，Nickelodeon 公司和 MTV 以及 VH1 一起维护与学校的稳定关系以测试节目建议并保持同学龄儿童的密切联系。这些电视网络公司的成功秘诀是"超酷"。然而，批评家认为 Nickelodeon 公司太具挑衅性。电视广告监测机构——商业警惕（Business Alert）的主编格鲁斯金（Gary Ruskin）说："用公共学校来窥探学生生活是错误的。学校应该是教育学生的地方，而不是开展没有教育目的之市场调研的场所。"MTV 网络的调研部主管弗兰克（Besty Frank）反驳说，调研者出现在学校或白天护理中心时没有表明是在为 Nickelodeon 公司工作。而且，Nickelodeon 公司也不在学校销售产品或在课堂播放广告。根据弗兰克的说法，"我们认为我公司是在为学校做好事、让我们开发的节目完全符合孩子们的需求。"[32]

鲁斯金对 Nickelodeon 公司的批评正确吗？你同意弗兰克的观点吗？你认为 Nickelodeon 公司在上述情景下应该如何应对？请拟订一个逻辑论述支持你的观点。

4. 客户公司（Client. Inc.）雇佣调研公司（Research Inc.）调研客户公司 X 品牌和竞争对手品牌的使用状况。调研公司开展调研后提出以下结论："在调查的 2 000 名受访者中，1 000 名受访者拒绝披露他们使用的品牌；在其余的 1 000 受访者中，有 500 名使用 X 品牌，300 人使用 Y 品牌，200 人使用其他品牌。"根据以上结论，客户公司制定以下广告战略："根据调研公司的结果，每两个消费者中就有一个使用我公司的 X 品牌。"本案例揭示了什么伦理问题？

5. "棒约翰"在美国因为采用"好原料，好比萨"的广告语而成为知名品牌。在本广告中，"棒约翰"声称在全国口味测试中打败必胜客。必胜客公司反驳说该测试没有将必胜客最受欢迎的品种——平锅比萨和"棒约翰"产品来比较[33]。本案例中涉及伦理问题吗？如果有，是什么？

6. 一家在西海岸的实地服务商承担东海岸客户紧急调研任务（开展长途电话调查）。因为时间紧迫，通过电话达成了书面合同，当时的理解是实地服务商在按时完成调研后将获得所有调研费用的补偿。该实地服务商按时完成任务并将调研结果和账单邮寄给客户公司。然而，客户公司对账单上的某些项目提出质疑，比如长途电话费用和实地调研者的时间费用等，从而拒付全额账单。客户公司只承担他们认为合理的费用。该实地服务商感到受到外州公司的欺骗[34]。该客户公司行为合乎伦理吗？为什么或为什么不？

7. 一家调研提供商认为某调研成本为 10 000 美元，客户公司认为该报价合理。但是在调研结束后，调研提供商开出 15 000 美元的账单，声称在调研过程中客户公司的需求变化导致成本增加。客户公司承认有一些计划外的变动，但是这些变动带来的成本增加最多不超过 2 000 美元。在本冲突中应该责备哪一方？采用何种措施会避免此种情形的发生？

8. 在每个总统选季，主要的新闻媒体都会采访选民的投票意向。根据访问结果，新闻媒体匆匆预测大选胜利者，争先向公众广泛传播这一结果，有时甚至早在西海岸选举结束之前。新闻媒体有权利告知大众，也有权利在竞争中领先一步。但是上述做法侵犯了公众的权利吗？特别是，在西海岸选举结束之前就预测胜出者，新闻媒体侵犯西海岸选举人的权利吗？（注：美国西海岸选民投票时间比东部和中部晚。）

互联网练习

1. 用互联网搜索有利于市场调研的二手数据，比如市场调研公司或联邦机构。确定从该来源收集信息的类型（比如，市场份额、公众一般行为、特定产品消费者的特定行为、消费支出）。每个数据为何种目的服务？
2. 美国人口统计局是市场数据的有用来源。请用下列步骤进行了解：
   a. 登录 www.factfinder.census.gov
   b. 从下拉菜单中点击城市、县、邮政编码、州名等。
3. 假定您通过互联网为银行收集大量消费者信息。在采用互联网开展市场调研时，应该注意什么技术和伦理问题？（提示：登录 www.esomar.org 并搜索 ESOMAR 的"用互联网开展调研和意见调查的准则"。根据该准则，为银行准备一份备忘录。）

案例2.1 邓肯面包圈和酥脆奶油圈
（www.dunkindonuts.com）

许多人都非常喜欢享受一杯咖啡和一个面包圈。您可以在上班的路上吃早餐，也可以坐下来享用一杯热茶。这很容易做到，您只需要在附近的面包店稍做停留即可。如今有很多选择。北方的新英格兰地区有邓肯面包圈连锁公司（Dukin' Donut）提供方便早餐，但是南方人喜欢酥脆奶油圈（Krispy Kreme）。长期以来，虽然存在小型连锁公司，但面包圈巨头公司在各自区域都享有垄断地位。邓肯面包圈公司传统上致力于咖啡产品，而酥脆奶油圈公司专注于产品线的另一头即面包圈产品。但是，如今两个公司都在全国扩张，上述差别逐渐消失。另一事实是传统据守西雅图地区的精制咖啡店星巴克也在全国普及。星巴克咖啡店提供种类繁多的精制咖啡和面点，已成为重要的竞争对手。

酥脆奶油圈公司由于广受欢迎和大肆宣传而名声在外，并于2000年4月上市。几年后，该公司拥有400家店并在其他20 000个销售点销售包括杂货店和加油站。然而2004年，在大肆宣传减弱后，该公司开始面临困难。过度扩展和不当管理迫使该公司在上市后首次公布亏损，不得不关闭许多商店。

邓肯面包圈公司长期以来都是比酥脆奶油圈公司更大型的公司，邓肯公司的特许经营店超过4 400家。邓肯公司的菜单扩展到提供早餐三明治、冰咖啡、热咖啡、松糕、百吉饼以及甜面圈。虽然市场定位主要是早餐，邓肯公司也试图打入午餐市场。最好的机会就是开展地理扩张。该公司的目标非常宏伟：在十年内拥有15 000家店。新兴市场将是克利夫兰市、Charlotte和坦帕市。

上述两家连锁公司之前从未正面交锋。但是如今邓肯公司不仅直接面对酥脆奶油圈公司，而且还有来自星巴克咖啡的竞争。同时在过度扩张的痛苦后，酥脆奶油圈公司采用跟随策略。邓肯公司装备了8 000台卡布其诺咖啡机，可以看出该公司试图同星巴克咖啡竞争的决心。该咖啡机操作简单，任何员工都可以使用，并可以创新制作类似的咖啡品种。争锋相对，酥脆奶油圈公司则推出邓肯公司最受欢迎品种 Dunkin's Donuts' Coolattas 的改良版。2003年，酥脆奶油圈公司扩展到咖啡线产品，在2004年利用该产品线推出新的冰饮系列产品，其中一种口味同最出名的甜麦圈类似。

案例问题

1. 假定你是市场调研经理，请为邓肯公司制定一份详细的市场调研建议书，请预计应该关注的扩张和竞争环境问题。
2. 在你的建议书中，请包括市场调研的不同步骤，从最初的项目必要性一直到调研项目结束时提交的发现。
3. 在哪种情景下，你会考虑使用外部调研者？为什么？

Rosemary Barnes, "Financial Holes Appearing in Doughnut Company Krispy Kreme," Knight Ridder Tribune Business News, December 11, 2004; William C. Symonds, David Kiley, and Stanley Holmes, "A java jolt for Dunkin's Donuts," Business Week, December 20, 2004; Soo Yuon, "Doughnut Maker Krispy Serves up New Line of High-Calorie Cold Beverage," Knight Ridder Tribune Business News, July 22, 2004.

案例 2.2　L&H 的市场调研

这是9月中旬的周六下午，L&H市场调研公司史密斯正在努力完成标准牌美发产品报告的媒体计划部分。标准公司在考虑推出一种男性发的产品，因此需要男性发胶消费者的人口数据和媒体习惯，以及一些产品态度信息，比如产品的特性（油性、黏度、男人气概和芳香味。）

调研结果将在周一下午提交，因为之前的系列问题和拖延，鲍伯在周六加班完成报告。鲍伯感觉他的老板巴利希望本统计分析与公司之前给"标准"牌产品的建议一致。鲍伯、巴利与来自标准广告公司的格拉斯一起在下周一早晨将碰头并共同完成标准产品最终的演示报告。

在9月份时，鲍伯曾建议在15个大都会地区开展调查使用发胶的250个男性消费者。但是标准公司营销经理切斯顿却认为如果不按照人口比例来选取的话，每个城市的当地使用情况是不准确的。他认为大城市的样本应该比小城市的样本更多。而且，他还认为都市男性和乡村男性在使用习惯或其他方面大不相同。最后鲍伯说服切斯顿，如果按照同一人口比例的话，那么小城市的样本可能只有25~50人，样本太小而无法得出有效的统计结论。而且，将本调研扩展到乡村地区将增加费用，而标准产品并无此预算。

10月在爱荷华州进行事先测试表明，问卷的长度使得每个调查成本增至18美元。如果在全部15个地区开展调研，则总成本将突破预算。如果调查总成本突破65 000美元，则焦点小组的调研费用、广告和包装初期测试费用就捉襟见肘了（见表1）。

表1　预算建议

电话调研（包括导航调研）	58 000 美元
焦点小组调研	8 000
广告初期测试	25 000
包装初期测试	14 000
其他费用	5 000
预算总额	110 000

表2　媒体习惯的比较：男性发胶使用者的三个城市样本和全美成年男子平均水平

		3个城市样本	全美水平
杂志（至少订阅一种…）	新闻	28%	19%
	娱乐	4	3
	运动	39	20
	其他	9	6
新闻报纸（至少订阅一种…）		35	14
最喜欢的广播	流行/摇滚	51	48
	乡村音乐	26	37
	EZ听力	7	6
	新闻/谈话	5	4
	其他	11	5
每周收看电视的小时数	总计	17.5	23.5
	连续剧	6.3	8.4
	喜剧	7.8	7.3
	新闻	1.1	3.9
	其他	2.3	3.9

因为标准公司是潜力巨大的新客户，所以保持长期关系就非常重要（L&H 在本年的营业业绩不好）。感到"形势紧迫"，鲍伯、巴利和切斯顿同意将样本地区减为11个，每个地区样本数减至200人。

在11月早期，新的问题出现了。在调查8个区后，鲍伯发现他的助手由于疏忽，将提交给 L&H 销售商开展电话调查的问卷中的有关媒体偏好的问题全部删除。获知这一失误，巴利和切斯顿非常生气。在讨论后，他们认为没有时间重新雇佣新的销售商和开展调查。因此，他们同意在剩下的三个地区中加入缺失的问题并完成调查。

鲍伯的工作是尽量运用他所掌握的数据。因为调研城市来自不同地区（东部、西部和中西部），鲍伯认为三个地区的数据都具代表性。因此，他决定根据他的调研结果与全国成年男子平均水平的巨大差异制订媒体计划：他认为运动杂志和新闻报纸是宣传"标准"的主要渠道（见表2）。

鲍伯的自信在与格拉斯电话谈话中得到支援。格拉斯的公司直到最近才承担美国洗浴用品的广告工作，因此她非常重视竞争者对标准新产品的可能反应。格拉斯喜欢鲍伯的建议并同意在周一的会议上支持该媒体计划，虽然切斯顿也会同意。实际上鲍伯认为格拉斯的帮助巨大。

标准项目给鲍伯带来巨大压力，他痛恨周末加班远离家庭——特别是在圣诞节前夕！如果本报告效果好、公司业务上升，鲍伯怀疑他将不得不在办公室度过更多的周末。但是，如果该报告不好或收集的数据错误，标准产品也许会寻找另外的市场调研商，因此鲍伯在 L&H 的前途堪忧。无论如何，他感到忧虑。

案例问题

1. 本案例中有何伦理问题？如果有，问题的严重性如何？

资料来源：John R. Sparks and Shelby D. Hunt, "Marketing Researcher Ethical Sensitivity,", Journal of Marketing (April 1998): 92–109. Reprinted with permission.

第 3 章
市场调研类型

本章学习目标 ▸

- ☐ 区分探索性调研和结论性调研，讨论每种调研方式在调研项目中的作用
- ☐ 解释开展探索性调研的五种方式
- ☐ 区分结论性调研的两种类型：描述性调研和实验性调研
- ☐ 区分跨部门定性调研和纵向定性调研
- ☐ 理解如何开展实验性调研
- ☐ 如何决策采用何种调研方式

开篇故事

消费者驱动的调研如何让美太格公司焕发新生

美太格公司是美国第三大洗衣机、烘干机、冰箱和吸尘器的生产商[1]。在高端奢侈产品和低端廉价产品的挤压下，美太格公司需要创新产品来保护和加强它的市场领导地位。为扭转局面，该公司的董事长和总裁罗伯特·赫克（Robert F. Hake）组建了一个战略创新小组[2]。

战略创新小组开展了大量定性和定量调研，覆盖美太格公司业务环境的众多方面，包括生活方式趋势、消费者对众多品牌的认知度、竞争情况。最初调研（探索性调研）显示生育高峰年代的富裕人群是高档家庭用品消费的驱动力，该人群喜好小型奢侈的厨房用品。另一项结构性的调研（描述性调研）显示，虽然消费者认可美太格公司品牌的功能和可靠性，但是他们却首肯 Jenn-Air 品牌的功能和格调；比如，调研对象认为 Jenn-Air 品牌是专门提供给"热情的娱乐者"。美太格公司因此为自己瞄准的小型奢侈产品市场选择了 Jenn-Air 做品牌名称。

为符合 Jenn-Air 牌最奢侈的厨房设施形象，美太格公司雇佣了一家顶尖设计顾问公司 Fitch：Worldwide[3]。Fitch 公司的调研者花费大量时间观察客户在厨房中的行为（种族地理调研和观察调研）。调查产

生的观点帮助美太格公司针对厨房设施（比如立式搅拌机）开发了 200 个产品概念。Fitch 公司和美太格公司通过筛选得出 10 种立式搅拌器的原型。然后再运用焦点小组测试原型（定性研究）。结果，圆身、小顶的立式搅拌器设计成为赢家，它确定了美太格公司设计和开发 Jenn-Air 牌小型厨房设施的基调。最后的设计结合了易用和三个由 Cheskin/Fitch 公司发现的宏观趋势[4]：方便、可靠、大批量定制。产品名称 Attrezzi 是拉丁语中"工具"的意思。Attrezzi 牌产品的特性，如颜色、材料和外观都与客户厨房内部和其他大型设施相映生辉，反映大规模定制的趋势。以调研为基础的和客户需求驱动的设计还帮助美太格公司制定了广告语"简直太漂亮了"。

第 2 章描述了开展市场调研项目的一般步骤。然而，市场调研的性质和类型取决于给定情景的不同特征。考虑以下情景并在其中找出相同和不同之处。

情景 A： 现代办公设计公司（MOD）提供广泛的办公室设备和用品。通过努力，该公司向众多机构出售产品。虽然过去两年整个行业销售在增长，MOD 的销售额和利润却在下降，这是 MOD 高层担忧的事。

情景 B： 储蓄国民银行（SNB）在几年前创建后取得迅速发展，明显是因为该银行提供的系列独特服务。虽然对目前的业绩还满意，管理者却担心来自金融机构的升级竞争。为巩固自己的市场地位，该银行的高层希望调查消费者的人口统计数据以及他们如何看待本银行的优势和劣势。

情景 C： 特论餐饮集团（TEA）是在 8 个小型人口社区开设连锁餐厅的公司。TEA 如今的形象为提供高价优质食品的高档餐厅。该餐厅的总裁想知道如果菜单品种价格调低 15％，将会如何促进或损害餐厅的销售收入和利润。

情景 A、B、C 的共同点在于市场调研的必要性。让我们来学习具体的哪种调研可以最好地帮助每个营销者明确特定的情景。

3.1 探索性调研和结论性调研

MOD、SNB 和 TEA 的管理者所面临的不确定性都可以通过调研减少。然而，如果你仔细研究以上三个情景，你会发现它们的不同。比如，MOD 的潜在调研项目的目标比 SNB 和 TEA 公司更模糊。

探索性调研

情景 A 中市场调研的目的是协助 MOD 管理人员扭转下降的销售和利润。然而，应该开展一些初步调研以识别应该调研的正确问题。MOD 市场表现欠佳是产品质量下降的原因吗？还是刺激 MOD 销售队伍的力度不够？是因为无效促销导致消费者对 MOD 公司和产品认识不够和品牌忠诚度较弱吗？是因为来自网络办公用品的"虚拟"提供商的竞争吗？MOD 的高层必须审核这样的问题以准确识别未来调研最有利的途径。初步调研的特性传统上被称为"探索性调研"（exploratory research）。**探索性调研**旨在发现预兆或观点，并为未来的调研提供方向。

探索性调研的目的是识别调研情景的性质、确定特定目标或确定数据需要。在决策者希望更好地理解情景或识别决策选择的时候，探索性调研特别有用。

结论性调研

与 MOD 的情形不同，SBN 和 TEA 的调研目的和数据需求更清晰。SBN 银行特别希望获得客户的人口统计数据并试图发现它们对该银行优劣势的看法。在该情形下，调研应该注重收集和分析 SBN 银行不同地区客户的人口统计数据和意见数据。这样的调研可以协助 SBN 制定巩固其市场地位的战略。

TEA 的总裁对价格下降对销售收入和利润的影响感兴趣。该情景更清晰，即开展市场调研后就可以决定是否降价。因此，比起 MOD 情景，SNB 和 TEA 情景中数据需要更清晰、调研结果更容易引出最终决策。这种性质的调研通常被称为"结论性调研"（conclusive research）。结论性调研的目的是核实最初的观点并协助决策者选择特定的行动路线。

结论性调研也被称为"核实性调研"（confirmatory research），是在特定情景下帮助决策者选择特定的行动路线。当决策者头脑中存在一个或几个选择方案且正在评估这些方案的时候，结论性调研特别有用。需要结论性调研时，调研人员已经对数据需求作出清楚定义，而且调研目的是协助决策程序的最后阶段，所以结论性调研比探索性调研更正式和严格。

两者不同之处的小结

调研项目的目的和数据需求的准确程度决定了调研是探索性的还是结论性的。在决策者认为需要开展市场调研但是不能确定调研应该采取的特定方向时，应该选用探索性调研。在决策者已经清楚知道所需要的数据类型时，应选用结论性调研。

虽然探索性调研和结论性调研有不同的目的,但两者包含相同的调研组成成分。它们只是在组成部分的正式程度和灵活性上有所区别,如表3.1所示。

表 3.1 探索性调研和结论性调研的不同之处

调研项目组成	探索性调研	结论性调研
调研目的	一般;为特定情景提供观点	特定:核实观点并协助选定行动路线
数据需求	模糊	清晰
数据收集方式	开放式;粗糙	通常为结构式的
样本量	相对少;为最大程度获得远见而主观选择	相对多;为实现调研结果的演绎而客观选择
数据收集	灵活;无特定程序	正式;典型为数量性的
推论/建议	更多为实验性而非最终的	更多为最终的而非实验性

3.2 开展探索性调研

开展探索性调研的模式有几种,包括调查、焦点人群访问、二手数据分析、案例分析和观察。我们将讨论每种方式并提供公司如何妥善使用不同方式。

关键信息提供者技术

通过访问知识渊博人士开展探索性调研的方式也被称为"**关键信息提供者技术**"(key-Informant technique,也称"专家意见调查或主导使用者调查",lead-user survey)。开展探索性调研的有效途径是寻找和访问与调研情景有关的专业人士。比如,在情景A中,MOD的高层可以针对不佳市场表现同一些主要的销售人员和客户开展非正式讨论来获得有用的观点。同销售人员的讨论可以解释是否对销售人员刺激不够,如果是,本问题是否足够严重到必须开展后续的调研。

现场实例 ▶**硅谷图像公司如何保持与客户的联系** 硅谷图像技术公司(Silicon Graphics Way,SGI)提供广泛的高功能计算(超级计算)以及先进的图表解决方案(可视计算)。该公司在2004财务年度的收入为8.42亿美元,其中65%的收入来自美国,25%来自欧洲,10%来自全球其他地区[5]。SGI的CEO迈克兰肯(Ed McCracken)认为传统市场调研对收集重大技术演变的信息作用不大。SGI最好的技术人员拜访行业专家,或该公司所称的"灯塔客户"(lighthouse customer)。

SGI的灯塔客户包括:美国国家航天航空局(NASA)、工业光魔公司(Industrial Light&Magic)、美国陆军、波音公司、迪斯尼公司和默克公司。这些公司在高功能计算和图表解决方案领域内的参与程度和专业素养使得它们成为验证换代产品的最佳选择。SGI的技术人员花费大量时间来访问灯塔客户并了解他们如何使用 SGI 的机器或他们希望如何更好地使用机器。比如，SGI 在和工业光魔公司和太平洋数据影像公司（Pacific Data Image）的互动中发现了仿真影像的需要。SGI 开发出高功能计算机，可以制作《终结者 2：审判日》中的电子怪人、《侏罗纪公园》中的恐龙、《深渊》中的海底生物。灯塔客户帮助 SGI 一直保持高功能计算机行业的领导地位。

关键信息提供者技术是非常主观和灵活的程序，并没有标准的途径。在当今飞速发展的技术世界，少数个体拥有市场的所有相关信息。因此，必须仔细选择专业人士[6]。实际上，本观察方法并不局限于商业市场情景；它与几乎每个需要探索性调研的情景相关。

在决策者认为有必要开展调研但却缺乏明确调研目的时，正确使用探索性调研可以非常有用[7]。表 3.2 提供几个这样的情景以及能为每个案例提供宝贵信息的专业人士。

表 3.2　专业人士例子

需要探索性调研的情景	能提供观点的专业人士
某公司生产的 X 牌去污剂是市场领导产品，因为生产饱和，该公司希望开发新产品来逆转下降的利润	消费品市场的主要调研经理和清洁产业的主要使用者
某新成立的非营利组织宗旨为协助有严重身体残障的人们。该组织在考虑它应该如何制定慈善项目以及该采用何种战略以获得公众的捐助。	公共服务机构官员，比如联合劝募会、美国红十字会和肌肉萎缩协会
美国总统候选人在考虑如何在各个选区有效分配竞选资源	了解公众观点和态度的州和地方政党官员

焦点人群访问

同专业人士讨论并不是识别和理解调研情景的唯一途径。另一种常用的非正式访问方式就是焦点人群访问。在焦点人群访问中（focus group interview，有时缩略为焦点人群，或焦点小组），一个客观的组织者以相当自然和非结构化的方式将某一主题介绍给一组受访者和客户。受访者（通常 8~12 人）就给定主题开展非正式的讨论。一个训练有素的调研者（称为主持人，moderator）引导讨论。主持人的主要任务是确保主题的关键方面被讨论并观察和记录参与者的反应。焦点人群可以在众多情景中采用，比如调研消费者关于新产品概念的观点、识别网上购物者评价网站时采用的标准、观察对潜在促销主题的反响、消费者问卷调查中包括的问题以及措辞等。第 7 章将着重分析焦点人群访问。

现场实例 **焦点人群访问帮助慈善：麦当劳的感恩餐** 麦当劳旧金山海湾餐厅在寻找回馈社会的方式时设计了感恩餐（Giving Meal）的概念。感恩餐是公司最受孩子欢迎的"快乐餐"的成人版本，感恩餐向成年人供应中等份量的餐品并提供他们回馈社会的机会。对于销售的每份感恩餐，当地的麦当劳公司将捐献销售价格的10%给海湾地区的"麦当劳慈善基金会"。

麦当劳旧金山餐厅的管理人员和广告公司——霍夫曼/李维斯公司（Hoffman/Lewis）对来自焦点人群的热烈的正面反应和慷慨解囊感到非常满意。一个焦点人士总结道："麦当劳公司推出振奋人心的这一主意正是时候。"[8]

分析二手数据

我们在前一章学习过二手数据，它是由其他人已经收集好的数据。仔细审核合适的二手数据是快速和便宜地开展探索性调研并获得宝贵观点的方式。这样的观点将为结论性调研提供正确的聚焦。有时通过分析二手数据得出的观点可能甚至会取消开展结论性调研的必要。实地调研3.1描述了一个公司从外部数据来源获得的二手数据完全足以制定最终决策。

实地调研 3.1

决策中使用二手数据：低卡饮食潮流对橙汁销售的影响

美汁源公司的营销主管托瑞（Charles Torrey）发现橙汁销量下降，他试图找到原因。1999—2004年间，美国人消费的橙汁下降10.8%。其中"主力"（即每年消费超过12.5加仑或更多的）美国家庭的消费数量显著下降。自从20年代推出橙汁产品以来，该产品是美国的主流饮品：作为早餐饮料，也和咖啡混搭。如今橙汁到底怎么啦？

为确认销量下降的原因，托瑞和他的小组开始调查问题。通过调查，托瑞发现约10%的消费者是因为卡路里、碳水化合物和蔗糖的考虑而减少橙汁饮用量。为找出更完整的原因，托瑞在很大程度上采用了二手数据，包括营养杂志和期刊，他发现约4%的消费者是因为低卡饮食潮流而减少橙汁饮用量。

通过审核二手数据，托瑞不仅可以更好地了解消费者饮食和食品购买习惯，还可以了解橙汁消费减少的原因。在这一过程中，他识别出客户的潜在需求还没有得到满足：低卡的橙汁产品。托瑞说："我们把握机会进行产品创新，创造出新的细分市场来增加销售。"为迎合该市场机会，美汁源公司开发出美汁源低卡（Minute Maid Premium Light）产品，该产品热量只有普通橙汁一半[a]。

现场实例 ▶ **二手数据帮助卡普兰高等教育公司瞄准潜在的扩张地点** 卡普兰高等教育公司（Kaplan Higher Education）是领先的教育和职业服务公司，它为15个州的47所大学和学院的44 000名学生提供成人教育产品。通过竞争收购以及扩展到更赢利的领域，该公司努力争取更大发展。为获得协助决策的关于潜在市场地区的信息，该公司采用市场调研中的二手数据方式，收集了不同市场的人口统计二手数据，如人口性别比例、平均年龄、教育程度、家庭收入、自有房屋/租赁的比例、失业率等。之后，该公司分析这些数据并确认最优目标地区。通过使用二手数据，卡普兰高等教育公司能迅速和低廉地评估最佳市场地区[9]。

案例分析

案例分析（case study method）是深度检测对象单位的方式。对象单位可以是客户、商店、销售人员、公司、市场地区、网站等。案例分析是很有用的探索性调研的方式，因为这种方法能够产生新的观点。

情景 联盟协会公司（Allied Associated Company，ACC）是拥有500个零售点的折扣连锁商店。在过去的几年中，该公司的销售迅速增长、赢利水平维持在行业平均之上。高层管理人员希望确认公司成功的关键因素并从这些因素上获得更多收益。他们应该从哪里和如何开始完成上述目标？

ACC的情景说明了案例分析适合的情景；即虽然公司有某调研目的，但是却不能肯定具体是什么。另外我们可以将每个ACC公司的零售点视为单独案例来分析，这样的全面分析可以得到宝贵的观点。比如，我们可以深入调查三个业绩最好的商店和三个业绩最差的商店的各个方面。商店规模和布局、经营产品线、员工士气、交易地区特点等都可以成为我们收集数据的因素。在每个案例中，只有调研者的时间和想象力才会约束调研因素的数量和类型。

我们可以根据两种类型的案例（最好和最差商店）的相同和不同之处来理解AAC成功的关键因素。比如，如果三个业绩最好的商店员工士气都要比三个业绩最差商店员工的士气更高，员工士气可能是AAC成功的关键因素。相比之下，如果两类案例商店经营的产品线一致，则产品线这样的因素尽管并非不重要，但却不是造成差别的原因。这样的观点可以帮助调研者识别AAC商店不同业绩的关键因素。在AAC公司将精力和资源投入到案例分析所识别出的关键因素之前，公司的高层经理需要核实上述因素与大量AAC商店业绩之间的关联。当然，这还需要结论性调研。

AAC公司案例表明，案例数据的分析是非数量化的，而且最初需要大量的数据对照和比较。调查者必须能识别案例间细微差别以及案例内各项因素的联系。

观察法

观察法（observational method）是采用人工或机械方式来观察人们在购物或消费情景中的实际行为或发生的事件。在观察法中，调研者或机械/电子设备观察并记录事件发生时的信息或编辑过去事件的信息。观察法调研方式对评估以下行为非常有用：产品使用、光顾商店的频率、有监护人陪同或无人陪同的儿童的购买行为、媒体使用、在特定网站花费的时间。许多调研方式都不太适合调研儿童行为，而观察法特别有用。

机械、电子、声音、图像监视器以及调研者可以提供行为的客观衡量。日本经理们常常拜访批发商和零售商来感受市场。他们通常根据观察结果来改善营销战略[10]。许多美国公司开始基于观察法的调研来设计产品，比如设于美国密歇根州的家用电器公司——惠而浦公司在观察全球使用者后为其产品设计了新控制设施。观察公司员工和客户的互动后，密歇根州 Grand Papids 的 Steelcase Inc. 公司创新提出一种崭新的办公室空间设计概念。Rubbermaid 公司定期派遣员工到客户家庭访问观察家庭存储的做法。福特汽车公司通过人口影像资料（它包括每天用录像来记录用户和产品的互动）来收集观察数据[11]。

福特公司的全球产品调研经理马尔贝夫（Paul Malboeuf）认为，该公司使用人口影像资料是为了：

> 并非主要理解人们做什么，而是理解他们是谁以及他们如何生活。采用观看和与客户互动的方式更真实、也更直接。让设计者和工程师亲历目标客户群体并了解客户的不同之处可以让计划和设计产品的人员得出不同的理念和观点[12]。

探索性调研最常用的方式是调查专业人士、焦点人群访问、分析二手数据、案例分析和观察技术，但是并不是只局限于上述五种方式。探索性调研项目也可以是这些方式的变形或组合。

通过探索性调研获得的观点将为结论性调研铺平道路。实际上，许多调研项目最初包括探索性调研，紧接着就是结论性调研。下一节将讨论结论性调研的两种不同方式。

3.3 结论性调研：描述性和实验性的调研

结论性调研有两种基本形式：描述性调研和实验性调研。上述两种形式的区别在于调研的目的和得出推论性质的不同。

实地调研 3.2

发现新的市场需求为 3M 公司指明道路

3M公司的医疗—外科营销部的高级产品专家肖（Rita Shor）承担了为外科薄膜业务部门开发突破性产品的任务。外科薄膜（surgical draper）是在外科手术中用于患者皮肤预防感染的塑料薄膜。每年该产品总销售额为1亿美元。然而，外科薄膜市场却出现了疲软。肖认为："我们的现状是：我们在外科薄膜市场上排名第一，但是我们的发展却出现停滞。我们需要确认新的客户需求。如果我们不迅速推出创新产品，公司高层也许别无选择只得出售本业务单位。"

肖组建了一个小组来开发外科薄膜更好的品种。通过调研二手资料并同专家讨论，该小组更好地了解了他们目标市场的基础以及感染预防行业的关键趋势。然而，他们很快认识到该小组不了解发展中国家外科医生和医院的需求，当地的感染疾病仍是主要问题。小组成员结伴访问马来西亚、韩国和印度的医院，观察当地医生在并不理想的环境中如何防止手术室感染的扩散（实地观察）。

该小组发现医生依靠抗生素来防止感染的扩散。该观察使得他们认识到当地医院买不起外科薄膜产品，医院需要的是更便宜和更有效的方式来预防感染发生和（或）传播。他们对替代产品的渴望让调研小组转向兽医和好莱坞化妆大师。根据顶尖兽医院的发现：兽医们虽然面临的环境更恶劣而且预算有限，但他们却保持低感染率。让人惊讶的是：调研人员也发现好莱坞化妆大师采用的材料与人体没有过敏反应，而且可以轻松地取下来，这为控制感染材料的设计提供了重要思路。

该小组邀请几组主要的使用者（医生、兽医和好莱坞化妆大师）进行两天半的工作会议。会议的宗旨是开发突破性、低成本的控制感染的材料。会议参与者分成几个小组以便对感染控制问题深入探讨并承担识别创新意见和技术制约的职责。该工作组提出六种产品概念，并选择其中3种建议3M公司开展后续工作：

1. 外科薄膜的经济品种系列，采用3M公司现今的技术吸引对成本敏感的消费者。
2. "皮肤医生"系列，它在患者皮肤表面敷抗生素并在手术中用真空法抽出血液和其他体液。该产品的开发可以利用3M现有的技术。
3. "盔甲"系列，该产品对导尿管和其他软管进行抗生素表面保护。该产品的开发可以利用3M现有的技术并能让3M公司不仅在目前的表面感染市场上竞争，也可以在血管、泌尿系统、呼吸系统感染市场上竞争。

为开发新产品概念，该小组成员从专家处得知需要一种新型控制感染的方式。在目前的环境中，每个患者接受相同的保护。然而根据主导使用者的调查，该小组明确某些人群，比如营养不良者或糖尿病患者特别容易受感染，因此需要在手术前进行预防感染的处理，以防止在手术中感染。肖的小组强烈相信主导使用者调研技术帮助他们为3M公司的医疗—外科市场业务部获得突破性观点，不仅该业务单位未来可以重新获得活力，而且也可以提高全球外科患者的生活质量。[b]

描述性调研

如同名称暗示的那样，**描述性调研**（descriptive research）的目的是描述事物，特别是相关人群单位（比如客户、销售人员、机构和市场地区）构成和特征的描述。通过描述性调研收集的数据可以提供关于调查对象的相关特征以及特征间联系的宝贵信息。以下例子说明描述性调研在市场环境中的运用。

现场实例 ▶ **2004年世界经济论坛调查** 世界经济论坛（www.weforum.org）是一家集合全球、各行各业的领导人开展经济和社会活动、追求改善世界的独立国际机构。该机构的成员包括全球1 000家顶级公司和超过200家的小企业。该论坛每年1月在瑞士达沃斯举行全球商业领袖和领导人年会，帮助制定全球商务的议程。该论坛每年开展的全球调研，被称为"领袖呼声调研"。许多商业领袖和学术调研者广泛使用的全球竞争力报告中就包含了领袖呼声调研的结果。在2004年的调研中，该经济论坛向成员发出一份问卷：询问影响当今世界经济的事宜并要求成员填写后用传真发回。总共132名成员参与本调研。调研结果将作为2004年1月年会上讨论的内容。比如，大多数成员相信下一代人生活在更富裕、却更不安全的世界中（见图3.1）。根据调研参与者的反馈，产品和服务的质量、公司品牌名声/正直以及赢利性是衡量公司成功最重要的指标（见表3.2）。该结果也揭示商业领袖认为公司品牌名声/正直对公司战略是非常重要的（见图3.3）[13]。

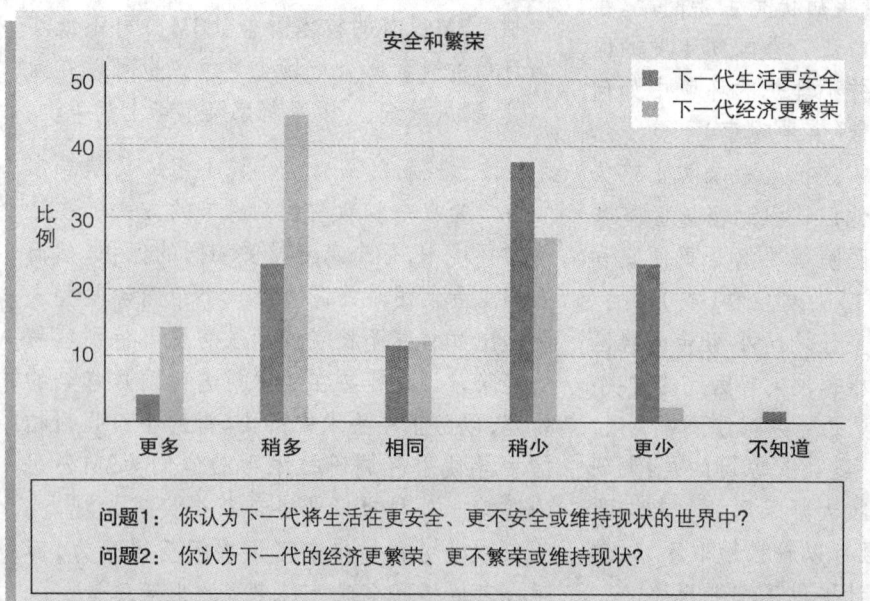

图3.1 安全和繁荣——2004年世界经济论坛调查

资料来源：Based on 2004 Annual Meeting Survey, "A Report to World Economic Forum." January 2004, p.7 Fleishman-Hillard Knowledge Solutions, St. Loius, MO.

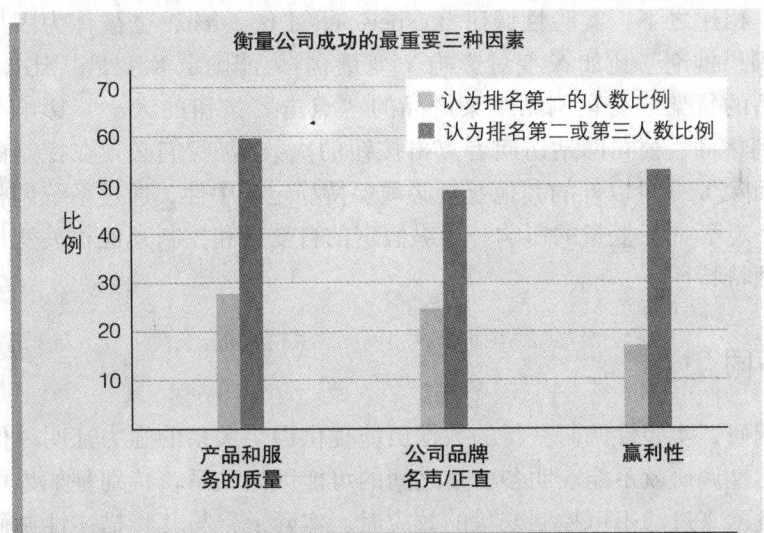

图 3.2 衡量公司成功的最重要三种因素——2004年世界经济论坛调查

资料来源：Based on 2004 Annual Meeting Survey, "A Report to World Economic Forum." January 2004, p. 11 Fleishman-Hillard Knowledge Solutions, St. Loius, MO.

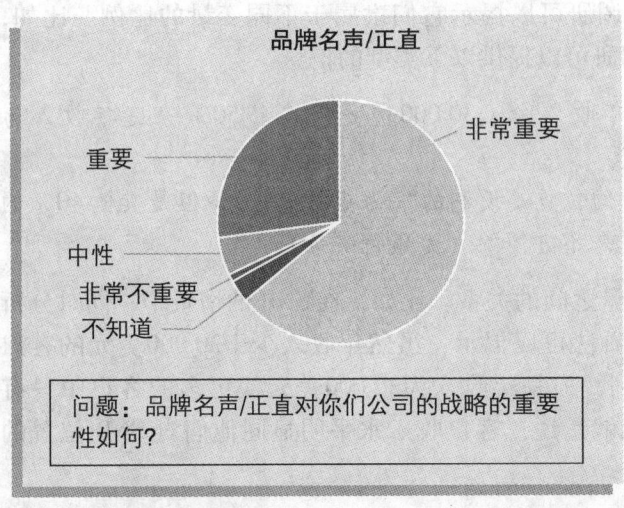

图 3.3 品牌名声/正直对公司战略的重要性——2004年世界经济论坛调查

资料来源：Based on 2004 Annual Meeting Survey, "A Report to World Economic Forum." January 2004, p. 12, 15 Fleishman-Hillard Knowledge Solutions, St. Loius, MO.

实验性调研

描述性调研的一个缺陷是在推导不同变量间的因果关系时，该方式不能提供所需的事实类型。相比之下，**实验性调研**（experimental research，也被称为因果调研）可以得出因果推论（比如 X 变量影响 Y 变量）。为能确定 X 变量（比如，超市分配给某产品的货架或公司网站中某产品的"点击"按钮的大小）影响 Y 变量（比如产品销售额、公司网站访问者点击按钮的次数）。我们必须在控制前提下收集数据，即除 X 变量以外的其他变量必须保持稳定或中性，通过系统调整 X 变量的不同水平观察对 Y 变量的影响。操纵假定的自变量和控制其他相关变量是实验性调研的独特特征。

两种调研方式的不同

相比描述性调研，实验性调研获得的数据更能提供因果关系的强力证明。但这并不意味着描述性调研就不能表明各变量之间的可能因果关系，特别是如果可以利用某种分析技术来过滤不可控制变量的效应时。实际上，与其将描述性调研和实验性调研看做界限清楚的范畴，还不如认为结论性调研项目是从"纯粹无控制的描述性调研"的一端到"纯粹全控制和操纵的实验性调研"的另一极端的序列。所有现实的结论性调研项目都会落脚于上述两个极端间的某个位置，虽然"描述"的结束点和"实验"的起点都是主观认定，多少有些武断。

回忆情景 B 中 SNB 银行的例子。SNB 需要数据的类型是客户的人口统计数据和他们对银行服务的看法：均为描述性数据。因此，在该情景下，描述性调研是合适的结论性调研方式。

对一组相关单位的描述性调研可以揭示它们隶属于不同变量的比例。比如，调查了 1 000 个客户的描述性调研可以提供以下类型的信息：

- SNB 50% 客户的家庭年收入少于 30 000 美元，其余 50% 家庭年收入为 30 000 美元或以上。
- 60% 的客户认为该银行的位置是便利的（为银行优势），但是其他 40% 的客户认为该银行的位置是不方便的（为银行劣势）。

描述性调研可以指明各变量之间的关系。比如，在 SNB 的情景中，同时分析客户收入水平和对银行位置的看法可以揭示：虽然年收入少于 30 000 美元的客户中的 90% 认为 SNB 的位置便利，但是年收入为 30 000 美元或更多的客户中只有 30% 认为 SNB 的位置便利。也就是说，客户收入水平明显同他们对 SNB 位置的观点相关，如表 3.3 所示。

表3.3 客户收入水平与银行位置观点的联系

客户收入水平	人数（比例）		总计
	位置便利	位置不方便	
收入少于30 000美元	450（90%）	50（10%）	500（100%）
收入为30 000美元或以上	150（30%）	350（70%）	500（100%）

描述性调研可以提供轮廓描述（比如 SNB 客户低收入和高收入的比例）并指出轮廓特征之间的联系（比如客户收入水平同银行位置观点的联系）。但是描述性调研不能提供特征之间的因果关系。SNB 银行客户收入同银行位置观点的紧密联系并不意味着前者是后者的原因。在描述性调研数据上，认为客户收入同银行位置观点之间存在因果联系是错误的，而且在 SNB 的例子中甚至是可笑的。比如，多数 SNB 的高收入客户也许住在离 SNB 银行很远的地方。如果是这样的话，他们对银行位置的观点更多取决于他们居住的地点而非他们的收入水平。对收入水平和位置观点的数据分析中并没有控制客户居住地点对 SNB 银行位置是否便利的影响。为得到可靠因果关系，我们必须按照第 8 章的内容来开展实验性调研。以下将讨论开展描述性调研的一般方式。

3.4 开展描述性调研

描述性调研，或位于调研序列中更靠近描述性调研一端而不是靠近实验性调研的类型，是更常用的结论性调研方式。按照数据收集的一般方式，我们可以将描述性调研划分为两种基本类型：截面调查和纵向调查。

截面调查（cross-sectional studies）是一次性调研，在某一时间点上进行数据收集。前面的世界经济论坛提供了截面调查的例子。**纵向调查**（longitudinal studies）是在几个时间段中反复开展收集数据的调研。截面调查获得调研情景某时点的"快照"信息，而纵向调查产生某时间段内的"动态图像"（或系列快照）。通常，纵向调查比截面调查包括更多信息，因为动态图像比快照更具揭示性。但是纵向调查费用昂贵，而且两种调查方式的取舍也要基于调研目的。

截面调查使用截面样本（cross-sectional sample），它是专门和单纯为一次性数据收集而选取的一组调研单位（客户、商店、机构）。该样本在数据收集完毕后解散。纵向调查通常采用专门小组（panel）或招募的一组单位，以提供跨时间段的衡量信息。在每个衡量阶段结束后，该小组将被留做以后之用。

因此截面调查样本和纵向调查专门小组间存在明显区别。然而，实践中该区别却很模糊。有时截面调查样本也被纵向调查采用;纵向调查的专门小组(或小组的某个部分)也被截面调查采用。

比如美国国防部需要确定对核武器和核战争的态度并需要检测这些态度的在不同时间段的演变。假定美国国防部每季都需要了解公众态度。那么合适的调研设计明显为纵向调查。然而达到该目的,调研者并不需要成立专门的受访者小组。反而每个季度衡量时,他们会选择单独的截面调查样本。实际上,采用截面样本而非专门小组有许多优势,以后将详细介绍。关键是要理解截面调查和使用截面调查样本有时并不一致,纵向调查和使用纵向调查专门小组也是如此。

截面调查

在本章我们曾学习过:描述性调研比结论性调研更常用。在描述性调研中最常用的是截面调查。截面调查占据了包括收集原始数据在内的正式市场调研项目的大部分。

按照定义,截面调查包括某一时点的数据收集。然而我们可以使用截面调查来获得不同时点的数据。即收集数据的范围不是局限于开展截面调查的时间点。以下案例说明此点。

情景 资本在线公司(Capital Online Company,COC)需要获得客户使用网络的描述。COC公司特别需要了解客户的人口统计特征并使用这些特征(比如网络购物、花费时间、网络购买品种、上网频率、网络购买地点、未来网络购买的可能性、信用卡和社会保险代码的披露程度、购买的礼品、网络交易的愿望)。该公司考虑采用包括随机选取样本的截面调查。

COC公司可以获得人口统计数据和用户以往使用特征的数据吗?答案是可以的。比如,该公司可以询问受访者他们过去在线购买的产品和服务的情况:去年他们网络购买的品牌?网络购物频率的过去和现在比较是持平还是更少?同时,跨部门调查还可以询问未来消费的倾向:询问受访者打算继续网络购物吗?在明年他们会改变网络购物习惯吗?上述问题的回答对COC公司理解网络使用模式非常重要。

COC的例子表明,截面调查可以产生纵向调查类型的数据,即数据与某时间段有关,而不是局限于某一时点上。实际上,许多截面调查收集此种性质的纵向数据。然而,这样的数据的严重局限是数据的准确性取决于受访者对过去事项回忆以及对未来事项展望的准确性。在大多数情况下,受访者的回忆是不可靠的,特别是对很久以前发生的事。汉斯·泽瑞(Hans Zeisel)明确指出:

对小额支出的记忆，或表面的观察，将在几天内消失。而且，依赖记忆是不可靠的，因为非意识和意识性的力量会扭曲记忆。比如在选举日结束后的一天询问"你投票给谁"这样的问题，将诱发很多受访者回答投给胜出者[14]。

与记忆类似，消费者的预期也不是未来行为较好的指标[15]。在调查时间段包括未来时，该问题尤其严重。超越时间段的调查中，纵向调查比截面调查可靠得多，因为前者更少依赖消费者的智力能力，而且是在接近事件发生的时间内开展持续监测。

典型的截面调查使用的样本是专门为一次性数据收集而选取的，在数据收集结束后将解散。然而，一些公司，特别是一些商业市场调研公司却将多用途专门小组用做截面调查样本来源。保留多用途专门小组的公司可以针对特定的调研要求来提供客户设计的截面调查样本。这样的样本由在完成截面调查后返回专门小组的人员组成。

现场实例 ▶ 多用途专门小组的兴起　多用途专门小组（omnibus panel）最近成为调查消费者观点的普遍使用的资料来源。市场调研行业的并购狂热引发了全球多用途专门小组（包括许多细分市场小组）的建立。全球调研公司设立跨国多用途小组为全球客户服务。Synovate（www.synovate.com）是领先的全球调研公司，运做11个不同的多用途专门小组，包括：AsiaBUS, eNation, Global Ominus, TeenNation 和 TeleNacion。美国罐装和瓶装果汁饮料的头号公司——优鲜沛公司（Ocean Spray，公司网站为 www.oceanspray.com）和信息资源公司（www.infores.com）签订常年协议，后者提供覆盖所有大宗销售渠道（含便利店）的联合市场跟踪信息服务。通过其75000人的消费者家庭网络多用途小组，IRI公司也为Ocean Spray公司提供详细的消费者行为意见。日本的Intage Inc.（www.intage.co.jp）保留有由10 175名女性组成的多用途小组[16]。全球调研公司VUN的子公司、AC尼尔森公司正在积极扩大其家庭扫描多用途小组（Homescan Panel）（包括125000户家庭的数据），通过该小组收集到的婴儿家庭和青少年家庭的信息，帮助客户公司更好地为某细分市场服务并识别新市场机会。绿地在线公司（Greenfield Online, www.greenfieldonline.com）的西班牙小组（Hispanic Panel）提供途径接触英语为主的、双语的和西班牙语主导的西裔人士。图3.4为基于绿地在线公司西班牙小组提供的数据而得到的西裔人士描述。

纵向调查

纵向调查的主要目的是监测不同时间段下的变化[17]。以下例子解释了需要

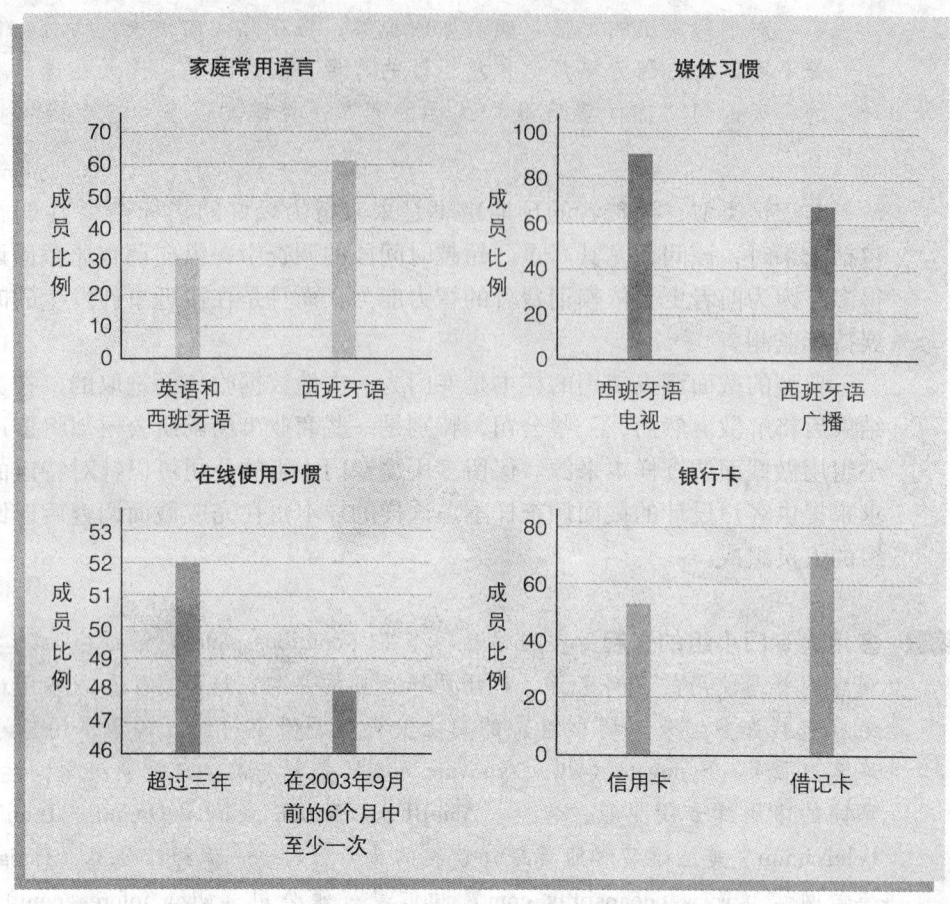

图 3.4　绿地在线公司西裔小组——选取的特征

资料来源："White Paper online Research and Hispanics: Click onto a ＄600 Billion Annual Market," www.grenfieldonline.com.

开展纵向调查的情景。

- 可口可乐公司需要跟踪掌握消费者饮料的品种和品牌信息。
- J. D. Power and Association[1]希望监测消费者对全国互联网服务提供商的满意度。
- 美国医学协会希望掌握人们饮食习惯是否以及如何按季节变化。

纵向调查的系列测量可以每次从性质完全不同、但具代表性的样本中选取，也可以从相同样本中选取。虽然两种样本方式都会产生纵向数据，但是调查结果

---

[1] J. D. Power and Association 为世界领先的市场调研公司。——译者注

和指向却可能有区别,以下例子表明了此点。

情景 X品牌的营销商希望监控X品牌和竞争品牌的市场份额。为简单起见,让我们假定X品牌只有两个竞争者:Y品牌和Z品牌。在适当时间段结束时(比如一个月或一个季度),该营销商可以对产品使用者开展不同的截面调研以确定他们使用的品牌。或者组建使用者专门小组并要求小组成员定期报告所使用的品牌;在本案例中,相同的一组受访者将在调研中提供数据。

假定市场营销商在每个衡量期调查100名不同但具代表性的使用者,并获得结果如表3.4所示,这可以揭示与营销商有关的两个调研目的:第一,X品牌是市场领导者,占据约40%的份额(因为样本规模为100人,一个品牌的使用者数量可以解释为该品牌的市场份额比例)。第二,三个品牌的市场份额在不同周期都保持稳定。

表3.4 品牌使用的纵向调研结果

使用品牌	调查期结束时使用每个品牌的数量	
	周期1	周期2
X品牌	40	42
Y品牌	30	29
Z品牌	30	29
Total	100	100

如果营销商在每个衡量期采用相同的样本,则以上纵向案例提供的信息类型可能在某种程度上不同。比如专门小组调查不仅可以展现全面的市场份额,还可以让公司来监测个别消费者不同时间段之间的品牌使用情况。在个别消费者的层面跟踪品牌使用情况会有助于在调研结束时得到品牌总体的市场份额信息。该额外的信息只有在每个数据收集阶段调查相同使用者的前提下才可以获得。

表3.5和表3.6通过提供两种不同结果——例子1和例子2来证明了本观点。两个表格中,"本行小计"下面的数字代表调研期1的品牌份额结果,"本列小计"下面的数字代表调研期2的品牌份额结果。表3.5和表3.6中揭示的全面的品牌份额同表3.4相同。因此,我们最初作出的关于X、Y、Z总体品牌市场份额的推断是对的。然而表3.5和表3.6包含了关于品牌如何获得总体份额的其他数据。表3.5第一行数字表明,在周期1购买X品牌的40名消费者中,有17人在周期1结束时再次购买X品牌,然而21人转向Y品牌、2人转向Z品牌。考虑表3.6中的第一行,数字表明在周期1有40个消费者购买X品牌,38人在周

期 1 结束时再次购买 X 品牌，然而 1 人转向 Y 品牌、1 人转向 Z 品牌。其他两行可以做类似的解释。

根据表 3.5（例子 1），虽然三个品牌都有稳定的份额，只有 Z 品牌似乎有产品忠诚度；X 品牌和 Y 品牌的使用者在调查期间都有转向其他品牌的现象。比较之下，表 3.6（例子 2）表明三个品牌都有高稳定的份额和高忠诚度。明显，例子 1 和例子 2 中 X 品牌引出的市场意味是非常不同的。

表 3.5　品牌使用的变动：例子 1

调查期 1 结束时使用每个品牌的数量使用品牌	调查期 2 结束时使用每个品牌的数量			本行小计
	X	Y	Z	
X	17	21	2	40
Y	23	5	2	30
Z	2	3	25	30
本列小计	42	29	29	100

表 3.6　品牌使用的变动：例子 2

调查期 1 结束时使用每个品牌的数量使用品牌	调查期 2 结束时使用每个品牌的数量			本行小计
	X	Y	Z	
X	38	1	1	40
Y	2	27	1	30
Z	2	1	27	30
本列小计	42	29	29	100

真实专门小组调研

同采用系列不同样本的方式比较，采用相同受访者样本的纵向调查将提供更丰富的信息。实际上，衡量期之间的动态变化也只有通过采用相同受访者专门小组才可以获得。这样的专门小组被认为是"真实小组"（true-panel studies）以便和在不同时期截面样本的多用途小组相区别[18]。

比较在各个衡量期间采用不同样本的纵向调研，真实小组调研也可以产生与调研目的直接相关的更多数据，原因如下：

1. 真实小组由愿意接受调研的人员组成样本，这样他们就可能忍受长时间的调研或填写篇幅长的问卷。
2. 由于不必每次再对人口统计和生活方式信息的背景进行收集，因此，对给定的访问或问卷长度，可以获得原始调研项目下更多的数据[19]。

消费者专门小组的缺陷

消费者专门小组并不是没有缺点。建立专门小组的主要困难是在一个长期时间段内从愿意合作的受访者中确认代表性样本。某些消费者类型特别难以招募。这样的类型包括：非白人、年龄25岁以下的主妇或文盲。调研者即使可能在最初成功建立代表性专门小组，但是小组成员的特性也会在纵向调查过程中发生改变。结果是如果不用新成员替换不符条件的人员的话（这也是费钱费时的工作），该小组将不再具代表性。消费者专门小组的另一潜在问题是成员参与多种调查，在一段时间后，将诱发成员改变其自然或正常的行为。西蒙·苏德曼（Seymour Sudman）和罗伯特·费伯（Robert Ferber）将这种困难定义为"专门小组条件作用"（panel conditioning）并解释如下：

一个每周定期采购、并在专门小组中承担罐头食品调研的主妇会因为最近没有采购罐头食品而感到问心有愧，而故意购买罐头食品以便在日记中记录购买行为。最初不打算开立储蓄账户的家庭如果成年累月被询问是否会开立储蓄账户，他们也会决定开立账户[20]。

绝大多数运作消费者专门小组的商业市场调研公司采取步骤以保证小组成员行为是正常的而且对该行为的报告也是准确的。商业市场调研公司可以应家庭请求或在这些家庭没有按时返回五篇日记中的三篇时，取消该家庭的小组成员资格。另外，在四或五年后，调研公司将取消这些家庭成员的报告资格，因为购买行为在长期详细报告后会经历改变。明显例子表明，谨慎的步骤会增加维持和运作专门小组的费用。然而，上述步骤又是为保证专门小组数据可信所必须的。

因为专门小组的局限性，调研者对相同受访者定期监测时必须是有限使用。如果纵向调查的目的是跟踪宏观、累计水平的变量时，并不需要真实小组的独特能力。在这种情景下，从大众当中选取几个截面调查样本，或从合适的多用途小组中选取样本是必须的——也许比采用真实小组还好。

3.5 开展实验性调研

实验性调研的目的是为了获得事实，从而得出各变量间因果关系的正确推论。通过操纵假定的因果变量并控制其他相关变量的效应来收集数据，该方式克服了描述性调研项目缺乏控制力的问题。

为解释上述观点，考虑一家消费产品公司希望了解广告对销售的影响。为达到目的，该公司可以开展如下工作：

1. 选择一组有类似人口统计、社会经济和竞争者特征的不同市场区域。
2. 变动各个市场上广告支出的不同水平，保持其他市场变量比如价格和促销的稳定。
3. 监测足够长时间内的销售变动。
4. 分析数据以确认不同市场之间销售变动的模式是否和广告支出变动的模式一致。

以上步骤为实验性调研而非描述性调研方式，因为调研中将保持广告以外的其他影响销售的因素不变。假定在调研期间内的一组市场中，外部条件没有重要的不同（比如失业率突然变化，或只局限于某些市场而不在其他市场开展的竞争行为），销售的变动可以被认为是广告支出变动的结果。

相比之下，如果对公司客户代表性的样本开展描述性调研，要求他们给出在过去的调查期内公司广告支出和销售收入数据，这样收集的广告数据和销售数据不能证明两者间有因果关系。通过分析调研数据揭示的广告和销售之间的正面关联不能被解释为高广告投入带来高销售额。首先，虽然高广告投入和高销售额同时发生，但后者可能是由其他因素影响，比如那些报告销量增加的公司是规模更大或占据更有利竞争地位的公司。其次，样本公司往往根据过往销售收入或销售收入预期的一定比例提留广告预算；如果这样，那么实际上是销售水平决定广告水平，而不是相反。

为准确得出因果关系，我们必须操纵自变量（本案例中为广告支出）并有效控制其他变量。另一前提是自变量（广告）和因变量（销售）必须符合时间发生顺序。为确认广告是否影响销售，比如我们必须先改变广告投入水平，而不要被预期的销售所影响，任何销售的变化都必须在之后衡量。

为进一步揭示实验性调研如何开展，考虑在前面本章情景 C 中描述的 TEA 公司的例子。TEA 的总裁操纵价格（减少 15%）来确认价格对销售收入和利润的影响。实验性调研可以为情景 C 提供以下分析：

TEA 开展经营的 8 个社区有相同的特征。因此我们可以武断地将餐厅分为两组：A 组和 B 组。我们将 A 组餐厅的价格降低 15%，B 组餐厅价格保持不变。几周后，我们比较 A 组和 B 组的销售收入和利润。两组间的任何明显差别将表明价格下降对销售收入和利润的因果联系。假定调研中可能影响 A 组和 B 组餐厅销售收入和利润的其他因素保持稳定，我们可以确定地将两组间的任何明显的销售收入和利润的重大变动归于价格下降的影响。

TEA 公司的调研设计是两组实验性调研的设计，采用实验组（A 组）和参照组（B 组）。因为除自变量（A 组降低价格）不同外，两组其余因素都相同；参照组抓住了除自变量以外的其他所有因素对因变量（销售或利润）的影响。

如果将餐厅分为等量的实验组和参照组不现实的话，我们可以采用其他途径。我们每隔几周检测 8 个餐厅的销售收入和利润。我们将所有 8 个餐厅的价格都降低 15%、同时让其他市场变量保持稳定。我们就可以监测到 8 个餐厅销售收入和利润同前期进行对比。价格变动之前和之后的任何重大变动可以显示价格对销售收入和利润的影响。该方式被称为"一组样本，之前和之后"（one-grouo, before-after）实验性调研设计。

3.6 决定采用的调研类型

在某情景中选择最适合的调研类型（探索性或结论性）在某种程度上是非常主观的。该抉择不仅取决于情景的性质，也取决于决策者如何看待该决定。在调研目的只有一个大概且所需数据不清楚的情况下，探索性调研最适合。其他情形下，结论性调研更合适。通过探索性调研获得的观点通常是更正式的结论性调研的基础。偶然的情况下，探索性调研可以强烈揭示未来的结论性调研是否有必要或是否有效益。

在需要开展结论性调研的情景中，到底选择结论性调研的何种类型（描述性或实验性调查）取决于是否需要揭示调研目的中各变量的因果关系。如果需要揭示因果关系，则应选择实验性调研的某种形式；如果不需要，描述性调研就足够了。当然，如同在本章早先暗示的那样，描述性调研和实验性调研的区别呈现为连续的过渡，而不是界限清楚的两端。因此，如果描述性调研得到良好设计和妥善开展时，我们有时可以基于该数据做测试性的因果推断。同样，我们很少开展纯粹的实验性调研。在第 8 章，我们将看到：由于资源、环境和其他制约，许多实验性调研都缺乏某种程度的控制。图 3.5 是在特定情景下识别最合适调研方式的一般原则的流程图。

本 章 小 结

我们将市场调研大致分为两类：探索性调研和结论性调研。探索性调研寻求最初的调研观点或灵感并对未来需要的调研指明方向；而结论性调研旨在核实上述观点并协助决策者选择特定的行动路线。

开展探索性调研最常见的方式包括访问专业人士（关键信息提供者技术）、焦点人群访问、分析二手数据、案例调研方式和观察法。从调研者的角度，这些方式都是非常灵活的。探索性调研的有效性在很大程度上取决于调研者的资源和技能。

结论性调研有两种方式：描述性调研和实验性调研。如同名称暗示的那样，描述性调研的目的是为得到相关单位的数据并让调研者识别相关变量或因素之间的联系。然而描述性调研不能清楚确定因果联系。而实验性调研可以

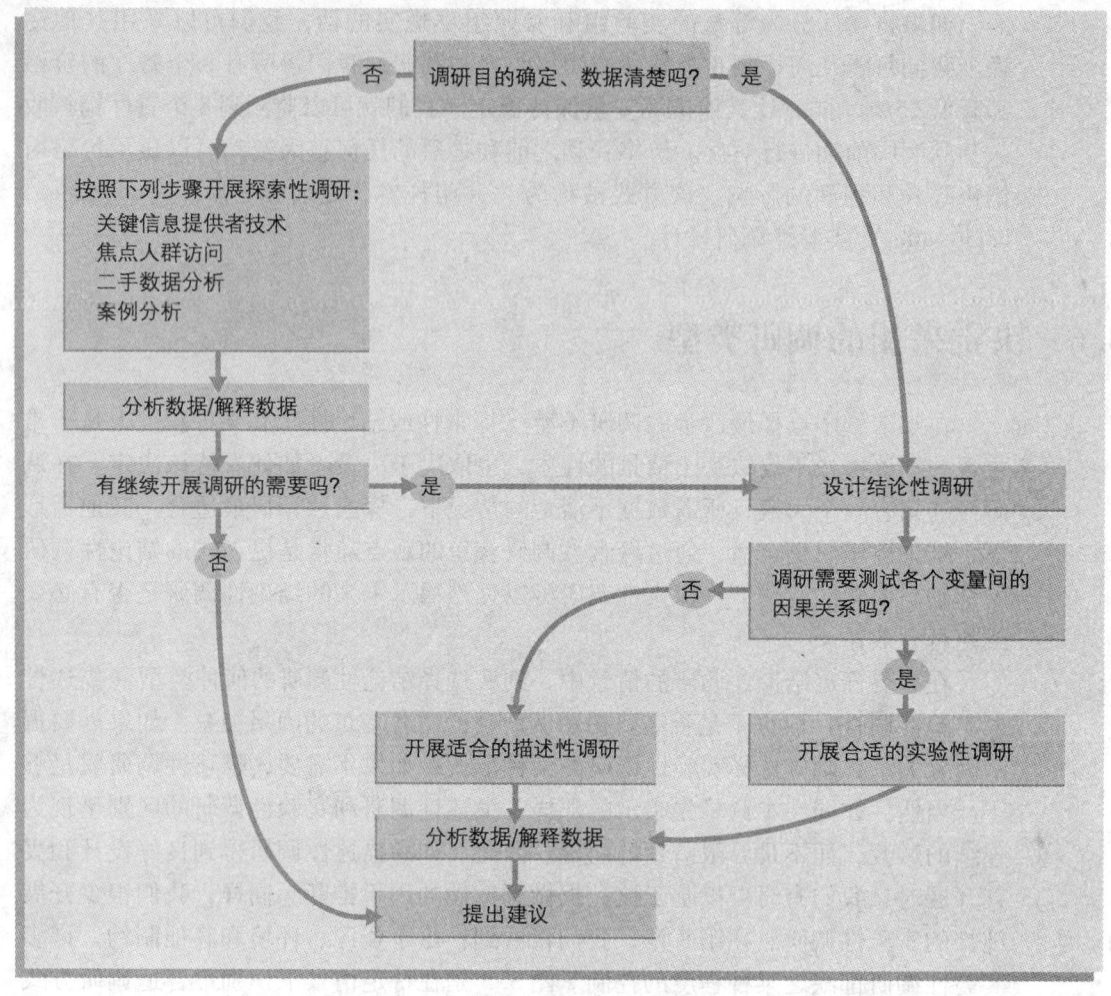

图 3.5　选择最合适调研方式的流程图

通过控制条件下的数据，从而在变量之间建立更明确的因果关系。

多数描述性调研项目是截面调查。然而当需要相同变量在不同时间点的数据时，就需要进行纵向调查。截面调查仅是某一时间点上的衡量，因此调查样本根据这一特定目的选取而在数据收集后解散。纵向调查则不同，它通常采用被称为"专门小组"的样本，并从中定期收集数据。

实际中截面调查和纵向调查的区别并不如理论中如此明显。许多截面消费者调查也收集消费者过去和未来行为数据，虽然该数据的准确性值得怀疑。而且，某些截面调查的样本从多用途专门小组中选取。同样，某些纵向调查采用截面调查样本，而不采用受访者真实小组（固定样本）。虽然真实小组能提供更多和更具揭示性的数据，但它有严重的潜在缺陷，小组的代表性、小组成员特性的改变和更换成员的成本、小组成员条件作用等都会导致小组成员的非典型性。

开展实验性调研是在假定的操纵因变量并控制其他相关变量的环境中收集数据。开展实验性调研时可以采用不同的方式和设计。

在调研目的仅为初步探索、数据需求不清楚时，探索性调研非常有用。在调研目的明确、数据需求清楚时，结论性调研非常有用。

复习讨论题

1. 探索性调研和结论性调研的基本区别是什么？
2. 自己建立一个最适合探索性调研的情景，再建立一个最适合结论性调研的情景。
3. 什么是关键信息提供者技术？有效采用该方式时，调研者应该注意什么？
4. 什么时候适合开展案例调研？它的独特之处是什么？
5. 举一个自己的例子说明何时开展描述性调研以及何时开展实验性调研。
6. 简短讨论描述性调研能提供的数据类型和不能提供的类型。
7. 截面调研的性质和目的与纵向调研有何不同？
8. "截面调研只能得到某一时间点的数据。"你赞同或反对以上论述？请解释原因。
9. 采用真实小组的优点和缺陷是什么？

应 用 练 习

1. 以下四种不同情景中都需要某种形式的调研。为每个情景指出最合适的调研设计：探索性或结论性调研；截面或纵向调研。解释你的答案并简短描述你将在该情景中采用的特定调查方式。
   a. 一家工业品公司预计未来两年会经历衰退。该公司希望了解应该如何改变目前的市场战略以最大限度减少衰退带来的负面影响。
   b. 一家销售家用电脑的公司正担忧竞争者公司新推出的品牌。该公司希望检测该新品牌如何影响本公司和竞争者公司的市场份额。
   c. 一家包装食品公司开发出新的冷冻便餐并相信该产品比市场上的其他产品更好。该公司希望为新的冷冻便餐开发独特的促销方式以便和竞争品牌相区分并吸引不同领域的消费者。
   d. 一家大型银行目前有20 000个贷款客户。该银行担心无法偿还贷款的客户在增加。因此，该银行希望了解还款记录良好的客户和无法偿还贷款的客户的不同。该银行想特别了解以下信息：年龄、性别、收入、职业、婚姻状态、过去的信用记录。
2. Sea Side Boats 是销售水上用品的零售连锁公司，它的一些零售店出现了销售下降。虽然该公司整体业绩较好，但是8个地点中只有两个店业绩突出；其余的店都发生某种程度的下滑。Sea Side Boats 公司在考虑业绩不良的6个点该怎么办。该公司的业主是你的好朋友，前来征求你的意见。你如何处理该问题呢？你会建议哪种类型的调研方式呢？哪种具体的调研类型会最适合呢？
3. 一家美容产品生产商接触了洁妮（Jenny）美容品店以确认洁妮店是否愿意经营公司的美容产品线。洁妮喜欢在它的美容店中经营该产品。然而她希望了解客户目前对这类产品的偏好，她前来征求你的意见。洁妮希望开展结论性调研。你同意吗？如果你同意，请向洁妮指明她应该采用截面调研或纵向调研，并解释原因。然后，为增加洁妮对市场调研的理解，请为洁妮美容品店解释一个可能的实际应用。

互联网练习

1. 登录 www.greenfield.com 并搜寻关于绿地在线专门小组（Greenfield Online Panel）的信息（比如白皮书），回答以下问题：
   a. 绿地在线如何获得专门小组的单位？
   b. 如何从该专门小组收集数据？
   c. 绿地在线提供小组成员的何种信息？
   d. 绿地在线声称的其多用途专门小组的效用和收益是什么？
   e. 请描述一个可以使用专门小组的情景。
2. 登录 www.harrisinteractive.com。请搜索右边的哈里斯民意调查（Harris Poll）。
   a. 阅读关于哈里斯民意调查的介绍信息以及如何开展调查。然后到民意调查年度列表处选择最近年份的民意调查。选择具有市场调研意味的民意调查并总结调研结果。
   b. 之后请识别和描述数据收集采用的方式。
   c. 按照第三章的知识，划分专门小组的类型，确认是否使用截面调研或纵向调研设计。

案例 3.1　Aleve 牌止痛片
(*www.aleve.com*)

在过去的几年中，拜耳公司健康业务部的消费者护理中心开展了系列调研项目以建立 Aleve 牌止痛片的销售和市场份额。比起其他止痛剂，Aleve 有两大主要功能：两粒即可缓解 24 小时剧烈疼痛；且为非处方药（可省去看医生的需要）。拜耳公司围绕消费者调查结果建立了非常成功的广告战。

背景

1994 年 Aleve 即获得食品药物监督管理局（FDA）轻微疼痛和发烧的非处方药许可，在以后的近 10 年中，Aleve[1] 都会率先推出非处方品种（OTC）的新兴止痛药。在与阿斯匹林的竞争中，Aleve 提供的 OTC 止痛片可以在各种环境中使用，比如轻微关节痛、肌肉疼痛、头痛和因为普通感冒引起的轻微疼痛。

Aleve 最早是罗氏控股公司（医药行业）和宝洁公司（消费品包装产品行业）的合资企业。1996 年，宝洁公司将自己在合资公司 50% 的股份出售给合作伙伴——罗氏控股公司，震惊了止痛产品行业。宝洁公司在两年前拿出 1 亿美元来推出该产品后，Aleve 只达到行业市场份额的 6%，大大低于管理层的预期。此后不久，拜耳消费者护理中心主动接触罗氏公司，两家公司在夏天达成协议按照 50/50 比例共同出资建立合资公司来销售 Aleve 产品。拜耳面临树立 Aleve 产品品牌的严峻挑战。

Aleve 产品市场地位的复活[2]

拜耳公司面临两难：连宝洁这样的巨头公司都放弃的品种，该如何提高该产品的市场业绩？拜耳公司认识到，首先应该确认 Aleve 产品的真正使用者。他们雇佣了一家位于纽约的 CLT 调研机构，在 Aleve 产品去年使用人群中年龄 18~75 岁的人群中随机选取了 800 个家庭进行访问。CLT 认为，这一产品市场的某一部分

(占据样本的 24%）为所谓的止痛片严重依赖者。他们大量使用 OTC 止痛片，也显示了尝试多种品牌的很高意愿。本部分受访者中的 35% 已经尝试过 Aleve 产品，但是该品牌只是他们所选择的众多品牌中的一种。品牌经理不得不解决如何提高 Aleve 吸引力的问题。

该问题在后续的调研中得到回答。位于纽约的调研公司 Moskowitz Jacobs Inc. 让 249 名受访者评估 Aleve 产品的系列介绍。年龄从 18 岁到 69 岁的男性和女性认为"控制疼痛"和/或"做想做的事的自由"最重要。后续调研也发现，受访者希望可以减少为减轻疼痛而服用药片的数量。这告诉 Aleve 品牌经理要制定战略来回应以上调研结果。

Aleve 已经声称，每天服用两片蓝色药片可以一整天减轻疼痛。该战略将 Aleve 的每日剂量同普通 OTC 产品每日 8 片的剂量进行比较，吸引希望减少剂量的用户的注意。最后一项调研采用了 OTC 止痛片产品的二手数据和焦点人群调研：比起其他产品，Aleve 产品的使用者是那些关节痛和后背痛更严重的患者。调研产生的另一有用信息为：Aleve 产品的使用者一般生活繁忙、承担各种责任以及对他们的成就更感自豪。

在 Moskowitz Jacobs Inc. 公司的帮助下，Aleve 品牌经理为该产品制定了个性特征。Aleve 如今是可以"解除剧烈疼痛，显著改善生活质量"的品牌。BBDO 芝加哥（BBDO Chicago）广告公司所设计的广告战就包含了此特征。宣称"显著改善"，该广告采用 Aleve 使用者感谢信的方式，感谢 Aleve 产品让他们的生活重回正轨。

以下可以看出该广告战的战略影响：2000 年 Aleve 的销售比 1999 年高出 16%。市场份额提升到历史最高水平——7%。无协助条件下回忆该品牌的比例在 1999—2000 年从 8% 提高到 44%。无协助条件下回忆"显著改善"的比例在 2000 年提高到 33%。这个案例似乎说明，在众多市场调研公司的帮助下，拜耳公司找到了宝洁公司未能取得成功的关键。

案例问题

1. 请总结为 Aleve 品牌开展的不同调研类型，确认每个调研类型中的数据收集技术。
2. 各项调研采用的是何种方式：探索性或结论性？请解释原因。

案例注释

1. Aleve is the non-prescription strength of Anaprox, a fast-acting form of the medicine in Naprosyn, the number one selling brand in its class (antiarthritics) for many years.
2. This portion of the case draws heavily on Sara Eckel, "Road to Recovery: Bayer Consumer Care Prescribe Some Strong Medicine for an Ailing Brand," American Demographics (March 2001): S8.

案例 3.2　官方援助网站（Grants. gov）推动基于网络的援助流程
(*www. grants. gov*)

同政府部门打交道并不容易。官僚作风常常让人头痛不已。官方援助网站（Grants. gov）是通过单一网站来整合政府援助项目以改善瓶颈状况，该网站包括 26 个联邦机构和 900 个私人的援助项目。美国每年援助资金有 3 500 亿美元，过去每个机构都有自己的申请程序或电子程序。让这些机构全都使用官方援助网站需要技术基础设施和流程的重大转变。官方援助网站被誉为政府网上办公的成功典范,因为它代表了以公民为中心的电子政府的成功实施,官方援助网站在2004年被授予FOSE Show Case 卓越奖。该网站成功之处在于不断注重消费者信息输入以及市场调研。

在开发官方援助网站初期就已经知道,网站潜在的使用者(援助申请人和决定援助的机构)对网站的使用界面和系统的有效性最为重要。然而同样显然的是,获得政府各个方面(监督机构、IT专家、政策制定者、援助项目管理者)的支持也非常重要。为达到目的,IBM商业咨询服务的分包商——罗克布里奇(Rockbridge Association Inc.)采用了严谨的调研程序来设计政府电子服务。

罗克布里奇公司(www.rockresearch.com)首先访问26个利益相关方并建立2个工作组以确认影响该网站的主要利益方的需要和期待。该公司也对援助决策机构人员(他们都位于华盛顿特区)和援助申请人(位于华盛顿特区和依靠电话联系的位于全国的援助申请人)分别开展焦点人群调研以落实网站系统的设计需求。上述两个调研阶段协助提供系统投入并确定优先开发的方向。

之后罗克布里奇公司开展了导航性的两个焦点人群调查,一个为援助申请人,另一个为援助决策机构。在焦点人群调查中,罗克布里奇公司详细调查了导向性问题:探讨受访者如何看待和感受网站的观点、网站性能以及网站的内容。调研结果将用于完善系统和为使用测试做准备。

在该系统推出后,罗克布里奇开始每个季度跟踪调查约50个援助机构代表和75名援助申请人的满意程度。该调查采取在线方式,包括15~20个问题,涉及使用者对网站的整体满意度、网站特点和使用的满意度、使用网站遇到的问题、技术支撑体系对网站客户提供问题解决方案的满意度,以及该网站如何体现使用者的期待和如何提高援助流程效率。调研的目的是确保在不断增加新特点和功能的同时,网站体系能满足使用者的期望。虽然以消费者为中心的设计是官方援助网站成功的主要动力,但它最初在鼓励使用该网站时却面临着挑战。

网站开展了大型的营销战和品牌战来驱动使用和接受。在推出前,罗克布里奇公司对400名援助申请人和50个援助机构代表(他们之前对官方援助网站可能熟悉,也可能不熟悉)开展了基线变化管理调查。该调查包括5个问题并用于测试他们对官方援助网站的了解程度、最初沟通努力的效果、市场对援助程序的看法。该调研每个季度开展,可以指导和评估沟通努力。

官方援助网站采用的市场调研程序确保了网站的成功。调研通过在最初设计阶段时就注重使用者需要节约了政府时间和资金。

案例问题

1. 你认为在推出官方援助网站之前开展的调研是属于探索性还是结论性调研?在该网站推出后的调研类型属于哪种?请解释你的答案。请识别在网站推出前和推出后不同阶段采用的特定调研的类型或数据收集技术。
2. 案例中所采用的各种调研类型和技术合适吗?如果合适,为什么?如果不合适,为什么?你会采用不同办法吗?请解释你的答案。

第 2 部分

数据收集：类型和方法

第4章　二手数据

第5章　采用地理信息系统开展市场调研

第6章　原始数据收集

第7章　定性调研

第8章　市场调研中的实验

第4章
二手数据

本章学习目标 ▶

- ☐ 比较二手数据和原始数据各自的优势
- ☐ 识别二手数据相关性和准确性方面上的缺陷
- ☐ 区分：（1）二手数据的原始来源和二手来源
  （2）二手数据的内部来源和外部来源
- ☐ 解释二手数据管理越来越重要的原因
- ☐ 定义营销信息系统并描述其基本组成

开篇故事

信息竞争力：Pure 和 Persil 洗衣粉、好奇纸尿裤、Birds Eyes 鱼竿和吉百利巧克力的共同之处

在英国，有超过200家电视台激烈争夺消费者的注意。在如今男性和女性越来越多分摊家庭购物的年代，消费产品制造商在识别"典型客户"时都会遇到困难。虽然消费产品制造商对客户有一些了解，他们也承认，有效的促销还需要更深入的知识。

全球领先的消费产品制造商联合利华公司认为，如果公司了解人们对各个产品类别的习惯、态度和行为，那么公司就可以预测消费者对本公司产品的习惯、态度和行为。联合利华公司、金佰利—克拉克公司和吉百利公司合作建立了一种"拼图联盟（Jigsaw Consortium）"以整和消费者数据。这些公司认为，虽然它们的产品非常不同，但这些产品最终都会出现在消费者购物推车上。合并的数据库显示，大部分有儿童的家庭所购买的产品主要种类为：联合利华公司的完全舒适牌（Comfort Pure）织物调节液、Persil 牌洗衣粉、多芬香皂、凡士林深入护理产品、Birds Eyes 牌鱼竿、金佰利—克拉克公司的好奇纸尿裤和吉百利公司的巧克力。了解家庭最可能购买的种类将帮助联盟成员公司更好地

瞄准他们开展直邮促销战。

数据库分析提供的结果不是那么直觉性的，比如"空巢"家庭一般是茶叶、汤、巧克力和冰激凌的大宗消费者；有儿童的家庭大量购买纸尿裤、洗衣粉和鱼竿。根据该数据库，联盟公司为每种特定的家庭组制定了量身定做的促销方案。然而直邮促销战并不尽如人意。联合利华公司决定增加自己的全球关系营销活动并让公司全球媒体主管阿兰·卢瑟福来监测公司快速消费品（FMCG）组合中关系营销的具体情况。根据修改后的战略，该公司认为关系营销是促销产品的又一途径。

比如，数据库资料表明，Birds Eyes、联合利华公司的冷冻食品部发动了瞄准青少年家庭的关系营销战。联合利华公司采用了拼图数据库中的 1 000 万消费者信息。关系营销项目进一步扩展到从填写问卷的 200 万消费者中选取的 150 000 人。该项目的邮件中包括为母亲提供的营养卡片、一个鼓励孩子健康饮食的明星图片、向孩子展示如何用桌子和毯子玩捉迷藏的卡片、一张剪纸（如硬币和鹦鹉）。

复活节期间，吉百利公司通过直邮来促销公司旗帜品牌：吉百利奶油蛋。该公司根据拼图数据库选取 300000 家庭。邮件包括 1 英镑的优惠券和一份问卷以协助未来的关系营销。

超过 1000 万消费者的强大数据库帮助联合利华和吉百利公司围绕增长最快的细分市场更新公司品牌。世界上一些最大型的调研公司已经开始探索建立个人特征数据库所带来的机会。在萨奇广告公司（Saatchi &Saatchi）的帮助下，宝洁公司制定了"黄金家庭"的项目，计划将 Ariel 和 Fairy 这样原来独立的品牌联系起来。同时询问消费者家庭如何使用宝洁公司不同的产品以确定产品之间是否有互补性以及是否可以交叉销售其他产品。确认消费者购买行为的数据可以让公司发展信息竞争力，更准确地瞄准关系营销、效果也更好[1]。

二手数据是为其他研究目的而收集的数据。这样的数据从以下来源可以获得：

- 保修卡（包括购买时间、地点和目的）：最近通过邮件或电子邮件返回给设备制造商的保修卡（比如 www. registration. whirlpoolcorp. com/registration/defaults. asp）。
- 尼尔森公司网站评估（Nielson/NetRating）：显示特定月份中不同网站的受欢迎度（www. nielsen-netratings. com）。
- 由美国人口统计局提供的全国不同地区的零售统计数据（www. census. gov）。

二手数据收集的目的通常与调研者的目的不一致。因此调研者面临双重挑战：识别哪些二手数据有用并根据调研目的评估该数据。本章讨论二手数据面临的挑战并提供解决问题的指南。

首先，我们来分析二手数据的优点和缺点，了解调研者为什么必须首先明确这些特点，同时在使用时必须谨慎。

4.1 二手数据的优点

二手数据的优点有很多。首先，二手数据是现成的，因此数据收集的费用低、耗时少。

成本和时间

如果采用二手数据而不是原始数据，会节约调研的成本和时间。考虑以下《洛杉矶时报》中的小型公司的例子：

> 我经营一家游泳和 Spa 清洁和护理中心，并正在准备一份商业计划书。我被市场分析的部分弄糊涂了，找不到圣费尔南多山谷（San Fernado Valley）的所有游泳中心的任何信息。我该如何找到市场规模和竞争信息呢？（贝尔山谷的迈克·福勒尔）[2]

迈克·福勒尔（Michael Fowler）的选择之一是开展调研，比如通过调查 300 个家庭来收集数据并确定位于圣费尔南多山谷的游泳和 Spa 中心的数量。可以想像，收集原始数据是非常昂贵和费时的。比如，即使每个访问收集和分析数据花费 50 美元（这是非常保守的估计），迈克也得花费 10 000 美元。考虑到他的经济紧张，而且有用的二手数据成本更为低廉，迈克将资金用于原始数据收集是不明智的。另外，收集原始数据将消耗比二手数据多得多的时间。

比如，麦克可以从美国人口统计局（www.census.gov）获得人口统计信息。他可通过黄页（www.yellowpages.com）或交换台网站（www.switchboard.com）来获得竞争对手的信息。只要很少的花费就可以从当地报纸获得收入、住宅、消费者购买习惯的信息。像 www.marketingplan.com 这样的网站也可以帮助迈克找出其他网络资源。还有其他机构，比如商业市场调研公司、政府或贸易协会都拥有加州各县的游泳和 Spa 中心的数量的信息。迈克只要登录网站（www.poolsnews.com）或给游泳和 Spa 行业协会（APSP）[3]打电话或在当地图书馆查询即可。

不先调查是否存在二手信息而盲目开展原始数据收集会浪费宝贵的金钱和时间资源。采用二手数据来获得以下信息非常节约时间和资金：市场中的人口构成、某种产品类型的零售数据、品牌份额的演变、产业市场潜力等，因为可以满足调研目的的各种二手数据非常丰富。

可获得性

除了成本和时间节约以外,二手数据可能更容易获得。比如,零售贸易调查(www.census.gov)按照终端渠道的不同类型来划分零售数据。对一家向零售商销售产品并希望根据不同零售渠道类型来全面了解市场规模的制造公司而言,该调查可能是唯一准确的数据来源。基于数据的敏感性,该制造公司会发觉由自己来收集准确和全面的数据是非常困难的。然而美国人口统计局凭借其法律权威却可以收集和传播这些信息。

另一家拥有类似权威的联邦机构是证券和交易委员会(SEC,www.sec.gov)。法律要求美国的上市公司向 SEC 填写某些财务数据,SEC 会公布这些数据。

虽然某些形式的二手数据是免费的(比如在大多数政府出版物、书籍和杂志中公布的数据),但商业调研机构的数据却要收费。商业调研机构出售的二手数据通常被称为**联合数据**(syndicated data)。收集联合数据的成本在众多客户公司中进行分摊;分摊成本肯定比客户公司自己收集数据要低得多。考虑一家小型制造公司的例子:该公司生产罐头蔬菜并通过食品经纪商分销到全国的超市。该公司同超市或公司产品的消费者没有直接接触。因此如果全国购买日记专门小组(www.npd.com)和 AC 尼尔森公司扫描跟踪服务 SCANTRACK(www.acnielson.com)不提供这样的数据的话,该公司无法知道谁在购买公司产品、在各个地区市场的品牌份额等信息。

4.2 二手数据的缺点

二手数据也有一些的缺点,主要是二手数据的相关性和确保数据准确性的难度。

相关性

现有的二手数据可能与给定调研项目中的一个或多个因素所要求的数据类型不匹配:(1)数据计量的单位;(2)报告数据所需要的变量种类的划分或定义;(3)数据衡量的时间段。

调研者可以通过使用另外的计量单位来收集不同变量的数据。产品销售可以用美元或件数;产品运输可以用容积、重量、美元价值或卡车载货量;消费者教育水平可以用最高学历或完成正式教育的年数。除非以下例子中展示的某种特定调研目的,一般二手数据来源所选择的特定计量单位也可以提供所需数据。

例子 地毯无限公司(Carpet Unlimited)和 Sentinel 公司都是新设企业。

地毯公司制造各种地毯产品，Sentinel 生产烟雾探测仪。两家公司都希望预测其产品在全国不同地区的总体销售潜力。

预测产品在某一地区销售潜力的一个方法是该地区居住家庭的规模。居家规模可以通过两种方法来测量：房间数量和房屋面积英尺数。用房间数量来描述居住家庭的规模的话，可以对 Sentinel 公司提供足够和适合的数据，但是对地毯公司却不合适。地毯公司如果要作出有意义的市场潜力估计，需要的是房屋面积尺数。

美国人口统计局的居住家庭的人口和房屋的各种数据对 Sentinel 公司预测烟雾探测仪市场潜力非常有用。房间数量、卧室数量、房屋建造年代、房屋层数等数据应有尽有。然而，这些数据却不能用于地毯销售潜力的有意义预测。

一般而言，虽然调研变量的数据是现成的，在特定运用场合下的数据相关性取决于所采用的计量单位。然而我们不能仅仅因为计量单位和调研项目的要求不一致，就匆匆认为二手数据是无关的。在某种情况下，我们可以将报告数据转化为我们需要的特定单位。比如，一个卡车公司发现报告的二手数据为重量单位，但是该公司需要工业化学品运输的容积单位。这样的二手数据仍是有用的，因为该数据按照重量/容积比可以非常容易地转化。同样，如果某种产品的销售总量按出售单位计量（比如电视机），在市场上电视机平均价格预测是有效的前提下，可以计算出总的美元价值。当然，这样的转换并不总是可行的。如果我们希望了解不同尺寸电视机的销售单位而不是销售总量的话，以美元计价的总销售额数据是没用的。

例子 数字保姆公司（Digital Babysitter）是专业制造数码儿童监视器的公司。该数码儿童监视器可以将儿童在家庭中的画面传输到公司，父母们在任何地方只需要登录该公司网站就可以看到自己的孩子。该公司打算在美国以外扩展并开始在寻找其他市场。该公司根据联合国（www.un.org）的婴儿出生率决定瞄准中国和印度市场。而且，该公司也获得这些国家城区电脑使用程度的信息，因此将目标市场锁定在这些国家的城市人口。

虽然在发达国作出二手数据分析似乎是完美的，但是在中国和印度却没有用：因为当地的儿童要么在大家族中、要么在学校，从不会独自在家。因为住房紧张，父母们常和子女共处一室。因此，虽然二手数据显示儿童监视器的市场潜力，但是同中国和印度市场没有相关性。而且在住房紧张之外，中国和印度的互联网使用比例即使在城市都还不高，因此儿童监视器对这样的市场不具太多吸引力。然而，互联网在亚洲正在盛行开来，中国约7%的家庭连接了网络，中心城市的这一比例更高[4]。印度互联网使用比例为0.2%，但是印度的宽带政策要求在2010年前有2 000万宽带用户和4 000万互联网用户[5]。在未来的几年，互联网不会是主要绊脚石，但是文化因素（比如和孩子共享天伦之乐的价值）将继续成为制约数字保姆销售的问题。

如果累加数据时的数据种类与本次调研者的希望不一致，二手数据也可能不相关。某产品和服务的营销商瞄准的是老年市场。该营销商希望获得"老年居民"类下的不同年龄段人群的生活方式和活动的数据。假定有一现成的综合性调研结果，它将成年人生活方式和活动分成五个年龄段：18～25岁、26～35岁、36～45岁以及55岁以上。该调研对上述营销商没有用，因为年龄变量和营销商特定需求不一致。

实际上二手数据种类和决策者需要的数据种类之间的不匹配并不总如上述例子中那样明显。该差别可能会非常细微，但如果二手数据使用者没有认识到，就会导致错误推论[6]。

现场实例 ▶ **普瑞来是"液体香皂"还是"快速消毒品"？** GOJO工业公司在1995年将普瑞来（Purell）作为"手部即时消毒品"推出，即该产品是免洗净手液的产品并定位于皮肤护理/急救产品。然而两家领先联合数据服务公司——尼尔森公司和国际资源公司（IRI）将该产品归类于液体香皂。包括Walgreens①在内的连锁药店将普瑞来放置在皮肤护理部分，某些药店放在感冒部，某些药店按照尼尔森和IRI分类放在液体香皂部。这样的不同归类导致对普瑞来绩效的评估报告差异很大，因为零售商将同类产品进行比较以评估该产品市场表现。辉瑞公司下属的辉瑞消费者护理部收购了普瑞来并重新定位为手部快速消毒品。这可以减轻数据类型不匹配的问题[7]。

人口调查数据的问题

在人口数据调查中，数据类型不匹配也是常见的问题。采用人口统计数据的调研者必须特别谨慎。按照明确的地理区域（如县、或州）加总的人口统计数据与中心城市的贸易区域通常并不一致。比如，美国经济事务局将美国划分为318个经济区域、与传统的261个大都会统计地区（MSAs）和19个合并大都会统计地区（CMSAs）的边界都不同[8]。

数据类型问题的另一方面是数据类型的定义在不同时期会发生变化。比如，在1970年，西班牙语人口调查的分类属于白人，但是在1980年则专门为这一族群作出了定义。2000年的人口统计中所采用种族类型分类要详细得多。从不同时期的二手数据中引出推论之前，我们必须确定变量定义或变量类型并没有发生变

---

① Walgreens为美国最大的连锁药店集团。——译者注

化。针对1970—2000年变量变化的调研者必须首先确定他们是否可以对不同时期数据进行有意义的比较[9]。

在特定调研运用中,二手数据收集的时期是第三个影响数据相关性的因素。使用过于陈旧的数据比完全不使用数据更危险,尤其是在迅速变化或高度变动的市场环境下。考虑互联网服务提供商（ISPs）市场的混乱局面：迅速变动的竞争者、价格和运用,因此互联网用户的二手数据在收集后的短期内就会过时。

实地调研 4.1

数字游戏：统计数据的可信度同收集来源一致

公司首脑、美国国会、美国联邦贸易委员会和媒体都在注意由互联网"病毒"引发的统计问题。美国公司因为病毒导致的生产力下降损失、杀毒技术以及技术支撑的费用估计为100亿美元。上述由在线调研公司提供的统计数据也出现在印刷媒体、公司战略部、公共关系手册、投资者通讯中。国会引用该数据并辩论是否应该通过反病毒法案。同样,美国联邦贸易委员会也建议为捉病毒者颁奖。尽管不同机构的调研结果非常不同（见旁表）,许多人仍毫无疑虑地接受病毒统计数据。根据该表,2002年垃圾邮件的最高预测和最低预测差别高达41%,2004年为19%。

许多因素可以解释预测的差别。调研公司对病毒的定义不同。欧盟和一些公司将非预期的大宗电子邮件看做病毒。但是美国反病毒法认为商业邮件只要符合某些标准（比如让用户选择愿意接受的未来邮件）就是合法的。数据来源是差异的另一原因。某些公司收集用户的报告,这是非常主观的。反病毒软件销售商则从他们的客户中进行推断,而这些客户也许不能全面代表互联网使用者。

病毒预测：采用哪个数字		
	2002	2004
MessageLabs	19%	84%
Brightmail	39	65
Postini	60	78
FrontBridge	40	82

利益冲突也可能导致数据可信度的问题,因为该数据是由杀毒软件公司提供的,它们依靠销售杀毒软件赚钱。散布正面或负面信息会使得客户对电脑病毒市场产生错误感觉。杀毒软件市场尚在幼稚期,历史数据的缺乏使得对未来预测非常困难,特别是互联网市场正在以指数方式迅速发展。因此,在盲目相信之前,采用网上统计数据时要谨慎[a]。

美国人口统计局的数据特别容易过时。比如,美国人口统计和房屋统计每10年才开展一次。而且,数据收集和发布之间有两年的间隔。使用二手数据时遇到的难题可以通过两个因素减轻：二手数据来源通常定期更新数据,而且计算机沟通技术的发展也缩短了数据收集和发布之间的间隔时间。比如,美国人口统计局每年会更新主要市场地区的人口数据。同样，某些市场调研公司以及州和地方机构定期也会根据自己的调查来更新人口数据。某些联合数据服务商，比如Chase Econometrics公司和DRI公司允许客户电脑连接公司电脑上的最新人口统计数据资料。

准确性

除了确保二手数据的相关性，数据使用者必须核实数据的准确性。相关性描述数据的适合程度，而准确性描述数据的可信度。显而易见，二手数据只要缺乏任一特性，都将是无用的数据。

评估二手数据准确性的关键在于尽可能地学习数据收集流程。该任务并不总是轻而易举的。实际上，在许多案例中，二手数据的缺陷在于缺乏评估数据准确性所需要的信息，而不是缺乏准确性本身。

不幸的是，网络中轻易获得的二手数据泛滥，以及用于评估数据真实性的现成信息的稀少，都会诱发一些调研者降低数据准确性的要求。应该避免这种情形，只要稍加努力，调研者至少会对数据的可信度有某种程度的把握。

以下系列问题在评估数据准确性时发挥中心作用：

- 谁收集数据？
- 为什么收集数据？
- 如何收集数据？

让我们来详细分析每个问题。

谁收集数据？ 二手数据来源的名望是数据准确性的一个指标。知名政府机构，比如美国人口统计局和许多商业市场调研公司，特别是长期从事调研行业的公司，都享有和保持高品质数据标准的声誉。从不良声誉或从无法确定其信任度和能力来源处获得二手信息必须通过严格审核，相比之下，对由上述来源获得的二手数据进行审核要简单得多。

为什么收集数据？ 对数据收集的外在或暗含理由的审视有时可能会表明数据的准确性。假定一家公司在线调查公司消费者。该调查针对不同因素收集数据，比如访问者的人口统计描述以及网站横幅广告对消费者的影响。调研的目的是为帮助潜在广告客户确定是否在该网站上采用横幅广告。当然门户网站也希望数据能说服客户公司购买网站的横幅广告位。

现在设想您是潜在的广告客户。假定您不仅可以获得门户网站的二手数据，而且也可以从专业收集并出售网站使用者信息的联合数据市场调研公司处获得类似的数据。您会认为哪种数据来源更可靠呢？出于以下两个原因，您可能会更信任市场调研公司：

1. 市场调研公司作为不带任何偏见的独立数据来源，可能会提供无偏见的数据。
2. 因为市场调研公司专业于网站客户调查，它更能提供优质数据。注意该问题与谁开展调研的问题相关。

上述理由并不意味着您不应该使用网站提供的数据，特别是您对调研公司的数据必须付费，而网站数据是免费的。但是在根据网站数据作出广告决策时，您应该仔细审视数据收集的流程（下节讨论）。

如何收集数据？ 也许最有效地判断二手数据准确性的方法，是在已讨论的谁收集数据和谁使用数据的考虑之外，还必须审视数据收集流程。所采用的特定数据收集工具是什么？样本大小？什么类型的样本单位提供了该数据？在什么时间段收集（具体日期、钟点，等等）？回答上述问题是评判数据准确性的关键。声誉好的二手数据提供者一般至少会公布他们收集数据流程的简短介绍。如果潜在数据使用者需要的话，大多数公司还会提供详细的细节。

> **现场实例** ▶ **盖洛普的每月民意调查** 全球知名的市场调研机构盖洛普公司（Gallup Organization）提供联合数据服务，包括一个以网络基础的、名为"盖洛普每月民意调查"的报告。盖洛普民调定期在主要印刷和在线媒体（比如律商联讯和 Roper Center）上发布，该民调提供公众中的大量社会趋势以及特定的人口统计部分的数据。公司网站 www.gallup.com 上有盖洛普民调方式的详细描述，包括抽样技术、访问类型和询问的问题、结果的解释。

对方法的记录，包括数据缺陷的说明，本身就是高品质数据的指标。一个提供这样的记录和调研流程以供客户进一步检验二手数据来源的公司，其数据的品质标准一般较高。

我们评判数据准确性的能力也取决于数据是来自原始来源还是来自二手来源。**原始来源**（original source）实际收集该数据。而**二手来源**（secondary source）使用原始来源中已经收集好的数据并作出自己的概括、解释等。比如，人口统计局发布报告中的人口和访问统计数据来自原始来源。然而由独立机构发布的人口特征报告中采用人口统计局报告中的数据，其人口数据来源就是二手来源。二手数据的原始来源比二手来源更有可能披露数据收集的程序。

在某些情景中，二手数据来源可能无意识地、或故意地和不恰当地重复或重新解释原始来源的数据。二手来源可能在将原始来源数据转抄过程中出现错误。因此，在使用二手来源的数据之前，如果可能的话，我们必须确定该数据的原始来源并审核该调研程序。作为一般原则，如果可能，所有的相关数据应该从原始来源获取。

4.3 二手数据的来源和类型

二手数据有几千种潜在的来源,本书不能一一列举。然而从机构决策者的角度,有用的方法是将二手数据来源大致划分为内部来源和外部来源。如名称暗示的那样,**内部来源**是在机构内,而**外部来源**是在机构外。二手数据一般都会按照来源被标记为内部二手数据或外部二手数据。

内部二手数据

公司销售的历史记录、公共服务机构的赞助人名单、医院为患者提供服务的记录、政党竞选办公室记录的公众民意调查等都是上述机构的内部二手数据。前面我们强调了在开展原始数据收集之前必须查看是否存在二手数据。与之类似,在寻找二手数据时,调研者应该在采用外部来源前,首先审视是否存在内部二手数据。如果有,获得内部二手数据花费的时间、精力和费用更少。而且因为该数据来自本机构,数据可能更贴切目前的调研情景。

情景 汉堡王公司在全美和60个国家的8 000个餐厅提供儿童套餐并配有《星球大战》人物的小礼品。该广告战采用了国际电视促销战、店内广告、互联网、印刷媒体、儿童俱乐部生日直邮等方式[10]。

假定汉堡王公司的营销经理希望了解该公司"捆绑"《星球大战》的效应,特别是希望了解相同餐厅的销售趋势。一家专业的餐饮业调研公司曾经估计过领先快餐店的销售数据。该预测基于对美国餐厅食客的代表性样本的调研并每半年更新数据。汉堡王的营销经理是否应该从该市场调研公司获得联合数据?

由联合数据提供的销售估计数据是外部来源的二手数据,当然它会提供一定的有用意见。然而汉堡王公司更能从审视相同餐厅的数据中获利——这是公司自身就拥有的内部来源二手数据。调研公司提供的数据每半年才更新,而相同餐厅在捆绑《星球大战》的促销前和促销后的销售额马上就可以提供汉堡王公司捆绑影片的促销效果。而且,该公司的销售数据是最新的。总之,考虑该经理的特定目标,内部二手数据比来年和数据更相关和更便宜。

当然,内部二手数据并不总是合适或足够的。比如,如果所需数据为竞争者餐厅捆绑影片促销的销售趋势下,汉堡王公司的经理就不得不利用调研公司提供的联合数据。图4.1显示数据搜寻的流程图。任何数据搜寻的逻辑起点是审视是否有内部二手数据。如果机构内部数据不合适或不足,营销商可以将调研扩展到外部二手数据来源。只有在绝对必要时才开展原始数据的收集。

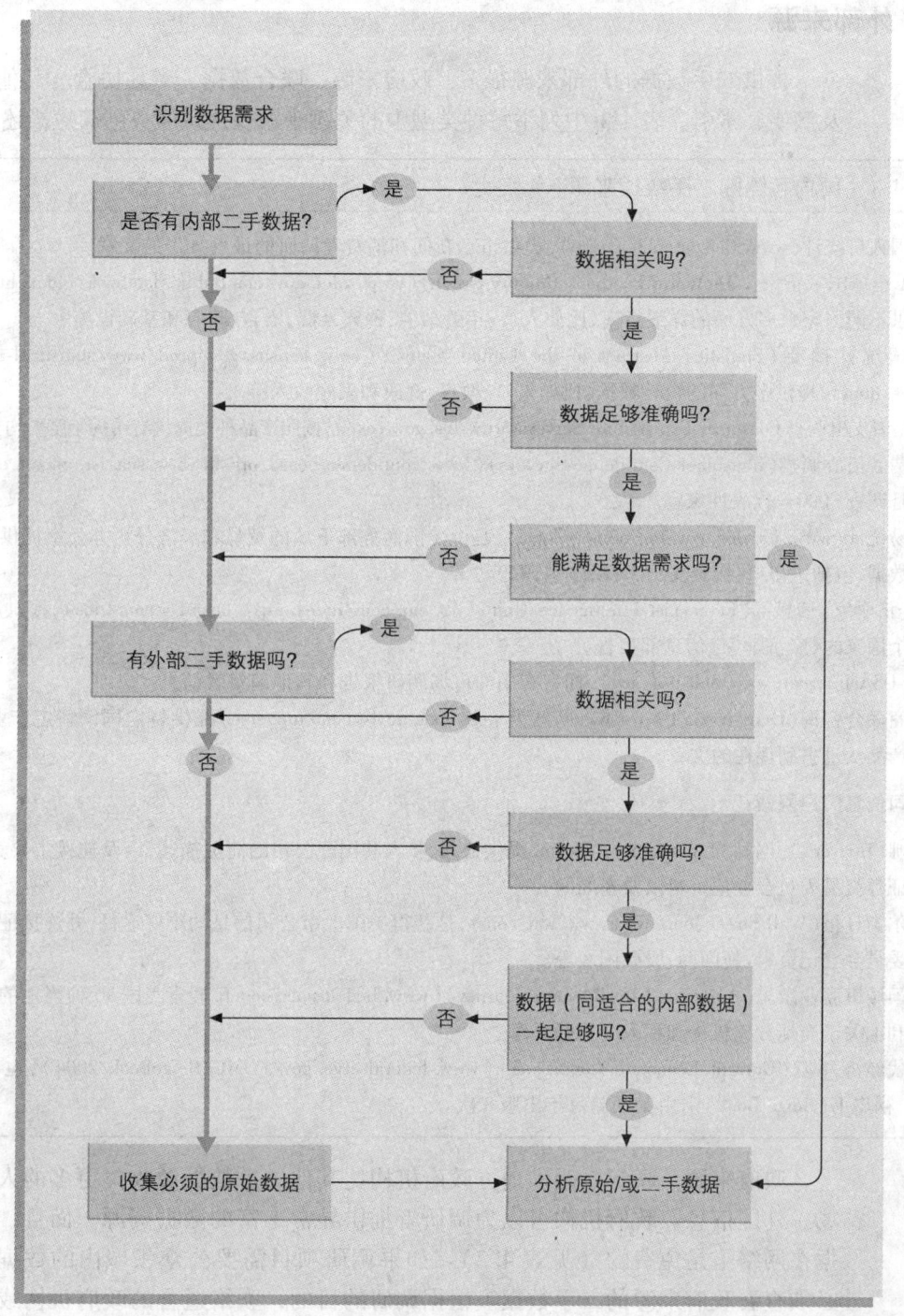

图 4.1　数据搜寻流程图

外部来源

提供二手数据的外部来源很多：政府来源、联合数据、贸易协会、其他来源以及摘要、索引。表4.1中列举每种类型中的关键来源及提供服务的简短描述。

表4.1　国内和国际二手数据来源
美国人口统计（www. demographics. com），提供市场新闻和消费者调研的最近月份的文章。 CIA全球国家指南（CIA World Factbook Country Guide）（www. odci. gov/cia/public/factbook/index. html），提供不同国家众多方面的详细指南，比如人口、年龄结构、种族人群、语言、政府和基础设施。 美国统计摘要（Statistics Abstract of the United States）（www. census. gov/prod/www/statistical-abstract-us. html），提供多方面的统计数据，比如人口、教育、健康和家庭收入等。 消费者支出调查 Consumer Expenditure Surveys（www. bls. gov/cex/），按照产品种类提供有用的年度平均支出。 消费者信心调查（Consumer Confidence Surveys）（www. confidence-board. org 和 www. sca. isr. umich. edu），每月调查5 000户代表性家庭。 贸易统计（www. ita. doc. gov/td/industry/otea），是由美国商务部下属的贸易和经济分析办公室提供的广泛数据，包括进出口、投资支出、贸易瞭望，等等。 《经济学家》信息部（Economist Intelligence Unit）（db. eiu. com/index. asp? layout = countries），提供超过50个国家的《经济学家》信息部报告。 Sta-USA Internet（www. stat-usa. gov），拥有有用的市场调研报告和其他消费者信息。 律商联合咨询（Lexis-Nexis Universe），网站为 web. lexis-nexis. com/universe）提供特定国家特定产业/特定产品从过去到现在的文章。 **公司信息门户网站：** 胡佛（Hoover's），网站为 www. hoovers. com，提供公共、私人和国际公司的简短描述，以及连接主要竞争者、证券交易委员会登记资料以及新闻网。 华尔街日报（Wall Street Journey）（www. wsj. com），是获得美国上市公司信息的绝好途径，并连接证券交易委员会登记资料、新闻网、股票图表等。 美国城市商业杂志（American City Business Journey）（www. bizjournals. com），搜索美国40种当地的商业周刊上关于当地分支机构和私人公司的文章。 当代经济环境（Current Economic Conditions）（www. federalserve. gov/FOMC/BeigeBook/2004），也被称为"褐皮书（Beige Book）"，由美联储每年出版8次。

政府来源　联邦、州和地方政府机构比其他二手数据源收集更多的人口、市场、外国信息。政府机构可以为调研者提供异常丰富的数据资源。而且，某些数据在网络上是免费的（见表4.2）。如果调研项目需要公众领域内的数据，那么必须查看政府来源的二手数据。根据调研的目的，联络适合的政府机构或甚至直接拜访图书馆的政府文献部可以获得所公布潜在宝贵数据。实地调研4.2提供了

评判巴西手机市场可行性的例子。

实地调研 4.2

使用二手数据的国际市场调研在巴西销售移动电话

为在巴西市场销售移动电话，需要开展国家分析以获得当地消费趋势、主要环境和主要关系的信息。网络上有很多这样的信息来源。比如，国家商业指南，打开浏览器，登录www.state.gov网站，点击"国家和地区"可以发现国家调研资料。

也可以通过登陆国会图书馆（icweb2.loc.gov/frd/cs/）获得国家信息。在屏幕右方的下拉菜单中选择您希望调研的国家。当您点击巴西时，调研资料的年份会出现在页底。该国家调查提供巴西商业和社会环境的全面信息，包括经济、政治和市场分析。

为获得特定产业竞争市场份额和产业情况的信息，全球商业机会GLOBUS（Global Business Opportunities）和国家贸易数据银行（National Trade Data Bank，即NTDB）可以是最佳的来源。

政府来源发布的文献通常形式为概述报告或基于原始数据的图表。然而，如果需要额外的细节或不同的图表，您只要支付小额费用就可获得某些数据或全部数据。比如美国人口统计局出售其在各种调查中收集到的包括某种原始数据的电脑CD。该资料的一个例子就是在人口和房屋调查中获得的公众使用的微观数据文件夹（public-use microdata files）。公众使用的微观数据文件夹是以CD形式保存的美国代表性房屋单位的原始数据记录。该记录提供每个房屋和居住人口的特征。但是，为保护受访者的隐私，人口统计局删除了所有识别信息。同样理由，微观数据记录不能识别人口少于100 000人的地理区域。当人口数据使用者的独特需求不能由出版文献来提供时，微观数据可以提供根据自己意愿来分析原始数据的灵活性[11]。

许多基于计算机的系统都可以分析人口数据。其中一个系统就是地理信息系统（Geographic Information System，即GIS）。GIS可以将地图、图表和数据整合成逻辑上、数量上和空间上紧密相关的结构。通常这样的系统用来组织和处理包括几何结构（地图、蓝图、照片）和数量结构（人口数据、区域、密度）的信息。第5章将详细探讨GIS的运用。

联合来源 联合来源（syndicated resource）包括市场调研公司提供的联合服务。著名的尼尔森零售指数就是联合二手数据来源。表4.2提供了几个联合服务的简短描述。

表4.2　二手数据的联合数据服务
www.npd.com 主要是提供量身定做的各种行业的全球报告。
www.acnielson.com 内容相当丰富的网站，需要支付费用，为客户公司提供公司产品和服务行业市场调研、信息和分析。
www.arbitron.com 收集260个市场的消费者人口统计描述、社会经济和生活方式以及购买意向的信息。
www.mediamark.com 是收费的市场数据和服务网站。
www.smr.com 是西蒙市场调研局（Simmon Market Research Bureau）的网站。提供消费者有意购买的产品和品牌，最重要的是提供不同购物人群的媒体使用。
www.infores.com 是领先的信息提供商信息服务公司（IRI）的网站，为包装产品生产商提供有效销售和市场信息、创新软件运用和最新的商业解决方案。
ww.dialog.com 是汤姆森公司（Thomson Corporation）的一个部门。Dialog 是在全球为企业市场提供基于互联网信息和技术解决方案的领先企业。
www.dnb.com 向全球209个国家提供各种关于信用审查、营销、购买和应收账款管理的专家意见。

市场调研机构提供的二手数据不是免费的。然而因为这样的数据是联合提供的，因此费用可以在众多客户中分摊。如果存在合适的联合数据时，对任何客户而言，联合数据将比原始数据更节约。同政府来源的二手数据不同，联合数据通常更着重于客户公司决策者的需要。而且，联合数据通常比政府数据更新的频率更快，有时每周更新。

由 Proper Starch Worldwide 公司提供的 Roper 报告是联合数据服务提供量身服务的一个例子。每年开展8次调研、对全国年龄在18岁以上的2 000个成人进行个人访问来收集数据。在标准或常规问题以外，Roper 报告也向报告订阅客户和非订阅者提供紧跟客户问题的服务。Proper Strach Worldwide 公司指出："我们是唯一将报告频率、报告递交速度、优质和低价、大规模样本和广泛人口统计进行突破性结合的公司。"[12]

商业调研公司不是联合数据的唯一来源。大量的连锁超市也使用扫描器数据作为内部二手数据，并为宝洁公司、卡夫食品等包装产品生产商提供联合数据来源。

贸易协会　贸易协会中包含了相同的贸易或商业机构（登录雅虎网站 www.yahoo.com，搜索"贸易协会"或"国际贸易协会"）。大多数贸易协会收集成员和市场的背景数据和其他主题数据。因此贸易协会可以是二手数据的宝贵来源，即使调查者在接触这样的数据来源时可能面临制约。贸易协会的数据通常非常概括，而且某些类型的数据，比如协会会员或非常敏感的贸易数据可能根本没有。另一潜在问题是某些贸易协会只对会员提供数据。

其他来源　其他来源包括上述三个来源之外的其他数据来源。比如，期刊、杂志、调研专著、教材和类似的出版物。大多数图书馆，特别是学术机构的附属机构，都有大量这样的数据。互联网的信息来源也很多。

本类来源的最大特点是来源包含观点、建议、提议等，而不是仅为数据形式。因此该来源主要宗旨是促进调研者和决策者的思考，而不是提供分析所需要的数字。了解人口统计趋势的其他来源是在美国人口统计网站（www.americandemographics.com）上的期刊《美国人口统计》（American Demographics）以及许多大学的图书馆。

摘要、名录和索引 摘要、名录和索引（abstract, directories and indexes）与上述来源都不同，它们是识别适用外在二手数据来源时的指南或参考。它们都是按照主题事宜、主题领域等来划分的数据来源清单。经过注释的指南是二手数据来源。即使注释指南提供的概述似乎足以完成调研目的时，调研者也应当确定和检测原始来源。

计算机和通讯技术的飞速发展让确定适合数据来源的二手数据指南的搜索过程得到革命性的发展。传统的印刷摘要、目录和索引都被如今的电子版本取代。许多搜索引擎（www.yahoo.com，www.excite.com，www.ask.com，www.lexisnexis.com，www.altavista.com，www.Jycos.com）提供确定二手数据来源的在线搜索服务。开展此类型调研时，调研者只需要敲入调研主题关键字即可，调研引擎就可以搜索电子文件并筛选出适合关键字的所有来源。

电子搜索的明显益处是搜索速度。传统手工搜索方式需要数天或数周，而如今的电子搜索却只需要几小时或数分钟。而且一旦有数据新来源时，电子文献可以随时更新，这是印刷指南缺乏的。

专业电子搜索公司通过将公司计算机与客户电脑直接联系还可以减少搜索时间。比如，一家位于纽约的信息和搜索公司 Find/SVP 提供为客户定做的调查和分析服务，包括市场深度分析和产业报告、商业和竞争情报、标准检测程序、探索新商业机会。客户通过电子邮件、传真和快件从 Find/SVP 公司顾问处获得商业指南。电子搜索方式快速、有效和全面，所以调研者开展任何形式的外部数据收集前应该先审视是否可以采用电子搜索。

现场实例 ▶ Find/SVP 公司对客户的帮助[13] 一家工业产品和服务公司希望在有限的预算下将自己工厂的生产战略和成本同竞争对手进行比较。因为全球市场下降，该公司希望重组业务。

Find/SVP 公司针对竞争者工厂发布的信息开展市场搜索，该公司查阅了在线数据库、CD-ROM、互联网、Find/SVP 公司独家主题文献、当地报纸、图书馆和经济发展机构。该调研公司也收集竞争对手向报社分发的广告资料、产品样本、公司资料。然后 Find/SVP 公司收集环境保护署（EPA）文献，因为所有的制造商必须向 EPA 报告。EPA 文件显示工厂平面图、设备清单、操作数据和能力。Find/SVP 公司可以确定每个地点的税收减免、政府补贴的特别雇佣计划和培训项目、水电气费用结构、税收、当地工资水平。

Find/SVP 公司针对竞争对手的工厂员工开展访问（原始数据收集）以核实和扩展已经收集的二手数据。根据 Find/SVP 公司的分析，这家工业产品和服务公司可以将自己的成本结构同竞争者结构进行比较并制定质量、雇员业绩和费用成本的衡量标准。只花费数千美元的费用，该公司就可以立刻得到所有的相关信息。

上述例子说明公司如何使用市场调研来开展竞争力分析。在以下章节，我们将详细分析获得竞争情报的二手数据来源。

竞争情报的二手数据来源：二手数据重要的运用

竞争情报（competitive intelligence）是指通过合法和伦理的方式来收集数据并通过仔细分析将数据转化为有用的情报，这是获得竞争信息的系统过程。实地调研 4.3 描述了汉堡王公司如何收集竞争情报。二手数据是竞争情报的一个重要来源。这些数据是现成的，如果有效使用的话，将让公司在竞争中保持领先。

现场实例 ▶ **诺华紧跟竞争** 诺华公司是全球领先的药业巨头，它希望追踪竞争对手的动态以保持在竞争中的领先地位。斯拉特是诺华公司新产品商业化部门的执行主管，他注意到："市场竞争在加剧。在过去，某公司开发出特定的模式，其他竞争对手需要数年才可以追赶上；而如今只需要数月。"为回应加剧的竞争，诺华公司在公司设立了全球性、集权化、自我控制的竞争情报部门，专门追踪竞争对手的动态。该部门通常从公司内部（比如新化学成分和药方领域）了解调研需要掌握的信息并迅速开展工作。上述努力成果斐然，诺华公司在全球药业公司中一直是最大和最赢利的公司之一[14]。

公司和政府机构都花费了许多资源来收集大量数据。然而，因为数据量太大、难以管理、或数据贮存在公司的众多不同的体系中或部分中而不能有效地获得，所以只有一部分数据被有效使用[15]。为在信息世界维持竞争力，管理者必须找到管理全球市场环境和影响商业决策的数据的方式。实际上，学会管理知识资产也许是未来生存的关键。这需要建立良好的营销信息系统。在我们详细讨论营销信息系统之前，让我们先审视二手数据管理的演变和流程。

实地调研 4.3

汉堡王公司如何收集竞争情报

大量广告、频繁的价格促销和事件促销是快餐行业的典型特点。制定可靠战略的关键是在全球市场中紧跟上述变化。在汉堡王公司，这是品牌信息和规划分析师的职责，他们依赖各种信息来源来追踪主要的竞争对手。

汉堡王公司建立了品牌调研图书馆并订阅了竞争对手财务和长期计划的分析报告。这些联合报告提供销售和成本数据、描述竞争增长计划。如《品牌周刊》和《广告时代》杂志提供一般的市场信息，通过定期拜访竞争者的网站获得公司信息。分析师也利用贸易杂志，比如《全国餐饮（周刊）》、《餐饮业（月刊）》、《餐厅和机构（月刊）》和《连锁领导（月刊）》以获得餐饮行业的相关新闻。采访餐饮业领导者所获得的大量行业卓识都定期出版在贸易杂志中。更重要的是，这些杂志每年都会发布餐饮增长指数。

汉堡王公司的广告代理商提供广告活动的每月报告。该报告显示竞争对手未来广告活动，使得汉堡王公司能更有效地计划促销活动。比如，律商联讯公司数据库通常提供有用的餐饮新闻。汉堡王公司高度依赖市场调研公司——NPD集团来获得快餐市场信息。登陆www.npd.com可以了解该联合数据服务的更多信息。上述各种信息来源为汉堡王公司提供丰富的快餐行业的信息，并通过每季商业回顾、执行官摘要、电子邮件、声讯邮件等方式传达给公司决策者[b]。

4.4 管理二手数据

二手数据的丰富性和现成性通常可以减少或甚至取消原始数据的必要性。但是如果只是与大量数据保持"肩并肩"而没有重点是不行的。在"信息爆炸"的时代，要想利用现成的数据又不会被数据所淹没的话，就需要有效的二手数据管理——建立和运营能够持续监测各种数据来源并快速锁定所需数据的体系。

从专项调研到系统调研

在第1章，市场调研可以针对决策过程中的三个基本阶段提供宝贵信息：发现营销机遇与限制、制订和执行营销计划、评估营销计划的有效性。以下列举市场调研在每个阶段可以协助回答的问题：

- 发现营销机遇与限制。产品的潜在市场在哪里？营销产品的地区的人口统计和社会经济特征是什么？在该地区存在多少潜在竞争对手，竞争强度如何?
- 制订和执行营销计划。产品的包装尺寸应为多大?促销产品最合适的媒体是什么?应该采用哪种零售渠道?
- 评估营销计划的有效性。目前的促销策略有效吗?产品用户再次购买的倾向如何?我们产品和主要竞争对手产品的市场份额如何?

传统上,市场调研通过专项调研来回答这样的问题。**专项调研**(ad hoc research project)是独立的、基于情境的调研项目,是基于决策者提出的某特定问题或一组相关问题而发起并完成的调研项目。许多市场调研项目都以独立专项项目的形式开展。然而在过去的数十年中,市场调研从纯粹的专项调研不断转变为系统调研。**系统调研**(systems-oriented marketing research)是在定期和整合的基础上提供合适的市场信息。向系统调研的转变由两个因素驱动:(1)营销者对市场发展动态持续监控的需要不断增长;(2)利用信息技术进步来获得竞争优势的机会[16]。

系统调研可以确保每个调研项目能整合其他调研项目并且利用其他调研的成果,所产生的信息也纳入整体框架。这并不意味着不再需要专项调研,而是将专项调研纳入提供公司与其市场地位信息的更紧凑的系统。

在未来,经理们在回答市场相关问题时将继续减少对专项调研的依赖。取而代之的是,信息科技的进步将让经理们可以不断接触"支持框架",从中获得他们所需要的信息并用于决策中。

> **现场实例** ▶ **7-11超市的信息系统协助预测** 7-11超市在全美的5 600家特许加盟店和公司自营店中都安装了存货管理/销售数据系统。该系统提供每种商品的销售数据,使得经理们可以从2 500种商品中找到销售业绩优异的品种。该系统也可以提醒经理们未来的事件或消息会如何影响销售的品种。比如,根据特定月份的销售数据,该信息系统可以提醒经理分派更多的货架给营养快餐,或者在未来的周末时间里,在大学城中的7-11店内多摆放啤酒。该信息体系协助7-11公司预测销售以及协助产品制造商合作开发产品[17]。

市场调研的作用将扩展到协助开发信息体系、作为决策者和市场状况之间的稳定联系等。因此市场调研将继续成为建设和及时更新上述系统的关键组成部分。

4.5 营销信息系统(MkISs)

如果一个公司定期地、系统地获得并运用市场信息,我们就可以认为该公司拥有市场信息系统。**营销信息系统**（marketing information system，MkISs）是在向营销决策者提供相关、准确信息所进行的收集、整理、分析、评估和传播信息的活动中，对人员、设备和流程进行整合的持续和互动的结构[18]。

市场调研的定义暗示了调研的主要工作——数据收集、记录、分析和解释。因此市场调研技术和原则对营销信息系统的正确运作也是相关的，而且至关重要。市场调研项目和营销信息系统的区别在于后者是定期营销报告（比如销售预测和市场份额分析）的常规来源，而专项市场调研项目是在公司的营销信息体系无法满足非常规信息的需求时采用。

营销信息系统的有效性主要取决于各组成部分是否妥善设计和相互关联[19]。如同调研者和调研用户之间的良好互动是决定市场调研项目最终效果的关键一样，系统设计者和潜在用户之间的良好沟通对系统的有效性非常关键。而且，系统设计者的工作细致而艰巨，因为他必须让系统体现不同用户的需求，而且又不能让系统过于复杂。

目前许多大公司都有复杂的营销信息系统。让我们来分析一家总部位于美国的全球领先连锁酒店的 MkISs。该连锁酒店不断收集内部数据（入住率、客户满意和不满意度）和外部的数据（政府和酒店业关于住宿供给和需求的总计数据）。收集到的数据通过分析后得出的信息可以协助经理制定决策：比如为新酒店选择市场地点、按地区分配广告费用、跟踪市场份额以及制定价格。客户信息系统让该连锁酒店汇集不同部门客户的信息，这样酒店代表可以及时出现并答复客户需求[20]。图 4.2 为该连锁酒店市场信息系统的框架。该酒店的 MkISs 的相关数据来源于公司内部（内部数据来源）和公司外部（外部数据来源）。数据通过"信息发布系统"来整理、分析和传递。

并不是只有大公司才使用复杂的营销信息系统。小型公司可以、也确实在使用这样的系统。一个例子为封面概念公司（Cover Concepts），它是生产书套并在书套上印刷广告的公司。该公司的业主舒曼和杨诺夫向学校免费提供书套，并在书套上印刷孩子们感兴趣的广告和信息，这就为全国广告商提供直达 6~18 岁少年市场的费用经济的广告方式。该公司的数据库从 1989 年起最初向位于波士顿地区的 55 所学校服务，如今扩展到全国 31 000 所学校（全国总计为 85 000 所），覆盖 2 100 万名学生。封面概念公司从小学、中学和高中收集广泛的人口统计信息并每年更新，而且该公司也从美国人口统计局、私人数据库公司和其他来源收集数据[21]。虽然组成每个公司的 MkISs 的特定要素是独特的，但是它们也遵循如同图 4.3 所描述的 MkISs 基本框架。全面的营销信息系统包括三个要素：

- 信息储存和检索系统（数据仓库）

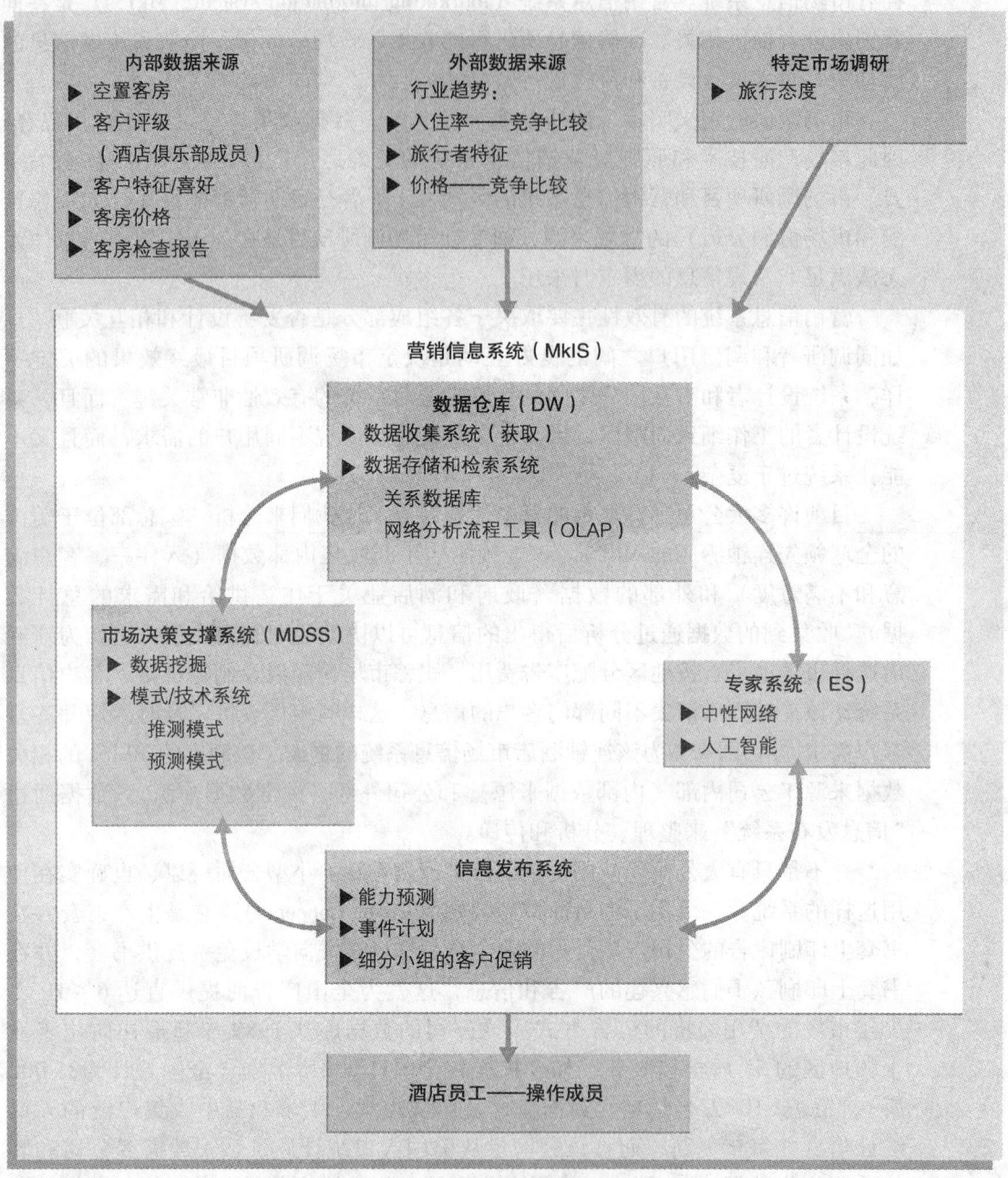

图 4.2　某连锁酒店营销信息系统的框架

- 营销决策支撑系统（数据挖掘和模式）
- 专家系统

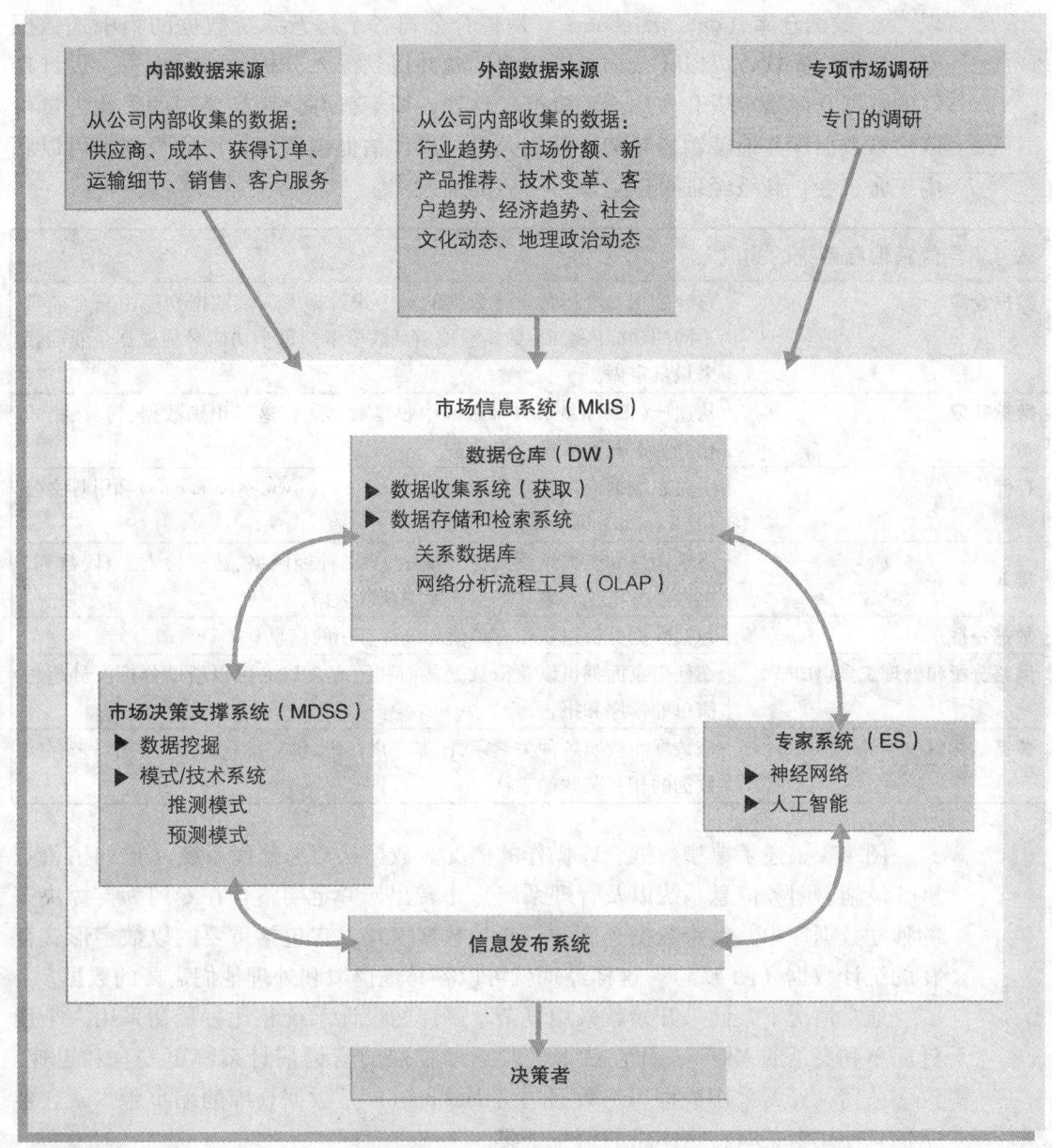

图 4.3 营销信息系统基本框架

信息存储和检索系统（数据仓库）

最简单的营销信息系统包括信息贮存和检索系统（information storage and retrieval system）。最新的加速市场信息贮存和检索系统的重要发展是数据仓库的出现[22]。**数据仓库**（data warehouse）是整合公司各个运营系统数据的集中式数据库。数据仓库软件可以让公司员工提出问题并得到深入分析的特定报告。设计良好的数据仓库是宝贵和多用途的资产。比如，斯泰普办公用品公司的采购人员可以检索数据库并追踪销售趋势，营销人员可以评估促销费用，商店规划者可以利用扩张机会，高级经理可以追踪每个店的绩效[23]。

表 4.3 营销信息系统的构成

数据仓库	整合公司各个运营系统数据的集中式数据库。该数据仓库由三个非常不同的功能区组成：数据获取、存储、检索。每个功能必须根据企业需要来量身定做。
数据获取	从遗产（旧）系统和外部来源中收集数据。在这里识别数据、拷贝、格式化并为下载到数据仓库准备。
存储	由关系数据库来管理存储，如 Sybase 公司（www.sybase.com）和甲骨文公司（www.oracle.com）。
接入	终端用户和工作站利用各种排序工具、神经网络、数据检索工具、数列、报告或分析工具来从数据仓库中获取数据。
数据挖掘	包括数据分析以获取有价值和统计有用的信息。
网络分析和处理工具（OLAP）	在任何桌面都可以获得数据截面和图表，OLAP 可以帮助分析人员超越简单的排序和报告。
关系数据库	该数据库按照各种关键字，比如客户代码、供应商代码、产品代码来存储数据的相互关联的表格。

图 4.4 描述了典型数据仓库操作的概况。数据从交易处理系统（比如销售点 POS 设施、财务信息系统以及管理系统）中转出，并定期整合在专门为支撑决策的独立数据库中。每个数据仓库的核心是数据模式，它包括重要的以数字形式存在的统计数据（图 4.5）。这样经理就可以容易地提取和处理他们需要的数据。

通常情况下，同一开始就采用复杂、严谨的设计系统相比，最初采用一个设计简单和灵活的 MkISs，并在获得经验后才扩展的营销信息系统更安全和迅速。许多公司一开始采用数据玛。数据玛（data mart）是数据仓库的缩小版本，它包括信息使用者某些特定小组的信息子集。

所有的 MkISs 都包括数据仓库。通过定期自动递交合适的报告，数据仓库可以让经理们与市场保持持续的联系。与专项调研为经理提供市场特定层面的快照并回答特定信息需求有所不同，数据仓库能为经理提供市场信息的定期来源。如以上描述的那样，许多消费产品公司，比如高露洁公司、宝洁公司、金宝汤公司的 MkISs 系统可以让通常处于差旅途中的地区市场经理和现场销售人员也可以和公司营销信息支撑系统互动，并获取可以改善他们与客户互动的信息。

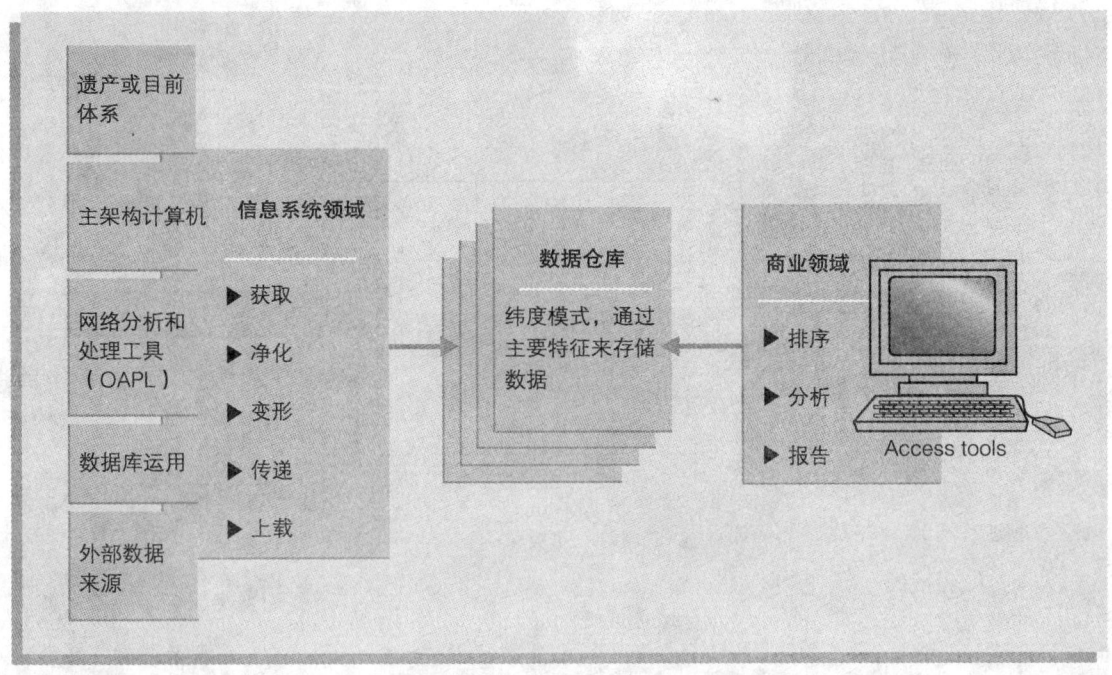

图4.4 一个典型的数据仓库

营销决策支撑系统：数据挖掘

在许多公司，营销信息系统演变为**营销决策支撑系统**（marketing decision support system，MDSS）。如下面定义暗示的那样，营销决策支撑系统拥有比营销信息系统更大的能量。营销决策支撑系统（MDSS）是可以让决策者直接获取信息并回答"如果……怎样"类型问题的营销信息系统。

市场决策支撑系统在各种"如果……怎样"情景下的预测能力可以让经理们具有前瞻能力并作出更好的决策。相比之下，如果经理只采用简单信息存储和检索系统（数据仓库）的话，在大多数情况下，经理只能对该系统产生的定期报告作回应。比如，生产知名品牌佳得乐（Gatorade）和 Rice-A-Roni 的桂格燕麦公司在市场上拥有的领先地位至少部分归功于公司复杂的营销决策支撑系统[24]。该系统可以提供详细的最新数据，足以让经理们在分配货架空间、考虑所提供的产品组合和规模、制定价格时作出妥善决策。其他运用营销决策支撑系统的公司包括：美国航空公司（用于价格和航线决策）、百事食品公司 Frito-Lay（用于价格、广告和促销决策）和西尔斯百货公司（用于评估潜在商店位置）。

竞争压力迫使许多大公司开发 MDSS 来协助经理决策。经理们面临的挑战是如何最佳运用数据以建立和维持公司的竞争优势。他们所使用的两种基本的搜索

```
┌─────────────────────────────────────────────────────────────────────────┐
│  ┌─────────────────┐                              ┌─────────────────┐   │
│  │   定单范畴       │                              │   产品范畴       │   │
│  │   定单ID         │                              │   产品ID         │   │
│  │ 定单_账簿_日期    │                              │ 产品_名称        │   │
│  │ 定单_金额        │                              │ 产品_描述        │   │
│  │ 定单_数量        │                              │ 单位_价格        │   │
│  │ 定单_价格        │                              └─────────────────┘   │
│  │ 预定_运输_日期    │                                                    │
│  └─────────────────┘        ┌─────────────────┐  ┌─────────────────┐    │
│                             │   主要数据表     │  │   销售范畴       │    │
│  ┌─────────────────┐        │   定单_ID       │  │   销售报告ID     │    │
│  │   客户范畴       │        │   产品_ID       │  │ 销售报告_ID     │    │
│  │   客户ID         │───────▶│   客户_ID       │  │ 销售报告_薪水    │    │
│  │ 公司_名称        │        │   销售报告_ID   │  │ 销售报告_地区    │    │
│  │ 地址1            │        │   供应商_ID     │  │ 销售报告_业绩    │    │
│  │ 地址2            │        │   日期_ID       │  └─────────────────┘    │
│  │ 城市             │        │                 │                         │
│  │ 州               │        │   账簿 $        │  ┌─────────────────┐    │
│  │ 邮政编码         │        │   折扣 $        │  │   时间范畴       │    │
│  └─────────────────┘        │   收入 $        │  │   时间_ID        │    │
│                             │   存货 $        │  └─────────────────┘    │
│  ┌─────────────────┐        └─────────────────┘                         │
│  │  供应商范畴      │                                                    │
│  │  供应商ID        │                                                    │
│  │ 供应商_名称      │                                                    │
│  │ 供应商_部分      │                                                    │
│  │ 供应商_评级      │                                                    │
│  │ 供应商_数量      │                                                    │
│  │ 供应商_地点      │                                                    │
│  └─────────────────┘                                                    │
└─────────────────────────────────────────────────────────────────────────┘
```

图 4.5　数据库模式（纬度模式）

数据方式是排序和数据挖掘。

　　排序（query）可以让数据使用者搜索数据库并迅速找到所需信息。在不需要学习特定排序语言的情况下，使用者直接在屏幕上指定并修改数据。比如，好时食品公司可以查看过去两年的"总销售额"，也可以查询子项（分析至某特定的细节水平），如按地区或零售店分类的销售数据。数据排序可以在销售总计内识别不同地区销售额或不同零售店销售额。

　　数据挖掘（data mining）是在浩大的数据库中深度挖掘、获取宝贵和有统计价值信息的过程，这些信息通过简单排序是无法获取的。全球各地的公司正在越来越多地采用数据挖掘方式来协助制定更好的商业决策，包括增加客户价值、分析客户购买行为、识别新市场和商业趋势、制定新的营销战略、执行成本分析、提高公司财务管理水平或支撑战略决策。表4.4列举了一些采用数据挖掘的公司名单以及带来的效益。

数据挖掘工具的例子如 IBM 公司的智能挖掘机（Intelligent Miner）（www.ibm.com）、安格斯软件公司 Angoss Software Corporation 的智能工作室（Knowledge Studio）（www.angoss.com）和鲁夫战略方案公司（Ruf Strategic Solution）的商业瞄准系统（Ruf Business Targeting System）（www.ruf.com）。鲁夫公司采用一种复杂的统计组合——聚类分析（cluster analysis techniques）来识别在一个大型数据库中显示共同特征的所有子集。该聚类分析技术在本教材网站有详细的描述。

表4.4 数据挖掘的典型运用

公司名称	收　益
电信业 　美国电报电话公司（AT&T） 　MCI	潜在客户的划分可以增加客户量,同时减少每个客户的成本；能了解客户个人的喜好和需要,并提供相关的长途产品和服务。
保险业 　Allstate 　Bluecross BlueShield	通过及时评估保险产品来提高赢利性；通过平衡市场、立法和保险压力来有效管理财务数据以提供优异的客户/患者照顾。
高科技设计 　Cadence Design System	赢利性分析和产品寿命计划,通过关注非传统客户部分来扩展市场。
零售业 　沃尔玛 　西尔斯 　Target 　维多利亚的秘密	人口统计分析、财务计划和预测,提供关于购买行为、商品陈列和市场的准确信息；通过最佳分配货架提高赢利性；紧密整合内部和外部销售系统,获得更好的库存和商品管理；减少退货,以提高毛利。
银行业 　美国银行 　第一资本（Capital One） 　大通银行	消费者情报可以协助开发新产品和管理收款(包括欠款率)；按客户细分来开展赢利性分析；通过个人促销战略来渗透市场。

数据挖掘实质上是采用复杂的统计处理或人工智能程序从数据仓库中寻找有用趋势和模式的自动处理过程。同排序语言注重关联性不同,比如"2000年结束时两年期间的总销售额:地区1和地区2"的问题,数据挖掘着眼于更重要的因素。比如,管理人员需要预测可能落入竞争对手的客户人数。采用数据挖掘技术（比如聚类分析）,管理人员指明一个属性（如"客户类型"）来分析数据库并识别区分不同客户的所有数据要素（客户开展业务的年份、重复业务、开展业

务的成本、满意度)[25]。这样就可以协助预测不同客户组带来的销售增量。管理人员就可以在不同客户组之间分配投资以最大化公司利润。

营销决策支撑系统：模式

为了回答"如果……怎样"类型的问题，营销决策支撑系统（MDSSs）必须拥有预测时需要的模式。因此仅仅数据挖掘工具还不足以将营销信息系统升级为有效的营销决策支撑系统。为发挥其功能，营销决策支撑系统也必须包括合适的营销反应函数。**营销反应函数**（marketing response function）是营销投入变量和产出变量关系的数字模型。图4.6描述反应函数中某品牌的销售（产出变量）如何根据不同的广告投入（投入变量）来变动。

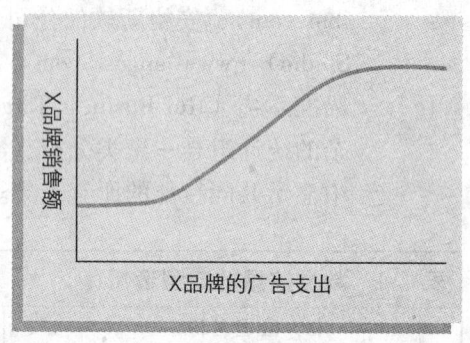

图4.6 广告—销售反应函数的解释

营销反应函数 营销反应函数应该包括经理在考虑所有"如果……怎样"问题时认为应该包括在营销决策支撑系统中的所有投入变量。投入变量，除广告之外，还有价格、店内促销支出、货架分配量、销售电话等。几个市场投入变量的联合或互动效果也必须包括在系统中（如不同广告支出水平与高、中、低价格水平下对销售和利润的影响）。而且，由于不同市场上的特征不同（比如客户人口统计特征和竞争激烈程度），有效的市场决策支撑系统会考虑营销反应函数的可能变形，需要大量的实地工作才能开发出可以模拟不同条件下市场反应的模型。市场调研中获得的原始材料对上述模型的开发非常重要。

以广告—销售反应模型为例。建立这样模型的一个方法是系统改变广告投入水平、收集广告支出和销售数据、分析数据并建立两个变量的联系。另一个方法是分析过去不同市场上、不同广告投入水平下的现成广告和销售数据。还有一个方法是询问经验丰富的经理，用他们的市场知识来预测不同广告水平下的销售水平[26]，然后用经理提供的预测建立反应函数。因为上述所有的方法都包括某种数据的获取和分析，市场调研成为开发营销决策支撑系统的重要成分。市场调研对该系统的更新也有贡献，因为随着时间的变迁，市场特征和反应函数可以也确实在改变。

接入零售数据库的 MDSSs 调研方法和信息技术的进步驱动公司不同业务部分都采用升级版本的营销决策支撑系统。零售杂货领域内的系统也许是最复杂的。全球产品代码（UPC）识别系统和收款台视频扫描仪的运用非常有利于产品、市场和销售数据按照数据库形式来积累。这样的数据库大大方便了超市经营者和包装产品制造商监测和分析销售动态、品牌份额趋势、消费者喜好的改变等。

营销决策支撑系统基于电脑视频扫描仪的零售商可以获得关于经营产品相对销售业绩的及时和准确的反馈。这样持续的反馈，在与经营产品的各种成本结合时，可以协助零售商通过微调营销组合来最大化公司利润。

例子　众多零售连锁公司安装了营销决策支撑系统，包括收款台的产品销售数据和影响经营产品成本的所有因素的数据（该软件的提供商如www.khimetrics.com，www.demandtec.com）。这些因素包括运输费用、仓库管理要求、堆头、店内能源、整理货架时间、促销费用等。基于营销决策系统中获取的这些数据，经理可以在存货单位（Stock Keeping Unit，SKU）层面或全店层面开展复杂的赢利性分析。这样的分析可以让经理准确指出消耗利润的SKU并确定正确的行动。安装和使用电子决策系统后，这些零售连锁公司的利润销售比都得到显著提高。

包装产品制造商也从电子扫描仪所提供的丰富数据中得到收益。他们通过将自己的营销决策支撑体系与主要的商业数据库的一个数据库相连。比如信息资源公司开展的行为扫描广告测试（BehaviorScan Advertising Test）就是扫描数据调研领域的先驱者。自20世纪70年代末期首次建立以来，该行为扫描数据库的规模和范围都极大扩展。比如，信息资源公司与另一家Rxremedy.com公司（该公司是订阅联合数据的领先提供商，跟踪消费者健康保健意向、行为和结果）一起来测量电视广告对消费者健康保健行为的影响。

行为扫描的核心是位于芝加哥总部的中央计算机。该计算机不断地接受来自全美不同市场区域的各种信息。这样的数据通过两种方式进行电子转化：配置扫描仪超市的专门小组以及每个地区市场的家庭专门小组。家庭层面的信息都可以从行为扫描数据中获取，数据分为三种类型：家庭人口统计信息、超市购买特征、电视收看习惯。

另一家开发出类似行为扫描系统的调研公司是AC尼尔森公司，它的系统称为"扫描跟踪"（Scan Track）。像行为扫描和扫描跟踪这样的数据库被认为是单一来源数据库。在整合的基础上，**单一来源数据库**（single-source database）包括家庭的特征、产品购买以及对销售刺激的接触程度。最后一种类型的数据包括消费者对零售商和制造商提供的众多购买刺激的接触程度。AC尼尔森公司的扫描跟踪系统抓取全面的数据，如图4.7所表明的那样[27]。包装产品制造商的营销决策支撑系统如果与类似图4.7所示的数据库相连接的话，对营销组合变量的更广泛的排列可以作出更可靠的决策。好时食品公司1998年巧克力的销售额为32亿美元。由于采用了信息资源公司的扫描数据分析，好时公司非巧克力、季节性和糖果组合产品分别以32%和9%的速度增长。基于以上洞察力，好时食品公司在近年内实现了产品多样化[28]。

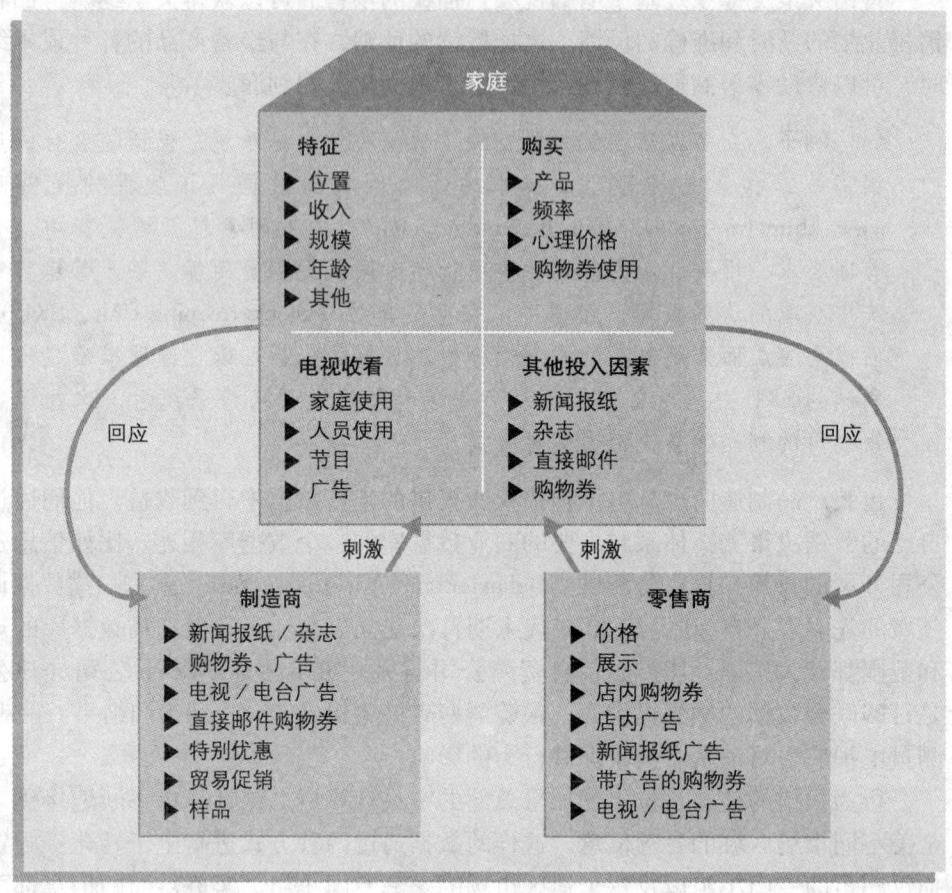

图4.7 单一来源数据库的数据获取

专家系统

现有的大量数据已经远远超出了营销决策者有效分析并获得最佳洞察意见的能力。数据爆炸同人工智能一起激发了新一代决策支撑系统的开发：专家系统。专家系统（Expert Systems，ES）是基于计算机的人工智能系统，可以执行与人类智力关联的任务；人工智能程序不仅仅是咀嚼数字或储存和检索相关信息，它还可以进行推理并得到推论。一个专家系统实际上是在使用人工智能来模拟人类专家的思考能力和推理过程。ESs可以让经理获得市场情况前瞻性的观点、提醒他们注意并推荐合适的行动路线。

现场实例 ▶ 7-11公司货架空间和选择的最优化 7-11公司的专家系统认为公司商店的货

架空间在不同营养快餐间的分配不是最优的,提醒和建议商店经理重新分配货架空间以让营养快餐产品获得最大的销售额。7-11公司采用专家系统来识别经营产品的最佳货架分配空间。在分析了销售、成本、促销数据后,该系统将结果转化为"Plan-a-Grams"——按每个货架逐一向商店经理演示在什么具体位置放置何种商品可以获得最大利润[29]。虽然专家系统已经投入使用,但是目前只有大公司在制定营销决策时使用这样的系统。

比起建立营销决策支撑系统,为营销领域而设计的专家系统更是巨大挑战。在营销决策支撑系统必须包括的模型和技术之外,专家系统的设计者必须首先获取经理的经验和专业技能并将之转化为可以用程序方式输入计算机的一组决策原则。然而,在营销领域的某些方面,已经出现专家系统的雏形运用。

现场实例 ▶ **可口可乐公司协助零售合作伙伴** 可口可乐公司提供免费服务以帮助零售商吸引更多的客户光顾商店和消费。几乎所有配备扫描仪的零售商都收集了消费者特征的大量数据,包括全球产品代码、产品种类、价格、时间、经常购买者等。虽然零售商已经开展一些客户数据的分析,但他们的能力参差不齐。因此可口可乐公司提供免费服务,零售商可以将过去几个月中收集到的大量交易数据(去掉客户身份识别信息后)传送到可口可乐公司位于亚特兰大的公司总部。可口可乐公司独家的软件系统将客户按照以下因素进行划分:购买频率、时间、日期、平均采购量、总支出、获得利润、产品种类和品牌选择等。

该分析不限于软饮料。可口可乐公司的项目试图帮助零售商全面业务的增长。可口可乐公司的一个客户格兰食品公司(Gerland's Food Fair)原来为瞄准目标市场而将展示大厅的所有过道尽头空间都分配给快餐和方便食品。然而可口可乐公司的分析却建议格兰公司将目前快餐和方便食品的位置让给核心客户需要的薄饼、汤和餐巾产品。格兰公司采纳了可口可乐公司的建议并实现了核心客户平均购买量的显著提升。

新的人工智能技术,比如神经网络正在初露头角,目前的技术也正在改善。同时,营销决策者面临的如何更有效地使用不断扩展的数据库的挑战也在增加。因此,未来专家系统在营销中的运用可能会迅速增加。

本章小结

虽然是为其他目的而收集的数据,二手数据在调研项目中仍是有用的。二手数据比原始数据更迅速和更节约。二手数据也可以在机构不能收集原始数据时提供某些情景下的洞察观点。

二手数据的潜在制约是相关性。对给定项目而言，因为以下原因，现成的二手数据可能缺乏相关性：数据报告的单位可能与要求的计量单位不符；数据分组的种类可能与项目要求不匹配；数据不是最新的。然而有时调研者可以转化计量单位、提炼数据类型以及重组或更新数据。在认定二手数据不相关之前，调研者应事先探索数据修改的方式。

二手数据的另一缺陷是准确性，特别是难以核实数据真实性。以下相互关联的问题可以为该问题提供指南：谁收集数据？为什么收集数据？如何收集数据？二手数据的原始来源是比二手来源更能提供回答上述问题的文献。因此，如果可能，应该首先参考原始来源。

二手数据来源可以粗略分为内部来源（机构内部）和外部来源（机构以外）。

二手数据收集应该从内部来源开始，因为比起外部数据，获得内部二手数据需要的时间、精力和费用更少。内部数据可能也与特定调研情景更相关。

外部二手数据来源有很多。一种有用的分类为：政府来源、联合数据来源、贸易协会、其他来源以及摘要、目录和索引。政府机构收集大量数据，很多数据是免费和现成的。联合数据来源提供的数据通常比政府来源的数据收费更贵；然而这样的数据可能与调研项目更相关。贸易协会是特定贸易或行业的背景数据的优良来源，虽然这样的数据可能对调研者而言过于概括或非会员无法获得。其他来源，比如杂志文章、调研专著、教材等也可以提供与调研项目相关的洞察观点、预示或建议。摘要、目录和索引是识别二手数据其他来源的指南；最新的技术进步带来上述数据来源的电子化。

二手数据的一个重要运用是搜索竞争信息。许多二手数据为公司提供其竞争对手的信息。公司越来越依赖互联网获得竞争情报。如何应对目前现成的各种大量二手数据是主要挑战。如果希望获得最大利益，就必须有效管理二手数据。识别、扫描二手数据来源并在需要时迅速检索数据的程序系统是有效管理二手数据的关键。

市场调研在决策领域内的一个最新发展是从纯粹的专项调研演变为系统调研。该转变基于需要在定期和整合基础上使用市场调研投入的需要。虽然转向系统市场调研的趋势尚在进化中，却引发营销信息系统变得越来越复杂。

营销信息系统（MkIS）的关键基石包括信息存储和检索系统（数据仓库）、营销决策支撑系统（数据挖掘和模型系统）以及专家系统。MkIS 最简单的形式包括信息存储和检索系统。信息存储和检索系统的主要作用是通过产生定期报告和定期派发报告让经理们及时掌握市场情况和发展动态。

营销决策支撑体系（MDSS）可以让经理与营销信息系统互动并提出"如果……怎样"问题。直接连接和操纵数据挖掘工具、用户友好的软件包将可以协助营销信息系统升级为营销决策系统。

营销信息系统最先进的形式是专家系统（ES），ES 是 MDSS 的升级版本，通过使用人工智能技术来模拟人类专家的智力和推理能力。ES 在营销中的运用在不远的将来会更加广泛。

复习讨论题

1. "只有在没有二手数据时，才可以收集原始数据。"请讨论该论述。
2. 可以减少二手数据相关性的三个因素是什么？请为每个因素举一个例子。
3. 原始来源二手数据和二手来源二手数据的区别是什么？

4. 讨论从政府来源获得的二手数据的优点和缺点，以及联合数据的优缺点。
5. "管理二手数据"的意思是什么？管理二手数据为什么如此重要？
6. 解释专项调研和系统调研项目的区别。
7. 驱动系统调研不断发展的两个动力是什么？
8. 解释营销决策支撑系统同营销信息系统相区分的三个特征。
9. 什么是数据挖掘？数据挖掘技术足以让信息存储和检索系统升级为营销支撑系统吗？为什么能或为什么不能？
10. 什么是营销反应函数？请简述制定营销反应函数的三种方法。
11. 什么是单一来源数据库？请结合适当例子讨论营销者采用单一来源数据库的几个独特优势。
12. 什么是专家系统？请解释ES的一个营销运用的例子。

应用练习

1. 假定你是露华浓化妆品公司（www.revlon.com）的营销经理，并在考虑进军中国市场。采用二手数据来源开展国家分析（查阅表4.2和表4.3的特定来源）。请特别提供中国经济概况并估计露华浓公司产品可能的市场规模。为支撑你的战略，你需要找出竞争产品的市场份额信息。
2. 你刚刚在必胜客比萨公司零售部门获得实习机会。该连锁公司正在考虑欧洲市场。你被要求关注法国市场。请采用二手数据来源开展国家调研（查阅表4.2和表4.3的特定来源）。请特别提供法国市场概况并估计必胜客公司产品可能的市场规模。
3. 使用合适的二手数据来源，获得你所在的/或你临近的大都会统计地区（MSA）的以下信息。你为你的每个信息指出信息来源并描述你所采用的计算。
   a. 零售渠道数量和每个渠道的年销售额。
   b. 律师事务所的数量。
   c. 有18岁以下儿童的家庭比例。
   d. 人均最高收入和最低收入的人口部分，以及他们的地理分布。
   e. 房龄少于10年的住宅单位总数量的比例。
   f. 有7个或更多房间的住宅单位比例（1）城市统计区域（MSA），（2）人均最高收入的地区，（3）人均最低收入的地区。

互联网练习

1. 柯达公司（www.kodak.com）专业于数码影像业务。公司的最新产品包括各种数码照相机。假定柯达公司希望积极开拓美国大学生市场。请提供美国经济概况并估计对柯达产品感兴趣的大学生市场规模。为支撑你的战略，你需要找出数码产品的市场潜力（提示：登录表4.2和表4.3中列举的网站，比如www.census.gov获得市场规模信息）。
2. 诺基亚公司（www.nokia.com）专业于移动通讯业务。公司产品包括各种网络产品和手机。假定诺基亚公司希望积极开拓阿根廷市场。请提供阿根廷经济概况并估计蜂窝电话的市场规模（提示：登录表4.2和表4.3中列举的网站，比如www.cia.gov和www.stat-usa.com，获得如实地调研4.2所展示的通讯行业信息）。

案例 4.1　时代公司：推出新杂志
(www.time.com)

快！请随口说出您阅读的杂志！您列举的杂志名单可能包括：《时代》、《体育》、《财富》、《人物》。这些杂志以及《娱乐周刊》、《格调》、《高尔夫杂志》和《烹饪》都属于时代华纳公司（www.timewarner.com）。拥有130种杂志和超过55亿美元的年收入的时代华纳公司不断调研和观察社会动态。调研得到的启示已经成功帮助公司开发新杂志和特刊。时代华纳公司开展的调研包括了二手数据审视和原始调研。

1994年，多元文化流行明星塞琳娜（Selena）被谋杀事件震惊全球歌迷，二手数据的作用体现在以塞琳娜为封面的《人物》（www.people.com）杂志销售中。该特刊只在塞琳娜歌迷们的主要居住地区销售，主要是西班牙语地区。即使销售地区有限，该特刊的销量却超过之前销量第一的纪念奥德丽·赫本的特刊。该发现让时代华纳公司意识到西班牙语地区的市场还没有得到开拓，因此公司开发和分销了《人物》杂志的西班牙语版本（www.peopleespanol.com）。

二手数据来源不仅来自分析不同刊物的销量得到的硬性数据，也包括杂志覆盖地区的人口统计动态。了解动态的一个好来源是www.iconoculture.com。类似www.iconoculture.com的来源可以提供动态的硬性数据，比如哪期销量最好以及消费模式转变的观察。基于至少一些二手数据，时代华纳公司在2004年推出五种新杂志。最新推出和特别推荐包括《减肥（Your Diet）》、《Suede》、《生活（LIFE）》、《简约（Real Simple）》和《乡村生活（Cottage Life）》。这些杂志的设计源于二手数据所揭示出来的正在兴起的趋势。

- 减肥产业瞄准1.8亿体重超标的美国人，市场总额为400亿美元。因此用减肥话题做封面的《人物》杂志总是能够大卖。由《人物》杂志出版的《减肥》特刊也是一样受欢迎。
- 美国社会不断在多元化发展。虽然目前少数民族的比例为25%，但到2050年美国人口的47%都会是少数民族。为迎合该潮流，时代华纳公司推出《Suede》杂志，定位为多元化的时尚和美容杂志。
- 美国消费者光顾超市的次数在减少——从1988年的平均85次到2003年的72次。《生活》杂志（www.life.com）是美国历史悠久的老牌杂志，时代华纳公司在2004年秋季重新推出这一杂志，作为周五报纸的插刊，开始的销量就达到1 200万份。插刊采用杂志品质专用纸，但同报纸一起销售。
- 社会趋势显示，越来越多的消费者认可好的设计，专注于设计师创造价值的知名零售商Target的成功印证此点。时代华纳公司推出《简约》杂志（www.realsimple.com），为消费者提供设计问题的卓识和解决方案。
- 最近的事宜，比如"9·11"后的恐怖主义，让人们更加珍视家庭，家庭成为生活的中心。时代公司顺势推出《乡村生活》杂志，抓住人们在动荡和不稳定的年代中追求舒适、简朴和格调的市场需求。

虽然杂志头条夺人耳目，但是打造成功杂志不仅仅是发现目标市场的变化并提炼在完美的头版头条中。杂志所有的方面都必须精心设计以产生效益。排版和设计是非常重要的，因为它决定杂志的可读性和吸引力。确保杂志具有最大的吸引力需要不断开展调研。这也是为什么您喜爱的杂志总是在尝试新版面的原因。您可能喜欢或不喜欢这些改变，但任何改变都是为不断迎合目标市场需要。时代公司也认识到消费者时间变得越来越宝贵。新闻简报、信息图像、快速阅读文章的创新都能确保信息可以有效和系统地传递给忙碌的现代人，调研提出的建议反映了读者需要。

案例问题

1. 协助时代公司推出新杂志和特刊的二手数据类型是什么？还有哪些其他类型的数据对时代公司有用？
2. 登录 www.census.com，找出美国人口统计构成（关注年龄、性别、收入、种族和教育程度）的变化。你所发现的变化可以为时代公司推出新杂志提供机会吗？

案例 4.2　哈雷·戴维森摩托车公司
(*www，harley-davison.com*)

刚刚获得 MBA 文凭又得到升职，戴尔对自己在 Fast Facts, Inc. 公司的第一个项目非常兴奋。一家全球主要的制造商打算进军美国顶尖重型摩托车市场，戴尔在为该公司准备二手数据分析。他的目标是通过二手数据调研来了解美国重型摩托车市场的领先公司哈雷·戴维森公司。戴尔一直是哈雷·戴维森摩托车产品的车迷，他在 1983 年就购买了 XR 1 000 型摩托（OHV8 汽阀，1 000cc 引擎、11.5 英寸的前后盘以及双模化油）。在过去的 20 年中，他了解哈雷·戴维森大量的历史并知道该公司是信誉稳定的大公司。

哈雷·戴维森公司的历史

摩托车的概念开始于 1901 年，来自密尔沃基市的威廉·哈雷（William Harley）和亚瑟·戴维森（Arthur Davidson）对传统自行车进行了改良。后来亚瑟的兄弟沃尔特和威廉也加入了，他们一起工作并在 1903 年推出新产品——三轮摩托。哈雷·戴维森公司于 1907 年成立并迅速发展，人们开始用摩托车取代马车。产品的市场在第一次世界大战中得到发展，因为军方需要大量用车。在 1920 年，哈雷·戴维森公司成为全球最大的摩托车制造商。

在 1929 年股市大萧条后，哈雷·戴维森公司销量急剧下降。在美国经济走出低谷后，公司生产才得到提高。在第二次世界大战中，哈雷·戴维森公司所有产品都为同盟军服务。二战后，竞争激化，直到 1953 年哈雷·戴维森公司成为美国唯一的摩托车制造商。

该公司在 1965 年上市，并同美国机械和铸造公司（American Machine and Foundry Company）合并。但公司的销售在 80 年代又开始下降。1981 年，哈雷·戴维森公司的 3 个高级执行官从 AMF 手中收购了公司。在该公司实施设计创新的同时，哈雷·戴维森也推出"哈雷协会"（H. O. G.）以鼓励消费者参与摩托车运动。在不断的创新产生成果之后，该公司于 1986 年重新上市并在 1987 年在纽约股票交易所挂牌。

哈雷·戴维森公司全球发货量稳定增长

(参见图1)[1]。如今,哈雷·戴维森的品牌在全球被认为是美国文化的标记。哈雷·戴维森代表自由、活力和对开放道路的热爱。

小结

虽然戴尔对摩托车产品比较了解,但他必须概括哈雷·戴维森公司更广泛的商务层面。而且特别要注意与哈雷·戴维森公司摩托车部门长期竞争力有关的信息,因为该公司是让人生畏的强大竞争对手。戴尔确认了通过二手来源收集公司竞争力的三个指标:增长潜力、竞争优势、目标市场战略的持续性。Fast Facts,Inc. 公司承诺24小时提供调研也激发戴尔最快和最有效地获得信息。

案例问题

1. 登录 www.harley-davidson.com 网站,下载哈雷·戴维森公司最新的年度报告,注意公司过去十年业绩的以下方面:合并收入、摩托车发货量、核心客户数量(用 H.O.G 会员来衡量)。你如何根据这些信息来描述公司的增长潜力?
2. 根据年度报告的市场份额信息,哈雷·戴维森公司在北美、欧洲和亚太地区的市场份额是多少?请根据此信息,估计该公司在每个市场的竞争力?
3. 登录美国证券交易委员会的网站(www.sec.gov),分析最新的10-K报告,请指出哈雷·戴维森公司的目标客户是谁?登录美国人口统计局网站(www.census.gov),根据40~44岁以及45~49岁男性公民的人口预测,请指出美国2001—2020年时间段内,摩托车目标市场是在增长还是下降?上述结论对哈雷·戴维森公司目前目标市场的持续性的意味是什么?

案例注释

1. The company's history can be accessed at its website, www.harley-davidson.com.

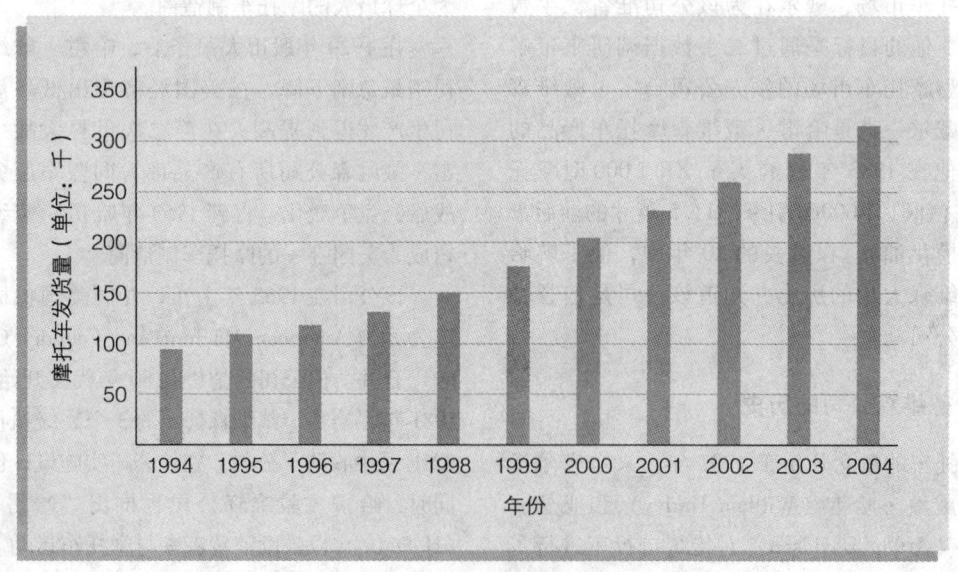

图1 哈雷摩托车全球发货量

Source: Adapted from Harley-Davidson, Inc., Annual Report, 2004.

第 5 章
采用地理信息系统开展市场调研

本章学习目标 ▶

- □ 地理信息系统（GIS）的定义
- □ 解释如何确定一个商店的贸易区域，以及贸易区域的确定如何影响目标客户
- □ 运用 GIS 来选择新店位置并预测新店位置的销售额
- □ 描述如何运用 GIS 和 PRIZM 小组来制定当地的广告战

开篇故事

星巴克、百视达、现代公司的共同之处？

星巴克、百视达、现代公司以及数千家美国公司有何共同之处？这些公司都依赖美国人口统计局来帮助了解购买公司产品和服务的人群类型以及如何针对上述人群更好地销售[1]。实际上，美国人口统计是庞大的市场调研项目，而且 2000 年的人口统计是世界上迄今为止最大的市场调研项目。

2000 年的人口统计采用 4 亿份问卷、装满了 500 个牵引拖车，需要 14 000 吨纸张以及 15 000 加仑油墨[2]。虽然美国人口统计十年才开展一次（下一次将在 2010 年），期间人口统计局也开展一些定期人口调查，这就是美国社区调查（American Community Survey）。

为什么美国政府投资巨款和精力来开展人口统计和美国社区调查呢？因为全国和全世界的政府机构官员和商业领导都依赖该人口统计数据来详细了解美国每个居住区、城市、县、州和地区的人口数据。人口统计可以提供关键信息，比如人口总数和密度、人口统计数据（如平均年龄、收入、教育水平和种族）、家庭结构（婚姻状况、孩子数量）、房屋（房屋的所有权和价值，租赁公寓）、地区迁移、人口变迁等[3]。

公司可以运用上述数据来决定扩展扩张业务的地区、在每个居住区推出的商品以及如何为每个居住区量身打造合适的营销和广告攻势。比如，星巴克公司采用人

口统计数据、商店内销售数据以及被称为地理信息系统（GIS）的特殊决策支撑软件来评估新店地点的生存可能性。星巴克公司分析人员将新店的提议地点位置输入GIS软件，通过该评估和预测模型来分析人口数据并评估每个提议地点的成功性。

百视达公司采用人口统计数据和GIS软件来确保每个碟片行根据当地需求来保有合适的影碟组合。通过将每个当地市场人口特征和每个碟片行的租碟情况进行对比，百视达公司的管理人员可以预测对新碟的需求以及订购合适数量的新碟并避免囤积库存。

现代公司通过识别新市场中与公司最成功汽车产品市场类似的特征，并通过直邮广告来来瞄准潜力地区。现代公司不会漫无目标地直接向每个家庭发放广告，而是识别最有可能回应广告和促销战的地区并针对这些地区直邮广告。

在本章，你将学习人口统计数据和其他互补数据如何同GIS决策支撑软件一起提高美国以及其他国家，比如加拿大、英国和日本的营销决策。

5.1 地理信息系统

地理信息系统迅速成为商业和市场调研的一个标准。**地理信息系统**（Geographic Information System）是储存、演示、分析地理数据的决策支撑软件[4]。GIS决策支撑软件可以基于桌面电脑或网络使用，它可以让使用者与地图上的数据双向互动[5]。地图上的大多数数据来自以上讨论中的美国人口统计和美国社区调查。典型情况是数据来源于购买GIS提供商业软件时附带的数据。比如Claritas、ESRI（环境系统调研协会）以及地理信息公司（MapInfo）。许多营销者也购买消费者商品购买支出的预测数据。购买支出预测可以通过将人口统计数据同来源于美国劳工统计局的消费者支出数据进行比较。GIS中也购买并整合其他数据。比如，Tele Atlas电信公司（以前为GDT）提供街道位置和交通的数据，CXIOM（www.acxiom.com）提供竞争者商店位置和销售数据。许多公司也整合公司内部数据，比如商店位置、商店销售和客户地址。

GIS是企业和市场调研的绝好分析工具。GIS软件可以让调研者整合多种数据来源、建立互动地图、运行强大分析。企业运用GIS了解目前市场和新市场、评估客户基础和竞争形式、识别扩张和合并的机会。采用GIS可以确保商店符合当地需求并预测销售。GIS也可以用于识别最可能回应当地（直邮）广告攻势的区域，并决定针对这些区域的最有效的广告信息。你可以在几本书籍中获得GIS

更多的信息[6]。

实地调研 5.1

达美乐应用 GIS

达美乐公司采用GIS来递送比萨和制订商业计划。达美乐的司机使用GIS来寻找递送比萨时订货人家庭和公司之间的捷径。达美乐的管理人员用GIS来观察哪个商店是最成功以及成功原因——成功最关键的因素是什么。该分析可以帮助经理决定在哪里开设新店。

GIS帮助达美乐司机完成大量的运货工作。该公司采用的GIS已经有好多年了,该系统事先确定给每个客户送货的最佳路线。该公司也采用GIS系统中的运输距离、购买趋势和其他因素来来确定商店位置,更有效分配库存以及识别商业机会。达美乐公司高级副总裁蒙特斯说"习语讲'图画胜过千言万语'。GIS可以让市场更形象化和更好理解。它在帮助我们建立一个可以从空间角度理解的共同数据库上发挥了重大作用。"

达美乐GIS的强大功能来自MapInfo公司桌面GIS应用系统,该系统用于分析所购买的人口统计数据,比如家庭年龄、收入、性别。它与数据仓库(联接达美乐公司拥有的650个比萨店和6100个加盟店的销售数据)相连。采用该工具,达美乐的管理人员只需要点击鼠标就可以查看详细的街道地图并挖掘更深入的客户信息。

达美乐比萨店采用的全球定位系统(GPS)技术可以追踪司机的确切位置以及需要递送比萨的地点。在达美乐系统中,卫星将通过信号传输设备来追踪每个司机的确切位置。在信号表明他们路径差错时,司机佩带的高科技的耳机将确保他们被指向正确的地址[a]。

你有可能在不知不觉间使用了GIS技术。例如,雅虎的地图功能是由MapQuest公司提供技术,可以告诉你美国各地的道路交通情况。只要输入地址和点击目的地,你就可以获得一份定制的地图并标明了方位。图5.1说明了GIS技术的应用。这张图显示了从一个人的家到最近的达美乐比萨饼店的走向。从图中我们可以知道最近的达美乐比萨饼店的距离为2.7英里,如果只有地址,你是不会获得如此详细的信息的。地图上还标出了朝哪个方向走以及最短的路线。达美乐公司经常利用GIS来计划比萨饼送货的路线。

地理编码

采用GIS,我们可以在居住区地图上增添信息并获得该地区更客观的图像,比如客户位置、人口统计信息、犯罪记录、交通流量数据、邮政编码(ZIP)分

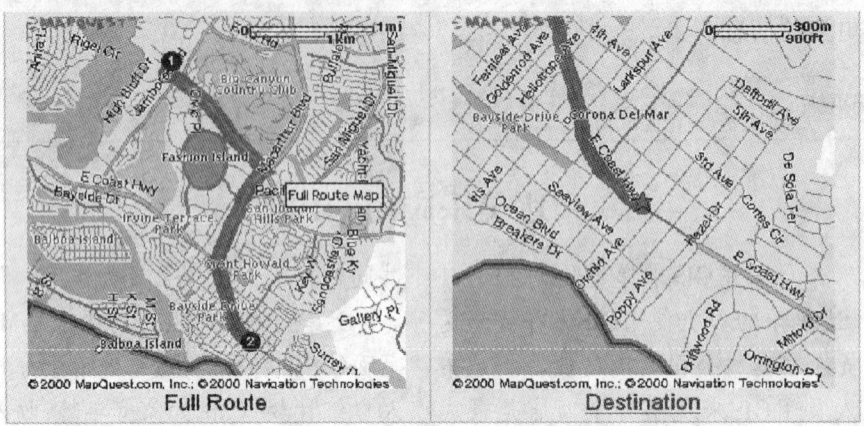

图 5.1 运用 GIS 获得达美乐送货路线

界、电缆网络覆盖以及其他众多的细节,具体的做法是将地理编码数据标明在地图上。**地理编码**(geocoding)是将地图的经纬度坐标同特定地址对应的过程[7]。比如,地址地理编码同图 5.2 中地图上的地址对应。地理编码可以让使用者从电子表格或数据库文件获得数据。该软件将地址和经纬度坐标匹配并在地图上标出。图 5.2 展示了采用 ESRI 公司最畅销软件 Arc View GIS 软件的情景。

地理编码可以整合不同来源的数据并从单一区域地图的角度来审视。比如,几个小时内,我们就可以建立互动区域地图,包括区域的详细信息:中值收入、当地居民准备购买何种汽车、他们收看和收听何种电视和广播节目、他们平均每月消费多少比萨。GIS 的好处就是可以为单一地区整合多种来源数据,并开展同步或选择性的检索[8]。

绘制区域地图是在地图上增添"主题层"的过程。图 5.3A 展示了如何增添数据层以建立整合互动演示的过程。所有增添层可以连接在一起,因为每个层都自己的地理编码、明确每个点的经纬度坐标。当选定特定的位置后,可以从每层处获得数据并更完整的了解该位置特质和特征,如图 5.3B 所示。

第 5 章　采用地理信息系统开展市场调研　　121

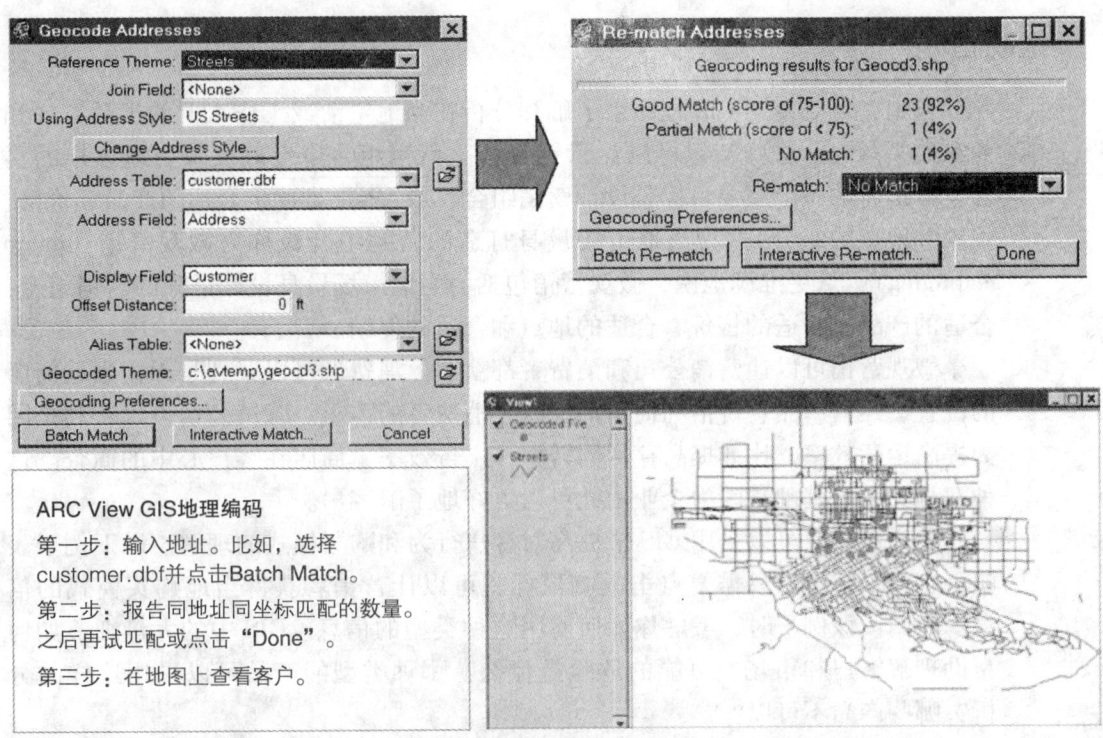

图 5.2　客户地址名单地理编码的流程，客户可以在地图上标明

Text and Graphics reprinted from "ArcView GIS Means Business, coutesy of ESRI." Copyrights 1997, Environmental System Research Institute, Inc. All Rights Reserved.

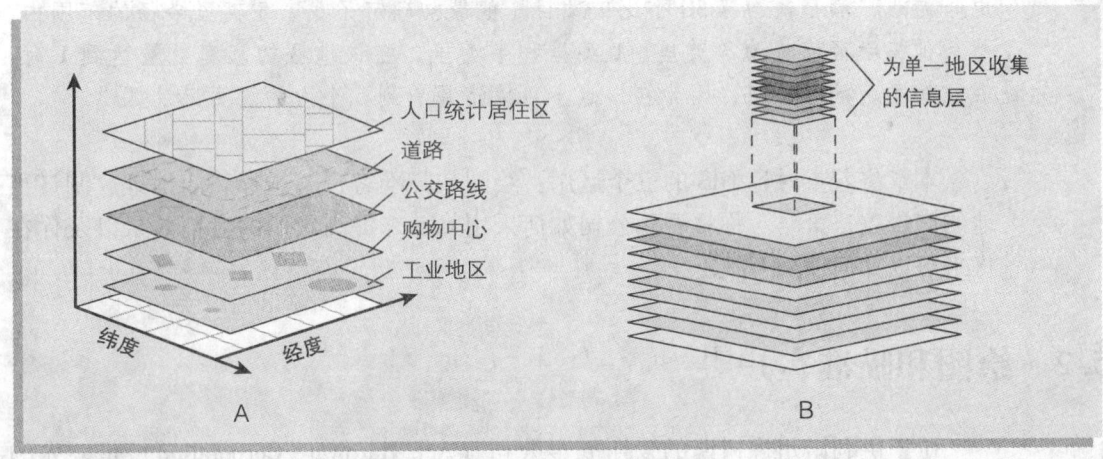

图 5.3　GIS 地图信息层的演示

Provided courtesy Kirsten k. Connelly, Kenneth E. Foote, and Margaret Lynch, The Geographer's Craft Project, Department of Geography, The University of Colorado at Boulder.

微观营销

营销者可以使用 GIS 地图来了解和分析在当地生活或工作人群的生活方式和商品购买倾向。这些知识可以让营销者调整营销组合以更好反映当地客户的喜好。营销者的一个主要目标是设计营销组合,或4Ps(即确定合适的产品、价格、促销和地点的组合)。为当地市场量身打造的营销组合被称为**微观营销**(micro marketing)[9]。更准确地说,微观营销包括为当地市场量身设计正确的营销组合:合适的产品、合适的售价、合适的地点和合适的促销。

微观营销可以让营销公司和消费者都获利。消费者可以获利是因为当地商店的位置、经营产品、价格和促销都反映了消费者的需求。营销公司可以获利是因为提高运营效率,比如提高存货周转率、广告效率、商店在客户心中的商誉。这种双赢关系的基础是因为企业由此可以更好地了解客户。

总之,企业可以采用 GIS 来提高对客户行为和购买模式的理解。以下例子表明,在 GIS 系统中只需要点击电脑鼠标就可以让营销者获得当地购买模式的信息。在阅读该例子时,考虑你如何使用这种类型的信息。GIS 中的大量细节如何帮助理解客户和市场?可能的危险是什么?哪种类型的产品可以采用这样的分析?哪些产品不可以?

现场实例 ▶ 定位当地购买习惯   "SRC 的总裁和 CEO 斯托克(Dean Stoecker)将我的地址敲入 GIS 系统并将我所在社区的购买行为同全国平均水平比较,包括碟片租赁、电子游戏、酒精饮料等 50 个比较项目。他最初确定了我家 5 英里半径的范围内。然后他将半径缩减为 3 英里、1 英里和半英里。在该地区的家庭数量达到 1 时,我在椅子上痛苦不堪,因为在该点上可以清楚看到我个人的购买记录。"[10]

本章将着重讨论 GIS 的三个运用:绘图和瞄准客户、选择新店地址、制订当地的广告攻势策略。你将看到公司如何采用 GIS 来提高它们的营销效果以及你在将来可以如何使用 GIS。

5.2 绘图和瞄准客户[11]

位于伊利诺州橡树溪的爱斯五金公司(Ace Hardware Corporation)是领先的五金批发公司,2004 年的销售额为 32.9 亿美元[12]。该公司为全球 5 000 家零售商提供采购服务,通过提供高品质、良好包装产品和一流的客户服务,该公司成功地同仓储式超市竞争。GIS 分析帮助管理人员对商店进行重新选址,为当地商店提供广告和商品陈列建议并决定是否接新的爱斯零售分支机构。

爱斯五金公司位于天堂谷凤凰城地区的一家当地商店开展了店内调查以获得 GIS 分析所需要的数据。一家本地的咨询公司在两周时间内在爱斯店内收集购物者的家庭地址。200 个地址被送往爱斯总部，在那里数据将被输入 ESRI 的 ArcView GIS 软件。然后进行地理编码，这样每个消费者都可以在区域地图上标出。邮政编码（ZIP）的疆界也填加在地图上，结果显示 85% 的商店顾客来自三个 ZIP 区域。之前，管理者就确认商店的贸易区域 trading area（服务区域）包括 12 个 ZIP 区域。经理可以马上决定将大多数的广告集中在上述三个区域内，以提高广告效应。图 5.4 中区域地图上的客户位置用圆点表示。

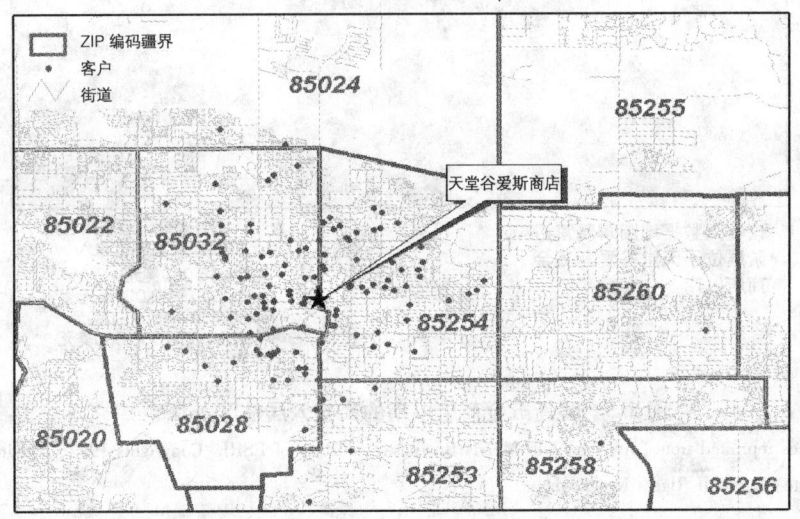

图 5.4　围绕爱斯五金商店的 ZIP 编码疆界和客户位置

Text and Graphics reprinted from "ArcView GIS Means Business", courtesy of ESRI. Copyrights 1997, Environmental System Research Institute, Inc. All Rights Reserved.

在此之后，公司从外部购买家庭收入数据并填加到地图中。这些数据揭示出高收入的区域位于天堂谷商店的 2 英里范围内。虽然地理临近，但该商店却无法吸引来自该地区的客户。该公司的管理人员决定开展特别的促销活动以吸引上述潜在客户。图 5.5 显示客户位置分布区，圆点代表每个居住区的中值收入。不同颜色代表不同的中值收入，深色代表最高的中值收入。

管理人员可以识别对高收入家庭最具吸引力的产品（例如家庭安全系统）以制作促销邮件。公司聘用外部直邮服务商，选择最高中值收入水平的两个 ZIP 地区，邮寄促销材料并等待回应。在促销第一天，该商店就回收了所有的邮件费用。在促销结束后，该收入阶层对商品的兴趣仍持续不断，经理已在计划未来的目标市场邮件。

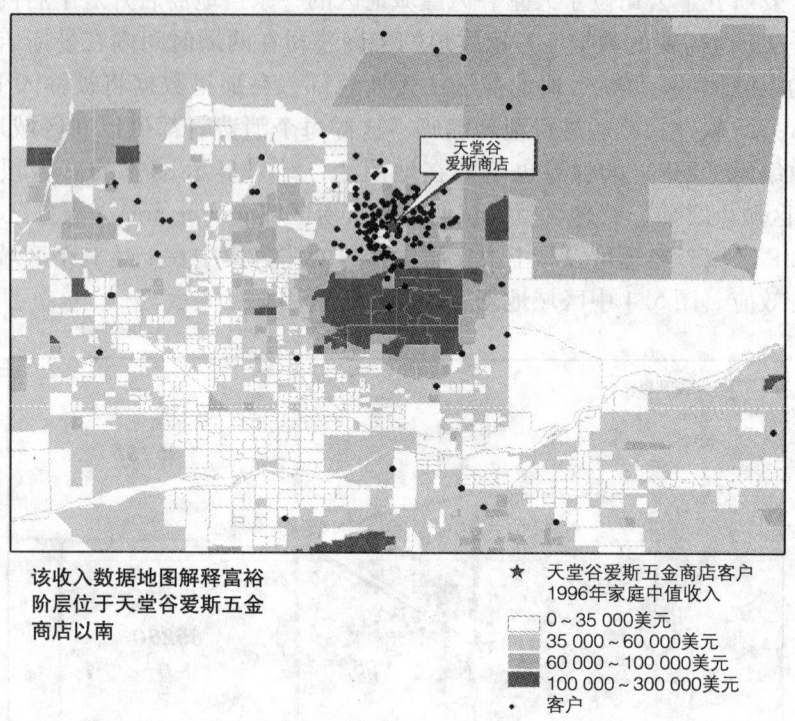

图 5.5　爱斯五金商店以南的高收入居住区（深色）

Text and Graphics reprinted from "ArcView GIS Means Business, courtesy of ESRI. Copyrights 1997, Environmental System Research Institute, Inc. All Rights Reserved.

理解过程

在爱斯的例子中，企业的目标是更好地理解目前和潜在客户并更好地向他们销售。GIS 分析揭示了商店的贸易区域或临近区域：客户的居住区域以及每个区域的中值收入水平。基于该信息，爱斯公司可以根据特定的居住区量身打造具体的广告和促销活动、同时降低营销费用和提高销售。

区域地图

GIS 的主要好处是能整合不同来源的数据并建立准确和有意义的数据地图。在上述例子中，第一步是建立围绕天堂谷爱斯五金商店的区域地图（area map）。区域地图通常最初与一般的地理疆界地图如城市、县或 ZIP 地区的地图类似。爱斯公司采用美国 ZIP 编码，以及更小的居住区单位（被称为片区人群）。**片区**

（block group）是美国人口统计局定义的约包括12个城市居住片区或340个家庭的地理单位[13]。如果你观察图5.6中顶端的地图，你会注意到这些小型的居住区在更大型的、数字标明的ZIP区域内。片区比ZIP编码区域要小得多，而且也是人口统计局可以提供的详细地理图像信息中最小的区域。

爱斯商店的地址和从店内调研收集到的客户地址可以从微软公司的电子表格中导出并在同一地图上标出（见图5.6顶端地图）。ESRI的ArcView GIS软件将自动对应每个地址的经纬度坐标，并采用地理编码在地图上准确显示位置。大多数领先的GIS软件同时也提供地址地理编码的能力，还可以根据地理疆界比如ZIP代码区和片区进行地址地理编码。

ZIP编码区和片区的比较

美国人口统计局包含小型居住区（或片区）的数据，以便为当地政府、社区和商业公司提供最详细的信息，同时也可以保护个体家庭的数据记录的隐秘。然而，营销商常常采用美国邮政ZIP编码（这是更大的地理单位，常常是整个城市的规模）来区分人口并分发瞄准潜在客户的促销和广告材料。因为每个ZIP地区和片区的规模不同而且覆盖不同的地理区域，那营销者又如何知道居住在特定ZIP地区的人群是谁呢？这需要采用转换工具将片区的数据加总到ZIP层次。比如美国2000年人口调查中采用ZCTA（ZIP人口统计表格区域，ZIP Census Tabulation Areas）来匹配ZIP编码和片区，并为ZIP地区提供人口统计数据。在大多数GIS软件包中，该转化是自动进行的。然而因为疆界可能不能完善匹配，可能影响数据的准确性，因而需要进行数据推断（估计）[14]。

贸易区域识别

爱斯公司建立GIS地图过程中的下一步就是显示天堂谷五金商店服务的贸易区域。**贸易区域**（trading area）是商店周围主要客户来源的地区。图5.6显示了天堂谷五金商店的贸易区域（浅色圈）。识别贸易区域对于企业非常有用。比如之前提到的，爱斯的经理获知85%的客户来自于3个ZIP地区，而不是之前认为的12个。因为爱斯公司的广告大多按ZIP地区通过邮件直接寄给客户，所以这意味着爱斯应该取消商店贸易区域以外的直邮，从而大幅度减少促销费用。

确定商业贸易区域的方式有许多。当企业拥有客户地址清单时，它通常在地图上标出。然后以将70%~80%客户包括在内的圆圈区域表示。这样可以避免采用太大的贸易区域，以免扭曲分析。圆圈的中心是商店的街道地址。圆圈的半径大致表明开车或步行到达商店的时间（3~5英里），圆圈半径表示大多数客户愿意从不同方向光顾商店的距离（请参见图5.6顶端地图）[15]。

贸易区域人口统计分析

爱斯公司建立贸易区域的最后一步是标明每个贸易区域的片区的中值收入。中值收入数据由美国人口统计局提供。中值收入通常作为居住区购买力的指标。在图 5.6 的中间地图上,注意每个片区都是颜色编码以表明中间家庭收入。最深的颜色表示最高收入的居住区(年收入超过 10 万美元)。最高收入(深色)居住区被认为是爱斯商店的大客户。

图 5.6 下端地图表明:来自高收入居住区的大多数人并没有光顾爱斯商店购买五金产品。爱斯的经理向上述家庭直邮广告、促销家庭安全产品。目标营销非常成功,充分显示更好了解客户和市场所带来的效益。

商品微观组合

在本案例中,爱斯促销商店内现有的安全产品以吸引高收入人群。爱斯也可以在货架上增加其他吸引高收入客户的商品。当商店根据当地客户需要来量身打造货品时,他们是在开展**微观商品推销**(micro merchandising)。微观商品推销组合是零售行业的常用做法,这也解释了同一零售连锁商店不同店面提供不同的商品选择,因为它们各自储存了当地居住区或贸易区域中最畅销的商品。你能看出微观商品推销的可能收益吗?你曾注意到商店的微观商品推销的例子吗?你在开新店之前或在经营商店时会考虑微观商品推销吗?

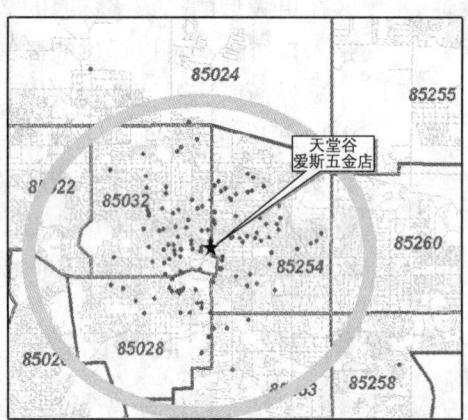

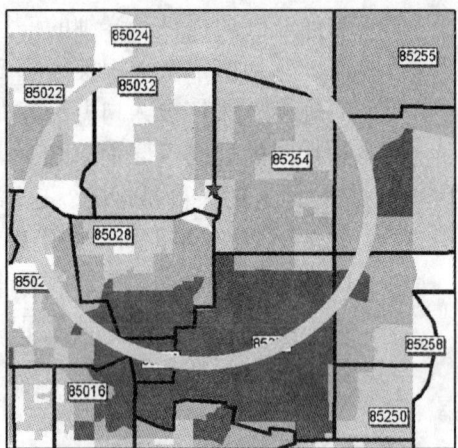

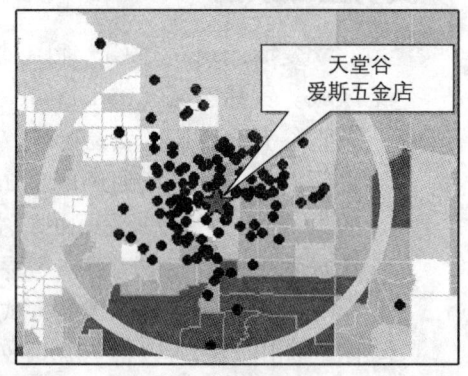

图 5.6

现在让我们来学习 GIS 如何帮助商业公司选择极具潜力的新店地址。

5.3 选择新店地址

选择正确的产品和客户当然可以提高利润,但是选择正确的位置也是取得成功的关键因素。你如何知道正确的位置在哪里?比如,休闲连锁餐厅——星期五餐厅、咪咪咖啡(Mimi's Café)、加州比萨厨房餐厅如何找到新店的潜在位置?休闲餐饮市场巨大,星期五餐厅目前在47个州、150个大都会统计区域(MSAs)经营超过500家餐厅。MSAs是覆盖至少100 000人口的城市地区,包含居住大量人口的核心地区以及与核心地区经济和社会紧密联系的临近社区[16]。

星期五餐厅不断在新MSAs中寻找增长机会。星期五餐厅、麦当劳和其他许多公司采用GIS来确认新店的潜力位置,这一过程称为新店地址选择。GIS可以帮助公司确定进入哪个市场、每个市场设立多少商店、每个商店的地址如何确定。我们将在以后讨论如何开展该过程。概括起来,公司采用GIS找出目前商店地点成功的关键因素,并寻找其他具有上述因素的地点。

实地调研 5.2

麦当劳迅速采用GIS

企业在掌握了商店地址成功或不成功的关键因素后,就可以迅速扫描广阔地区以识别新店的潜在位置。麦当劳采用GIS系统并在地图上增加人口统计信息以帮助公司决定新店的准确地址。

麦当劳在日本就是这样做的,该公司计划未来五年在日本开设2000家店。麦当劳日本公司了解餐厅所需要的最小销售额以及影响销售的因素,GIS系统利用这些信息来识别新店的潜在位置。过去对潜在地点的审核和选择需要5天时间才能完成,在GIS系统下,现在只需要不到30分钟。麦当劳的经理审核餐厅地点、销售预测和开设新店所用的时间越来越短[b]。

为解释一个典型的新店选定过程,我们将研究餐饮连锁——康妮咖啡(Connie's Café")[17]。来自领先市场调研公司和休闲餐厅的专家都对本案例有贡献[18]。你可以将本案例认为是"第101次地点选择"。

每年康妮咖啡从房产经纪、开发商和加盟企业获得数百个新店地址建议。当接到新店地址提议后,公司经理将地址输入GIS软件,进行地理编码和显示为区域地图。同时也会标明该地区的预计贸易区域,通常为圆圈(见图5.7)。该地区的市场数据也将增加到地图上。这些数据从外部提供商处购买并与康妮咖啡的关键成功因素相关。经理采用回归分析法来衡量这些因素对康妮咖啡销售的影响。分析结果为公司未来采用的销售预测公式提供基础（回归分析详见第 14 章）。

经理采用该方法来对每个潜在新店位置进行排名。排名最前的地点优先考虑；其他地点弃用。该选择过程是迅速、高效和有效的。经理信任筛选过程，因为该过程被证明是成功的，而且也基于可靠的统计原则。该公司采用 GIS 后在新店地点选择上取得了巨大成功。

图 5.7　新店选址

注：点代表新址，大圈代表贸易区，白色的小圈代表步行可到达的区域。

理解过程

新店选择过程需要经理确认新店可能的贸易区域、提取相关市场数据、建立销售预测模型、使用预测模型预测新店的销售、运用最终的检查清单核实其他成功因素，比如街道入口和合适的中心。以下将详细讨论每一步。

确认贸易区域

新店选择过程的第一步是确认商店的贸易区域。康妮咖啡的贸易区域是半径为五英里的圆圈；即贸易区域扩展到商店每个方向五英里范围内。从"常客项目"中收集的客户数据显示 80% 的客户在康妮咖啡店内的 5 英里范围内工作或居住。经理们确认贸易区域为标准的 5 英里，以便能直接比较新店潜在地点的销售预测。注意：市场数据是基于片区人口统计而得到的销售预测。以下章节将讨论如何获得片区人群数据并将之转化为贸易区域数据。

提取相关市场数据

市场调研公司以及美国人口统计局定期收集市场数据。主要有两种类型的市场数据：人口数据和美元销售潜力数据。人口数据（population data）表明每个地理区域内有多少人生活或工作，以及他们的年龄、收入和其他有关人口统计信息。美元销售潜力数据（dollar sales potential）表明这些人群在一年内花费在各种产品和服务上的金额大小。联合数据提供商比如 Claritas 公司和 R. L. Polk& Company 公司结合了上述两种市场数据，并为美国每个人口统计片区或居住区建立了消费者详细描述和购买习惯数据。这些数据通常同 GIS 软件捆绑销售。客户隐私得到保护，因为这些数据不包括个人或家庭的数据，而只是片区的数据[19]。

当从信息提供商购买数据时，通常需要清洗数据并转化为标准单位。清洗数据（cleaning data）指手工审计不完整或重复的信息。转换数据（converting data）指将信息提供商数据采用的地理区域与企业需要的区域相匹配。数据提供商按照标准地理区域比如人口统计片区来销售数据。然而大多数企业需要基于贸易区域来分析数据。因此，大多数企业在开展分析之前，必须将外部提供商提供的数据转化为贸易区域层面的数据。幸运的是，大多数 GIS 软件可以将不同片区的数据转化为每个相关贸易区

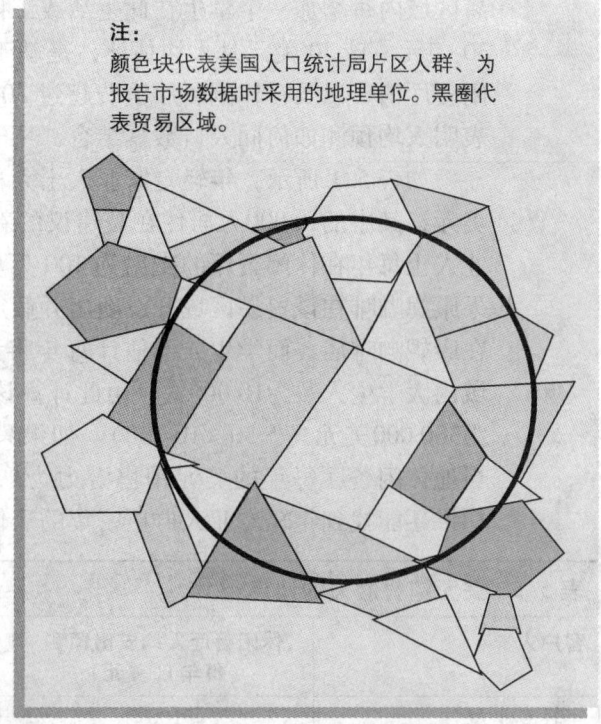

注：
颜色块代表美国人口统计局片区人群、为报告市场数据时采用的地理单位。黑圈代表贸易区域。

图 5.8　组成餐厅或零售业贸易区域的片区数据被转化为单一贸易区域预测

域的单一数据。没有完全落入某贸易区域的片区人群将按照贸易区域重叠程度来按比例分配。图 5.8 描述片区如何结合在贸易区域中。

美元销售潜力数据

康妮咖啡的经理有一个主要目标：为每个新店的提议地点制定美元销售预测。经理们相信影响销售的一个重要因素是贸易区域的美元销售潜力。休闲餐厅的美元销售潜力是在贸易区域生活或工作的人每年花费在休闲餐厅上的货币数量。GIS 数据销售商按照两个步骤为各种产品和服务提供美元销售潜力预测的服务（也被称为消费者需求 consumer demand 或消费者潜力 consumer potential）。首先，美国人口统计数据被用来确定每个片区居住或生活的人群数量和类型（如学生、年轻专业人士）。然后类似于美国劳工统计局的消费者支出数据将被用于判断这些人群如何使用他们的钱。

康妮咖啡的经理从 GIS 供应商处购买休闲餐厅美元销售潜力数据。比如，该数据表明一个典型的大学生每年在休闲餐厅花费 30 美元。这意味着康妮咖啡贸

易区域内每增加一个学生在此生活或工作,休闲餐厅的美元销售潜力就可以提高30美元。该30美元是人均估计,是基于所有的大学生,包括那些从来没有在休闲餐厅消费以及在休闲餐厅消费超过30美元的学生,因此30为平均数。表5.1表明人均预测如何同人口数据结合,用于计算特定贸易区域的美元销售潜力。

如表5.1所示,年轻专家业人士人群被认为每年在休闲餐厅上人均花费100美元,其中的10 000人居住在被建议的新贸易区域。因此,在贸易区域居住的专业人士每年在休闲餐厅的支出为100万美元($100×10 000 = $1 000 000)。如果康妮咖啡在该贸易区域开设新店并假定这些年轻专业人士至少会花费一些预算在康妮咖啡店,而学生人群估计每年将人均只花费约30美元。据估计本贸易区域内大学生人数为10 000人,由此计算该地区休闲餐厅每年的美元销售潜力总额为300 000美元($30×10 000)。如果只有上述两种人群居住在该贸易区域,则当地休闲餐厅每年的美元销售潜力为1 300 000美元($1 000 000 + $300 000)。如果还能找到年轻专业人群更密集的居住区,则应该选择那一地区。

表5.1　美元销售潜力的计算

客户人群	休闲餐厅人均支出预测 (每年)(美元)	新贸易区域的人口	休闲餐厅美元销售潜力 (每年)(美元)
年轻专业人士	100	10 000	1 000 000
大学生	30	10 000	300 000
总计			1 300 000

销售预测模型

管理人员衡量可能带来成功的其他几个因素的重要性。商业成功可以用不同方式衡量。康妮咖啡的经理采用年度销售额作为衡量成功的指标。基于康妮咖啡大量样本店的数据,经理可以采用回归分析来确认哪种市场因素对康妮咖啡年度美元销售额的贡献最大[20]。经理采用了两种回归分析:一元线性回归和多元回归。两种分析包含的相同目标都为识别和衡量解释影响康妮咖啡店销售额高低的因素。但是,一元线性回归只衡量影响销售的一个市场因素,而多元回归同时衡量影响销售的众多市场因素。

从康妮咖啡目前的30个餐厅收集的市场数据和销售数据记录在电子表格中。然后运行一元线性回归,在一个时点采用一个市场因素以确认对30个餐厅销售的影响。这种方式让康妮咖啡经理发现,竞争者的数量是成功的另一重要因素。竞争者是指在康妮咖啡贸易区域内经营的直接竞争者(其他休闲餐厅)。向外部数据提供商购买竞争者数据并加入到电子表格中,可以立刻得到回归分析结果,显示竞争者和销售额之间的重要联系:贸易区域存在的竞争者数量越多,则康妮咖啡的销售额越少。

经理采用多个不同市场因素来重复该分析。回归分析结果显示其他市场因素的重要性并评估这些因素的效果。一旦这些因素被确认，将被输入多元回归分析以建立销售预测模型。多元线性回归评估众多因素的效果并确保最好的销售预测。如果两个因素高度相关或与其他因素相关（比如家庭中值收入和平均收入），则应该将较弱因素去掉以避免重复计算。

在康妮咖啡的例子中，竞争者数量和休闲餐厅美元销售潜力数据被输入多元线性回归分析模型作为自（预测）变量，每个餐厅的年销售额为因（结果）变量。回归模型中的两个贝它系数将解释康妮咖啡餐厅销售收入如何随同变量单位的变化而变化：（1）竞争者数量；（2）休闲餐厅美元销售潜力。一个贝它系数表明竞争者数量增加 1 时，康妮咖啡年销售收入将减少 400 000 美元。另一个贝它系数表明餐厅销售潜力每增加 1 美元，则年销售额会增加 15%。如果模型的结果如此，则销售预测模型为：

新贸易区域（×××店地址 5 英里半径范围内）的年销售额预测
= 常数 +（−400 000 × 该贸易区域现有的休闲餐厅数量）
+（0.15 × 该贸易区域休闲餐厅美元年销售潜力）

这样的公式可以用于每个新店建议地址的销售预测。这样就可以按照最高和最低的销售额对地点进行排序，如图 5.9 所示。

只要添加相关的市场数据和定义贸易区域，标准的 GIS 软件可以让经理们为许多新地点开展销售预测的计算。经理采用 GIS 来针对之前识别的地点进行筛选和排序，同时通过手工将贸易区域在不同地点间进行移动，还可以用于搜索新地点。GIS 整合数据和运行计算的功能使得它成为筛选新地点和发现值得进一步关注地点的有效和多功能的工具。

选择新店地址的最后审核清单

在最初的地点筛选过程中，收集必要的数据可能是非常昂贵的，所以上述销售预测的公式中可能遗失了某些重要成功因素。这些因素包括将吸引客户来光顾的大型磁场商店（magnet stores）的临近程度、街道交通便利、交通流量、房产费用以及功能区分区限制。康妮咖啡的经理基于上述因素，通过采用审核清单的方式来对商店地址打分。经理通过对 GIS 地图添加数据、与当地房产经纪交谈和亲自实地考察的方式来完善清单。地点清单（见表 5.2）是根据与成功相关的额外因素来筛选潜在地点的快速和便利的方式。

你认为你所在的居住区是新开办休闲餐厅的好地点吗？当地有较高的客户需求吗？新餐厅会面临激烈竞争吗？有没有位置好的地点，比如某磁场商店的看得

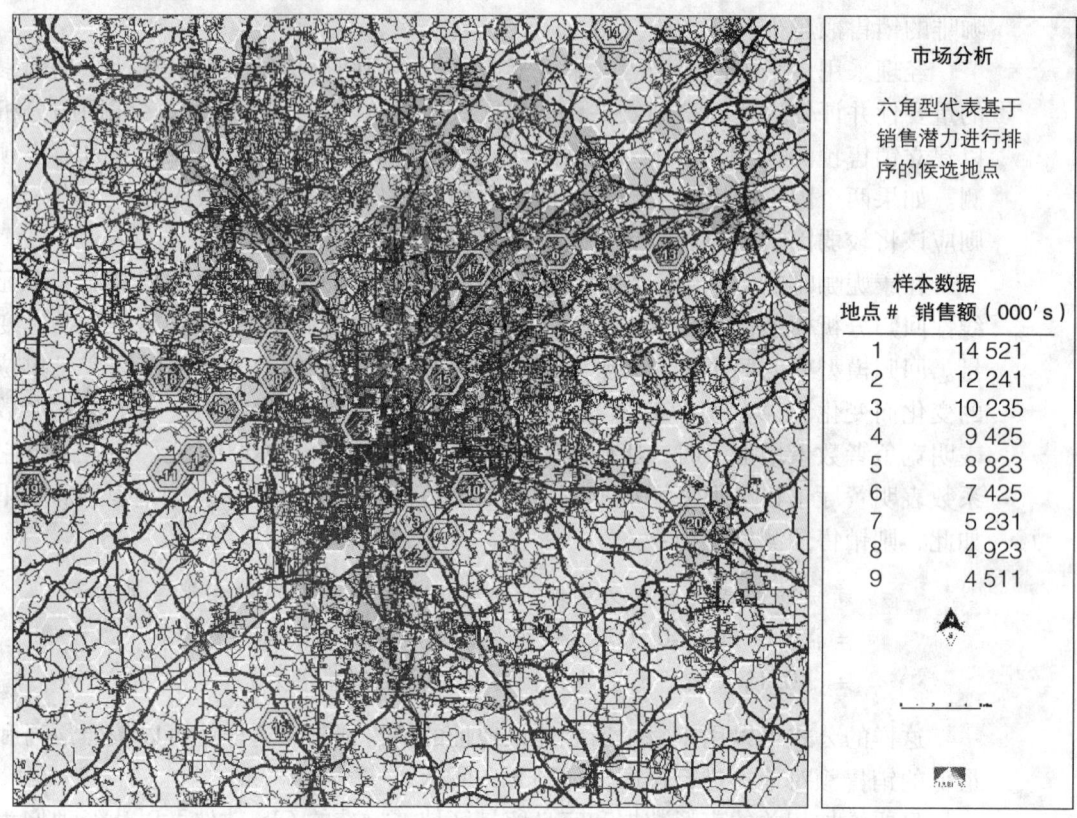

图 5.9　根据销售预测来对新店地址进行排序

Graphics courtesy of Claritas Inc. Copyright 2001.

见的角落？你所在城市在促销新商业发展吗？下次你在开车或散步时，请基于你自己的审核清单来考虑不同的地点并评分，也许某天你希望开办自己的餐厅或商店。

表 5.2　新店地址的审核清单

地点审核清单			
与磁场商店的临近程度	低 中 高	1 3 5	分数 ————
街道便利	很难找到 视线内 街角吸引	1 3 5	分数 ————
城市功能分区	许多限制 部分限制 现成餐厅	1 3 5	分数 ————

5.4 制定本地的广告战略

了解客户和选择最佳地点当然非常重要，但是如果没有成功的广告战略，企业也许同样无法在地图上立足。GIS可以提高广告效率，因为它可以协助企业瞄准客户，而且会减少广告整体支出。林肯—水星是一个采用GIS使用广告费用的最佳例子[21]。

福特汽车公司的子公司林肯—水星（Lincoln Mercury）是设计、制造、销售众多类型的轿车、卡车和运动型多功能汽车（SUVs）的公司。该公司位于加州的Irvine，水星公司提供汽车全部系列产品，包括登山者（Mountaineer）、美洲狮（Cougar）、萨伯（Sable）、大侯爵（Grand Marquis）、村民（Villager）。[22]水星开展全国广告战来推出新车，比如在《今日美国报》上的印刷广告。全国性广告适用于向广泛的人群宣布新车信息。但是水星也通过本地的经销商来监控当地和地区的广告攻势。该广告瞄准更特定的消费人群：居住在经销商附近、有意购买特定车型的人群。

GIS帮助林肯—水星制定出成本经济、效果明显的本地和地区广告项目。GIS被用于识别某种车型以往的购买者并定位目标市场区域内相同类型的消费者。水星可以采用直邮或在报纸中插页广告的方式来达到目标人群，而且这种方式比在当地采用电视广告要节约得多。比如在加州南部，如果林肯—水星采用当地电视广告的话，三个星期大约需要花费300万美元[23]。因为现实中很少有公司能为本地广告攻势投放百万美元，所以对更经济和更有效的营销方式的需求非常旺盛，比如基于GIS的方式。

在2001年6月，位于罗德岛新港的马修营销集团（Mathews Marketing Group）接洽水星公司，建议2001/2002年推出的大侯爵牌轿车采用当地报纸插页的广告方式。该车型为5人座、皮革内饰的大型豪华汽车，零售价约为24 435美元[24]。马修公司建议运用GIS来识别加州南部最可能购买大侯爵车人群的最集中地带的ZIP编码[25]。该公司然后针对特定的家庭通过当地的各种报纸分发铜版纸杂志级品质的插页广告[26]。

理解过程

我们知道，不同人群购买的产品类型是不同的，广告的挑战是如何直接瞄准最可能购买某种产品的人群，同时避免最不愿意购买的人群。比如，设想购买6 000美元经济轿车和愿意花30 000美元购买SUV的人群。我们可以猜测经济型轿车购买者比高端SUV车的购买者收入更低。虽然我们的猜测可能错误，但汽车购买者的标准描述通常是有根据的。这样的描述，被成为**购买者描述**（buyer profiles），可以解释产品客户通常是怎样的，即人口变量是什么（比如收入、教育或年龄）。一旦我们了解最愿意购买产品的客户类型，我们可以定位这些人群并瞄准他们投放广告。

幸运的是，相同类型的人喜欢比邻而居。习语"物以类聚"有时也用于描述具相同特点的地理人群。因此，营销者的目标是定位最愿意购买产品的相同人群的居住区。但是瞄准整个居住区的代价是非常昂贵的。广告通过邮寄递送给每个家庭将花费巨大，而报纸中的铜版纸插页广告则要节约得多。而且，描述目标居住区也避免了收集私人资料的必要性，因为这会侵犯个人隐私。

PRIZM 区域

著名的 GIS 数据提供商 Claritas 公司开发了 PRIZM 系统，用于帮助营销者定位最可能购买产品的人群，**PRIZM 系统**能识别产品潜在购买者最集中地带的片区或 ZIP 编码[27]。林肯—水星采用 PRIZM 来定位最可能购买大侯爵车的人群集中的 ZIP 编码。

PRIZM 根据美国人口统计数据将美国居住区划分为 62 个不同的"集群（Cluster group）"，或购买者类型。每个集群都有独特的命名以简短描述内部的成员。62 个 PRIZM 人群按照社会等级来排序：最顶端为"蓝血/贵族阶层（Blue Blood Estates）"（精英、上层富人），最低端为"艰难挣扎（Hard Srabble）"（居住在贫穷和孤立地带的老年人）。PRIZM 中两种人群〔"绿带家庭（Greenbelt Families）"和"新家庭"（New Beginnings）〕的详细描述请参见表 5.3。根据该描述我们可以推断新家庭可能更倾向于购买经济型汽车，而不是 SUV，因为他们家庭的规模小而且收入低。绿带家庭可能更倾向于购买 SUV，因为他们的家庭更大型而且也喜欢运动。

表 5.3　绿带家庭和新家庭 PRIZM 描述
每个类型家庭倾向于购买哪种类型的车？为什么？

6 000美元经济轿车或30 000美元的 SUV	
绿带家庭	新家庭
• 该集群集中于小型二级城市和南部偏北地区。为大量采用按揭的年轻家庭、孩子数量多。热衷家庭娱乐和户外运动。 • 年龄:25～34,35～44	• 集中在东南部、西南部和太平洋沿岸的新兴城市,该集群喜欢新鲜事物。接受过良好教育的年轻人,多为少数民族。有些已离婚,许多为单亲家庭。该集群大多数人居住在多居室的公寓并从事低收入行业的白领工作。 • 年龄:25 岁以下,25～34

为建立 PRIZM 系统，Claritas 公司采用了因子分析等统计技术来分析美国居住区的特征。因子分析（factor anlysis）（第 15 章将讨论）将类似变量（比如教育和收入）分解成更具一般性解释意义的变量（比如社会阶层）的技术[28]。采用该技术，Claritas 公司将人口统计数据归纳成六大种类、能解释不同种类的居住区和消费者的绝大部分的差异[29]。这六大类为社会阶层（教育、收入、职业）、家庭结构（家庭规模、成员年龄）、流动性（居住时间长短）、种族（种族、外国出生）、城市化（人口密度）以及居屋（自有/租赁，房屋价值）[30]。

Claritas 公司根据上述六个指标的评分将每个美国居住区归入 62 个 PRIZM 区域。Claritas 公司也提供该人群的生活方式特征以帮助更好地描述每组人群内的消费者。其他公司，比如 R. L. Polk 公司也开发了类似的消费者分类系统。为节约成本，大多数系统将同一居住区内的消费者归入相同人群。比如，在给定人口统计人群内居住的所有家庭都被归入新家庭。虽然该方式似乎太简单，但人们的确表现出喜欢与自己相同的人比邻而居。为更好地理解该概念，请考虑你成长的居住区。你周围的家庭的收入类似吗？你认为大多数邻居是非常相似呢还是非常不同？

识别目标集群

现在我们需要识别最可能购买大侯爵车的 PRIZM 人群。像媒体标记调研公司（MediamarkResearch Inc.）和 AC 尼尔森公司这样的调研公司都出售 PRIZM 人群购买倾向的报告：包括产品和品牌以及该人群的媒体习惯的信息。然而这样的报告只包括领先品牌，而大侯爵车需要的数据并没有。而且这些报告只提供全国购买预测，而不是地区预测。换而言之，该报告只表明将美国看做一个整体时（而不是美国特定地区），每个 PRIZM 人群可能购买某品牌的程度。而汽车购买模式在不同地区上非常不同，因此汽车公司常常倾向于采用地区预测。

我们可以通过电话调查或车辆登记记录来预测每个 PRIZM 人群的给定汽车品牌的地区购买倾向。通过电话调查，我们可以联络当地每个 PRIZM 人群的成员并询问他们是否购买该品牌车。然后我们可以计算每个人群的购买比例并用以计算该人群的未来的购买倾向。然而，该方式非常耗时和花费巨大。许多消费者也认为电话调查是厌烦和侵犯隐私的。

马修调研公司采用的另一种方法是采用车辆登记记录的数据，用车辆登记记录来获得特定时期内加州南部每个购买大侯爵车的客户的 ZIP 代码。这些数据也可以从 R. L. Polk 公司购买，因为该公司从全国车辆登记所获得数据[31]。比如，如果你在 2001 年购买了大侯爵车，R. L. Polk 公司处就会有你登记车辆时的 ZIP 编码。正如你看到的，这种方式比起调查而言，不仅更准确，而且更易被接受。

车辆登记数据也可以用于迅速和经济地分析竞争状况。大侯爵车的主要竞争对手包括别克公司的名使（LeSabre）。通过购买竞争车型登记时的 ZIP 编码记录，我们可以确定哪个 PRIZM 人群的客户购买我们的汽车，而且可以瞄准这些人群的 ZIP 代码来扩展我们的市场份额。

所有的 PRIZM 人群中，"银发实力族（Gray Power）"被认为是拥有大侯爵车最高的购买倾向的人群。表 5.4 描述了银发实力族的主要特征。该人群由老年、经济状况良好、心理年轻、身体健康的人组成。根据 PRIZM 的描述，我们可以推断银发实力族在美国气候宜人的地区（包括加州南部）拥有舒适的生活。而且我们也可以推断虽然该人群不经常旅行，他们仍然认同豪华轿车的价值。

表 5.4　"银发实力族"PRIZM 人群描述
该人群为水星大侯爵车的主要目标人群。

银发实力族
- 该集群代表 200 万老年居民，他们积蓄丰厚并迁移到乡村同朋友们一起安度退休时光。
- 虽然这样的居住区在全国都有，但近一半集中在 13 个退休区域。
- 该人群身体健康、喜好高尔夫运动、拥有富裕的投资组合。
- 年龄：55~64 岁，65 岁以上

将购买者数据转化为 PRIZM 人群

马修调研公司采用汽车购买者的 ZIP 编码而不是他们的地址。因为《驾驶人隐私保护法》禁止在车辆记录中披露个人信息[32]。虽然在有确切的街道地址时将购买者同 PRIZM 正确匹配更容易一些，但购买者 ZIP 信息也可以提供宝贵信息。ZIP 编码可以转化为 PRIZM 人群数据以便确定 PRIZM 的哪个人群最倾向于购买大侯爵车。当然，在实际中还需要适当调整，因为大多数 ZIP 编码是包括几个 PRIZM 人群的大型的地理区域。

表 5.5 是一年期内两个 ZIP 地区的银发实力族 PRIZM 人群购买大侯爵车登记记录的假定数据。在每个 ZIP 地区，如果我们将大侯爵车购买者同总成年人口比较，我们可以确定成年人购买大侯爵车的比例。比如 12345ZIP 区，大侯爵车购买者数量为 50 人，总成年人口为 1 000 人，因此购买比例为 5%［（50/1 000）*100］。表 5.5 的底行显示购买大侯爵车的银发实力族人群比例，是两个 ZIP 地区的平均值，或 4%［（80/2 000）*100］。该平均比例是我们对银发实力族人群未来购买大侯爵车倾向的最佳预测。换而言之，我们的最佳猜想为明年 4% 的银发实力族人群会购买大侯爵车。这一购买倾向（propensity to buy）测量的基本假设：过去的行为是未来行为的最好预测指标。

我们可以采用该方式来分别计算所有的 ZIP 区域中 62 个 PRIZM 区域的平均

购买倾向。该方式得出的购买倾向比例大致与通过电话调查每个 PRIZM 人群的比例相同。

表 5.5 银发实力族购买大侯爵车倾向

PRIZM 人群	ZIP 编码	大侯爵车以往购买者	成年人口	购买倾向 过去购买者/总成年人口
银发实力族	12 345	50	1 000	5%
银发实力族	67 890	30	1 000	3%
银发实力族整体		80	2 000	4%

处理来自不同 PRIZM 人群的 ZIP 编码

实际上，ZIP 编码很可能包括来自多个 PRIZM 的人群。因此，马修调研公司必须为大侯爵车的每个买主预测正确的 PRIZM 人群。这需要根据每组人群在 ZIP 区域中的重要性，将客户从 ZIP 编码下转到 PRIZM 中。比如，假设三个购买者来自某给定 ZIP 区域。如果该 ZIP 区域由 1/3 的银发实力族和 2/3 的绿带家庭组成，我们可以将一个购买者分派给银发实力族，另两个购买者分派给绿带家庭。知道消费者确切地址的营销人员则不需要采用上面这种方式，因为他们按照地址可以更准确地将客户分派给合适的 PRIZM 人群。

概括我们采取的步骤：首先，我们采用车辆登记记录来找到大侯爵车以往客户的 ZIP 编码。然后将每个 ZIP 区的客户分派给合适 PRIZM 人群，比如银发实力族。然后，我们确定每个 PRIZM 人群内的大侯爵车的购买者数量。最后，我们将 PRIZM 人群中购车者总数量同该 PRIZM 人群总数量相除以计算 PRIZM 人群平均购买倾向[33]。最后一步非常重要，因为我们需要采用平均购买倾向来预测。图 5.10 中，表 5.5 中的银发实力族 ZIP 编码以地图形式出现。每个 ZIP 区的最初的购买倾向（3% 和 5%）被平均购买倾向（4%）所取代。我们采用平均数，

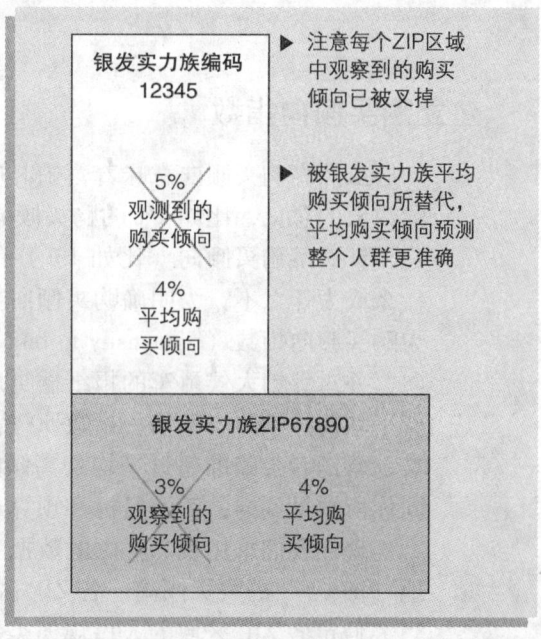

图 5.10 银发实力族消费者居住的 ZIP 编码被该人群大侯爵车的平均购买倾向所替代

是因为平均数是银发实力族未来购买倾向的更可靠的指标。

一旦我们知道每个 PRIZM 人群的平均购买倾向，我们就可以识别具有高购买倾向的 ZIP 地区。图 5.11 中，一个地区被划分为三个 ZIP 地区。每个 ZIP 编码上方为居住此地的 PRIZM 人群，下方为该人群中大侯爵车的平均购买倾向。（为简化，我们假定 ZIP 区域只有一个 PRIZM 人群居住）。在该图表中，银发实力族 ZIP12345 拥有 4% 的平均购买倾向。新家庭和绿带家庭 ZIP 区域平均购买倾向分别为 1% 和 2%。

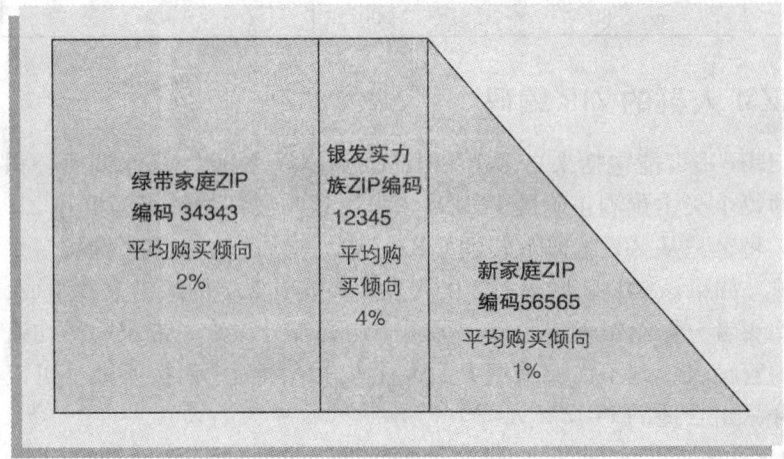

图 5.11 三个 ZIP 地区的大侯爵车平均购买倾向，每个代表不同的 PRIZM 人群

（银发实力族 ZIP 编码 12345 是最佳目标市场。为什么？）

建立购买倾向指数

虽然高购买倾向意味着营销时应瞄准的 ZIP 区域，但是该倾向难以解释特定的数值的意义，比如 4% 的购买倾向是什么意思。我们必须回答的问题是：我们是否针对某购买倾向（比如 4%）的区域来采取报纸插页广告促销大侯爵车。为什么或为什么不？为明确购买倾向数值的含义，营销者通常需要将这些数值转化为**购买倾向指数**（propensity to buy index）。购买倾向指数 100 意味着平均购买倾向，并对促销大侯爵车的报纸插页广告的回复等于平均购买货币。指数 200 意味着平均购买倾向的两倍，指数 50 意味着平均倾向的 50%，依此类推。典型情况是，营销者会瞄准超过平均购买倾向，甚至远远超过指数 100 或 120 的区域。如同你所预见到的，营销目标和预算也影响该决定。

现在我们采用表 5.6 中的数据来计算购买倾向，我们首先计算地区，或"基地（base）"的购买倾向。各 ZIP 区域的平均数为 2.33%〔（4%+2%+1%）/3〕，假定各 ZIP 区域的人口规模类似。然后我们必须将 ZIP 区域的购买倾向与基准倾向相除再乘以 100。比如，ZIP12345 区域，指数为 172〔（4/2.33）*100〕。其他指数的计算依此类推并体现在表 5.6 中；指数从 43 到 172 不等。ZIP12345

区域的指数为172（平均购买倾向的1.72倍）显示了对大侯爵车强劲的购买倾向。总之，购买倾向指数表明每个消费人群在给定时间内购买某种产品或服务的可能程度，指数100等于平均购买倾向，指数200为平均数的两倍，指数50代表平均数的50%，依此类推。

表5.6 三个ZIP区域的购买力倾向指数

ZIP 编码	该区域的购买倾向	基地购买倾向	指数 =（某 ZIP 区域购买倾向/基地）* 100
12345	4%	2.33%	172
34343	2%	2.33%	86
56565	1%	2.33%	43
地区平均	不适用	2.33%	100

购买倾向指数的地图定位

在计算出购买倾向指数后，我们在地图上找出最可能购买大侯爵车的区域。我们希望针对潜力地区采用报纸插页广告的方式。图5.12展示了指数化和颜色标记的地图。在该地图上，可以非常容易地看到我们应该在银发实力族的ZIP12345区域销售大侯爵车，因为该ZIP区域的客户显示强劲购买倾向。当然，我们应该核实在我们计划进军的每个区域中，林肯水星牌是否拥有经销商。这会确保潜在客户可以方便地测试和购买车辆。比如，我们可以在颜色编码的区域填加水星公司的经销商和他们的贸易区域，并只针对落入经销商贸易区域的蓝色ZIP区域的人群邮寄广告。

注意，因为我们可以购买竞争对手公司的车辆登记数据，我们能对别克名使（LeSabre）和奥兹莫比尔（Oldsmobile）88车型进行分析。我们可以识别每个竞争对手的最高购买倾向指数的ZIP区域。而且我们也可以高度关注比大侯爵车购买倾向指数更高的这些区域。这可以揭示这些区域中的客户目前虽然没有购买大侯爵车，但是在未来购买类似车的倾向指数却很高。由此可以让我们通过瞄准更广泛的潜在客户来提高我们的市场份额。

分发广告：直邮或报纸插页广告

流程的最后一步是接触大侯爵车的目标客户。汽车经销商递送广告到特定目标客户与住区的方式主要有两种：报纸插页广告和直邮。报纸插页广告为单页或多页，通常为日报或周刊中的全色广告插页。直邮的是类似的广告，但通过邮箱递送，一般采用专用信封。直邮达到100%的目标市场，包括那些没有订阅报纸的家庭。直邮也比报纸插页广告更能吸引注意。直邮最大的缺陷是成本高昂。营

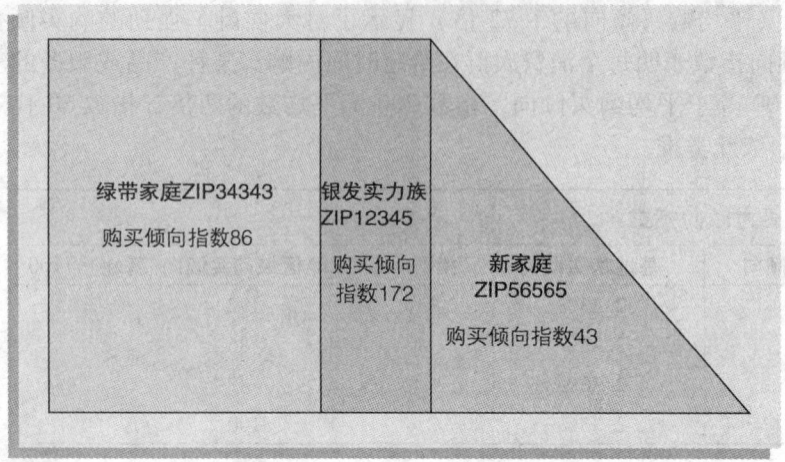

图 5.12　三个 ZIP 区域的大侯爵车的购买倾向指数，每个代表不同的 PRIZM 人群

（清楚显示银发实力族 ZIP12345 区域为水星公司大侯爵车的主要目标市场。为什么?）

销者必须在营销费用之外额外支付邮费和信封。报纸插页广告分发的成本更低廉。但是插页广告也许不能很好地吸引注意力，而且也只能到达订阅报纸的客户。总之，营销商必须衡量报纸插页广告和直邮的优缺点，为自己的产品和服务以及营销目的选择更合适的方式。

林肯水星为大侯爵车选择报纸插页广告的方式。该公司采用三页彩版的插页广告，这代表产品的高品质，希望在客户丢弃报纸时仍可以保存插页广告[34]。另外，直邮广告成本的节约是非常可观的，三页彩版的插页广告比直邮的节约为 0.30～1.00 美元，林肯水星选择报纸三页插页广告的方式成本每份仅为 0.14 美元[35]。

最后一步是识别能最有效达到目标 ZIP 区域的报纸。在根据报纸发行量来建立自己的数据库之外，马修调研公司也依赖 SRDS（一家专业于提供媒体评级和覆盖率的公司）[36]。采用这些信息，马修公司可以确认哪种报纸可以达到目标 ZIP 区域。在审核候选报纸时，我们假定有两个方式可以达到目标 ZIP 区域：服务整个区域的大都市报纸和只针对特定区域的小城市报纸。其他因素一致的话，我们将选择在 ZIP 区域具有最高渗透力的报纸。如果大都市报纸达到 60% 的目标 ZIP 区域而当地小城市报纸只覆盖 30%，那么采用大都市报纸为好，特别是如果每个插页的收费相同的情况下。林肯水星公司为大侯爵车选择报纸插页广告时采用了 30 家地方报纸和大都市报纸，成功覆盖加州南部 20% 的区域。没有覆盖整个市场是因为该项目主要着力于大侯爵车最具购买倾向的人群，因此水星公司成功提高了广告效率。

效果[37]

林肯水星公司在 2001 年初分两次发送大侯爵车报纸插页广告。该广告攻势的效果非常好。在 2001 年 2 月（该广告攻势的第一个月），加州南部售出 362 辆大侯爵车。这是 1996 年以来加州南部售出的最好纪录。实际上，2001 年的第一个季度中，大侯爵车的销量增加 3%，林肯水星公司对此非常高兴。2 月中，加州大侯爵车的销量占到全国销量的 6.4%，比没有采用 GIS 报纸插页广告攻势的 2000 年增加 2.2%。

本章小结

企业可以通过 GIS 从分析地理或空间数据中获利。这对企业定位其地理贸易区域（服务区域）和理解在该区域生活或工作的人群特别有用。企业可以用该信息来量身打造满足当地消费者需要的产品、价格和促销策略。GIS 整合多种数据来源和建立直觉地图的独特能力使得上述过程成为迅速和容易的过程。

GIS 也可以用于评估新商店的潜在地点并根据每个地点的销售预测模式来选择最佳地点。与传统方式相比，GIS 可以迅速和简便地在地图上排列市场数据和预测结果，企业因此能更快和更容易地作出信息充分的决策。

最后，GIS 帮助营销商瞄准对购买公司产品或服务具有最高购买倾向人群的特定地理区域（比如 ZIP 区域），并避免针对不具有潜力的区域。通过这种方式，营销商的广告成本更具效率。Claritas 公司的 PRIZM 系统和其他类似系统在 GIS 中得到广泛使用并瞄准最具潜力的客户人群和区域[38]。

复习讨论题

1. 什么是 GIS，为什么营销者使用 GIS？
2. 在地图上分析数据比起在表格中分析数据的好处是什么？
3. 什么是地理编码？为什么它对 GIS 非常重要？
4. 什么是片区？它同 ZIP 的区别是什么？
5. 微观营销和微观商品展示的区别是什么？
6. 描述本章讨论的 GIS 的两种市场运用。
7. 讨论如何使用 GIS 来识别预测商店成功或失败的变量，并解释为什么这种类型的分析对企业非常有用。
8. 解释 Claritas 公司如何建立 62 个不同消费者的 PRIZM 系统，以及营销商如何将 GIS 同 PRIZM 配合使用。
9. 什么是购买倾向指数，营销者如何使用该指数？

应用练习

1. 本地一家高档餐厅计划邮寄宣传单以促销新菜式。如何根据 GIS 来确定哪个居住区应该获得这样的宣传单？
2. 本地一家运动用品商店接受个人支票。该商店所有者根据支票记录客户地址。这家商店的店主采用 GIS 可以运用这些数据做什么？
3. 每个月你必须为你的零售店订购存货。你注意到某些产品销售情况不好。GIS 如何可以帮助你为商店选择更好的产品？
4. 你负责快餐厅的全国扩张项目。你已经在全国拥有几十家餐厅,并计划今年开设新店。你收到新店地址的几个建议。你如何使用 GIS 来预测每个新店建议地址的预计年度销售额。

5. 在最近的全国广告攻势中,你瞄准的目标人群是"18 岁以下年轻影响力人群",因为你认为该人群具有很高的购买公司产品的倾向。实际上,他们的购买倾向指数为 200。向你的老板解释你如何计算购买倾向,以及购买倾向指数 200 代表什么?

案例 5.1 金吉姆的新店选择
(*www.goldsgym.com*)

金吉姆公司是目前全球最大的连锁健康俱乐部。1965 年,自从金吉姆在加州南部的威尼斯海滩开设第一家店以来,该公司迅速成为"健身的麦加",很大程度上归功于阿诺·施瓦辛格的记录片《健身之路》。金吉姆公司如今在美国 46 个州和 34 个国家拥有 600 家店,在全球有超过 200 万会员,一家独立的顾问公司认为金吉姆公司是健身产业最值得尊敬的公司[1]。

金吉姆公司的数字地图图书馆

金吉姆公司的知名度产生了明显的影响,公司在一周内收到 500 个申请成为加盟店的提议[2]。每年金吉姆公司都要审查大量的加盟店申请。在接到这些申请后,金吉姆公司加盟主管部门必须首先确保新店不会触犯目前金吉姆公司的俱乐部的"势力范围",或主要贸易区域。金吉姆公司依赖数字地图图书馆来准确定位每个加盟店在美国的位置和其势力范围。

新店地址的建议

在一个案例中,金吉姆公司的加盟主管接到在纽约长岛开设新店的申请。加盟审查小组审核数字地图后,认为新店地址的贸易区域将落入老店的贸易区域。然而,这只是评估新店申请的第一步。接下来,该小组认定目前长岛已经有 12 个健身娱乐部,其中两个位于新店建议地点的附近。

该加盟小组继续搜索新店将如何影响金吉姆公司目前的两个店。结论是目前的店将损失大多数客户,因为有些客户的住家离新店地点更近,所以会转会。新店从金吉姆公司目前的店铺手中吸走客户的现象被称为"同类蚕食"。加盟主管部的重要职能就是避免任何严重的同类蚕食问题。进一步审核后,加盟主管认定,如果按照建议开设新店,则目前店中的大多数会员将转会。而且比起金吉姆公司平均水平,该建议的新店将吸引少得多的会员。

案例问题:

1. 如果你是金吉姆公司的加盟部主管,你会许可在长岛建议地点开设新店的申请吗?你会采用什么数据来支撑你的决定?
2. 你认为加盟小组应该如何确定每个健身俱乐部的贸易区域?为上述目的,应该使用金吉姆公司的客户地址吗?如果应该,如何采用?
3. 通常假定客户将加入居家附近的健身俱乐部。根据你对居住区健身人群行为的理解,你认为该假定合适吗?合适的话,为什么?不合适的话,为什么?
4. 金吉姆公司依赖在贸易区域的 17～39 岁的人群数量和平均收入来估计健身俱乐部的会员。这种方式合适吗?还可以采用其他数据吗?

案例注释：

1. "best Brand in the Business," ww.goldsgym.com

2. "Gold's Gym Initial Inquiry Request for Potential Franchisees," 2002, www.goldsgym.com

案例 5.2　亚特兰大城市地区的胸部 X 光扫描
(www.cancer.com)

女性癌症死亡的主要原因是乳腺癌。然而如果早期保护的话，乳腺癌的存活率颇高。美国癌症协会（ACS）的一个优先考虑就是提高胸部（乳腺癌）X 光扫描率。ACS 已经成功说服中产阶级的女性和富裕女性接受检查，但是贫穷和少数民族女性却难以通知到。为解决这一不平衡问题，ACS 求助于 GIS 市场调研公司来协助设计沟通攻势，提高像亚特兰大这样城市中的贫穷和少数民族妇女的扫描率。

设计和定位目标人群

第一步是清楚确认目标人群。因为 80% 的乳腺癌发现在年龄超过 50 岁的妇女中，ACS 决定瞄准这一特定年龄组。接下来，到达低收入人群，ACS 决定瞄准家庭年收入低于 20 000 美元的女性。亚特兰大市被选为新发起的沟通攻势的测试城市，部分原因是 ACS 总部设于亚特兰大。

ACS 的下一步是在亚特兰大内定位目标人群。为此，ACS 采用 GIS 软件建立了亚特兰大大都会统计地区（MSA）地图。该程序可以识别年龄超过 50 岁的女性最集中的地理区域。它也可以识别年收入低于 20 000 美元的家庭。通过重叠信息，ACS 可以清楚看到并找到目标人群的最具潜力的地理区域。实际上，该地图揭示了两个能发现目标人群的区域：亚特兰大市的内城和外环。

理解目标人群

ACS 至此已知道目标人群的居住地。下一步为调研他们的生活方式特征。了解女性的生活方式是必要的，这样才可以采用适当的媒体接触她们。ACS 开始寻找最可能住在内城和外环的客户人群。他们在内城发现五个主要的人群、外环四个。采用这九个人群的数据，ACS 全面开始分析目标人群。

ACS 发现内城人群大多为非洲后裔，外环主要为高加索后裔。外环人群一般有自己的交通工具，而内城人群大多没有私家车，内城人群更多依赖公共交通。同一般大众相比，上述两种人群大多为单亲家庭，而且大多为失业者或低收入人群。另外，外环比内城的人群的文盲比例更高。ACS 然后调查了媒体喜好数据。ACS 了解到两种人群都喜好广播和电视节目（虽然喜好不同的节目），内城人群的主要娱乐为看电影。ACS 采用该信息来制定广告攻势以鼓励这些妇女进行乳腺检查。

选择广告媒体

基于内城人群使用公共交通的倾向和喜好看电影，ACS 选择了几种非传统的媒体方式来散播信息，包括当地广告牌、汽车站海报、电影院拖车等。因为外环人群一般有私家车，所以 ACS 采用广告牌。广播也被用于外环人群，她们一般都是文盲。虽然两种人群都收看电视，但 ACS 认为电视广告的成本太昂贵了。

"一张照片拯救你的生命"

ACS 采用"一张照片拯救你的生命"的口号来传达胸部扫描的重要性。该广告强调了早期发现乳腺癌对存活率的意义，并提供免费电话让听众获得更多信息。在该广告攻势的头两个月，超过 300 名低收入女性拨通热线。同时，ACS 还接到其他社会经济阶层妇女的电话。ACS 将亚特兰大的攻势同在费城开展的类似项目在相同两月期间内进行比较。费城采用传统的媒体形式，比如医院宣传资料，只接受到 8 个来自低收入人群妇女的电话！ACS 从中认识到人口统计和生活方式数据对乳腺癌抗争的重要作用。

案例问题：

1. ACS 瞄准女性年龄超过 50 岁的低收入人群地区。有必要按每平方英里瞄准低收入、年龄超过 50 岁的女性高度集中地区吗？为什么有必要？或为什么没有必要？
2. 虽然本案例没有提及，外环人群被认为是喜好宗教广播节目和宗教产品。如何根据这个信息来成功量身打造能到达该人群的信息或媒体计划？
3. 该案例是使用地理信息系统来帮助非营利组织提高营销例子。选择本地或全国的一个非营利组织的例子，并讨论它如何采用类似的流程来了解目标市场、同时低成本地到达目标人群。请描述该机构应该采取的步骤。

第6章
原始数据收集

本章学习目标 ▶

- □ 描述数据收集的各种方式
- □ 比较询问方式和观察方式的优劣
- □ 描述问卷的四种不同模式
- □ 为每种类型的原始调研方式确定合适的问卷开展方式
- □ 解释观察技术的五个维度

开篇故事

谁是航空乘客？他们在机场做些什么？机场希望了解[1]

拉斯维加斯的麦卡伦（McCarran）国际航空公司经常调查乘客的旅行行为和购物倾向以提高他们对机场服务的满意度。调研结果表明，运动设施受乘客欢迎，机场管理者立刻安装了运动设施。自从"9·11"后，乘客在机场停留的时间更久。机场的其他调研也显示乘客希望在机场进行一些活动以减少等待航班的压力。为此，机场开始提供各种服务，包括按摩、淋浴、桑拿、赌场和小寐的地方。

- 华盛顿国家机场每两个月调查乘客的旅行习惯和购物倾向，根据调研结果决定了在机场开设商店。
- 英国航空局（BAA）代表英国七个主要的机场，询问乘客对BAA的评级，分数从1到5，"特别差"到"非常好"。BAA每年访问超过170 000乘客，调查覆盖机场清洁度、航班信息、行李推车、飞机便利性、登机程序、行李认领、舒适度、堵塞、BAA工作人员、金钱价值等方面。每年都要跟踪不同机场的调研结果。
- 费城国际机场（PHL）开发了45 000平方英尺的购物中心来解决食品选择余地少、价格高昂的问题。为完善购物中心的计划，PHL采用3个焦点小组，每组20人，包括商务和休闲乘客以及被接送的乘客。焦点人群提供关于他们希望购物的特定商店和他们喜欢食品的信息。开设购物中心的决策让机场受益颇丰。根据PHL的报告，79%的乘客购买食品和饮料，60%购买零售商品，而其他机场的平均水平分别为51%和32%。一项有趣的和让人惊讶的发现是：乘客停留的时间越长，他们的满意度就越高。

- 巴尔的摩/华盛顿国际机场（BWI）通过拍摄停车场的照片来收集信息。汽车牌照照片为机场管理人员揭示了乘客的来源。BMI每10个月开展观察调研以准确识别目标市场。该观察法表明，机场的乘客大多来自华盛顿市中心、宾夕法尼亚州南部、新泽西州。BWI也与其他公司分享这些信息，比如银行、酒店和航空公司。

以上是企业收集数据回答特定问题的各种方式的例子。为特定调研项目收集的数据被称为**原始数据**（primary data）。当二手数据无法获得或不相关和不正确的情况下，市场调研者必须收集原始数据。本章将讨论获得原始数据的基本方式，讨论它们的优缺点并提供选择的原则。

6.1 数据收集的不同方式

原始数据可以通过许多办法来收集，有时一次调研需要采用多种方法。以全国服装零售连锁店Gap公司（Gap Inc.）为例，该公司希望评估特定销售点（POS）促销Gap牌男式衬衣的有效性，该促销计划是在商店采用特殊的陈列方式。以下是Gap公司评估特定陈列方式有效性所需数据的形式：

- 方式A：在促销期间，由专人访问来商店的客户。询问客户是否购买了Gap衬衣；如果购买，他们的购买动机是什么？询问顾客特定的问题以了解他们对商品特殊陈列方式的反响。
- 方式B：在促销结束时，开展对商店贸易区域的客户电话调查以评估他们在促销期间是否光顾商店；如果曾光顾，他们对商店陈列方式的反应和反响是什么。
- 方式C：同方式B，不同之处在于不采用电话调查，而是采用向居民样本邮寄问卷，并同时附带贴好邮票供寄回问卷的信封。
- 方式D：在调研期间用电子邮件调查商店顾客样本，要求他们登录商店网络来回答问卷问题。询问顾客是否购买了Gap衬衣；如果购买，他们的购买动机是什么？并询问他们对特殊陈列方式的反响。

- 方式 E：雇佣专人来观察顾客并记录他们经过特殊陈列前的反应。让观察者记录顾客是否停留来观看特殊的陈列方式、他们停留的时间长短、他们看上去感兴趣的程度等。
- 方式 F：在 Gap 衬衣展示区设置录像机，连续记录顾客在接近和经过特别展示区时的反应和行为。
- 方式 G：在促销期间，让收银台自动记录 Gap 男式衬衣的总销售数量。

方式 A、B、C、D 是询问顾客，而 E、F、G 则是观察顾客或他们的购买行为。询问和观察是收集原始数据的两个主要方式。这两种方式也很多不同的变形，如方式 A 至 G。本章也会讨论其他询问和观察的方式。两种方式的主要区别在于潜在受访者在数据收集过程中扮演的角色。在询问方式中，受访者扮演的角色积极，他们和调研者互动或沟通。实际上，有些教材认为询问方式应当称为沟通方式（communication approach）以便同观察法区别；因为在观察法中受访者没有同调研者直接互动或沟通[2]。

在上述讨论中使用的术语为询问方式（questioning approach）而不是问卷方式（questionnaire approach），原因显而易见，因为不是所有的询问或访问都需要采用正式问卷。换而言之，**问卷**（questionnaire）只是调研项目采用询问方式时可以选择的若干方式中的一种。比如，大规模顾客调研不可避免地需要正式问卷，然而针对少数富于知识的人群的非正式访问可以不需要问卷，虽然这两种方式都属于询问方式。不同的询问和观察方式并不是限制在某特定类型的调研中。第 3 章描述了三种主要的调研类型：探索性、描述性和实验性调研，其中后两种方式属于结论性调研。两种数据收集方式都可以用于以上调研类型。考虑 Gap 公司例子中的方式 A 到 G，与此类似的方式可以在以下的任一类型的调研中采用：

- 探索性调研（exploratory research）。经理希望获得关于特定销售点商品特殊陈列方式有效性的初步观点。初步观点可以基于一个或几个商店的询问或观察（在非常不正式或灵活的形式下）所获得的数据。
- 描述性调研（descriptive research）。经理希望了解某种具体的信息，比如被吸引到特别陈列前的顾客类型，或在特定促销期间购买 Gap 衬衣的顾客与没有购买的顾客的区别在哪里。只需要让上述数据收集过程更正式和具体，或从更大规模的商店样本中收集数据即可。
- 实验性调研（experimental research）。经理希望了解商店特殊陈列如何影响顾客对杰普衬衣的感受和购买及其重要程度。该调研问题需要在更有效控制条件下（比之前的描述性调研）收集数据。比如，顾客反应和购买可以从以下来源收集：足够大规模的、具代表性的商店样本（实验组）中以及没有开展特殊陈列的商店（参照组）。

虽然数据收集流程的正式性或灵活性、样本性质以及数据收集条件等在描述性或实验性调研下会有所不同,但是基本数据收集方式可以在每种调研中采用。

6.2 询问方式和观察方式

关于询问方式和观察方式有两点注意事项。第一,一个方式不一定是另一个方式的替代,因为每个方式都有独特之处。比如,在评价青少年对奖励(比如玩具和教育项目)的反应时,观察法可能是收集信息的唯一有意义方式。实地调研6.1说明了在这种情景下,观察法的威力和收益。

实地调研 6.1

如何设计汽车内部?
约翰逊控制公司的汽车系统小组指明道路

约翰逊控制公司(Johnson Controls' Inc.)是全球领先的汽车和内部系统提供商。该公司2000年的销售额为172亿美元,其中市场调研在产品开发和营销中起到重要作用。

约翰逊控制公司采用想象观察技术来设计新产品,比如游戏凳(Playseat)和汽车影像系统。1999年,调研者观察公司全球上万的消费者以更好了解他们如何使用汽车内部系统,从免下车的点餐系统到车内约定干洗服务。约翰逊控制系统向消费者提供摄像机并要求他们对喜欢和不喜欢的汽车内部进行拍照。另外,该公司的"儿童在车内"的项目采用录像来观察成人如何同孩子们互动以及他们如何使用控制板。调研者也在自然状态下(在家庭、车内或日间看护中心)调查孩子们,并获得了传统市场调研技术下难以获得的洞察观点。

上述调研引发了"儿童友好"的技术创新,比如游戏凳和汽车影像系统。游戏凳与LEGO共同开发,是由扶椅后座演变而来的,可以作为汽车上游戏场地的桌子。汽车影像系统将汽车后座变为孩子们移动的娱乐中心:在不干扰前座的情况下,观看电影或玩游戏。产品营销经理单娜·露薇尔说:"虽然对汽车制造商而言,椅子这样产品不是基本产品,但是有时这些产品却可能成为一个卖点。我们的销售人员在向顾客(汽车制造商)展示该功能时,结果非常具有说服力,它表明我们开发的产品填补了市场需要的空白。"[a]

第二,虽然每个方法都有另一个方式不具备的优点,这些优点在需要原始数据收集的不同情景下,可能不完全恰当。换而言之,从以下四个方面来衡量,没有一种方式总是比另一个方式更好。

多样性

询问方式的主要优点是数据的多样性。观察方式限于可观察特征或变量的数据收集。比如，可以由人工来记录顾客停留观看 Gap 衬衣特殊陈列时间的长短（方式 E），或采用录像机（方式 F）。但是我们很难观测到顾客在观看该陈列的时候，是否被吸引、感到失望或受骚扰。比较而言，询问方式（A、B、C、D）可以告诉我们顾客如何看待该陈列。总之，观察法只提供关于明显特征和行为的数据，而直接询问方式既可以揭示明显变量，也可以提供受访者感受、动机和意向以及其他非观察变量。然而，如同我们之前看到的那样，对于特定人群（比如青少年），询问法也许不适合。

时间和成本

从数据收集的时间和成本角度看，询问方式通常比观察方式更占优势，因为在通过询问方式收集数据时，调研者在数据收集过程中具有更大的灵活性。Gap 公司的例子表明，在收集数据四种询问方式的每个方式中，调研者都拥有一些自由空间：个人访问（方式 A）、电话调研（方式 B）、邮件调查（方式 C）或网络调查（方式 D）。因此，调研者可以操纵这些方式以有效产生数据。比较而言，采用人工观察（方式 E）或录像机（方式 F）更耗费时间和金钱。在特别展示区前没有顾客时，观察者和录像机都无法记录任何相关信息。这样不具效益的观察以及推延的数据收集时间也增加了观察方式的成本。

在促销期间，方式 G 中采用收银台来跟踪 Gap 衬衣销售的数据收集方式效率如何呢？因为可以很容易和经济地从收银台处获得 Gap 衬衣的销售总量，该方式似乎比其他各种询问方式都更节约时间和金钱。这里出现一个重要的启示：在给定情景下，不是所有的观察法都比询问法更耗费时间和金钱。询问方式通常（但并不总是）在数据收集速度和成本上更具效率。实际上，最近数码观察方式的进步为有效采用该方式的营销者提供了独特的优势，这些优势超越了只依赖其他方式从市场获得反馈的竞争对手。现场调研 6.2 说明了此点。

然而方式 G 的一个缺陷却可能抹杀其数据收集的效率：方式 G 能产生的唯一数据类型为 Gap 衬衣总销售。因此，如果 Gap 公司的经理希望得到顾客对特定展示的反应和行为的更丰富的数据（比如通过方式 E 产生数据）时，方式 G 是不够的。

实地调研 6.2

RFID全过程追踪产品：出于更好服务的考虑？

信息系统和电子商务的最新进步带来零售行业的最迅速的变化。对零售商而言，在销售季快速识别最畅销的产品并在消费者喜好改变之前及时订货是非常关键的。为达到该目标，零售商不得不准确预测和行动迅速，将电子观察同现代沟通和信息技术相结合。有些零售商通过采用电子技术来获得快速的市场反应，已经能做到减少长期订货周期的次数。

射频识别（Radio Frequency Identification）技术出现在1945年左右，在第二次世界大战中用于区分英国战斗机和德国战斗机。然而直到最近零售商才开始采用该技术。比如沃尔玛使用RFID标签来提高跟踪产品、管理库存、减少损失和偷窃的效率。产品附带的小小标签就可以让公司追踪商品在每个商店从入库到货架的位置以及顾客购买商品后最终离开商店的全过程。同传统的条纹码不同，射频识别没有可视线（line-of-sight）的要求。追踪商品只需要简单的能接受标签发出的微弱射频的扫描设备。

这样的技术也不是没有顾虑：主要是该技术对个人隐私的可能影响。批评者认为RFID标签不仅用于追踪产品，也用于追踪顾客。在一家公司用作管理库存的简单方式，在另一家公司却可以被用来识别顾客购买的产品以及他们前往的地点。RFID技术被越来越多的机构采用，而隐私问题将持续增加并需要解决。

像RFID这样的技术不断提高公司在零售层面观察顾客的能力，可以帮助像特易购和沃尔玛这样的超市，可以在正确的时间、在正确的地点放置正确的商品。然而这样的技术进步以及顾客本身对该技术的看法将有助于解决不断增加的隐私问题[b]。

数据准确性

数据准确性（data accuracy）是指数据收集的无错误和可信的程度，从管理者的角度看这是非常关键的，因为准确性影响基于市场调研的决策的可靠性。不准确的数据是误导性的，比准确信息的危害更大。在数据准确性方面，询问方式同观察方式有何差别呢？这取决于特定调研项目的特征，包括它的目的和数据要求。

例如，Gap公司希望确认Gap衬衣特殊陈列方式的影响。询问顾客对Gap衬衣特殊陈列方式的反应和购买行为并不能得到准确的数据。一个原因是，由于时间的滞后，受访者也许不能准确回忆他们的反应和购买，特别是在邮件调查的情况下（方式C）。另一原因可能因为受访者不愿意披露他们的反应和购买行为；

如果是这样的话,他们将拒绝回答问题,或更糟糕的是提供错误答案[3]。以下例子说明通过询问方式如何轻易地得到不准确的数据。

现场实例▶公司质疑在突破性产品中使用调研　越来越多的公司相信调研虽然可以改进目前产品,但是调研对突破性产品却会起误导作用。比如,虽然当时缺乏市场调研的支撑,但克莱斯勒公司在1984年推出的minivan厢式旅行轿车却是将该公司从崩溃边缘中拉回的功臣。面临来自丰田、通用和福特的竞争,克莱斯勒公司的设计者让该车型的外观更圆润和更具空气动力感。焦点人群强力支持1991年老款,对新minivan车型并不赞成。克莱斯勒公司却执意推出新设计,它相信今日似乎奇怪的设计在未来却会是寻常的。事实证明克莱斯勒公司是正确的。

康柏公司曾推出SystemPro,一种专门设计用于连接桌面电脑与网络的创新个人电脑服务器。在1989年,没有人相信该产品的生存机会,因为当时个人电脑主要用于简单工作,而大型机用于复杂工作。康柏公司坚持个人服务器,后来该服务器市场迅速成长。

市场上这样的故事非常多。在市场调研中反应良好的新可乐(New Coke)实际市场表现却异常糟糕。阿诺·施瓦辛格的《小家伙》在试映时表现良好,但票房收入却非常糟糕。麦当劳在调研中发现减肥产品的需求强劲,而减肥汉堡(McLean)的销售却微不足道[4]。

然而,如果采用合适的观察方式,受访者不能或不愿意提供准确数据的问题可以得到解决。比如,管理人员可以通过收银机来观测特定实验组(开展特殊商品陈列)和参照组(没有开展特殊陈列)的销售数据(方式G),从而评估特殊陈列方式的影响。实际上,有一些大型商店和小型商店都认为通过客观观察可以获得最佳的信息[5]。

总之,当相同类型数据(比如Gap衬衣的销售或看到特殊陈列的顾客数量)可以通过两种方式收集时,观察法通常产生更准确的信息。在观察方式中,受访者并不直接与调研者互动,减少了来源于受访者的数据偏差。注意,这并不意味着不应该开展市场调研;而是意味着调研应该根据不同的情景以不同的方式开展。

观察者的主观性或关注度将导致观察调研中的不准确。比如在方式E中,如果观察到顾客在特别的展示前停留几分钟,就推断顾客对该展示印象深刻,然而顾客也许只是因为该展示惹人讨厌而皱眉头。如同访问者在询问方式下会扭曲数据一样,观察者在收集观察数据时也会制造不准确的数据。

而且,如同之前我们指出的,观察法不能提供关于观点、态度或其他内在感觉的准确数据。著名奢侈百货零售连锁内曼马可公司(Neiman Marcus)的创始人斯坦利·马可斯（Stanley Marcus）曾经承认，他最大的一次失误是误解波士顿市场。根据他本人在该地区居住的经验、奢侈品制造商的言谈以及他在访问哈佛大学时观察到的人们的穿着方式，他认为波士顿市场不具吸引力。然而之后开展的人口统计数据显示，该地区的大多数人在该地区以外的地方购买高品质衣服。内曼马可零售连锁在波士顿开设了一家新店，非常成功。该案例教会斯坦利·马可斯，不仅要避免仅仅依赖口碑和观察法，同时也要采用更具结论性的调研方式以证实调研发现[6]。

受访者的便利性

总的来说，观察调研从受访者的角度更方便，在数据收集时也更容易获得受访者的配合，这主要是考虑到观察法不需要受访者积极参与数据收集。观察调研为受访者带来某些不便的例外情景是受访者必须在特定时间前往特定地点以参加调研（以后将详细讨论这种情景）。

总之，观察法方式主要缺点是不能得出相关的非观测变量的数据；而询问方式更能产生多样数据因此在实践中广泛采用[7]。观察方式的另一个缺陷是观察者通常不得不等待相关的事件或行为的发生。因此观察方式会花费更多的时间和金钱，虽然观察方式采用的现代技术（比如在网上追踪顾客）减轻了该方式的缺点。比起询问方式，观察方式的主要优势是可以提供更准确的数据，因为观察方式对受访者而言更方便，可以最大程度减轻来自受访者的扭曲。而且观察方式在数据收集中不需要受访者的直接参与，因此不需要依赖受访者的合作，而这恰恰是困扰询问方式的主要问题。在数据可以由任一方式收集时，观察方式似乎更佳。图6.1列出了在两种基本方式中抉择的简单构架。

然而在某些调研场合，应该结合两种方式。比如，Gap公司案例中采用方式E（人工观察），在不影响顾客的前提下，观察员可以首先记录顾客的反应；紧接着在顾客离开展示区后，该观察员开展个人访问，解释顾客的反应。当然，训练有素的观察者在有足够的时间和经费的情况下采用这样的方式将可以获得更多信息。在资源许可时，比起单独采用某种方式，观察—询问方式的结合可以产生更有用的洞察观点[8]。

6.3 问卷格式

市场调研者有时在非正式地询问受访者时不采用问卷来指导访问程序。然而在许多情景下，他们会采用问卷，至少有访问中应该提及的询问事宜清单。本节的讨论将集中在问卷和它的变形，虽然许多其他的概念也与询问方式相关。

实地调研 6.3

在印度调研的限制

最近几年,印度成为信息技术、通讯中心支持和会计服务的丰富来源。希望提升服务并节约成本的公司在印度都获益于拥有高度技能、能处理各种任务的印度工作人员。在这个角度,有人也许会认为来自印度的市场调研可以同来自发达国的最好调研相比较。而且印度大多数的调研者都有 MBA 的教育程度并具备不同调研方式的专业技能,比如先进的分析技术。然而许多挑战,包括贫乏的基础设施,迫使这些调研者实现"本地化和创新"以克服这些困难。

首先,二手调研受限制和不可靠,迫使调研者寻求原始调研机会以发现有效的、相关的调研。面对面的访问成为弥补不可靠邮件服务、不同程度的文盲以及贫乏的电话设施的方式。甚至在细分市场——印度的上流社会家庭,虽然有电话和互联网,但是由于种种限制,面对面的调研成为最后的选择。而且同发达国家不同,印度的个人访问成本并不贵。因为失业率高,容易招募到自由职业的访问者。

其次,市场调研的渠道,比如购物中心或地铁站并不多见,因此确定访问地点的费用高昂,也没有焦点人群访问室。结果是,大多数访问和焦点人群在家庭或办公室开展。因为集中访问的成本高昂,调研者通常限于结婚礼堂、教育机构和大型居住区,在这些地方他们可以进行购买模拟和播放电视广告的测试。在某种程度上,这样的方式限制了某些人群的参与。比如,家庭内的访问对中产阶级的妇女而言是适合的,而在具备录音设施的饭店内开展的调研的受访者为来自大城市的收入高的男性。

最后,上述限制条件加上社会环境,迫使印度调研者在询问时更应该注意技巧。家庭通常规模小,而且一般不愿意揭示隐私。主人按照社会风俗认为应该对访问者非常客气和热情。当地的语言使得他们对想法的阐述非常冗长。这样的限制和风俗要求调研者必须更敏感地适应环境,开展精简的访问以避免主人的过于热情。

印度人口全球排名第二,有 25 个邦,19 种主要语言(500 种方言)以及 50 个主要的文化人群。另外文盲率和基础设施在城市和农村的差别非常大。这些不同在提供不同市场洞察观点的丰富资源的同时,也成为巨大的挑战。印度的市场调研者在迎接这些挑战,他们制定出创新的解决方案来接触大量的受访者,清除潜在的偏见,完成世界水平的调研。

问卷的格式(questionnaire format)以及**开展方式**(how is administrated)常常不同。我们首先来考察问卷格式;下一节将考察问卷如何开展。问卷格式是数据收集过程中结构性和伪装水平的函数。针对每个受访者的逐字逐句的问题以及固定的回答种类被称为**完全结构性问题**(completely structured question)。比如以

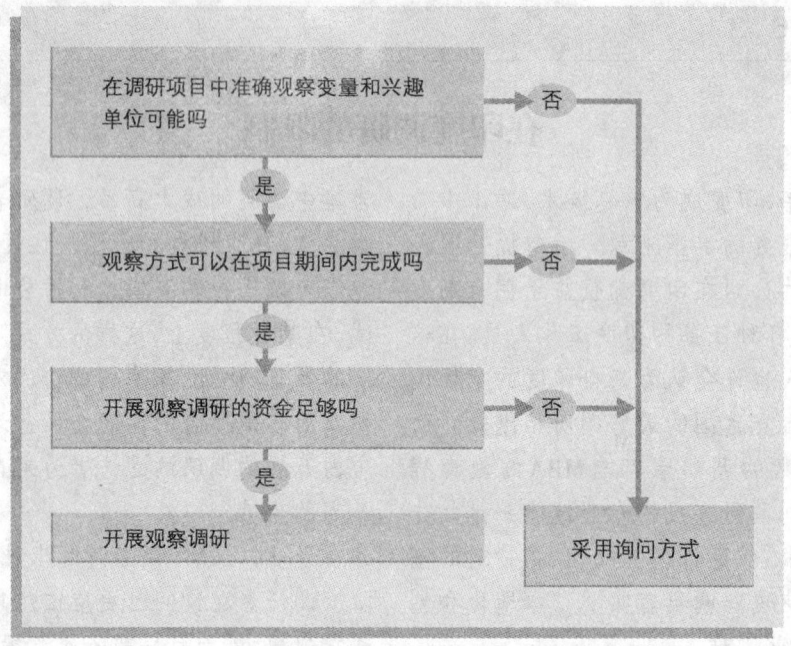

图 6.1 选择询问方式和观察方式的原则

下例子:

同 Y 牌香皂相比,X 牌香皂的主要优点是:

(请在所有的适用的特征前标记)

☐ 更便宜
☐ 更持久
☐ 味道更好
☐ 泡沫更多
☐ 尺寸舒适

另一个极端为**完全非结构性问题**(completely nonstructured question),即对每个受访者的问题不需要是完全相同的。也不需要固定的答案类型。比如

您认为 X 牌香皂如何?

_____

_____

_____

伪装问题(disguised question)是向受访者提出的真实目的不明显的间接问

题。比如:

您周围的人会买便宜的液体香皂并装在昂贵品牌的瓶子以挤压出皂液吗?
☐ 是
☐ 否

伪装问题用于检验直接问题下可能会诱发不真实回答的事宜。在上述例子中,如果一个人被直接问及是否会转换品牌的话,他/她一般不会倾向于真实回答。因此,采用直接或非伪装的问题来调查敏感问题或会引起尴尬的主题所获得的数据的准确性通常会令人怀疑。

调研项目的类型(探索性和结论性)以及受访者愿意和能够回答直接问题的程度决定了采用问题的类型。从这两个特征,我们可以识别问卷格式的四大种类,如表6.1所示:结构性、非伪装;非结构性、非伪装;结构性、伪装;非结构性、伪装。

表6.1 问卷的格式

调研的结论性	回答直接问题的意愿/能力	
	高	低
高	结构性、非伪装	结构性、伪装
低	非结构性、非伪装	非结构性、伪装

结构性、非伪装问卷在市场调研中广泛使用,特别是那些样本量大的情况(结论性调研项目)。非结构性、非伪装问卷在调研者希望向受访者提供自由发挥空间时为最理想的格式。因此,非结构性、非伪装问卷格式在包括个人访问的探索性调研中非常流行。这种性质的调研被称为深度调研(depth/in-depth interviews)。

深度调研的一个变形就是焦点人群访问,包括同时采访一组受访者。采用焦点调研的几个例子在之前的章节中进行了描述。焦点人群访问在实践中广泛采用,因此在下一章我们将详细探讨。

调研者通常采用结构性、伪装问卷来揭示人们对社会关注的敏感事宜的态度,比如堕胎、污染或解除控制。结构性、伪装问卷包括大量的事实,要求受访者提供结构性答案,比如是或否、真实或错误。该种问卷包括大量的调查项目,按照被调查项目的受欢迎度排列。这些项目本身可能是真实或虚拟的。

非结构性、伪装问卷主要在激励调研中采用。激励调研试图回答"为什么"这样的问题,以及将行为同基础过程结合,比如人们的愿望、情感以及意向[9]。该方式通过让受访者将自己设想为置身于与自己本身不相关的情景下(即伪装方式），让人们觉得可以尽情自由地描述自己的内在感情（在非结构方式下）。这样的非结构性、伪装问卷流程被称为"投射技术"（projective techniques）。

6.4 问卷的管理方式

在 Gap 公司的案例中，方式 A、B、C 和 D 描述了通过问卷收集数据的基本方法：

- **个人访问**：访问者与受访者面对面联系（方式 A）。
- **电话访问**：访问者与受访者之间通过声音联系（方式 B）。
- **邮件调查**：没有访问者，将调查问卷邮寄至受访者（方式 C）。
- **互联网或基于网络的调查**：没有访问者，在网络上开展调研（方式 D）。

传统的个人访问通常逐一登门拜访或在家庭内开展。然而这种方式在美国的受欢迎度在下降，因为在合适的时间难以在家里找到成人受访者，即使他们在家的话，还要征得他们的配合。另外一个因素是个人访问非常耗费时间[10]。美国大多数的个人调研目前都在购物中心开展。这种访问方式被称为"购物中心阻截访问"（shopping mall intercept interview），即在购物中心阻截购物者并访问他们。个人访问在 B2B 情景下更普遍。互联网或基于网络的调查通常作为其他数据收集方式的补充。在接触不具备互联网连接的人群时，采用 WATS（广域电话服务）从中央地区开展的电话调研最常见。邮件调研在掌握确定的目标顾客时非常受欢迎。

在特定情景下，不是所有的方式都是同样适合的。虽然每种方式都有优缺点，然而优势的强度和缺陷的严重性却取决于情景的特定特征。在以下多样性、时间和成本、准确性以及受访者的便利性四个方面的讨论中，请牢记这一点。

多样性

众多因素影响问卷调查的多样性，例如收集数据过程中的收集量、询问问题类型、对受访者提供的奖励。可以想象，比起电话、邮件或互联网访问而言，个人访问更灵活，且可以收集更多样化的数据。因此个人访问比其他方式更适合用于获得顾客对包装外观、食品不同口味配方的反应。电话和邮件调查在向受访者提供刺激时则显得力不从心。

现代技术的进步提高了网络调研的多样性。比如，调研者可以通过受访者个人电脑来提供可视刺激（包括问卷本身）[11]。网络调研最重要的优点是可以根据之前问题的答案来引导受访者之后需要回答的合适问题。比如，受访者点击银行问卷的共同基金部分，就可以直接将问题切换至投资领域。对信用卡显示兴趣的顾客将被导入信用卡满意度的问题。这种扫描顾客特征并导入问卷的方式提高了网络调研的多样性。视听能力让网络问卷可以测试对新产品的反应或对所提供服务的使用进行解释。

当需要回答冗长的非结构问卷时，个人访问的效果更好。如果通过电话、邮件或网络调查的话，受访者非常容易抵触这样的问卷。而在面对面的访问中，一旦受访者同意合作，在心理上他/她很难终止该访问。面对面的访问，不论是逐一登门拜访或是在交通中心区域，是发展中国家数据收集最主要的方式。购物中心阻截访问的方式在大多数国家常常不被使用。因此，个人访问往往发生在家庭内或街头阻截。一些调研从业者认为，拉美人更社会化，因此希望采用个人访问，而非邮件或网络调查方式。

电话调查比邮件和网络调查更灵活，因为至少在访问者和受访者之间有声音联络。电话访问的灵活性使得访问者在需要时可以在访问中询问一些开放型的问题来探测受访者。虽然同电话访问问卷相比，邮件和网络调查的问卷通常包括更大量的问题，但这些问题通常为结构性问题以鼓励受访者合作，这反过来减少了灵活性。总之，从整体灵活性看，个人访问也许最好，其余依次为电话访问、网络调查和邮件调查。

时间

在信息需求紧急时，网络访问方式是问卷调查的最佳方式，其次为电话访问。网络和电话调查避免了耗时的个人拜访的行程（这在购物中心阻截访问时并不是一个缺点）。网络和电话调研也不受邮件调研中普遍存在的邮寄拖延和受访者推延的影响。

网络调查最重要的优势是报告产生的及时性。公司高层可以在全球任何地方下载最新的（以分钟计）实时报告。在竞争激烈的市场上，快速获得准确信息可以帮助公司比竞争对手更早地推出和巩固新产品。海湾网络公司（Bay Networks'Web）的经理康妮·桑切兹说：

> 在线调查的一个卖点就是可以迅速获得结果。这取决于你网站的流量，但是在几天内完成500个访问调查是没有问题的。比如最近我们设计了网站中的新部分，我们希望了解顾客使用的屏幕尺寸，这样可以利用该信息来完善设计。我们惊讶地发现，80%的顾客都采用大屏幕。我们马上就根据该信息来推进我们的设计工作[12]。

从事营销调研实务的调研者也报告了同样的体验[13]。

因为比购物中心、邮件、电话访问更便宜、快速和容易，互联网调研迅速成为市场调研世界的新宠。在线调研可以通过不同方式开展：对网站实行开放登录、"opt-in（自愿选择加入邮件接受名单的方式）"、邀请登录、密码保护和网络专门小组[14]。在线调研中，监管、数据录入和分析都是调研系统的一部分，因此不再需要单独的数据录入和分析。

虽然计算机辅助的电话访问系统（CATI）受到来自网络系统的威胁，前者在美国却很受欢迎，在其他国家也开始流行。CATI 系统也减少了数据收集以及数据分析的时间。许多市场调研公司都有 CATI 系统。通过来自中央电话中心的 CATI 访问站系统，可以访问美国任何一个地理区域的受访者。访问问卷将出现在访问者的个人电脑上，回答将被直接输入到终端。因此收集到的数据立刻被输入电脑内存并可以在任何时候处理。比如，公司可以在晚上开展访问并分析回答，在第二天就准备好报告[15]。

虽然这样的系统在美国和北欧国家中普遍，但是对大多数发展中国家而言却不是合适的选择。这些国家的基础设施依然处于发展阶段，这导致了邮件、电话和网络调研无法有效使用。香港、新加坡、韩国、日本都有类似于西方国家的电话普及率，但是在中国和印度，当地的电话普及率低于10%，除非在大城市，普及率可达到40%。移动电话比起固定电话更受欢迎，因为固定电话线的铺设存在种种问题。在日本，尽管电话普及率高，但采用电话开展长时间的访问是不礼貌的[16]。

个人访问通常比邮件调研能够更快得出数据，特别是当资源允许时，建议在特定的时间内尽量多雇佣访问人员来收集所需的数据。相比之下，采用邮件调研方式来收集数据所需要的时间漫长，因为一旦问卷寄出后，时间就不再受调研者控制。

因此，在时间维度上，问卷开展方式的排序如下：（1）网络调研；（2）电话调研；（3）个人访问（家庭内访问不如电话访问，但是购物中心阻截方式却与后者相似；（4）邮件调研。

成本

网络调研不仅获得数据迅速，而且也是最经济的方式，主要是不需要访问者，而访问者的费用通常占个人或电话调研访问的大部分。网络调研不需要督导，数据录入和分析是自动完成的，可以提供瞬时的反馈。由调研公司在线处理数据，公司管理人员可以一天 24 小时实时观测数据。

然而，在线调研迅速和节约的特点有时却必须要同该调研的有用性结合。比如，许多在线调研公司提供迅速的反馈。客户公司只要支付一笔费用就可以发布自己的问卷，在一个小时内就可以从互联网 "opt-in" 的使用者处收到反馈。在线公司通过提供中奖或金钱的方式招募参与者。由客户公司自己提供奖励以招募参与者或由客户公司自己设计问卷可能令人对该调研发现的准确性产生怀疑[17]。市场调研公司哈里斯互动公司（Harris Interactive）提供两天内的调研结果。该公司的"快速询问民意调查（QuickQuery Poll）"从目前超过660万的受访者专门小组中招募参与者，哈里斯公司的工作人员与客户一起工作以开展专业的客户调研。然而这种服务价格高昂，每个问题的成本约为1000美元。调研行业也适用"物有所值"的公理[18]。一些调研从业者指出，虽然"登录（call-in）"在线民调（受访者登录网站并回答问卷）并不能控制样本的选择而且成本低廉，但好的在线调研在设计时却需要花费很大的成本（setup costs）[19]。

在长途电话费用迅速降低后，电话访问也变得更便宜。长期以来，邮件调查都是从大规模受访者中收集数据时最便宜的方式，但是如今邮件方式成为数据收集最缓慢的方式。调研显示，基于传真的短期调研方式比邮件调研更节约、更有效，也更迅速。有人抱怨说传真调研只适合B2B市场[20]。家庭内的个人访问费用比电话调研通常更贵，因为包括旅行费用，虽然在购物中心阻截访问中旅行费用并不是主要考虑。家庭内的个人访问如果是基于每个完成访问（per-completely-interview）的基础上，则费用更高，特别是在需要与指定受访者进行一次或多次回访的情景下。

四种问卷方式的成本维度的排名为：家庭内个人访问最昂贵，其余依次为电话访问、邮件访问，最后为网络调研，但注意这样的排名并不绝对。在某些条件下，可能会有、也确实存在例外。比如，假定针对城市内的居民样本，采用一页的结构性调研。在该情景下，采用电话访问方式完成问卷的单位成本将比采用邮件方式更低。

准确性

不管采用哪种问卷实施方式，其他因素，比如问卷的格式、问题的内容和措辞、受访者回答问题时的情绪等都可能影响数据的准确性。然而，在数据准确性的三个决定性因素上，不同问卷方式是不同的：对样本的控制程度（样本控制）、对询问过程的控制（督导控制）、在理解或回答问题的过程中察觉和解决受访者困难的能力（阐明机会）。因此我们将着重按照这三个方面比较问卷的方式。

样本控制 样本控制（sampling control）指从充分代表相关兴趣人群的样本中收集数据的能力。非代表性抽样调查得到的推论不具普遍意义、也不是真实的。采用特定问卷方式从代表性样本中获得数据的能力取决于两个因素：（1）识别和到达受访者合适样本的能力；（2）确保每个受访者合作的能力。

个人访问：个人访问方式具有多样性，是最能达到合适受访者并确保他们合作的方式。训练有素的访问者可以访问到任何一组目标受访者（哪怕他们没有电话、邮件地址或互联网），比起电话或邮件的联系方式，在和访问者面对面的时候，受访者更难以拒绝访问。因此，个人访问方式下的合作率通常更高。

电话调研：电话调研在到达家庭代表性样本时面临潜在的障碍，包括：（1）没有出现在电话号码簿上的家庭；（2）没有电话的家庭；（3）自动答复电话机；（4）来电显示；（5）移动电话；（6）某些州禁止电脑拨号。在以上六种情景中，至少在美国又以没有出现在电话簿上的家庭、来电显示和移动电话的情景最麻烦。虽然美国大多数家庭如今都有电话，但是越来越多的家庭选择不出现在电话号码簿上。另外，出现在电话号码簿的家庭和没有出现在号码簿的家庭的差别很大[21]。因此，从地区号码簿上选择的家庭样本将不可避免地存在代表不足的问题。

可以用随机拨号法而不是电话号码簿来选择没有出现在号码簿上的家庭，从而改进代表性。随机数字拨号（random-digit dialing）和加一拨号（plus-one）技术都可以为上述目的服务。像康涅狄格州西港的调研样本国际公司（Survey Sampling International）这样的企业可以提供选择最新电话样本的专业服务，范围覆盖全美任何区域，提供高效的随机数字拨号程序，完全取代了反应迟钝的电话交换台。然而，即使联系上没有出现在号码簿上的受访者，他们也大多会拒绝访问[22]。因此，虽然比大多数邮件访问更好，但电话访问方式下的受访者合作率不如个人访问。

计算机辅助的电话访问系统（CATI）提供传统电话访问无法实现的样本控制水平，即自动确保访问者严格遵循设定的样本计划。比如，假设一个调研区域包括10个子区域，每个区域由一个或更多的电话区号来确认。而且假定来自每个子区域的受访者样本由以下组成：年龄在20～50岁的50名男性，年龄在20～65岁的50名女性。在该情景下，CATI系统将在访问结束时，自动持续跟踪受访者的访问数量和性质，将受访者的特征描述同预定特征进行比较，禁止访问来自非预定统计人群的受访者或来自配额已经用完的人群的受访者。通过这种方式，可以避免由于粗心和故意引起的访问者失误。CATI的这一特征在包含复杂样本计划的调研和访问者失误几率较高的调研时特别有用。这样的样本控制筛选程序也可以用于网络调研程序。

研究表明，很多人采用答复机和来电显示[23]。这一部分中的许多人定期筛选电话，这侵蚀了调研者接触他们的可能性。

邮件调研。如果用接触与完成调研的比率来衡量，邮件调研的效率通常最低。特殊情况下才可能超过50%的问卷返回率。而且大量研究表明，返回问卷的人群和没有返回问卷的人群差别很大[24]。

调研者曾试过各种提高问卷返回率的奖励方法，然而不是所有的方法都奏效[25]。最成功的诱发技术包括用航空信邮寄问卷以及附带金钱或非金钱奖励。实践证明，采用奖励特别能提高回答比率，显然是因为接受奖励的受访者认为自己有义务合作[26]。

然而,对受访问者提供的奖励虽然提高了问卷返回率,却并不意味着提高了样本的代表性。换言之,因为奖励而回应的人群与没有回应的人群在关键特征上差别很大。因此,虽然邮件调研可以到达任何潜在的受访者,该方式通常不能提供最终的代表性样本,比起个人访问或电话调研,它的样本控制程度更差。

样本的非代表性问题不仅局限于邮件调研。缺乏特定受访者类型的回答从而导致样本偏差的问题也出现在在个人访问、网络调研和电话访问中。

网络调研。非代表性样本的发生率在网络调研中非常高。采用互联网调研最明显的益处是到达大规模人群的能力。然而,大多数网站并不吸引一般大众。因此,不提供某种奖励的网络调研似乎无法产生好的结果。网络调研面临两个主要障碍:(1) 将受访者吸引到开展调研的网站;(2) 让受访者接受网络调研。大多数网站的流量都不大,让受访者登录该网站并接受调研是非常困难的。现在,调研公司从主要的互联网服务商处(如 EarthLink、微软、美国在线、雅虎等网站)招募受访者。比如,位于达拉斯的数据营销服务公司(DMS)从美国在线网站的 3200 万会员中招募受访者。DMS 在随机选取调研使用者之前,首先筛选美国在线"意见栏(Opinion Place)"调研论坛的访问者。在调研后,将受访者与美国在线"意见栏"隔绝三个月以防止受访者再次回答问卷[27]。

许多消费者对网络调研非常紧张,不愿意像他们在电话访问或购物中心阻截访问中那样随意发表言论[28]。虽然网络调研公司声称在网站挂出调研后的几小时内就可以收集到大规模的样本,但是你最好还是采取足够的步骤以确保该结果反映了一般大众。尼尔森公司/网络评级(Net Rating)的报告指出,每四个拥有电话的美国家庭中就有三个家庭连接互联网,54% 的互联网用户为高速连接。网络高速连接率在 2005 年 11 月将达到 75%。3/4 的美国家庭有互联网连接,互联网迅速成为美国的大众沟通媒介。因此,谨慎开展的市场调研可以假定为是针对了相关的一般大众[29]。根据在线市场调研公司哈里斯公司的研究,互联网民意调查在得到适当设计和执行时,其结果可以是准确的。研究显示,大多数发达国家的互联网渗透率正在接近美国水平。亚洲、非洲国家政府也高度重视发展互联网设施,因此我们可以预见互联网不仅在美国,同时在全球都将成为数据收集的主要媒介[30]。

虽然互联网不适合开展一般调研,但该方式对到达特定受访者(比如网络定期使用者、MIS 管理人员、在线采购者)非常有效。多年来,雅芳公司采用购物中心阻截访问的方式在 17 个城市访问公司销售代表。在 1997 年,该公司同时开展网络调研和购物中心阻截访问的方式来预测新产品需求。两种方式的结论非常接近,而网络调研比购物中心阻截访问的效率更高、成本更少。1997 年以后,雅芳公司选择了网络调研的方式[31]。

调研公司如今建立专门小组来减少非代表性问题。位于加州门罗帕克（Menlo Park）的在线调研公司——知识网络公司（Knowledge Networks Inc.）采用随机数字拨号方式来寻找专门小组的参与者。知识网络公司为每个小组成员都免费配备了互联网硬件和接口以方便成员答复网络调研。该公司声称其专门小组成员的人口统计特征与美国总人口近似[32]。总人口统计中包括互联网用户和非用户，知识网络公司通过提供硬件和网络接口的方式来将非用户转化为用户。

一些网络调研公司采用"opt-in"（即志愿者自主选择出现在电子邮件寄送名单中）的方式来建立专门小组，受访者注册成为在线专门小组和在线社区。这些注册成为小组成员的人可能是喜欢接受调研的人群，而且opt-in的方式忽略了不使用网络的人群。所以我们在演绎通过这种方式获得的结果时，要特别谨慎。

督导控制 督导控制（supervisory control）指减少访问者错误的能力，如没有按照指南、记录答案时的错误以及欺骗等[33]。因为没有访问者，所以网络调研和邮件调研在这方面比个人访问和电话访问更占优势。当然这一观点假定邮件或网络调研问卷是设计良好、指示清楚的，这样受访者在回答时可以避免错误。如果考虑互动的灵活性以及在某些情景下更正受访者错误的特点，网络调研在控制潜在错误方面比邮件调研更具独特优势[34]。

个人访问法是最容易出现访问者错误的调研方法。很难对面对面的访问者进行督导，他们通常独自在现场工作。当然，可以在事后做一些有效性的检查。即使最严格的访问者培训也无法保证现场的访问者不会犯错误。

在数据收集的督导控制方面，从中心区域开展电话访问的方式比个人访问更好。大多数中心都有个人电脑和音效设施便于督导访问者的工作。通过这种方式，可以迅速指出和更正访问者的错误。而且，访问者本身也会非常仔细，因为他们知道主管任何时候都可以监视他们的工作。另外，如之前指出的那样，通过CATI开展的电话访问可以通过电脑程序化的方式来控制，可以防止访问者的某些错误。因此，该系统自动提供某种程度的"督导"控制。

阐明的机会（opportunity for clarification） 在回答某些问题时，受访者需要有发现和解决问题的能力，邮件调研在这方面最容易发生问题，因为这种调查方式中没有与受访者直接互动。如果受访者误解问题或不确定该如何回答时，邮件调研获得的数据注定问题成堆。网络调研的问题也类似，虽然在受访者遇到困难时，可以提供某种程度的提示而且该技术也在不断改善。个人访问和电话访问通过让受访者寻求阐明和让访问者提供必要的阐述方式，可以减少这样的错误。在这方面，个人访问可能是最好的，因为在面对面的访问中，访问者可以观察受访者发生的任何困惑或困难，甚至在受访者没有明确表示寻求阐明的情景下也可以主动解决。

以总体的准确性而论，即考虑样本控制、督导控制和阐明机会，很难得出最佳和最差的排名。在衡量数据准确性的不同方面，每个方式都有各自的优缺点。因此，哪种问卷方式提供最准确的数据，这取决于调研设定中的具体特征。

受访者的便利度

从参与者角度来看，网络调研和邮件调研方式最少干扰和最灵活。网络调研因为只需要在问卷结束时点击"提交"按钮就可以直接提交，因此很方便。在邮件调研中，受访者在完成答卷后不得不前往邮寄。个人访问也许最糟，因为受访者在面对坚持的访问者时，很难说不。电话访问的便利度通常在其他方式之间。

确定问卷开展的方式

如同其他决定一样，问卷开展的方式取决于调研项目。表6.2 按照各个衡量标准提供了四种方式的比较小结。注意，该表暗示的排名并不是在每个场合都适用。即使适用，也没有任何一个方式可以声称自己在每个方面都是最好的。

我们讨论三种调研方式各自的优点和缺陷不是为了确定最佳的方式；反之，我们是希望强调和解释在为调研项目选择最合适的方式时应该注意的各种因素。在美国之外的国家收集原始数据时，项目特定的考虑特别关键。表6.3 提供其他国家中的几个有趣和独特的调研因素。这将深刻影响调研方式的选择和数据收集的类型。本书的网站包括全球不同国家市场调研实践的详细信息。

表6.2　问卷开展方式的比较

标准	排名			
	1	2	3	4
多样性				
问题数量	个人	邮件	网络	电话
信息量/多样性	个人	电话	网络	邮件
提供奖励	个人	网络	电话	邮件
时间	网络	电话	个人	邮件
成本	网络	邮件	电话	个人
准确性				
样本控制	个人	电话	邮件	网络
督导控制	网络	邮件	电话	个人
阐明机会	个人	电话	网络	邮件
受访者便利性	网络	邮件	电话	个人

注释：针对个人、电话、邮件和网络调研技术的比较排名并非总是适用的；排名的例外情况可能而且确实会出现，这取决于围绕某调研项目的特定环境。

表 6.3　其他国家独特调研因素的列举

日本
- 通过电话开展长时间访问是不礼貌的。
- 调研主题决定了是否应该与家庭的男主人或女主人谈话。
- 对商业调查,参与市场调研的奖励应该为小礼物,而不是现金。
- 日本人不理解基于字母顺序的绩效衡量,因为他们通常采用 100 分制计算。

中东
- 访问者的性别对受访者回答问题的影响非常大。
- 在沙特,英文单词中的"男子气"在当地语言中没有类似的单词或短语支撑该概念。
- 在埃及,要考虑社会和文化因素,比如文盲率高和教育程度低,所以要避免使用在美国采用的调研技术。宗教和政治因素也必须考虑。
- 以色列是多语言的国家,这要求在开展调研和访问时必须考虑语言因素。
- 在中东,难以接触高收入的人群。

南美洲
- 在巴西,一项在美国费时 20 分钟的访问在巴西要超过 30 分钟。
- 因为当地的商业性质相当社会化,所以调研方式也必须社会化。
- 在巴西,电话号码簿是不可靠的,因为电话线被当作普通商品一样买卖。
- 在哥伦比亚,一些上层人士的电话从来不出现在号码簿上。
- 受访者通常非常合作,因为当地电讯水平低,而且被从很远的地方呼唤来回答问题是"惊奇因素"。

中国
- 因为会采用项目制分包商,所以首先询问核心成员的简历非常重要。
- 传统方式,比如登门拜访、中央地区、焦点人群在中国的市场调研中是主干方式。更先进的技术,比如多用途调研和专门小组正在萌芽。广泛使用计算机提高了电子邮件调研的运用。
- 当地公司对市场调研并没有很高的评价。
- 大多数调研服务是由跨国公司开展的,当地公司认为中国是"卖方市场",而非"买方市场"。
- 尽管很好奇,也乐于接受新鲜体验,但主要城市地区对犯罪的警惕在近年来对回答率造成负面影响。
- 因为路途遥远、教育程度低、文盲率高以及交通不便,开展全国范围的调研是不现实的。
- 观察法的调研方式越来越受欢迎。
- 给客户打电话并询问调研问题被认为是不礼貌的。
- 最近的法规限制调研公司的活动。例如问卷的许可制,包括实验性问卷的修改,以及最终数据的认可。

法国
- 当非本土访问者来电时,法国人通常挂断电话。
- 电话访问在普及,目前 40% 的访问通过电话开展。
- 法国人喜欢回答调研问题,觉得他们的意见可以帮助生产更好的产品。

表6.3　其他国家的独特调研因素的列举（续）

印度
- 由于缺乏调研的基础设施，可以运用的调研方式有限。
- 个人访问的回答率在上层社会达到60%，在人口其他部分达到80%。
- 由于缺乏焦点人群调查的设备，通常将调查安排在配备闭路电视系统的酒店客房。
- 由于电话普及率低（1%的家庭）以及文盲率高，所以很少采用电话和邮件调研。
- 客户数据库、收银台扫描仪和其他自动设备几乎不存在。
- 当地有19种主要语言、200种方言，全国性调研是非常复杂的。

德国
- 面对面的访问可行，而且非常普遍；然而电话访问的普及率在提升，因为电话普及率为80%。
- 商业执行官和政府官员拒绝电话访问，但是非常愿意接受面对面的访问。
- 购物中心阻截访问是有限的，因为缺乏购物中心。因为主要城市的犯罪上升，登门拜访也变得困难。专门小组正受到欢迎。
- 15分钟的访问会推延为40分钟，因为德国人喜欢讲话，而且他们的语言不如英语精练。
- 难以招募低收入员工接受调查。在没有得到管理人员的同意下，他们通常不愿意参与调研，他们对接受现金奖励感到担心。

墨西哥
- 该国的长途电话费用全球排名第一。
- 墨西哥的人口结构非常年轻，该国有非常清晰的社会阶层。
- 墨西哥城居住有全国20%的人口，占据全国50%的GNP。
- 焦点人群调查一般在饭店房间进行，因为那里有高品质的设施。
- 受访者认为小礼物奖励比现金奖励更好。
- 个人和登门访问是最佳的数据收集方式。许多家庭没有电话，虽然其他电讯设施，比如手机正在增加。和上层人士打交道时，访问者必须首先经过仆人，才可以接触目标受访者。
- 购物中心阻截访问并不多，因为缺乏这样的设施以及当地法律禁止供应商在商场设置商店的规定。供应商要么委托超市要么在交通密集的地区设立拖车商店。
- 该国的专业标准和实践与美国不同。受访者经常会邀请朋友和家庭参加焦点人群调查。

亚洲
- 越南和柬埔寨的电话普及率非常高。在越南，一幢楼中10户家庭共享一部电话的情景并不少见。
- 认可个人访问，因为这可以显示访问者对受访者的尊敬。
- 在泰国，21%的人口居住在城市，其中的2/3位于一个城市——曼谷。
- 面对面的访问最常见，因为缺乏电话和当地文化的不接受（在电话中对一个陌生人提供信息）。
- 由于同地线相比，手机的普及率较高，所以采用传统固定电话的方式会导致低答复率。
- 专业人士（比如IT决策者）的回复率比美国还高，因为他们还没有被频繁调研。
- 在新加坡开展问卷调查时必须在英文版本之外准备马来语、闽南话、汉语、泰米尔语、广东话版本。

表 6.3 其他国家独特调研因素的列举（续）

意大利
- 意大利市场调研的渗透率比美国低。
- 在意大利，个人访问是开展业务的关键。
- 商业实务同美国不同。因此在美国认为是小事一桩的做法，如询问某人的雇主，在意大利却可能等同于提起正式的投诉。

资料：Compiled from various articles.[35]

6.5 观察的类型

在讨论各种问卷方式之前，我们学习了如何使用观察法来收集数据的例子。本节将讨论观察调研如何根据观察方式以及观察内容而变化。在 Gap 公司的案例中提供了三种观察方式（方式 E、F、G）来解释这些差别。方式 E 中采用人工观察，方式 F 采用录像，G 采用收银数据来跟踪 Gap 衬衣的销售。下一小节将讨论方式 E、F、G 的相同和不同之处。

自然观察和策划观察

方式 E、F、G 的严格共同点为采用自然观察（natural observation），即在真实生活情景下来观察顾客的反应和行为。

现场实例 ▶ 在自然情景下观察的例子

- **富国银行审核客户体验** 位于旧金山的富国银行常年开展调研来了解客户的银行体验以及他们对银行服务的满意度。然而这种调研的问题是费用昂贵，而且仅限于能接触的客户。有些客户不希望调研占用他们的时间，这意味着银行不能得到全面的资料。为解决该问题，该银行采用了录像监视系统，初衷是用于分析所有事宜：客户排队时间的长短，与银行出纳的互动次数，甚至客户在等待下一个出纳员时观看促销材料的时间长短。该系统将这样的影像信息转化为数字信息并加以总结，在 10 分钟内就可以提交给支行经理。这可以让经理能迅速识别和更正潜在的瓶颈问题或其他事宜，为客户提供更好的服务[36]。
- **最佳西方国际公司制定酒店决策** 最佳西方国际公司（Best Western International）要求 25 对年龄超过 50 岁的夫妇用录像记录他们的国际旅行，这样该酒店连锁公司就可以了解顾客是如何决定在什么时间和什么地点住宿。调研显示，虽然老年顾客对酒店职员反映应给予更好的优惠，该酒店连锁实际上却不需要提高原来标准的 10% 的老年顾客折扣，因为老年人需要的只是该交易的惊喜效果。这样的发现通常不容易在焦点人群中获得。最佳西方国际公司从焦点人群中得到结论是，男性决定在什么时间和在什么地点住宿。然而，录像揭示的结论却相反：女性作出这一决定[37]。

- **节俭之路食品店采用购物推车** 节俭之路食品连锁店（Thriftway's）采用信息技术跟踪每个商店的购物推车行为。通过在推车上附带小型感应器，商店可以识别推车在商店内的位置、朝向以及在一个地点停留时间的长短，进而在收银台将购物推车的移动同顾客实际购买的商品进行匹配。该连锁公司可以识别和了解客户行为。采用这样的观察方式，该公司改善了许多商品的摆放和位置，以营造更好的购物体验[38]。
- **咖啡的含义** Robert V. Kozinets 开发了一种网络民族志市场调研技术——Netnography 来调研在线社区。Kozinets 的调研通过从"alt. coffee"新闻组下载信息，来着重了解咖啡消费行为的意义。该调研新闻组的分析提供有趣的消费洞察观点，并有助于识别咖啡消费趋势和观察重度咖啡饮用者（主要消费者）[39]。
- **惠普公司开发外科头盔** 惠普公司（HP）经常采用观察调研方式来设计新产品。HP 的医疗产品部派遣调研员到医院去观察外科手术。调研者注意到外科医生通过电视监视器来观测手术刀的移动。然而其他员工常常在外科医生执行该职能时在监视器前走动，挡住了医生的视线。虽然医生并没有抱怨，HP 的调研者却认为可以改善该局面。基于此观点，他们设计出带眼镜的外科头盔，可以让图像正好出现在外科医生的眼中[40]。这样的洞察显然很难从传统调研方式或焦点人群和深度访问中获得。

观察法也可以是在策划（contrived）的方式下开展，即由调研者人为设定环境。策划观察法的一个例子是由尼尔森公司提供的 BASES 模拟测试营销（simulated test-marketing，STM）服务，它可用于预测新产品在市场中可能的表现。

STM 的主要特点是模拟或策划商店环境。使用 SMT 调研的流程为：首先，潜在客户样本首先自己填写有关人口统计和购买习惯的背景问卷。然后，受访者被暴露在竞争情境下的实际营销中。比如让他们收看包括测试产品和其他产品的广告的实际电视节目。接下来，让他们以小组的形式前往商店，他们在那里可以随意购买单一或多种产品，也可以不买，调研人员观察在此情况下测试产品和该类型其他产品的销售情况。这些销售数据，加上受访者结束采购时提供的反馈，将用于预测新产品的市场表现[41]。

调研者越来越多地依赖计算机来开展模拟市场测试。比如，堪萨斯的一家市场调研公司——决策远见公司（Decision Insights）[42]开发出被称为"模拟3D商店（SimuShop 3D）"的多媒体互动软件来测试产品概念、包装、设计特点。在决策远见公司的"虚拟远见（Virtual Insights）"软件的支撑下，贺曼贺卡公司在计算机上建立了一个虚拟商店，具备3D货架和礼品包装样本。他们采用购物中心阻截访问的方式来招募受访者。他们在计算机上进入虚拟店并采购圣诞包装礼品。该虚拟购物使得贺曼公司能够发现顾客最可能购买的设计[43]。虚拟市场测试不仅更快，而且与传统的店内市场测试方式相比更节约[44]。虚拟市场测试越来越多地在网络开展，从而进一步减少了产品测试的时间和成本[45]。

比起自然观察法，策划观察的重要优势是更能提供控制力。这样的控制力可以让调研者迅速、有效和节约地收集相关数据。策划观察的一个潜在缺陷是收集到的数据是否来源于实际生活中的情景。该缺陷在受访者知道他们被观察的时候显得尤为突出，这引出了调研方式差异的另一个维度：调研观察是伪装的还是非伪装的。

伪装观察和非伪装的观察

当受访者不知道自己被观察时，该观察法为伪装观察（disguised observation）；当受访者知道自己被观察时，该观察法为非伪装观察（non-disguised observation）。伪装观察的主要优势是受访者不会因为观察技术而改变自己的行为。Gap公司在收银台检测销售数据的方式（G）就是伪装观察。如果调研者能确定商店的消费者没有察觉人工观察或录像设备观察的话，方式E、F也可以认为是非伪装观察[46]。

伪装观察的主要优势是可以观察个人的真实反应。非伪装观察收集的数据如同任何问卷调研方式一样，可能被受访者诱发的错误所污染。迈克·雷（Michael Ray）指出："如果观察对象很容易注意到观察活动，则观察相对于访问的优点将会丧失。有时，只需要简单观察周围就可以察觉观察的活动，比如观察者看上去太不寻常，如带着夹纸板等。"[47]因为伪装观察为非干扰性的，从受访者的角度看该方式也是很便利的。

一个流行的伪装观察技术被称为"神秘购物（mystery shopping）"。在许多机构（包括零售连锁和银行），观察雇员和顾客的互动是普遍的做法。神秘购物就是一种观测客户服务的方式。在这种类型的调研下，为零售店员所不知晓的神秘购买者将光顾商店，采用结构化提纲来观察和记录购买体验。

现场实例 ▶ **采用神秘购物的公司**　大量公司采用神秘购物来开展伪装观察。

- 欧迪办公（Office Depot）是领先的办公用品销售商，该公司在一定程度上依赖神秘购物作为奖励雇员的根据[48]。该公司雇佣神秘购物公司来监督每个零售点雇员的工作。神秘买家每个月光顾公司的每个商店、按照八个标准给商店评分：人员配备、商务设备知识、服装准则和礼仪、复印和打印知识、办公家具服务、登记协助、商店前后的督导以及与收银员的互动。每个商店的总分100分制，公司会收到每个商店的绩效报告。该公司也采用简单的"是""否"问题来调查50位购物者的满意程度。对每个答案为"是"的商店给5分，最多30分（调研中采用6道"是""否"问题），最低为0分。顾客投诉分数从20分（没有投诉）到0分（一次投诉或更多）不等。然后公司根据三种信息（即神秘购买、调研分数和顾客投诉）来建立顾客服务指数，再用这个指数来计算员工的奖金[49]。

- 贝可连锁用奖励驱动员工。贝可连锁（Belk Inc.）是位于美国东南部的百货连锁公司，该公司采用神秘购买来监督百货店销售人员的表现。贝可的目标是在顾客进入商店内的60秒内有员工上前招呼。为执行该政策，公司决定雇佣神秘买家。每年约20 000个神秘买家光顾商店。每次光顾中，神秘买家都会记录公司目标是否实现并将结论报告给公司总部。对执行该政策经理的奖励非常可观，约为他们年度奖金的5%。该商店自从开展该项目后，销售业绩一直遥遥领先于竞争对手[50]。

如果伪装观察监视的是受访者隐私或不愿意向调研者披露的行为时，会出现严重的伦理问题。而且，通过伪装观察收集的数据也可能不如非伪装观察下获得的数据丰富。从非伪装观察下收集的数据更丰富，因为该观察方式没有向受访者隐藏，所以受访者通常愿意合作。因此，可以在观察受访者之前和之后对他们进行询问，以获得关于受访者特征的额外数据（即不能通过观察得到的数据，比如之前讨论的STM程序中收集的人口统计数据、购买习惯等数据）。

人工观察和机械观察

观察法中的数据收集可以采用人工观察或机械观察。Gap公司案例中的方式E为**人工观察**（human observation），方式F和G为机械观察，或准确地说是电子观察。**机械观察**（mechanic observation）包括用机械或设施来观察。随着精密技术新玩意的不断涌现，机械观察正迅速取代人工观察。当然，不论如何开展观察，解释观察现象却是人类的职责。

机械观察的主要优势是它可以采用监视器，更准确的说是，任何人工可以监视的内容都可以由机械来监视。比如，比起人工观察（方式 E），Gap 衬衣特殊陈列区的录像监视（方式 F）可能会得到更全面和更准确的观察。而且，方式 F 也更少引起顾客注意，在伪装观察是重要条件的情况下，这是一个重要优势。

在人工观察即使不是不可能、但却非常困难的情况下，现有的大量的机械和电子设施都可用于这样的观察。以下列举了几种重要的设施：

脑部扫描测量（Brain Scan Measurement）：**测量内部愿望** 以前在医院采用的 MRI 技术的一种改良版本——功能磁场共振图像（FMRI）如今被营销者用于调查消费者的情绪和动机。FMRI 衡量流经大脑中枢高兴、思考和记忆部分的血液流量。福特公司在欧洲通过脑部扫描调研来开展市场测试。FMRI 机器被用于研究对各种事宜（从好莱坞电影到商品的宣传口号和包装）的反应。然而调研者认为，应当注意愿望并不等于行动[51]。另外，这里有任何隐私问题吗？请你来判断。

眼部跟踪设备 眼部跟踪设备（Eye-tracking Equipment）被用于准确测量广告、产品包装、促销展示或网站的哪个部分最吸引消费者眼球，以及他们观看这些部分的时间[52]。

衡量反应潜伏期 反应潜伏期（Response Latency）指受访者回答问题的速度。在确定广告如何影响消费者品牌倾向的时候，人们越来越多地采用反应潜伏期的衡量方式[53]。受访者越是迅速地回答品牌倾向，那他/她的品牌倾向就越强。比如，当两个顾客被询问他们喜欢七喜汽水还是雪碧时，两个人都说是七喜汽水；然而其中那个在零点几秒的时间内迅速回答的顾客，我们假定他/她的意识中对两个产品的犹豫不决程度更低，因此他/她对七喜汽水的倾向更强。只有电子设备才可以监视和侦探反应潜伏期的区别[54]。

开展音调分析的设备 音调分析设备（VOPAN）同反应潜伏期测量设备不同，前者用于确定受访者感受答案的强度或附带的感情的多少[55]。VOPAN 包括在访问中测量回答时的声调。然后再将该声调同受访者平常谈话（比如中性话题——天气）中的语调进行对比。回答问题的语调与正常语调的偏差被作为衡量受访者在答案中附加情绪的标准[56]。

收视测量仪（People Meter） 检测电视收看行为的最新发展是收视测量仪（People Meter）的推出，这是由 AC 尼尔森公司采用的检测电视收看行为（不仅调查收看的节目内容，还记录收看者是谁）的电子设施。该设施采用最新的电子技术，针对所有家庭成员以及客人都设计了不同的按钮。个人收看者在开始或结束收看节目时只需要按收视测量仪上自己的控制按钮就可以了。AC 尼尔森公司的收视测量仪收集的所有数据将自动传输到中央计算机。

虽然收视测量仪具备高度精确衡量电视观众的潜力，围绕它的使用也有争论。特别是某些电视节目，采用日记记录方式和收视测量仪记录下的观众规模和构成的预测结果之间存在明显差异：传统日记记录方式上让参与电视收视调查专门小组的家庭成员在收看每个电视节目时做记录。因此有人质疑根据收视测量仪得出的评级的有效性和那些愿意采用收视测量仪来监视收视活动的家庭的代表性[57]。业内人士已经在努力解决这些问题并进一步改进收视测量仪的技术[58]。

网络观察技术

最令人激动、也最具争议性的电子调研方式是基于网络的消费者观察技术。在互联网世界，跟踪消费者的每个行动是现实的。比如，美国在线广告商——双击公司（DoubleClick）在互联网上采用cookie技术来跟踪消费者行动。Cookie是按照号码匿名识别个人电脑的程序。双击公司采用cookie获得的数据来选择适合个人口味的广告。双击公司不是利用cookie技术的唯一公司。

韩国的Postel公司开发软件来跟踪色情电子邮件。一旦收件人打开该信息，Postel公司会得到警告，同时Postel公司将警告信息人。这样的做法在互联网公司中非常普遍。隐私的丧失成为隐私维护者和美国联邦贸易委员会的关注问题，他们敦促许多公司在网站上登出隐私条款。双击公司收购了一家直销公司——Abacus Direct，Abacus Direct公司拥有8 800万消费者家庭数据库以及他们的购物习惯和个人财务信息。一个加州妇女向法院提起诉讼控告双击公司，如果该公司结合两个数据库的话，将侵犯她和公众的隐私权。此后，双击公司允许消费者可以选择从收集数据中退出（opt-out）。来自互联网隐私维护者和联邦调查的强烈抗议迫使双击公司放弃采用姓名和地址数据来在线跟踪上百万消费者的最初计划[59]。虽然该案子在庭外和解，隐私之争却挥之不去[60]。

为克服隐私问题，一些互联网调研公司建立了"opt-in"（互愿）互联网专门小组（非伪装电子观察）来跟踪在线消费者的购买行为。一家领先的互联网测量和分析公司——个人电脑数据公司（PC Data）用互联网连接由120 000户美国家庭参与的专门小组就是一个例子。另一家领先的基于扫描的数据提供商——信息资源公司与个人电脑数据公司一起来测量在线和离线消费者购买习惯。信息资源公司维持55 000户家庭专门小组来跟踪消费包装产品。该战略联盟使得信息资源公司可以跟踪在线（基于网络的电子观察）和离线（基于扫描器数据的电子观察）购买习惯。个人电脑数据公司以及其他公司，比如媒体评估公司（Media Metrix Inc.）和尼尔森/NetRatings等都活跃在互联网测量市场。

跟踪网络用户的方法并不是没有疑问的。问题集中在测量的准确性，因为在线商本身发布的访问者数字与在线市场调研公司网站基于专门小组成员的流量统计不尽相同。尽管存在这样的问题,当企业衡量自己网站相对其他网站受欢迎程度时,仍会依赖三家运作互联网专门小组的公司提供的数据。这些公司还拥有专门小组成员的人口统计数据,因此他们可以根据人口统计变量(比如性别、年龄、收入、教育等)来报告网站的流量[61]。

实地调研 6.4

挖掘博客:在线聊天海洋中的有用玩意

越来越多的消费者利用在线媒体来抱怨产品。公司开始注意到这一趋势并雇佣调研员专门从网络博客中发掘关于产品的及时有用的信息。

大众汽车公司雇佣在线调研服务商——Techdirt公司来了解在线消费者热烈讨论哪些最新技术。Techdirt公司根据Techdirt博客上的主题、信息公告板和主流新闻渠道的信息编制定期报告。

索尼公司雇佣Intelliseek公司来检测关于索尼公司数字随身听和苹果公司iPod产品的在线舆论。索尼公司的高级市场调研经理西蒙(Steve Sommers)希望能迅速抓住市场的脉动。之前在Gateway Inc.工作时,他曾雇佣Intelliseek公司来跟踪消费者对Gateway公司等离子电视的想法以及竞争情况。

博客非常有利于掌握负面新闻。以英格索兰公司下属品牌Kryptonit自行车锁为例,网上有两个博客收集了该自行车锁脆弱的例子。在上述负面舆论出现在博客上的第二天,《纽约时报》、合众社和其他主流媒体就作出了报道。Kryptonit公司不得不面对愤怒的消费者提出的洪水般的各种问题。如果该公司监测和分析博客的话,就可以尽早发觉该问题以减少伤害。

根据互联网跟踪公司——舆论监测公司(BuzzMetrics)CEO卡森(Jonathan Carson)的说法,博客非常利于观察消费者对产品和服务的评论。一家航空公司要求舆论监测公司调研办理登机的流程。舆论监测公司在 www.flyertalk.com 和 www.frequentflier.com 这样的网站调研乘客的讨论。该调研显示乘客对机场的自助亭普遍感到困惑,航空公司基于该调研结果简化了登机程序[d]。

直接观察和间接观察

假定礼品商店的业主史密斯先生希望比较一年中第四季度和前三个季度的顾客流量。他的选择之一是采用人工观察或机械/电子监视器来计量每个季度进入商店的人数。该流程称为**直接观察**(direct observation),因为该方法直接抓取实际的行为或现象。另一个方式为采用某种**间接观察**(indirect observation),即审视现象的结果。比如,史密斯先生可以在商店的入口安装一个暂时的地板,专用于磨损和显示磨损程度。每个季度更换地板并同第四季度的磨损情况进行比较，就可以回答史密斯先生的问题。

间接观察只能提供现象的比较粗略或不太准确的征兆。然而该方式也有一些吸引人的特点。从及时性和成本节约来看，该方式比直接观察法更好，特别是如果需要观察的行为持续的时间很长并且该行为的发生不是经常的情况。如同我们之前看到的，在收银台监视 Gap 公司衬衣销量（方式 G）就是间接观察方式，该方式比直接观察方式的 E 和 F 都更节约时间和费用。在直接观察不现实的情况下，这体现了间接观察的另一优势，即它是可以获得相关数据的唯一方式。竞争情报的一个有趣的例子是甲骨文公司，该公司曾通过间接观察来试图帮助政府提起的针对微软公司的反垄断诉讼。甲骨文公司购买微软公司的垃圾并雇佣调查者来挖掘以获得政府律师没有得到的信息[62]。

实地调研 6.5

直接观察：史泰博公司的竞争情报

领先的办公产品供应商——史泰博公司（Staples）的董事长汤姆·斯坦伯格（Thomas Stemberg）喜欢每周光顾自己的商店以监测行业动态。斯坦伯格认为，竞争情报是促进公司增长和创新的非常关键的因素。斯坦伯格也要求观察非竞争性的零售商以获得零售的新点子。

在光顾竞争者的商店时，斯坦伯格按照很多重要方面来评估：商店的显著可视性、位置的方便性、店员上前服务的时间长短、缺货商品种类、货品陈列、价格准确性、商品种类的摆放设计和方便拿取性、价格印象（低或高）、店员回答顾客问题、店员知识、对顾客的态度等。这些访问的一个重要目的就是发现竞争对手更好的运作方式并向他们学习。

斯坦伯格警告说，那些只关注竞争对手而忽略顾客需要的零售商将丧失他们的客户，关注顾客需要的零售业新进入者将吸引这些顾客。比如，巴诺书店不仅要关注鲍德斯书店，更要关注像亚马逊这样网络书店以追踪零售趋势。

斯坦伯格不是坚信观察对产生新观点具有重要作用的唯一人士。金宝汤公司的CEO戴尔·F.莫瑞森（Dale F. Morrison）也相信这一观点。他认为光顾零售商店是寻找提高销售的意见的最优途径。以下为他对观察法的表态：

"走出去和走动的收获是无法替代的。我是观点的整合者，我必须走出去让自己最大程度地接触新想法。然后我才能结合各种想法并提供远景和指向。"[e]

结构观察和非结构观察

结构观察或非结构观察的差别取决于数据收集的性质和类型。**结构观察**（structured observation）是明确设定调研数据要求并可以分解为独立的、清楚定义的一组类型的观察方式，这很像结构询问方式中预先对回答种类进行编号的做法。

考虑以下情景：餐厅经理希望了解单独就餐和结伴（两人或更多）就餐的顾客数量。该情景就非常适合结构观察，因为数据收集的要求很明确。比如，餐厅服务生可以作为观察者并计量单独就餐和结伴就餐的人数。

然而假定该经理希望观察单独就餐和结伴就餐顾客的情绪和行为。假定经理的目标比较模糊，在这种情景下，应采用非结构观察。当调研数据不能划分为独立的、清楚定义的一组类型时的观察方式为**非结构观察**（non-structured observation）。比如，经理可以采用不明显的录像设备或人工观察来监视关于餐厅顾客的"所有相关事宜"。

虽然结构观察通常比非结构观察更容易记录和分析，但前者提供数据的深度和丰富程度却受到限制。结构观察的优缺点同结构问询方式一样。与此类似，结构观察也更适合结论性调研，而不是探索性调研。

我们至今讨论的各种观察技术实际上只是观察方式的五个维度，经过对这些维度的独特的组合，还可以得到更多的观察类型。观察方式的区别和区别程度取决于该方式如何根据五个维度变化。比如，Gap公司的例子中，方式E可以被认为是自然、伪装观察（如果观察者不是显而易见的话）、人工、直接、非结构观察。比较之下，方式G为自然、伪装、机械、间接和结构观察。

本章小结

本章描述了原始数据的收集方式；大致分为询问方式和观察方式。一般而言，询问方式比观察方式更具多样性，主要因为后者只能观察可视的事宜。询问方式通常（虽然不绝对）也更迅速和节约。然而，观察方式更少带有受访者导致的错误，因此能提供更准确的数据。观察方式从受访者的角度看也更方便。在某些调研中，会结合采用两种方式以获得各自的优势。

问卷格式可以根据结构和伪装的维度进行变形。越是结论性的、最终的调研项目，结构性问卷就越适合和更有优势。在受访者不愿意或不能回答直接问题时，需要采用伪装问卷。

基于结构和伪装程度，问卷可以被粗略划分为四大种类。首先是结构性、非伪装问卷，这是经常采用的形式，特别适用于描述性调研项目。第二种为非结构性、非伪装问卷，特别适合于探索性调研项目。第三为结构性、伪装问卷，它的主要目的是揭示人们对广泛社会事宜的态度，它在传统市场调研中很少采用。第四为非结构性、非伪装问卷，它通常采用投射技术并用于激励调研以探索消费者的内在感情和动机。询问方式分为四大种类：个人访问、电话调查、邮件调查以及网络调查。问卷开展的方式在几个方面有所不同：多样性、速度、成本、准确性、受访者便利程度。在给定情景下，一种方式在各个方面都优于其他方式几乎是不可能的。因此，调研者在选择问卷执行方式前，必须仔细考虑特定情景的特征并衡量哪个标准最关键。有时，调研者也许希望实行问卷组合开展方式以获得所有基本方式的优点。

通过观察方式收集数据有多种形式[63]。观察法可以：（1）在自然或策划环境下观察；（2）伪装或非伪装观察；（3）人工或机械/电子观察（因为技术进步，后者越来越普遍）；（4）直接或间接观察，即是否观察实际状况或其后续发展；（5）结构或非结构观察。在选择问卷方式时，适当观察计划的选择必须基于认真审视这些因素，比如调研性质、数据需要的类型以及可使用的资源。

复习讨论题

1. 在探索性调研中可以采用询问方式吗？为什么可以或为什么不可以？
2. 询问方式在哪些方面比观察方式更具多样性？
3. 比起个人访问和邮件调研，电话调研的优势在哪里？
4. 购物中心阻截访问是什么？同传统的询问方式相比，它的优点是什么？
5. 什么是网络调研？请描述一个采用网络调研方式更有效的市场调研问题。
6. 观察方式在哪五个维度上会有所不同？

应 用 练 习

1. 大型独立城市超市的经理希望预测该市家庭中每月至少光顾一次超市的家庭比例。该经理应该采用什么方式来得出该预测？请解释你的答案。
2. 一家郊区购物中心计划在通道区域展示古董和艺术品以吸引顾客。请描述如何结合询问和观察方式来评价古董和艺术品展的效果。
3. 特论餐饮公司（Trent Eating Association, TEA）在8个规模和人口类似的社区经营连锁餐厅。TEA目前的形象为高档、提供昂贵优质食品的餐厅。该餐厅的总裁在考虑，如果将所有的菜品价格都调低15%是否会提高或伤害餐厅的销售和利润。假定在该情景下开展市场调研并通过观察方式来收集数据。请描述收集数据的适合方式，并指出你如何按照本章讨论的五个维度来划分这些方式。

互联网练习

1. 登录盖洛普公司（www.gallup.com）网站并评价该公司如何开展调研（采用哪种调研方式）。接下来，登录哈里斯公司网站（www.harrisinteractive.com）并评估该公司调研模式。请高度重视两个公司调研方式的不同和相同之处。
2. 假定你是互联网零售商（如 www.amzon.com，www.ebay.com，www.bestbuy.com）的市场分

析人员，你需要评估消费者如何访问公司网站和网上购物。提供这种调研的一家领先的提供商为尼尔森公司/NetRatings（www.netratings.com）。在登录该网站后，你认为应该采用在线网络调研方式来观察访问者流量。你公司应该采用内部调研，还是从像尼尔森公司/NetRatings 这样来源获得？另外，在顾客计算机上采用 cookie、通过点击就可以收集数据的方式有何伦理问题（请查阅双击公司的隐私申明 www.doubleclick.com）。

案例 6.1　国家地理儿童
（www.nationalgeographic.com）

"国家地理"是创建于 1888 年的品牌。该品牌的使命为"提高和传播地理知识"，多年来该品牌在扩大其覆盖率（影响力）上非常成功。4 000 万读者阅读国家地理旗舰杂志，148 个国家接受该品牌的有线电视。读者还被国家地理的其他杂志（如《探险》、《国家地理儿童》、《旅行者》）以及录像、书籍和其他媒体产品所打动。1975 年，国家地理通过推出《世界》——为儿童开发的非科幻的杂志——将触角伸到更广泛的儿童人群。该杂志瞄准儿童并保持与旗舰杂志的紧密联系，但是内容被设计成更受儿童喜欢的形式。

《世界》在推出市场后近 20 年的时期里取得了巨大成功。然而此后它开始受到儿童市场中爆炸性出现的其他各种媒体（如新闻电视秀、杂志、各种网站）的激烈竞争。认识到儿童的影响力和购买力，这些新闻媒体开始积极有效地迎合儿童市场不断变化的口味和喜好。《世界》杂志过去忽略了该市场的变化，现在需要扭转局面。在试图复兴《世界》杂志时，主管经理开展了关注儿童意见的定性和定量调研。

在开展这些调研时，国家地理不得不修改其传统调研方式，因为该方式是为成人而不是针对儿童开发的。比如，调研需要获得父母同意，同时调研工具不得不进行非常仔细的事先测试以确保对儿童而言是有意义的和清楚的。

因为儿童的认识非常直接，所以抽象概念并不适合。在采用焦点人群时，主持人必须了解儿童间的群体思维比成人更普遍。因此需要按照年龄和性别来分组。当男孩和女孩在同一房间时，男孩将主导讨论。如果将年长和年幼的孩子安排在同一房间，则年幼的孩子将模仿年长孩子的观点。

基于调研得到的洞察观点，该儿童杂志更名为《国家地理儿童》。另外，通过推出更明亮和更吸引人的字体以及有趣的图片，该杂志的内容和外观也进行了修改。改良后的杂志文章更贴近儿童希望阅读了解的内容，比如流行文化、动物、任何有趣和刺激的事情。在推出新的《国家地理儿童》后，付费订阅者超过 100 万。该杂志成为增长最迅速的儿童杂志，读者总数超过 400 万。

为维持《国家地理儿童》的成功，国家地理持续开展各种调研来跟踪年轻市场的趋势和喜好。在每期推出后，带有 1 美元奖励的问卷和来自主编的信件将随机邮寄给 800 个样本订户家庭。该调研详细询问读者对封面、文章和广告的反映。

《国家地理儿童》也利用包括 500 个儿童的在线专门小组来开发儿童的在线能力。样稿通过平寄定期寄给专门小组成员以确保印刷质量。之后专门小组成员登录网站评估样本中的意见和内容。编辑会审核在线调研的结果并做为编辑内容选择的指南。每年都会更新专门小组。

公司同时还开展全国调研以帮助了解半大孩子（tween）市场及其不断变化的口味和趋势。比如，《国家地理儿童》与不明飞行物全球社团（NFO WorldGroup）一起对全国1 300个年龄6~14岁儿童开展调研以更好了解他们对一系列主题（比如学习、学校、生活等）的态度。根据这些调研总结和发布的洞察观点帮助《国家地理儿童》成功定位为该领域内的专家，并产生正面的杂志形象。

案例问题：

1. 国家地理为重新夺回儿童市场而开展的调研属于探索性还是结论性调研？该方式合适吗？为什么合适或为什么不合适？
2. 为维持儿童为本的定位，《国家地理儿童》所采用的市场调研类型是什么？是探索性调研还是结论性调研？
3. 请评价《国家地理儿童》为测试新杂志、跟踪新趋势而采用的调研方式的适合性。你认为应该有哪些改变？如果有其他方式，你会推荐哪种方式？

www.nationalgeographic.com; Lisa Wicklund, "Teaching an Old Brand New Tricks: Connecting a 116-Year-Old Brand to a 10-Year-Old"（25th Anniversary AMA Marketing Research Conference, New Orleans, LA, September 2001）; National Geographic," National Geographic Kids Survey Finds 6-to-14-Year-Old Think Learning Is Cool," press release, June2003.

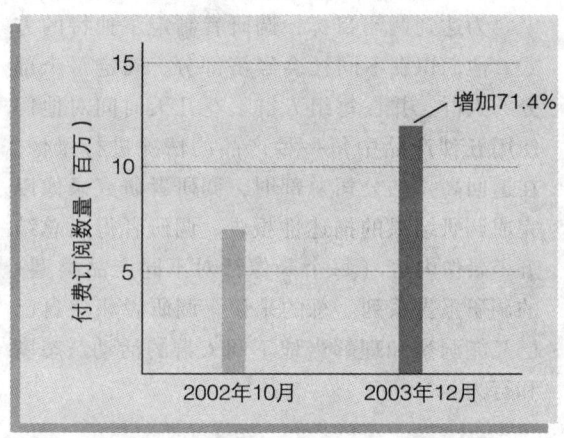

图1 《国家地理儿童》订阅量

案例6.2 高露洁（墨西哥）公司
(www.colgate-palmolive.com)

高露洁公司是牙齿护理、家居表面护理、纤维护理和宠物营养产品的市场领导公司，年销售额为90亿美元。作为全球消费产品公司，高露洁在超过200个国家和地区销售产品。该公司的国际品牌包括：高露洁、棕榈、Mennen、Softsoap、Protex、Sorriso、Kolynos、Ajax、Axion、Soupline、Suavitel、Fab以及Hill's Science Diet和Hill Prescription Diet宠物食品。

作为领先的消费产品公司，高露洁公司致力于取得持续增长、全球成功、持续的公司优势，让顾客、雇员和股东受益。在开展业务的地区，该公司致力于服务当地社会并积极开发先进技术以适应全球顾客不断变化的需要。该公司的目标为不断提高当地顾客的生活质量。

新兴市场

在全球经济一体化的今天，高露洁这样的公司都在全球积极扩张市场。潜力之一是新兴市场，即那些经济出现高水平增长的国家。虽然这些国家表现出建设性，但也包含巨大的经济和市场风险，因此通常被视为长期目标市场。在20世纪90年代，最大的潜力市场为阿根廷、巴西、中国、印度尼西亚、印度、墨西哥、波兰、南非和土耳其。

墨西哥

墨西哥是高露洁公司理想的目标市场。该国为自由市场经济，私人领域不断增加，之前的国营企业在过去的20年中都被私有化了[1]，这提高了该市场的竞争程度。

墨西哥积极倡导经济现代化和提高生活水平，该国的就业率和工资都得到提高。这些因素加速了私人消费、而且也提高了经济增长。然而对经济增长的感受在各个社会阶层并不相同。超过1亿人的总人口中有27%生活在贫困线以下[2]。在收入分配方面，顶尖的10%的人群占据国民总收入的36.6%；而最低端的10%的人口只占到1.8%[3]。由于顶尖的20%的人群占据国民总收入的55%，因此收入主要集中在人口的小部分，而大部分人口需要同低工资、失业、甚少的提升机会和贫穷苦苦抗争。

高露洁公司的调研[4]

高露洁公司在墨西哥销售五个不同的产品类型：洗衣产品、洗碗产品、家庭清洁产品、牙齿护理和头发护理产品。开展市场调研的目的是为制做广告信息和针对当地市场不同社会阶层开发新产品时提供洞察观点。公司希望能更好了解与五种产品相关的不同消费者人群的情感和社会因素。具体目标是：

1. 在不同细分市场上，了解五类不同产品类型的市场特点。
2. 熟悉消费者细分市场上家庭生活中的每种家务劳动。
3. 更好地理解每个社会经济阶层的生活方式。
4. 获得每个阶层对产品品牌忠诚的偏好。
5. 更好理解每个部分的产品替代品。

由于知道不同社会经济阶层存在不同之处，所以调研者在更广阔维度下，针对每种人群使用每种产品类型来获得洞察观点。

为达到调研目标，调研者制定了独特的方式。他们识别不同社会经济部分、确定每个部分的人群、并在每组人群上花几天时间对他们使用五种产品中每一种产品的情况进行录像。在返回高露洁公司总部时，调研者研究录像以完成调研结果的描述性报告。调研者得出总结五个录像内容（每个录像针对不同产品类型）的调研报告系列。总的来说，调研者相信自己已经能洞察和理解当地不同人群的活动、态度和行为。

样本发现

洗衣产品报告代表了从该调研中获得的丰富定性信息。该调研瞄准了每个不同目标并提供不同社会经济阶层女性不同生活方式的全面诠释。以下为不同社会经济阶层洗衣产品的录像版本的真实片段。

对洗衣过程的评论

城市家庭主妇、上层家庭。通常由女佣来洗衣服，至少在大多数情况下。如果女佣没有来上班，则我不得不自己做，虽然我不习惯洗衣服。我开始给她指导，如何使用洗衣机、放皂粉、将衣物分类。如果没有洗衣机，浪费3个小时来手洗衣服是没有意义的。

城市家庭主妇、低收入家庭。在每天洗衣服之外，我还有其他家务劳动。洗衣服很花时间，因为你必须使劲刷衣物。很难在洗衣服的同时还做其他家务。

农村家庭主妇、贫困线家庭。一些妇女为他人洗衣服，一般在3点或4点前往。有时她们在那里过夜。

对洗衣用水便利的评论

城市家庭主妇、上/中层收入家庭。我们洗衣服用水没有问题。在某些临近区域有问题，但我们不缺水。

城市家庭主妇、低收入家庭。我们在早晨才有水，在傍晚时就用完了。在有水时，我用手来洗衣服。否则，我必须等到第二天。有时会停水两或三天。通常每天我们只有约两个小时的供水。我们会在水桶中装满水以供其他时间使用。

农村家庭主妇、贫困线家庭。在河里洗衣服很方便，因为我家没有供水。反正我必须前来工作。我一辈子都在这里洗衣服。

对衣服污垢处理的评论

城市家庭主妇、上层收入家庭。如果我的衣服沾染油污，我会在在该处涂上滑石粉。之后，我将衣服放进洗衣机，该污点就消失了。如果该污点不能去掉，则我会扔掉该衣服。

城市家庭主妇、中/低收入家庭。为去掉油污，我用去污剂或棕榄品牌的肥皂。该品牌去除油污、血渍、辣椒和红葡萄酒渍的效果非常好。

农村家庭主妇、低收入家庭。我用条块肥皂去掉污渍。我直接用刷子来刷该污渍，并在阳光中漂白，通常会淡化该污渍。

对衣服护理的评论

城市家庭主妇、上层收入家庭。如果需要熨烫衣物，我让女佣来做或专业妇女来做。衣服晾干后，我会折叠好，特别是衬衣，将衣物放入衣柜。每种衣服有专门的衣橱——衬衣、裙子、牛仔分别放置。我们中的大多数女性都会做这项工作，虽然也许有例外。不幸的是，这是没有尽头的家务。而且因为没有人会注意到，该工作也没有回报。

城市家庭主妇、中/低收入家庭。我喜欢做这种家务，因为我喜欢。这可以让我感觉非常好。

农村家庭主妇、低收入家庭。至少我这些天有活干。我在年老时做什么呢？有人会照顾我吗？我真害怕。

影响不同人群行为的两个因素为水和电的可获得性。这两个因素极大影响了洗衣护理，录像的脚注和文本都表明此点。

案例问题：

1. 高露洁（墨西哥）公司采用的调研方式为何种类型？
2. 如果你是高露洁公司的营销经理，你得到的结论是什么？根据你的结论，你认为应该采取什么步骤？
3. 为证实这些发现，还应该采用怎样的额外调研？

案例注释：

1. According to www.cia.gov, the number of state-owned enterprises in Mexico fell from more than 1000 in 1982 to fewer than 200 in 1999.
2. Population statistics are based on information at www.cia.gov.
3. Income distribution based on information on www.cia.gov.
4. The author would like to thank those at Colgate-Palmolive who provided access to the research

summarized in this case. Some of the content is based on a personal interview with John Tietjen and Kathy Thornyhill, C-P New York, April 1999. Narratives from the C-P video Consumer View: Evolution of the Video Technique—Mexico.

第 7 章
定性调研

本章学习目标 ▶

- □ 区分定性和定量调研，能解释两种调研间的联系
- □ 了解确定焦点人群有效性的三个主要因素
- □ 解释焦点人群的主要优缺点
- □ 掌握焦点人群的潜在运用
- □ 讨论技术对焦点人群调研的影响
- □ 描述其他定性调研技术，并说明你运用这些技术的情景

开篇故事

焦点人群帮助 Gap 公司确定顾客需要

Gap 公司是世界上最大的特色服装连锁公司，提供当今流行的款式，以具有吸引力和新颖性的服装吸引顾客经常光顾商店。该公司认为这样可以提高库存周转率并保持高赢利水平。这样的战略要求 Gap 公司密切关注顾客喜好、及时满足这些喜好，通过保持最佳库存水平来减少低价促销、出清多余库存的需要并永葆时尚浪尖的领先优势。Gap 公司依赖焦点人群调研来应对上述挑战。通过焦点人群，该公司从衣服时髦性、颜色喜好以及最流行款式方面来了解顾客。该公司也采用更本地化的焦点人群来确定顾客倾向，使得公司能针对地区市场量身打造服装供应。

Gap 公司开展系列焦点调研以衡量顾客喜好。虽然从焦点人群调研中获得宝贵的洞察观点，但该公司并不是只局限于这样的定性调研。该公司将焦点人群调研的结果同从销售点的定量数据以及公司其他信息来源的数据结合起来，共同制定和实施有效库存管理[1]。

有时调研者需要的信息不易从数字数据分析中获得。某些宝贵的信息只能从称为"定性调研"的方式中获得。在本章开始，Gap 公司通过最基本的定性调研

方式——焦点人群讨论来洞察顾客需要。

7.1 什么是定性调研

定性调研（qualitative research）是收集、分析和解释那些不能被数量化（否则将失去意义）的数据或不能用数字概括的数据。因为这个原因，定性调研有时也被称为"软性调研（soft research）"。这个称谓是不幸的，在本章后面章节可以显示，软性调研一点也不比所谓的硬性调研（hard research）或定量调研稍有逊色。

任何采用非结构询问或观察技术的调研都可以被称为"定性调研"。然而定性调研通常只研究相对较少的受访者或单位。换而言之，调查大规模的、代表性的样本通常不会被称为"定性调研"，即使该调研采用了一些非结构性询问或观察技术。

定性调研技术的非结构性和小规模样本的特点有重要的含义。该调研被用于提供关于某个问题的最初洞察观点、意见或理解，而不是建议最终的行动路线。因此，定性调研技术在需要探索性调研的情景下最适合。在之前几章中，比如主导用户或关键信息提供者、案例研究方式、焦点人群访问、深度访问、文字关联测试和非结构观察等都是在探索性调研中经常采用的定性调研技术。

7.2 定性和定量调研

同定性调研相比，**定量调研**（quantitative research）的特点为更结构性、大规模和更具代表性的受访者样本。因此，定量调研技术（通常为大规模调研或结构性观察）的逻辑位置一般位于结论性调研项目。表7.1列举了定性和定量调研运用的主要区别。在表7.1中的"定性调研最佳情景"栏揭示了初步理解市场问题和其内涵时的共同因素。定性调研的主要作用是获得预感或假说，以便在以后更正式的调研中进行测试。相比之下，"定量调研最佳情景"是需要更特定数据、能提供最终行动路线的情景服务。定量调研的主要作用是测试预感或假说。

表7.1 定性和定量调研的运用

主题领域	定性调研最佳情景	定量调研最佳情景
广告	Total Shine 的营销商 Pennzoil-Quaker-State Company 公司希望得到关于创造性地通过电视广告来宣传该清洁/抛光产品沟通方式的观点。	为 Total Shine 制定了两个情景；公司经理希望了解哪个能够有效地影响目标顾客的产品倾向。

(续表)

表 7.1 定性和定量调研的运用		
主题领域	定性调研最佳情景	定量调研最佳情景
产品计划和促销	厨房帮手公司(KitchenAid)的品牌经理希望了解顾客如何使用厨房用具,以及在何时、何地使用。	品牌经理希望开展大规模调研以确定厨房用具的主要使用者。
个人销售	福特探索者轿车的销售不断下降;销售经理识别下降的可能原因。	通过同几个经销商的讨论,销售经理怀疑是因为福特探索者的顾客满意度低造成,并希望采用顾客满意度问卷的方式来证实。
服务营销	迈阿密的杰克森纪念医院希望了解患者在医院时感受到恐惧的性质和程度。	管理人员希望评价患者对特定服务,如患者护理、食品提供以及医疗诊治的评级。
政治	总统在制订美国社会保障体系私有化计划之前,他希望了解美国人民关注什么。	总统希望确定"社会保障体系私有化"在年轻雇员中的支持程度。

在第 1 章,我们看到市场调研远不仅是数字和统计,这是需要牢记的重要一点。否则将容易诱发错觉,(实际上一些人也的确)认为定性调研在某种程度上不如定量调研,因此前者不是真正的市场调研。但是数量化本身并不能让调研更准确或更有价值。一个市场调研者对定性和定量调研的看法如下:

  结构性问卷是熟悉的调研方式,但它可能无法获得关于文化的无形特征方面的关键信息,结果是重要的细微差别几乎当然地被忽略掉。而且结构性问卷也很少能提供关于购买和消费前因后果的影响,因为该调研基于人们能清楚回忆自己行为的假定,假定人们能理解问卷的设计、组织和框架。但经常发生的情景是上述的深度理解并不存在。当调研对象是其他文化背景中的消费者时,这种传统数据收集方式的内在缺陷显得更为严重。相比之下,定性调研方式更灵活,也更容易获得制定有效战略时所需要的关键信息[2]。

定性和定量调研的界限并不总是非常清晰的。有些定性调研可以获得统计分析数字,而某些结构性问卷(定量调研)也可以设置开放式问题以供定性分析。两种调研方式都有缺陷,只有充分考虑到这些才能获取调研的最大价值。比如,US WEST(如今为 Qwest Communications 光纤通信公司)的 16 个新产品经理认为:

  在做定性扫描时,针对原型我们大多采用一对一个人访问,而针对产品概念时则采用焦点人群……我们不可避免地涉及定量分析……比如，你提出一个产品概念并询问："当价格为 X 时，你会购买该产品吗？"[3]

两种类型的调研在市场调研中都发挥合法和重要的作用。如果调研目的是为了解问题或开发新产品概念，定性调研更好[4]。另一方面，如果调研目的是预测销售、建立价格点或选择最佳的潜在目标市场时，定量调研更好。如果一个公司希望预测对新产品概念的需求或识别潜在目标市场时，在定性调研之后必须开展定量调研。关键的是定性和定量调研必须是互补的，而不是互相竞争的。市场调研实践者希望在 21 世纪能对定量和定性调研进行前所未有的整合[5]。下面我们来关注焦点人群访问，该方式可能是最宽泛和最常用的定性调研方式。

7.3 焦点人群访问

在第 3 章中提到，焦点人群访问（focus group interview）通常被简称为"焦点人群"，是一种最流行的定性调研方式，许多调研实践者认为它是定性调研的同义词。**焦点人群**依赖客观的讨论组织者或主持人来向一组受访者介绍主题，指导他们在非结构和自然的方式下讨论该主题。在 2003 年，美国国内市场调研的支出为 65 亿美元[6]。定性调研占到 65 亿美元中的 32%，大约为 21 亿美元。定性调研的一个重要部分是花费在焦点人群上的调研[7]。很明显，焦点人群调研在市场调研实践中占据主导。

了解焦点人群访问的有效方式之一是观察大量采用焦点人群访问的公司的做法。贝克公司（www.burke.com）的部门——贝克客户调研（Burke Custom Marketing Research）提供了有效焦点人群访问的例子：

> 受访者被要求在特定时间前往贝克公司工作室。在轻松的氛围下（接近家庭氛围，而不是办公室或机构）开展讨论。将受访者置于休闲、轻松的情景中是开始讨论并获得受访者积极合作的重要因素。如果需要的是无需上班的家务操持者，访问在白天举行；如果需要职业女性或男性，则在夜晚举行。
>
> 贝克公司的讨论一般由主持人向受访者解释焦点人群访问目的和受访者公正意见的重要性。主持人通常事先拟出大纲，以确保能覆盖与调研目的相关的各个方面。该大纲可以是概括性或特定的。通常在讨论之前，主持人已经列出广泛的一般主题，所以不需要花费更多的力气来保证讨论覆盖主题。这些主题的讨论顺序是根据受访者，而不是严格按照书面纲要。这可以提倡正常的对话，讨论主持人只需要在每个领域刺探细节并激励不愿意发言的受访者发表他们的意见。当然讨论主持人绝不能让自己的态度影响讨论[8]。

上述流程不是贝克公司开展焦点人群访问的独特方式；相反，它只是对焦点人群的一般描述。

定义中暗示的非正式的气氛并不意味着焦点人群访问容易开展。相反，为了让焦点人群以及其他定性调研方式发挥效能，必须要审慎策划和开展。必须注意"一个统计软件可以识别定量数据的模式，但是识别定性数据模式则需要判断、推论和坚持。要让一个简短访问有意义似乎非常容易，但是基于若干冗长的访问而提出的全面和竞争性分析报告却比简单咀嚼数字艰巨得多"[9]。还要牢记，"定量调研在分析客观数字的同时却牺牲了深入分析和迅速转变的能力"[10]。

焦点人群访问的潜在价值在很大程度上取决于一些因素：人群构成、主持人的特点以及访问的气氛。不幸的是，调研者在如何选择或操纵这些因素才可以从焦点人群访问中获得最大的收益上并没有统一看法。因此，以下章节中从焦点人群中得到的任何推论虽然反映了大部分调研者的意见，但是要记住它们并不是绝对的。

人群构成

焦点人群的有效性很大程度上取决于参与者数量和他们的特征。关于最佳焦点人群规模的确定并没有科学依据。在市场调研实践中，几乎所有焦点人群访问规模是在 6~12 人之间[11]。少于 6 个参与人的焦点人群明显不可能得到真实、有益的焦点人群所需的动力和人群能量（组织良好的焦点人群访问的独特优势将在以后讨论）。同样，超过 12 个参与人的焦点人群可能规模太大而不能开展紧密和自然的讨论[12]。

同质性的重要性。为建立有效人群，焦点人群在人口统计和社会经济特征方面都必须做到最大可能的同质性（homogeneity）。尽最大可能确保焦点人群的同质性非常关键，只有这样，众多相互联系的变量才不至于干扰调研。为让焦点人群具有最大的建设性，所有参与者尽可能相似（wavelength）[13]。然而，经常会需要建立几个同质的焦点人群以代表不同的人口部分，这样才能确保得到调研事宜的准确画面。

现场实例 回归"现实"　丽诗加邦公司（www.lizclaiborne.com）设计和销售各种女性和男性时装和配饰。丽诗加邦公司希望重新推出老牌香水——现实（Realities），该品牌在 1998 年退出市场。丽诗加邦公司的逻辑起点是在目标顾客中开展焦点人群访问并让他们自由表达对目前香水品牌使用情况、满意和不满意，以及对老牌香水（包括"现实"）的记忆。丽诗加邦公司决定在年龄 25~49 岁的女性人群中（被认为是"现实"的目标市场）开展焦点访问[14]。

显然，丽诗加邦公司从焦点人群中获得任何推论都不能一般化。根据焦点人群得到的重新推出"现实"香水的建议并不能保证其他女性人群会接受。因为调研所依赖的是小规模和同质的样本，几乎在所有的焦点人群访问中都存在该缺陷。但是这个缺陷并不意味着焦点人群是无用的，实际上任何定性调研的目的都是为产生最初洞察观点，而不是作出归纳。

如果丽诗加邦公司在开展系列焦点人群访问时在焦点人群内采用同质人群，而焦点人群间的年龄和工作状况却不同，这样的系列焦点人群调研会更有用。系列焦点人群访问更能产生对新产品的多样化意见并吸引更广泛的、跨领域的女性。实际上，一个调研项目很少仅仅采用一个焦点人群。实践法则是，针对一个调研事宜，至少开展两个焦点人群访问以确保获得有意义和具解释性的洞察观点。理想的状态是，如果资源条件允许，只要不断有新主意从焦点人群访问中产生，就应该开展额外的焦点人群访问[15]。

推导确定性结论的危险。虽然开展几个焦点人群调研可以产生丰富的数据资源，但是从这些数据中推导任何确定性结论是危险的。重复一下，这一观点非常重要，因为基于焦点人群访问而作出概括很可能是对这项技术的最普遍误用。另一个滥用是开展系列焦点人群访问并堆积大量样本以试图数量化数据。比如，由于样本和分组偏差，从10个焦点人群、100个受访者中得到的信息可能仍然不具代表性。而从随机抽取的100个受访者的访问可能更具代表性。营销者在开展调研之前应当确定使用的技术是定性的还是定量的[16]。

现在让我们来检验焦点人群访问中回答的准确性或真实性程度。由于各种因素影响，比如受访者的诚实性和访问者的错误，通过询问受访者所获得数据可能有偏差。焦点人群访问也不例外，特别是焦点人群的参与者可能出于哗众取宠或故意显示社会责任感等而提供偏见回答。另外，在参与者看来不够"自然"的人群也会导致被迫或被策划回答问题，因而加重了不准确回答的程度。

直觉告诉我们，比起异质人群，同质人群因为参与者之间相互识别和感受舒服，所以可能更自然和放松。因此，策划回答或仅仅为哗众取宠的回答在同质人群中更少见。为解释此点，让我们回顾丽诗加邦公司的例子。如果丽诗加邦公司在征求新产品建议时采用异质焦点人群（而非同质人群）的话，你认为会出现什么情况？假定焦点人群包括职业和家庭妇女，来自不同的年龄段。因为年龄和工作状态可以强力影响对化妆品的使用意见，该人群的参与者很可能持有不同、甚至是相互冲突的意见。而且，工作状态的不同和年龄也可能导致非预期的结果：比如有些女性可能会有保留，只提供社会接受的回答；而其他人可能会炫耀。结果是从相关洞察意见的数量和意见的有效性来看，该焦点人群是可能不具建设性。因此，同质焦点人群虽然不可能保证完全有效的回答，却可以减少不准确回答。

正确筛选程序的重要性。正确的筛选程序能确保合适的人群构成。一组参与者中人口统计上的相似性是产生有用、真实数据所必须的。一个简便的实现相似性的方法是从成员结构类似的机构，比如宗教人群、俱乐部和职业协会等机构中招募受访者。然而潜在问题是该参与者选择程序是否会导致损害群体的行为。通常认为一个人不应该参与包括朋友、邻居或亲戚的人群；因为他们易于相互交谈，而不是面对全组[17]。

然而，受控研究没有发现在同一组中由于人们之间认识或是朋友关系就会引发任何严重问题[18]。而且，几家知名市场调研公司显然从教会和学校招募参与者[19]。调研预算因素以及难以招募人群（比如医生、企业高管和其他职业人士）的问题决定了对参与者参数的妥协。这样的招募方式也被认可，因为即使在参与者与熟人交谈而不是面对全组时，训练有素的主持人通常会克服这些困难。

比熟人参与者更严重的问题是所谓的专业受访者（professional respondents），即之前参与过众多调研的人士。专业受访者为非典型的顾客，他们在小组讨论时的回答将导致严重的有效性问题[20]。当筛选焦点人群受访者时，应该将在之前六个月中参与过焦点人群的人士排除掉。但是参与者必须对讨论的产品或事宜有一定经验，如果受访者缺乏相关经验的话，就不可能对小组讨论提供任何有用的贡献。相反情景是，看在参与面子上，他们可能通过无意义的评论来反面影响讨论。因此，筛选程序中应该询问参与者他们对焦点主题的过往经验或接触。

图7.1显示一个调研公司在通过电话招募女性受访者组建焦点人群以讨论家电维修事宜时所采用的筛选问卷。第一个问题试图确保潜在受访者拥有相关经验。第二和第三个问题反映客户公司提出的、针对参与者特征的限制。最后两个问题为筛选非典型和专业受访者的问题。只有通过上述五题的个人才可以被招募到参与者中。

主持人的特征

在影响焦点人群有效性和有用性的所有因素中，讨论主导者或主持人是最为关键的。但主持人的角色也非常微妙。他要求所有参与者模拟自然的讨论，同时要确保讨论焦点不会偏离主题。采用同质人群可以在某种程度上维持人群的紧密性和鼓励所有参与者积极参加。而且，一组人群中参与者个性能相容的情景更是例外。焦点人群通常会有一或两个人试图主导讨论，有一或两个害羞的人不愿意参与讨论。因此，主持人必须具有好的观察力、人际互动和沟通的能力以识别和克服威胁健康讨论的问题。表7.2描述了训练有素的主持人应该具备的技能，主持人应该维持每个方面的细微平衡；偏向任何极端都可能是有害的。

姓名：_____   日期：_____
地址：_____   电话：_____
城市和州：_____   访问：_____

嗨！我是来自 Fieldwork Chicago Inc. 的_____。我们计划就家电维修和服务事宜开展主题讨论。您是否有兴趣参与该讨论_____地点在_____？（如果"否"则中断并注明。）

1. 在去年您家有家电（如电视、洗衣机、干燥机、微波炉等）需要维修或服务吗？
   □是 ················· 1 继续
   □否 ················· 2 中断并注明

2. 您的年龄在 30 岁到 60 岁吗？
   □是 ················· 1 继续
   □否 ················· 2 中断并注明

3. 您居住在 ZIP60646，60202，60076，或 60077 区域吗？
   □是 ················· 1 继续
   □否 ················· 2 中断并注明

4. 您或您的家庭成员为广告公司、市场调研公司或制作销售家电的公司工作吗？
   □是 ················· 1 继续
   □否 ················· 2 中断并注明

5. 您最近参与过焦点人群调研吗？_____
   （如果少于 6 个月，则中断和注明）

图 7.1　招募焦点人群参与者的筛选问卷

在以上能力之外，主持人还应该具有解释能力。训练有素的主持人能超越参与者讲话的内容，并能记录他们的音调、面部表情以及其他非语言行为。这些额外的信息非常宝贵，因为它可以解释焦点人群访问的内容。主持人必须能激发对讨论的积极参与。主持人必须为客户提供讨论参与者所谈及和没有谈及的内容、发言暗示并作深入解释[21]。实际上，某些调研实践者甚至建议焦点人群访问不仅是访谈技术，同样也应该是观察技术[22]。

对主持人的身体特征或人口统计特征并没有明确的要求，比如主持人是否应该与参与者的性别相同并没有共识[23]。其实比起身体特征，主持人能迅速同参与者建立联系的能力以及让他们在小组中放松的能力似乎更关键。

表7.2　焦点人群调研主持人应具备的技能

友善但坚定

- 对参与者友善、宽容。
- 鼓励参与者在焦点人群访问环境中放松。
- 保持讨论与调研问题相关。
- 避免由一个成员主导讨论的倾向。

宽容

- 关注友好的人群氛围是否被打断。
- 重建人群目标。
- 保持以调研主题为本。

参与性

- 鼓励和激发广泛的个人参与。
- 让他/她完全进入到讨论主题中。

不完整的理解

- 谨慎加入非表态性的言论,采用询问口吻,鼓励受访者对他们意见的来源更深入地思考。
- 展示更深入理解参与者想法的真实好奇心。

鼓励

- 了解不回答的小组成员并尝试打破他们的保守性,鼓励他们参与讨论。
- 解释非语言的暗示的能力,有办法扩展人群积极参与的范围。

灵活性

- 具备应覆盖内容的主题纲要。
- 纲要只作为提醒易忽略或不完整覆盖的内容。
- 在人群出现精力不集中时,拥有即兴制订和修改计划的能力。

敏感性

- 识别信息是否适合讨论的能力。

来源:Thomas L. Greenbaum," Moderator" in Focus Group Research, 2nd ed. (Thounsand Oaks, CA:Sage,1998),73–87; Richard A. Kruger,"Moderating Skills," in Focus Group Research, 2nd ed. (Thounsand Oaks, CA:Sage,1994),100–125; Danny N. Bellenger, Kenneth L. Bernhardt, and Jac L. GOldstucker,"Qualitative Research in Marketing" (Chaicago:American Marketing Association,1976),12–16;Naomi R. Henderson,"Insights from a Panel of Moderators, Quirk's Marketing Research Review(December 2000):article no. 0645;RON Riley, "Consulting Skills as Vital as Interviewing Skills," Marketing News, March 1,1999,19.

总之,不是所有个人(即使那些善于一对一访问的人士)都是有效的主持人。要有效开展一个焦点人群访问,需要特定的个人内在技能以及大量训练。几家市场调研公司为其主持人开展了持续的、真实的训练项目。这些训练项目是真实的焦点人群调研,但只是为了训练主持人,而不是为特定客户公司服务。

开展焦点人群访问

焦点人群访问通常持续 1.5 小时或 2 小时。为有效利用有限的时间段,主持人必须尽快让参与者感到放松和舒服。训练有素的主持人可以协助营造有利于友好和有效讨论的氛围。其他营造放松氛围的方式包括:让焦点访问室和家具变得更休闲、在讨论开始前和讨论中提供小茶点[24]。

焦点访问必须如实记录,至少采用录音机,以便日后可以反复重放、抄本和分析。也可采用录像机,这特别适合配备有良好焦点人群访问设施的地点(而不是在即兴场地,如酒店房间内)。录像可以提高调研结果的质量,它们可以让观众(高级经理、市场和销售机构以及广告公司)来体验参与者的情绪。录像有助于抓取通常书面报告中所缺乏的非语言细节(身体语言、面部表情和音调变换等)。然而,焦点人群录像显著提高了成本[25]。

记录焦点人群访问还有另一缺点:如果参与者认为记录设备是干扰性和威胁性的,则会影响放松气氛的营造。目前大多数焦点人群访问房间采用的单向透视玻璃也有同样的问题,这样的玻璃可以让客户人员观察讨论进程并不会被参与者发现[26]。

减少电子设备或其他焦点人群观察方式缺陷的办法是尽可能让设施更隐蔽。这包括谨慎展示麦克以避免注意力分散、在垂幕后铺设并隐藏电线和电缆。然而,这些措施仍然不能保证消除问题——机械设备对焦点人群参与者的答案和结构的干扰。我们不是说应避免使用记录设备和避免在主持人之外有任何人观察焦点人群。实际上,焦点人群访问的主要优势是它为决策者直接提供消费者对产品、服务和其他的看法和感受。而且,采用录像会议技术可以让位于分散地理位置的客户人员观察在中央地区开展的焦点讨论情况[27]。如果我们不采用让外人观察焦点人群讨论的设备的话,就会失去这一宝贵优势。

然而,我们能做到一方面营造自然和放松的氛围,另一方面满足决策者最大限度了解焦点人群的需要吗?好的折中方案是采用可以从焦点访问中获得最大收益的任何设施,但是应该对参与者说明[28]。应该告知参与者在讨论中会采用的任何记录或观察方式,以及使用这些方式的原因。这样的坦白加上训练有素的主持人保证没有其他的动机,能迅速让受访者感到放松。在某些情景下,也可以并需要将客座专家介绍给参与者,甚至置身于他们中间。该客座专家在焦点调研的第一部分时坐在后排。主持人在讨论的第二部分时将专家推出并介绍他是讨论主题的专家。还可以允许参与者讨论关于主题的重要问题或顾虑,使得公司可以优先确定消费者头脑中的问题[29]。

7.4 焦点人群访问的优势

焦点人群访问有许多特别的优势[30]。以下为该方式拥有的一般优势。

数据的丰富性

焦点人群访问可以提供大量重要的洞察观点,而这即使是系列一对一的深度访问也无法做到的[31]。比起与访问者单独在一起,通常受访者在由与自己相似的人陪同时更感觉不受限制。他们将更积极提供关于讨论主题的洞察观点。一个特定参与者的评论可能触发来自其他人的新观点的涌现,这种反应也不可能发生在系列个人访问中。

多样性

焦点人群访问可以用于获得对不同问题的洞察观点(在下一节将详细讨论焦点人群的共同运用)。几乎所有的产品、服务、事宜或其他问题都可以在焦点人群情景下讨论。

焦点人群访问在其他方面也具有多样性,我们在本章以后将覆盖的众多其他定性调研技术(如假定问题、TAT类型的画面练习、拼图练习、讲故事)以及激励(如产品或广告)都可以与焦点人群访问配合使用或在焦点人群内部使用,以提高讨论的建设性[32]。正如市场调研顾问琼那汉·霍尔(Jonathan Hall)所言:

> 为帮助获得关于家电的新创意,受访者被带到梦幻厨房,记录厨房的颜色、质地和味道,在那里有什么家电以及如果他们拥有该厨房会做什么。在花几分钟探索该厨房后,受访者被带回焦点人群,并要求他们重新思考。他们的意见和体验直接导致大量创新产品功能和特征[33]。

基于加州的调研公司——艾文公司(Irvine)的总裁霍·哥德伯格(Hal Goldberg)对焦点人群参与者进行催眠以获得他们使用产品的潜意识[34]。位于纽约的沟通事务公司——D'Arcy Masius Benton&Bowles(DMB&B)公司采用催眠焦点人群让参与者回忆他们喝过的第一杯香槟。大多数参与者年龄30~55岁之间,而调研主题是要求他们返回当年(超过20年)以回忆他们的第一杯香槟。DMB&B公司洛杉矶的高级副总裁马瑞·卡基(Maureen Craig)说:"(催眠)提供给我们一个机会,不只了解人们如何看待(产品),还要了解他们如何感受——我们称为广告(心灵和灵魂)的情绪激动按钮。"[35]但是必须认识到通过干扰性的技术，比如催眠消费者以揭示敏感事宜所会涉及的伦理问题。采用所有三种不同技术的背后的基本原理是让消费者行为自然，就像他们在市场上面临真实的新主意或新产品时那样。

调查特定受访者的能力

在开展一对一个人访问是非建设性的或不可能（比如儿童）时，焦点人群访问可能是收集数据的唯一方式。在儿童中采用焦点人群访问的调研者更能获得有用的信息[36]。MSW 调研公司（www.mswresearch.com）设计的 Play * TIMEVIEW 为孩子们提供在最舒适和现实的情景中体验新玩具或游戏概念的机会。虽然同儿童坦白交谈会有障碍，这不意味着他们是非沟通性的。实际上，孩子们通过游戏沟通非常好，这成为 MSW 公司从焦点人群中的小规模儿童样本中获取信息的模式。其他难以访问的受访者包括专业人士，比如医生、律师，他们通常拒绝单独访问。然而这些专业人士可以接受小组访问，这为他们提供与同事在一起的机会，通过交流专业主题的看法而相互受益[37]。

对经理的影响

市场调研客户的抱怨是调研者过分强调复杂的技术和统计结果。因此定量调研报告通常只是在经理书架上堆积灰尘。然而普遍性的定性调研以及特定的焦点人群调研却更可能影响行动。为什么呢？因为客户公司经理有机会积极参与和观察焦点人群，而不仅仅是阅读调研报告。而且比起充满表格和统计数据的书面报告，来自焦点人群的关键意见和由参与者作出的一些关键申明对决策者具有更大的影响。焦点人群访问的相关引述可能比一千个数字还有用。

现场实例 ▶ **拜耳药业公司和葛兰素史克公司瞄准辉瑞公司的伟哥** 拜耳药业公司和葛兰素史克公司一起开展焦点人群调研以获得消费者如何看待伟哥——辉瑞公司目前在市场推出的治疗性勃起障碍的药物。拜耳公司希望推出艾力达（Levitra），一种试图从伟哥手中夺取市场份额的新药。通过焦点人群调查的反馈，该公司发现消费者认为伟哥的形象并不好。伟哥被认为是解决老年男性性功能障碍的药物，虽然辉瑞公司采用年轻因素来吸引中年男性。对许多人群参与者而言，产品蓝色外观显得"太冷酷"了，类似于生病时的颜色。调研揭示，中年男性不希望承认他们有性功能障碍，因此不愿意去看医生。从焦点人群揭示的内容传达了有力信息：拜耳公司应该推出的产品应当功效不低于伟哥，同时还要传达更健康、更温暖的形象，特别是针对中年男性。拜耳公司也应该将产品定位在更广泛的可能概念，比如高品质生活的灵方。这样的观点帮助艾力达产品的定位和促销[38]。

这里的关键点是，只有来源于焦点情景中的"多彩的"和消费者自然的评价才能对决策者产生重要影响。

7.5 焦点人群的缺陷

焦点人群也有一些缺陷。在本节，我们将讨论一些主要缺点。

缺乏概括性

首先是我们已经看到的事实，即焦点人群结果不能被视为结论性的。小规模样本和同质结构虽然对有效开展焦点人群调研非常关键，但却使得从中获得的观点呈现高度实验性。而且同意参与焦点人群的人通常比一般消费者更外向。这个内在的偏差，与那些经常参与各种人群访问的专业人士问题一起，进一步腐蚀了焦点人群的代表性。

误用的机会

焦点人群访问的特定优势是数据的丰富性和对经理的影响，但如果该技术由不谨慎的调研者或经理采用时，上述优点可能转变为严重问题。焦点人群的一个潜在滥用是经理试图归纳参与者中的几个主要观点，特别是几个焦点人群表现出的相同论点。归纳是严重的错误，因为焦点人群的主要目的是得出洞察观点或假定，这些都必须通过更正式的代表性样本调研来检验。

焦点人群的另一个滥用来自主持人和经理武断解释焦点人群数据的可能性。虽然该缺点可能出现在任何定性调研中，但是在焦点人群访问中显得特别严重。因为焦点人群是非正式的，也因为所产生的数据通常丰富且类型繁多，如果主持人和经理带有先入为主的观念时，则容易通过选择性地解释数据来支撑自己的观点，即听取和强调那些与自己意见相同的言论。如果发生了这样的选择性问题，则焦点人群结果将是可疑的。客观的主持人和开放思维的经理对确保正确使用焦点人群是非常重要的。前者特别关键：非客观的主持人可以错误解释焦点人群数据，也会将讨论引至他/她个人观点的方向。

成本

由调研公司专业开展的焦点人群访问的花费轻易就会达到9 000美元。如果这个数字听上去已经很高昂的话，还要考虑开展良好焦点人群访问所必须的各种昂贵事宜。需要大量电话来招募少数合格的参与者；调研公司招募一个受访者一般收费为 40~50 美元（如果需要招募稀少或难以达到的受访者时成本甚至更高）。通常，公司必须考虑几个额外的后备受访者，因为访问开始时可能会有人缺场。典型的消费者焦点人群中，通常对参与者每人给予 50 美元的奖励（包括那些在参与者都到场时需要辞退的后备人选）。在特定的包括难以接触的受访者（比如企业高管和医生）的焦点人群调研中，每人的奖励更高，为 150~250 美元不等。焦点调研合格主持人的费用大约为 1 000 美元。额外租赁焦点人群设施、抄录和解释访问、录像等都说明了为什么一个焦点人群访问会花费 9000 美元。

某些经理会认为即使是系列焦点人群调研总成本也是低廉的，因为调研公司开展的典型定量调研项目的成本为 30 000~50 000 美元不等。然而，该观点是错误的，因为焦点人群只是定量调研的前导，而不是替代品。而且，以受访者单位成本而论，焦点人群特别昂贵。因此，在经理没有确立调研需要，也没有仔细思考焦点访问可能提供和不能提供的数据时，开展盲目的焦点访问只是对公司资源不必要的浪费。那些依赖焦点人群调研的经理相信该技术是正式调研的快捷替代品，实际上他们是在浪费宝贵资源，也在冒制定错误决策的风险。

7.6 焦点人群访问的运用

焦点人群访问几乎可以在任何需要获得最初洞察观点的情景中（探索性调研）采用。然而焦点人群的特殊运用非常多，不可能在这里一一讨论。因此，本节只简单提出包括最常用技术的三个主要运用类型：了解消费者、产品计划和广告。

了解消费者

焦点人群可以帮助了解消费者关于产品或服务的感受、意见和行为。比如，蛋糕粉制造商 Pillisbury 希望了解这样的问题：消费者喜欢烘焙的什么特点？他们不喜欢什么？他们为什么自己烘焙？他们如何烘焙？他们用何种语言/术语来描述烘焙产品和它们的运用？这些信息在各种场合都有用，比如当公司希望识别值得深入调研的市场问题或机会时，或当公司在计划消费者正式调研时以及希望了解调研中应当包括哪些问题以及如何措辞时。

位于宾夕法尼亚州的荷乐兰咨询公司（Holleran Consulting）的米歇尔·荷乐兰（Michele Holleran）描述了一次焦点人群的实例。

在一个值得记忆的焦点人群访问中，主持人揭示了为什么生活在阿巴拉契亚的贫穷妇女拒绝胸部扫描，甚至在交通方便的地方免费提供时也拒绝。一个参与者说："如果我被发现有乳腺癌的话，我应该如何做呢？我不得不接受手术、接受化疗、很长的恢复期并无论如何也会在一年内死掉。我会一直担心该病,并使得自己疯狂,更不要说还要担心昂贵的医疗费用。这将如何影响我的孩子,知道他们的妈妈快要死了?我不需要、也不想知道我们是否有乳腺癌。我宁肯不知道,让一切顺其自然。"

了解行为背后的内涵以及挖掘根源已经帮助健康专家获得如何开展针对少数民族人口和社会项目的营销,清除障碍和制定非传统解决办法[39]。

产品计划

焦点人群在获得新产品的意见时非常有用。下面的案例描述了姚明品牌的建立。

现场实例 ▶ **建立姚明品牌**　迅速成长的中国市场、加入 WTO 以及 2008 奥运会都将熟悉的中国面孔转变为主要的烫手品牌。众多公司争相与姚明合作以试图在 10 亿人口市场中立足。休斯敦火箭队全明星中心帮助发展明星们在美国、中国和其他地区的商务。姚明是百事可乐、麦当劳、佳得乐饮料、迪斯尼乐园以及锐步公司的代言人。姚明加盟休斯敦火箭队已经让赞助商提高了对该队的赞助。姚明品牌是如何发展的呢?焦点人群访问在确定一个中国 NBA 明星——姚明的市场潜力时发挥关键作用。

姚小组,包括他的经纪人、芝加哥大学经济学教授、姚明的朋友以及市场顾问齐聚一堂共同制订 5 年营销计划。芝加哥大学研究生院的新产品商务工作组制订了营销计划以提升姚品牌。芝加哥大学学生在中国开展了焦点人群访问、市场民意调查以及大量街头访问。调研显示姚明品牌具有巨大潜力。该调研建议要耐心发展姚明品牌,以及希望姚明反映中国古老的价值,但又代表年轻一代。姚小组在美国寻求与知名公司的长期合作,持续保持姚明品牌的形象[40]。

焦点人群访问也可以用于提出修改目前产品的建议以提高它们的市场表现。

广告

也许焦点人群最频繁的运用是在制定广告的创造性概念和文化中。广告公司面临的挑战是需要不断提升广告新形象以提高对消费者影响力。广告公司是焦点人群的大量使用者,因为该技术的主要优势就是产生新主意。焦点人群访问可以针对电视广告的措辞、口号、主题、画面、角色等提出建议。

现场实例 ▶ **影片《逃离圣诞》**　在 2004 年冬,革命工作室(Revolution Studio)发布了《逃离圣诞》(Christmas with Kranks),一个试图在圣诞节取乐的反节日电影。该工作室希望利用假期季节以及人们潜在的对假日的负面态度来收获高票房。然而公司发现电影观众的反映是温和的。该工作室决定开展焦点人群调研来确定原因。调研结果显示观众对电影的广告反感,该广告的口号为"No ho ho",以及似乎猥亵假日的倾向。该工作室迅速反应,撤销有"No ho ho"口号的电影海报以及广告牌[41]。

为进一步说明焦点人群的运用以及强调它们的正确使用,以下再举一个例子。

现场实例 ▶ **营销杰克森威尔** 认识到成为超级杯橄榄球赛的主办城市将带来巨大的潜在旅游者,佛罗里达的杰克森威尔(Jacksonville)决定开展品牌战。但是该城市应如何向那些除了听说过杰克森威尔这个名字之外一无所知的人推销自己呢?为回答该问题,该城市与当市场调研公司签约,让后者开展焦点人群调研并调查人们如何看待杰克森威尔。市场调研的结果出乎该城市的意料。该调研公司 CEO 达尔顿说,人们对杰克森威尔的认知度比预想的要高,"但是他们不知道我们在什么地方,或我们的任何方面"。

焦点人群参与者的反馈帮助杰克森威尔量身打造品牌战以更有效。该城市认识到它首先应该教育公众该城市的实际位置。通过在杰克森威尔的所有宣传材料上都包括"佛罗里达"字样,该城市能在教育公众它的地理位置的同时将公众在佛罗里达的愉快感受结合起来。达尔顿说"佛罗里达仍是令人向往的地方,我们也拥有佛罗里达能提供的东西"[42]。

7.7 焦点人群调研技术的影响

技术进步已经让开展焦点人群调研变得更容易和更具建设性。以下将讨论在焦点人群中最经常运用的技术。

电子人群访问

采用键盘板或电子设施来减少非建设性讨论时间的**电子人群访问**(electronic group interviewing)的方式非常流行[43]。向每个参与者提供键盘板,所有的键盘板与普通的录像演示屏幕相连,整个组都可以看到。键盘板可以用于匿名表达对某事宜的意见——分数从0(否)到10(是),以及表达意见的强烈程度——分数从0~100。采用 EGI,公司一次可以访问20~150人。

在主持人希望调查与人群讨论主题相关的参与观点时,采用键盘板的 EGI 是宝贵的时间节约器。参与者只需要用键盘板来简单表达他们的意见,结果将瞬时被表格化并演示在录像屏幕上的矩形图中。采用过该技术的调研实践者说:"EGI

提供的潜在优势为：更迅速、实时反馈、更好的质量、更准确的数据以及灵活性。"[44]比起传统的焦点人群，EGI提供有形的刺激（录像演示）来指导讨论，明显激出比传统焦点人群更高的参与兴趣和参与度。

现场实例 ▶ **Rowe Price 获得反馈**　财务服务公司——T. Rowe Price公司的退休计划服务部希望了解为什么合格的人群没有加入401（k）退休计划。为获得答案，该公司采用观点分析器（Perception Analyzer）来测试了两组人群，观点分析器是一种互动拨号设施，可以让参与者登记他们对某种意见、产品、广告等的反应。该设施的瞬时反馈让公司经理印象颇深，让他们有新的想法。该公司能确定以下事宜：

- 人们难以将现金、债券、股票等概念同资产类描述（如稳定性、收入和增长）联系起来。
- 对某些人而言，一些基本计算是困难的。
- 如果没有深入阐明或讨论，包括在401（k）退休计划中的图表和图形通常不被普通人所理解。

该公司产品开发和技术部的主管威德尔注意到："如果我们太专注于细节或过多讨论某一主题，参与者会失去兴趣。因此我们需要压缩文本。"根据观点分析器所获得的洞察观点来了解客户反应，T. Rowe Price公司改变了401（k）沟通符合条件的参与者和非参与者的方式，有效地向两组人群传达这种退休计划的细节和福利[45]。

焦点人群录像会议

数字传输技术和录像技术的进步不断成为调研者的福音。现在，焦点人群被录像，通过数字电话线面向国际范围的大公司进行现场转播。**焦点人群录像会议**（videoconference focus groups）可以让客户在遥远的多个地点观看焦点人群。许多公司，比如美国电话电报公司设立了公司内部收看室，可以让公司高管不离开办公室就可以观看焦点人群[46]。许多公司对在外国地点开展的焦点人群访问雇佣翻译，让高管可以获得开展情况的瞬时印象。录像会议极大地削减了访问焦点人群的出差成本和时间。纽约广告公司——灵狮广告（Ammirati Puris Lintas）的执行副总裁、计划和调研执行主管巴利对录像会议的评价是："我们广泛采用投射技术，可以用来观察（焦点人群对投射技术的反应，而不是由某人来解释）的投影技术（通过录像传输）对我们的创意员工非常有用。我们发现这种方式是丰富建议的来源。"

收看者在实时情景下也有收获，他们不需要等待一周才能得到现场观看焦点人群人员提交的概述报告。巴利还说："我们过去通常需要派遣小组到现场，他们将给公司回电话并给机构内每个人概述他们了解到的信息。当派遣人员回到公司时,创新小组的某个成员难免会问:'你询问参与者这个问题了吗?'或说:'哎,多希望我早知道你的调研结果,这样我们就可以将战略转向这个方向。'"[47]

根据行业专家的看法,在未来十年,网络录像会议将取代传统的录像会议方式,参与者可以在家中或办公室参与调查[48]。该发展将进一步减少租用录像会议设施的成本,也可以提高受访者参与的意愿。

实地调研 7.1

网络调研人群的例子

Pennzoil-Quaker State 公司采用在线焦点人群来评估其新产品 Total Shine——一种用于汽车玻璃以外各个部分的液体清洁/擦亮剂。焦点人群的结果鼓舞该公司在1999年推出该产品。公司高管鲁普严说:"网络焦点人群是开发新产品以及评估和提升目前产品的非常有效、成本节约的工具……我们希望不断改善该流程以支持和扩张我们目前丰富的产品组合。"

网络公司 Ipnetwork.com 是在网络上交易专利、许可和其他知识产权的公司,该公司网站的登陆量很少。由于经费和时间有限,Ipnetwork 公司决定开展一组在线焦点人群调研以了解该网站登录量少的原因。在线焦点人群结果显示该网站不易导航,而且它的新闻部分也应该有更好的内容。Ipnetwork公司改革了网站界面、改进导航并改善了新闻部分。该调研只用几天就结束了,成本也非常合理。公司经理说:"网站流量提升了,客户高度评价我们的页面,停留时间也更长。"

位于纽约的网络开发商——WP Studio 公司(如今为 www.digitalcity.com 的一部分)的市场和商务主管简妮斯·格吉斯坦希望准确衡量客户对公司网站(www.totalny.com)——城市信息指南网的反应。格吉斯坦相信焦点人群一般对自己感觉比较模糊。她要求一家网络市场调研公司——电子对话公司(Cyber Dialogue)来开展网络焦点人群调研。

电子对话公司招募了10 000人并提供主持人。该焦点人群在与www.totalny.com连接的聊天室内讨论,这样格吉斯坦就可以从办公室观看焦点人群访问的开展情况。她特别采用了电子对话公司的一个功能——可以用电子邮件在任何时间打断主持人,又不会被受访者察觉。在线调研也更便宜,每个单元仅为3 000美元,而传统方式为9 000美元。她在一天内就收到了全部报告,比传统方式快得多。在线焦点人群让她获得吸引新成员的丰富建议。格吉斯坦是在线焦点人群忠实的拥护者,正如她所说的:"在线人群一般比传统人群更诚实——该方式是如此快捷、如此准确。在这个世界,我需要这样。"[a]

在线焦点人群

由于互联网技术的发展,商业公司采用电子邮件、聊天室、信息板等新途径来连接消费者。美国在线网站的聊天室就非常流行,因为该公司允许在线人群同时交换实时信息。一个网络焦点人群就是一个修改后的聊天室。采用量身打造的软件,市场调研公司已经建立了虚拟焦点人群设施,包括等候室、客户后台间以及焦点人群室[49]。

网络焦点人群成为如今数字时代流行的市场调研工具,能确保迅速转向、更方便和成本节约。另外,这样的人群可以让公司同时从多个地点和国家来获得洞察观点。这特别适用于难以接触的市场、低发生率人群、网络观众、地理分散的人群。比起传统焦点人群,在线焦点人群可以在几小时内招募,而且也很容易。

在传统焦点人群中,主持人和参与者在房间讨论兴趣主题,而调研客户在单向透视镜后观察。对于在线焦点调研,主持人、参与者和客户可以在位于全球的任何地点(在家庭或办公室)通过互联网众多的焦点房间来开始工作和参与讨论[50]。受访者可以通过电话、电子邮件清单、网络阻截、横幅广告和阻截,以及网络专门小组来招募[51],然后给予参与者姓名识别、密码、指南、日期和时间。唯一区别是问题采用书面形式提出。在受访者进入虚拟房间前要核实他们的身份,主持人先就位并再次通过筛选问题识别参与者的身份。参与者先做自我介绍,然后会得到回答问题的指南。虚拟房间(屏幕)被划分为两个区,讨论部分在一个区,答案在另一个区。主持人按照讨论指南来确保焦点人群不偏离主题。客户可以观察正在开展的讨论,甚至可以通过提交考虑的新建议与主持人互动。

网络焦点调研不是没有缺陷的[52]。因为运作方式像一个聊天室,因此控制人群的流动是困难的。情绪信息(如身体语言、面部表情、声调等)都不能从网络焦点人群中获得。调研者对视觉概念只能获得书面的回答。网络焦点人群中,投射技术和拼图技术也不能有效运用。参与者间的互动也受限,因为参与者在同时回答问题。虽然美国超过75%的家庭有互联网接口(近46%为宽带),招募一般大众参与网络焦点人群调研也很费时。而在其他大多数国家,在线焦点人群偏向于富足的、懂计算机的个人[53]。

如果认为身体语言信息和深度讨论非常重要的话,公司将选择传统的焦点人群。而那些希望迅速或希望连接难以接触人群的公司将选择网络焦点人群。网络焦点人群不能完全取代传统的人工方式。行业专家相信:由于该媒体的内在缺陷,网络焦点人群的狂热将在未来几年逐渐消退。然而新的网络焦点人群继续涌现,目前的技术也在提高。比如,网络公告板焦点人群(on-line bulletin board)中,参与者将在较长的时间段内(从几天到一个月或更长)投入到调研中,并允许受访者在自己方便的时候思考和回答问题,这种方式也越来越受欢迎[54]。

7.8 其他定性调研技术

传统焦点人群访问是定性调研中最常用的方式,但不是唯一的方式。之前几章讨论的几种非结构数据收集技术(比如深度访问、投射技术)也是定性调研方式。以下我们将讨论深度访问(in-depth interviews, IDIs)以及其他定性调研技术,其中几种为传统焦点人群访问的变形。

实地调研 7.2

深度访问如何帮助Gannett了解年轻读者

Gannett是全美最大的报纸出版商之一,它希望了解为什么它的发行量在年轻人群中下降。从2000年起,年龄25~34岁的读者群不断下降,但是Gannett并不知道原因。是因为年轻读者普遍对新闻不感兴趣而不仅是报纸吗?或者可能是年轻人对新闻是感兴趣的,他们只是从其他来源获得新闻?

为揭示原因,该公司对来自不同社区的30个年轻成人开展了系列深度访问。

访问有广泛的聚焦,询问的问题不仅包括媒体习惯,还包括参与者的生活方式。参与者也被要求拍摄与他们生活最相关的人物和地点的照片。

访问和照片都说明年轻成人对新闻并没有失去兴趣;实际上,他们对这种信息仍然有很高的兴趣。但年轻成人不是通过印刷媒体来获得信息,而是通过许多其他媒体来获得——包括电视、电子邮件、网站、无线移动设施,如手机和个人数码助理(PDAs)。大致上,调研显示,年轻成人认为,比起不断增长的互动世界,印刷媒体太静止、也不鼓舞人。

该调研帮助Gannett了解到为迎合年轻人不断变化的口味,该机构需要改变单一的报纸出版业务,并开始转变为定制的、多媒体新闻和信息提供商。Gannett公司总裁大卫·道格特(David Daugherty)说"我们的读者、特别重要的是我们潜在的读者,他们改变的速度比我们快","我们需要更快地顺应读者对新闻和信息的需要,我们需要更能创新性地推出产品,包括我们如何将新闻和信息递送给读者。"[b]

深度访问

最近,客户公司开始要求调研公司在消费者的地点(如家庭或办公室)开展一对一的访问[55]。

在**深度访问**中，调研者可以刺探每个受访者更多的细节。而且，受访者的观点不会影响其他人。深度访问通常持续半个小时或一个小时，也可根据项目要求更长。一些调研实践者声称深度调研比典型的焦点人群调研更能提供更大量的信息和更深入的信息[56]。日产公司"无限"品牌（Infiniti）的营销市场主管斯蒂文·耐特（Steve Knight）赞成此观点。在1994年，"无限"管理人员希望推出高级奢侈的运动汽车（SUVs）。为准确确定该特定目标，针对位于纽约富裕的威斯切斯特县（Westchester）中的"无限"目前的客户开展了一对一的访问。耐特说："我们发现人群动力一般由一个或两个人驱动。"[57]调研者针对"无限"客户，刺探他们对其他品牌的意见、在目前的产品中他们将如何抉择、他们考虑购买新车时希望的新选择是什么，以及需要的驾驶舒适程度等。一对一访问告知"无限"经理们：客户希望SUVs为四轮驱动，开起来的感受如同轿车，而不是像卡车那样。女性希望登车的时候有一个更低的踏板。深度访问提供开发新车概念的足够信息：SUVs车型应该是开起来像汽车一样，有一个低台阶供登车，价格在40 000美元以下。"无限"的工程师根据深度访问信息建立了新设计，并招募了200个"无限"使用者和非使用者来测试新设计。

实地调研7.3描述了卡通网络公司（Cartoon Network）采用的非典型一对一访问的例子[58]。

实地调研 7.3

如何与全球的儿童保持联系？卡通网络知道答案

卡通网络公司是全球最成功的电视网络公司。该公司一周七天播放卡通片。卡通网络公司在超过100个国家的观众超过1亿人。市场调研为该公司成为和保持全球儿童事务专家发挥中心作用。

为成为儿童喜好的专家，在全球性市场调研公司——泰勒·尼尔森公司（Taylor Nelson Sofres）的帮助下，卡通网络公司在全球开展了对儿童、青少年和成人的调研。该公司首先在内部客户（比如亚洲、美国、欧洲和拉美地区的商品展示、编程和销售人员）中开展头脑风暴法（深度访问）。卡通网络公司也在超过10个国家开展了超过250个焦点人群访问以了解卡通特征的受欢迎度和观众对电视角色的看法。

为更好了解社会影响，卡通网络公司在多个国家、针对6~15岁的几百个孩子开展了一对一访问。面对面访问审视了几个问题：孩子们生活当中主要的信息影响和信息来源；他们的渴望以及对购买的影响（"纠缠能力"）；计算机和互联网使用。调研结果显示的全球儿童的共同和不同之处见下表ᵉ。

面对面访问的结果						
	墨西哥	阿根廷	智利	巴西	美国	亚太地区
影响和信息来源	父母/ 祖父母 同胞兄妹 其他成人 （教师）	父母/ 祖父母 其他成人 （教师） 朋友	父母/ 祖父母 同胞兄妹 其他成人 （教师）	父母/ 祖父母 其他成人 （教师） 朋友	祖父母/ 其他成人 （教师） 朋友	无资料
渴望	表现好 分数 上大学 长相好	表现好 分数 长相好 考虑中 酷	表现好 分数 上大学 长相好	表现好 分数 考虑中 酷 强调个人	表现好 分数 上大学 强调个人	无资料
纠缠能力	衣服 鞋子 玩具 汽水	糖果 学校 用品 糖果	衣服 学校 用品	衣服 鞋子 玩具	衣服 鞋子 玩具	上学 冰激凌 电影
计算机（COM）和 互联网使用（INT）	COM INT 59% 35%	COM INT 80% 26%	COM INT 66% 29%	COM INT 62% 29%	COM INT 97% 74%	COM INT 40% 20%
儿童使用 互联网的方式	游戏 辅助家庭作业 网上冲浪 电子邮件 阅读 电子新闻报 聊天	游戏 辅助家庭作业 网上冲浪 聊天 电子邮件 阅读 电子新闻报	辅助家庭作业 游戏 网上冲浪 电子邮件 聊天 阅读 电子新闻报	辅助家庭作业 聊天 游戏 阅读 电子邮件 电子新闻报 网上冲浪	游戏 电子邮件 游戏 辅助家庭作业 聊天 阅读 电子新闻报	网上冲浪 游戏 电子邮件 辅助家庭作业 聊天 阅读 电子新闻报
样本规模	1 000	1 000	1 000	1 000	无资料	无资料

资料来源：David Kudon,"Maintaining Leadership in a Changing World；Being the Expert on the Kid's Market；The Role of Global Marketing Research"(presented at the AMA Attitude and Behavioral research Conference, January 23-26,2000, Phoenix AZ). Reprinted by permission of the author.

值得注意的是卡通网络公司在一些调研中采用大规模样本使得该调研更类似于调查，而不是典型深度访问（10～40人的受访者、一次采访一人，是深度访问中的规则）。由卡通网络公司开展的调研结合了深度访问技术（非伪装、非结构性访问，深度刺探）和传统调查技术（非伪装、结构性访问）。表7.3说明选择深度访问和焦点人群访问时的几个影响因素。

表7.3 深度访问和焦点人群访问，如何选择

因　　素	深度访问	焦点人群
时间	访问。每个受访者大量时间。 分析。大量信息大量时间。	访问。一般需要1.5～3个小时 分析。人群分析所需时间少得多。
人群动力	没有组内的互动；根据访问者刺探信息；没有同行的影响。	保持焦点人群力度，允许交换意见；同行可能影响回答。

（续表）

表 7.3 深度访问和焦点人群访问，如何选择		
因　　素	深度访问	焦点人群
主题敏感度	应对敏感主题时可能更容易。	受访者揭示情感时可能会感到尴尬，除非由一些受访者提出。
主题时间	深度刺探每个受访者是可能的。	每个受访者时间有限。
地理限制	受访者可以从地理分散的地区招募。	存在地理限制，因为受访者只可以从焦点访问设施存在的特定地区招募。
个人主导	每个人得到的时间相同。	一些个人容易占主导。
后勤	计划访问很容易。	在多个地点招募和开展几个焦点人群访问是繁重的工作。

拥挤的一对一访问

拥挤的一对一访问（crowded one-on-one Interview）实际上是深度访问的变形。在拥挤的一对一访问中，将会有多达三个的客户公司人员同时前来并观看由专业访问者按照传统方式开展的深度调研。在访问结束后，客户公司人员可以询问额外的问题或针对已经给出的答案寻求阐明。在新概念、设计、广告、促销信息以及其他类似信息的制定阶段，这该种访问特别有效，因为仍然有进行改变的机会。

投射技术

虽然存在不同的**投射技术**（projective techniques），但它们都有两个共同点：（1）向受访者提供非常模糊的刺激；（2）为回应或描述该刺激，受访者将间接揭示他们的内在感情[59]。在市场调研中采用的投射技术的例子包括：单词关联测试、完成句子测试、主题领悟测试（通常被称为 TAT），以及卡通测试。我们将简要审视这些方式。

单词关联测试　**单词关联测试**（word association tests）的刺激为一个清单，包括将几个到 100 多个词与不相关词或中性词相混合，以便保留调研的伪装性质。比如，在调研个人电脑的一个清单中可能包括相关的词如互联网、软件，也包括中性词如烹调、执行、家具、新闻报纸。单词关联测试在揭示人们对新产品或服务、品牌名称、关键字的感受时特别有用，这些词语都是在选用广告材料或其他促销材料时必须考虑的。

在典型的单词关联测试中，将单词每次大声读给一个受访者听。然后询问该受访者：当他听到每个刺激单词时，他头脑中涌现的第一个词是什么。回答的解释却不容易。引起偏差的因素包括：分析回答单词的意义、每个受访者回答的全面性、受访者回答之间的模式、对每个刺激单词回答所需的时间和受访者的身体反应[60]。

完成句子测试 完成句子测试（sentence completion test）要求受访者完成一组不完整的句子。每个句子包括与调研主题有关或中性的关键字，并为受访者留有空白以便回答。例如，在调研人们对"买美国货"的内在感情时，可以采用以下未完成的句子：

美国汽车商应该……

应该限制进口……

每个美国公民应该……

外国产品……

美国失业率……

增长的全球化……

完成句子测试通常针对一组受访者，他们被要求书面完成句子。在受访者书写时，不会监视他们书写所需的时间或他们的身体反应，所以句子完成测试比较好开展。而且，该方式在给予指导上可以为调研者提供更大的灵活性，因此获得的回答更易于与调研主题相关联。相比之下，单词关联测试通过迫使受访者迅速对单个单词作出反应，可能会得到难以解释的回答。然而，完成句子测试的灵活性和操作方便是有代价的：受访者可以思考他们的答案，因此获得的信息限于受访者愿意揭示的范围内。

主题领悟测试（通常被称为 TAT） 主题领悟测试（thematic apperception test）为非结构性、伪装询问调研方式，向受访者展示系列画面、每次一张，要求他们对每个画面写一个故事。TAT 最早由摩瑞（Henry A. Murray）在衡量人们个性时所开发[61]。最初的 TAT 包括一组 20 张的图片。在典型的 TAT 下，向受访者短暂展示（约 20 秒）每个画面，然后要求在 20 分钟内书写故事，特别要求该受访者描述该画片中发生了什么、为什么会发生，以及图片人物的感情。这些故事将由受过专门训练的专家来解释以便衡量受访者的个性。TAT 可以单独开展或在人群内开展。

市场调研中采用的 TAT 方式的变形为采用为调研特别设计的图片。例如，在调研杂志阅读态度时，"一张图片上显示一个家庭在客厅内阅读。根据该图片编造故事，可以了解受访者关于许多方面的观点：如杂志、家庭和房子，以及丈夫在读什么、妻子在读什么，等等。"[62] TAT 技术在市场调研中的其他可能运用包括：评估被考虑用于广告的图片、促销画册以及产品包装。

TAT 最新的发展为 Zaltman **隐喻诱发技术**（Zaltman's Metaphor Elicitation Technique，ZMET）[63]。ZMET 通过分析消费者所采用的隐喻，试图将驱动消费者思维的精神模式带到表面上。隐喻（metaphor）是一种修辞手法，是将两个不相似的事物联系起来[64]。隐喻一般将日常生活中的表达和活动与不大常用的表达结合起来，从一项合理的比较飞跃到另一新事物，分享两种比较事物的特点。隐喻是用另一个事物来定义某件事。匹兹堡儿童医院希望了解它的新医院是否吸引人们，是否能传达热情、健康的形象（而不是冰冷、恐怖的地方）。因此采用 Zaltman 隐喻诱发技术。通过访问儿童患者、父母、雇员和医生，询问当他们进入医院时的印象和隐喻是什么。再进一步刺探印象和隐喻背后的情绪，从而可以揭示对医院设施的真实感觉。比如，调研显示患者希望的设计和非传统颜色方案，应要分散他们对医院环境的注意力并能减轻伴随疾病和住院带来的压力。这样的观点不太可能从典型的焦点人群调查中获得[65]。

卡通测试（cartoon test）有时也被称为**对话框测试**（balloon test），是另一种类似于 TAT 的图片技术。在卡通测试中的刺激是如同图 7.2 所示的线条图。比如，这样的卡通可用于获得消费者对个人电脑的观点。在卡通测试（对话框测试）中，要求受访者审视该刺激图片并在对话空白对话框处填写文字以反映图片中角色的想法或语言。同 TAT 要求讲故事不同，卡通测试中的回答是被限制和特定的。因此，不需要受访者花费很多思考和分析的时间。

图 7.2 卡通测试

采用多种投射技术，以上描述的测试方法并没有穷尽可用于市场调研的各种投射技术。通常，需要运用多种投射技术来挖掘行为背后潜在的动机[66]。比如猜手势谜语、完成句子、单词关联测试、作图或完成图片、在卡通图片中为图片人物填写对话框的对话等方式常常用来了解儿童行为。儿童也被经常要求来小声

"秘密投票"给小组领导或"假装电话",将他们假设为父母的角色以描述一次最近的购买行为[67]。青少年被要求在各种购物和室内环境下"无意识流露商业广告"。根据这样创造性的扮演环节,许多商业广告被重组以便更有效地同儿童沟通,许多新产品的原型也在儿童使用和需要的基础上进行设计,还有许多产品已经被重新改良以提高对儿童的吸引力。

总之,数据收集的非结构性、伪装或假定模式是非常灵活的,在需要了解人们内在情感时,可以根据具体情景来量身打造。如果投射技术妥善运用的话,是非常有用的。不幸的是,设计有效的投射测试和正确解释测试结果不是容易的,这需要特殊的技能和训练。对投射技术着迷而不掌握使用原则的调研者将误用该技术。投射技术在20世纪50年代曾经是风靡一时的问题解决方案,但是在60年代却败给焦点人群访问和问卷调查技术,主要原因是不合格的调研者对该技术使用不当导致无法为决策者服务。在70年代,对采用投射技术的调研人们有诸多批评,特别在调研实务人员中。然而,在拥挤的全球市场中竞争的企业不断需要深度观点以开发新产品,因而投射技术在90年代重新复活并成为焦点人群访问和深度访问的一部分[68]。

7.9 最后的说明

以上讨论的定性调研技术并不是完整的。在给定情景下,可以采取的定性调研的特定形式是非常多的。实地调研7.4就提供了两个例子。这种随机发挥的灵活性和机会是定性调研的主要优势。不幸的是,这样的优势如果由不合格或不谨慎的调研者来开展的话,将会误用和滥用定性调研。

在定性调研的每个环节中都包含一定程度的主观性,包括样本选取、数据收集、分析、解释这样的关键环节,而这些都会对结果有效性产生重要影响。因此,不谨慎和不负责地采用定性调研将得出误导的现实画面以及浪费公司资源。

本 章 小 结

定性调研产生不能用数字来概括的信息。该方式的特征是在相对较小规模的受访者样本中开展非结构、灵活的数据收集方式。该方式的主要目的是得到洞察观点和意见。因此,定性调研适用于探索性调研。相比之下,定量调研技术更适合结论性调研。

定性调研技术的重要性和有用性与定量调研技术一样。这两种调研方式被认为是互补的;定性调研是开展定量调研之前的重要和非常必要的步骤。

最广泛采用的定性调研方式是焦点人群访问。焦点人群访问的有效性由三个因素决定:(1)人群结构;(2)主持人特征;(3)焦点人群开展方式(人群氛围)。虽然这三个原则没有

实地调研 7.4

定性调研的创造性运用产生宝贵的洞察观点

英特尔公司的流动民族志小组

英特尔公司的10人民族志小组在全球访问以发现如何改良目前产品或找到适应不同文化需求的新产品概念。小组中的一个民族志专家杰尼维武·贝尔（Genevieve Bell）三年多的时间内在亚洲访问了1000个家庭，他注意到许多中国家庭不愿意购买个人电脑，甚至当他们有能力购买时也不愿意。贝尔了解到中国父母认为孩子会在网上冲浪，而忽略了学校功课。英特尔公司的设计者采纳了该观点并设计出中国家庭学习电脑。该个人电脑具备四个教育功能以及物理锁和钥匙，这样父母可以控制电脑的使用。

Shimano之路：花费数月与顾客在一起

Shimano是日本领先的自行车配件制造商，该公司是高端自行车配件的主要提供商，它的外号是"自行车行业的英特尔公司"。该公司主导市场的诀窍是什么呢？每年，Shimano公司将派遣数十个雇员与制造商和零售商共同工作几个月以监测客户趋势。比如，他们注意到对山地车的狂热，这引发针对该市场的变速自行车的开发。这家公司开发出一种计算机控制的变速器——Smover用于如今的休闲和通勤自行车市场。保持对客户趋势的领先一步帮助Shimano公司成为高端自行车配件市场的主导提供商[d]。

绝对的指南，却有几个来自实践的准则。

焦点人群通常有6～12个参与者。人群成员为同质的，特别是在人员性别和年龄方面同质是非常关键的。焦点人群访问参与者也必须对讨论主题有一定经验或曾接触过，他们不应该是专业受访者。一个通常被接受的实践原则是针对特定调研主题至少开展两个焦点人群访问。

为更有效，焦点人群主持人应该有好的观察力、人际沟通能力、交流和解释能力。很显然，主持人身体或人口统计的特征不如他/她的另两个能力重要：迅速与受访者建立联系的能力以及在自然但聚焦的情景下指导讨论的能力。

为获得最大的效益，应该在放松和舒适的氛围中开展焦点人群访问。合适的物理设施和便利也有帮助。焦点人群不可避免要由电子设施来记录，并通常在不干扰讨论的情况下让客户公司收看。这里的一个重要因素是确保记录和观察方式不应该负面影响人群氛围和讨论质量。

焦点人群的主要优势包括产生数据的丰富性、多样性（从数据广泛的潜在运用以及与其他方式结合使用的角度看）、从难以访问的受访者处收集数据的能力以及对经理人员产生持久的印象。焦点人群的缺陷是结果不能被概括。而且，开展焦点人群访问和解释结果时所包含的主观性，将使得那些不负责任的调研者滥用该技术。焦点人群费用昂贵，特别是按照每人单位成本来看。

焦点人群一般用于了解消费者和他们的观

点。焦点人群也可以揭示潜在问题的信号、提出存在问题的原因、指出可能的市场机会。该方式也可以用于设计消费者正式调研。焦点人群更特定的用途是产品计划和广告。网络焦点人群不断在普及,特别是访问难以接触的受访者或在成本和时间有限的情况下。网络焦点人群有许多局限,因此在使用时要慎重。在未来十年中,网络焦点人群将涌现许多类型,比如网络公告板焦点人群。

在调研者需要深度刺探受访者或在没有来自同辈影响的情况下了解对某观点的反应时,深度访问(IDIs)非常有用。IDIs利于达到高水平的心理深度,即调查动机、联系和解释产品/服务倾向背后的原因。在传统焦点人群访问和深度访问之外,定性调研技术还包括我们之前章节讨论的技术(案例研究、神秘购物者)以及各种投射技术。虽然定性调研技术可以提供宝贵的洞察观点,但由于其潜在缺陷,在运用时必须慎重。

复习讨论题

1. 概括定性调研和定量调研的主要区别。
2. "在最终目的为获得定量数据的情景下,不能开展定性调研。"请讨论该说法。
3. 讨论焦点人群为什么要求同质的参与者。
4. 对给定主题,应该开展多少个焦点人群访问?
5. 谁是专业受访者?他们在哪个方面影响了焦点人群?
6. 简要描述有效焦点人群主持人应该具备的技能。
7. "建议不要采用电子设备来记录焦点人群访问。"请讨论该说法的正确和不正确之处,说明你的立场并为你的论点提供论据。
8. 列举焦点人群的一般优点和缺点,对每一项用一到两句话说明。
9. 为什么在广告设计时大量采用焦点人群?
10. 列举网络焦点人群的优缺点。
11. 描述网络焦点人群可能适用的几个情景。
12. 列举和简单描述传统深度调研的两个变形。
13. 描述所有投射技术的独特点。请在本章讨论的各种投射技术中选取任何一种,并举一个例子来说明该技术为何有用。
14. 为以下名称开展单词联系测试。
    a. Amazon
    b. Dell
    c. eBay
    d. Hotmail
    e. AOL

从10个朋友处收集数据。简要概括你的发现。

应用练习

1. 为以下每个情景,指明定性和定量调研哪个更适合。也请为每个情景建议特定的技术并提出论点支撑你的观点。
    a. 食品色素制造商希望了解消费者使用食品色素的频率、目的和场合。
    b. 销售口香糖的公司有两个可选择的包装设计,该公司希望知道哪个设计会带来更高的销售。
    c. 医疗产品公司已经处于完善避孕新产品的最后阶段,该公司希望衡量女性和男性对该新方式的反应以及他们接受该方式的潜力。

2. 一家全国慈善机构（比如红十字会）希望找出迅速提高公众捐款额的方式。请设计一个定性调研方式来帮助提高捐款。

互联网练习

1. 开展网络聊天访谈（www.yahoo.com 或 www.aol.com），与之前招募的 5~6 个参与者讨论以下主题：
   a. 寻找实习机会或工作
   b. 春假
   c. 在你的选择中，什么是好的餐厅服务，什么是糟的服务？
2. 在 MTV 网站（www.mtv.com）有一个社区链接。点击该链接可以进入按照音乐类型或电视节目划分的信息板清单。该信息板允许 MTV 观众讨论最近的音乐事件和各种 MTV 的节目。这些信息板也可以让 MTV 公司更好地了解观众对新艺人和节目的观点。选择一个趋势并讨论 MTV 应该如何利用来自信息板的信息。

案例7.1 汉堡王公司：超级煎蛋卷三明治
(*www.bk.com*)

汉堡王公司是全球领先的快餐厅，在2002年得克萨斯太平洋集团入主后成为私人公司。在私有化之前、由英国顶尖饮料公司 Daigeo 拥有时，汉堡王公司非常自豪的是每年销售额超过110亿美元。汉堡王公司目前在61个国家拥有11 200家餐厅。如同许多在多国开展经营的餐厅（如麦当劳）一样，汉堡王公司在国际渠道中通过提供绝对当地化的品种来迎合当地消费者口味。一个例子为在智利销售烤三文鱼三明治。在美国，许多快餐厅在传统的高脂肪、高热量汉堡品种之外，开始推出健康的品种选择。然而，汉堡王公司似乎偏离上述趋势，该公司采用焦点人群来帮助推出大型、高热量的快餐。

汉堡王公司开展了几个焦点人群访问以确定未满足的消费者需要。结果令人非常惊讶，调研向该公司指出的路线与其他快餐公司追求的路线正好相反，不是像麦当劳一样增加低热量/健康的品种（包括各种恺撒、加州玉米、咸肉农场沙拉）。汉堡王公司发现了未满足的市场需要，即活跃的年轻男性，他们寻求的是如何在早餐时填饱自己。基于调研结果开发的新产品为超级煎蛋卷三明治（Enormous Omelet Sandwich），在特制面饼上放置两块香肠饼、两个鸡蛋、两片美国奶酪和三片咸肉。该品种可产生730卡热量和47克脂肪，还不包括配套的薯饼。

汉堡王公司推出超级煎蛋卷三明治是在小型快餐加盟店 Hardee's 在菜单中增添巨兽厚汉堡（Monster Thickburger）四个月后，后者包含1/3磅重的奥古斯牛肉饼、四片咸肉、三片美国奶酪、蛋黄酱、芝麻酱面饼，含 107 克脂肪、1 420卡热量。该汉堡仿效的是 Hardee's 最受欢迎的品种：最畅销的巨兽汉堡。这两种看上去不受欢迎的汉堡好像是在同全国性的减肥大趋势相抗争。但是，这种努力会有多成功呢？

案例问题：

1. 假定汉堡王公司计划采用焦点人群访问来确定超级煎蛋卷三明治是否只能在特定地区销售。你对焦点人群构成的建议是什么？应该在美国的哪些地区开展？你认为筛选问卷中应该包括的问题有哪些？请准备一个纲要确认所有与焦点人群有关的主题。请为你的建议提供支撑论点。

2. 将其他哪些互补技术与焦点人群访问结合是有利的？请描述你推荐的数据收集方式。

Information from www.burgerking.com; www.Mcdonalds.com; www.hardees.com; "Hardee's Unveil New Monster," www.ccnmoney.com, March 29, 2005; Bruce Upbin and Daniel Kruger, "Flipping Burgers", www.forbes.com July 22, 2002.

案例 7.2　贺曼贺卡公司
(www.hallmark.com)

贺曼贺卡公司是全球领先的社会交际和相关产品的制造商。该公司由私人持有，年销售额约为 38 亿美元。1920 年成立以来，贺曼公司在规模和速度上都不断增长。为长期生存和经营，贺曼公司需要驾驭时尚、趋势和技术。在瞬时沟通使得趋势周期变得更短暂、消费者对他们接受信息的控制不断增长的情况下，公司必须在更短的周期内思考、创造、发展和销售。

贺曼公司建立了 IdEx（意见交换）机制来获得客户意见。作为一个创造性的调研选择，IdEx 提供迅速、低成本的结果。贺曼公司邀请约 200 人、拥有某些共性的小组通过网络社区来交换他们的想法和意见。这样的社区培养信任和友谊，这反过来可以通过开放式的讨论来建立对话。目前的一些社区包括祖父母的、西班牙裔、儿童和"年龄超过 45 岁的空巢女性"。值得注意的是网线消费者专门小组和网络社区有显著不同。在社区，通过观察讨论和刺探问题就可以得到持续的定性信息。但网络专门小组为了回答用于定量数据类型的一组特定问题时通常需要会面。

新型、创新型调研方式的准确性是公司非常关注的。贺曼公司开展平行测试来核实网络调研结果，发现其结果同传统方式的结果非常类似，但是更迅速、更节约。网络社区额外的收益是网络社区允许贺曼公司开展在传统方式下尤其昂贵的调研。最终，贺曼公司相信从 IdEx 中收集信息比传统方式更准确，因为参与者觉得负有诚实的责任以及具有更多的帮助感和归属感。

网络社区刺激了贺曼公司的战略思考，并让该公司可以实时收集消费者需求，完全克服了传统调研方式中内生的拖延问题。比如，当贺曼公司提出关于金钱作为礼物问题时，95% 的参与者认同可以为高中教育或高等教育原因而接受金钱礼物。根据该洞察观点，贺曼公司提高了公司设计和生产的含金钱卡片的数量。调研结果的快速性确保了公司在即将到来的送卡季节中，可以及时实施卡片措辞、印刷、材料以及颜色的改善。IdEx 让贺曼公司获得对消费者的情感和趋势的理解，而这在其他方式下是难以发现的。

案例问题：

1. 采用 IdEx 数据收集方式来提高贺曼公司产品

吸引力的优势和缺点是什么？
2. 考虑定性调研的特点，该方式是否适合贺曼公司？还可以采用其他什么类型的定性调研方式对该方式互补？

Information from "Ideas Exchange Keeps Hallmark Connected with Consumers," Hallmark Press Room, November 2003, www.hallmarks.com; Tom Braisford, "The Hallmark Idea Exchange: Consumer Insights at Speed of Thought" (25th Anniversary AMA Marketing Research Conference, New Orleans, LA, September 21, 2004); Larry Leblanc, "The Gift of Music," *Billboard*, January 15, 2005, 41 – 43; Jennifer Mann, "White Hose Holiday Cards Go Out," *Knight Ridder Tribune Business News*, December 1, 2004, 1; "Research Reveals Win-Win Situation for Graduation Gift Giving," www.hallmark.com.

第 8 章
市场调研中的实验

本章学习目标 ▶

- ☐ 解释描述性调研和实验性调研的不同
- ☐ 识别表明一个变量对另一个变量有因果影响的三个条件
- ☐ 讨论实验室和实地实验最适合的运用
- ☐ 列举和解释实验结果的内部和外部有效性
- ☐ 解释事先实验性设计和真实实验设计的区别

开篇故事

爱迪·保尔公司的电子窗口

爱迪·保尔公司（Eddie Bauer）是目录销售商 Spiegel（www.spiegel.com）唯一的一家实体商店，它希望找到吸引更多客户光顾商店的方法。为此它接洽了位于布卢明顿市的印第安纳大学寻求帮助。大学学生们采用电子窗口广告（等离子屏幕上显示的图像）来开展店内广告实验。

为测试电子窗口的有效性，爱迪·保尔公司在连锁店中选择了销售和人口统计特征与布卢明顿地区商店类似的三个商店。该三个店作为参照组，卢明顿地区商店作为实验组。爱迪·保尔公司在布卢明顿商店安装等离子屏幕之前的七周内追踪人们如何从商店经过。

安装电子屏幕后，为了针对不同时段光顾商店的顾客细分，爱迪·保尔公司不断变化电子窗口广告。比如，数字图像在早晨针对退休人员，在夜晚吸引成群结队的年轻人。在安装电子屏幕后，路过行人中进入参照商店的数量增长了 7%，进入布卢明顿商店的数量增长了 30%。在实验的九周后，商店销售额比未安装电子屏幕的同期销售增长 65%。受到该结果的鼓舞，爱迪·保尔公司在其他商店中也安装电子窗口广告[1]。

各种机构的决策者常常面临这样的问题:

- 用商业广告 A 取代广告 B 会显著提高我们产品品牌的消费者偏好吗?
- 提高价格 10% 能够提高我们时装产品的赢利性吗?
- 每年打给每个消费者的销售电话平均数量从 6 个增加到 8 个时,会显著提高销售吗?
- 分配给 X 品牌清洁剂产品的货架空间缩减 25% 的话,会显著减少销售额吗?
- 向去年的捐款者邮寄吸引人(但昂贵)的画册来描述我们机构的活动以便在今年吸引更高的捐献值得吗?

决策者通常根据有限的探索性或描述性调研(对这些类型调研的讨论见第 3 章)来回答这样的问题,有时仅仅根据他们的直觉。然而准确的答案只有通过某种形式的控制调研才可以确定。上述每个问都题需要深入探索因果关系:第一是广告和消费者偏好;第二为价格提高和赢利性;第三为每个顾客更多的销售电话和销售额;第四为减少的货架与销售;第五为宣传册与捐款的数量。我们在第 3 章看到,给定两个变量相关的数据,我们预测一个变量对另一个变量的影响时,关键取决于数据收集的条件。对因果关系最大程度的保障来源于实验性调研。**实验性调研**(experimental research)是在控制可能影响果变量的其他变量条件下,我们通过操纵一个独立变量(或不止一个变量)(称为自变量)来收集它对因变量的影响。

本章是实验调研的概论,包括开展市场实验的主要方式,以及在这样的实验中可能会限制实验者控制程度的潜在偏差。我们还将讨论对营销者有用的标准实验设计并讨论每个设计的优缺点。为客观观察市场实验,我们首先审视实验性和描述性调研的区别,以及在作出两个变量因果关系结论前必须符合的一般前提条件。

8.1 描述性调研和实验性调研

在实验性调研中,调研者在衡量对因变量的影响前,操纵一个或多个独立变量。比如,特定产品价格变动对销售额的影响可以通过改变产品价格水平的方式来检验。在这个例子中,独立变量是价格改变,因变量为销售额。因此实验性调研的准确基石是操纵独立变量。调研者对实验性变量的控制越好,他对独立变量对因变量的影响程度就更有把握[2]。

另一种方式是**描述性调研**(descriptive research),我们只是简单询问消费者:如果降低价格水平,他们是否会购买更多的产品。描述性调研和实验性调研的区别更多在于程度,而不是类型。因此描述性调研数据将仅仅暗示可能的因果关系,而通过实验性调研收集的数据将提高我们对可能因果关系的确定程度。虽然在理论上,完全控制的实验可以确切指明一个因素是否由另一个因素引起,但在市场调研实践中,完全控制的情景是很少见的。因此在实际的情景中,我们很少建立结论性因果关系[3]。这一点值得特别注意,因为市场调研(marketing research)的结果不一定意味着因果关系;根据实验数据得出的两个变量之间的联系并不能证明为因果联系。下一节的讨论将进一步强调我们的观点——实验性调研并不是不可证伪的。

8.2 推导因果关系的条件

我们如何确定因果关系,比如 X 变量对 Y 变量有因果关系?实验性调研的研究文献指出,在作出"如果 X,则 Y"的结论之前,必须满足三个相当直觉性的条件[4]。

1. 变量发生的时间顺序。变量 X(或 X 的变化)必须在 Y 变量(或 Y 的变化)之前。
2. 联系的证明。必须证明 X 和 Y 两个变量是相互联系的。
3. 控制其他的因变量。除非 X 变量以外的所有潜在变量都很好地被控制或被考虑,否则"如果 X,则 Y"的结论可能是错误的;即使 X 变量在 Y 变量之前发生而且两个变量间存在联系。

上述所有的三个条件在确定因果联系之前必须得到满足。第三个条件是最重要的,可能也是在实际调研项目中最难以满足的。我们通常在描述性调研中通过观察或问卷数据来推断变量的时间顺序和关联的证据。但是不可避免的需要某些形式的实验性调研来控制其他自变量。

甚至在实验性情景中,我们也不能总是确信所有的外在因素都被考虑在内。有时实验性调研者可能甚至不知道还存在其他潜在自变量。有时我们可以通过对产品的销售分析和市场历史来了解自变量是什么以及如何控制它们。在某些情况下,除非我们开展实验,否则也许没有办法知道自变量是什么因素。

幸运的是,大多数情景下只需要合理的(而不是完整的)控制水平,这是妥善开展的实验性调研可以提供的。尽管如此,在第一和第二个条件符合时,推导因果结论时必须谨慎。

为说明上述推论的谬误,考虑以下例子。假定 MTV 的执行官说"MTV 是(一家流行摇滚乐团)林肯·派克(Linkin Park)的生命",并指出林肯·派克的专辑在可以收看 MTV 频道的地区销售非常好,而在不能收看 MTV 频道的地方销售却是无人问津。这里的含义是收看 MTV 频道会引起林肯·派克专辑的显著提高。前者当然出现在后者之前，而且两者之间的强劲联系也没有问题。但是（借用刑法术语），这里的证据为间接证据（circumstantial evidence），并不能改变对MTV是林肯·派克的专辑销售成功原因的怀疑。其他没有控制的因素也影响了所观察到的现象。MTV频道的可收看性和专辑销售成功都受到没有观察到的独立因素的影响，比如美国不同地区的社会经济状况和居民的兴趣。如果是这样的话，MTV频道的可收看性和专辑销售成功之间的联系是虚假的。如果我们明确地将非控制因素考虑在内的话，则该联系会消失。

8.3 实验室实验和实地实验

考虑以下情景，美味食品公司（Gourmet Food Products Company，GFPC）为公司的冷冻比萨产品系列开发了两个非常不同的电视广告（比如广告A和广告B）。在即将到来的全国广告战中对候选广告作最终决定的是公司的广告经理汤普森先生。在选择广告之前，汤普森希望了解备选广告对消费者购买公司冷冻比萨产品偏好的影响。因此他要求广告公司开展合适的市场实验以衡量每个广告对消费者不同影响。该广告公司可以采用任何一种实验性调研方式来获得汤普森先生需要的信息。

方式一 邀请100个消费者前往广告公司市场调研机构。将人群随机划分为两个类似的50人小组，并将每个小组安置在不同电视收看室。对每个小组提供穿插正常数量和不同类型广告片段的约一个小时的电视节目。操纵两个小组收看的广告段，一个小组在节目中收看广告A两次，另一个小组在节目中收看广告B两次。为防止参与者知晓实验性操纵，激发对测试广告的正常反映，调研者伪装了该调研，只告诉消费者该调研的目的是获得对电视节目的反映。在消费者收看节目后，向他们提供问卷以获得对电视节目和所穿插的不同广告（包括GFPC公司的冷冻比萨）的反映。比较消费者对GFPC冷冻比萨的偏好平均数可以衡量广告A和广告B的影响。

方式二 选择在消费者人口统计和食品购买特征方面类似的两个测试城市。选择合适的、将同时在两个城市播出的电视节目。广告A将在一个城市播出两次，广告B将在另一个城市播出两次。节目播出后，在两个城市开展随机电话访问以衡量观众的反映。在每个城市中收看节目的50个消费者样本中衡量对GFPC冷冻比萨的偏好。比较消费者倾向平均值，衡量广告A和广告B的影响。

你发现方式一和方式二的相同和不同之处吗？两种方式都是包含操纵自变量（即测试广告的类型）以及衡量对因变量的影响（即消费者对GFPC冷冻比萨的偏好）的实验性方式。两种方式的主要不同是操纵和衡量过程中的控制程度不同。在能影响消费者对 GFPC 冷冻比萨倾向的外部因素上，方式一明显比方式二能提供更好的控制。方式一为实验室实验，方式二为实地实验。**实验室实验**（laboratory experiment）是在策划情景下开展的调研，其中所有的或几乎所有的具有影响但不相关的独立变量被控制在最低。**实地实验**（field experiment）是在自然情景下开展的调研，在情景允许的情况下尽可能谨慎控制条件，让实验者操纵一个或几个独立变量[5]。

内部有效性和外部有效性

两种类型的实验在调研情景和外部因素控制程度上的关键区别对实验结果的有效性的影响非常大。实验结果的有效性通常按照两个范畴来衡量：内部有效性和外部有效性[6]。**内部有效性**（internal validity）是观察到的结果完全取决于实验操纵的程度；**外部有效性**（external validity）指观察到的结果完全超越实验情景的程度。一个理想的实验结果应当具有高度的内部和外部有效性。

不幸的是，两种有效性之间存在相互取舍的关系。换而言之，一般只有策划情景才能让实验者通过保持其他自变量的稳定，或至少可以估计和过滤这种变量对因变量的影响，来控制所有的外在变量。因此，在策划情景中得到的结果是否运用于现实情景是有疑问的。由此可见，实验室实验在内部有效性方面通常比实地实验更具优势，而在外部有效性上，则不如实地实验。

让我们来重新审视 GFPC 情景中描述的两种不同方式，讨论实验室实验和实地实验的内在和外在有效性。假定采用两种方式且观察到如下的结果：

- 方式一（实验室实验）。收看广告 A 的人群中 60% 偏好 GFPC 的冷冻比萨。收看广告 B 的人群中，偏好 GFPC 冷冻比萨的消费者为 40%。
- 方式二（实地实验）。收看广告 A 的人群中 25% 偏好 GFPC 的冷冻比萨。收看广告 B 的人群中，偏好 GFPC 冷冻比萨的消费者为 30%。

以上两种实验得到的结果明显相互不同。这样相互不一致的结果可能吗？当然可能，因为没有一种方式可以声称自己能同时具备外部和内部有效性。

不可控制的因素

我们可以确定地将实验室实验结果中 20% 的差别归于两个测试广告的差别，因为其他所有因素都被严格控制。因此该结果具备高度内部有效性。然而，考虑到实验室实验环境为人为设定的环境，因此在实际环境中广告 A 是否比广告 B 更有效还不能下结论。比如，在正常情景下观看电视的消费者可能对节目和广告的关注程度更低，结果是消费者倾向的差别可能没有实验室实验结果中那样大[7]。

因此，消费者倾向中所表现出的20%的差别不能得出确定结论。

实地实验的结果中，广告B比广告A略占优势，这可能是由于另外一种问题引起的。虽然实验情景本身非常现实，然而不可控制的因素（在测试广告之外）在两个城市中影响消费者的方式可能不同。比如，在播出广告A的实验城市中，当天冷冻比萨的竞争品牌正开展密集的促销活动，但是在播出广告B的实验城市中，没有相应的竞争品牌促销活动。如果是这样的话，认为广告B比A更具有效性的结论将缺乏内有效性、也不值得相信。

那么广告公司将采用哪种方式呢？从调查结果的全面有效性来看，实验室实验比实地实验更好吗？或正好相反？这没有确定的答案。我们在下一节会看到，众多情景因素影响适合实验方式的选择。而且，之前的讨论和分析都向采用市场实验的调研者提供一个重要讯息：无论你在实验中（实验室或实地实验）已经包含了多少控制和现实性，不能预见或不可控制的情景还是会影响实验结果。在出现这样的情景时，你应该相应地调整你的推论。

8.4 确定采用的实验类型

到目前为止，我们只考虑了实验室和实地实验的有效性。选择实验类型对的其他实际考虑包括：时间、成本、暴露给竞争对手的程度以及操纵的性质。

时间

在实际情景中开展实地实验比在策划情景中开展实验更花时间。实地调研通常需要额外的时间以找出适合实验的地点以及在这些地点推出实验操纵的活动。比如，考虑GFPC情景中的方式二。选择两个相同的测试城市、识别合适的电视节目以便在两个城市同时播出广告、购买每个电视节目的广告时间等都是花费时间的活动。

成本

在成本方面，实验室实验通常比实地实验花费更少。实地实验中需要的大规模操纵以及对结果的监控等大幅度提高成本。以GFPC情景为例，在两个城市购买电视节目的广告时间都会使得方式二显然比方式一更为昂贵。在需要实验的调研中，实验室实验的成本通常只是实地实验成本的一小部分。

暴露给竞争对手的程度

市场实地实验的潜在缺陷是暴露在竞争者面前的危险。实地实验会引来竞争者的监视，他们可能由此免费获得宝贵的洞察观点。竞争者还可以利用改变实验情景（比如显著改善竞争者自己的促销或价格水平）让原先的实验结果无效。显而易见，从实验者的角度看，实验中的竞争性监视和推论都是对自己不利的。

竞争者推论的威胁在市场测试时最大，市场测试（test-marketing）是用于衡量市场对新产品以及相关的营销组合反应的实地实验。对许多消费产品制造商而言，市场测试是在新产品策划过程中、在大规模推出产品之前的正式步骤[8]。但是，在试图获得关于新产品潜在市场影响的洞察观点时，竞争者推论的风险并不意味着必须用实验室实验来取代实地实验。在理解消费者对新产品的反响时，特别在针对主要的技术更新产品时，比如高清晰电视（HDTV）以及电动汽车产品，实验室实验通常不能准确衡量消费者的反响。因为消费者对新产品不熟悉，在实验室情景下，他们对概念性描述或甚至是产品原型的反响仅仅等同于不太可能具有外部有效性的原始猜想[9]。而且，实验室实验不足以复制重要现象，比如消费者不同人群之间的广告扩散，以及制造商广告对批发商和零售商存货决策的影响，这些都会影响销售。

市场测试虽然存在向竞争者暴露的危险，但该方式在某些情景下仍然是最有意义的方式。避免从市场测试结果中得出错误推论的关键在于：在解释实验结果时，必须考虑任何不同寻常的竞争活动。

然而在市场测试期间对竞争性活动作出准确的衡量和解释可能不容易。以下例子说明此点。

现场实例 **麦当劳测试麦比萨** 在加强成人市场地位的努力中，麦当劳公司在印第安纳州埃文斯维尔的24个餐厅中测试比萨产品。如果能成功推出该比萨就可以加强正餐的业务，这是麦当劳公司一直试图努力的。推出的比萨希望能吸引那些一般不会经常光顾麦当劳的家庭和成人。在麦当劳测试麦比萨时，它的主要竞争对手必胜客公司对麦当劳侵入该公司的传统领域的反击是推出买一赠一的促销活动。必胜客公司的电视广告嘲笑麦当劳公司的比萨面团为"麦冷冻（McFronze）"，并声称麦当劳比萨的品质不如必胜客，采用的口号为"不能凑合。快到必胜客享用真正的比萨"。

麦当劳公司的回击是开展强调公司快速服务的大量广告。麦比萨在市场测试中获得大量肯定并在全国部分铺开。但是麦当劳公司在推出麦比萨时，必胜客公司开展的买一赠一的促销活动使得麦比萨的销售不如麦当劳公司经理的预期。麦当劳公司也不可能让比萨的服务非常迅速或在质量上保持一致。全国部分铺开的结果让经理们对在全国推出麦比萨失去信心[10]。

实地调研 8.1

市场测试的例子

KaBloom是马萨诸塞州的鲜花连锁公司，该公司测试在不同地区售货亭中销售鲜花的市场潜力，售货亭战略被视为以最小的成本扩大销售疆界的可能方式。

在俄亥俄州、弗吉尼亚州和得克萨斯州，许多电子公司开展了通过目前的电线线路提供互联网接口的市场测试。在每个家庭采用特殊类型的中压和低压电线，顾客可以不通过电话线或光纤就可以连接互联网。该设施对农村地区的消费者特别有吸引力，因为在当地高速互联网连接的质量和数量是不稳定的。

福特汽车公司希望了解野马车广告战的效果。该广告采用复杂的计算机技术来演示传奇电影人物迈克昆与公司车型和现实中演员的互动。该公司在大量观众中开展该广告的市场测试并获得公司希望的结果：即使年轻观众不知道谁是迈克昆，但他们对福特公司试图传达的超酷的经典形象反响非常好。

快餐连锁公司对营养谱两个极端上的各种产品都开展了市场测试。在营养谱一个极端上，开发的产品用于吸引关注健康的人群。在南加州成功的市场测试，让麦当劳公司在全国推出水果/核桃沙拉品种。在匹兹堡、弗吉尼亚海滩以及波特兰的184家温迪餐厅（Wendy）中开展了配有甜瓜、蜂蜜露瓜、菠萝和葡萄的水果碗开胃菜的市场测试。在营养谱另一个极端上，一些快餐餐厅在开发高热量、高脂肪的产品以吸引18~24岁人群（如Hardee公司的巨兽厚汉堡和汉堡王公司的超级煎蛋卷三明治）。

基于良好的市场测试结果，邓肯甜面圈餐厅的英国母公司——Allied Domecq在联合餐厅——邓肯甜面圈和Baskin-Robbin餐厅中都推出了"联合"形式。接近53%的新餐厅为联合形式。

美国家乐氏公司的子公司——家乐氏（印度）公司在印度的Chennai Tamil Nadu地区测试了"烘烤奶酪饼干"——在美国的俗名为"Cheez-It"。该公司推出"Cheez-It"饼干，按照印度的托盘尺寸改变产品大小，选择百货商店的出售渠道。该公司在良好的市场测试反应后，在全国迅速扩展[a]。

以上例子显示，对市场测试结果的正确解释不仅需要清楚知道竞争者在市场测试期间的反应，而且需要知道竞争者在未来能做什么？

操纵的性质

独立变量的类型以及操纵它们的方式也对选择最适合实验方式有影响。只要策划情景中的操纵是有意义的，实验室实验将比实地实验更适合，特别是考虑给定时间、成本以及前者的保密性优点。比如，在衡量消费者对软饮料不同包装设计、冰激凌添加口味的反应时，实验室实验非常适合。

在操纵似乎是无意义或在实验室情景中难以执行时，实地调研更佳。我们之前已经看到：在衡量对革新产品的潜在市场影响时，因为有意义地刺激受访者是非常困难的，所以无法通过实验室实验来充分衡量。

虽然实验室实验在某些情景下可能有用，某些系统性的改变只有通过实地实验才可以来调查。这些改变在实验室情景中难以复制，例如网站设计、销售人员报酬、销售队伍组织、分销系统结构、价格策略或信用条件的改变。审视任何改变对上述方面（比如销售力量战略）的潜在影响时，所采用的最佳方式是在目前的情景中对某些子部分进行一些改变，然后将这些子部分的表现同没有接受改变的子部分进行比较。

混合方式：模拟市场测试

概括一下实验室和实地实验的优缺点：实验室实验在内部有效性（确定一个独立变量影响的能力）、时间、成本和暴露给竞争对手的程度方面都优于实地实验。而实地实验在外部有效性上（推论的归纳）和操纵的意义性上优于实验室实验。为获得两种方式的优势，同时避免非此即彼的错误，调研者可以采取混合实验方式[11]。混合方式本质上是采用模拟市场测试技术（simulated test-market）来尽可能模拟现实市场条件的实验室方式。几家商业调研机构公司都有专门用于在与现实市场条件类似的环境中开展实验的设施。由位于纽约的全球调研公司——哈里斯互动公司（www.harrisinteractive.com/advantages/marketingsciences.asp）提供的设施称为 Litmus。Litmus 模拟市场测试系统提供新产品或服务推出后的头一年或两年的销售额预测。

模拟市场测试系统并不是完全没有虚伪性。然而几个比较模拟和实际市场实验的调研结果表明，两组结果之间存在中等程度的相关性。在模拟市场中开展的实验在未来可能更普遍，因为这种技术越来越精密，而且这种技术与实验室和实地实验是互补的。比如 GFPC 情景中，在模拟市场中测试广告 A 和广告 B 的相对影响（如同实地调研 8.2 中描述的那样）可能比任一种方式都好。模拟市场测试可以获得广告对销售短期和长期影响的预测（而不仅仅是倾向性）。因此，该技术产生的信息通常比传统实验室方式更丰富和更有用。

现场实例 **虚拟市场测试** 最近，计算机在模拟市场测试中发挥重大作用。印第安纳大学的企业管理教授贝克（Ray Burke）建立了一个虚拟商店来衡量产品如何抓住人们的视线。计算机 3D 图片营造出位于商店内的感觉，在经过商品货架前的感受如同在真实的商店中一样。该商店是互动的：消费者可以从货架上拿起商品并仔细

实地调研 8.2

Litmus模型:模拟市场测试系统(STM)

STM在实际购买情景下测试消费者对产品或服务的反响,观察他们的尝试、重复和使用行为,然后在现实世界中预测结果。STM不是采用优惠券报酬的调查,也不是五点评分标准的自我报告。STM调研的是实际行为。

模拟市场测试将经过仔细挑选的消费者放置在特殊的测试商店中。根据地点调研,该商店配有竞争者的产品以及新的测试产品。在接受新产品广告战和竞争产品的广告战后,消费者用自己的钱购买(真实模拟)。消费者将被询问他们在进入商店前的态度以及他们以下方面的态度:(1)在广告战后;(2)在体验商店后;(3)在使用他们购买的产品或服务后;(4)在持续的重复购买阶段。这些回答数据在Litmus模型产生对尝试、第一和第二次重复、使用频率和其他使用信息的预测。在市场反应测试阶段也提供消费者特征信息、使用者和非使用者人口统计描述以及新产品销量的来源。

因为STM观察消费者的实际行为,它可以采用Litmus模型来制定能创造最大销售额和利润的详细的价格/市场策划。

测试阶段

第一步 事先招募
- 合适的样本
- 电话
- 安全扫描

第二步 背景:习惯和实践
- 安全扫描
- 自我管理的问卷
- 目前行为
- 使用场合和频率
- 特征
- 理想特征和收益的评价
- 人口统计

第三步 暴露在竞争范畴下的真实广告中

第四步 反映BDI/CDI的模拟商店购买(BDI为在特定地区中的品牌销售的相对力度;CDI为地理区域中产品类别的相对力度)

- 符合每个市场需求的货架设置和价格
- 消费者用实际金钱购买

第五步 购买后的询问
- 如何看待广告信息
- 对价格和包装的反映
- 预期的购买和使用
- 根据传递的特点和收益来对竞争品牌评级
- 喜欢/不喜欢

第六步 受访者将产品带回家(访问没有参考/)

第七步 使用后评估
- 电话访问
- 对产品的反响
- 满意/不满意程度(和原因)
- 使用模式
- 对品牌特征的评级
- 态度和行为的重复以及使用衡量[b]

审视，也可以选择他们在实际生活中会购买的物品。虚拟模拟市场测试可以让公司审视消费者对新产品、产品线扩展、价格、包装和产品陈列的反响。虚拟测试可以为市场测试创造出混乱的竞争性环境。比起传统模拟市场测试，计算机模拟市场测试执行起来更迅速。该技术也能够以更低廉的成本收集更详细的购买流程信息[12]。

扫描数据分析

扫描数据是从超市收银台配备的电子扫描器处获得产品销售数据，它可以让包装产品营销者开展复杂的实地实验。几家市场调研公司在代表全国主要市场的地区建立了扫描商店专门小组（panels）。从这些商店获得的数据将通过电子方式传送到中央计算机以供分析和解释。零售商和制造商可以系统操纵市场刺激（比如价格、促销和货架分配）并通过分析参与实验市场的扫描数据来衡量对销售额的影响。信息资源公司（IRI）和 AC 尼尔森公司通过被称为行为扫描的信息系统为营销者提供各种服务[13]。

网络实验

互联网为开展网络实验提供了前所未有的机会。网络实验可以让公司测试广泛的、不同的营销组合，并提供消费者对不同组合反响的统计模型。[14]卡瑞—贝克—奥尔森公司（Karen Becker-Olsen）开展网络实验以测试横幅广告和网站赞助内容的有效性。本调研中，赞助被定义为"在某个活动、事业或时间中的投资（本案例中为网络社区），以便获取可以利用的商业潜力"。在一个市场调研导论性课程中，270 个大学本科生被询问他们如何看待某个虚似信息网络社区的主页。该主页包括横幅广告以及赞助和非赞助的内容。然后让该调研参与者填写问卷以评价每个受访者对网站整体、内容和横幅广告的反应。在填写问卷三个月后，对受访者进行询问以进一步衡量横幅广告和赞助内容的有效性。根据该调研，卡瑞—贝克—奥尔森公司的结论是：虽然横幅广告是销售产品和服务的有效方式，但采用网络销售却有更好的方式。当公司赞助网络内容并在之后安排横幅广告时，可以取得最积极的结果。采用该战略将可以提高受访者对公司和产品服务的良性感觉和态度[15]。

在不同访问中维持其他所有的营销组合变量不变，通过随机将访问者暴露在不同的设计中并跟踪他们在不同时期的购买，可以让公司测试网络设计。虽然网络实验被认为在未来十年会得到提高，但需要牢记的是网络实验只可以从使用互联网的消费者中收集信息。这忽略了美国人口的一部分以及其他国家人口中的大部分。尽管如此，网络专门小组已经变得越来越流行，初步的证据表明，这种专门小组的结果具有一定程度的代表性[16]。

8.5 内部有效性和外部有效性的威胁

我们知道，偏差的存在及其解释（在GFPC情景和横幅广告实验中）可能降低实验结果的有效性。在以下两个情景中，我们将审核威胁内部有效性和外部有效性的某些典型的情况。在你审视这些威胁时，请牢记在每个实验中，这些威胁并不是同时存在。实验的类型（实验室或实地实验）以及数据收集单位的类型（是商店还是消费者）都将对可能出现的严重问题产生影响。

内部有效性

如同我们之前讨论的那样，内部有效性指我们对所操纵的独立变量就是所观察到的因变量变化的唯一原因的确定程度。因此，可能构成实验结果解释的其他（在操纵的独立变量之外）任何条件或事项都是内部有效性的威胁。我们在以下讨论可能降低实验内部有效性的效应：历史、成熟、干扰变量、选择和磨损[17]。

历史效应 历史效应（history effects）指特定的在实验过程中可能影响该因变量的外部事件或事变。历史效应在实验室实验中不是经常遇到的问题。因为在这样的实验中严格控制环境，所以调研者可以很好地预防或至少预见和考虑任何计划操纵之外的任何外在事件或事变。历史效应在实地实验中是一个严重的问题。开展实地实验时，竞争对手营销组合的不寻常变化是最可能发生的历史效应类型。

情景 假定都乐公司希望调研特殊商店陈列对品牌水果罐头销售的影响。它在测试地区选择了一组代表性商店，并在一个月期间内监测都乐公司水果罐头在这些商店的销售情况。然后该公司推出特殊的商品陈列方式并检测下一月的销售。测试商店中都乐公司水果罐头的第一和第二月销售额的差异将揭示特殊陈列方式的影响。但是如果在两个月的实验期间，竞争对手戴尔蒙物公司的水果罐头产品的价格或促销策略显著改变的话，或如果戴尔蒙特公司在该期间发生分销困难且在几个实验商店中缺货的情况下，会发生什么呢？这样的事件即为历史效应，该效应同样也可以解释（或至少部分解释）都乐公司水果罐头销售情况在有特殊陈列和没有特殊陈列情况下的任何销售差别。因此，不应该对这样的实验结果通盘接受。

成熟效应 成熟效应（Maturation Effect）是指在衡量果变量的期间发生的生理的或物理的改变。与历史效应来源于外部实验环境不同，成熟效应来源于实验单位。

情景 一个实验室实验试图衡量本田公司新广告如何影响消费者对本田新车的观点。消费者代表性样本被带到实验室情景中，通过合适的问卷来调查他们目前对本田新车的意见。消费者观看一个小时的电视节目，其中穿插测试广告。接下来，调研者再一次衡量消费者对本田新车的意见。在该实验中受访者有何生理改变吗？答案是肯定的。因为他们中的一些人可能在实验快结束时，已经开始感到饥饿，其他人也许感到疲倦等。如果这样的变化导致受访者只希望"实验早点结束"时，在第二个问卷中所衡量的他们的意见由于成熟效应将是不准确的。

之前测试效应 不管在衡量中发生任何事，一旦实验后半部分消费者的回答受实验前半部分消费者的回答所影响时，就发生**之前测试效应**（pretest effect）。因变量在测试之前和之后的不同结果将不能准确地反映实验操纵的影响，因此降低内部有效性。之前测试效应来源于在测试之前和之后的衡量中保持一致性的倾向（可能是因为任何潜在的原因）或改变的倾向。因为该倾向纯粹为人文现象，在商店开展的实验方式中很少出现影响内在有效性的之前测试效应。

回忆用实验室实验来测试本田车新电视广告的影响。假定我们用 10 分制的评分标准来评价本田车的各种特点（评分标准和制定将在第 9 章讨论），并利用这些分数来测试电视广告曝光之前和之后的消费者意见。在回答第二部分的测试中，受访者可能记得他们在第一部分测试中给本田车每个特征的分数。而且，一些受访者可能给出与第一部分测试中相同的分数，也许是因为希望保持一致。如果是这样的话，两种测试结果之间的差异将不能揭示本田广告对受访者的真实影响。或者另外的情景为，一些受访者在第二部分测试中可能提供不同的分数，不是因为他们对本田车的意见发生改变，而是因为他们不希望在两次测试中提供相同的评分。在上述每一种情况中，结果都会降低内部有效性：之前和之后意见测试中对本田车意见的差异或缺乏差异的原因都不是单纯由本田车的广告所造成的。

工具变化效应 **工具变化效应**（instrument variation effect）是指事前和事后测试之间的差异是基于测试工具的改变或测试果变量程序的改变而发生的偏差。只有在对相同因变量采用多种衡量的实验中，工具变化效应才会成为潜在的内部有效性的威胁。然而，当获取衡量结果的测试单位是商店时，这不会成为问题。换而言之，数据来源于商店（比如销售额、存货周转和品牌份额）的因变量通常为直接的，很少会引起衡量的变形。当然，如果实验中，这些变量的定义或衡量变量的方法确实发生改变时，工具变化效应可能成为一个问题。但是调研者在商店水平衡量时可以避免这种变形，该工具变化效应似乎也不会很严重。

工具变化效应在包含受访者的实验中很可能会是内部有效性的严重威胁。在这样的实验中，因变量不可避免的是飘缈的抽象概念，比如态度、意见、倾向或购买意向。在前面谈到横幅广告测试时，我们对广告效用衡量的有效性提出严重的质疑。在这例子中所有的问题都围绕着衡量，因此容易感染工具变化效应。衡量这样的变量通常需要问卷并需要受访者与访问者之间的互动。问卷的任何改变或事前和事后衡量中访问者的改变都可能导致结果的差异[18]。

选择效应　选择效应（selection effect）是开展实验时采用多个单位组时出现的潜在问题，参与实验各个小组具备不同特征时将产生选择偏差。比如，GFPC例子中提起的实验室和实地实验方式都可以用于测试广告 A 和广告 B 对两组人群的相对效应。假定观看广告 A 的人群主要由大量采购冷冻餐的消费者组成，而观看广告 B 的人群主要由通常只吃家庭烹调餐的消费者组成。也假定收看广告 A 人群中的 40% 表示喜好 GFPC 的冷冻比萨，而收看广告 B 人群中只有 5% 表示喜好 GFPC 的冷冻比萨。这样的结果不能被解释为广告 A 更有效。在喜好上观察到的全部或部分差异可能由于两组人群商品一般喜好的关键差别，而不是实验操纵（两个广告的差别）的结果。因为存在选择效应，在这种情景下的实验的内部有效性可能非常低。

磨损效应　当参与单位退出实验，将导致完成实验的单位组与最先的单位组非常不同，这会引发**磨损效应**（mortality effect）。例如为衡量新型、改良浴缸塞和毛巾清洁剂产品而开展的居家产品测试。为该实验，最初选的样本为目前产品的 100 个使用者。在事前测试访问中，调研者询问参与者阐述他们对浴缸塞和毛巾清洁剂老产品的全面意见，分数为 1～10 分（10 分为最高分数，代表肯定意见）。假定全部 100 个参与者的平均分数为 6 分。参与者接受新改良产品样品，并使用两个月时间。在实验结束时，假定只有 70 个参与者参加了事后测试来衡量对新产品的反映；其他人则谢绝了访问。同样的 10 分制下，假定 70 个参与者的平均评分为 8 分。目前关键的问题是平均意见评分中提高的 2 分是否因为新改良产品，或是因为事前和事后人群的不同。

回答该问题的关键在于同最初参与人群相比，退出人群构成的变化。比如，如果退出的 30 人都对产品持有负面意见，那么事后测试中平均分数为 8 分的结果可能是被膨胀的。换而言之，平均评分的不同并不是新改良产品有效性的真实反映，因为参与者的构成在不同的衡量阶段发生巨大改变。因此出现磨损效应。当然，如果退出的 30 人为随机的，即如果退出人群的特征与因变量没有系统的联系，事前和事后访问人群将只会在规模上不同，而不是在构成上不同。因此，就没有或很少有磨损效应。只有在流失人群导致剩余参与者小组与最初小组显著不同时，才会发生磨损效应。因此，实验者必须在事前和事后访问中收集参与者的关键特征数据（比如人口统计、产品使用、程度、频率）。在实验中发生参与者流失时,这样的数据有助于衡量小组构成是否改变以及如何改变,可以降低得出错误推论的风险。

外部有效性

实验结果的外部有效性是指结果的归纳有效性。我们讨论的各种对内部有效性的威胁也间接影响外部有效性,因为归纳连内部有效性都不符合的实验结果是没有意义的。换而言之,内部有效性可以被视为外部有效性的必要条件,而非充分条件。我们在本节的讨论将注重满足内部有效性之后,达到外部有效性的结论必须符合的条件。我们将看到,即使当内部有效性很高时,在归纳实验结果时仍可能存在的偏差。特别是,我们将讨论以下三个偏差:反应偏差、事前测试操纵互动偏差和非代表性样本偏差[19]。

反应偏差 反应偏差(reactive bias)指参与者由于参与实验而显示出的不正常或不普遍行为。该偏差只出现在包括消费者的实验中,并且很可能发生在参与者知道他们在参与实验时。反应偏差在实验室实验中特别严重,因为人为环境以及实验者对参与者的关注特别容易导致反应偏差。克林格(Fred N. Kerlinger)和李(Howard B. Lee)观察到:"几乎所有的改变、任何额外的关注、任何实验操纵,或即使是没有操纵、但大家都了解是在开展实验时,这些都足以引发调研主体的改变。简单说就是如果我们关注人群,他们就会反应。"[20]

虽然反应偏差更可能发生在实验室实验中,有消费者参与的实地实验也同样可能发生。在第3章中,我们讨论过消费者专门小组,即在某时间段内重复衡量的受访者永久样本。许多实地实验采用消费者专门小组的数据。比如,在衡量某品牌洗涤剂采用50%折扣优惠开展促销战的效果时,我们可以采用比较专门小组成员在促销战之前和之后的洗涤剂购买行为。反应偏差在上述方式中可能成为潜在问题,因为如果专门小组成员知道我们在对他们的购买行为进行检测时,他们的行为可能与正常消费中有所不同。

事前测试操纵互动偏差 事前测试操纵互动偏差(pretest-manipuiation interaction bias)是反应偏差的特殊形式,是在消费者接触实验操纵之前对消费者进行事前衡量所产生的独特偏差。反应偏差来源于整个实验的影响,而事前测试操纵互动偏差来源于事前衡量的影响。当事前测试提高或降低受访者对实验操纵的敏感度时,事前测试操纵互动偏差将增加。

非代表性样本偏差 当实验参与单位不能代表可以从中归纳实验结果的更大规模的单位时,将产生非代表性样本偏差(non-representative-sample bias)。该偏差来源于不正确或不足够的招募单位,它是一个样本选取的问题。当实验中的参与单位样本构成与收集单位整体存在显著差别时，不论内部有效性如何，该实验结果都将缺乏外部有效性。

非代表性样本偏差是网络实验的主要问题。因为网络实验易于吸引有计算机和互联网接口的参与者，而这些选择参与的人群可能与一般大众非常不同。虽然随着时间的推移，越来越多的人开始采用互联网，受访者通过调研公司的网络专门小组招募，该问题的严重性在不断降低，然而在我们能够放心归纳实验结果前仍有很长的工作要做。而且，网络调研（比如之前讨论的横幅广告和实验）只从访问网站的人群中选择受访者时，将产生另一个非代表性样本偏差，因为只有特殊兴趣的人才会访问该特定网站。最近，开展网络实验或调查的公司已经开始从大众性的网站上（比如美国在线）招募受访者，因此最大限度减少了非代表性样本偏差。然而因为在线调研仍只是吸引有互联网接口的人群，所以该偏差不可能完全取消。

非代表性样本偏差对所有类型实验（实验室或实地实验以及包括消费者或商店的实验）都构成外部有效性的潜在威胁。在实验室实验中和包括消费者专门小组的实验中，该问题特别容易出现。风险在于一般大众与那些喜欢参与实验室实验或在专门小组中负责回答重复问题的参与者之间有重大区别[21]。

确定有效性威胁的严重性

之前的两小节讨论了可能降低实验结果内部或外部有效性的各种问题。这些问题尽管不是完全列举，却也反映我们在开展市场实验调研时通常遇到的实际制约[22]。更糟糕的是这些问题之间存在此消彼涨，即减少某问题会加剧其他问题。比如，在事前和事后衡量情景下，我们采用不同问卷（相同内容、不同形式）以试图减少事前测试效应时，将导致工具变化效应。如果只分析完成实验所有阶段的单位数据以试图规避磨损效应，将导致非代表性样本偏差。重要的是，实验者在努力避免对有效性的特定威胁时，也不要忽略可能增加的其他类型威胁。如果潜在问题的数量和类型让你感觉市场实验调研是无能为力时，请不要绝望。首先，在每个市场实验中，不是所有的问题都会很严重。如我们之前讨论的，问题的严重性取决于实验的性质（实验室或实地）以及参与单位的性质（消费者或商店）。表8.1概括了不同环境下最可能出现的对有效性的严重威胁。

其次，虽然调研者不可能消灭某种情景下的某种威胁，他/她仍可以考虑并从实验结果中过滤掉这些因素的影响。

最后，回忆我们在本章开始时的讨论，建立变量之间的结论性因果关系是完全不可能的。因此，市场实验的现实作用不是提供因果联系，而是提高我们在得到因果推论时的信心。根据这个观点，虽然实验调研是不完美的，但是审慎开展实验仍可以提供比描述性调研更富含义和正确的因果观点。

表 8.1 严重威胁实验有效性的环境

威胁类型	可能出现的严重威胁	
	实验	参与者
历史效应	实地实验	消费者或商店
成熟效应	实验室或实地实验	消费者或商店
之前测试效应	实验室或实地实验	消费者
工具改变效应	实验室或实地实验	消费者
选择效应	实验室或实地实验	消费者或商店
磨损效应	实地实验	消费者或商店
反应效应	实验室实验	消费者
事前测试操纵互动偏差	实验室或实地实验	消费者
非代表性样本偏差	实验室或实地实验	消费者或商店

8.6 实验设计

现在我们将讨论几种标准的实验设计（experimental design），它们在市场调研中通常作为因果推论的基础。在我们审视这些设计之前，先将与它们有关的要点列举如下。第一，大多数标准设计可以在实验室或实地实验中采用，可以将消费者或商店作为观察单位。因此，虽然每种设计都有内在缺点，但缺点的严重性却取决于采用该设计的特定范畴（表8.1 指出威胁有效性的严重程度取决于这些特征）。第二，我们讨论的实验设计不是唯一的版本[23]。第三，根据给定情景的独特性以及实验者的天赋，实验中可以通过修改标准设计或从不同设计中借入灵感来制定适合不同情景的设计。换言之，标准设计不是意味着该设计在采用时不能有修改。

我们在本章考察的设计被划分为两类：实验前设计和真实实验设计。我们将采用象征性的标记来描述这些设计并方便对不同设计进行比较：

O　任何在实验调研中对因变量的正式观察或衡量（当实验中包括两个或更多的衡量时，我们将采用 O_1、O_2 等）。

注释：在许多实验中，我们也必须对独立变量进行正式衡量以确定实验操纵的开展符合计划。这样的衡量，称为**操纵审查**（manipulation checks），不会明显地出现在我们看到的设计中，目的是为让设计保持简单明了。

X　参与调研的单位暴露在实验操纵或处理前的程度（当实验中包括两个或更

实地调研 8.3

现代公司为衡量印度农村市场有效性而开展的实验

现代公司采用新奇的战略，不仅测试而且提高了公司品牌在印度农村的知名度。为了与主要村落的首领建立联系，该公司的销售人员给予村落首领现代汽车的独家驾驶测试。第二天，销售代表开着装备有电视屏幕的大篷车返回该村落，在聚集的村民和首领前，用该屏幕演示现代公司的广告。在某些场合，经过独家驾驶测试的村落首脑会趁机对聚集人群宣布他已经决定购买该车。

这样的实验让现代公司可以确定在农村地区销售汽车的最佳方式。该公司识别提高品牌知晓度和汽车销量的最佳方式是瞄准有影响力的村落首脑，这些人通常为舆论领袖，其他人在作出重要决定之前（从婚嫁到大型采购）都征求首脑的看法和意见。这样的实地实验不是传统的、用于了解变量间关系的调研实验，它可以帮助公司衡量新鲜营销技术在农村的有效性。

多的实验处理时，我们将采用 X_1、X_2 等）。

注释：O_s 和 X_s 从左至右的顺序将代表它们出现的时间顺序。

- EG **实验组**（experimental group）是参与实验处理的单位（当实验中包括两个或更多的实验组时，我们将采用 EG_1、EG_2 等）。
- CG **控制组**（control group）是参与实验、但没有暴露在实验处理中的参与单位（当实验中包括两个或更多的控制组时，我们将采用 CG_1，CG_2 等）。
- (R) 用于表示参与调研的单位被随机分派到该组的代号。

事前实验设计

事前实验设计（pre-experimental design）对外部因素实施的控制很有限或没有控制。在作因果推论时，这样的调研同描述性调研差不多。虽然事前实验设计可能导致对因果联系的假定，但在额外的调研之前我们还不能确定地得到因果关系。"事前实验"的标签即强调这样的调研在推导因果关系方面，更像探索性调研，而不是结论性调研。

既然事前实验设计不是真正的实验，那为什么我们要费力讨论它呢？有两个原因。第一，采用事前实验设计的调研通常构成现实世界因果推论的基础，我们需要知道它的局限性以避免只按照表面现象来解释调研结果。第二，与事前实验设计进行比较可以帮助关注真实实验设计的优点。

一组、仅限事后设计　考虑以下两个情景：

情景 A　一家公司在四个市场地区推出人造奶油新品牌产品并采用革命性的促销战。推出后的 2 个月内，该品牌在每个市场至少获得 10% 的份额。该公司管理人员得出结论，革命性的促销战在获得市场份额上发挥了显著作用。

情景 B　美国总统开展电视讲话以争取大众对"公共校园祈祷法案"的支持。对声称收看总统电视讲话观众的电话访问表明，70% 的人赞成该法案。总统的讲话因此被认为对美国大众产生重大影响。

上述每个情景暗示了因果推论。然而，虽然这样的推论从直觉上是可靠的，但是这样的推论却不能被完全相信。为解释原因，我们首先采用之前讨论的标记来描述两种情景基础层面的实验性设计。两种情景都包括"一组、仅限事后"（One-Group, After-Only）设计

$$EG \quad X \quad O$$

一组单位（EG）——情景 A 中的四个测试市场和情景 B 中的总统电视讲话的观众——被暴露给操纵（X）——情景 A 中的新品牌促销战和情景 B 中的总统电视讲话。然后作出单一衡量（O）——情景 A 中新品牌市场份额和情景 B 中对校园祈祷法案的支持度。这样设计的一个明显的问题是缺乏对外部影响因素的控制。换而言之，X 之外的因素也很可能部分或全面影响观察到的结果 O。另一个明显缺陷是缺乏任何客观的标准可以来比较实验结果以便衡量 X 是否影响 O，以及影响的程度。

在情景 A 中，促销战影响品牌市场份额的推论是非常主观的；该结论基于一个假设——没有促销战的话，该品牌市场份额将显著低于 10%。与此类似，在情景 B 中，总统电视讲话的效果来源于主观意见，即如果没有播出电视讲话的话，支持该法案的受访观众将大大低于 70%。根据一组、之后设计实验得到的数据就作出因果推论，它的潜在谬误是明显的，谬误根源在于在真空中解释任何消费者调研数据，这即使不是不可能的，也是非常困难的。比如，如果不知道在电视讲话之前持支持意见的人数，收看总统电视讲话后样本观众的 70% 都支持该祷告法案的数据没有多大意义。

一组、事前和事后　"一组、事前和事后"（One-Group, Before-After Design）是前一设计的改良版本，因为该设计包括事先衡量。该设计的标记为：

$$EG \quad O_1 \quad X \quad O_2$$

事先衡量作为比较事后衡量的基准以便确定实验操纵的影响。本章之前描述

的几个解释对有效性威胁的实验——实验室实验衡量本田车新广告如何影响消费者对本田车的看法；都乐水果罐头公司开展的实地实验衡量特殊产品陈列方式对品牌销售的影响都采用了该设计。如同之前小节讨论所表明的那样，这样的实验都有严重的内部有效性问题，以及某种程度的外部有效性问题。

采用"一组、事前和事后设计"的调研中可能出现的严重潜在有效性问题包括：

- 实验室实验不可避免地包含对消费者的衡量，如衡量本田公司新广告影响的案例：成熟效应、事先测试效应、工具改变效应、反应偏差、事先测试操纵偏差。
- 对于包括商店衡量的实地实验，比如调查都乐公司水果罐头产品特殊陈列方式影响的实验：历史效应和磨损效应。
- 对于包括衡量消费者的实地实验，比如浴缸塞和毛巾清洁剂产品的家庭内部测试：历史效应、事先测试效应、工具改变效应、磨损效应、反应偏差、事先测试操纵偏差。

如果实验调研选择的样本不足以代表单位整体时，上述的每个实验也可能遭受非代表性样本偏差。当然，非代表性样本偏差来源于样本数量不足而且可能在任何实验设计中发生。

概括起来，虽然"一组、事前和事后设计"比"一组、仅限事后"设计要好一些，但前者存在的潜在有效性问题使得该方式类似于事前实验设计。

两组、事后回溯设计 "两组、事后回溯设计"（Two-Group, Ex Post Facto Design）有两组单位：暴露在实验操纵中的单位以及没有接受暴露的单位。这一设计中没有事先衡量，在操纵后对两个组开展衡量。该设计的标记为：

$$EG \quad X \quad O_1$$
$$CG \quad \quad O_2$$

回忆情景 B 中总统"校园祷告法案"讲话有效性的例子。该调研的主要缺点是缺乏可以用于比较调查结果（70%收看讲话的观众都认同该法案）的基准点。假定本调研中开展的电话访问是从大众中随机选取，不限于收看讲话的观众，即也包括没有收看讲话的观众。换而言之，我们假定同时调查那些声称他们收看讲话的观众以及那些声称他们没有收看讲话观众的意见。我们也假定后一人群（没有收看者）中的20%受访者赞成"校园祷告法案"，而70%的收看观众赞成。

上述结果暗示了总统讲话能有效影响大众对"校园祷告法案"的观点吗？这容易诱发肯定答案，因为实验组中的受访者似乎比控制组成员更赞成该法案。然而屈服于这样的诱惑是严重的错误。虽然会寻求和分析实验组和控制组的意见，但关键的一点是小组的划分是自我选择的。换而言之，哪些人属于实验组、哪些人属于控制组是完全根据受访者自己在调研中声称自己是否收看了总统讲话的，而调研者对两个小组的构成没有控制力、因此没有办法确保他们在收看总统讲话之前对"校园祷告法案"持有相同的意见。比如，收看讲话的受访者可能在一开始时就是支持总统的意见（包括"校园祷告法案"）。同样的道理，那些没有收看讲话的大部分受访者可能本来就与总统的意见相左。两个小组在"校园祷告法案"上意见的显著区别注定导致主要的内部有效性威胁——严重的选择效应。

拉丁词汇"事后回溯，ex post facto"的定义为"事实之后"，是该设计的标签，它也注定了该设计的内在缺陷，即 EG 和 CG 的构成在操纵推出之后确定，因此没有办法确保两组人群之前的相似性。当涉及消费者时，与自我选择相关的另外一个问题为：某些消费者会有意或无意地申明他们接受过暴露，而实际上他们没有接受暴露；反之亦然。因此，不能保证 EC 中所有的单位都接受过 X 操纵暴露，以及 CG 中所有的单位都没有接受过 X 操纵暴露。

现在可以理解为什么事后回溯设计是一种事前实验设计了。采用该设计的调研结果仅仅类似于描述性调研中获得的表格联系或数据关联。因为调研者无法控制小组构成，也无法控制实验对象的过度操纵暴露或没有操纵暴露，因此任何因果推论仅仅是基于事后衡量的调研。例如，关于因变量的调研数据为跨表格性质的——无论接受过暴露的单位还是没有接受暴露的单位，完全是来自偶然。仅仅因对象间的联系就得出因果推论是危险的。然而现实中却常常发现仅仅依赖来源于"两组、事后设计"得到的结果就作出因果推论的例子。例如之前讨论的MTV对林肯·派克专辑在美国销售影响的例子。调研者和管理人员都必须审慎对待这样的因果推论。

真实实验设计

与事前实验设计完全不同，**真实实验设计**（true experimental design）完全能控制所有对内部和外部有效性的威胁。当然，能被真实实验设计所中和的各种威胁效应仍然在一定程度上取决于各种威胁的具体情景。尽管如此，真实实验设计在得出确定的因果联系方面通常远远超过事前实验设计。

真实实验设计具备两个关键特点可以控制外部影响：一个或更多的参照组，以及更重要的是在实验组和参照组之间随机分派参与样本单位。**随机分派**（random assignment）是在严格客观的基础上，将为调研选择的样本单位随机分派在各组中，这样可以让小组构成与实验开始前保持一致。基德尔（Louise Kidder）指出：

> 随机分派控制住所有的外在主观变量（样本单位），这些变量是你不需要研究也不希望保持不变的，因为如果这些变量没有变化将限制你调研结果的普遍性。这是真实实验的定义性特征[25]。

因为随机分派是真实实验的关键特征，我们应该将它同另一种经常使用的、用于确保小组相同性的方式——**匹配**（matching）相比较。配对方式下建立的小组在一个或多个特定特征上能保证小组成员构成在小组之间的相似性[26]。假定开展实验室实验以测试新车两条新广告的相对影响，我们将受访者样本分成两组。比如假定受访者收入水平将影响他们对新广告的看法的话，应该建立两个配对小组以确保两个小组具有类似收入分配。由于不同收入水平引起的对两条广告任何不同反应都被排除在各自小组之外。

匹配的潜在局限是小组成员可能在其他关键特征上非常不同。比如，按照收入分配进行匹配的小组可能在兴趣和驾驶习惯等特征上非常不同，这反过来将导致不同的广告效应，因此降低了内部有效性。匹配的另一个缺陷是匹配特征的数据必须是现成的，才可以建立匹配小组。在缺乏这样的数据时，当然不能开展匹配。

与匹配不同，随机分派小组在所有相关特征上是相同的，并没有对任何单一特征的强调。而且，随机分派不需要最初样本中的任何特征数据。在匹配和随机分派之间，后者通常被推荐来建立相同的小组。

严格（strict）随机分派并不总是需要的。在小型实验调研中，首先建立匹配单位组，然后再将每个单位组中的单位随机分派到各组，这是一种更好的策略。比如，在测试销售点品牌蛋糕宣传材料有效性的实地实验中。假定测试区域的八个超市都同意参与该实验。其中的四个商店为实验组，将在销售点展示宣传材料，其余四个商店为控制组。

在该案例中，按照完全的随机方式将四个商店分派到实验组和控制组是有风险的。比如，如果一组当中的四个商店恰好为八个商店中的最大型商店时会怎样呢？或如果四个商店恰好在更为富裕的同一区域时会怎样呢？这里明显的威胁在于，小组构成的偏差将导致选择效应。因此，更好的流程是首先主观建立商店组，这样每个商店组在关键特征上（比如规模和位置）是相同的。该匹配将产生四个小组。现在就可以从每个匹配组中随机选取一个商店并将它分派到其他小组中（实验或控制组中），剩下的商店将被分配到其他小组中。

两组、事前和事后设计（two-group, before-after design） 真实实验设计的一种类型为"两组、事前和事后设计"。该方式标记为：

$$EG \ (R) \quad O_1 \quad X \quad O_2$$
$$CG \ (R) \quad O_3 \quad \quad O_4$$

我们首先审视该设计的一般特征，然后再讨论它的特殊运用。因为在该设计中的调研单位被随机分派到 EG 和 CG 中，因此两组被认为是相等的。换而言之，它们将被同样的外部因素影响并可能经历同样的体验；但是对实验操纵（X）的暴露是唯一例外，因为 EG 中有实验操纵暴露，CG 中没有。因此，CG 之前和事后衡量的差异（即 $O_4 - O_3$）应该可以很好的指明 EG 所经历的所有外部影响。EG 之前和事后衡量的差异（即 $O_2 - O_1$）反映了 X 以及任何外部变量的影响。因此，X 的真实影响为：

$$(O_2 - O_1) - (O_4 - O_3)$$

上述做法完全考虑和中和了所有对有效性的威胁，但不包括磨损效应、反应偏差、测试操纵互动偏差和非代表性样本偏差。

我们现在来学习"两组、事前和事后设计"的三个解释性运用。

实验1 开展实地实验以调研降低价格对某品牌纸巾销售的影响。假定在指定地区的 50 个超市样本被划分为 EG 和 CG，每个组随机分派 25 个商店。在四周的时间段内观测 EG 和 CG 中该品牌纸巾的销售单位，并建立 O_1 和 O_3 衡量。然后在接下来的四周内，该产品的价格在 EG 中降低 10%（推出 X 操纵），同时保持 CG 中价格不变。再次审视该时间段内的单位销售，可以得出 O_2 和 O_4 的衡量。

实验2 开展实地实验以衡量两页宣传页的效果（描述消费无糖软饮料时加糖的有害影响）。从某地区选取 200 个家庭样本。一半的样本随机分配到 EG 中，另一半随机分配到 CG 中。关于通常商品消费行为的问卷将由所有的家庭填写。问卷的一部分是关于各种家庭目前的无糖软饮料消费水平以提供 O_1 和 O_3 衡量。关于一般营养和良好饮食习惯的小册子被留在所有的家庭，只有一样关键不同，即留给 EG 家庭的小册子包括描述食糖对身体有害的两页宣传页，而留给 CG 家庭的小册子没有这样的内容。两个家庭的家长被要求在闲暇时阅读该小册子。在三个月之后，联络这些家庭并要求他们再次填写同样的问卷。通过这个问卷可以获得 O_2 和 O_4 衡量。

实验3 开展实验室实验来确定个人电脑广告（演示产品如何容易使用）将如何影响消费者看待产品的易使用度。为该实验招募了 100 个消费者，并随机分为两组（EG 和 CG）。两个组都回答与各种家电有关的同样问卷。通过该问卷，目前对个人电脑广告的意见由 O_1 和 O_3 衡量。然后在不同的放映室，对 EG 和 CG 提供穿插各种产品广告的一个小时电视节目。测试广告（X）被穿插在 EG 收看的节目中，但不出现在 CG 收看的节目中。因此通过这个问卷可以获得相关的 O_2 和 O_4 衡量。

虽然上述三个实验都采用相同的设计，但有效性威胁和它们的严重程度在实验1、2、3 中有所不同。表 8.2 列举每种实验中的有效性威胁，并分别指明能被设计控制的威胁和不能被控制的威胁。

表 8.2　实验 1,2,3 中的有效性威胁

威胁类型	实验 1	实验 2	实验 3
历史效应	可能发生、但可控制	可能发生、但可控制	不可能发生、被控制
成熟效应	可能发生、但可控制	可能发生、但可控制	可能发生、但可控制
之前测试效应	不可能发生	可能发生、但可控制	可能发生、但可控制
工具改变效应	不可能发生	可能发生、但可控制	可能发生、但可控制
选择效应	不可能发生	不可能发生	可能发生、但可控制
磨损效应	可能发生；是否发生取决于退出单位的性质	可能发生；是否发生取决于退出单位的性质	不可能发生
反应效应	不可能发生	可能发生；如果发生的话，虽然外部有效性降低，但 EG 和 CG 等量将仍保持内部有效性	可能发生；如果发生的话，虽然外部有效性降低，但 EG 和 CG 等量将仍保持内部有效性
事前测试操纵互动偏差	不可能发生	可能发生；如果发生的话，不可控制	可能发生；如果发生的话，不可控制

修改设计　目前考察的标准实验设计并没有穷尽调查变量间因果联系的全部方式，还可以修改标准方式（通过将与特定情景有关的特殊特征和控制包括在内）以适应特定情景的需要。市场调研者经常采用修改设计，如同营销演变公司（Marketing Evolution）在控制市场测试中采用的修改设计一样。实地调研 8.4 描述了营销演变公司采用实验来调研福特公司推出的 2004 F-150 车型的多媒体沟通的有效性。

某些修改设计非常复杂，能在同一个调研中衡量多种操纵处理的影响（比如某产品电视广告的四个版本），或衡量多个独立变量（比如结合两种促销方式的三种不同的价格水平）不同的影响水平。这样的设计有时被称为"统计设计"（statistical designs），因为它们需要某种复杂的数据分析程序以揭示多个独立变量或不同操纵水平的单独影响。

本 章 小 结

实验是在控制条件下，开展调研以审视各种变量间因果联系的活动。在推导一个变量是另一个变量的原因之前必须符合三个条件：(1) 变量出现的时间顺序——如果变量 1 被推断是变量 2 的原因，则变量 1 必须先出现；(2) 联系的证明，两个变量的数据必须显示明确的关联性；(3) 控制其他自变量，考虑影响两个变量和变量相关性的所有外在影响。

开展实验调研的方式有两种：实验室实验和实地实验。实验室实验采用严格控制条件下

实地调研 8.4

福特公司推出的2004 F-150车型：
为调研沟通有效性而开展的多媒体实验

因为认识到消费者可能受到多种市场刺激(比如电视、互联网、移动电话、广播、杂志等)的影响，目前公司都采用所谓的可靠包围策略(surround-sound strategy)。但衡量多媒体广告的影响是困难的工作。福特公司推出2004 F-150车型时，衡量多媒体沟通有效性成为优先考虑事宜。F-150车型是过去22年中最畅销的卡车，但是雪佛兰的Silverado车型和道奇Ram车型却在挑战这一领先优势。为保持领先地位，福特公司以创纪录广告战的方式隆重推出2004 F-150车型。在该广告战的头两个月，福特公司花费6000万美元展开广告，90%用于电视广告。平均结果是：年龄25~49岁的男性在推出后的60天内中看到30次广告。在线广告通过在主要汽车网站采用横幅广告以及"门户路障"(portal roadblock)。门户路障包括在多个网站同时演示广告。在线路障广告加强了F-150车型"男子气概"的形象。福特公司也采用广播、印刷媒体、户外广告和直接邮件来支持该车型的推出。

一家在线市场调研公司——营销演变公司开展了跨媒体最优化调研(XMOS)。XMOS结合时间序列和因素实验设计以隔离不同媒体信息的影响，比如广播和在线广告。在XMOS采用的实验设计中，匹配的市场和广告被用于建立相同的"暴露实验组"和"控制组"。XMOS将广告战的目的转换为调查问题，并利用受访者的回答来定量分析每个品牌的特点。XMOS衡量了三个核心品牌特点：品牌知晓度(有协助和没有协助时)、品牌形象、行动倾向(购买该产品)。另外,XMOS衡量实际的销售额以分析品牌和销售效应。

XMOS通过调查超过10000消费者、按照实验设计将他们划分在不同的暴露实验组来衡量F-150车型广告战的效果。然后,通过将销售数据与态度品牌特点联系起来,XMOS可以隔离不同促销因素的影响,比如杂志广告、在线广告、电视广告。XMOS甚至可以用于审视促销赞助事件的影响,比如在得克萨州赛马会上展示F-150的效果。XMOS采用的复杂实验技术可以衡量促销战中各种因素的分别的和联合的影响。

结果显示,在六个月的广告战中,品牌回忆率增加到26%。在广告战中,公司品牌形象得到显著提升。福特公司F-150车型广告战全盘性地建立了强力品牌。该结果也揭示不同媒体对品牌特征影响的不同。比如,虽然所有类型的广告都显著影响品牌特征,电视广告的效果对所谓的上层特点（如品牌回忆和形象）的影响最大。

营销演变公司通过比较收看广告（实验组）和没有收看广告（控制组）消费者的购买行为,来审视在线广告如何影响销售额增加。结果显示,在实验组中F-150的销售比控制组的销售要高20%。总之,由于在线广告引起的销售增加占据了总销售额的6%[d]。

的人工情景。该方式一般提供更好的内部有效性（确保获得的结果仅仅是因为实验操纵）。实地实验采用自然的情景以及尽可能的控制程度。实验室实验的关键缺陷是在超越实验情景下，实验室实验获得的结果可能不具归纳意义，因此降低了外部有效性。选择具体的实验方式还取决于时间、成本、对竞争的暴露程度以及操纵的性质。

实验内部有效性面临六种威胁：历史效应、成熟效应、事先测试效应、工具改变效应、选择效应和磨损效应。这些威胁也可以间接影响外部有效性，因为根据缺乏内部有效性的结果而进行的归纳是没有意义的。对外部有效性的直接威胁包括反应偏差、事先测试操纵互动偏差以及非代表性样本偏差。

不是所有的内部性和外部性威胁都会出现在每个实验中。在确定威胁的严重程度时，实验室实验或是实地实验，以及观察单位是消费者或是商店，这些因素都会发挥作用。

实验设计的两大类别是事前实验设计和真实实验设计。事前实验设计很少控制、或不能控制外部因素。最不严格的事前实验设计为"一组、仅限事后"设计。该设计不仅缺乏对外部因素的控制，而且没有明显的基础标准以便比较实验结果。

上述设计的改良版本为"一组、事前和事后设计"，该设计用事前衡量的方式提供比较的基准点。但是从采用"一组、事前和事后设计"得到因果推论仍然是风险性的，因为无法控制许多的有效性威胁。

第三种事前实验设计为"两组、事后回溯设计"。该设计提供不受暴露的参照组作为比较实验组的基准。不幸的是，上述两组都是自我选择的、且在实验操纵结束时才建立小组。采用该设计会降低因果推论的可靠程度。采用该设计的调研得到的因果推论最多是尝试性的。

真实实验设计与事前实验设计在两个关键方面不同：（1）真实实验设计有一个或多个控制/参照组；（2）各个实验组和参照组是从最初样本中以随机分派的方式建立的。理论上，随机分派可以确保小组所有特征的相同性，以便排除选择效应。通常采用的真实实验设计为"两组、事前和事后设计"。该设计是可靠的，只有一个内在的主要问题：当涉及消费者时，会产生事前测试操纵互动偏差。

如同我们看到的，调研者希望采用的实验可以采取各种设计组合。总有一种抉择能最佳符合调研客户的要求。

复习讨论题

1. 区分实验室实验和实地实验，指出它们各自的优缺点。
2. 在选择实验室实验和实地实验时，在有效性考虑之外，哪些因素发挥作用？
3. 简要描述模拟市场测试及其优点。
4. "只要调研者非常审慎且保持一致，工具改变偏差将不是问题。"请讨论该观点可能真实的程度。
5. 磨损效应会降低任何外部有效性吗？为什么会或为什么不会？
6. 采用"一组、事前和事后设计"的实验室实验中的外部有效性会比采用相同设计的实地实验外部有效性更高吗？请解释你的答案。
7. "事前实验设计有助于获得变量之间的因果联系的假定。"请讨论该论述。
8. 真实实验设计在哪些方面与事前实验设计相区别？

应用练习

1. 玩具和游戏（Toys&Games）是位于购物中心的玩具商店。玩具和游戏商店在过去五年中的最后一个季度（10—12月）都开展大型的店内促销活动（包括玩具特殊的陈列方式和价格折扣）。每年最后季度的销售总是比之前的任何季度销量都高出25%。因此，该商店的管理人员在认真考虑是否可以至少在其他的一个季度也开展店内促销活动。你会对该经理提出什么建议呢？请根据推导因果联系的三个前提条件来讨论你的答案。开展实验室还是实地实验呢？包括消费者还是商店？回顾我们讨论的内部有效性和外部有效性威胁清单，并指出在该实验中哪些会是严重的威胁而哪些是不太严重的威胁。

2. 一家食品公司为公司的品牌花生酱产品设计新型改良的包装，该包装不仅可以减少垃圾，还可以保持长期新鲜。然而该包装却会将产品价格提高30%。该公司希望衡量新型改良包装盒是否影响以及如何影响花生酱产品的销售。假定一个适合的实验方式以提供所需要的信息。请提供论据支撑你的观点。

3. ABC公司销售系列包装食品。该公司最近在测试新的冷冻比萨。在六个月内该产品在测试区域的冷冻甜点市场中获得5%的份额。根据该结果，该公司决定在全国推出冷冻比萨，因为ABC公司的市场经理认为："新食品在推出后的一年内，一般获得2%~3%的市场份额。"在该情景中暗示了什么样的特定实验设计以及因果推论？你如何来评估所暗示的因果推论的有效性？解释你的答案。

4. 一家零售连锁公司在全国拥有1500家商店。该连锁公司的经理希望测试两种不同的店内特殊促销陈列（X_1和X_2）对不同商店的相对影响。该公司也希望了解是否那些没有开展店内特殊陈列的商店会比开展特殊促销陈列（X_1和X_2）的商店表现更差？请建立和描述适合的真实实验设计以满足该经理的信息需要。

5. 假定你是纳贝斯克公司的营销经理。你非常有兴趣了解消费者如何看待公司饼干和其他品牌产品的差别，以及如果你们公司将价格提高25%时的消费者反应。请设计一个实验来测试公司饼干相对于主要竞争品牌产品的反应。也请设计一个实验来测试价格提高的影响。

互联网练习

1. 登录马萨诸塞州理工大学（MIT）的虚拟消费者商店（mitsloan.mit.eud/vc）并审视该网站提供的各种实验调研。评估其中衡量了哪些独立变量、每个变量内的变化程度和因变量。网络实验的优缺点是什么？

2. 某镇上的一家食品店计划在该镇报纸上刊登全页广告提供双倍或三倍的优惠券，即该商店将按照面值的两到三倍兑现优惠券。该公司目前有一个消费者综合数据库，包括电子邮件。你如何制订网络实验来帮助该食品公司呢？

案例 8.1　宝丽来 I-Zone 相机[1]
(http://www.i-zone.com/izone/index.jsp)

宝丽来公司的新产品开发小组对最新开发的产品感到非常兴奋不已。该产品为口袋式瞬时相机，可以拍摄超小、1～1.5英寸的图像（类似邮票大小的大头贴）。该相机目标市场是青少年，作为他们自我表达的有趣方式：可以用来装饰抽屉、笔记本和其他个人物品；也可以同朋友分享。公司的概念为两种类型：正规的瞬时照片；背面带有粘胶、可以将照片贴在物品上的瞬时照片。开发小组在安排产品概念测试，他们希望产品新版本将很快推出。

宝丽来公司

宝丽来公司是全球瞬时成像的领先公司。作为美国唯一的传统化学瞬时相机的制造商，宝丽来公司向全球市场提供瞬时图片照相机和胶片、数字影像硬件和媒体、识别系统以及太阳镜。基于在全球广泛认知的品牌、全球分销网络以及技术专长，宝丽来公司建立了围绕核心影像业务复兴的增长战略。该公司成功的关键在于不断推出新产品和进行产品线扩展来渗透新的人口市场，比如儿童、青少年和年轻成人。该公司的成功也基于为市场迅速提供新产品以及提高整个过程的效率。

宝丽来公司新产品开发和测试

1999年，宝丽来公司瞄准青少年的个人影像市场开发了瞬时相机和胶片的新产品概念。该口袋型相机的第一个版本"小"（Xiao）在日本与日本玩具公司 Tomy 合作开展地区测试的。作为世界上最小的瞬时相机和胶片，该产品线在2000年进一步扩展并包括大量的色彩新选择。向全球销售的第三个版本也在紧锣密鼓的进行。针对该版本的调研在马塞诸塞州理工大学（MIT）的虚拟客户提议（Virtual Customer Initiative，即 VCI）帮助下开展[2]。

为确定相机新版本最吸引人的特征，该公司也开展额外调研。在产品开发的初期，调研者识别出几个最易被青少年接受的产品特征：照片质量、照相的步骤、照片撤除方式、光线选择方式、封面的格调以及如何打开照相机等。（每个特点不同的选择列举在表 1 中）[3]。调研者也结合了由宝丽来公司 I-Zone 口袋相机小组开展的消费者调研的结果［梅根·迈阿德（Meghan McArdle）在 MIT 的硕士论文主题][4]，在 MIT 斯隆管理学院约翰·豪斯博士（John Hauser）指导下利用 VCI 开展该调研，同时与 MIT 的产品开发创新中心合作。消费者数据通过采用两个平行的数据来收集——一个是购物中心阻截的中央地点访问，另一个是通过专门为该数据收集目的而设计的网站开展网络访问[5]。虽然回应率不同，但基本的管理结论却非常类似。迈阿德和该网络的设计者李穆·威斯伯格（Limor Weisberg）调研那些最受目标市场欢迎的网站。然后他们试图制定能吸引目标市场的新设计。这包括模拟能"演示"产品不同特征的独特性系列：动画效果可以让受访者更好的了解相机使用。该演示设计精巧，可以清晰传达关键使用信息。"照片质量"特征也是真实的挑战。宝丽来公司在梅根和李穆的帮助下开发出最终照片质量演示系统，在网络上也可以很好地演示。

表1 照相机六个特征的不同选择项

产品特征	选择A	选择B
照片质量	好	中等
拍摄照片	1步:按钮照相	2步:选择景色设定,然后按钮照相
移动照片方式	照片自动出来	必须用手工移动照片
光线选择	反馈:必须移动光线设置选择器,直到指示灯亮起,表明最佳光线	3种设置:顺序排列的指示器显示三种不同的设置,无最佳光线提示
色彩格调	可以转变为与外部封皮一致,以获得新格调或封面	固定封面,不可改变
打开相机	必须从镜头前滑过的保护套筒	固定的不覆盖镜头的保护

采用网络技术收集数据是一种有吸引力的调研方式,因为这种方式可以有效加快产品上市的时间,也是衡量新产品不同特征的受欢迎的廉价方式(不需要先做出产品)。然而按照合乎道德的方式接触青少年市场却增加了调研成本和时间。这需要复杂的招募程序以获得父母的同意,同时要确保隐私和安全,因为这些事项都是调研人群高度关注的。因为明显的隐私原因,宝丽来公司产品开发经理特别排除了直接接触青少年的做法。招募青少年是在美国五个购物中心、在青少年由父母陪同的情况下进行的。每个受访者将被提供独特的使用者ID以及密码以登录调研网站和填写问卷。

产品不同特点的受欢迎度可以通过三个技术来衡量。首先,直接比较不同的特征:针对每个测试特征,受访者被要求指明他们最喜欢选择。图1演示与直接比较主题有关的屏幕图像。其次,采用所谓"联合分析"(conjoint analysis)来衡量相机不同选择的组合[6]。这包括向受访者演示产品的两个版本,并要求他们指明自己相对更喜欢的版本。图2演示与联合分析有关的屏幕中的一个图像。总之,受访者被要求指明他们对八组对比的相对喜好。最后,采用拖放主题(drag-and-drop task)。该技术为有趣的互动,受访者可以表达他们真正需要的,完全不受之前两个主题的约束[7]。在拖放主题中,向受访者提供相机的底线推出价格为24.99美元,还提供同整个调研中采用选择相一致的选择清单,然后提供他们可能购买的六种选择清单。受访者通过将相应的图标拖往照相机图标来"购买"他们的选择。图3演示与拖放活动有关的屏幕图像。在受访者完成设计他们自己版本的照相机后,将询问他们是否愿意用自己的钱购买该产品。调研结果核实了特征设置的选择,这包括时髦的设计和可改变的面板。

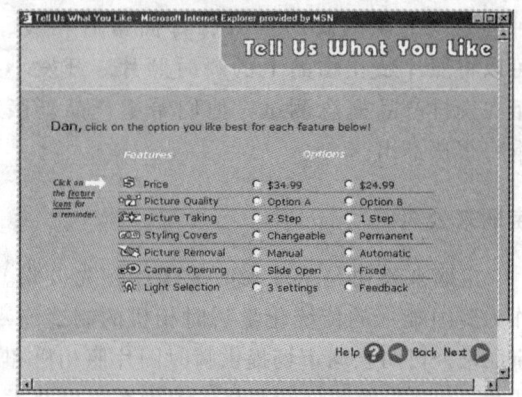

图1 直接比较主题

(The image included in this figure is open-source GNU licensed and can be used freely. GNU lesser General Public License is available at www.mitsloan.mit.edu/vc. Screen shot reprinted with permission from Microsoft Corporation.)

推出I-Zone瞬时口袋照相机

调研结果核实了相机设计中最受欢迎的特征,公司推出了I-Zone瞬时口袋照相机和胶片。新产品的第三个版本在2001年推出,比之前版本更时髦、以客户为本,还配有可变化的面板。该产品售价为24.99美元,提供高品质照片、一步操作程序、手工移动照片、三种灯光选择以及固定覆盖板和开关。

第8章 市场调研中的实验 241

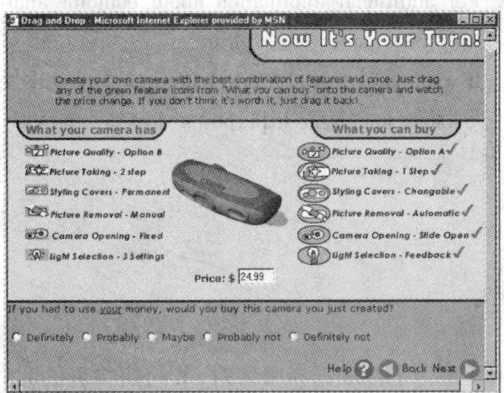

图2 样本联合分析页

(The image included in this figure is open-source GNU licensed and can be used freely. GNU lesser General Public License is available at www. mitsloan. mit. edu/vc. Screen shot reprinted with permission from Microsoft Corporation.)

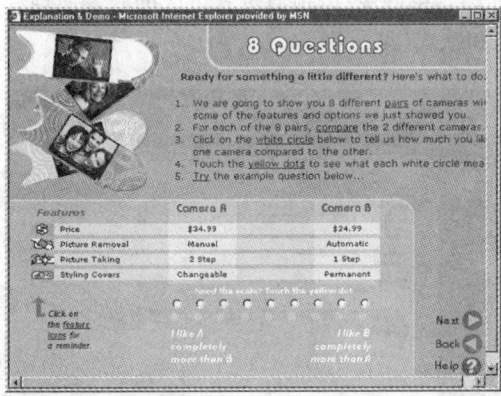

图3 拖放练习

(The image included in this figure is open-source GNU licensed and can be used freely. GNU lesser General Public License is available at www. mitsloan. mit. edu/vc. Screen shot reprinted with permission from Microsoft Corporation.)

案例问题

1. 你认为该调研是实验性调研吗？如果是，请解释你的答案。

2. 识别自变量和因变量。该设计符合推导因果联系的必要条件吗？请为你的观点提供论据。
3. 识别和描述该类型调研中的内部和外部有效性威胁。
4. 采用该市场调研方式的战略意义是什么？

案例注释

1. www. i-zone. com/izone/index. jsp；www. polaroid. com/global/details. jsp？PRODUCT% 3C% 3Eprd_id = 845524441759921&FOLDER% 3CE folder _ id = 2534374302023757&bmUID = 1103233246889&bmLOcale = en _ US. Courtesy of Polaroid Corporation.

2. Focusing on the Internet as a medium, the Virtual Customer Initiative(VC)encourages the development of methods that can be used throughout the product development process to make customer-driven design decisions using techniques like Voice of Customer 9VOC0and conjoint analysis. Additional information about the program is available at www. mitslaon. edu/vc

3. Researchers conducted this analysis based on two sources of information：(1)the new – product development team's rank ordering of a set of 10 initial features in terms of appeal to teen customers and (2) tapes of previous foucs group conducted with teens on the topic.

4. Additional details is available from Meghan P. McArdle(2000) "Internet – based Rapid Customer Feedback foe Design Feature Tradeoff Analysis," submitted to the Sloan School of Management and the Department of Mechanical Engineering in Partial Fulfillment of the Requirement for Degree of Master of Science in Mechanical Engineering at the Massachusetts Institute of Technology, June 2000. Massachusetts Institute of Technology.

5. A demonstration of the exercise can be viewed by accessing and responding to the questions at hh-hp://www.conjoint.mit.edu/demos/camera/PagesUD/logon-demo.html.
6. For additional information about conjoint analysis, see Chapter 15.
7. It was also a test of a novel Internet survey methodology for research purposes.

案例8.2 蓝德公司
(www.landsend.com)

蓝德公司（land's End）是美国领先的目录销售公司之一，年销售额超过13亿美元。该公司针对男性、女性和儿童销售传统风格的休闲衣服、鞋子、配件以及家庭用品。2000年该公司在全球邮寄的全价产品目录为2.69亿份，出口超过185个国家。该公司以提供高质量产品、具竞争力的价格以及无条件产品保证著称，接近3/4的目录订单通过电话，其余订单来自互联网、邮件和传真。

互联网销售的增长

蓝德公司在互联网上的业绩很好，商品销售从1999年的1.38亿美元增加到2000年的2.18亿美元。实际上，www.landsend.com被广泛认为是杰出的购物网站。全美零售联盟（National Retail Federation）认为蓝德公司是最大的在线服装销售商，《财富》杂志[1]根据舒适和购买的便利性，将该网站列入知名购物网站。该网站常年提供蓝德公司全线产品，采用动态、创新的网络购物体验来吸引新顾客，同时为目前的客户提供更好的服务。

个人购物服务

最近的一个创新是"我的个人采购员"（My Personal Shopper，即MPS），这是在2000年11月推出的新举措。与专家个人采购员类似，MPS提供最适合购物者独特喜好的产品建议。开发MPS是为了在线选择服装时，节约购物者的时间和精力，采用的方式为联合分析，是在线零售商中率先采用该技术的企业。

第一步是询问消费者选择男装还是女装。第二步，消费者填写一组个人信息问题（见图1）。第三步，消费者只需要完成简短问卷，在采用五项评分表的六组系列套装中注明他们的喜好（见图2）。第四步：识别消费者讨厌的服装质地、颜色和款式（见图3）。

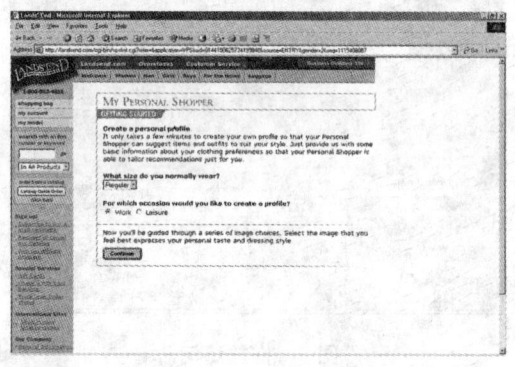

图1 个人信息问题

2005 Land's End Inc. Used with permission. Screen shot reprinted with permission from Microsoft Corporation.

之后将上述信息用于在超过90 000套服装的蓝德公司网站（www.landsend.com）中进行搜索，还可以按照消费者喜好迅速建议最适合的服装（见图4）。从广泛大量的服装产品选择中，消费者可以获得工作和休闲场合适合的服装建议。该分析包括了男性和女性消费者对不同颜色组合、现代和经典款式以及正式程度的喜好。另外,女性可以用腰围、臀围和胸围数据来特别指出她们身材状况。

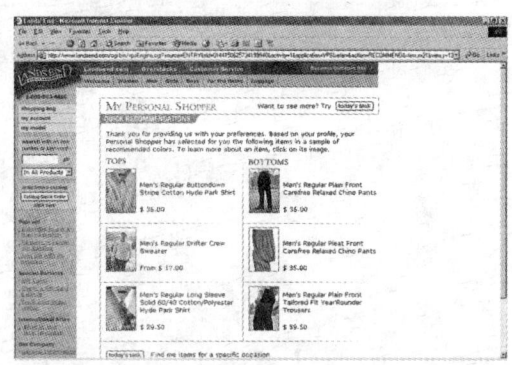

图4　迅速建议

2005 Land's End Inc. Used with permission. Screen shot reprinted with permission from Microsoft Corporation.

案例问题

1. 假定蓝德公司希望衡量 MPS 的有效性。请建立一个真实实验以衡量 MPS 的有效性。蓝德公司还可以采用其他的什么实验方式呢?
2. 在你针对上述问题提出的实验建议中,请识别相应的独立变量和因变量。每个实验中,解释你如何来审视该实验结果以确定 MSP 服务是否向顾客提供价值。
3. 在购买男装和女装的流程中,请衡量个人采购员(MPS)服务涵盖所有重要特征的程度。你认为还应该包括哪些额外的特征?

案例注释

1. It was named by Fortune's Technology Guide for the 2000/2001 holiday season.

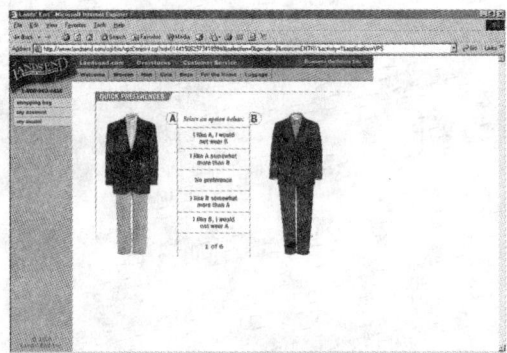

图2　套装喜好

2005 Land's End Inc. Used with permission. Screen shot reprinted with permission from Microsoft Corporation.

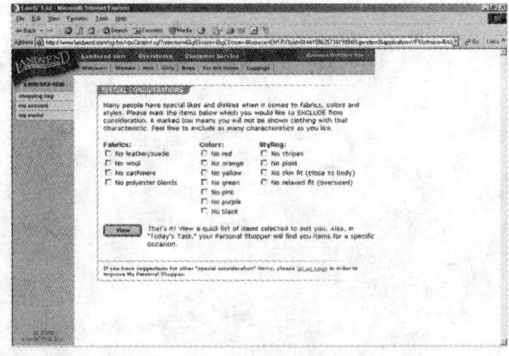

图3　特殊考虑

2005 Land's End Inc. Used with permission. Screen shot reprinted with permission from Microsoft Corporation.

第 3 部分

数据收集：测量手段与抽样

第9章　测量与换算
第10章　问卷设计
第11章　抽样调查基础

第 9 章
测量与换算

本章学习目标 ▶

- [ ] 区分对调研得出数据进行分类的四个测量水平
- [ ] 区分属性、行为变量、信念及态度
- [ ] 描述推测公众态度的五种方法
- [ ] 探讨可能导致量表发生改变的不同维度
- [ ] 应用李克特、语意差别法和中心量表,探讨如何分析并解释通过这些量表所获得的数据
- [ ] 详细说明量表的有效性、可靠性和敏感性

开篇故事

美国最著名的公司[1]

哈里斯互动在线(www.harrisinteractive.com)在美国进行的一项调查显示,强生、3M、可口可乐、宝洁、联合包裹服务、微软和索尼被认为是全国最著名的公司。前十位的公司排名如下表所列:

排名	公司名称	声誉得分
1	强生	79.81
2	3M	79.01
3	可口可乐公司	78.90
4	宝洁	78.26
5	联合包裹服务	78.24
6	微软公司	78.00
7	索尼公司	77.95
8	联邦快递	77.49
9	通用面粉	77.42
10	本田汽车公司	76.15

这项调查基于长期分阶段进行的对超过10 000名参与者(4 063名电话参与,5 975名在线参与)的访问,由此确定了排名前60的公司。之后超过21 000名在线参与者被邀请使用一个七分制的量表来评估一到两家企业的20项属性。平均每家公司有600名参与者从六个不同方面对其进行评估。

- 情感诉求
  1. 对该企业感觉良好
  2. 崇拜和尊重该企业
  3. 信赖该企业
- 产品和服务
  4. 对产品/服务提供支持
  5. 提供高品质的产品/服务

> 6. 研发创新的产品/服务
> 7. 提供物有所值的产品/服务
> - 工作环境
>   8. 管理良好
>   9. 看起来值得为之工作
>   10. 看起来拥有优秀的员工
> - 社会责任
>   11. 支持慈善事业
>   12. 承担环保责任
>   13. 友善对待公众
> - 景愿和领导力
>
> 14. 拥有优异的领导能力
> 15. 对未来有明确的景愿
> 16. 发现并抓住市场机遇
> - 财务表现
>   17. 收益记录
>   18. 看起来是低风险投资
>   19. 强劲的增长前景
>   20. 有超越竞争者的趋势
>
> 以上 20 项得分的总和即为表格中所列的声誉得分。

对排名前列的公司的态度及其本身的声誉进行评估,关键在于运用可靠测量技术。本章重点关注测量或量化顾客对不同类型调查问题的回应,着重突出涉及人们的感觉、看法这类回应信息的处理。测量(measurement)的典型定义是在一组指导方针的基础上将数字与回应联系起来。

将数字与回应联系起来有两个潜在的好处。首先,与非量化回应相比,我们可以更有效及更经济地从大量的样本中总括出量化后的回应。其次,我们可以运用许多数学方法来处理量化后的回应。数据分析的结果可以提供给我们更丰富的认识,这在处理非量化回应时很可能无法发现。然而,抛开这些吸引人的优势不提,用一种容易理解的方式将数字与调查回应联系起来都不是一个简单的任务,在全球市场营销调研中更是困难。

在全球化的研究中,我们需要考虑衡量标准在不同国家间是否具有可比性[2]。很快我们就会发现,由于问卷问题的类型及量化回应时的差异,与之相联系的数字有可能并不具备归类到数学系统中时所需要的所有数学特性。因此,我们需要彻底地理解测量的回应所表达的意思,从而找出合理处理所收集数据的分析方法[3]。下一节里将会详细描述代表量化回应不同水平的四种测量方法以及它们各自的数值特性。

9.1 测量水平

让我们简单回顾一下自然的数字体系,任何一组数字——比如 3、6、9、12、24 和 36——都有其基本属性。首先,这些数字遵循一个排序原则,如 9 大于 3、

12 小于 24，等等。其次，两对数字之间的差数或区间可以进行比较。如 6 与 3 之间的区间同 9 与 6 之间的区间相同；而 36 与 24 之间的区间两倍于 12 与 6 之间的区间，等等。最后，我们可以用一个数除以另一个数，然后用得出的比值结果来比较两个数字之间相关量值的大小。如 6 是 3 的两倍，因为 6/3 = 2；12 是 36 的 1/3，因为 36/3 = 12，等等。我们可以计算和解释数字间的各种比例是因为数字系统有一个特殊的零点。换句话说，数字体系里面所有的要素都是用同一个起始点来衡量的，这就是零。

虽然数字体系的三个特性被认为是理所当然的，但它们在运用定量法分析调查回应的情况下有着特殊的意义，因为并不总是能够用数字来理解量化回应。量化回应属于四种量表之一（或者称为测量表）：类别、顺序、区间和比例，它们的特性各不相同。下面我们将逐一分析。

类别量表的回应

在类别量表上（nominal scale），数字不过是个标签，仅用来区分不同分类的回应。以下举例说明：

你的性别？
1. □ 男性
2. □ 女性

下列哪种媒体最能影响你的购买抉择？
1. □ 电视
2. □ 广播
3. □ 报纸
4. □ 杂志
5. □ 网络

在问题中伴随着这些回应分类出现的数字没有前面所描述的三种属性中的任何一种，它们并不代表任何特殊的排列次序。此外，这些成对数字的间隔和比值也无法表现这些回应的任何本质。这些数字只是名义上的，任何一组数字都可以用来表示回应分类的事实，这就是证明。例如，下面一组数字同样可以用来描述回应：

265　男性　　　　600　电视
575　女性　　　　755　广播
　　　　　　　　 523　报纸
　　　　　　　　 524　杂志
　　　　　　　　 525　网络

在类别量表的回应中唯一可以进行的数学运算是计算属于某个分类的回应的数量。在计算完毕后，我们可以汇报，例如在媒体这个问题上75%的受访者选择了600这个分类。因此600即是众数（mode）——选择频次最高的回应分类。在众数之外再确定任何测量集中趋势（central trend）——在指定范围或分布状态的一组数字中代表"中间"位置的那个数——的做法是不适当的，因为回应的类别只不过是名义量表。

顺序量表的回应

顺序量表（ordinal scale）比类别量表更为强大，它的数字拥有等级顺序这个特性，留心看下面的问题：

在平日你会用多长时间读报纸？
1. □ 少于5分钟
2. □ 5~15分钟
3. □ 15~30分钟
4. □ 30分钟以上

除了作为标记以外，量表值1、2、3和4所指定的回应分类提供了一个阅读报纸时间范围的指引。例如，一个选择分类4的受访者阅读报纸的时间大于选择分类3的人，可是这些数字并未说明前者比后者具体多花多长时间。一个每天阅读15分钟的受访者和另一个每天阅读20分钟的受访者都会选择分类3。因为从量表值中无法推测出准确的阅读时间，它们之间的间隔没有办法进行有效的解释。根据回应分类的特性，任何4个一组的数字都能用来作为量表值，只要它们是从最低到最高，例如上面这个例子中10、15、25、40作为一组量表值与1、2、3、4是等同的。

对于顺序量表的回应来说，测量两种集中趋势是有意义的：众数和**中位数**（median），中位数是所有回应由最低到最高（或由最高到最低）排列时第50个百分点的回应所处的分类。举例来说，关于阅读报纸的问题，回答的分布情况如下：

回应分类	选择该分类的受访者比例
1	40
2	25
3	25
4	10

在这个案例里，众数是分类1，同时中位数是分类2

区间量表的回应

区间量表（interval-scale）拥有顺序量表的所有特性，另外，表值之间的区别也能够体现出来。这个特性使得区间量表的回应比顺序量表的回应更有用。严格地说，态度、看法和偏好此类变量无法被量化为准确的区间量表，然而，下列问题的回应通常被假定成为一个区间量表。

在未来的六个月内你有多大可能会买一辆新车？（请选择最合适的分类）
1. □ 一定不会买
2. □ 很可能不买
3. □ 不太可能买
4. □ 可能会买
5. □ 很可能会买
6. □ 一定会买

在这组回应中量值设定为 1~6（这些数字也可以设为相反的顺序），严格来说，只是形成了一个顺序量表。但当我们假设受访者愿意将相邻的回应分类的区别视为等同时，它们可以被视为区间量表，特别是各个分类用相同的距离自然的分开时。

不幸的是，要证明受访者对于相邻的回应分类的区别在精神上或心理上的感知是相同的非常困难，即使并非不可能。然而，在市场调查实践中，这样的表会比不具有等距特性的表更常见。

除了拥有顺序量表的属性以外，这些数字构成的区间量表可以计算平均数和标准差。**平均数**是许多数字的简单算术平均，而**标准差**（分散性的量化指标）则是这些数字与它们的平均数之间的偏离程度。假设我们想呈现一个有 200 名调查参与者的样本中关于买一辆新车的可能性的问题，左侧表格中体现出我们所获得的回答的分布情况。

回答分类	选择该分类的回应数（百分比）
1	10（5%）
2	10（5%）
3	70（35%）
4	60（30%）
5	20（10%）
6	30（15%）
	200（100%）

这个分布的众数和中位数分别是3和4,平均数是3.8,计算方式如下:

$[(1\times10)+(2\times10)+(3\times70)+(4\times60)+(5\times20)+(6\times30)]/200$
$=(10+20+210+240+100+180)/200$
$=3.80$

因此在1~6的范围里,总体样本中购买偏好的平均数正好是3.8。由于假设测量的单位始终是恒定的,故对于平均数的计算和阐述是合理的。

现在假设我们将同样的问题给予另外200人的样本组——假定这组受访者的收入低于前一组——然后得到如下表中所显示的回答。

回答分类	选择该分类的回应数(百分比)
1	120(60%)
2	40(20%)
3	10(5%)
4	10(5%)
5	10(5%)
6	10(5%)
	200(100%)

与6点数值范围里第一组样本的平均数3.8不同的是,第二组样本的平均数仅仅只有1.9:

$[(1\times120)+(2\times40)+(3\times10)+(4\times10)+(5\times10)+(6\times10)]/200$
$=(120+80+30+40+50+60)/200$
$=1.90$

虽然3.8是1.9的两倍,但我们不能就此说第一组样本中的人对于在六个月内购买一辆新车的可能是第二组样本的两倍。即使测量单位在区间范围内保持不变,但它的起点,或者说0点,是任意的。

在一个区间范围内两个数值的比率也是任意的而且没有有意义的解释,因为它取决于区间的起始点,举例来说,假设我们以数字0~5代替数字1~6来区分六个回答分类。我们仍然能得到一个区间范围,但它有一个不同的起始点。图9.1显示出两个样本组平均数的改变所带来的影响。从图中我们看到样本平均数的比值在范围A中是3.8\1.9=2.0。但在范围B中这个比值是2.8\0.9=3.1。

如图9.1所证明的,区间范围拥有了新的起始点后,第一组样本中的人购买一辆新车的可能性是第二组人的三倍。这个总结明显是可笑而愚蠢的,因为从两组人中获得的回答以及所回答的偏好程度的平均数在表范围内的相关位置没有变。虽然这点并不是显而易见的,但却是非常重要的,因为常常会有很强的诱惑

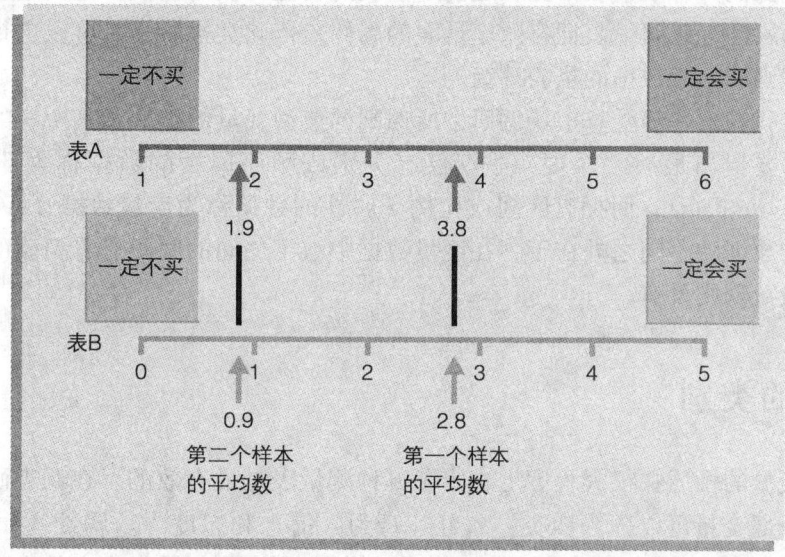

图9.1　区间量表起点设计不同的影响

去计算及解释量化回应之间的比值,虽然它们只是区间范围。例如,你可能听过诸如"使用我们这个品牌产品的用户所获得的满足感两倍于使用其他品牌产品的用户"和"有房产者对于提高财产税的反对程度四倍于租房者"。这样的主张,即便它所依据的数据来源于精心实施的调查,仍是不可信的,因为用来衡量受访者的感觉、意见和其他内在变量的表永远只是区间量表而已。

比例量表的回应

量化的回应所形成的比值范围具有多方面的解析性。**比例量表**(ratio-scale)拥有区间量表的所有属性,同时在这些表中数字的比率拥有富有意义的解释。基于可靠的统计或描述性的特征而得到的数据,如果它们是从开放式的问题中所获得的,那么它们将会拥有比例量表的属性,来看下面的问题:

你的税前年收入是多少?　$＿＿＿＿＿＿
你工作的地方离家多远?　＿＿＿＿＿＿英里

回答这些问题有一个自然的、明确的起始点——0。由于起始点不是像在区间量表中那样任意选取,计算和解释比例就有了意义。举例来说,我们可以说一个年收入40 000美元受访者的收入两倍于年收入20 000美元的受访者。

总的来说,量化后的回应归属于以上四个测量的量表或尺度:类别、顺序、区间或比例。每个量表都拥有之前那些表的属性。换句话说，比例量表拥有区间量表的属性，区间量表拥有顺序量表的属性，依此类推。是否可以进行数据分析和推理则取决于数据的量表等级。

在我们下一步检查市场调研中所遇到的典型变量的类别及其所属的测量表之前还需要指出最后一个要点：仅仅有类别或顺序属性的数据称为**非度量数据**（nonmetric data），而拥有区间或比例子属性的数据称为**度量数据**（metric data）。这两种数据的不同之处在于，在度量数据中数字之间的间距有着精确的意义，而非度量数据则没有。

9.2 变量的类别

变量的性质在很大程度上决定了哪种测量表是最有效的。在调查研究中所遇到的全部变量可以分为四类：属性、行为、信念和态度[4]。**属性**（attribute）是指个人的或人口统计学上的特征，诸如受教育程度、年龄、家庭的大小或是有几个孩子，等等。**行为变量**（behavior variable）涉及一些行为，如去商场的频次，或是杂志读者群活动的参与程度。**信念**（belief）则与认识有关，代表回答者（正确地或不正确地）认为什么是正确的，例如受访者是否相信禁止烟草广告将会降低肺癌致死人数？**态度**（attitude）与信念相似，只是它们还能反映出受访者个人的评判，例如受访者是否觉得应该禁止香烟广告。

虽然信念和态度都属于个人的心理状态，但态度可以被看做是源于一个人拥有的某个信念（或某些信念）。一个人可能认为肺癌是一个大问题，而禁止烟草广告将会降低肺癌死亡人数，这个信念会令他对香烟广告产生消极的态度。而另一个拥有相同信念但同时又强烈认同宪法赋予广告商自由表达权利的人可能会对烟草广告持有中性的（相对于消极的）态度。信念和态度是纠合在一起的，态度正式的定义常常将信念作为其整体的一部分，下面将会接着讨论。

态度这个术语曾有许多定义。在此我们的目的不是为了表述不同种类的定义和讨论它们之间的差异，而主要是回顾适合于度量态度的测量方法，并且从广义上探讨任何可能影响个人行为的内在倾向。幸运的是，表面上看似不同的态度的各种定义间却有着内在的联系。它们都将态度描述为能够影响个人行为的选择并对这些行为保持一贯性的潜在的精神状态。这些共同的思路暗示我们，对态度可以进行更广义的解释。因此，态度衡量评分技术所依赖的基本原则在衡量其他内在变量时也是有用的，例如信念、意见、偏好、动机和购买意向。的确，所有的消费者行为学的教科书都将态度描绘成多方面的，同时由三个部分组成：认知（知识、信念）、情感（爱好、偏好）以及行为（行为倾向、购买意向）[5]。因而，在度量态度时，我们实际上是在度量来自这三个部分的几个内在的变量。

属性和行为变量的相似之处在于他们没有什么不明确的地方，同时比起另外两种类型的变量更容易度量。因此，根据研究者希望的详细程度来选择最适合的表会更容易一些。以受访者收入水平这个属性为例。如果研究者需要可度量的收入数据，他或她可以使用比例量表来测量；换句话说，就是以开放式的收入问题提问。然而，如果研究者对非数字型数据感兴趣（受访者的相对收入水平），度量表也可以是序列的，由关于收入的多项选择问题组成。同样，关于吸烟习惯这个行为变量，按照研究者对信息细节的需要，抽烟的数据可以从一个类别量表中获得（通过询问受访者是否抽烟），也可以从一个顺序量表中获得（通过开放式的问题来确定每天抽烟的数量）。

测量信念和态度就不那么简单了，因为信念和态度更认知化和情绪化而较少实际性。它们比属性和行为更为模糊，定义和精确地测量它们都是很困难的[6]。无法直接观测的变量必须同时从概念性和操作性两方面来定义。例如，从概念上来说，态度可能是对一个刺激体表达喜好或不喜好的一种倾向。而在实际操作中，一个人对于某个零售店的态度可以用下面的方式来测量：此人表示认可的总体程度，从关于这个零售商店各个方面的 20 项评价的总和中得出，每项都用从强烈同意到强烈反对的 5 分制表来表示。

获得无法观察的变量的精确和准确的测量结果，比如信念和态度，通常是困难的。有趣的是，从测量的观点来说，不可观测的变量是典型的既非类别也非比例的变量。它们通常有顺序或区间性质，处于度量测量和非度量测量之间的灰色地带。

9.3 态度测量

态度被广泛认为是行为的一个关键决定因素，虽然一些学者认为行为也能导致态度的改变。举例而言，当一个对于苹果电脑有着温和的正面态度的人购买了一台苹果电脑，随着购买的行为他或她的态度可能会变得更加正面，可能是为了证明购买的合理性。在任何情况下，企业和机构始终对各种顾客的态度感兴趣

例如，通用汽车可能关心客户对它所售汽车的态度、员工对工作环境的感觉、股东对其商业表现的态度。美国联合慈善总会可能想评估公众对于慈善组织总体的态度，特别是对于其自身的态度。那么通用汽车、美国联合慈善总会以及其他组织如何来估量这些相关人士的态度呢？有许多方法可以达到这个目的。然而，在我们讨论这些方法之前应该指出，态度的测量总体而言是间接的。换言之，态度只可以推测出来而不能直接确定。

以下几种可测量的回应能够提供关于人们态度的线索:[7]

1. 在测量中，可以从对一个或一类对象的信念、感受、行为等的自评报告中得出的推论。
2. 在测量中，可以从那些来源于观察某个对象的外在行为而得出的推论。
3. 在测量中，可以从那些来源于个体对与对象相关的局部构建材料的反应或理解中得出的推论
4. 在测量中，可以从那些完成客观任务的表现中（因为态度影响能力）得出的推论。
5. 在测量中，可以从对于对象的生理反应而得出的推论。

这一章的核心在于自评报告，或称之为纸笔测试方法——类别1，因为它们是迄今为止在态度测量中最为广泛使用的方法。然而，我们要先简略回顾一下其他四种方法。

观察公开的行为

我们通常假设一个人对于一个对象的相关行为将会与对它的态度相一致。这个假设得到了经验的证实[8]。态度和行为一致的观念在直觉上似乎是成立的。例如，对于某一个品牌的汽车反感的消费者更可能去买一个竞争品牌的车。如果一个常看电视的人对于某个公司有着负面的印象，在他看到该公司的产品广告时很可能会皱起眉头。通过观察后者来推断前者，这背后的基本原理就是态度和行为之间关系的假设。

当其他的态度测量方法不方便或不可行时，观察公开的行为就变得很有用。举例来说，观察研究可以用来确定非常小的孩子对于各种玩具的态度。小孩子单独或成组地留在装有各组玩具的房间内，他们的行为——他们多久以及热心于各个玩具的程度——可以被观察到。从这些观察中可以推测出这些小孩子对于每种玩具的态度。用单向透视镜来观察焦点人群（如我们在第7章所见）是用来了解人们态度的另外一个方法。

你可能会怀疑，观察行为最多也只能够粗略地评估态度。除了态度之外，其他的一些因素也能影响行为。举例来说，家庭主妇可能会买一个廉价品牌的清洁剂，尽管她对它的态度并不好，因为她喜欢的一个更贵的品牌的产品买不到了。一个讨厌香烟的少年由于受到来自同龄人的压力可能仍然会抽烟。因而单纯从公开的行为来推断态度的有效性可能不太可靠（态度有效性的度量稍后探讨）。此外，这个方法可能会相当费钱，因为这样的工作需要合格的、非常有经验的观测者来完成。

实地调研 9.1

品牌资产的度量

品牌资产是众多近期最为流行的市场营销概念之一。对品牌资产的定义有许多不同的方式，因而也产生了许多测量它的方法。实践者和理论家似乎都同意品牌资产代表着品牌给予产品的"附加值"。这种附加值可以用不同的手段来测量，如以下三个例子所述：

哈里斯互动在2004年秋季开展的EquiTrend在线调查

哈里斯互动(www.harrisinteractive.com)让它的在线调查参与者去评估35个类别的1031个品牌，每一位评估20个核心品牌和60个从1031个品牌中随机选择的品牌。总计有24046名15岁以上的消费者参与了这个调查。EquiTrend的资产得分是由消费者从5个不同的表——熟悉程度、质量、购买意向、品牌期望、独特性——评估得出的复合得分。每一个表都有它自己的评分格式。例如质量是用10分制来测量的，0分代表非常糟糕的质量，5分代表不错的质量，8分或以上代表"世界级的水平"，下面的表格汇总了2004 EquiTrend十大网络品牌的调查结果。

品牌宝典顾客忠诚指数

品牌宝典(www.brandkeys.com)，位于纽约的一家市场调研公司，常使用不同的方式来测量品牌资产。在品牌宝典的主席Robert Passikoff看来，顾客忠诚度是品牌价值的一个重要测量方法，同时也是一个好的品牌资产指示器。忠诚指数源自检验顾客与32类203个品牌的关系。具体而言，公司辨别并获得对关键驱动的评价，这些驱动将顾客和他们在每类中最喜欢的品牌结合在一起。这些驱动包括对品牌满意度的测量、竞争品牌的评估、品牌购买趋向，等等。根据品牌宝典2004年的调查，地域性品牌新百伦(位于波士顿)和Skechers(位于曼哈顿海滩，加利福尼亚)在竞争激烈的市场中表现十分出色，在运动鞋的细分市场上，两者的品牌价值交替领先。与其他较为出名的品牌相比，其出众的保持忠诚客户的能力才是他们成功的秘诀所在。

EquiTrend 网络十大品牌（从本类42个品牌中选出）							
品牌	排名	品牌资产	质量	熟悉程度	购买意向	品牌期望	独特性
谷歌	1	69.3	7.43	85	8.23	7.44	6.65
雅虎	2	68.0	7.20	93	7.98	7.07	6.36
微软	3	63.2	6.88	88	6.42	6.42	6.22
历史频道	4	62.7	7.20	79	6.97	6.97	6.59
巴诺书店	5	61.8	7.03	75	6.69	6.69	5.79
贺曼贺卡公司	6	61.6	7.14	68	6.85	6.85	5.91
亚马逊网上书店	7	61.5	6.94	77	6.69	6.69	6.33
发现频道	8	60.7	7.11	62	6.97	6.97	6.18
eBay	9	60.3	6.89	85	6.24	6.24	6.97
百思买	10	59.9	6.76	78	6.41	6.41	5.53

值得注意的是，虽然新百伦和Skechers可能在忠诚度上得分很高，但因为相对于其著名的竞争对手，它们只有较小的市场份额，很可能无法在熟悉度上得到高分。因此，它们在EquiTrend评估中得出的品牌资产结果上也一样排名不高。耐克和锐步由于更高的流行性和熟悉程度（EquiTrend的评估的一个核心部分）会在EquiTrend的评估中得分更高一些。

Interbrand 的品牌评估

Interbrand (www.interbrand.com)是一个提供多种中介服务的公司(www.dasglobal.com)，属于Omnicom集团旗下，以品牌评估见长。根据公开的资料，Interbrand首先搜集某个品牌的产品或者服务的总收入，并且预测未来五年的预期收入。之后估计能够直接归结于品牌因素所获得的收入的百分比。这个百分比的估计是基于与许多因素有关的数据。例如品牌认知度和品牌偏好。最终，Interbrand基于品牌强势情况评估得出该品牌的一个"风险预测"，然后用它来估计该品牌贴现后的价值。品牌强势自身就是一个反映一系列因素的混合测量标准，这些因素包括品牌的市场状况、稳定性、领导力、趋势、支持和保护。品牌越强势，折扣比率越低，反之亦然。下面的表格列出了Interbrand 2002、2003、2004年的十大品牌。

许多研究人员和业内人士还在继续忙于和资产评估相关的论题。品牌资产的意义和度量取决于它的用途和它在决策过程中的实用性[a]。

Interbrand 十大品牌		
2002	2004	2003
可口可乐(696.4亿)	可口可乐(704.5亿)	可口可乐(674亿)
微软(640.9亿)	微软(651.7亿)	微软(613.7亿)
IBM(511.9亿)	IBM(517.7亿)	IBM(537.9亿)
通用(413.1亿)	通用(423.4亿)	通用(441.1亿)
英特尔(308.6亿)	英特尔(311.1亿)	英特尔(335亿)
诺基亚(299.7亿)	诺基亚(294.4亿)	迪斯尼(271.1亿)
迪斯尼(292.6亿)	迪斯尼(280.4亿)	麦当劳(250亿)
麦当劳(263.7亿)	麦当劳(247亿)	英特尔(335亿)
万宝路(241.5亿)	万宝路(221.8亿)	丰田(226.7亿)
梅塞得斯(210.1亿)	梅塞得斯(213.7亿)	万宝路(221.3亿)

对局部结构性刺激的反应分析

如同名称中所暗示的，局部结构性刺激的反应分析是让参与者以某些方式对一个不完整的、含糊的刺激作出反应或者描述。所获得的回答由经过训练的专家进行分析，从而展现出参与者的态度。其原理是，一个人对于某个事物或者由一个含糊的刺激所描述的情况的回应，实际上取决于他或她的态度。在第7章中我们曾分析过的各种投射技术——单词关联测试、完成句子测试、TAT（主题领悟测试）、卡通测试——这些例子都是局部结构性刺激的方法。因此，这些技巧可以用来推断态度。投射技术的优势和缺点以及应用说明我们已经在第7章讨论过了，在此不再重复。

评估目标任务中的表现

评估目标任务中的表现时，参与者被要求达成一项客观、明确的任务。事后对他们的表现进行分析以推断他们的态度。设想一下一个农村社区对于吸引制造业企业落户本地的态度。以下是使用目标任务表现法来测量该社区对于工业化的态度的方法。一群有代表性的居民被要求仔细阅读（甚至记下来）一篇包含许多事实和数字、同时对于农村社区工业化的正面和反面作用表达了平衡的观点的文章。过一段时间，再来对参与者进行关于文章内容的测试。他们所记得的那部分文章，以及他们对文章的熟悉程度将为明确整个社区对于工业化的态度提供线索。举例来说，如果大量与工业化有关的负面信息存留在记忆中，就表明对于进一步工业化持否定态度。

我们在第6章所讨论的结构化、伪装的问卷也属于目标任务表现法。这个方法的一个主要缺点在于很难建立合适的目标任务并对这些任务的表现给予有意义的解释说明。

监测生理反应

监测生理反应的基础假定是，一个人对于外界刺激的情绪反应和相应的生理变化是相互对应的。举例来说，害怕或者忧虑的感觉可能导致生理上的一些反应，比如颤抖、出汗和心跳加速。像电疗皮肤反应仪（GSR）（测量由于出汗量变化而导致的皮肤表面电阻的变化）和瞳孔测量仪（测量在视觉刺激下瞳孔扩张的程度）这样的机械和电子设备现在可以用来测量生理反应从而推断内在的情绪。其他的生理测量手段包括眼球追踪器、潜在反应测量（例如VOPAN），我们已经在第6章机械性观察方法中讨论过。

但是生理测量存在一个严重的缺点，因为它们测量的仅仅是情绪的觉醒而不是态度。生理测量本身无法说明觉醒是否来源于一个正面或负面的情绪。举例而言，一名对测试广告不胜其烦的受测者和一名对其十分感兴趣的受测者对广告本身的关注是相同的，从而瞳孔测量仪上显示出同样的瞳孔扩大。因此生理反应测量只能作营销手法如产品广告和包装注意力或刺激性潜力的测量手段。

有一家名为国际感知研究服务、以眼球追踪技术为基础的专注于生理测量的市场调查公司，以下内容摘自一本描述该公司服务的小册子，强调了单纯基于生理测量来推断态度是不适当的：

> 眼球追踪是对于传统的问答数据收集法的一个补充，而不是代替。眼球追踪对于沟通过程的两个阶段提供了指引：
> - 注意力
> - 卷入性
>
> 为了检验余下的维度，揭示意见、态度和倾向是必须的，它们反映了这些材料对于品牌是否产生了有利的感想，是否促进了试用或者使用[9]。

越来越多的组织认识到在产品的整个生命周期里评估顾客体验的重要性。测量这些体验需要探索一系列不同的领域，参见实地调研9.2。

态度的自我报告式测量

之前曾提到，态度只可以被推断，而无法直接观察到或测量到。然而自我报告测量比起其他四种方法更直截了当一点。在这种方法中，研究者会询问受访者一切他们感兴趣的且与态度直接相关的问题。这些问题同时出现在典型的量表中，让受访者在表格上选择最能够反映他们的感觉的合适位置[10]。

9.4 在自我报告式测量中使用量表

量表可以用各种物理形式来表现。有几个关键因素会影响量表及其数据的性质：图形或列举量表、可比或不可比评估、强制性或非强制性回应选项、平衡或不平衡的回应选项、标签化与非标签化的回应选项、量表的刻度数量、获得的数据的测量等级。我们将使用一个假定的情景——eBay公司的管理层想要了解全体顾客对于eBay的态度——来简要地讨论其中每一个因素。

图形量表与列举量表

图形量表（graphic rating scale）表现为一个连续体，以一条直线的形式，表达一个理论上可能是无限的数字排列。图形量表的基本原理是发现态度上细微的不同。一个真实或者纯正的图形量表与下面的问题相似：

在下面的线上选择合适的位置来表明您对eBay的总体看法

非常糟糕   非常好

实地调研 9.2

品牌资产的度量

越来越多组织机构试图通过测量顾客体验来建立一个以顾客为本的策略。以下就是Symmetrics市场营销公司首席运营官Bruce Corner对于顾客关系管理的一些看法：

与潜在客户和顾客建立及管理好关系是一项困难的工作。它需要一个包含整个客户生命周期的全面的战略，从吸引"正确"的那部分潜在客户，到传递品牌信誉再到流失管理。生命周期的每个阶段（例如吸引、销售效果、忠诚度管理、流失管理）都需要有效的度量形式以引导经理们履行他们最重要的责任——合理分配资源以取得股东价值最大化的结果。

我们在生命周期中如何把握顾客体验呢？

吸引的测量

- 品牌识别
- 品牌回想
- 品牌独特性
- 品牌个性
- 品牌的感官价值
- 对品牌的感觉

销售效果的测量

- 利润表
- 品牌优势和公司产品间的匹配——对于目标的规划和促进
- 顾客生命周期价值
- 顾客层面的投资回报率
- 顾客获得率
- 高价值客户份额

忠诚度管理测量

- 对品牌的态度
- 关系深度
- 钱夹份额（渗透率）
- 来自回头客户的消费
- 单客户户头数
- 实际购买习惯
- 顾客间的层级移动
- 顾客保持力/周转率/保有期

顾客流失管理

- 背弃的原因

测量顾客体验的最终目标是获得、保持和发展最有价值的客户。只有测量顾客体验的所有方面公司才有可能制定出成功的顾客关系策略。这说明，测量很重要[b]。

为了量化这个问题的回答，我们测量线上从最左边到回答点的实际距离；距离越大，对 eBay 的态度就越满意。

运用图形量表的一个潜在困难是需要大量时间来编码和分析，因为我们必须先在表上为每个回答测量实际距离。更严重的缺陷是：回答者可能无法准确理解态度上细微的不同，更别提将他们的理解正确转化为可测量的实际距离。换而言之，尽管图形量表在理论上有助于对态度的正确测量，但在实际运用中是否有意义则存在争议。总而言之，图形量表（至少是纯理论这种）在市场调研中并不被广泛运用。

列举量表（itemized raing scale）设置了一系列不同的选项；任何对选项的不同态度的建议都是暗示性的，最基本的表现形式是多项式问题。以下例子说明了列举量表的典型方式：

请在下面的选项中选择一个项来表明您对 eBay 的总体看法。

非常糟糕	差	一般	好	非常好
□	□	□	□	□
1	2	3	4	5

以下哪一项最能描述您对 ebay 的总体看法？

极差	差	一般	好	非常好	棒极
□	□	□	□	□	□

列举量表尽管没有图形量表那么精练，但更容易回答，且从回答者的角度看更有意义。此外，对第一手资料的编码和分析更少费周折。可以想象，列举量表比图形量表的运用更广泛。

为了获得两种量表的好处，我们还可以运用一种综合方式。下面的表说明了这种方式。

请在下面最能总结您的感觉的选项上标√的记号，来表明您对 eBay 的总体看法。

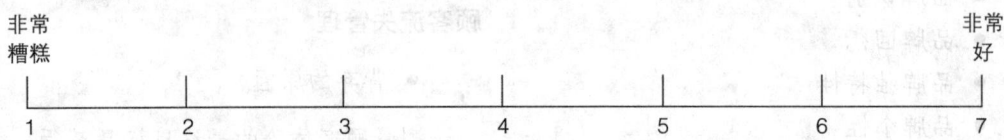

该量表与图形量表很相似，原因是水平线代表一个连续体。尽管如此，该表有一套不同的应答项。

对比式评价与非对比式评价

请比较前一节的问题和下面的两道问题。

与其他拍卖网站相比，您对 eBay 的总体看法如何？

差很远	较差	差不多	更好	好很多
□	□	□	□	□

将以下排序，将 1 填在您认为总体最好的拍卖网站旁边，将 2 填在您认为第

二好的旁边，依此类推。

  雅虎！拍卖网站　　_____
  Amazon.com 拍卖网站　_____
  Bidz.com 拍卖网站　　_____
  eBay　　　　　　　　_____
  uBid　　　　　　　　_____

  两道题的主要不同点是第二道问题明确要求回答者将 eBay 与其他拍卖网站比较。第一道问题要求绝对的或非对比式的评价，而第二道题要求相对的或对比式的评价。哪一种量表更好呢？只能"看情况而定"，没有其他绝对的答案。

  对比式量表（comparative rating scale）为所有回答者提供一个通用的参考框架。与此相反，**非对比式量表**（noncomparative rating scale）允许回答者使用任何参考框架，甚至不使用参考框架。对比式评价，通过通用的参考框架，使得调研人员能够确信所有回答者是在回答相同的问题。尽管如此，在测量态度的情况下，调研人员设想的标准参考框架可能无法对所有回答者产生意义（一些回答者可能不理解上述对比标准）。在这种情况下，对比式量表的真实性可能值得怀疑。

  因此，对比式与非对比式两种方式的选择必须视具体情况而定。调研人员应根据潜在回答者的特点及其对评价所要获得的对象——态度的经验范围，来决定哪一种方式更合适。

迫选式与非迫选式选项

  迫选式表（forced-choice scale）没有为回答者提供可以表达中立态度的选择。**非迫选式表**（nonforced-choice scale）则为回答者提供可以表达中立态度的选择。以下问题含有非迫选式表。

  请从以下选项中选出可以表明您对 ebay 总体看法的一项。

极差	差	一般	好	非常好
☐	☐	☐	☐	☐
1	2	3	4	5

  与其他拍卖网站相比，您对 eBay 的总体看法如何？

差很远	较差	差不多	更好	好很多
☐	☐	☐	☐	☐

  总体看来，带奇数选项的列举量表会有一个中立的位置，表现为位于中间的选项（可能出现的例外是后面将讨论的带不平衡应答项的表）。同理，带偶数选项的表将迫使回答者选择明确的立场——表上积极或消极的一边，正如下面的问

题所描述：

以下哪一项最能描述您对 ebay 的总体看法？

非常糟糕 　　　　　　　　　　　　　　　　　　　　　　　　　非常好
　□　　　　□　　　　□　　　　□　　　　□　　　　□
　1　　　　 2　　　　 3　　　　 4　　　　 5　　　　 6

与其他拍卖网站相比，您对 ebay 的总体看法如何？

差很远　　　　较差　　　　更好　　　　好很多
　□　　　　　□　　　　　□　　　　　□

迫选式选项的表是否比非迫选式选项的表更好？这个问题并没有明确的答案。直观地讲，明智的选择是通过奇数应答项中加入中立的立场，来适应对主题没有明确态度的回答者。尽管如此，即使提供奇数选项，并在中间加入中立选项，可能也无法保证表不对回答者产生逼迫感，或者调研人员应单独添加一个"不适合"或"没有意见"的选项。从表面上看，带奇数选项的表比那些带偶数选项的表运用更广泛。但中立的位置可能诱使一些回答者作出虚假回答，尤其是那些不愿透露真实回答的人。因此，在以下情况下值得考虑运用带偶数选项的表：很少回答者对所研究的主题有中立态度。正如在对比式与非对比式评分表中，我们在仔细考虑具体情况的特征后，必须在迫选式与非迫选式方式中作出选择[11]。

平衡选项与非平衡选项

平衡与非平衡的维度与设计列举量表密切相关。**在平衡表**（balanced scale）中，积极、赞成的选项与消极的、不赞成的选项数量一样多，如下面问题所示：

请从以下选项中选出可以表明您对 eBay 总体看法的一项。

极差　　　　差　　　　一般　　　　好　　　　非常好
　□　　　　□　　　　□　　　　□　　　　□
　1　　　　 2　　　　 3　　　　 4　　　　 5

与其他拍卖网站相比，您对 eBay 的总体看法如何？

差很远　　　较差　　　差不多　　　更好　　　好很多
　□　　　　□　　　　□　　　　□　　　　□

总体上看来，列举量表必须保持平衡，以减少回答偏差。

一个例外的情况是：回答者的真实态度可能明显偏向一面，积极或消极。在这种情况下，我们应当运用非平衡表，该表在大多数回答样本的态度偏向的那一边应设置更多应答项。例如，如果量表是用来确定各种汽车特征影响最终购买力的重要性，回答者对重要性较低那端的选项的采纳可能没重要性较高那端的选项自如。这种情况下若使用平衡式量表会使大多数回答落入表一端上的少数选项。这样的表将丧失灵敏性（表的灵敏性将在后面描述）。以下问题描述了一个非平衡量表：调研者已经预见到回答者对 eBay 的看法显然是正面的。

请从以下选项中选出可以表明您对 eBay 总体看法的一项。

极差	差	一般	好	非常好	棒极
☐	☐	☐	☐	☐	☐

标记选项与非标记选项

量表通常都有一对**锚点标签**（anchor label），来界定其两个端点。但调研人员在作出以下决定时有很多限制：采用一个还是多个中间标签，标签应采用词语形式、数量形式还是两种都采用。

如何确定表中使用的标签数量和类型并无规则可循。直观地讲，为中间选项设计一个既简单又合适的标签是很困难的，让该选项的标签留白总好过编造一个不合适的标签。为说明这点，请看下题：

请在下面最能总结您的感觉的选项上标 ✓ 的记号，来表明您对 eBay 的总体看法。

非常糟糕									非常好
☐	☐	☐	☐	☐	☐	☐	☐	☐	☐
1	**2**	**3**	**4**	**5**	**6**	**7**	**8**	**9**	**10**

为本题中没有标记的选项设计有意义的文字标签十分困难，几乎不可能。因此，最好的方法就是不为这些选项设计文字标签。此外，当调研人员准备将应答项视为区间量表时（大概与本题相同），不恰当文字标签的使用会使调研人员对区间数据的依据感到疑惑[12]。根据一个关于选项标签影响的研究，即使像"相当糟糕"与"相当好"、"高兴"与"不高兴"之类的标签在不同回答者看来与中间点的距离都是相等的[13]。因此，当定量评价是为了获得区间量表特征（这对后面章节所讨论的统计学分析技巧十分必要）时，我们应慎用文字标签。

尽管数字标签比文字标签更容易设计，我们还是应谨慎地运用和理解。在量表上标数字，有助于让回答者认识到相邻选择是等距的。但这也隐藏着一个危险，尽管表类别已有文字标签，说明这只是一个顺序量表的信息，但标出这类表的类别数字会导致调研人员将其错误理解为区间数据，而它们实际上只不过是顺序数据。

另一个决定是否运用文字标签、数字或两者同时的考虑因素是最终调研报告的潜在听众。例如，假设调研报告是为 eBay 的经理们准备的，我们可以考虑将以下两种可供选择的衡量办法加入一份关于客户的调研：

请在下面最能总结您的感觉的选项上标✓的记号，来表明您对 eBay 的总体看法。

非常糟糕   **非常好**

☐   ☐   ☐   ☐   ☐   ☐   ☐   ☐   ☐   ☐

1   2   3   4   5   6   7   8   9   10

请从以下选项中选出最能表明您对 eBay 总体看法的一项。

差   **一般**   **好**   **非常好**   **棒极**

☐   ☐   ☐   ☐   ☐

现在让我们来看看如何为经理们总结这些量表所产生的结果。若运用第一种量表，我们的结论大概如下："在 1～10 的表上（从'非常糟糕'至'非常好'），eBay 的大部分客户评价为 6.8。"若运用第二种量表，我们的结论大概如下："在调查的客户中，20% 评价 eBay 为'棒极'，40% 评价其为'非常好'，30% 评价其为'好'，5% 评价其为'一般'，另外 5% 评价其为'差'。直观地说，后一个结论比前一个更能为经理们提供信息。因此，与看似更精确的、选项更多的表相比，选项数量较少的、带文字标签的表通常可能更恰当"。

在各种不同的国际市场中进行调研活动，我们应确保问卷（表达相同意思的选项标签）在语言和文化上保持一致性。调研人员发现以下现象：在九个欧洲国家和五个亚洲国家中，使用"完全满意"代替"非常满意"（与此类似，在表的一端使用"完全不满"代替"非常不满"）能产生更可信的结论[14]。

选项标签的最后一点注意事项：尽管我们主要讨论文字和数字标签，但其他诸如图形标签之类的标签同样可以用来帮助回答者理解选项和加以区分。图形标签在调研样本为儿童或阅读能力较差人员的情况下作用尤其大，例如，图 9.2 的例子是一间市场调研公司为调查儿童对广告的反应，而在表中运用图形标签。

量表点阵的数量

在量表中所使用的点阵或选项的数量是另一个没有严格标准的领域。尽管如此，在多数调研中运用的量表通常有 5～9 个选项。理论上，量表点阵的数量增加会使测量更精确。当然，如果回答者无法正确识别所要测量的内容，那么量表即使有很多点阵也没有任何意义。因此，在决定量表点阵数量时，我们应考虑变量的性质和潜在回答者的能力。

运用对目标群体有意义的量表至关重要。这种考虑在国际市场调研中更为重要。一位进行满意度调查的调研人员发现，德国人对 1～6 的量表最熟悉，其中，1 表示"完全满意"，6 表示"完全不满"；日本人最熟悉 100 点的表。此外，调研人员发现德国人提供的评价总是比意大利人低。而且，与西班牙人的评价相

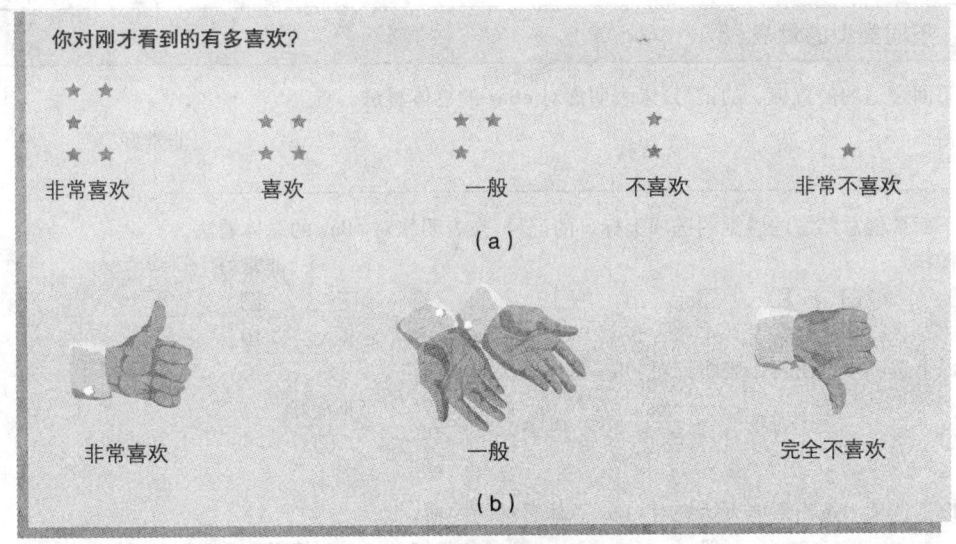

图 9.2　图形标签的量表

比，意大利人将每个属性评价得更重要[15]。法国人对"有点满意"这种评价的满意度比英国人高，对英国人来说该选项表示一种较冷淡的回答[16]。在近期的调研中，调研人员发现满意度选项标签的意思变化及评价变化来源于客户特点的差异[17]。另一个应考虑的因素：变量的测量是通过一个由一道问题（类似我们前面已看到的那些题）代表的单项量表进行的，还是通过总结从数道问题中获得的回答值，即通过多项量表进行（我们将在随后章节讨论多项量表）。文献指出，单项量表应比多项量表需要更多表点阵，以获得准确的测量[18]。

所收集数据的测量水平

测量水平（measurement level）指数据的有效性：类别、顺序、区间或比例。问题和量表的类型对所产生的数据的测量水平有重大影响。为说明这点，请思考表 9.1 的问题和量表。在该表中，问题 1~6 是我们在前面讨论量表时所见过的。问题 7~8 是新的，而且是用来确定顾客对 eBay 看法的其他可供的选择。

首先，让我们看第 8 题，要求回答者将 100 分分配给五个网站。本问题运用的表即我们通常所说的**固定总数量表**（constant-sum scale），该表有一个自然起始点（零）。在第 8 题中，每个拍卖网站的最低评分为 0，这是非任意性的，而且对所有回答者都一样。固定总数量表因其固定的起始点而具有比例量表的特征。因此，回答者对 eBay 的好感可以说成是雅虎拍卖网站的两倍，比如分配 50 分给 eBay，25 分给雅虎拍卖网站。第 1 题的图示量表也具有比例量表的特征，因为它的回答被量化为实际距离（如英寸），该距离必定有固定的零点。

表 9.1　不同类型的量表

1. 请在下面合适的位置标 ✓ 的记号，来表明您对 eBay 的总体看法。
   非常糟糕　　　　　　　　　　　　　　　　　　　　　非常好

2. 请在下面最能总结您的感觉的选项上标 ✓ 的记号，来表明您对 eBay 的总体看法。
   非常糟糕　　　　　　　　　　　　　　　　　　　非常好
   □　□　□　□　□　□　□　□　□　□
   1　2　3　4　5　6　7　8　9　10

3. 请从以下选项中选出可以表明您对 eBay 总体看法的一项。
   极差　　　差　　　一般　　　好　　　非常好
   □　　　□　　　□　　　□　　　□
   1　　　2　　　3　　　4　　　5

4. 请从以下选项中选出最能表达您对 eBay 总体看法的一项。
   极差　　　差　　　一般　　　好　　　非常好　　　棒极
   □　　　□　　　□　　　□　　　□　　　□
   3　　　3　　　3　　　3　　　3　　　3

5. 与其他拍卖网站相比，您对 eBay 的总体看法如何？
   差很远　　　较差　　　差不多　　　更好　　　好很多
   □　　　□　　　□　　　□　　　□
   3　　　3　　　3　　　3　　　3

6. 将以下排序，将 1 填在您认为总体最好的拍卖网站旁边，将 2 填在您认为第二好的旁边，依此类推。
   雅虎！拍卖网站　　　_____
   Amazon.com 拍卖网站　_____
   Bidz.com 拍卖网站　　_____
   eBay　　　　　　　　_____
   uBid　　　　　　　　_____

7. 您认为下面每对拍卖网站中哪个更好？（请在每对拍卖网站中选择一项）
   Amazon.com 拍卖网站_____　或　eBay_____
   eBay_____　或　雅虎！拍卖网站_____
   Bidz.com 拍卖网站_____　或　eBay_____
   eBay_____　或　uBid_____

8. 请根据您对下面拍卖网站的喜爱程度，将总分 100 分分配给它们；您越喜爱的网站，其得分越高。（请确保总分不超过 100 分）
   雅虎！拍卖网站　　　_____分
   Amazon.com 拍卖网站　_____分
   Bidz.com 拍卖网站　　_____分
   eBay　　　　　　　　_____分
   uBid　　　　　　　　_____分
   　　　　　　　　　　100

现在请看第 7 题，要求回答者在每对网站中选择一个拍卖网站。这种情况可以达到怎样的测量水平呢？在每对拍卖网站中，回答者只能被归为"比较喜欢 eBay"的人或"较不喜欢 eBay"的人。第一眼看去，这种归类与类别量表相似。但这两类实际上是有顺序之分；"比较喜欢 eBay"比"较不喜欢 eBay"包含一种更喜欢 eBay 的态度。

同时对两种对象进行对比式评分的问题有时被称为**成对比较量表**（paired-comparison rating scale）。市场调研中经常用到这种量表，尤其是在顾客对实物产品和产品概念进行评价的调查中[19]。对比两种对象的任务看似简单，但使用**成对**比较量表来评价对每个对象的态度有一个很大的缺点：即使所评价的对象数量不多，还是有多到不成比例的对数需要作比较。例如，评价六个对象可能需要 15 对比较关系。此外，只要对象数量稍微增加，成对比较的数量就会剧增［若所要评价的对象数量为 n，则可能的成对比较数量为 $n(n-1)/2$］。尽管如此，如果对象数量不多，还是有可能轻松运用成对比较方法来获得对象的排列顺序。

现在，让我们检查表 9.1 剩下的其他问题（2~6 题）所含的测量水平。问题 6 所生成的数据毫无疑问是顺序量表，因为该题的回答数字从定义上说就是顺序排列的。严格意义上讲，第 2~5 题所含的测量水平，属于排序量表和区间量表之间的灰色地带。但在实践中，我们常认为它们有区间量表的特征。

总之，世上没有完美的量表。我们应当在考虑调研的特性和要求后，仔细选择一种方式。需要考虑的特性和要求包括：所要测量的变量性质、潜在回答者能够对变量作出准确判断的程度、调研人员对所收集到的数据进行分析的类型[20]。

9.5 常用的多项量表

单项量表（single-item scale），正如其名字所暗示，旨在通过单一一个量表来测量感觉。例如，表 9.1 中问题 1~5 的量表就是单项量表，它们都是单独运用的。相反，**多项量表**（multiple-item scale）包含了很多项关于对象态度的描述，每项都有相应的量表。通过总结各个单项的评分而获得的综合评分被视为对目标对象态度的测量。多项量表是市场调研中常用的测量态度的方法。

李克特量表

李克特量表（Likert scale）是由**李克特**（Rensis Likert）原创的一种格式[21]，由一系列对态度目标的评价叙述（项）构成。每项叙述有五项认同/不认同的表。表中所包含的叙述项数量在不同的研究中可能各不相同，这取决于态度目标有多少相关特征。一般而言，典型的李克特量表有大约 20～30 项叙述。

表 9.2 展示了一个李克特量表的 6 项说明式叙述项。eBay 之类的拍卖网站可用其来测量顾客的态度。表 9.2 叙述中有两点值得我们特别注意。第一，回答项只有文字标签，而没有数字标签。但在运用评价体系之后，我们分配数字给每个回答，以获得量化的态度测量。尽管可以使用其他数量方式（如 +2、+1、0、-1、-2），我们还是常使用数字 1～5。

9.2 李克特量表项					
	强烈不认同	不认同	不同意不反对	认同	强烈认同
1. 该拍卖网站内容丰富	_____	_____	_____	_____	_____
2. 用户注册程序复杂	_____	_____	_____	_____	_____
3. 佣金合理	_____	_____	_____	_____	_____
4. 对投诉的处理迅速	_____	_____	_____	_____	_____
5. 不注意私人信息保护	_____	_____	_____	_____	_____
6. 支持系统令人困惑	_____	_____	_____	_____	_____

第二，叙述项 1、3 和 4 是认同该网站的，而其他则是不认同的，这是构成李克特量表的叙述项的另一个典型特征。在回答李克特量表往往有如下特别提示，以 eBay 为例：

提示 在以下每项叙述中，根据您认为适合 eBay 的程度，从五项中选择一项。若您强烈认同该叙述对 eBay 的描述，请选最右边的选项。若您强烈不认同该叙述对 eBay 的描述，请选最左边的选项。若您的感觉没那么强烈，则在两端间选择最能反映您感觉的一项。

总结所有构成量表叙述的数字评价可以让我们测量总体态度。但由于一些叙述是认同的，而一些是不认同的，分配给表项的数字应按以下方式：对每项叙述的高（低）的数字评价应代表相同的态度方向。换言之，认同的叙述所附的"强烈认同"项与不认同的叙述所附的"强烈不认同"项（如使用 1～5 的数字，则为数字 5）必须相对应。

李克特量表的整体有效性取决于构成量表的叙述项。为充分反映对叙述项的评分，叙述项的变化必须足够多。此外，叙述项必须清晰明了，以减少回答的不规则波动。最后，每项叙述都要有敏感性，以区别回答者的不同态度。例如，请看"eBay 是美国的一个大拍卖网站"这句叙述。认同 eBay 的顾客和那些不认同的肯定都十分认同这句话。总而言之，最终的表必须删除这类叙述，因为它们对真实态度的测量作用不大。

正如前面的讨论所示，设计一个优秀的李克特量表首先要求构想出大量与态度测量相关的叙述，然后再从中剔除模糊的、区分度不高的叙述[22]。尽管我们无法全面讨论该程序，但可以通过下面的例子来获得一些直观理解。

假设 eBay 希望设计一个 20 项的量表来测量顾客对不同拍卖网站的态度。第一步，设计大量与表 9.2 所示的六项叙述相似的项目，如 100 项。设计初始的一组项目并无规则可循，但它们必须能够反映可能影响顾客态度的所有因素。通过管理者判断和试调研，例如与拍卖网站雇员的非正式网上聊天、网上顾客焦点人群和单独访问顾客，将有助于设计出大量项目。接下来的程序可以将一开始的 100 项减少为最后的 20 项。

我们对有代表性的顾客样本进行一个包含 100 项的问卷调查，每项有五个可能的回答项，分别从"强烈认同"到"强烈不认同"。我们要求这些顾客在每个叙述中通过从五项中选择一项来评价 eBay（或其他拍卖网站）。我们将选项标上 1~5，越高的数字代表越认同。总共 100 项，则回答者的总分范围为 100~500（统计所有项）。此外，因为原始的一组项目必须反映顾客态度的各种方面，我们可以将总分视为对回答者总体态度的粗略反映：分数越高，态度越认同。该总分将原始项目压缩为相对简洁的表。

为进一步说明，请看下面两位回答者 A 和 B 的总分，及其对项目 i 和 j 的评分：

回答者	i 项的评分	j 项的评分	总分
A	3	4	428
B	3	1	256

根据总分，A 的认同态度比 B 高。从回答者对 i 项和 j 项的评分看，在两位回答者间，i 项的区分度很差，而 j 项的区分度较好。因此，j 项能更好反映态度，从而在多项量表中更有用。若我们将该认识扩大到所有叙述和回答者中，就可以发现，其他项目相比，回答者的评分与总评分有重大关联的项目是最终量表中的较佳候选项。因此，在原始的 100 项中，我们选择分数与总分关联度最高的 20 项来组成最终的表。

这样一个量表的设计程序会很费周折。然而，这种系统的方法对设计一个有效、可信、敏感的李克特量表至关重要。

我们可以运用最后得到的量表来测量顾客对不同拍卖网站的态度。我们对合适的回答者样本进行一份包含 20 个表项的量表的问卷调查，并计算总分。如果共 20 项，使用 5 点表，则总分范围为 20~100；回答者的评分越高，他们的态度越认同。我们还可以比较各拍卖网站的平均总分来获得顾客对它们的相对态度。

例如，若 uBid 和雅虎拍卖的平均总得分为 40 和 80，我们可以相应地推测顾客对雅虎拍卖的认同度比 uBid 更高。但我们不能因此认为顾客对雅虎拍卖的认同度是对 uBid 的两倍，原因是每个表项的分数和总分只具有区间量表的特征。我们还可运用 20 表项量表来监控顾客在不同时间对不同拍卖网站的态度，方法是在不同时间对有代表性的顾客样本进行调查，并检查每个拍卖网站的平均态度得分。

语义差异量表

语义差异量表（semantic-diffrential scale）起源于 40 多年前 Charles Osgood、George Suci 和 PercyTannenbaum 调查词语和概念的直接感知意义所做的工作[23]。语义差异量表包含一系列将由受访者评价的项，这与李克特量表相似。但是它们还有一些重要的不同点，如表 9.3 所示的六项语义差异量表项。

图 9.3　强调了典型的语义差异量表的三个基本特征

1. 它包含一系列关于态度目标的两极形容词或短语（而非李克特量表中的完整叙述）。
2. 每对反义形容词被一个包含七个标度的量表隔开，既没有数字标签，也没有文字标签，更没有锚点标签。
3. 尽管一些表在右边有认同的描述，其他表是反向的，认同的描述出现在左边。反向表具有合理性，这类似于李克特量表中混合认同和不认同叙述的合理性。

回答语义差异量表时会有以下特别提示，仍举关于 eBay 的例子：

提示　下面所列的量表，每个都包含被一对反义的描述短语所隔离的七个选项。在每个表中选出一项最能反映您对 eBay 的感觉。若您认为某个短语完全能正确描述 eBay，请选择离该短语最近的一项。若您认为两个短语都不能正确描述 eBay，请在两端之间选择最能反映您感觉的一项。

我们可以通过与李克特量表相似的程序，为每位回答者统计总体态度评分。我们分为 7 个编号项，从 1~7（保证反向编号项是反义的），然后通过计算单项的已编号回答获得总体态度评分。我们按照李克特量表的方式来分析这些数据。

语义差异量表的更广泛运用是根据对单项的平均评价而设计一份态度目标的统计图表。图 9.4 是为两个拍卖网站设想的一份统计图表。为便于理解该图表，调研人员通常将所有认同的描述放在图表的同一边。

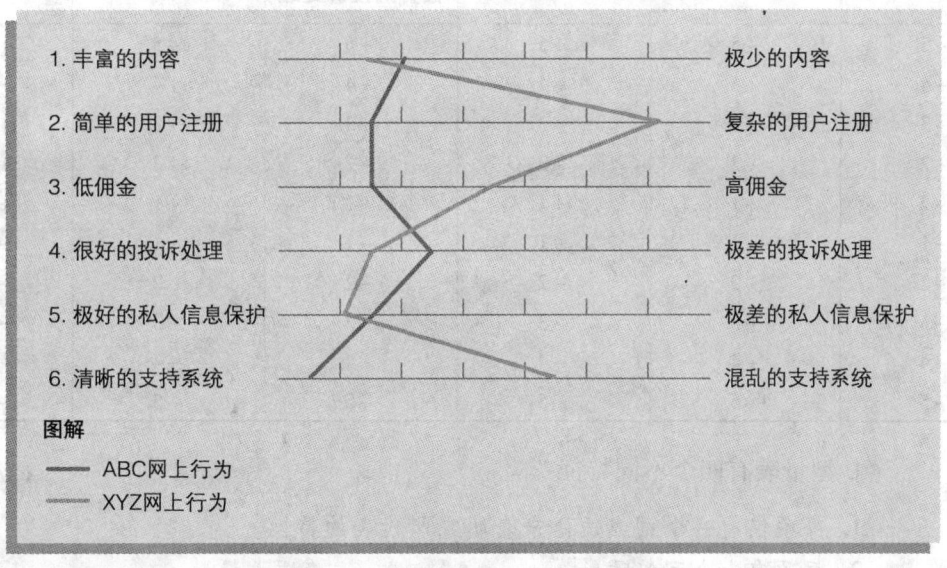

图 9.4

根据图 9.4，顾客对 ABC 拍卖网站的总体态度，明显比对 XYZ 拍卖网站更认同。ABC 的整个图表总体上更靠近表的左边（更认同的一边）。当我们看具体项目时，就会发现在用户注册和支持系统方面，ABC 比 XYZ 有很大优势；在佣金方面也被认为更有优势。XYZ 拍卖网站在提供的内容、投诉处理和私人信息保护方面比 ABC 做得更好；但 ABC 在这些方面并没有很大劣势。

语义差异量表有极大的实用性和吸引力，因为像图 9.4 之类的图表可以准确地找出公司在顾客眼中的相对优势和弱势。因此，该图具有实用的、直接的管理意义，语义差异量表也因此成为市场调研中使用最广的态度评价技巧。为有效的语义差异量表设计一套有用的、综合的形容词对并不像表面看上去那样容易。前面所叙述的设计有效李克特量表的提示说明同样适用于语义差异量表。

U 型量表

U 型量表（stapel scale）实际上是语义差异量表的衍生。表 9.3 的六个表项说明了 U 型量表的典型格式。请注意表 9.2、9.3 和图 9.3，它们都符合相同的拍卖网站特征。对比这些项目可以揭示李克特量表、语意差异量表和 U 型量表的主要不同点。

表 9.3 U 型量表

丰富的内容	复杂的用户注册	低佣金	极差的保护 极好的投诉处理	混乱的个人信息	支持系统
+5	+5	+5	+5	+5	+5
+4	+4	+4	+4	+4	+4
+3	+3	+3	+3	+3	+3
+2	+2	+2	+2	+2	+2
+2	+1	+1	+1	+1	+1
−1	−1	−1	−1	−1	−1
−2	−2	−2	−2	−2	−2
−3	−3	−3	−3	−3	−3
−4	−4	−4	−4	−4	−4
−5	−5	−5	−5	−5	−5

U 型量表有四个不同特征：

1. 每项仅有一个词或短语来表明它所代表的特性。
2. 每项有十个回答项。
3. 每项都是迫选式量表，因为它的项数为偶数。
4. 回答项有数字标签，但没有文字标签。

回答 U 型量表时通常有以下特别提示，仍举关于 eBay 的例子：

提示 在下面表项中，在您认为准确描述 eBay 的词语上选择一个加数。您认为描述 eBay 的词语越准确，您选择的加数就越大。在您认为并非准确描述 eBay 的词语上选择一个减数。您认为描述 eBay 的词语越不准确，您选择的减数就越大。所以，您可以从 +5（您认为非常准确的词语）到 −5（您认为非常不准确的词语）中选择任何一个数字。

我们可以运用语义差异量表所讨论的程序来分析 U 型量表获得的数据。我们通过计算回答者对单项的评分来获得他们的总体态度评分。或者，我们可以根据平均（或中值）回答者对每项的评价而设计出态度目标的统计图表。

U 型量表的一个明显优点是我们不必设计完整的叙述项，或想出反义词语或短语对，这些任务非常繁琐。然而 U 型量表并不如其他两种表的运用广泛，可能因为它的方式和说明相对比较复杂，不过这也只是推测的原因。毕竟，对一种量表的最终选择还是基于对具体调研的实际考虑。

下面再提出关于多项量表的几点看法。第一，通过多项量表所生成的总体态度评分仅仅是区间表。因此，尽管这些评分可以用来对比一段时间内不同群体中个体的态度，或跟踪不同时间同一回答群体的态度变化，计算并分析它们的比率是不恰当的。第二，所讨论的三种标准量表方式并没有覆盖所有的可能性。因为每个多项量表仅仅是许多单项量表的集合，我们可以通过前面（"态度的自我报告式测量"这一部分）所讨论的改变单个量表的结构或更多方面，来创造多种多样的多项量表方式。哪一种量表最好则取决于调研的实际情况。

尽管设计和运用多项量表花费更多精力，但它们比单项量表更能产生好的态度测量。下一部分将从测量的角度简单介绍多项量表的优点。

9.6　多项量表的优点

尽管单项量表能够提供回答者对目标的总体感觉的线索，但它是一种相对简单的方法。为理解这句话，我们必须考虑判断态度量表充分性的三个标准：效度、可靠性和敏感性。我们现在要解释并讨论这些标准，揭示多项量表比单项量表好的原因。

效度

表的**效度**（validity）是指对试图测量的变量的真实反映程度，或者说量表充分获取测量对象的所有方面的程度。单项态度量表在这个标准上明显不足。正如我们所看到的，态度是多方面的，许多关于对象或问题的不同因素可能影响人们对它的感觉。例如，人们对 eBay 的态度可能被下面的因素影响：他或她对 eBay 网站布局的感觉、提供的内容、交易的安全性、个人信息的保密性、使用和注册的简单性、支持系统和其他类似因素。当研究者试图只通过单项量表来确定应答者的态度时，我们不可避免会怀疑该量表是否是可信的。因此，一个仔细设计的、包含许多表项的多项量表（每项都试图探明回答者在态度对象的关键方面的立场），可能是一种更加合理的方法。下面依次探讨效度的几个不同的类型。

内容效度。亦称表面效度，**内容效度**（content validity）代表量表内容能够表明（可能影响应答者的态度）所有相关方面的程度。举例来说，假设有一张量表用于测量工业品推销员的工作满意程度，由薪水、提升机会和监控质量几个表项组成。这个量表缺乏内容效度，因为它没有包含推销员工作的某些关键因素的项目，例如旅行和造访客户。态度量表的内容效度是整体标准中的一种，但只能通过研究者的主观评断来评价它。在全球性研究中，我们还应该关注跨国态度对象的同等性。例如，我们在巴西、印度和英国研究的是同一个现象吗[24]？如图9.5所示，V. Kumar 和 Anish Nagpal 提出了四种同等性的类型。

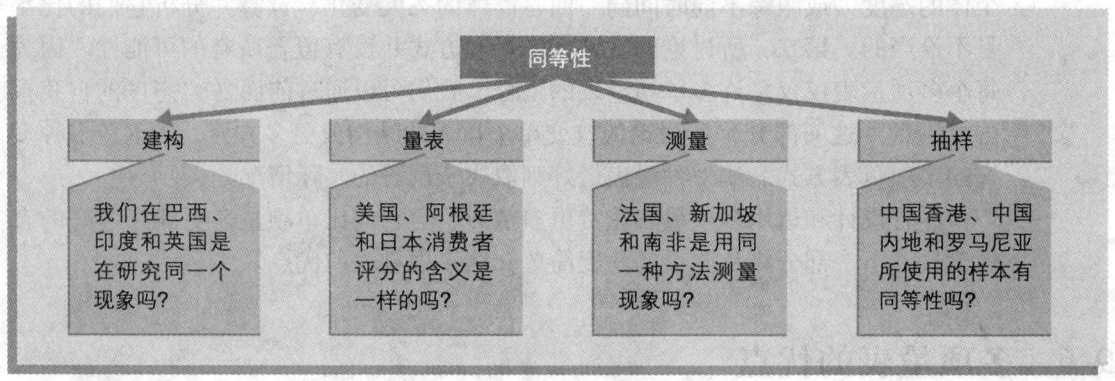

图 9.5　同等性的类型

建构效度。**建构效度**（construct validity）评价变量或通过量表测量的建构的性质。我们可以通过计算它与其他建构的相关性来评价它，这些建构包括我们预计会与态度强烈相关的和那些我们预计会与态度不紧密联系的。前一种情况的高度关联性就是常说的会聚效度（convergent validity），后一种情况的微弱关联性称为辨别效度（discriminant validity）。建构效度高的量表必须具备会聚效度和辨别效度。测量堕胎态度的量表在以下情况下可被视为有高建构效度，例如它与尊重生命的态度有相对高的关联性（反映高会聚效度），并且与对人权的态度有相对微弱的关联性（反映高辨别效度）。

预测效度。正如名字所暗示的，**预测效度**（predictive validity）可以回答这样的问题：量表所提供的态度测量对它将影响的其他变量或特征上的预测能力如何？例如，对量表评分相对较高的应答者比评分较低的应答者更加频繁地光顾 eBay，在这种情况下测量 eBay 态度的量表就有高预测效度。

可靠性

态度量表的**可靠性**（reliability）测量量表所生成的评价的稳定性和一致性。如果说效度注重量表是否真实地测量建构（而非其他方面），可靠性则注重量表是否对概念进行连贯的测量。显而易见，一个好的态度量表一定是有效而且可靠的。的确，除非量表是相对连贯的，它不可能被看做是一种真实的、信得过的测量任何东西的方法。从这个意义上说，可靠性是效度的必要条件，尽管不充分。

量表的可靠性可以通过几个不同的标准来测量。两个常用的标准是再测信度和折半信度[25]。

再测信度。再测信度（test-retest reliability）测量不同时间评价的稳定性，并要求在两次不同时间内对同一应答群体执行量表。如果通过两次测量所产生的评价关联度高并且一致，我们可以视该表为具有高再测信度。

两次测量的时间间隔是再测信度能否揭示量表稳定性的关键。时间间隔必须够长，以使应答者在第二次测量中的评价不会被他们记忆中第一次测量的评价所影响。但间隔时间又不能太长以致对测量态度发生改变。遗憾的是，没有明确的准则来决定最佳的间隔时间。经验的方法是允许测量的间隔时间大约为2~4个星期；态度常被视为根深蒂固，在这样短的时间内极少会发生改变。

折半信度。折半信度（split-half reliability）在量表之内测量各项目的连贯性程度，并且只评价多项量表。它要求任意将表项分为两套，每套有相同数目的表项，检查应答者从两套表项获得的总分间的关联性。

例如，一个被设计来测量顾客对网上银行业务态度的20个表项的量表。假设每个表项在这个量表上有五个回答项，从1~5。在这个表被用于顾客样本后，20个表项可以任意地被划分成二套各10个表项。每个应答者对每套的总评分范围在10（10个表项×最低的表值1）和50之间（10个表项×最高的表值5）。如果20个表项测量同样的建构，即顾客对网上银行业务的态度，若应答者对第一套表项的总评分为38，则对第二套表项的总评分也应接近38。与此相似，从不同应答者对两表项套的总评分对比可以看出联系模式的连贯性；联系越强，表的折半信度越高[26]。

请注意，量表可靠性的说明方式实际上集中在可靠性的两个不同方面。再测信度是测量表项稳定性的方法，通过量表获得分数的程度随着时间的推移在不同测量中保持一致。折半信度是测量同等性和内部一致性的方法，而且在同一次测量中通过任意划分量表后获得的分数是相互关联的。这两方面对量表的整体可靠性非常重要。

与多项量表获得的综合评价相比，单项量表的评价容易受不确定或随机波动的影响（从而降低可靠性）。综合一定数量项目的评价有中和随意波动的作用；应答者对某些项目评价中的正误差可能被他们对其他项目评价的负误差所抵消[27]。所以，多项量表总体上比单项量表更可靠[28]。

敏感性

态度量表的**敏感性**（sensitivity）与其可靠性紧密相关，它关注把握被测量态度微妙差异的能力。一个高度敏感的态度量表应该能区分态度稍微不同的应答者。或者，量表应当能在不同时间发现相同应答者态度的细微变化。

对敏感性的描述暗示了可靠性是前提条件。当态度量表不可靠时，你就无法确定态度分数的不同是否反映态度的真正不同，或仅仅是随机波动。所以，量表敏感性的前提是可靠性。

敏感性量表的另一个要求是它必须有足够多的数量幅度，以便于发现态度的变化（我们在本章前面所接触的）。虽然单一量表在理论上可以有大量评分点（例如表9.1的问题1和2），但应答者可能无法得出好的判断。鉴于此，多项量表有绝对优势。即使个别表项应答项的数量有限，通过统计所有项目的回答而获得的总分范围将很广。例如，假设一个多项态度量表由10项构成，每项有7个回答项，从1~7。应答者对这个10项量表回答的总分范围可能为10~70。根据总分，与单项、七点量表相比，我们可以对应答者进行更细致的分类。由此可见，测量态度的多项量表比单项量表更优越。

本 章 小 结

问卷调研中的测量程序包括通过分配适当的数字来量化回答。然而，被分配到调查回答项的数字可能没有数字系统的所有共同特征。量化回答的数字项可以分为类别的、顺序的、区间的或比例的量表。类别量表的回答实际没有数字系统的任何特征；比例量表的回答具有数字系统的所有特征；顺序和区间量表的回答在两者之间。类别和顺序量表的回答被称为非度量数据，因为差距的概念或数字间的距离对这类量表没有意义。区间量表和比例量表的回答由于它们有距离特征，被称为度量数据。

实际上，在市场调研中遇到的所有变量可以被分类为属性、行为、信念或者态度。四者中，信念和态度（它们的测量是本章的重点）相对较难测量。用来测量信念和态度的量表通常有区间特征。

态度有很多不同的定义，但各种定义似乎有一个共同点：态度是多面性的，并且与人的某些内在性格相关。态度的这些一般特征为其测量方式提供两个重点提示。首先，态度仅能通过间接测量被推断。其次，为保持有效性，态度测量程序必须可以表明影响总体态度的各方面因素。

有五种广泛使用的、间接的测量态度的方法：观察外在行为、分析对局部结构刺激因素的反应、评价客观任务的表现、监测生理反应和使用自我报告方法。最后一种方法是五种途径中最直接的，也是被最广泛使用的。

自我报告式态度测量通常涉及量表的运用。调研人员可以从各种量表中作出选择，这些量表包括：图示与列举、对比与非对比、迫选与非迫选、平衡与不平衡选项、标记与非标记、量表点阵的数量、所得数据的测量水平。为研究项目选择一种恰当的方式，必须考虑所要测量的变量性质、受访者作出心理判断的能力和对搜集到的数据所进行的分析类型。

目前流行的三种多项态度量表是李克特、语义差异和U型量表。在这三种量表中，语义差异量表是最广泛使用的，也许是因为它的实际吸引力和由它生成的数据建构的图表看上去比较有效。尽管三种表的格式各不相同，但它们在以下方面并无显著差异：通过它们生成的数据所显示的态度。因此，研究者可以选择符合具体情况的实际需求的方式。

态度量表必须满足三个关键标准：效度、可靠性和灵敏度。效度指量表能否真实地、充分地测量态度。它可以通过几种不同的方式来评价，包括检查量表的内容或表面效度、建构效度（聚合和辨别效度）和预测效度。可靠性侧重于量表得分的一致性或稳定性。两种常用于可靠性评价的标准分别为再测信度和折半信度。态度量表的敏感性指区分应答者不同态度的程度。一般而言，多项量表在三个标准上均优于单项量表。

复习讨论题

1. 讨论定量法调查回应的优势与局限性。
2. 测量的四个关键层级是什么？每种量表中的数据可允许的数学运算有哪些，不允许的运算有哪些？
3. 用具体案例进行简略讨论，态度比起行为来是更容易衡量还是更难以衡量。
4. 态度的多面性是什么意思？用一个明确的案例来支持你的解释。
5. 除了自我报告式的测量，其他四种一般的推断态度的方法是什么？就每种方法，说出一个你认为最严重的局限性。
6. 什么时候一个列举的评级量表会有不平衡的选项？为什么？
7. 定义量表的有效性、可靠性和敏感性。
8. 简略描述评估有效性的各种方法。
9. 态度量表如果不可靠，那么它可能具备敏感性吗？为什么可能，为什么不可能？
10. 解释为什么多项目量表会比单一项目量表在测量态度的时候更具有敏感性。

应用练习

1. 假设一家餐馆希望了解自己在顾客心中的形象，请为这家餐馆设计一个五项式量表来测量，逐一运用我们所讨论过的三种多项量表格式。请确保每种格式中的五个项目的一致性。
2. 一家本地的电话公司从一份调查其产品的使用者和非使用者的报告中，得出如下参考意见：
   a. 总体看来，使用者的年龄只是非使用者的一半。
   b. 使用者对公司的印象比非使用者好一倍。
   请评价这些参考意见的有效性及合理性。

互联网练习

1998年10月，卡夫公司推出Easy Mac，这是它经典的通心面和芝士品牌的一次性微波食品版。该公司原本希望能平衡顾客对时效性和方便性的期望。但该产品在头一年只获得该市场 2.5%份额,远比原来预期的 5%少。市场调研公司 Millward Brown 公司的一份跟踪调查表明,使用者与非使用者的看法大相径庭。50%的使用者认为产品很美味,而非使用者中只有 20%如此认为。卡夫公司的品牌经理总结出该问题是由沟通引起的,而非产品本身,于是公司决定改变其广告宣传。公司运用了一系列焦点访问来理解广告宣传的作用。母亲们更喜欢这类产品,原因是该产品能让大一点的孩子自己做饭。卡夫公司及其广告代理 Foote Cone & Belding Worldwide(FCB)公司决定将沟通从一般的方便性转变为更具体的利益:"大一点的孩子能自己使用它"。FBC 设计了几张生活片断的插图,并在由母亲们组成的焦点小组中测试。卡夫公司 2000 年 1 月推出了新的广告宣传,其销售业绩爬升了 30%,这是该公司历史上最成功的拓展产品线例子[29]。

1. 综上所述,请运用网上软件(请看 www.surveytime.com 或 www.infopoll.com),设计一份问卷来使人更好理解目前顾客对 Easy Mac 看法及对卡夫公司的态度。
2. 您认为从使用者和非使用者身上获得信息重要吗?请说明您的回答。
3. 设计完问卷后,请说明您选择该量表(李克特、语义差异、平衡与非平衡等)来测量建构(如时效性、质量、方便性及用法)的理由。

案例 9.1　DON 汽车清洗公司

DON 汽车清洗公司位于波士顿地区,提供全面洗车清洗服务。附近唯一一家大型洗车清洗中心离 DON 约 6 英里。该中心的所有者、经理唐·约翰逊先生四年前以 100 万美元的原始投资创办该公司,其中 20 万美元是其私人存款,80 万美元是贷入的资金。在前两年入不敷出的试营业后,公司在第三年净赢利 6 万美元。然而在第四年却亏损 1.5 万美元。唐注意到亏损的主要原因是去年 DON 汽车清洗所服务的汽车数量降低了 20%。

汽车清洗业

根据最近的美国调查资料,汽车清洗是赚钱的生意。根据该调查,在美国有近 14 000 套洗车设备,收入逾 60 亿美元。汽车清洗设备的数量自 1997 年最后一次调查以来保持不变,但总收入却减少了逾 5%。在马萨诸塞地区,有 279 间公司。该行业的发展处于停滞阶段,原因是当前产业采取的连锁经营以及大公司合并小公司的趋势。

在洗车服务市场中,有几种服务可供消费者自主选择。这些服务包括投币自助设备、自动设备、一体化服务传送设备和汽车清洗设备。这几种不同类型的设备是可以互相替代的,因此导致了同一个区域内、不同类型的供应商存在竞争。由于普通人都可以自己清洗汽车,因此全面清洗服务和特殊清洗属于该行业的高端。这些行业的收入取决于消费者可任意支配的收入(随着经济环境的变化而变化)。例如,当经济萧条、可任意支配的收入减少时,就会对全面清洗服务业务造成消极影响。同样,在经济繁荣期间,可任意支配的收入增加,就会带来积极影响。

DON 的调查需求

唐先生担心生意锐减,于是聘用当地一家

小企业 Burgess 咨询公司开展市场调研以帮助他分析形势。虽然唐先生相信收入下降的主要原因在于竞争的增加，但他想知道广告战略是否也是部分原因。所有电视广告都是通过 CBC 公司属下的一个本地频道播出。广播广告则以三种方式被平均分配给该地区的电台：全国性和西部的前 40 个电台，还有轻音乐电台。公司还发放了优惠券，主要是和当地零售商一起提供的。唐先生要求 Burgess 咨询公司分析以下问题并且提出改进 DON 公司汽车清洗业绩的建议。

1. 汽车清洗行业的性质与最近趋势。
2. DON 汽车清洗的顾客人口统计和其他相关的特征。
3. 顾客对 DON 汽车清洗所提供服务的看法和评价。
4. DON 汽车清洗每年 2.5 万美元（共计约销售收入的 3%）广告开支的效果。这些开支中，电视占 50%，广播占 30%，优惠券占 20%。

二手的市场调研结果

在审查了关于汽车清洗行业的各种出版物和文章后，Burgess 咨询公司发现了几个关键点。该行业的一个重大趋势是顾客常见的洗车类型发生很大变化。洗车用户更喜欢能够同时加油和交通方便的便利店。大型加油站在许多零售门店安装了自动设备，并为汽油购买者提供免费或打折的清洗服务。因此，在洗车行业中，便利商店和加油站的发展最快。所以，像 DON 汽车清洗这种一体化服务店面临越来越多竞争压力。

顾客的需求也已经改变。多年来，大部分洗车业务是全面服务，这意味着他们同时进行内部和外部清洁。然而一体化服务洗车并不能让顾客在两种清洗服务中选择一种。现在，自助服务和自动设备的数量不断增加以满足这一市场需要。

其他的顾客行为也对此有影响。例如，多数洗车顾客的忠诚度是建立在方便性、价格和效率的基础上。此外，排队长龙和等待时间常将洗车用户拒之门外。洗车用户通常希望能为他们的汽车提供尽快的服务。

全面洗车服务供应商还面临着几个不可控制的因素，这些因素可能严重影响他们的赢利能力。首要因素是天气。洗车店在下雨或下雪时经常关闭，但人们却常希望他们能在天气改善时尽早恢复经营。这些变化会对劳动生产力、现金流和赢利造成负面影响。影响该行业的另一重要因素是其季节性。11 月至次年 3 月是旺季，这段时间气温较低。暖季则因人们自助洗车而导致竞争激烈。

顾客调查

为解决唐先生提出的该公司的具体问题，Burgess 咨询公司决定对 DON 汽车清洗的顾客样本进行调查。该公司设计了一份两页的问卷（详见表 1）。问卷被打印在一张打印规格纸的正反面，第 1~8 题在问卷的正面，第 9~18 题在其背面。

顾客必须至少等 10 分钟，汽车才能清洗完。因此，Burgess 咨询公司让收银员（在顾客休息区）把问卷发给顾客，让他们利用等待的时间填写。该公司特别交代收银员在 4 月的头 2 个星期，将问卷发给每第十个顾客。在 14 天的营业时间内，共分发出 280 份问卷。收银员请每位收到问卷的顾客填写完后将问卷放到收银台旁的盒子里。调查期结束，盒子中共有 256 份完成的问卷。其余 24 份可能被收到的顾客随手扔掉。Burgess 咨询公司从 256 份问卷中收集数据，并准备对数据进行分析以解决唐先生提出的具体问题。

案例问题

1. 评价 Burgess 咨询公司设计的问卷。您有什么修改建议（若有的话），并解释原因。
2. 为表 1 的每个问题说明所收集数据的测量水平（类别、顺序、区间或比例）。

表格 1　调查问卷

为了帮助我们向您提供更好的服务，请花几分钟回答以下问题。感谢您的帮助。

1. 您洗车的频率？
   - _____ 低于一月一次
   - _____ 一月一次
   - _____ 一月两次
   - _____ 一月三次
   - _____ 一月四次及以上

2. 您为汽车打蜡的频率？
   - _____ 低于一月一次
   - _____ 一月一次
   - _____ 一月两次
   - _____ 一月三次
   - _____ 一月四次及以上

3. 您自己为汽车清洗和/或打蜡的频率？
   - _____ 低于一月一次
   - _____ 一月一次
   - _____ 一月两次
   - _____ 一月三次
   - _____ 一月四次及以上

4. 您最后一次把汽车送去 DON 汽车清洗离现在有多久？
   - _____ 一周以内
   - _____ 一周以上、两周以内
   - _____ 两周以上、三周以内
   - _____ 三周以上、四周以内
   - _____ 四周或以上

5. 您住的地方离 DON 汽车清洗有多远？
   - _____ 1 英里以内
   - _____ 1 英里以上、3 英里以内
   - _____ 3 英里以上、5 英里以下
   - _____ 5 英里或以上

6. 您在 DON 清洗/打蜡的汽车已使用多少年？
   - _____ 一年以内
   - _____ 一年以上、两年以内
   - _____ 两年以上、三年以内
   - _____ 三年以上、四年以内
   - _____ 四年或以上

7. 过去三个月中，您在 DON 以外的地方清洗汽车吗？
   - _____ 有　　_____ 没有

8. 您愿意为专业洗车/打蜡等多长时间？_____ 分钟

9. 标出您同意/反对以下描述的程度。当您强烈同意时，请在 1 上画圈；当您强烈反对时，请在 7 上画圈；当您态度没那么强烈时，请在合适的数字上画圈。

   强烈同意　　　　　　　　强烈反对

   a. DON 的汽车清洗/打蜡工作十分出色。　1　2　3　4　5　6　7
   b. DON 在每次服务中的表现保持一致。　1　2　3　4　5　6　7
   c. DON 服务收取的费用合理。　1　2　3　4　5　6　7
   d. DON 服务所花的时间合理。　1　2　3　4　5　6　7
   e. DON 的顾客等候区是舒适的。　1　2　3　4　5　6　7
   f. 我会向任何寻找专业洗车的人推荐 DON。　1　2　3　4　5　6　7
   g. 我对 DON 的总体评价为优秀。　1　2　3　4　5　6　7

10. 您的年龄多大？
    - _____ 16~20　　_____ 31~40
    - _____ 21~25　　_____ 41~50
    - _____ 26~30　　_____ 51 或以上

11. 您的性别？
    - _____ 男　_____ 女

12. 您目前的职务？_____

13. 您的婚姻状况？
    - _____ 已婚　_____ 单身（请跳到 15 题）

14. 若已婚，您的年均家庭收入是多少？
    - _____ $10 000 以下
    - _____ $10 000~$19 999
    - _____ $20 000~$29 999
    - _____ $30 000 或以上（请跳到 16 题）

15. 若单身，您的年均收入是多少？
    - _____ $10 000 以下
    - _____ $10 000~$19 999
    - _____ $20 000~$29 999
    - _____ $30 000 或以上

16. 您最常阅读的报纸是什么？_____
17. 您最常听的广播台是什么？_____
18. 您最常看的电视频道是什么？_____

非常感谢您！

案例 9.2 RUBY 网咖

RUBY 网咖位于缅因州波特兰市，离旧港区的商业、旅游胜地仅几步之遥。Fred Ladd 是该网咖的主人，他几年前获得工商管理学士学位。该店每天从早上 9 点营业到晚上 8 点，共有 13 台个人电脑和 2 台 iMac 一体机，都装有最先进的系统软件。该网咖提供了目前最快的网络连接，上网速度非常快。正由于其美味食品和高网速，该网咖吸引了本地的商业人士、居民、大学生和游客等。RUBY 网咖的销售业绩增长让 Ladd 非常满意。但最近传言另外一家网咖准备于近两年在该地区开店，他有点担心。

网咖

网咖是 20 世纪 90 年代末期在市场上热起来的，因为网络运用越来越受家庭和商业环境的欢迎。网咖既有咖啡厅的美味食品，又有高网速，对于任何想找一个地方休息、打发时间、结交朋友或体验网上交流世界的人，网咖都敞开大门欢迎。食物和饮料的提供尽管对营造气氛很重要，但它们只是经营的一个方面。顾客可以一边享受咖啡、茶、饮料、酒精饮料和食物，一边使用现代电脑技术。网咖依靠其轻松的气氛和休闲的环境，为顾客创造了一个轻松的、没有压迫的与人沟通的地方。

一些较大的网咖还提供额外服务。公司会安排专门的培训会，题目如网络意识、网络技巧、网站设计、网站维护等。这些课程由专家授课，适应公司的需求，并确保参加者的高度关注。网咖还可以出租给会议、电影、时装拍摄、艺术展和其他运用电脑的特殊场合。网咖的设施通常能提供现场录音和录像功能。一些出名的网咖还销售各种带图案的商品，如衬衣、笔、铅笔、袋、碟架和鼠标垫。

问卷

为了抵御新网咖的潜在威胁，第一步是设计一个有效的战略。Ladd 决定对他目前的顾客进行调查，以了解他们的人口统计特征、对 RUBY 网咖的看法和忠诚度。

Ladd 设计了一份简单的问卷，并在顾客买单前分发给他们。在 4 月份的一个星期内，878 份问卷被分发给所有来 RUBY 网咖消费的顾客。若 2 位或以上的顾客一起来，则只发一份问卷，并请其中的"头儿"完成该问卷。作为参与调查的奖励，完成问卷则可享受 98% 折的优惠。

在分发的 878 份问卷中，625 份被完整填好。此外，每份问卷，无论顾客是否填完，Ladd 和他的一个助手都记录三个数据：日期（时间）、问卷回答者同行人数和该（群）顾客的食品消费总额。这些数据被记录在问卷中标记"本店专用"的那一部分。该调查的问题详见表 1。

案例问题

1. 评价 Fred Ladd 设计的问卷。若要修改，您建议如何修改，并说明原因。
2. 请为表 2 的每个问题（包括 12 题），说明所收集数据的测量水平（类别、顺序、区间或比例）。

表格2　RUBY 网咖调查问卷

1. 您今天经过多远的距离到达本咖啡厅？
   _____0～3 英里
   _____4～6 英里
   _____7～9 英里
   _____10 英里或以上
2. 您之前来过本咖啡厅多少次？
   _____我以前没来过
   _____1～3 次
   _____4～6 次
   _____7～9 次
   _____10 次或以上
3. 您准备一个月内再次光临本咖啡厅吗？
   _____会　_____不会　_____不知道
4. 您第一次如何听说 RUBY 网咖？
   _____网络
   _____广播广告
   _____报纸广告
   _____电视广告
   _____朋友或亲戚
   _____商业伙伴
   _____经过并看到该咖啡厅
   _____其他
5. 您今天到 RUBY 网咖的主要原因是什么？
   _____收发邮件
   _____获得电脑软件
   _____玩游戏
   _____用餐
   _____喝饮料
   _____与他人社交
6. 根据您认为 RUBY 网咖的最好方面、次好方面等，从 1～9 排序。
   _____网络连接速度
   _____软件种类
   _____先进电脑技术
   _____菜单
   _____食品质量
   _____位置
   _____价格
   _____服务
   _____装修/气氛
7. 根据您认为选择网咖的最重要因素、次要因素等，从 1～9 排序。
   _____网络连接速度
   _____软件种类
   _____先进电脑技术
   _____菜单
   _____食品质量
   _____位置
   _____价格
   _____服务
   _____装修/气氛
8. 与您过去几个月去过的其他网咖相比，在以下方面上，您怎样评价 RUBY 网咖？（请在最恰当的数字上画圈）

网速快	1	2	3	4	5	网速慢
软件多	1	2	3	4	5	软件不够
技术先进	1	2	3	4	5	技术过时
价格贵	1	2	3	4	5	价格便宜
态度好	1	2	3	4	5	态度差
安静	1	2	3	4	5	吵闹
服务好	1	2	3	4	5	服务差
氛围舒适	1	2	3	4	5	氛围不舒适
食物美味	1	2	3	4	5	食物味道不好

9. 您的性别？
   _____男　　_____女
10. 您的年龄多大？
    _____16～20　_____31～40
    _____21～25　_____41～50
    _____26～30　_____51 或以上
11. 您所受过的最高教育程度：
    _____高中以下
    _____高中学历
    _____学士学位
    _____硕士学位
    _____博士学位
12. 本店专用
    (a)_____ (b)_____ (c)_____

第 10 章
问卷设计

本章学习目标 ▶

- ☐ 讨论问卷设计的相关步骤
- ☐ 列举并描述不同的问卷格式，讨论最有效的使用时间和方式
- ☐ 识别并修改不适当的问题
- ☐ 说明本章所建议的问题排序的准则
- ☐ 讨论问卷外观和编排的重要性
- ☐ 说明为什么预先测试问卷是至关重要的
- ☐ 描述电算化和网上问卷固有的好处
- ☐ 列举优秀问卷首页的特征
- ☐ 为个人访谈和电话访谈设计合适的开头
- ☐ 讨论制作观察表格的问卷设计准则

开篇故事

电路城公司：BizRate 网站顾客满意度调查

认识到顾客满意是企业成功的主要动力，许多公司正采用多种方式调查店内顾客满意度，电路城公司也不例外。电路城公司在美国经营 600 多家商店，它采用神秘购物者、现场访谈、焦点小组和电话访谈来调查顾客满意度。2000 年，公司开发了一个深受欢迎的比价购物网站——BizRate 网站，用来调查国内网下和网上购物经历。

Shopzilla 网站，作为 BizRate 网站的分支，是一个新建的购物网站，可以调查潜在顾客对各种网上零售商的满意度。Shopzilla 网站有很强的搜索引擎，包括了来自约 45000 家零售商的衣服、电器、DVD 等产品。与仍在运行的原网站 BizRate 相比，Shopzilla 网站获取调查结果的速度更快，提供的产品更丰富，顾客还可对 15 个服务领域的供应商进行比较。

总体的顾客满意度

将再次在此购物 8.6/10

总体满意度 8.6/10

购买前的满意度

产品搜索的轻松程度 8.7/10

产品选择 8.5/10

产品信息的清晰度 8.5/10

价格 8.6/10

网站的外观设计 8.6/10

运费 8.9/10

运输方式的多样性 8.8/10

收费说明清晰度 9/10

完成购物后的满意度

产品的可得性 8.9/10

订单追踪 8.8/10

交货及时 8.9/10

产品符合预期 8.8/10

顾客支持度 8.2/10

来源：BizRate 网站友情提供（www.bizrate.com）

电路城公司已将调查范围扩大到网下（店内）顾客。该网站在账单收据上邀请顾客浏览一个特别设计的网站（www.cc.bizrate.com），填写购物经历的网上问卷。为了鼓励更多顾客参与调查活动，参加的顾客将被自动注册参加电路城公司的"顾客至上"抽奖活动，有机会赢得电路城公司提供的丰厚奖品。

BiztRate 网站通过一系列关键特性获得电路城公司顾客的信息反馈，包括交货及时、产品选择、价格、保密政策、网站导航和货物交付。BitzRate 网站通过 10 项购物要素评价顾客的购物经历，分数分别为 1~10。2005 年 4 月的调查结果详见于所附的表格。

虽然 BiztRate 网站的调查没有来自企业的压力，但还是很难看出调查数据反映的信息。正如 Preston Gralla（《傻瓜网上购物指南》的作者）所说的，"8.4 或 9.5 究竟意味着什么？"不了解其中的含义将限制该调查的价值[1]。

问卷调查对管理层作出决策起着重要作用，而一个设计优秀的问卷将有助于获得高质量的顾客反馈。

正如我们在第 6 章所看到的，询问法和观察法是收集原始数据的两种基本方法。二者相比，询问法在需要原始数据的调查中更常用。此外，尽管两种方法都用到数据收据工具，为询问法设计工具远比为观察法设计工具困难。调查人员和市场调查用户必须认识到设计一份好问卷的难度以及一份设计差的问卷可能带来风险。因此，本章主要关注问卷设计问题。我们将在章末简要说明观察表格的设计。

10.1 问卷设计

问卷（questionaire）是为了达到调研目的和收集必要数据而设计好的一系列

问题。正如前面章节所述，探索性和结论性调研项目可能需要原始数据的收集。探索性调研项目的原始数据收集采用非正式的、灵活的方式。这些项目很少采用标准的问卷，通常所需的仅是调查项目的检查表。因此，与探索性调研项目相比，问卷设计对结论性调研项目才是更为基本的。尽管本章有些准则可能与探索性调研项目有关，但大量资料是关于标准问卷的设计（即结论性调研项目所采用的问卷）。

问卷设计的复杂性

设计一份问卷看似简单，特别是在那些从未设计过的人看来。您可能认为，一旦您明确想要获得的信息，就能轻易想出合适的问题，并将其编排成文。但经验丰富的调查人员很快会指出事实远非如此。的确，一谈到问卷设计，就连谚语"熟能生巧"也无能为力。或许"熟能生巧"就是调查人员对问卷设计的最高期望。

任何规则都无法保证问卷完美无瑕。本章的许多例子都说明，即使资深调研人员设计的问卷也可能存在缺陷。以下是一位经验比较丰富的调研人员在一份邮寄问卷中设计的问题：

您认为现有的很多市场调研教材对大部分经济专业本科生来说足够吗？
_____是_____不是
若回答不是，请说明原因。

初看，这道问题似乎没有缺点。但仔细看还是会发现问题，不同受访者可能会有不同理解，而且很难回答得有意义。例如，"很多"、"足够"和"大部分"在本题究竟是何意？如果简·史密斯小姐认为有三本教材是"足够"的，她该回答"是"还是"不是"呢？但若她觉得有六本是"足够"的呢？对本题的不同理解会导致诸如此类的一些问题。

这道问题的优点是附加了"若回答不是，请说明原因"。当受访者不确定答案时，这起码为他们提供了开放式回答的机会。但是，开放式答案却会引发潜在的理解分歧，还可能让受访者觉得很难回答，从而不能提供符合调研目的的数据。

列举该例子的本意不是批评写这道题的调研人员，而是为了强调问卷设计的复杂性。一般情况下，旁观者都能从设计周密的问题中轻易找到一些不足，但却很难设计出一道完美的问题来取代备受批评的问题。即使老练的调研人员也可能会直到收集数据后才发现问卷的缺陷。

总而言之，即使精心设计的问卷也无法避免错误。因此，一个调研项目的问卷若设计马虎的话是一文不值的。正如下一节所述，问卷设计对数据的准确度（收集的数据是毫无差错、可信的）是至关重要的。

问卷对数据准确度的影响

在采用私人访谈、邮寄、电话或网上调查等方式的结论性调研项目中，问卷是从受访者获取数据和将数据传达给调研人员的主要渠道。这种渠道扮演两种沟通角色：（1）它必须向受访者传递调研人员想要问什么；（2）它还必须向调研人员传递受访者想要表达什么。在两种沟通方式中，被曲解或多余的信息将极大地影响通过问卷所收集数据的精确性。整套问题必须忠实表达调研人员对数据的要求，受访者还须正确理解和回答问题。否则，所收集数据的准确度将大打折扣。一份设计随意的问卷可能会使调研人员和受访者双方的沟通出现误解。

在使用面对面或电话访谈的问卷研究中，另一个导致误解的来源是中介（访问者）介入调研人员和受访者间的沟通。一份设计差劲的问卷，例如使访问者陷入困惑或使不同访问者产生不同理解，其实是公然邀请采访者对被收集的数据产生偏见。

图10.1展示了在调研人员与受访者的联系中，问卷的重要地位。图中用箭头标记的沟通方向是设计问卷时必须重点关注的。问卷设计中的疏忽将导致在沟通过程中发生误解，造成数据的不精确。

尽管设计一份完美的问卷没有规则可循，但很多调研人员的共同经验提供了一套减少影响数据准确性的可能性和严重性的准则。针对问卷设计这一主题已有不少优秀书籍[2]。因此，我们没必要也无法用一章来讨论问卷设计的所有问题。在此，我们将重点讨论调研人员设计一份优秀问卷需要完成的主要任务。

10.2 问卷设计过程

设计一份问卷的过程是一系列互相联系的任务，本节主要概述这一过程，下节将详细描述每一项任务。图10.2展示了主要的问卷设计任务和它们之间的关系。

问卷设计的第一步是将项目的数据要求诠释为一套大致的问题。当然，如前面章节所述，一个重要前提就是确定所要收集数据的合适类型和对调研问题、目标或假设的正确定义。接着，必须对初稿进行客观检查：问题是否格式恰当（例如，结构性还是非结构性）？问题是否用词贴切，能获得有意义、有效的反馈？问题的编排是否可能引起误解？问卷的编排和外观是否有助于正确、轻松地收集数据？

每一次检查总会发现初稿必须修改的地方。此外，这些检查所涉及的问卷特征是相关联的，一处变动可能引发其他地方的相应变动。例如，问题顺序的变动可能要求格式和用词的变动。请谨记一点，问卷设计是一个交互式的过程。在一

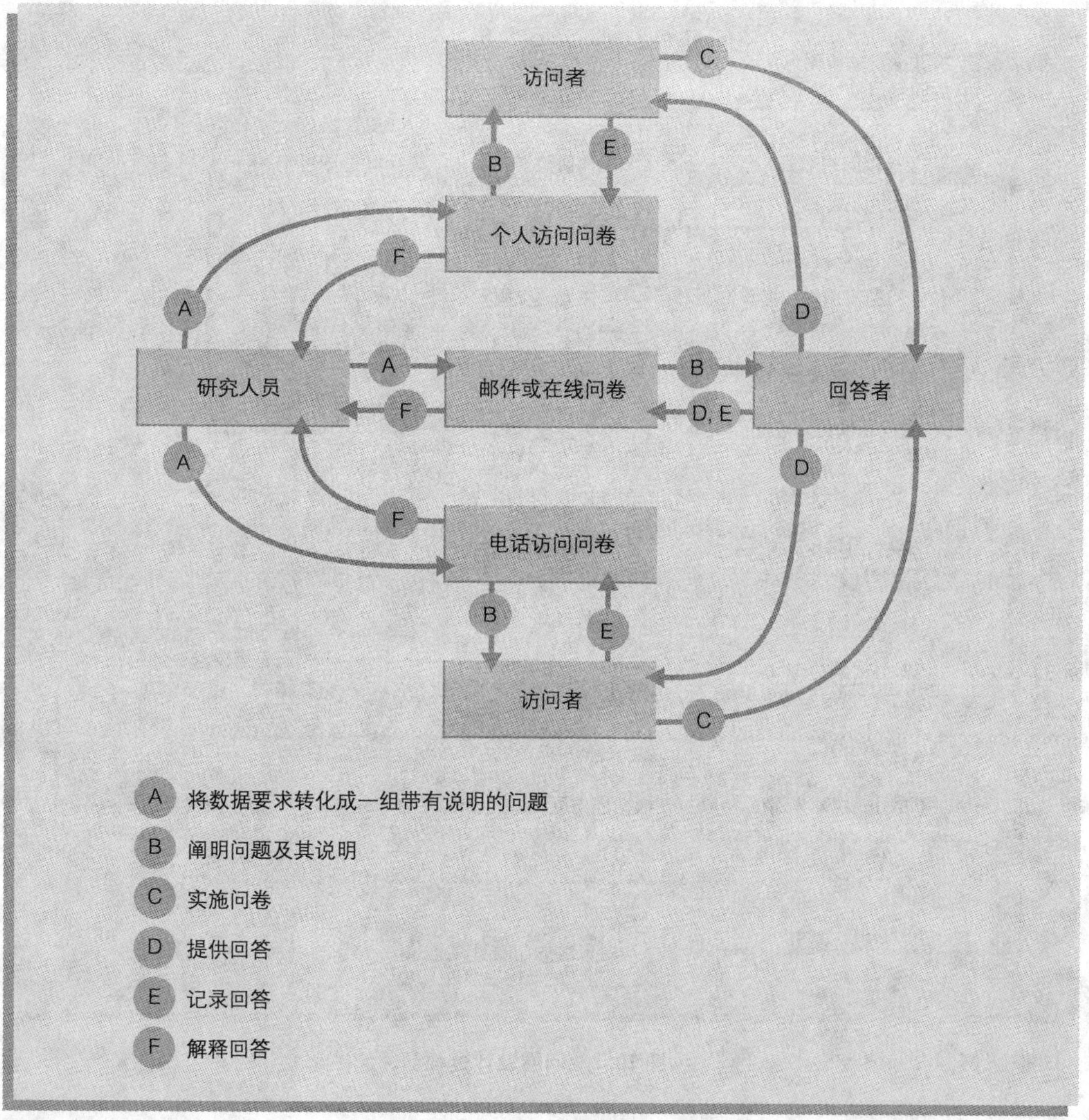

图 10.1 问卷：调研人员与受访者的联系

份问卷适合做预先测试（另一项重要任务）前，可能需要无数次循环检查。在完成问卷的最终版本前，可能还得重复进行这项任务，一些情况下需要重复几次，这主要取决于预先测试所需变动的次数和数量。

图 10.2 概括的总体过程是关于面对面、电话、邮寄或网上调研的问卷设计。然而，问卷操作方法通常会对一些问卷特征附加特别要求。我们将在下节指出这些要求。

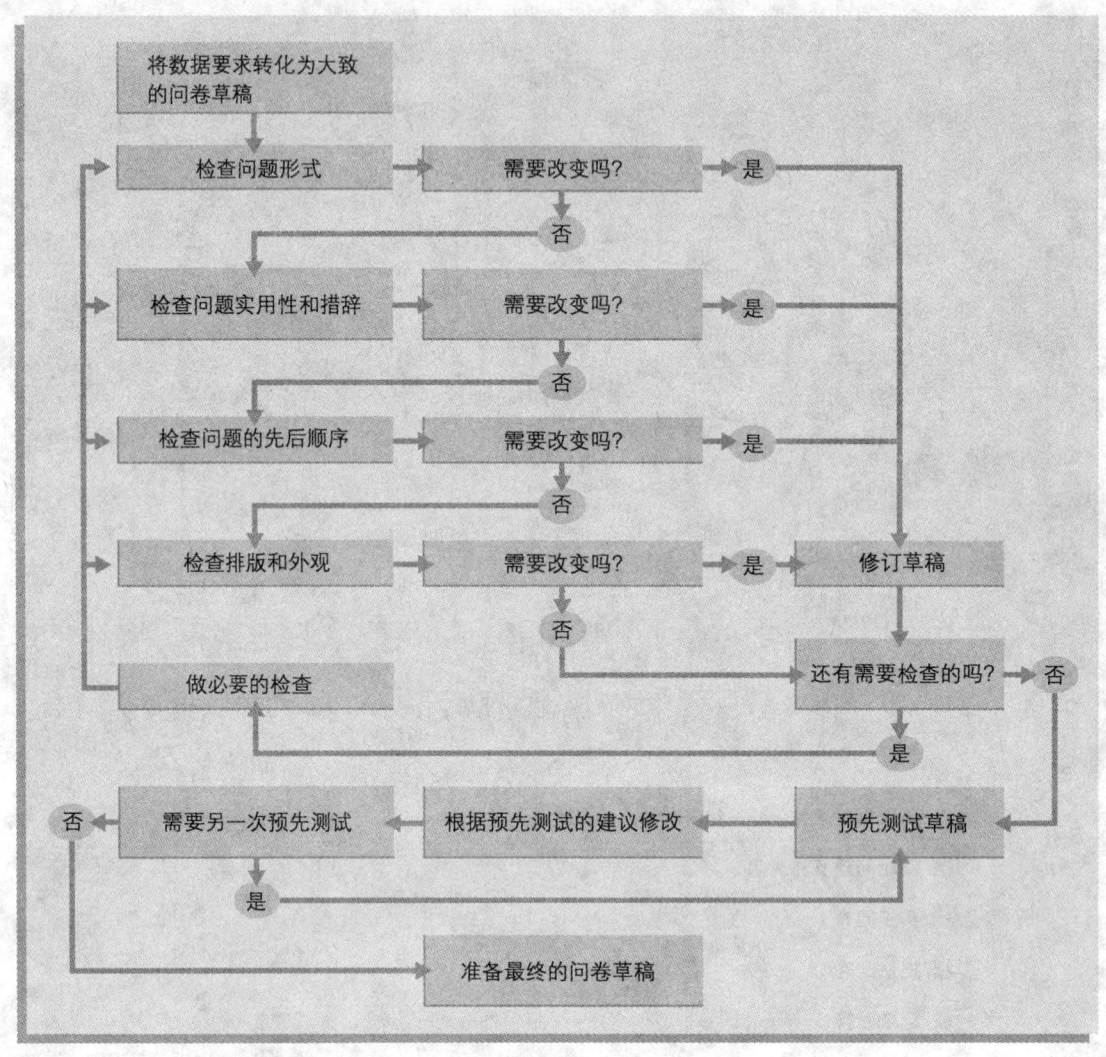

图 10.2　问卷设计过程

10.3　问题格式

问题基本分为两种：非结构式（开放式）问题与结构式（封闭式）问题（参见第 6 章）。在此，我们将强调这两种基本格式的变化，并讨论它们何时、如何使用于问卷最有效。

非结构式问题

尽管非结构式问题允许自由回答，但并非所有问题都要求长篇的回答。请看下例：

您的年龄？＿＿＿＿＿＿
关于拥有自己的房子，您最看重哪一点？＿＿＿＿＿＿＿＿＿
＿＿＿＿＿＿＿＿＿＿＿＿＿＿＿＿＿＿＿＿＿＿＿＿＿＿＿＿＿＿
请问您如何看待一个人为了填饱肚子而从杂货店偷商品？＿＿＿＿＿＿＿
＿＿＿＿＿＿＿＿＿＿＿＿＿＿＿＿＿＿＿＿＿＿＿＿＿＿＿＿＿＿
＿＿＿＿＿＿＿＿＿＿＿＿＿＿＿＿＿＿＿＿＿＿＿＿＿＿＿＿＿＿

这三个问题都是结构式问题。但是，回答这些问题所需的精力、时间和空间明显大不相同。诸如最后一题之类的问题可能不适用于结论性调研项目的问卷；这类项目所需的大量样本将使数据收集、编码和分析变得十分困难。但类似前两道题的开放式问题，特别是询问年龄的那道题，即使在大规模研究中使用也可能很有效，这是因为对它们的回答将比较简短。因此，在为大量受访者设计的标准问卷中，并不是必须回避所有开放式问题。

假如预期答案可能比较简短，有时也可能采用开放式问题，这取决于结论性调研项目所需的信息类型。例如，与通过开放式年龄问题获得的数据相比，请看以下结构式问题所能获得的数据：

请选择您所属的年龄范围？
＿＿＿＿＿＿小于 18 岁
＿＿＿＿＿＿18～30 岁
＿＿＿＿＿＿31～45 岁
＿＿＿＿＿＿46～60 岁
＿＿＿＿＿＿60 岁以上

开放式问题能生成精确的数据（受访者的确切年龄），而结构式问题只能提供受访者的大概年龄。精确数据和恰当的开放式问题可能是必要的，这取决于为提供项目所需信息而采用的分析方式[3]。第 9 章讨论不同的数据类型，第 12 章至第 15 章讨论它们对选择分析程序的影响。

一些调研人员还建议以一个简要的开放式问题开始面对面访谈或电话访谈，这样可以让受访者放松并激发他们对调研的兴趣[4]。例如，关于家用电脑的访问可以从这样一个问题开始："您如何看待现有的无数电器产品对人们生活方式的影响？"接下来，受访者可能被一句"您的回答非常有意思。我们的访问是关于家用电脑的"引入问卷访问。

以一个容易回答的开放式问题开始访问是很值得的，它还能促使接下来的访问顺利完成。有时候，一个简要的开放式问题还能在访问过程中保证话题间的顺利转换（如从购买产品转换到使用产品）。若要此类开放式问题达到预期目的，则必须仔细选择，并注意不能让受访者陷入尴尬或困惑。假如一个合适的开放式问题可以做一段访问的开头，那就使用它，而不必受大型调研通常排除开放式问题这种说法的约束。换而言之，不需要对问题的回答进行编码或分析。

结构式问题

结构式问题有两种基本形式：两分式和多项式。**两分式**（dichotomous question）仅提供两个应答项供选择，经常以是或否的形式出现。

请问您吸烟吗？
_____是_____不是

请问您看过 CNN 电台的头版新闻吗？
_____是_____不是

提供两个或两个以上应答项的问题即**多项式问题**（multiple-category questions）。多项式问题可能产生很多变化[5]。请看以下问题：

您每周大概打多少次长途电话？
_____0~1 次
_____2~3 次
_____4~5 次
_____6~7 次
_____7 次以上

您认为哪一类产品最适合在网上购买？
_____汽车
_____书籍
_____电子产品（电视、摄像机、录像机和 DVD 机）
_____录像、CD
_____电脑产品
_____旅游（机票、汽车租赁、酒店预定）

您喜欢美国银行网银服务的哪方面？
_____24 小时服务
_____交易保密性
_____不用出门，在家操作
_____网上偿还账单，不用邮寄账单

_____其他_____（请列明）

尽管这些问题都是多项式问题，但它们之间差别很大，对回答的质量也有重要的影响。我们接下来将讲述它们的不同点和影响：应答项的顺序、应答项的内容和应答项的数量。

应答项的顺序　长途电话这道题的应答项遵循自然顺序。事实上，除了将应答项的顺序颠倒外，其他选择毫无意义。但是，另外两道问题的应答项顺序可以任意调整。因为顺序本身可以影响受访者的选择，特别是当受访者不确定如何回答问题时，所以这个区别十分重要。例如，调研人员发现，当应答项涉及数字，排在中间的应答项比排在两端的更能吸引受访者的注意力（如长途电话这道问题）。而当应答项是词语、短语或句子时，则排在两端的应答项更具吸引力[6]。

尽管不可能完全消除对应答项的偏见，但我们可以采用一些措施来减少偏差。经常采用的一种方法是调整应答项顺序，也就是调整每份问卷的应答项顺序。这样做是基于一个假设：使用某一种顺序所可能引起的偏差将被所有受访者的回答中和。

顺序调整所能达到的轻松度和有效性取决于应答项的性质。正如前面所看到的，当应答项按自然顺序排列，唯一转换顺序的方法就是全部颠倒顺序。遗憾的是即使将一半问卷的顺序颠倒，即分投选票技巧（split-ballot technique），也可能无法有效中和潜在的回答偏差。

在邮寄调查中调整应答项顺序会比面对面或电话访谈困难点。当采访者询问一个多项式问题时，可以让其每次都以不同的应答项开始访问，按所列顺序轮流，直到回到起始应答项。例如，在那道网上购物的问题中，可以让采访者从"汽车"开始，访问以"旅游"结束；再从"书籍"开始，而以"汽车"结束，依此类推。当问卷通过自动化电脑调查或网络（如第6章所见）进行，每次访问都可以自动调整应答项。调整邮寄问卷的应答项则必须打印并邮寄同一问卷的不同版本，这样做增加了附加成本，通常可行性不大。

毫无疑问，即使像应答项排序这样的一个小特征也会导致数据偏差。然而潜在的偏差还是可以减少的，这取决于应答项的性质和问卷操作方法的类型。谨慎的做法是采取更多预防措施。

应答项内容。多项式问题应采用什么选项呢？问题所要调查的性质和所期望的数据类型将影响应答项内容。尽管如此，作为一条总规则，应答项必须是全面覆盖的，即是说所有应答项必须覆盖受访者可能作出的回答。应答项还必须是相互独立的，也就是说不能重复。

对于涉及受访者态度（如年龄）或行为的问题（如每周长途电话次数），我们可以轻易想出全面覆盖的和相对独立的应答项。我们只要确定可能存在的答案的总范围（通常以数字的形式），并按调研者的数据要求将该范围划分为一些合适的选项（应答项数量将在下一节讨论），相关例子请参考前面所列举的长途电话问题。

对于受访者态度、信仰、意见和动机（行为的原因）的问题，设计结构式应答项并非易事。这些问题可能存在的答案范围往往不明确，语言也往往无法准确表达预期的回答。例如，诸如"您如何看待我们总统的外交政策？"或"为何消费者购物时没有使用制造商的优惠券？"之类的问题将比类似"请问您完成了多少年正式教育？"的问题更难设计出结构式应答项。

将态度和信仰的开放式问题设计成结构式问题可能需要进行一些初步调查来大致了解回答的范围和内容。即使已完成初步调查，为了防止所列结构式回答未做到全面覆盖，还必须加上"其他"这一选项。像关于网上银行服务问题中附加的那项"其他"，将使问题局部非结构化。但在不确定所提供的应答项是否全面覆盖情况下，局部非结构化问题总比完全结构式问题好（例如，网上购物那道题）。否则，受访者在预期选项与所列选项不符时只能作出无效回答或干脆不回答。无论哪种情况，数据的质量都会受到严重影响。

另一个导致多项式问题应答项覆盖不全面的潜在原因是没有添加"不知道"或"没意见"选项。当受访者对问题没有看法时，若没有添加"不知道"或"没意见"选项就会降低数据的准确性。以下例子证明了这句话，在一个调研受访者对一个不存在的公共机构意见的调研中，许多受访者居然还是表达了对它的意见。调研者因此下结论："显然，受访者会对他们一无所知的问题表达意见。甚至在回答压力相对较小的情况下也如此。"[7] 调研人员还发现添加"不知道"选项可以减少因无知带来的无效回答。再看一遍关于网上购物的问题，并决定是否应该添加"其他"选项。同样地，重新检查多项式问题的两个例子。您对它们有何修改意见呢？

除了必须全面覆盖外，应答项还必须相对独立。换而言之，受访者的回答只能符合、并只有一个应答项。例如，在以下问题中，应答项是全面覆盖的，但不是相对独立的：

您每周平均喝多少罐可乐？
_____ 0~3 罐
_____ 3~6 罐
_____ 6 罐以上

将第二个选项中的 3 改成 4 将使选项相对独立。

现在，请看前面问题"您喜欢美国银行网银服务的哪方面？"及其选项。选项的意思是独特的，并且不重复。但在其他意义上它们是重复的：受访者对问题的回答可能符合一个以上所列的选项。从问题设置的方式，我们无法看出调研者是否希望受访者只选一个答案。因此，即使所有人都喜欢美国银行一项以上的网银服务，一些受访者将只检查一个选项，而其他人则会检查几个选项。

以下两种方法可以保证所有受访者以相同的方式理解问题：

1. 将问题修改成"请从下列选项中选出您最喜欢美国银行网银服务的哪一方面？"这样一修改，受访者就会只选择一个选项。
2. 将问题补充为"您喜欢美国银行网银服务的哪些方面（请选择全部符合的选项）"

然而，选择第二种方法的调研人员必须明白，对多项回答进行编码和分析可能比较麻烦[8]。到底该采用哪种修改方法，这取决于调研人员对数据要求的性质。

应答项的数量。就允许回答的种类而言，多项式问题介于两分式问题和开放式问题之间。请考虑一个关于收入的问题。若调研人员只想知道受访者的收入是否在一定数额之上，则采用两分式问题足矣。反之，若想了解受访者的确切收入，则必须采用开放式问题。然而，一个项目的数据要求通常是介于两种方法之间，而且调研人员必须决定应提供的应答项数量。尽管没有确定最佳选项数量的标准，下面的方法还是值得考虑。

决定应答项数量和内容的一个好方法是检查与现在的研究相似的旧研究。当调研目标是为了将获得的数据与二手数据相比较时，这种方法将十分有利。为了进一步说明这点，假设一个针对网络用户的调研是为了确定他们的人口统计学特征与普通民众的相比如何。普通民众的人口统计学特征的数据可以通过美国人口统计局的出版物获得。因此，一个有效的程序应当使调研问题（包括应答项的数量）的格式与人口统计分类相符合。

另一个重要考虑是使用什么类型的问卷操作方法。邮寄问卷中本来已经包含了很多多项式问题，若每个问题都有太多应答项，这将导致很多困难。增加的问卷长度不仅可能增加邮寄费用，还可能打击潜在应答者填写并寄回问卷的积极性。解决这个问题的最好办法是列举最有可能的回答（或许可通过初步调查确定），并附加"其他"选项[9]。

在个人访谈和电话访谈中，多项式问题可能会引起另外一系列不同的问题，特别是当采访者必须将选项大声读给受访者听的时候。当访问者必须大声读应答项时，太多应答项的一个明显缺点是增加调研时间，从而可能导致受访者不耐烦。另一个缺点是当访问者读完所有应答项时，受访者很可能无法记住所有应答项。因此，回答可能会偏向开头或结尾的选项。解决这些问题的一个方法是完全不读出应答项，即问一个开放式问题，但将应答项的全面覆盖列表打印在问卷上，这样编码将比较容易和快速。由于比较容易控制选项，网上调研可以减少这些问题。

遗憾的是，不将应答项大声读出来这种方法有时可能行不通。例如，在关于广告的调研中，调研者可能希望测量受访者对广告的辅助回忆。辅助回忆要求向受访者说明所有可提供的选项（例如，所有出现在杂志上的关于某个话题的广告）。例如，在一个私人访谈中，调研人员可以为受访者提供列明所有选择的卡片，让其看完后作出回答，这样可以充分、有效地引导辅助回忆。在电话访谈中，这个技巧则明显无法采用。问题的性质规定了所要采用的问卷操作方法的类型。例如，对于一份复杂的杂志读者和广告回忆的调查，调研人员别无选择，只能采取私人访谈和网上调查（正如第6章所述）这两种最万能的问卷操作方法。

10.4 问题的关联性与措辞

起草问卷初稿后的一个重要任务就是保证每个问题的关联性。必须仔细检查每个问题，来保证收集到的数据符合调研目标。尽管这个建议看似显而易见（毕竟谁想问一个毫不相干的问题呢？），但人们还是经常忽视，特别是那些经验不足的问卷设计者。

针对初稿的每个问题，一个值得提出的问题是：若不问这个问题，能够达到调研目标吗？若答案是肯定的，则应将该问题删除。仅有的例外是为了激发受访者的积极性或使他们放松而在访问开始时问的一般开放式问题，或者在访问过程中为了帮助转换话题而问的问题。如果答案确实是肯定的，则可以考虑修改或删除问题，并按下面将讨论的一些标准对其进行进一步检查。

受访者能够回答该问题吗？

即使问题明显是相关的，但若受访者无法有意义地回答它也是枉然的。例如，请看以下问题，该问题是从一份为了收集教授对营销教育和营销专业学生的看法而设计的邮寄问卷：

您认为您的营销课程中有多少学生有可能成为成功的营销经理？

10%＿＿＿＿＿＿

20%＿＿＿＿＿＿

30%＿＿＿＿＿＿

＿＿＿＿＿＿%

该问题是关于教授对其学生的看法，因此与调研是相关的。但很多受访者对如何有意义地回答感到无所适从。换而言之，调研者想要收集的数据可能在很多受访者的经验范围之外。顺便问一句，您认为这个问题还有其他缺点吗？

即使当调研者想要收集的信息在受访者的经验范围之内，另一个导致受访者无法回答问题的因素是记忆力问题。大部分人可以回想过去一年里被卷入交通事故的次数，甚至是过去好几年的。但是，大多数人很难记得他们在过去一年里去过麦当劳的次数，他们可能可以回想前一周的，但无法记得过去一年去过的次数。记住过往事件的能力取决于发生后经过的时间和事件对受访者的重要程度。后一个因素是至关重要的，因为对调研人员来说十分重要的可能在受访者看来是无关紧要的。

例如，请看下面问题，该问题来源于一个市场调研公司对家庭主妇进行的面对面访谈中使用的问卷：

请问您的家庭过去12个月中在炊具上的花费是多少？_____美元

毫无疑问，这个问题对调研公司及其客户是很重要的。但有多少受访者能够记得他们过去12个月在炊具上花费的总额呢？若有人能够的话，我们猜是极少数的。当然很多人可能会回答一些数额，但其准确度却值得怀疑。

为国际市场设计问卷会产生另外一系列问题。V. Kumar 和 Anish Nagpal 提醒大家同一词语在不同文化可能有不同意思。因此，我们在为不同市场设计问卷时，必须对同义词心中有数[10]。例如，"很满意"在不同文化中可能被赋予不同解释。在日本、中国和非英语欧洲国际，"很"这个词相当于有点。为了表达相同意思，我们必须将"很满意"改成"完全满意"[11]。

优秀的问题设计者，不是无视调研人员及调研用户需求，而是站在受访者的角度评价问题的潜在价值。我们应修改或删除从受访者的角度看毫无意义或很难回答的问题。

受访者会回答该问题吗？

当问题涉及敏感性话题或使人尴尬，受访者即使有足够的信息准确回答该问题，他们也可能会拒绝回答。更糟的是，实际上，他们可能提供不真实的回答。个人财务状况或性生活都是敏感性问题的例子，诸如此类的问题还可能激怒受访者。因此，除非这些问题极为重要，不然不要将它们放入问卷中。在敏感性话题的数据至关重要的调研中，调研人员只能采用伪装技巧（如第6章所述）。

问题的关联性、受访者回答的能力及回答的意愿都会受到措辞的影响。设计出能够生成相关真实数据的问题可能是设计问卷最重要和最困难的一部分。遗憾的是，我们无法靠挥舞魔棒来产生适合每个调研目标的好问题。简而言之，问题的措辞及其对回答的影响是针对具体情况的、复杂的，以致无法制定统一准则。

由于这个原因和篇幅的限制，我们将不在此讨论问题措辞的所有方面；专门针对问卷设计的书籍对此已有很好的阐述。在下节，我们将讨论一些例子来强调因问题措辞引起的一些常见错误以及减少这些错误的方法。

避免双重问题

假设以下问题是用于针对大众的调研：

您认为现在的公司是否关心员工及客户？

_____是　　_____否　　_____没意见

该问题是双重问题的经典例子。**双重问题**（double barreled question）指分别提出几个问题，却只提供一套回答。

对双重问题的回答是很难解释清楚的。例如，假设一个受访者回答"否"，则"否"可以按以下三种方式解释：

- 受访者认为公司既不关心员工，也不关心客户。
- 受访者认为公司关心员工，但不关心客户。
- 受访者认为公司不关心员工，但关心客户。

以上哪一种解释是正确的呢？只有受访者心里明白。对该问题回答"是"或"否"都很难被解释清楚。

若要获得有意义的、容易解释的数据，则必须重新组织双重问题的措辞，每次只关注问题的一方面，并提供不致模棱两可的一套应答项。这通常是通过将一个问题拆分为几个来实现的。因此，我们例举的问题可以修改为两个单独的问题：

您认为现在的公司是否关心员工？

_____是　　_____否　　_____没意见

您认为现在的公司是否关心客户？

_____是　　_____否_____没意见

避免诱导性问题

诱导性问题（leading question），也被称为**误导性问题**（loaded question），指可能将受访者引导到某一特定答案的问题，而不顾他们的真实回答是什么。下面的问题将做说明：

您不认为海洋石油钻采是对环境无害的吗？

_____是　　_____不是　　_____没意见

您认为现在市场的产品质量跟 10 年前一样高吗？
　　　_____是　　_____不是　　_____没意见

当然，不是所有受访者都会被类似的问题引向某一特定答案。若受访者对海洋石油钻采或现在市场产品质量有坚定的看法，则不太可能被问题的措辞动摇。尽管如此，一些受访者，包括那些真的没有意见的人，还是可能被诱导，而对第一个问题回答"是"，对第二个问题回答"不是"。如果受访者对诱惑屈服，就会导致不真实的数据。

当调研主要集中于人们的态度、信仰或意见时，提出诱导性问题将产生极大风险。调研人员在设计问卷的过程中无法保持客观的话，可能会无意识地设计出诱导性问题。也就是说，通过这种方式设计问题，来使潜在回答倾向于调研人员对调研问题先入为主的观念。努力将问题设计得尽可能中立是获得公正数据的前提条件。我们可以将所看过的两个诱导性问题修改如下：

您如何看待海洋石油钻采对环境的影响？
　　　_____海洋石油钻采是对环境无害的。
　　　_____海洋石油钻采不是对环境无害的。
　　　_____没意见。

与 10 年前相比，您认为现在市场的产品质量如何？
　　　_____现在市场的产品质量比 10 年前的更好。
　　　_____现在市场的产品质量比 10 年前的更差。
　　　_____现在市场的产品质量比 10 年前的一样。
　　　_____没意见。

避免单边式问题

正如名称所暗示的，**单边式问题**（one-sided questions）只提供问题的一个方面供受访者回答。单边式问题可以使受访者产生偏见，这种偏见通常比较微妙。请看如下问题（请注意第一个问题是前面双重问题的修改版本）：

您认为现在的公司关心员工吗？
　　　_____是　　_____不是　　_____没意见

您是否同意撤销对航空业的管制规定有利于顾客？
　　　_____同意　　_____不同意　　_____没意见

为了理解这些问题之所以是单边的，并因此可能导致带偏差的回答，请看以下对同一个问题的重新措辞：

您认为现在的公司关心还是不关心员工？

_____关心　　　_____不关心　　　_____没意见

您认为撤销对航空业的管制规定有利于顾客、对顾客没影响还是伤害顾客？

_____有利于顾客

_____对顾客没影响

_____伤害顾客

_____没意见

重新措辞的问题阐明了问题的所有方面，显得更中立。一些受访者可能倾向于同意任何单边式问题提出的意见。这种现象被称为**肯定现象**（yea-saying），它所产生的偏差被称为**默许偏差**（acquiescence bias），这是源于受访者倾向于同意任何单边式问题提出的一方面。

提出问题的所有方面是为了受访者至少有其他选择可以考虑，而不是盲目地回答"是"或同意任何提供的建议。提供问题的所有方面将减少错误回答的几率。**分投选票技巧**（split-ballot technique）也是一种中和可能产生的默许偏差的方法，我们在前面的关于调整多项式问题中的应答项问题已经讨论过这种方法[12]。在分投选票技巧中，相同的问题有两种不同版本，一种版本提出问题的某一方面，第二个版本提出问题的另一方面。在采用这种方来控制回答偏差时，调研人员准备问卷的两个版本，一个提出调研问题的某一方面，第二个提出另一方面（尽管分投选票技巧通常只提供问卷的两个版本，但可以想出尽可能多的版本）。调研人员随机把回答样本分为等量的两边，并将问卷的一个版本放入其中一边。当数据混合在一起，任何默许偏差都会消失。

尽管分投选票技巧看似很好，它还是有两个主要缺点。首先，当需要几种不同版本时，为问卷准备不同的版本会变得复杂且昂贵。其次，若同一问题的回答在不同版本里是大不相同的，将答案合并起来产生一个平均回答将毫无意义，这种情况下问题将变得没有价值。因此，分投选票技巧仅适应于列举问题的所有方面可能使问题过于复杂、难看的情况。

当提供的选项倾向于某方面时，单边式问题的变项可能会出现在多项式问题中，正如下面的例子：

购买新车时，您认为价格因素重要吗？

_____比其他因素更重要

_____极重要

_____重要

_____比较重要

_____不重要

以上所列选项是不平衡的：五个答案中有四个表明价格是一个重要标准[13]。

为了理解不平衡的选项可能带来的偏差，请看下面该问题的平衡版本。此版本的平衡选项为那些认为价格不是重要因素的受访者提供更多选择。

购买新车时，您认为价格因素重要吗？
_____很重要
_____相对重要
_____既不重要，也非不重要
_____相对不重要
_____很不重要

避免带含蓄假定的问题

一些问题的回答可能深受受访者在回答时的假设所影响，这就是**带含蓄假定的问题**（questions with implicit assumptions）。带含蓄假定的问题并不为所有受访者提供或暗示相同参考框架。因此，问题必须明确说明受访者应当假设什么，而不是让其自己做假设。假设下列问题是邮寄给市民的问卷的一部分。

您对增加10%城市税是赞成、漠不关心还是不赞成？
_____赞成　　　_____漠不关心　　　_____不赞成

受访者对此问题的回答将大不相同，这取决于其对需要增加10%城市税的原因有正确的信息、错误的信息或没有信息。调研人员应当为所有受访者提供统一的参考框架，以获得有意义的回答，并从中得出正确的结论。认为所有受访者对该问题都有相同的正确背景信息是很危险的。可以将该问题修改如下：

您对增加10%城市税以维修城市街道的坑洼是赞成、漠不关心还是不赞成？
_____赞成　　　_____漠不关心　　　_____不赞成

含蓄的假定可能通过更多的方式被插入问题中。请看以下问题：

您在观看足球、棒球等时喝咖啡吗？
_____是　　　_____不是

该问题设了几个含蓄的假定。首先，从受访者的角度看，不能明确"观看足球、棒球"是通过在家看电视还是通过户外进行，或两者皆是。因此，答案可能不同，这由受访者的假设决定。其次，"等等"究竟包含什么并不清晰。例如，它是否包含还是不包含除球类运动外的运动比赛？再者，问题还受不同受访者不同理解的影响。最后，问题明显是假设受访者是一个咖啡饮者。这个含蓄的假定是否会带来理解问题取决于该问题之前的问题是什么。

我们可以通过将问题修改如下，来修正前两个问题（问题含糊不清）：

请问您在进行以下哪些活动时喝咖啡？（选择符合的所有选项）
_____参加球类运动
_____参加除球类运动外的运动比赛
_____通过电视观看球类运动
_____通过电视观看除球类运动外的运动比赛

本题所包含的应答项数量和类型取决于调研人员的特定目标。但重点是重新措辞后留给受访者改变假设的空间更少。

现在，让我们看看受访者是咖啡饮者的这个明显假设。这个问题显然与不喝咖啡的受访者毫不相干。避免对此类受访者问这个问题的一个方法是采用过滤式问题。**过滤式问题**（filter question）是为随后的问题对受访者作出限制，或为保证问题在受访者的经验范围内。一个过滤式问题的例子是"您喝过咖啡吗？"只有那些回答"是"的人才会被问关于喝咖啡时参加什么活动的问题。

关于过滤式问题值得警惕的一点是，这样的问题太多会使问卷长度和采访时间剧增。我们应谨慎使用，或许只用于确定受访者是否适合整个访问，或用于避免对不合格受访者问问题（例如在确定受访者是否有孩子前，就问其孩子的年龄）。在其他情况下，若问题不符，只要增加一个特别选项（代替单独的过滤式问题）来让受访者检查，就可以解决缺少问题相关性的潜在困难。例如，在关于喝咖啡的多项式问题中，可以在选项列表的顶部提供如下选项：

_____我不喝咖啡。（请直接跳到下一题）

下面例子再次说明因设计者没有清楚说明关键词所包含的或所指的意思而引起问题含糊不清。

您早餐多久吃一次鸡蛋？
_____经常
_____有时
_____很少
_____从不

本题的问题是不同受访者可能对头三个选项赋予不同的意思。例如，一位受访者对"有时"的理解可能被另一位称为"很少"。当有出现类似不同解释的可能时，所收集到数据的意义性将值得质疑。为防止因误解而产生的错误，一种方法是将问题修改如下：

一般地说，您每周有几天早餐是吃蛋的？

	每天
	5~6 天
	3~4 天
	1~2 天
	每周少于 1 天
	早餐从不吃蛋

当然，问题设计者可能无法总是想出像本例一样选项清晰明了的问题。但重要的一点是，问题设计者应尽可能选择可以让受访者都有相同理解的措辞和选项。

避免复杂的问题

对问题设计者而言很容易理解的词语在受访者听来可能很生疏或复杂。在问题中使用这些词语将产生**复杂的问题**（complex question），正如下面例子所示：

您特别想把流动资产投资到以下哪一方面？

	保险账户
	股票市场
	保险账户和股票市场
	其他账户

若从民众中抽出受访者询问这个问题，很多人可能不知道"流动资产"的意思，一些人甚至可能不了解股票市场。然而，大部分人还是会作出回答，因为他们不想显得无知。我们当然不能太信任从对问题一无所知的受访者所获得的数据。重点是在设计问题时应尽可能使用简单的词语，以保证受访者可以轻松明白问题。但不能刻板地遵守这条准则。

在尝试将问题以最简单的词语表达出来的同时，设计者还必须保证问题不会因过长而变得复杂。换而言之，为了保持问题相对简练，只要潜在应答者能够明白，可以使用复杂的词语。例如，企业管理人员（嘉信理财的潜在目标对象）应该不难理解"流动资产"和"股票市场"。事实上，用简单的词语来解释术语，在知识渊博的受访者看来可能是一种侮辱。

简而言之，一个问题被认为是简单的还是复杂的，不仅取决于它的措辞，还取决于它的受访者类型。优秀的问题设计者必须对受访者的应答能力比较敏感，并设计出既不卑躬屈膝也不居高临下的问题。

另一种复杂问题的类型是花费受访者太多精力的问题。这种问题的例子如下：

在过去一个多月您开车的公里数中，开车上下班的公里数所占的百分比大概是多少？

————%

这个问题的复杂并不是因为很难理解，而是因为很难回答。受访者需要花费很多精力来回答这个问题。简化的一种方法是将其拆分成两个问题：一个关于开车的总公里数，另一个关于上下班开车的公里数。然后，调研人员可以在数据分析阶段自己计算出想要的百分比数据。我们应尽可能提问几个简单的问题，而不是构造一个复杂的问题。受访者需要做的事情越少，他们回答问题的意愿越高，作出错误回答的机会越少。

总结一下，问卷措辞中的缺陷问题包括双重问题、诱导性问题、单边式问题、带含蓄假设的问题和复杂的问题。问卷初稿一定会出现这方面的问题或它们的变体。

国际市场调研中应特别注意问题措辞。进行跨国调研的调研人员应采取一些措施来保证问卷被正确翻译成当地语言。首先，由一个熟悉两种语言的专业人员翻译原问卷。然后，另一位翻译人员把本地语言的问卷再翻译成原来的版本。第三步，调研人员应将原版问卷与翻译的问卷进行对比，确保两个版本意思相同。第四步，本地语言版本应由所在地国家的市场调研专家进一步检查。最后，应当预先测试本地语言版本，以确保问卷符合预期目标[14]。

10.5 问题的排序

应当合理编排问题的顺序，来减少数据错误，并方便对问卷的轻松、顺利操作。Terra Friedrichs 先生是位于马萨诸塞州阿克顿镇的一家调研公司——产品管理协会的创立者，他指出问题的有效排序是国际市场调查最重要的一个方面[15]。具体情况下的问题顺序当然由这种情况的独特特征决定。但本节提出的普遍准则事实上对所有情况都有用。

人口统计学和敏感性问题的位置

将关于受访者的私人或人口统计学特征（如年龄、教育水平、收入等）的问题放在问卷的结尾。事实上，这类问题在所有问卷中都有，因为它们提供的**分类资料**（classification data）有利于获得回答样本的特征，并有利于将回答交叉分类到与调研目标直接相关的其他问题。但在问卷的开头问这些问题可能使一些受访者感到厌烦，并影响他们完成剩下问题的意愿。在问卷开头提出人口统计学问题的唯一情况是，被用作过滤性问题来识别合格受访者（当受访者是通过配额抽样被选中时,这种情况可能产生,第 11 章将讨论)。

敏感性问题可能使受访者感到尴尬或为难,应将其放在接近问卷的结尾处。当问卷是通过面对面或电话访谈进行时,这种安排将显得特别重要。访问者与受访者间的融洽关系对获得敏感性或威胁性问题的真实回答至关重要。因此,延迟提问敏感性问题将使访问者有更多的时间与受访者建立起融洽的关系。将敏感性问题放在问卷的结尾处还有另一个好处:即使受访者拒绝回答这些问题,通过前面问题所收集到的数据可能还有用。但在一开始就问敏感性问题可能导致整个访问失败。在很多国际市场调研中,敏感性问题可能根本不能提问。例如,1999年,中国通过了关于进行市场调研和收集敏感性私人信息的新法规[16]。

尽可能早点问简单问题。这条准则是前一条准则的推论。易于回答的问题可以使问卷操作程序有一个好的开始(即使在使用自我操作程序的邮寄问卷和网上问卷也如此)。简单问题还有助于为更多难答的问题奠下基础。

相关问题的安排

当问卷提出很多话题,我们建议聚集问题,将相同的话题放在一起。随意从一个话题跳到另一个话题,会使受访者感到混乱,破坏他们的思路,并导致数据错误。换而言之,将问题组成有意义的问题群可以增加受访者回答问题的轻松感,并降低回答错误的几率。例如,在一个关于公司管理人员对经济、竞争和员工流动的看法的调查中,一个谨慎的方法是将其分成三部分,每部分的问题都只关注一个话题。

漏斗型与逆漏斗型顺序

在同一话题的范围内,从一般问题到具体问题的这种方式被称为**漏斗型顺序**(funnel sequence)[17]。它以关于一个话题的一般性问题开始,逐渐过渡到另一个关于同一话题的相对集中的问题。几乎所有情况下都适合使用漏斗型顺序(唯一例外我们将在后面讨论)。而在开头就问具体问题可能使后面问题答案偏向的情况下,漏斗型顺序十分重要。

为说明这点,请看下面多项选择问题的顺序(为节省空间,只说明每题所示的应答项)。

1. 您观看以下哪种类型的电视节目?(选择所有符合的选项)
   _____新节目　　_____智力竞赛节目　　_____游戏节目
2. 您最喜欢以下哪些电视节目?
   _____新节目　　_____智力竞赛节目　　_____游戏节目
3. 您在过去 7 天里观看了以下哪些具体节目?

哥伦比亚广播公司晚间新闻	_____是	_____不是
谁想成为百万富翁	_____是	_____不是
幸运之轮	_____是	_____不是

这三个问题都遵循漏斗型顺序。如果将上面的顺序颠倒（先问过去 7 天所看的具体节目）可能使受访者的回答偏向于所看过的节目类型和最喜欢的类型。换而言之，受访者可能故意或无意地更多考虑与过去 7 天所看具体节目相似的节目类型。

尽管在编排同一话题的问题时，漏斗型顺序总是作为推荐形式，但它并不是在所有情况下都适用。当受访者对一个话题没有形成清晰的观点或需要一个统一参考框架来回答这个话题的一般性问题时，**逆漏斗型问顺序**（inverted-funnel sequence）则更适合[18]。例如，请看一个用来评价 NetGrocer 网络公司形象的客户调查，该公司是网络业内众多规模相似的网络公司中的一间。随着这类公司的增多，很多受访者可能无法迅速表达他们对任何一间具体公司的看法，也包括 NetGrocer 网络公司。此外，如果一开始就问他们一个总体印象的问题（如"您对 NetGrocer 网络公司的整体印象如何？"），他们可能不会使用相同的参考框架来回答。例如，一些受访者回答可能基于 NetGrocer 网络公司的网站，而其他人可能基于 NetGrocer 网络公司的产品。因此，更好的方法是在问受访者总体意见前，先问他们对 NetGrocer 网络公司具体特征（网站、产品、客户服务等）的看法。逆漏斗型顺序有助于唤起受访者的记忆，并为其提供一套统一的标准来作为其总意见的基础。

跳过模式

我们应确保问题排序有益于清晰简单的**跳过模式**（skip patterns），与某些受访者无关的问题应被跳过。这一模式对不同的受访者所提问的问题数量及其序列可能有所不同，并产生不同的跳过模式。恰当的问卷项目排序对避免复杂的跳过模式至关重要，这些复杂的跳过模式可能使采访者与受访者感到混乱。

为了更好理解这条准则，请看图 10.3，该图包含一部分邮寄问卷的内容。一眼看上去，这五个问题看似简单明了。但仔细注意，第 13 和 14 题均要求受访者先确定这些问题是否有回答的必要。使用"如果"这种语句来使受访者进行自我筛选有两个不顺人意的特点：（1）受访者必须费更多精力决定是否回答问题，（2）在问题的过滤部分使用过多"如果"（如 14 题所示）会使受访者困惑，并导致错误回答。尽管问题措辞对防止这些潜在问题很重要，问题排序同样重要，正如接下来所讨论的。

图 10.4 提供了图 10.3 部分问卷的修改版本。已修改的问题顺序和相应的措

辞改变简化了问卷。出现在恰当位置的、简单的"至"指示代替了使受访者花费精力进行自我筛选的"如果"过滤语句。而且，问题顺序比原来版本更符合逻辑。将原版第 11 题放到修改版本的第 13 题有很大的好处：现在，关于相同话题的问题靠得更近。尽管所有问题都是关于受访者的居住地点，但第 11、11a 和 12 题是关于居住的州，第 13、14 和 15 题是关于居住的类型。这些问题同样是按漏斗型顺序排列：首先是州问题，然后是建筑问题。

---

11. 您目前的住处是自己拥有的还是租赁的？
 　　_____自己拥有的　　　_____租赁的
12. 您在这个州住了多久？
 　　_____少于 1 年
 　　_____1～5 年
 　　_____5 年或以上
13. 如果您曾在其他州住过，您在搬来这里的前一个州是哪个呢？
 　　_____
14. 如果您在这个州住了 5 年或以上，目前的住处是租赁的，您打算在未来两年内买房子吗？
 　　_____是　　　_____不是　　　_____不知道
15. 您在目前居住的地方住了多久？
 　　_____少于 1 年
 　　_____1～5 年
 　　_____5 年或以上

图 10.3　需要改进的问题顺序

---

11. 您一直都住在这个州吗？
 　　_____是（至第 12 题）　　　_____不是（至第 11a 题）
11a. 您在搬来这里住的前一个州是哪个呢？_____
12. 您在这个州住了多久？
 　　_____少于 1 年
 　　_____1～5 年
 　　_____5 年或以上
13. 您目前的住处是自己拥有的还是租赁的？
 　　_____自己拥有的（至第 15 题）　　　_____租赁的（至第 14 题）
14. 您打算在未来两年内买房子吗？
 　　_____是　　　_____不是　　　_____不知道
15. 您在目前的住处住了多久？
 　　_____少于 1 年
 　　_____1～5 年
 　　_____5 年或以上

图 10.4　改进后的问题顺序

仔细观察图10.4,它为问卷设计者传递一个重要信息:遵守前面所述各种问题措辞和排序的准则(提问简单问题、集中相似问题),有助于设计清晰的、简单的跳过模式。

您可能已注意到图10.3和10.4的跳过模式各不相同。特别是在原版中,只要求目前租房并在该州住了五年或以上的受访者回答第14题。而在修改后的版本中,所有目前租房的受访者都被要求回答第14题。这个修改版本有问题吗?其实并没问题,原因有三个。第一,第14题对所有目前租房的受访者来说是合适且有意义的。第二点可能更重要,根据租房者在该州居住的时间而采用附加的过滤问题来识别受访者,会使问卷变得过分复杂。第三,调研人员还是可以通过将第12和14题的回答交叉列表(第13章将详细阐明),来选择性查明那些已在该州居住了五年或以上的租房者的购房意图。

重要一点是,为了确保问卷简洁,并减少潜在的疑惑,过滤性问题只适用于当接下来的问题对一些受访者毫无意义或使其尴尬的情况。作为选择,也可通过恰当的问题措辞和排序来限制过滤性问题的数量,这样可以方便问卷操作,并降低错误的几率。

10.6 问卷的外观与编排

问卷的外观和问题的编排方式会影响受访者的合作程度和收集的数据质量。外观和编排对邮寄和网上调研尤其重要,这是因为问卷只能进行自我推销。一份专业的、有吸引力的问卷可以增加受访者的合作机会。

网上调查设计对设计者提出一些特别的挑战。在网络环境下,电脑屏幕上的营销刺激和测量工具在不同受访者看来不尽相同,这是由于不同的显示器规格和类型、分辨率和颜色都影响网上调研的外观。此外,与传统的书面和口头调研的回答方式不同,受访者是通过敲键盘和点鼠标来回答问题[19]。

一份整洁的问卷(有清晰的说明,问题间有充分间隔,预留合适的回答空间等),将极大降低错误的几率[20]。为了更好地说明这一点,请看以下相同问题的两个版本:

版本1

您的年龄?

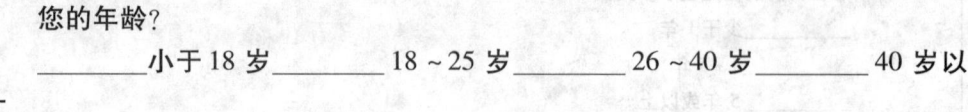
_____小于18岁_____18~25岁_____26~40岁_____40岁以上

版本 2

您的年龄？

_____ 小于 18 岁

_____ 18～25 岁

_____ 26～40 岁

_____ 40 岁以上

版本 2 的编排比版本 1 更好，而且很少会导致无意间选错答案。显然，在收集数据前，值得仔细关注问卷的编排。但问卷编排常常被忽视，特别是那些问卷设计新手。

这里并不详述纸张类型、印刷类型和纸张规格之类的问卷特征，这在其他书本可以找到[21]。总而言之，问卷看上去必须有吸引力、简洁和整齐。它还必须便于操作、易于回答和容易填写。

决定问卷外观的一个重要考虑是成本。制作一份专业的、吸引人的问卷是昂贵的。但是与编排（对问题和选项的安排）相比，成本通常更多地约束外观（纸张和印刷质量）。因此，有限的预算并不能成为一份杂乱的、使人疑惑的问卷的借口。

接下来讨论的是预先测试，它可以发现问卷编排、问题措辞和排序的潜在问题。

10.7 预先测试

预先测试（pretesting）是对一小部分潜在应答者和其他能够发现设计缺陷的人员进行问卷测试。这是必不可缺的，因为即使最优秀的问卷设计者也可能犯只能由外部评价发现的错误。尽管很多调研人员认识到预先测试的重要性，但通常没有正确操作，甚至误用。

常见的对预先测试的误用是认为这个过程可以代替问卷设计早期阶段的仔细考虑和注意。这种看法会导致对问卷准确性产生一种错误的安全感。预先测试只是一种工具，用来深入发掘问卷中调研人员特别关心的具体特征或问题。

预先测试受访者可以发现问卷的所有缺点，这种假设是不正确的。事实上，一项研究发现，预先测试受访者甚至无法发现明显的错误，特别是对于那些有误导性和模棱两可术语的问题。这项研究报告的作者说："在模棱两可的情况下，一个受访者可能无法认识到一个术语不只有一种意思。这是因为错误来源于不同受访者采用不同的理解，单个受访者不太可能向采访者提出这种错误。"[22]

除非受访者预先审查问题，确定潜在的问题点，并预先具体调查这些问题点，否则将无法在预先测试中发现任何因受访者理解不同而产生的错误。换而言之，调研人员若因预先测试者毫无困难地填写完整份问卷而认为问卷已经做到十分简单，那他则犯了个大错误。

在特定情况下预先测试的数量和性质并没有统一的规定。但总的来说，预先测试必须以私人访谈的方式进行，而不论问卷最终将采用什么操作方式，这是因为与受访者面对面访谈可以提出在其他方式不被注意到的问题区或疑惑点[23]。此外，我们还建议对问卷进行第二次预先测试。这次预先测试的目的是发现问卷实施的问题。最后，如果问卷草稿在预先测试后进行了实质性修改，则在最终完成问卷前，可能需要再进行一次或更多预先测试。

预先测试样本应包含多少受访者呢？预先测试样本规模是一个由很多因素决定的主观决定，这些因素有调研人员对问卷的自信度、可用的时间和金钱等。但总括起来，最好是对问卷进行系统性预先测试，并对具体目标心中有数。对较小样本的受访者进行深入调查，这种方式比通过简单要求受访者填写问卷来预先测试较大样本好。换言之，预先测试的潜在好处更多取决于质量，而非数量。

预先测试的受访者构成必须与最终参与调研的受访者相似。但预先测试并不仅限于这类受访者。其他能够提供有价值见解的人也可参加，包括调研人员的同事和数据的潜在用户[24]。让他们参与预先测试十分有用，因为他们可能比普通的调研受访者更能客观看待问卷。事实上，一个有用的方法是先从这些专业受访者获取回答，并在预先测试调研的受访者前，对问卷草稿进行必要的修改。

10.8 电算化和网上调查的问卷

市场调研公司使用**电算化调查**（computerized interviewing）已有很长时间，问卷呈现在显示器上，而回答被直接输入电脑内储存。电算化调查的例子包括在电脑显示器辅助下的中心控制电话访谈和受访者通过策略性分布在商场里的电脑亭填写问卷。新近的技术优势使**网上调查**（online interviewing）的应用不断增加，从数据库挑选出来的受访者将被邀请浏览某一网站，并完成电子调研表格[25]。

尽管电算化调查和网上调查所使用的问卷是储存在电脑中的，我们还是必须先设计问卷，并牢记迄今讨论过的准则和提醒[26]。此外，将问卷正确编到电脑内存中需要额外的时间和成本。然而，除了不必印刷问卷和快速分析收集的数据外，电算化和网上调查还拥有过去无法比拟的几个优点：

- 应答项随机化。在选项顺序可能影响回答的多项式问题中，电脑可以通过编程来单独为每个受访者随机抽出不同选项顺序的问卷。随机化可以中和因应答项顺序引起的回答偏差。

- 合并复杂的跳过模式。在本章前面部分，我们看到复杂的跳过模式会使受访者和采访者感到疑惑，例如"如果您对第5题回答是，且第7题回答不是，则跳到第10题；否则，到第9题"，所以应避免复杂的跳跃模式。但是，电算化和网上调查可以解决更复杂的跳跃模式。若有需要，电脑可以轻松检查很多"如果"语句和以前的回答，决定接下来应该问的问题，并几乎能同时将问题显示在屏幕上。

- 个性化。在调查开始后，一旦受访者的名字被录入电脑里，这个名字可以被自动插入整个问卷的主要问题和说明中。而在非电算化调查中，个性化程序将十分费时。个性化有助于增进与受访者的融洽关系。

- 从电脑资料库里抽出问题。随着网络问卷设计软件的出现，为电算化和网上调查设计问卷已变得更加简单。问卷设计者只需从网上资料库中点出标准的问卷，并进行一些必要的修改，就可以获得一份合意的问卷[27]。SurveyZ网站是一家网上市场调研公司，它为不同的市场应用目的提供各种调研模板。

- 增加新应答项。请考虑带"其他"选项的多项式问题。在电算化和网上调查中，当受访者对"其他"选项提供相同的开放式回答达到预定数量后，该回答会通过加入整套预定选项而被自动转换成清晰标记的选项。此类新选项的增加有助于减少接下来的调查时间。实际上，网上调查的最大好处是能在数据收集过程中介入，并对问卷做必要修改，以获得更好的回答。

电算化和网上调查的功能不断增加，这类调查采用创造性方法来解决一些传统调查的局限性。值得注意的是，电算化和网上调查还是存在一些固有的不足。以下因素将影响网上问卷的外观：显示器规格和类型、分辨率、调色板、翻页、带宽、调制调解器（窄带、宽带或电话）、网络连接（互联网服务提供商）和网络流量[27]。我们应谨记，电脑无法设计一份问卷；设计仍是人类的任务。因此，电算化和网上调查不是设计问卷的万能药。

现场实例▶ SurveyTime 网站（也被称为 SurveyZ 网站）为微软开展客户满意度调查[28]   微软公司对从事生产、批发、销售、服务或提供电脑产品或服务的企业中的软件开发人员进行一个网上调查。网上调查是这个公司的理想选择。微软调查这些软件开发人员，是因为他们曾参加产品与软件开发人员会议或提供过软件开发服务。该项目的经理，Lisa Wilmore 女士预计软件开发人员将很好回应网上调查，因为他们花了大部分时间在电脑上,也能够接入网络。

该调查符合有效网上调查的几个标准:(1)目标对象明确;(2)能引起预期受访者的兴趣;(3)附加一个奖励。当受访者完成调查,将获得一张可到Amazon网站兑换的礼券。

这个调查从找出合格受访者开始,排除那些无业,不在从事生产、批发、销售、服务或提供电脑产品或服务的公司工作,或实际上不是软件开发人员的人。

接着问的是对满意度的总体衡量,包括对微软的总体满意度、将微软产品推荐给一个朋友或同事的可能性和再次购买微软产品的可能性。然后进行价格和价值评价;接着仔细评价与微软员工的关系——是否面对面、通过电话、通过微软会议和研讨会,或通过网站、电子邮件或普通邮件与微软员工联系。

然后提出各种话题,包括对公司声誉、项目、具体的微软软件开发工程师的网络服务和支持的评价。

调查最后以描述软件开发工程师对产品的使用、具体发展平台和对新技术领域的兴趣结束。

调查开展后,很快就有回复,48小时内就收到近1 000份完成的问卷。其中很多回复是在问卷开始的头四个小时内收到的。本次调查被认为是一个极大的成功。

本章结尾叙述了使用SurveyZ网站开展网上调查的步骤。这个网站还提供了撰写有效问卷的技巧[29][30]。

10.9 为邮件调查和网上调查设计介绍信

随附问卷的介绍信是决定邮寄问卷是否被填写或被退回的一个重要因素。介绍信的主要目的是赢取受访者的合作。研究表明,介绍信的内容和表达方式可能影响邮寄问卷的回复率[31]。因此,计划采用邮寄问卷的调研人员应当花点时间和精力设计一份有效的介绍信。

一份好的**介绍信**(cover letter)应该告诉潜在应答者调查的内容,更重要的是还得说服他们参与调查的重要性。介绍信还必须简洁、客观,不能以任何方式误导受访者。前面提到的关于对问卷的措辞、外观和编排的准则同样适用于介绍信。

图10.5描述了说明性介绍信主要特征列表。介绍信中各个部分的标记数字的说明在图下方。请注意所有特征都直接或间接将合作需求传达给受访者。但并不是所有介绍信都得包含这些特征。事实上,一份包含所有列举的特征的介绍信有时会失败;它可能变得或看似冗长,而使一些受访者失去阅读它的兴趣。图10.5只是为了展示用来激励受访者参与调查的各种方法。一份有效的介绍信应当

具备其中一些因素，但没必要采用所有要素。

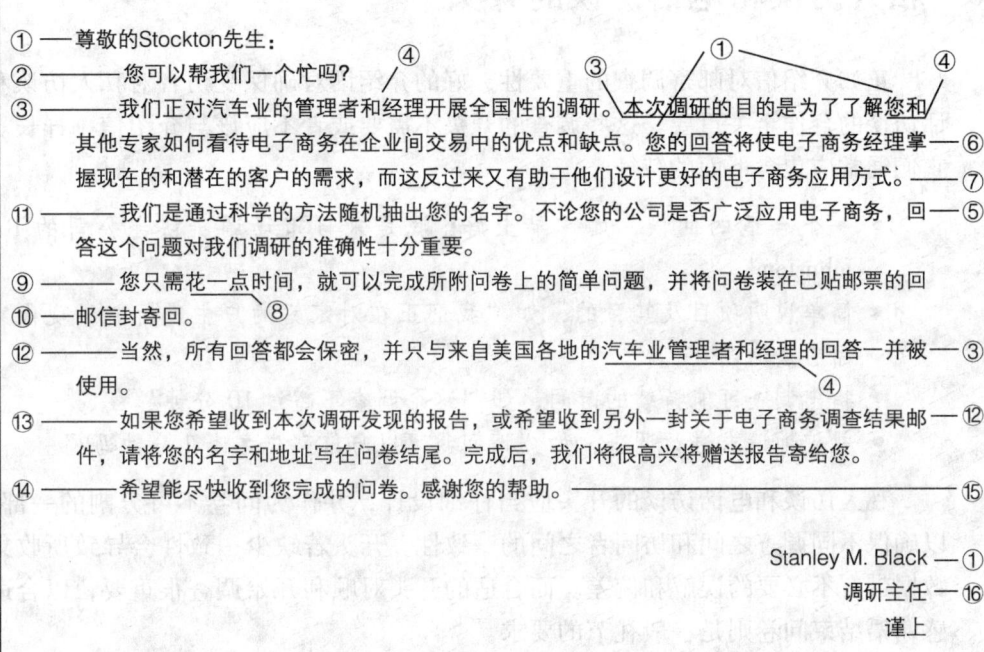

图 10.5　说明性介绍信及关键特征

关键
1. 个人沟通
2. 请求帮助
3. 调研的重要性
4. 访问对象的重要性
5. 总体回答的重要性
6. 阅读者不够资格回答大部分问题时回答的重要性
7. 访问对象如何从该调查获益
8. 完成问题仅需较短时间
9. 问卷能被轻松回答
10. 附有贴邮票的回邮信封
11. 访问对象的筛选方式
12. 回答是匿名的或保密的
13. 提供调查结果报告
14. 紧急提醒
15. 寄信人的感谢
16. 寄信人的重要性
17. 寄信人组织的重要性
18. 激励的描述和目的

为邮寄调查设计介绍信的准则同样适用于网上调查。赢取受访者的合作对网上调查的重要性并不亚于邮寄调查。说服受访者浏览网站的网上调查需要一份有说服力的、简洁的网上邀请函，和一个清晰的、诱惑性的电子邮件标题。一份有效的网上邀请函应当与那些优秀的邮寄调查介绍信有相似的特征。

10.10 私人访谈和电话访谈的开头

正如介绍信对邮寄调查的重要性，好的介绍语对确保受访者对私人访谈和电话访谈的合作至关重要。这些调查的开头不需要或者不应该与介绍信一样长。但它们通常应包含下面的特征：

- 一个合适的问候，如"早上好！我是来自市场调研协会公司的 Ralph Johnston"。
- 简单说明项目及其目的，如"我们正在对家庭的户主进行关于现代家用品看法的调查"。
- 指出调查可能持续的时间，如"这个调查不超过 10 分钟"。
- 礼貌地请求进行调查，如"请问我可以与您家户主谈几分钟吗？"

私人访谈和电话访谈的开头应当仔细设计，并作为问卷不可分割的一部分，以确保不同调查之间和访问者之间的一致性。开头若缺少一致性会导致所收集的数据带有不必要的误解和偏差。而合适的开头对顺利开始调查很重要，以合适的感谢语结束问卷则是一般礼节的要求。

10.11 设计观察表格

正如本章开头所说，与设计问卷相比，观察表格更容易设计。然而，通过观察法收集到的数据质量取决于所提供说明的清晰度及分配给观察者的任务。非结构性观察法的调研并不需要标准表格；观察者只是靠记忆或笔记记下所观察到的一切。在这些调研中，观察者的培训和技能对生成相关、客观的数据十分重要。

然而，在结构性观察法的调研中，最好能提供一份清楚说明具体的观察内容、有效记录所观察内容的标准表格。在问卷设计中讨论过的关于措辞、排序和编排的几条准则同样适用于设计观察表格。毕竟，结构性观察表格可以说是一份由观察人员填写的问卷。一份杂乱、使人疑惑的观察表格会为观察者带来麻烦，并导致数据错误。

图 10.6 是用于结构性观察调研的表格，来确定一个特别的店内陈列对顾客的影响。图 10.6 的主要目的是为了展示结构性观察表格的样子，但并没有列尽所有为了衡量一个特别陈列的影响而需要观察的项目。正如问卷一样，观察表格的内容，即观察任务与项目，必须基于恰当定义的目标及特定的信息要求之上。

观察序号_____

一旦在陈列区前观察到任何成年顾客（任何看上去 18 岁或更大的顾客），请开启秒表并记录如下：

1. 顾客性别
   _____男性_____女性

2. 顾客的大概年龄
   _____18~30
   _____31~50
   _____50 以上

3. 与该顾客同行的人数：_____（若没有，请到第 4 题）
   a. 同行有多少成年人？_____
   b. 同行有多少孩子？_____

4. 该顾客碰过或拿起商品吗？
   _____是 _____不是

5. 任何同行成年人碰过或拿起商品吗？
   _____是 _____不是 _____没有同行的成年人

6. 该顾客或同行成年人有没有带着一件或更多陈列产品离开呢？
   _____是 _____没有
   总共多少件？_____

当该顾客及同行者，或其中任何人离开陈列区，请停止秒表。在下面记录在陈列区所花的时间。
   _____分钟_____秒

请翻开新的观察表格，并记录在陈列区停留的下一位成年人的信息。（结束）

图 10.6 记录顾客在一个特殊陈列区的购物特点和行为的观察表格

10.12 在 SurveyZ.com 网站上创建在线问卷

建立账户

步骤 1 根据主页提示建立账户。

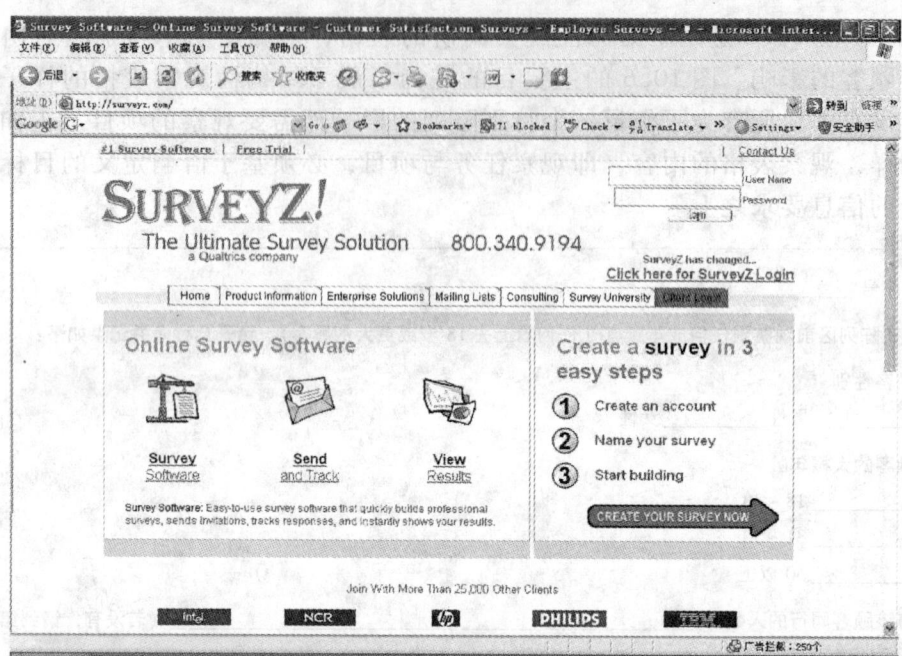

创建问卷

步骤1　登录后点击"Create Survey",选择"Use Survey Create Wizard"。

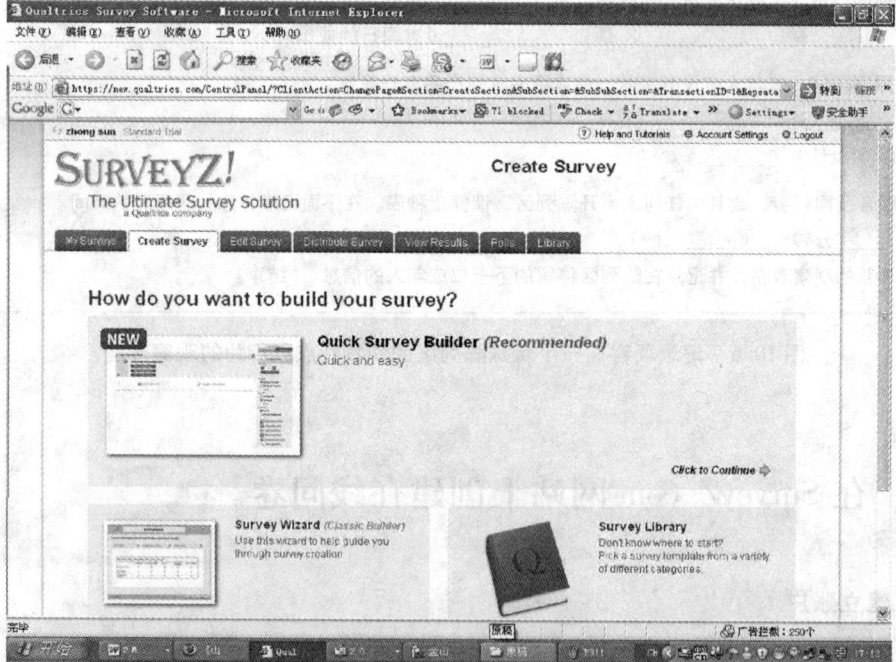

步骤2 填写问卷标题并选择本人为用户。选择问题的类型。

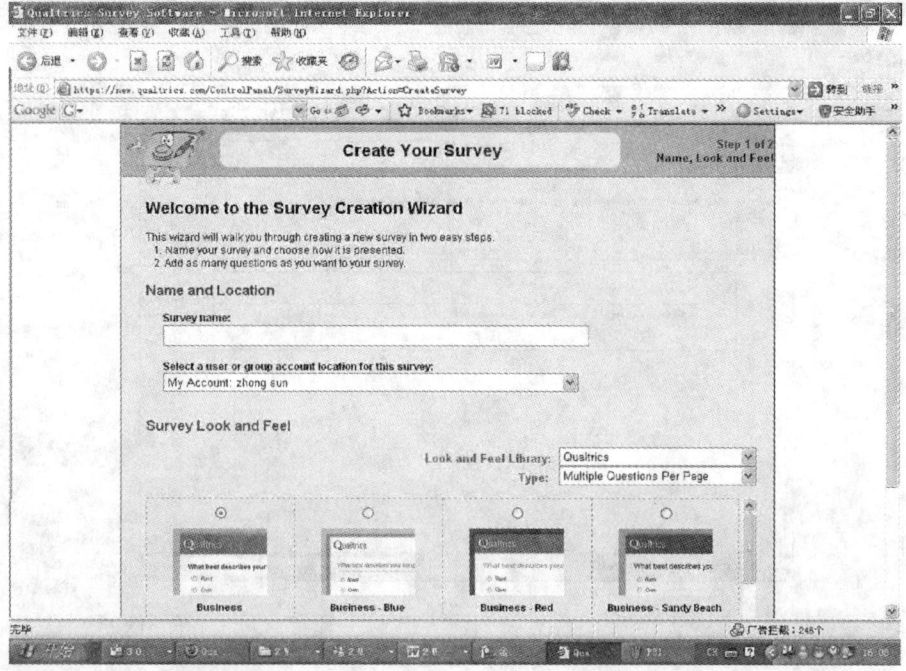

步骤3 填加问题。

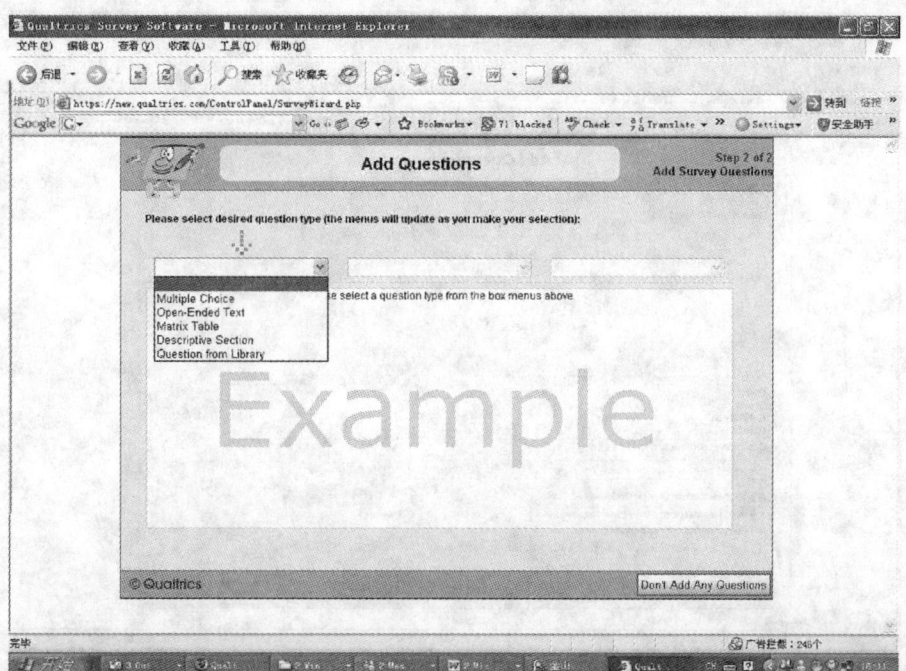

步骤4 本页面确认您已建立问卷，并且可以添加问题到问卷中。

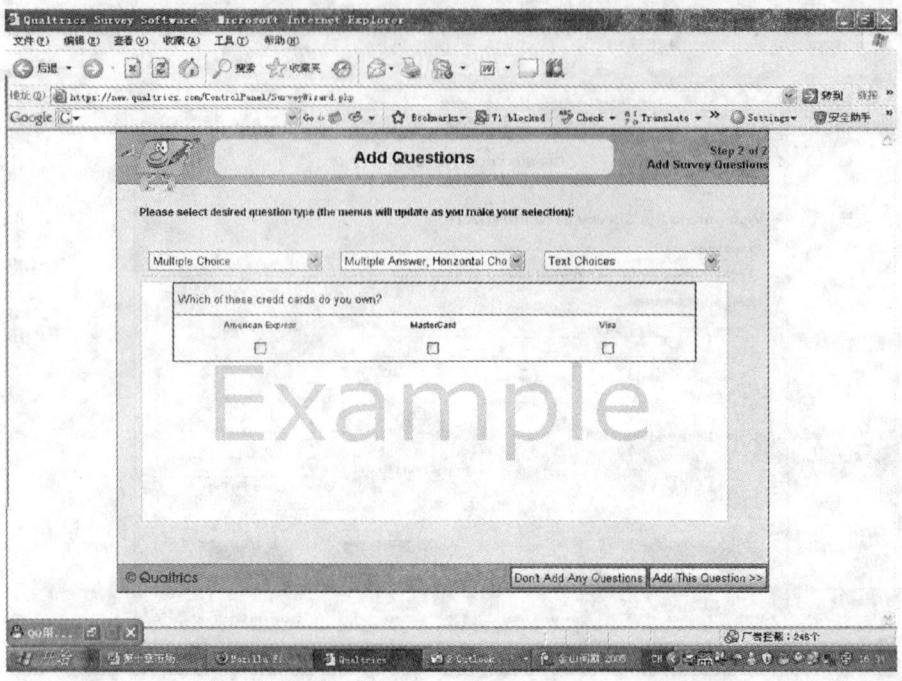

步骤5 添加您的问题内容和回答内容。

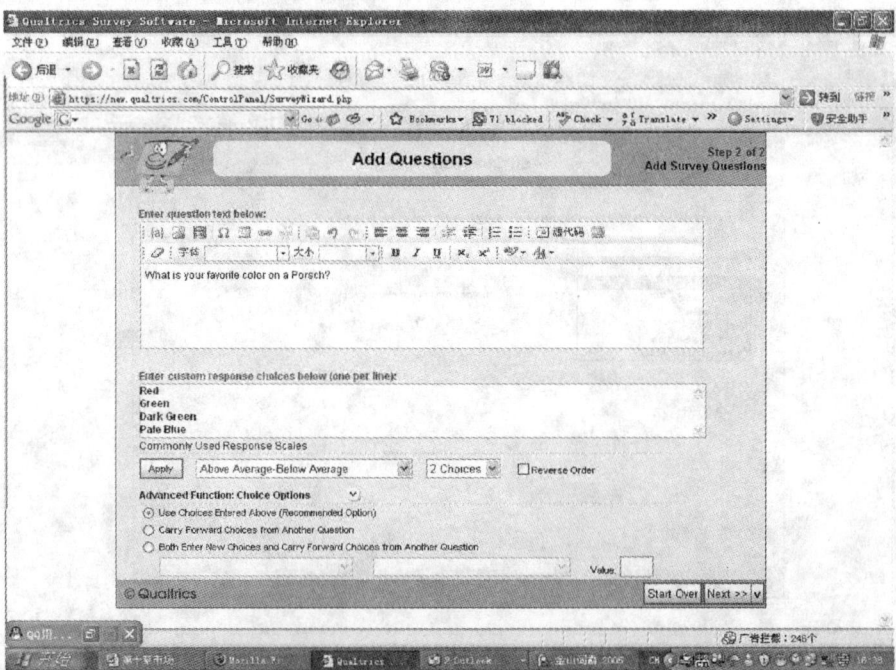

步骤6 根据需要，选择附加选项。

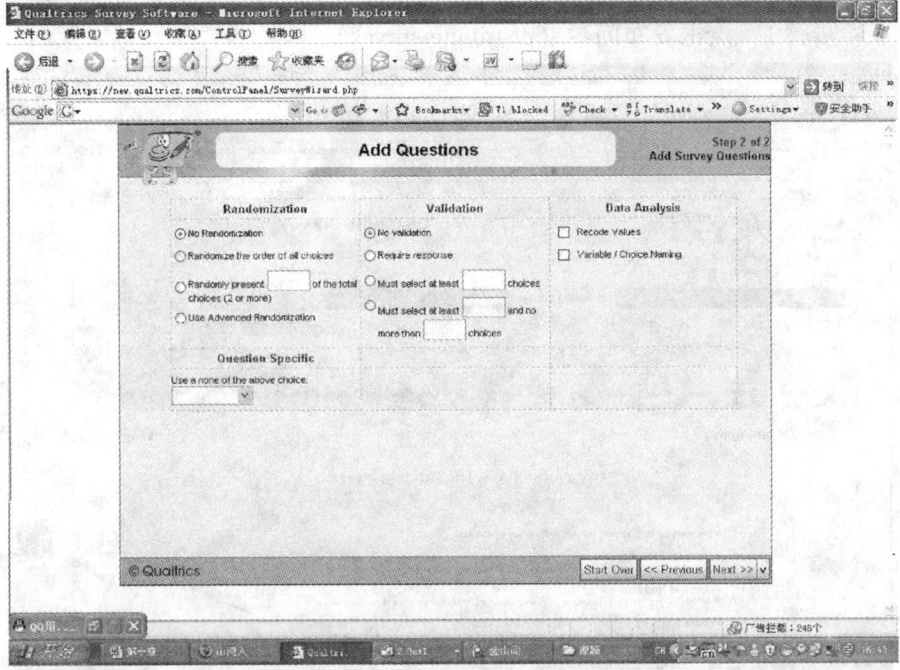

步骤7 您可以在页面上修改问卷的问题，并添加问题。

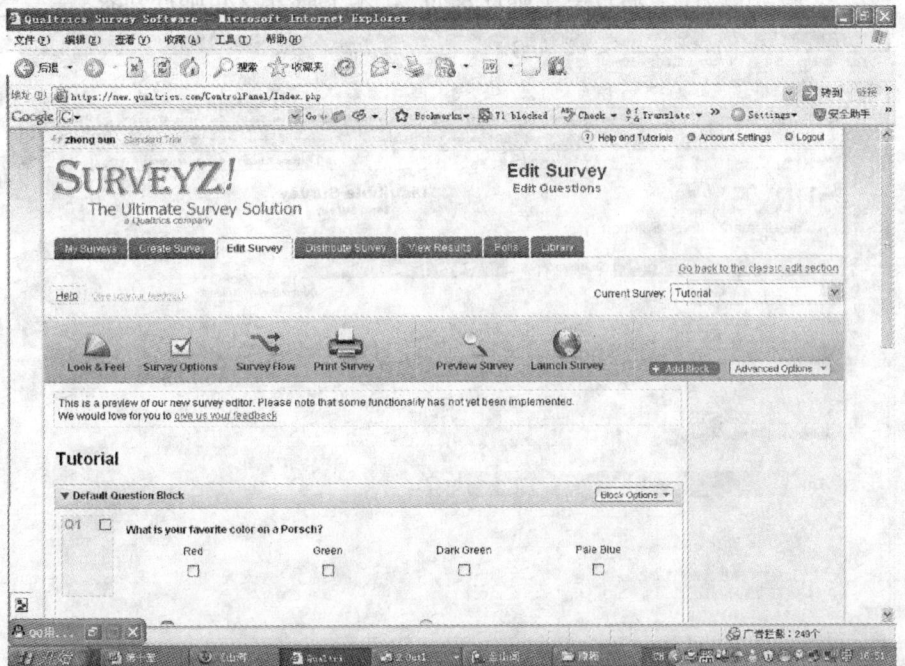

发布问卷

步骤1 点击发布问卷（distribute survey）

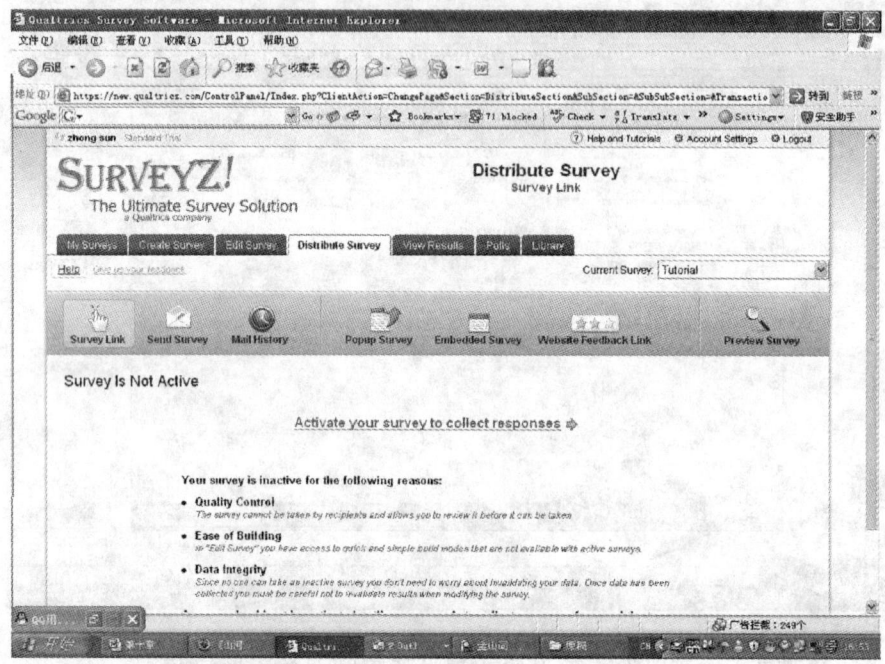

步骤2 选择"通过电子邮件发布"，来上载并发布邮件列表。

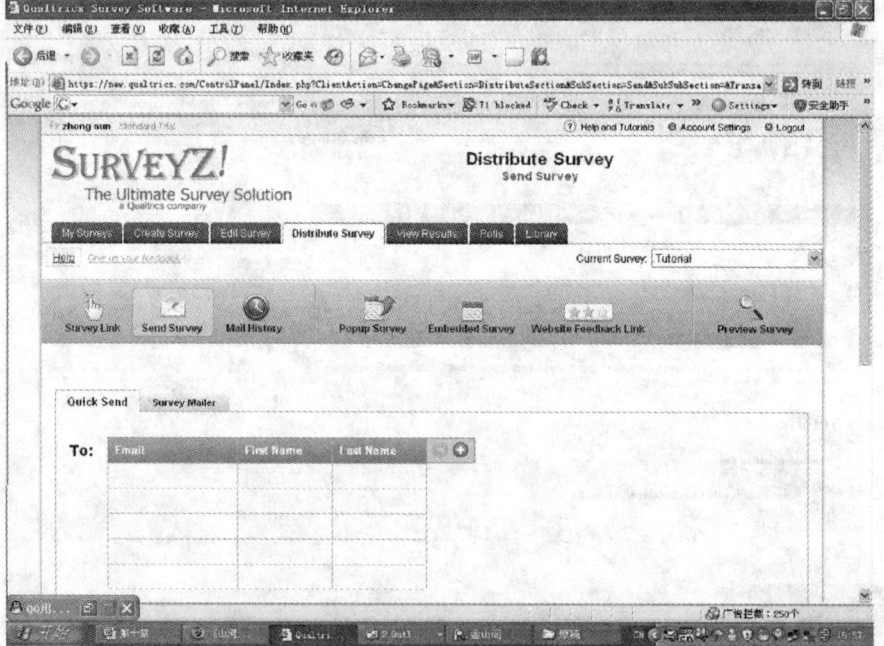

问卷结果

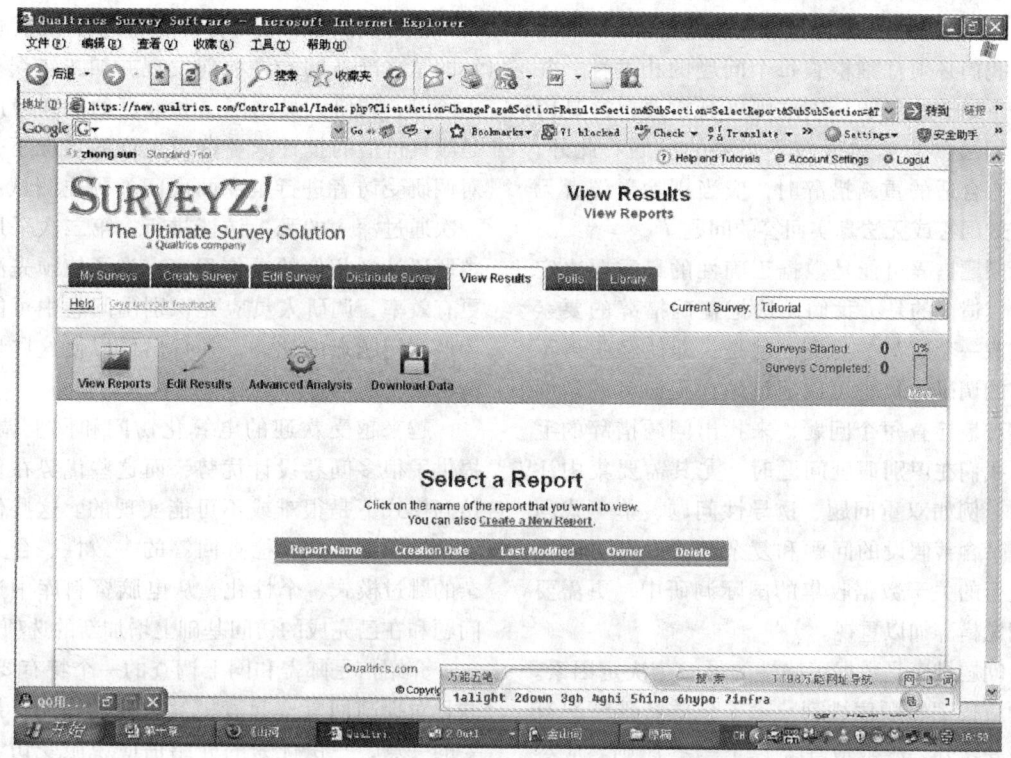

步骤1　选择您希望查看结果的问卷。
步骤2　选择"输出数据",并选择您喜欢的文件类型。
步骤3　选择"详细报告"和"综合情况"来查看您的数据。
步骤4　为了进一步分析,可选择"查看结果"标签,然后选择"添加"。

本章小结

　　问卷设计不是一项简单的任务。即使经验丰富的调研人员有时也会不经意地漏掉设计缺陷。因此,对问卷设计投入足够的时间和精力非常重要。通过调查所收集的数据质量和最终有效性,在很大程度上取决于问卷的质量。

　　世上没有设计问卷的标准方法;但是,我们可以把设计看成由相互联系的步骤按顺序组成的过程。一旦对项目所需的数据有清晰的定义,就可将其转化成一套大致的问题。初稿还必须经过一次或多次重复检查。

　　我们必须决定是采用开放式还是结构式的问题。在大规模样本调查中,我们一般不提倡采用开放式问题。尽管如此,还是可以采用开放式问题作为准备问题或过渡问题,以使访问顺利进行。结构性问题可以是两分式问题或多项式问题。多项式问题的选项必须是共同耗尽和相互独立的。在可能的情况下，还应当调整选项顺序。应答项的数量取决于调研项目的性质、数据要求和问卷操作方法的类型。

我们必须仔细检查每个问题的相关性，并剔除不相干的问题。该准则极其重要，这是因为我们通常会添加很多不必要的问题。此外，在没有合适的重新措辞时，应当剔除受访者无法有效回答或无法真实回答的问题。

问题措辞可能是数据正确性的最重要决定因素。遗憾的是，我们无法把正确措辞的要素缩减成一套简洁的规则。但是，即使经验再不丰富的调研人员也可以通过站在受访者的角度并客观地检查每个问题，来找出问题措辞的毛病。我们在识别瑕疵问题时，尤其需要集中注意力，例如双重问题、诱导性问题、单一式问题、带含蓄假设的问题和复杂问题。在不同国家进行的关于数据收集的国际调研中，更需要对问题措辞加以重视。

问题排序是数据正确性的另一个决定因素。问题应按逻辑顺序排列。除了一些特殊情况有其他要求外，一般应注意以下一些原则。应尽量把私人的、敏感的或难于回答的问题放置在问卷的后面。应把相同话题的问题安排在一起。同一话题内的问题应按总体到具体的顺序（遵循漏斗型顺序）。问题跳过模式应保持简单并控制最少量。

如果忽视问卷外观和编排，将会导致出现混乱和编码错误。在邮寄和网上调查中，这些因素还会严重影响受访者的合作意愿。

预先测试是对一部分应答者进行问卷测试，目的是在准备问卷终稿前发现并纠正错误。在本阶段，调研人员的同事和数据的潜在使用者是颇具价值的批评家。资源允许的情况下，应对调研受访者进行至少两次问卷预先测试：第一次通过深入的私人访谈进行，第二次采用与本调研计划相似的操作程序。为了使预先测试更有效率，调研人员应先识别出问卷中可能成为潜在问题点的地方，并找出可以使这些地方清晰明了的信息。

越来越受欢迎的电算化访问和网上调查，提供了很多问卷设计优势，而这些优势在传统访问模式下是很难或不可能实现的。这些优势包括选项随机化、检查回答的一致性、合并复杂的跳过模式、个性化、从电脑资料库中选取问题和在已完成的访问基础上增加新的选项。

介绍信是邮寄和网上调查的一个特有要素，并且对提高回复率起着极其重要的作用。最重要的一点，一份优秀的介绍信应说服受访者合作，并按简明和客观的方式进行。私人访谈和电话访谈同样需要合适的、简洁的开头。

结构式观察特别适合采用标准数据收集表格。尽管这些表格比问卷更容易设计，设计时还是应当多加注意。问卷设计的几条准则同样适用于观察表格设计。

复习讨论题

1. "为结论式调研项目设计问卷比为探索式调研项目设计问卷更困难。"请讨论这句话。
2. 请举两个例子来说明问卷设计的步骤互相联系的原因。
3. 请问在什么情况下，您会在结论式调研中使用非结构式问题？
4. 决定多项式问题的选项数量时，应考虑什么因素呢？
5. 请解释您赞成或反对下面陈述的原因："只要问题符合一项以上的调研目标时，就应当出现在问卷中。"
6. 什么是过滤式问题？这类问题在什么时候出

7. 漏斗型顺序是指什么？它在问卷中是否总是有用的？请说明是或不是的原因。
8. 参照图10.1，简单讨论问卷可能导致错误数据的主要方式。
9. 说明并简单讨论电算化问卷的设计优势。
10. 与其他类型的问卷相比，网上问卷的设计和使用有何不同之处？

应用练习

1. 假设您想了解同班同学自己赚钱来支付教育费用的程度。假设您只问一个问题，请按照以下方式分别措辞：开放式、两分式和多项式。通过每种方式所收集到的数据有何不同？
2. 请举您自己的例子来说明下面的问题：（a）双重问题；（b）诱导性问题；（c）带含蓄假设的问题。在每个例子中，请提出一个可以减少潜在偏差的修正问题。
3. 3M公司，一个估值160亿美元的公司，因创新文化而出名。该公司在家居和休闲行业中享有很高的地位，它拥有一些家喻户晓的品牌，如Scotch、Scotch-Brite、O-Cel-O、Post-it、Scotchguard和3M。尽管3M在三个家庭护理市场细分（普通海绵、百洁布和海绵刷）中占有一席之地，它在绵皂块细分（被巨鳄SOS和Brillo公司垄断的缝隙市场）并没有份额。3M公司对全国的消费者进行了八个焦点人群访问。调研表明，标准的钢丝绵皂块会擦花消费者昂贵的烹饪用具。这个发现成就了Scotch-Brite牌"从不擦花的皂块"。3M公司的Scotch-Brite牌产品是从矿物中提取的，这些矿物比SOS和Brillo公司所使用的更温和，因此降低了擦伤烹饪用具的几率。请设计一份问卷，来了解消费者对与竞争对手（SOS和Brillo公司）有关的新产品有效性的看法。

互联网练习

1. 请到CNN网站（www.cnn.com），并评价当天的快速投票栏。有没有更好的措辞来表达那些问题呢？若有，请提供新的措辞。
2. 请到BizRate网站（www.bizrate.com），并评价其网上问卷（请看展示的小窗口）。

案例10.1 二手数据使用

珍妮特小姐最近被聘为Brown's Marketing Insight公司（一家著名的市场调研公司）的助理调研分析师。珍妮特的老板Anna Brown女士让她帮忙设计一份调查来评价影响雇员满意度。作为一名训练有素的调研人员，珍妮特开始收集这一题目的二手数据。在调研过程中，她发现一篇文章，该文章讨论了InsightExpress公司（一家网上市场调研公司）所进行的一项调研。

InsightExpress公司的调研是为了确定什么因素促使办公室员工心情愉快，提高效率。这个题目正是珍妮特所要调查的，因此她决定仔细阅读该文章。这篇文章原来是微软公司的新闻发布报告。根据该新闻发布报告，影响雇员工作效率和愉快感的一个重要因素是"鼠标和键盘的质量和舒适度"。根据该调研，8/10的电脑用户认为"高质量的鼠标和键盘对他们的工作效率影响很大"。该调研还指出，60%的受访者认为高质量的鼠标和键盘可以提高士气。当被问到哪间公司生产的鼠标和键盘质量最高时，他们普遍认为微软公司质量最好。

新闻发布报告余下的部分继续讨论微软公司如何集中研发高品质的配件，如鼠标和键盘。在提供增加顾客舒适感的产品方面，微软硬件是该产业的先驱。新闻发布报告还指出受访者并不知道微软参与该调研。

珍妮特在向Anna Brown报告的二手数据分析备忘录中加入了InsightExpress公司调研的发现。Anna把Janet召进办公室，并问她InsightExpress公司调研的事。Janet解释她是在微软的新闻发布会找到这些调研结果，而且该发布会还说明微软的确赞助了该调研项目。Anna问珍妮特如何看待该调研结果。珍妮特决定在相信调研结果并将其加入自己的调研中之前，还是应该进一步调查该调研结果。她告诉Anna她将进一步调查。

珍妮特再次回到二手数据源，她发现最近的一份《华尔街日报》文章，讨论了InsightExpress公司调研的发现。根据该文章，微软的确在新闻发布会上说明它赞助了该调研，但却没有告诉读者它只披露了该调研的一部分结果。根据该文章，InsightExpress公司的发言人声明，由于赞助公司拥有调研结果的所有权，所以并不要求其公布全部调研结果。很多问题的选项明显被设计成偏向微软所预期的结果，微软对此并没有作出说明。例如，"哪一间公司与高品质的配件有关"这道题的选项是：微软、Belkin公司、Kensington公司和Logitech公司。由于所列的其他三间公司并不像微软一样出名，几乎可以肯定微软会被选中。

至于60%办公室雇员认为高质量的鼠标和键盘可以极大提高士气的这个主要的、有代表性的发现，产生该结论的问卷部分是一道诱导性问题。受访者被问道："哪件办公室设备会提高士气？"选项为脚凳，电话听筒，台灯和有最新功能的、舒适的鼠标和键盘。在只有这些选项的情况下，难怪大部分人会选择鼠标和键盘，而这就使微软可以大谈其硬件产品。

大体上，该调研都按此方式设计，使受访者倾向于微软。尽管珍妮特对该发现并不感到奇怪，但她还不确定这是否意味着该调研结果是无效的。事实上，很多公司赞助了调研，调研结果也用于其他研究，或被媒体采用，并被消费者用于作出购买决定。珍妮特不知道她是否应该或者如何将该调研结果应用于自己的调研中。她与Anna预约，准备讨论她的想法。

Anna明白Janet所面临的两难选择。她告诉珍妮特很多行业的公司的确赞助过调研，而且调研结果是有价值的，并能提供充足的信息。但诸如微软之类的例子表明，赞助的调研通常要求更高水平的审查，来确定调研发现的有效性。Anna认为，这种情况下，在新闻发布会上未报告的事项与已报告的同样重要。但此类新闻发布会的读者通常无法接触原始问卷，因而无法对调研发现作出评价。Anna指出珍妮特对依靠这种二手数据调研的结果有所担心是正确的。她接着要求珍妮特为收集第一手数据的调研设计一份问卷，以期获得关于影响雇员满意度因素的有效结果。在思考这项任务，并反思微软赞助调研的发现后，珍妮特设计了一份问卷的初稿。

员工满意度调查					
评估员工选择工作时对以下因素的考虑。请在你同意的选项上划圈。					
	很重要 1	重要 2	中间 3	不重要 4	完全不重要 5
1. 报酬	1	2	3	4	5
2. 职业流行性	1	2	3	4	5
3. 雇主的声誉，例如 IBM	1	2	3	4	5
4. 舒适的工作环境	1	2	3	4	5
请在你同意的选项上划圈。					
	非常同意	同意	中间	不同意	非常不同意
5. 我喜欢挑战性的工作	1	2	3	4	5
6. 我隔几年就换工作	1	2	3	4	5
7. 雇主应当公平	1	2	3	4	5
8. 配备健身设备的雇主可以帮助员工健康生活	1	2	3	4	5
9. 雇主应当表现出关心和信任	1	2	3	4	5
10. 我喜欢快节奏	1	2	3	4	5

11. 你认为支付好的报酬的雇主会让员工满意吗？ _____是 _____否
12. 你觉得今天的企业是否关心员工福利？ _____是 _____否
13. 性别
    1. 男性
    2. 女性
14. 你的家庭年收入属于以下哪个类别？
01   不到 10 000 美元
02   10 000 到 40 000 美元
03   40 000 到 70 000 美元
04   70 000 到 100 000 美元
05   100 000 美元及以上
感谢您的参与！

案例问题

1. 在珍妮特准备的问卷中，识别出所有可能导致偏差、错误或不相干回答的问题（诱导性问题、双重问题等）。分别讨论这些问题的缺点性质，并提供可以弥补这些缺点的、经修改的问题。
2. 总体看来，为了理解雇员满意度的驱动因素，与微软赞助的调研相比，该调研所产生的信息在综合性和有效性方面如何？

案例备注

1. "可靠的鼠标和键盘提高工作士气" PR 新闻专线，2005 年 2 月 18 日。
2. Carl Bialik 先生."考虑商业调研时，请跟着钱走"，华尔街网上日报，网址为 online.wsj.com/public/article_print/0, SB111219863592293188, 00.html (2005-03-31)。

本案例由 Catharine Curran-Kelly（马萨诸塞州大学）和本书作者共同撰写，仅作为课堂讨论基础，而不是为了描述营销实务的有效性或无效性。

案例10.2 伯丁斯—梅西百货公司

伯丁斯（Burdines）百货是联合百货公司（美国最大的高级百货商店运营商）的一个分支。近来，所有伯丁斯和梅西百货的商店都被整合成梅西百货。伯丁斯百货擅长根据每个商店所在地区的需要提供个性化的商品。无论是在迈阿密的拉丁美洲游客，还是在棕榈滩的社交名流，或生活在墨西哥湾岸区的保守的中西部退休人员，都能在所在地的伯丁斯百货发现特别为他们挑选的商品和特殊规格。

伯丁斯百货的综合优势

伯丁斯百货通过"佛罗里达州商店"的形象来建立其品牌识别，它只在该州营业。商店明亮，有敞开的天窗和各种图案，这些图案有帆船、海豚、贝壳、大海和棕榈树。店内商品广告以热带雨林为主题，大量使用珊瑚色、青绿色和白色。这种品牌识别还得到店外广告的进一步支持，还有组织良好的本地社区拓展计划。伯丁斯百货通过专注于佛罗里达州经营的营销策略获得成功。

在业内，伯丁斯百货比其他百货商店更理解顾客，这是得到公认的。《迈阿密先驱报》所报道的资深零售专家们的言论，反映了这些观点：

"伯丁斯百货往往知道如何针对我们的气候和人口采购商品，"一位商业街零售顾问——Arthur Weiner 说道。"从其他州进入佛罗里达州的零售商很难理解这里的种族性、天气和季节变化。"

高度集中的采购能力进一步证明了伯丁斯百货适应顾客需求的能力。例如在秋季，当其他百货商店竞争者的货架布满大衣、羊毛衣、长袖衣和厚重的衣服时，伯丁斯百货则以该季节更适合的当地物品为主，如泳衣、短裤、棉衣、短袖衣和轻便的衣服。伯丁斯百货的竞争优势是建立在这种观念上：没有其他百货商店以佛罗里达州为基地，并且能像它一样了解顾客。伯丁斯百货特地将其形象设计为家乡商店，并极尽其营销能力来支持这一形象。

礼品总部

伯丁斯百货最近发起了一项新营销计划，称为"礼品总部"。由于与各种零售方式的竞争日趋白热化——专卖店，包括限量版（Limited）商店和盖普（Gap）商店；折扣店，包括目标（Target）商店；代销店；和来自国内其他地区的百货商店——伯丁斯百货制定该策略来保持其在佛罗里达州的市场领先地位。"礼品"代表既符合伯丁斯百货的竞争地位，又能不断提供高利润商品机会的一类产品。此外，作为提供全面服务的百货商店，伯丁斯百货拥有各种现成的服务，可以加以整合，为顾客提供有吸引力的"礼品"。

礼品总部计划包含一些特殊的因素。伯丁斯百货考虑到顾客对其更换/退货政策的过分积极理解后，设计了礼品收据（没有填写价格的销售收据）来避免退货争论。伯丁斯百货还为各种金额的购买制作了一种电子礼品卡。与礼品证相似，顾客将来可以使用电子礼品卡在商店进行购物，这样就保证了未来的销售和客流。最后，店里的礼品包装服务使该项目进一步完满。礼品总部项目是运用商店形象的理想方法，同时也产生额外的高利润销售额，并在未来为店里带来交易量。

礼品总部策略的调研

伯丁斯百货为了解顾客如何看待该礼品总部策略，进行了一项市场调研。首先，它完成了60份深入访问，以更好地理解顾客对该项目的反应。这些访问是在三个不同的地方进行的：Dadeland、West Dade International 和 Aventura。

除了为问卷设计提供有用的信息外，该访问还确定了伯丁斯百货的强大形象。下面挑选了对问题"您何时会想到伯丁斯百货，您想到它的什么呢？"的部分回答。

"我想到'佛罗里达州商店'的标语"（女性，25岁，财务分析师）

"时尚、好灯光和良好的客户服务"（女性，28岁，信用分析师）

"最精致的东西，最漂亮的东西"（女性，54岁，家庭主妇）

"我喜欢他们举办的婚礼秀。我从未见过如此准备充足、注重细节的人……"（女性，50岁，家庭主妇）

其他比较概括的回答也同样是积极的：

"我为妻子买了个手表，发现伯丁斯百货的价格最优惠……"（男性，26岁，大学学生）

"伯丁斯百货有最好的鞋子系列，和较好的衣服系列……"（女性，23岁，大学学生）

"他们常降价，有各种设计师设计的衣服和很好的环境"（女性，25岁）

当被问到伯丁斯百货是不是其礼品总部，一个受访者激动地回答："是的，毫无疑问。我一辈子都在这里购物！"（女性，54岁）

该访问的数据被用来设计一份封闭式问卷（请看图1）。389份问卷是在三个不同的地方完成的：Dadeland、West Dade International 和 Aventura。每位受访者都收到一个免费的伯丁斯计算器作为完成调查的奖励。关于受访者的人口学特征的统计如下：

性别：女性（65%），男性（35%）

年龄：18岁以下（8%），18～29（38%），30～44（29%），45～64（20%），65岁以上（5%）

种族背景：西裔人口（63%），高加索人（19%），非裔美国人（7%），亚洲人（4%），土著美洲人（2%），其他（5%）

婚姻状况：已婚（46%），未婚（54%）

收入：20 000美元以下（10%），20 000～29 000美元（13%），30 000～39 000美元（13%），40 000～49 000美元（15%），50 000～74 000美元（22%），75 000美元以上（27%）

居住情况：永久佛罗里达州居民（85%），非本地居民（10%），季节性居住（5%）

收费卡：伯丁斯收费卡持有者（61%），非持有者（39%）

案例问题

1. 该深入访谈有用吗？请说明是或不是的原因。
2. 讨论图1的问卷设计在多大程度反映了深入访问提供的信息。
3. 请评价问卷在提供关于礼品总部项目有效性的信息方面表现如何。
4. 您认为需要修改该问卷吗？请说明您这样建议的原因。

案例备注

1. "以迈阿密为基地的伯丁斯百货商店集中精力发展佛罗里达州策略"．迈阿密先驱报，1998-09-28．

本案例由 Jeanne L. Munger（南缅因州大学）和本书作者共同撰写，它仅作为课堂讨论基础，而不是为了描述营销实务的有效性或无效性。

图1　丁斯伯调查表

伯丁斯百货佛罗里达店

愿意竭诚为您服务,并且十分重视您对我们的意见。为了更好服务于您,我们需要您协助我们完成这份简单的调查表。请填完此问卷并交还,您可以获得一个免费的伯丁斯计算器。

在过去 12 个月里,您大约有多少次到商场购物？_____

在过去 12 个月里,您大约有多少次光临伯丁斯？_____

在刚过去的假期里,您大约花费多少钱来购买礼物？请写出大致的美元数额_____

在这些花费中大约有多大比例在伯丁斯消费？_____%

请回忆一下在过去的十次节日中,例如圣诞节、母亲节、父亲节和情人节。您在下列商场购买礼物的次数？（请在每个空格中写下购买的次数,总数为十次）

_____伯丁斯

_____梅西

_____其他商场（如 JC Penney、Dillards）

_____折扣店（如 Target）

_____其他

总数 = 10

在哪种程度上您同意伯丁斯是您的礼品总部？（在方框中勾选）

1	2	3	4	5
强烈反对	不同意	既不同意也不反对	同意	非常同意

您曾经看到任何伯丁的广告将其描述为礼品总部吗？

1	0
是	否

如果是,您在哪里看到或听到这样的广告？（请选择所有出现过的位置）

电视	广播	报纸	直邮广告	互联网
1	2	3	4	5

您了解伯丁斯为您提供的下列服务中的哪些？（请选择所有您了解的服务）

您曾经使用过下列服务吗？（请选择所有您曾使用过的服务）

请为您所使用过的服务打分。（1 为很差，5 为很好）

	了解	使用过	很差				很好
礼品包装	☐	☐	1	2	3	4	5
退/换货服务	☐	☐	1	2	3	4	5
电子礼物卡	☐	☐	1	2	3	4	5
礼品收据	☐	☐	1	2	3	4	5

如果您了解礼品收据,您从哪里了解到礼品收据？

促销员	广播	报纸	直邮广告
1	2	3	4

(续图)

请选择最能代表您看法的选项。	很差				很好
总体满意度	1	3	3	4	5
顾客服务	1	2	3	4	5
商场清洁度	1	2	3	4	5
促销员专业程度	1	2	3	4	5
商品展示	1	2	3	4	5
商品种类多样性和可选择性	1	2	3	4	5
物有所值	1	2	3	4	5

	基本不可能				很可能
有多大可能性您会推荐去伯丁斯为朋友购买礼物?	1	2	3	4	5
有多大可能性您会再次光临伯丁斯?	1	2	3	4	5

最后几个问题仅作为分类之用。

性别: ☐1 男 ☐2 女

您的年龄组是?
☐1 18 岁以下 ☐2 18~29 ☐3 30~44 ☐4 45~64 ☐5 65 及以上

种族背景:
☐1 非洲裔美洲人 ☐2 亚洲人 ☐3 高加索人 ☐4 西班牙裔美国人
☐5 土著美洲人 ☐6 其他

婚姻状况
☐1 已婚 ☐2 单身,未婚 ☐3 离婚/寡居,鳏居/分居

您有 18 岁以上的孩子与您同住吗? ☐1 是 ☐0 否

您是:
☐1 长期佛罗里达居民 ☐2 季节性的佛罗里达居民 ☐3 不是佛罗里达居民

☐4 您有伯丁斯的购物卡吗 ☐1 是 ☐2 否

您的家庭收入是多少?
☐1 少于 20 000 美元 ☐1 20 000~29 999 美元 ☐1 30 000~39 999 美元
☐1 40 000~49 999 美元 ☐1 50 000~74 999 美元 ☐1 75 000 美元及以上

感谢您的合作!

第 11 章
抽样调查基础

本章学习目标 ▶

- ☐ 定义和区分抽样与普查研究
- ☐ 讨论何时使用概率和非概率抽样方法,并且补充不同的抽样方法
- ☐ 解释抽样误差和样本分布
- ☐ 构建总体平均值和比例的置信区间

开篇故事

盖洛普抽样

自从 1994 年开始,盖洛普组织每三年在中国开展一次消费态度和生活方式的全国性调查。盖洛普中国调研项目的独特之处在于其样本覆盖,从统计学的角度来讲精确地代表着全体中国成年人(18 岁及以上人群)。2004 年 6—11 月,盖洛普开展了全国范围内总共长达 3 597 小时的面对面的入户采访,这些采访在中国内地的各类行政区域展开,包括 23 个省、4 个直辖市和 5 个自治区。

这些严格的概率样本是按照如下程序选取出来的:

1. 按照地理位置、经济发展水平和非农业人口所占比例将 12 500 个县、城市和城区分成 50 个层面。
2. 基于相对于研究总体的概率比例,从各层面中筛选出来一个由县或者城市组成的基本样本单位(PSU)。
3. 在每个 PSU 当中,收集所有的邻居社区和村庄的总体。从这个列表中再根据相对于研究总体的概率比例挑选出四个邻近社区或者村庄。
4. 从这四个邻近社区或者村庄中的每一个随机挑选出五个家庭。
5. 根据 KISH 方法,每个被挑中的家庭都会选出一名应答者。程序设计中保证了样本恰当地代表所有性别所有年龄阶段,首先对每一个被选中家庭成年人的年龄和性别在表格上进行记录,接下来由既定的系统程序挑选出将要采访的人。

> 6. 如果指定的应答者不在家，或者无法联络到，在必要情形下，第二个甚至第三个家庭成员将从网格记录上的剩余成员家庭中被系统地挑选出来。如果总共三次单独的家庭走访都无法联络到指定的应答者，在相同地区的替代家庭中进行采访是许可的（在进行采访的区域，每五个被指定的家庭都应该有两个备份的替代家庭）。
>
> 同样的基本挑选程序也被应用于增加（超量抽样）的 10 个城市的每一个子样本中，根据总体规模进行的概率选取。
>
> 在北京、上海和广州，至少举办了 400 次采访（北京 402 次，上海 422 次，广州 411 次，三个城市总共 1235 次）。在超量抽样的十个城市（重庆、天津、沈阳、武汉、南京、成都和西安）当中的四个，举办了 807 次访问。从全国范围来讲，在其他可以被界定为城市的区域进行了 523 次访问，所有城市部分的采访总数达到 2 565 次。最后，在全国范围内，共有 1 032 次访问在被界定为农村的区域进行。
>
> 为了校正过多城区样本带来的影响，实行了后续的数据评估，最终的数据从统计学角度来讲是精确的而且在正负 2% 的公差内预测了中国全体成年人的特性[1]。

以下是另一些调研的例子：

哈里斯互动（www.harrisinteractive.com）的哈里斯民意调研（Harris Poll）是每周进行的调查，它监控美国公众对不同经济、政治和社会事件的反应。这项调查的重要性和普及性明显地体现在报纸、广播和电视中的广泛引用，每项哈里斯民意调研研究都基于对 1000 名 18 岁及以上成年人的一项全国代表性在线调查得出结论[2]。

AC 尼尔森公司（www.acnielsen.com）的 AC 尼尔森扫描跟踪指数（ACNielsen ScanTrack Index）根据对多种消费品制造商（例如食品、药品和化妆品）的定期调查，提供了有价值的根据扫描仪记录的销售和品牌份额数据。这些评估数据是每周从一个超过 4 800 家商店的典型样本中收集出来，它们反映出 52 个主要市场超过 800 家零售商的情况[3]。

这些调研和盖洛普调查体现出大多数市场调研的一个重要共同特征，对于决策制定者来说，至关重要的推论和洞察可以基于某些样本单位的数据而获得。这些样本的规模相对于决策制定者所有感兴趣的组成单位来说是非常小的。术语"样本"是市场调研中推论方法的起点。

11.1 抽样与普查

抽样（sampling）是从决策制定者的研究全体挑选出来一部分，其最终作用是为了对研究全体得出概括性结论。决策制定者研究的全体被称为"**总体**"（population），或者"**全体**"（universe）。可以从中抽取样本的总体单位列表被称为**样本框架**（sampling frame）。

为了阐明总体和抽样框架之间的差别，让我们假定如下情形。一家提供商学研究生项目的大学希望了解学生们用来评估不同研究生项目的标准。在这种情形下，"总体"可以被定义为"有意向于次年获取商学研究生学位的全部个体"。我们该如何鉴别这些个体呢？

一种方法是联络管理 GMAT 考试的机构来获取过去 12 个月内参加过这项测试的个体名单，这样的名单构成了抽样框架。请注意此抽样框架包含了大多数个体，但不是全部，样本总体的定义中暗指的个体（有些个体在过去的 12 个月内未参加 GMAT 测试，可是他们仍然可能有意向在次年获得商学研究生学位）。然而，由于生成一份毫无遗漏的总体名单通常是不切实际或者十分昂贵的，人们在挑选样本时往往使用更容易获得的和更接近样本总体的抽样框架。

在市场调研中，术语"总体"并非局限于人类。确切地说，它泛指任意一组单位——人类或者非人类——研究人员或者决策制定者想要得出推论的群体。例如，在用来决定尼尔森扫描跟踪指数的研究中，暗指的样本总体是由非人类单位构成——所有杂货，药物和类似的商店。从样本总体中得出推论的方法主要有两种：(1) **普查研究**，从研究的全体中得出推论；(2) **抽样研究**，从样本总体中选取一个样本得出推论。

在大多数营销研究项目中，抽样是一个非常重要组成部分，原因是在一些研究中，抽样相对于普查来讲有非常明显的优势，普查包括从样本总体的每一个单位中获取数据。例如，如果尼尔森扫描跟踪指数的数据需要从所有销售属于此 Index 产品的商店中收集，则必须展开普查。现在让我们来考察抽样与样本普查相比的优势。

抽样的优势

与普查相比，抽样研究的一个主要优势是成本较低。直接影响数据收集和分析成本的一个关键因素是样本单位的数量。不论项目研究中的数据收集方法是否包括个人采访调查、电话调查、邮件调查、网络调查或者是观测，从越多的样本中获取数据，样本收集和分析成本就越高（因为更大量的数据需要被分析）。以大多数现实生活中的研究项目来讲，总体样本数量是非常庞大的，而通常可支配的研究经费非常有限，不足以进行普查研究。2000 年美国人口普查的成本高达 40 亿~50 亿美元。

与普查相比，抽样研究的第二个优势是为研究项目节省时间。考虑到进行研究的一系列有限资源（经费、收集数据的实地工作者、数据的编码和分析设备），样本普查将比抽样研究所需的时间更久。非及时获取的数据对决策制定者并无用处；更糟糕的是，使用这些数据可能导致错误的决策。

你可能会想，"普查研究虽然比抽样研究更昂贵耗时，但是由于其数据来源于总体的每一个单位样本，难道不比抽样研究更精确吗？"令人惊讶的是，这个问题的答案是"并非必然"。从定义中可以看出，普查研究考虑了总体中每个样本单位。然而，研究中数据的精确性不仅依靠调查的样本总体数量，还包括数据收集处理的许多其他因素。

与项目研究有关的总误差可能包含如下一项或者两项：抽样误差和非抽样误差。图 11.1 总结了三种非抽样误差的种类和其可能的诱因；图 11.2 比较了电话调查和在线调查的非抽样误差。

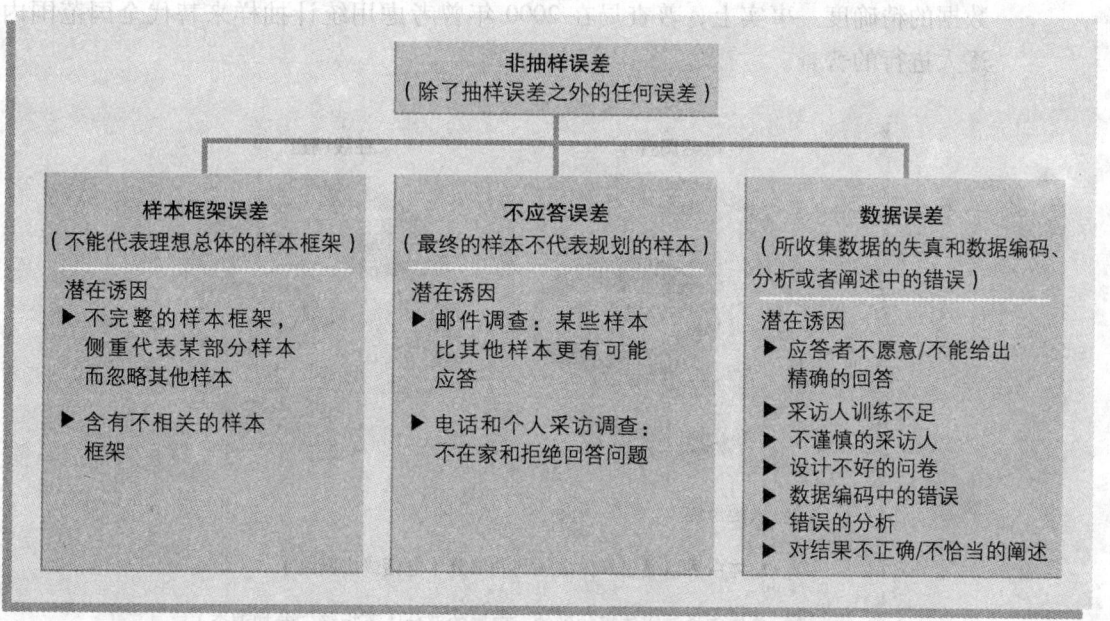

图 11.1　非抽样误差的种类和潜在诱因

1. **抽样误差**（sampling error）是在抽样程序中生成的统计值和只有通过精确的总体普查才能得到的总体参数之间的差异。抽样误差会发生在任何包含抽样研究的项目中，因为在这样的研究中测量的只是总体中的一个样本（在本章后面我们会详细讨论抽样误差）。

2. **非抽样误差**（nonsampling error）是在研究中除了抽样误差（其起因纯粹

是因为一个样本,而非被研究的总体样本)之外的任意误差。非抽样误差可能在数据收集和分析的过程中产生,其起因包含多方面因素,例如乏味的调查问卷、未经过良好培训的实地工作人员、问卷回应者的误差和编码误差。对于调研人员来讲,使非抽样误差最小化的最好方法是对全部数据收集过程\编码和分析有充分的控制——例如,使用充分培训的实地工作人员,给予他们正确的指示,并且密切监督他们的工作。抽样研究,由于其限定的调查范围,更有可能提供给调研者对于非抽样误差的控制。表 11.1 描述了不同种类非抽样误差的误差,并且总结了控制它们的策略。

在大多数情形中,尽管存在一些无法避免的样本误差,运作良好的抽样调查仍然可能比普查研究的总误差小。这个结论得到美国人口普查局在行动上令人意外的支持:普查局确实进行了一些受控的抽样研究来证明其十年一度的人口普查数据的精确度。事实上,普查局在 2000 年曾考虑用统计抽样来替代全国范围内逐人进行的普查。

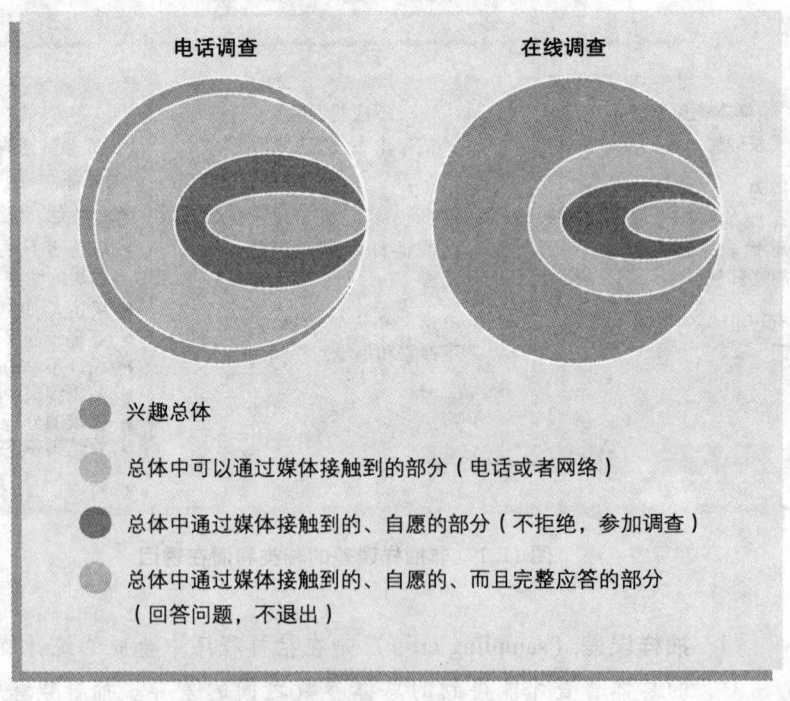

图 11.2 非抽样误差和覆盖面:美国电话和在线调查

表 11.1 　调研项目潜在误差的概括

误差的种类	将误差最小化的方法
抽样误差	
（当一个样本而不是总体被用来调查时发生）	增加样本规模 使用一个具有统计效率的抽样计划（让样本尽可能代表总体）
非抽样误差	
样本框架误差（当样本框架不能代表理想总体时发生）	从一个完整的样本框架开始 改变样本框架，使其更能代表理想总体（例如，在电话调查时使用拨号软件）
不回应误差（当最终样本未代表计划样本时发生）	邮件调查：通过使用激励来增加回应率、追踪邮件等（注意：增加回应率可能并没有减少不应答误差） 电话和个人采访：采用复查和延长进行采访的时间
数据误差（由于所收集数据的失真和数据编码、分析或者阐述中的错误而产生）	保证问卷的质量好（简单、无偏倚等） 对于采访者合适的选择、培训和监督 保持采访者的任务简单和清楚 对采访者给予充分的补偿 使用合理的编辑和编码程序 在分析和阐述数据时考虑它们的特性和质量

许多专家认为全国的普查少计了一些难以统计的地区。例如，1990 年的普查遗漏了全国 4.4% 非洲裔美国人、5% 拉丁美洲裔美国人、12.2% 在保留地生活的美洲土著和 0.7% 的白人。然而，尽管得到专家的广泛支持，美国人口普查局试图使用抽样调研的想法却被美国最高法院以违背《人口普查法案》的理由否决[4]。许多营销学、统计学和人口学专家仍然认为 2000 年的普查由于存在那些难以统计的地区，少统计的人口占到这些地区人口总数的 40%。尽管美国最高法院规定抽样调查不能用于国会众议院的决议，但并未限定抽样调查对于联邦资金分配的使用。事实上，人口普查局计划在实际的普查之后展开一些样本调查。2000 年普查局抽样调查 67% 的回应率超过了 1990 年的 65%，也远远超过预期的 61% 回应率[5]。

除了目前谈到的成本、时间和精确性方面的优势，相对普查来讲，抽样研究对于人口调查也有间接的好处。由于众多机构越来越多地使用调研，越来越多的人口可能被要求参与到调查当中。结果，新鲜的问卷回答者——那些从来没有参与过调查的人——比以前更难找到。从长期来说，为了保留一些可用的新的问卷回答者，抽样研究比普查更可取。

何时进行普查是恰当的

尽管普查研究有一些大的局限,这并不意味着在营销中我们从来都不使用它们。请注意,如果样本总体很小或者很容易评估,那么普查在成本、时间和精确性方面的弊端并不明显[6]。例如,"芝加哥城区的所有神经外科医生"、"阿肯色州所有的储蓄和贷款机构"和"所有需要未经加工的金子的制造商"的样本总体不太可能包含很多样本单位。在包含小样本总体的调研项目中,从成本、时间和精确度的角度来讲,普查是切实可行的。普查研究是否有必要进行,取决于用来获取数据的样本总体单位中变量的多样性。

概括来讲,恰当的普查必须包含如下两种情形:(1)可行;(2)必要。只要样本总体相对较小或者可以轻易进行评估,则普查是可行的。同时,只有当样本总体极端多样化,即每个样本单位都可能与其他的单位非常不同时,普查才是必要的。因此,在营销领域普查通常局限于工业化或者组织化的消费者样本,在这些情况下,学者可能对研究相对小群体但是高度多样化的样本感兴趣。

互联网帮助我们在相对较短时间内接触到更多样本总体。Bizrate.com 是一个领先的比较类购物网站,它包含来自超过2 000个店家的产品。该网站联络所有参与买卖的在线买家,让他们完成有关销售点和购买体验的在线调查。互联网技术现在让公司可以轻易接触到不同的在线买家。只要这项技术是恰当的,接触到如此多样的样本总体并且收集数据的成本相对也是比较小的[7]。

11.2 概率抽样和非概率抽样

本章的余下内容包括从既定的样本总体中抽取样本单位的多种方法。让我们来预览两种有用的基本抽样方法:概率抽样和非概率抽样。

概率抽样(probability sampling)是事先已知每一总体单位抽取概率的客观程序。进行概率抽样的研究人员不会去决定哪些特定的总体单位会被抽取为样本;也就是说,研究人员并不决定某一个具体的总体单位是否被包含在样本中。对于概率抽样,调研人员仅仅制订一些从总体中抽取单位的客观计划(objective scheme)。在实施这些计划时,样本单位的挑选与调研人员自身的偏好或者偏爱无关,在这些制订好的抽样计划中,每一个总体单位都面临被选中的客观概率(全体样本总体被选中的概率可能相同或者不同,在本章中稍后我们会学习到)。

例如,盖洛普公司提供一项叫做 Gallup Omnibus 的商务服务。此项服务每两至四周以个人入户式采访的方式在全国展开,专门设计的问题可以满足调研客户对一年中任意月份的全国性调查结果的需求,调查的对象是美国的成年(18 岁及以上）公民[8]。

非概率抽样（nonprobability sampling）是事先未知每一总体单位抽取概率的主观程序。在非概率抽样中，个体样本单位的选取从严格意义来讲并不是随机的；调研人员的主观判断确实决定了哪些具体的样本总体单位被包含在抽样中。因此，要预先决定抽取每个总体单位的客观概率是不可能的。

进行抽样研究的调研人员可以在众多概率和非概率抽样方法中进行选择。图11.3介绍了概率和非概率抽样的一些基本种类。下面概要介绍了概率和非概率抽样。

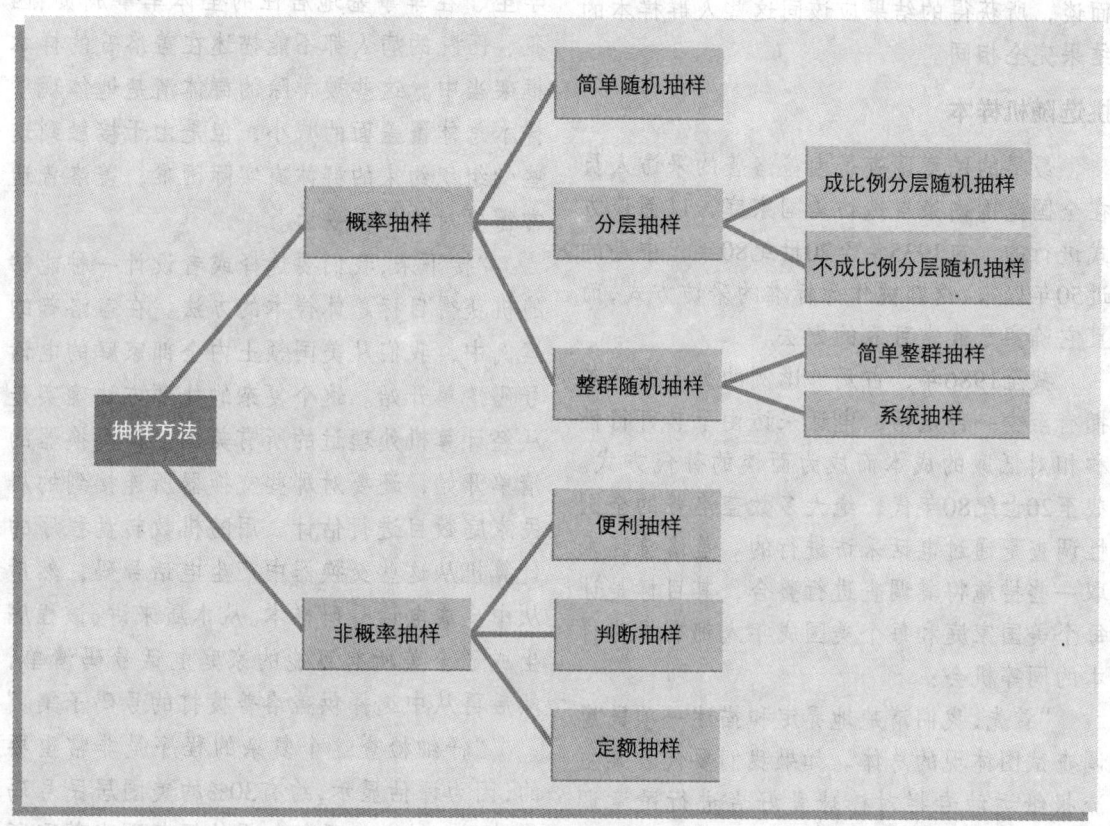

图11.3　抽样方法的分类

概率抽样

大型营利性市场调研公司使用纯熟的概率抽样技术，这些公司保留了方便评估的全国性样本或者评估小组来进行定期的市场调研。正如在开篇文中描述的那样，用于中国民意调查的样本是在精心策划的概率抽样计划下选取出来的。

简单随机抽样是概率抽样方法中最简单的一种，其他更先进的概率抽样方法

实地调研11.1

盖洛普抽样：美国如何进行民意调查

抽样

概率抽样是所有调查研究的基础。盖洛普全国民意调查的目标是反映一些人群样本的看法。假定可以对所有的成年美国人进行面谈，所获得的结果应该同这些人群样本的结果完全相同。

挑选随机样本

最早的民意调查是由盖洛普的采访人员在全国范围内亲自造访美国家庭，以面谈方式进行的。自1935年至20世纪80年代中期的近50年以来，这都被作为标准的采访方式，而且它确实是非常可靠的方法。

截至1986年，占足够比例的美国家庭都拥有至少一部电话，电话采访由于其可行性和相对低廉的成本而成为面谈的替代方式。截至20世纪80年代，绝大多数盖洛普的全国性调查是通过电话采访进行的。盖洛普还采取一些措施将其调查进行整合，其目标是让每个美国家庭和每个美国成年人都有成为样本的同等机会。

"首先，我们清楚地界定和描述一项民意调查试图体现的总体。如果我们要代表某主流报纸运动专栏对棒球爱好者进行民意调查，则目标总体可能是所有18岁及以上自称为棒球运动爱好者的全体美国人。然而，如果调查是代表职业棒球大联盟，其要求的目标观众可能更具体，例如12岁及以上通过电视观看每周至少五小时棒球联赛的群体。"

当盖洛普的民意调查是为了追踪选举以及当今主要政治、社会和经济问题时，目标群体通常被称为"全国的成年人"。严格地说，目标群体是所有的18岁及以上家庭、拥有电话、居住在美国领土的成年人，有效的群体是不受组织约束的美国公民。在校内居住的大学生、在军事基地居住的全体军事成员、囚犯、医院的病人都不能描述在盖洛普的样本框架当中。这些被排除的群体清楚地体现了样本总体覆盖面的减小，但是由于接触到这些受组织约束的群体有实际困难，盖洛普通常需要对此作出妥协。

"接下来，我们要选择或者设计一种能够随机获得目标总体样本的方法。在盖洛普的案例中，我们从美国领土内全部家庭的电话号码清单开始。这个复杂的处理方法确实是从经计算机处理过的所有美国电话交换器的清单开始，还要对那些交换器所连接到的居民家庭数目进行估计。用随机数转盘程序的计算机从这些交换器中产生电话号码，然后从中生成电话号码样本。从本质来讲，该程序生成了全美所有可能的家庭电话号码清单，然后再从中选择供盖洛普拨打的号码子集。"

"仔细检查这个复杂的程序是非常重要的，因为评估显示，约有30%的美国居民号码未被列入清单。尽管如果使用黄页来获取所有全美电话号码清单再从中挑选样本要简单得多（简单到甚至可以从当地的黄页本中每隔38个号码挑选1个样本），但我们可能因为错过未入清单的电话号码而导致样本偏差。"

在盖洛普设计的调查中，可以体现全体的典型样本大小为1000名全国成年人[a]。

有分层、整群和系统抽样。下面对这些抽样方法的每一种都提供了详细的讨论。

简单随机抽样 简单随机抽样（simple random sampling）是在样本总体中，每个部分中的任何一个样本都有已知和同样的概率被抽取为样本的程序。这是概率抽样中最简单的一种方法。在实际操作中，简单随机抽样可以随机地从样本总体中抽取期望数量的样本。从统计角度来讲，这个抽样程序同事先确定期望大小的所有可能样本，然后从中选出一个的做法相同。

许多电子制表程序，包括 Excel 和 Lotus，都提供可以轻易提供一组随机数字的非实存随机数字发生器，它们可以用于从既定数目的样本总体列表中进行简单随机抽样。用计算机进行样本单位选取特别有益于需要随机问卷回答者样本的电话调查。这些调查可以使用随机数转盘，所有的电话都会被计算机随机挑选和拨打。

分层抽样 分层抽样（stratified random sampling）是在总体中必须抽取包含各层面、各细分单位个体样本的概率抽样程序。在简单随机抽样中，对于既定的样本规模，任意组合的样本单位都可能与其他同样规模的样本组合一样成为抽样的结果。然而，在实际研究中简单随机抽样的样本可能成为非充分体现总体样本的偏离样本。下面讨论的案例阐述了这种可能性。

例子 假设 Kirkwood 大学的管理者想要测定学生对于学校多方面的看法。Kirkwood 大学的学生群体（在本案例中就是样本总体），包括 10 000 名学生——3 000 大一新生、3 000 大二学生、2 000 大三学生和 2 000 大四学生，本次调查抽取 500 名学生样本。如果我们使用简单随机抽样方法挑选 500 名学生，就无法保证被挑中的样本充分体现学生团体中的四个年级学生。实际上，简单随机抽样可能产生一种极端偏离样本：全部 500 名学生都来自同一年级。这样的样本不是我们期望的，因为无法用它来概括群体学生团体的调查结果。

防止样本偏离的一种抽样方法就是分层抽样方法。由于提供了更精确的对于多种样本的总体评估，分层随机抽样方法比简单随机抽样更具有统计效率。抽样程序的**统计效率**（statisitc efficiency）是指抽样程序结果对样本总体评估的精度。对于既定样本规模，能够生成更精确评估的抽样程序从统计学角度来讲是更有效率的。

分层随机抽样有两种可能类型：成比例和不成比例分层抽样。在**成比例分层随机抽样**（proportional stratified random sampling）中，样本是由从各层面中按照其占总体的比例抽取出的样本单位组成。表 11.2 阐明了在 Kirkwood 大学案例中总共 500 名学生样本的比例分配情况。当总样本数量被划分之后，各层面的总体样本作为次总体,从各次总体中简单随机抽样出的指定数量的样本单位构成了全体研究样本。

表 11.2 对于 Kirkwood 大学总体样本的分配

总体样本分层	总体单位数量		被分配的样本单位数量
大一新生	3 000	30%	500 × 0.3 = 150
大二学生	3 000	30%	500 × 0.3 = 150
大三学生	2 000	20%	500 × 0.2 = 100
大四学生	2 000	20%	500 × 0.2 = 100
总计	10 000	100%	500

在**不成比例分层随机抽样**(disproportional stratified random sampling)中,样本是从各层面中根据其所占总体样本的不同比例抽取出的样本组成。如果一个层面含有更多的多样化个体,在样本相同大小的情况下会因此比另一个层面呈现出更大程度的多样化,更多的样本就应该从前者选取。此时适用的就是不成比例分层随机抽样。

对于既定的样本大小,不成比例分层抽样比成比例分层抽样更好地体现出总体的情况。这种体现是从更多样化的层面中以更高比例的抽样完成的。不成比例分层随机抽样比成比例分层抽样更有统计效率,因为在样本大小相同时,它会对多样化样本提供更精确的总体评估。因此,如果各层面的多样化程度是不同且已知的,就必须使用不成比例分层抽样而不是成比例分层抽样[9]。

AC 尼尔森公司使用不成比例分层抽样的形式来选择用于提供尼尔森零售指数的商店。图 11.4 阐述了尼尔森使用的不成比例分层抽样方法。请注意连锁和大型的独立商场的抽样比根据他们的大小本该抽样的比例要多,也请注意"抽取比例",各层面商店的选取概率是不同。

整群抽样 整群抽样(cluster sampling)是随机抽取多群样本单位的概率抽样程序,然后所有或者部分被选中的群体被用做研究。在分层随机抽样中,将总体分割成层面后,一个总体单位将随机地从各层面中被挑选出来。这种方法针对各层都需要一个样本框架。对于简单随机抽样来讲,针对所有的样本单位进行抽样也需要一个样本框架。适用于个体总体单位的恰当的样本框架可能并非总是可以轻易获取的,在这种情况下,整群抽样大有裨益。

例如,假设某调研员想要在大都会统计(MSA)的随机家庭样本中进行个人面谈。在这种假定下,MSA 的完整样本框架也许是无法获取的,而且编辑的成本十分昂贵。然而,一份 MSA 地区性普查的完整列表(在此列表中每个地区的普查结果代表着家庭的一个整群样本)应该可以从美国普查局报告中轻易获得。因

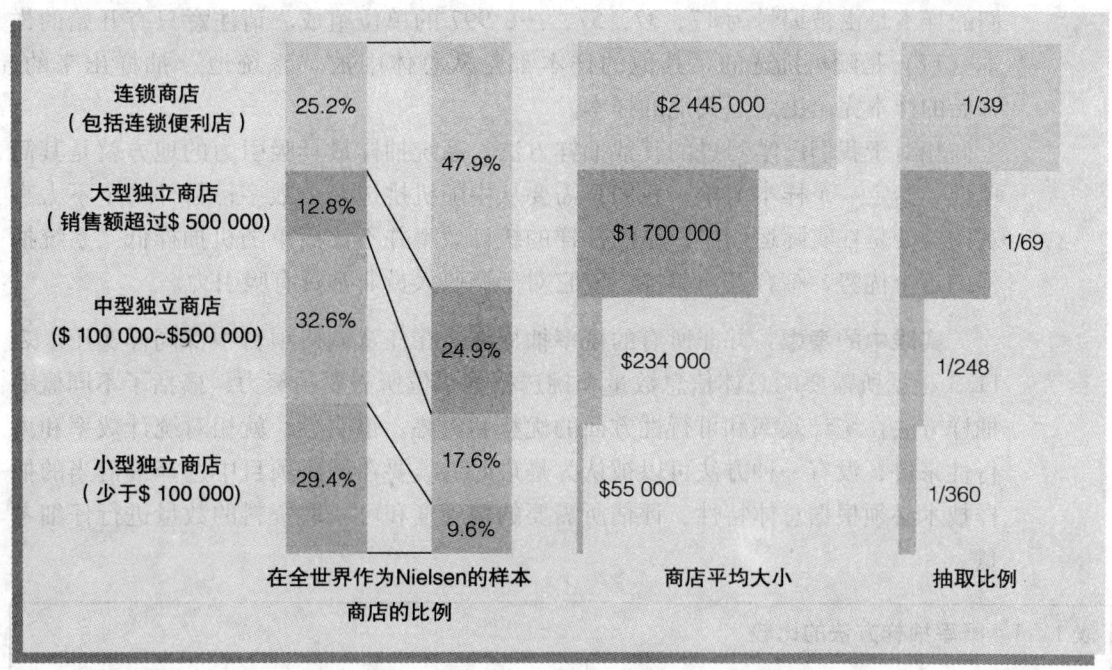

图 11.4　AC 尼尔森公司使用的不成比例分层随机抽样

此，调研员可以从地区普查的样本框架中随机挑选一个样本地区，然后在全部或者部分选中地区里包含在普查中的家庭展开采访。这种抽样方法是整群抽样的一种。

即使在样本框架可以获得时，如果框架可以方便地被分成一系列代表性的群体，整群抽样方法可能比简单或者分层随机抽样更容易使用。

系统抽样　在系统抽样（systematic sampling）中，调研人员随机抽取第一个样本，然后系统地抽取其余样本。顾名思义，系统抽样是有组织地从包含总体单位中进行抽样的程序。具体来说，它包含如下步骤：

1. 决定抽样间距 k：

$$k = \frac{总体中的样本数量}{需要的样本单位数量}$$

2. 在总体中介于第一个和第 k 个样本间随机抽取一个样本。
3. 被随机选中的样本和第 k 个样本其后被指定为样本的一部分。

为了阐明这个程序，我们考虑一个共 1 000 个单位的样本框架（样本被从 1 编号到 1 000），并且从中挑选 50 个样本单位。样本间距 k 为 1 000/50 = 20。为了挑选出样本的首单位，我们从 1~20 间随机挑选出一个单位，假设为 17，因此我们的样本是由被编号为17，37，57，…，997的单位组成。请注意只有开始的样本（17）是随机挑选的，其他的样本都是从总体中被"系统地"抽样出来的。开始的样本完全决定了其他的样本。

相对于我们已学习过的其他抽样方法，系统抽样最具吸引力的地方就是其简单性：给定一个样本清单，我们只需要从中随机挑选一个数字；另外一个不太直观的益处是在实际运用中，系统抽样的统计效率并不比简单随机抽样低。系统抽样的这个优势，结合其简单性，使它对于调研人员非常具有吸引力。

实践中的考虑：并非所有的概率抽样方法在任意调研项目中都同样实用。表11.3根据所需要的总体信息数量和挑选样本单位所需要的努力，概括了不同概率抽样方法在统计效率和可行性方面的优势和劣势。很明显，就相对统计效率和可行性来讲，没有一种方法可以被认为是最好的。要在调研项目中选择最恰当的抽样技术必须根据总体特性、评估所需要的精确度和可获取资料的数量进行仔细考量。

表11.3　概率抽样方法的比较

抽样方法	统计效率	关于总体所需要的信息	样本单位的选取
简单随机抽样	比分层抽样的效率低	总体样本单位清单	随机挑选各单位
分层随机抽样			
成比例抽样	比简单随机抽样更有效率	总体样本单位清单；对总体按照相关特性进行分层的数据	随机挑选各单位
不成比例抽样	比简单和成比例随机抽样更有效率	总体样本单位清单；对总体按照相关特性进行分层的数据；各层中样本多样化程度的认识	随机挑选各单位
整群抽样			
简单分群	除非各群都充分地体现了总体，否则比简单随机抽样效率低	总体单位子群的清单	只有选中的层面（在各选中层面进行随机普查）
系统抽样	当总体样本为随机顺序时，与简单随机抽样的效率相同；当总体单位按照有关特征进行安排时，与成比例分层随机抽样的效率相同；当样本清单呈现周期性，可能比简单随机抽样效率低（例如，如果每第k个单位都是男性时）	总体样本单位清单	只有首单位被随机挑选（其余单位根据样本间距被随机挑选）

非概率抽样方法

非概率抽样方法是无法决定总体单位抽样概率的主观程序，从总体中抽样时并不像概率抽样那样遵循严格的概率原则。非概率抽样的一个重要特征是在挑选个体样本单位时，调研人员拥有比概率抽样时更大的自由和灵活性。在检验该特征之前，让我们先来讨论非概率抽样的基本类型。

便利抽样 在便利抽样（convenience sampling）中，调研人员的便利构成了挑选样本单位的基础。在日常事务中，我们都曾经和将继续被应用到便利抽样中。例如，你可能偶遇过与下面案例类似的一些情况。

例子 你所在大学的管理者刚刚宣布明年的学费会剧增，据称主要原因是管理费用的剧增。该通告也出现在你们当地电视台的晚间新闻节目中。播报此条新闻的播报员说"尽管某些学生认为上涨10%的学费是合理的，大多数还是认为这是不公平的"。然后，为了支持此结论，出现播报员在学校内同几名学生谈话的镜头，每个学生逐一阐述他们对于学费攀涨的反应。

在这个案例中显然对个体样本进行了抽样。然而，与概率抽样方法进行对比，请注意在此案例中的"调研人员"——电视新闻播报员——非常明显地想要通过输入任意可以便利获取的样本来作出推论。他并没有定位和使用有代表性的样本单位输入。

这种抽样形式已经风行于在线调查，有一种在线便利抽样版本被称作截取抽样或者弹出调查。许多互联网服务提供商在使用者登录某特定页面或者完成一笔交易时使用弹出调查。然而，由于参与是完全自愿的，作为结果的样本在效用上就是便利样本，是在调研人员便利而非从界定好的样本框架中随机抽取的基础上获得的。

判断抽样 除了更精练外，判断抽样同便利抽样类似。在便利抽样中，调研人员并不努力获得代表性样本，但在判断抽样中却需要这样做[10]。**判断抽样**（judgement sampling，或者目的抽样，purposive sampling）是调研人员努力按照自己的判断选取最适合研究的样本的程序。

让我们再看另外一个关于电视新闻的案例。如果新闻播报员想要寻找多个学生社团团长并且获取他们对于学费攀涨的反应，来代替仅仅采访一些可便利获取的学生样本时，他或她都会用到判断抽样程序。判断抽样是否比便利抽样更能代表理想的总体？这取决于调研人员在挑选样本单位时判断的全面程度。在学生社团团长们彻底获悉总体学生感受的程度时，团长们的判断样本比学生便利样本更具代表性。在特定情况下，调研人员将要或者应该对作为研究的相关或者理想总体有全面的认识。因此，尽管判断样本需要调研人员付出更多努力获取，它比便利样本从总体来说更合适。

定额抽样 定额抽样（quota sampling）是根据调研人员或者决策制定者的判断，从各总体单元中抽样定额单位。它是非概率抽样中最精致的方式，而且经常被运用在实践中，特别是涉及个人采访的研究。定额抽样与分层随机抽样类似，并且也拥有判断抽样和便利抽样的某些特点。它需要如下步骤：

1. 根据某些支配性特点将总体分成几段（一般称作单元，cell）；
2. 决定各单元的定额（定额是由调研人员或者决策制定者决定的）；
3. 指导面试员完成各单元分配到的定额。

定额抽样并不要求预先知道各单位所属的单元。它允许调研人员使用两种或者更多的支配性特点来定义总体单元。好处是研究人员可以在一些相关总体特点上控制定额样本的代表性。然而，定额抽样确实存在潜在的局限性。首先，它缺少统计精确性和概率抽样程序的概括性；其次，用以改善样本的代表性而增加样本的支配性特点会急剧降低定额样本的灵活性，并且使得定位需要用来完成多种单元定额的问卷回答者变得十分昂贵；最后，即便几种支配性特点被用来设计定额样本，如果定额不是按照计划完成，或者某些重要支配性特点未被包括，则实际获得的样本仍然可能是偏离的。

11.3 抽样误差和抽样分布

根据从居住在城市里的家庭层面收集的数据，我们可以评估居住在城市的家庭总体的平均收入、拥有微波炉的家庭比例和他们的喜好。然而，除非对所有城市内的家庭进行普查，否则我们无法查明家庭实际的平均收入、拥有微波炉家庭的精确比例等诸如此类的数据。其原因就是抽样误差的存在，下面我们将就此进行讨论。

抽样误差

对于任意变量（例如收入或者物品的所有权），实际的或者真实的总体平均值或者总体比例叫做**参数**（parameter）。对于样本数据的参数评估被称为**统计量**（statistic）。在用抽样程序评估总体参数时，无论如何客观地和仔细地挑选样本，样本统计量与实际参数值（未知的）间仍可能存在差异。这样的差异通常叫做抽样误差（sampling error）。因此，抽样误差就是由抽样程序生成的统计值和只有通过普查才可以获得的参数值之间的差异。

要确定根据样本统计值评估出的总体参数的精确性,首先要确定抽样误差的大小。不过,由于下述两个原因我们无法准确地测定抽样误差的大小:首先,我们不知道真正的总体参数值(如果我们已经知道的话,就没有必要进行抽样研究了);其次,在同一总体中,样本间的统计值也各不相同。因此,在既定的抽样程序中,我们只能评估抽样误差的平均值。评估抽样误差的一个重要统计概念就是下面讨论的抽样分布。

抽样分布

设想一个只包括 10 个家庭的总体,假设这 10 个家庭外出就餐的年度开支是列在表 11.4 中的数值,这里的样本外出就餐平均开支(即总体参数值)为 275 美元。假设我们想通过针对两个家庭的简单随机抽样数据来评估总体参数值。

表 11.4　对于假设样本的外出就餐开销	
家庭编号	出外就餐年度开支(美元)
1	50
2	100
3	150
4	200
5	250
6	300
7	350
8	400
9	450
10	500

任意抽取 2 个家庭共存在 45 种不同组合的可能样本。对于任意样本,样本外出就餐平均开支值(样本统计值)来自于其组合中的各家庭情况。表 11.5 列出了部分包含 2 个家庭的不同组合样本,同时列出了各样本外出就餐平均开支值。请注意样本平均值所跨越的范围值(从 75 美元到 475 美元),某些平均值(例如 275 美元)出现的频率更高,因为有更多的样本生成这些平均值。因此,从理论上说,如果我们一再从总体中挑选 2 个样本并且每次都计算样本平均值,我们会观测到平均值的数值范围中某些数值比其他的出现得更频繁。这种现象强调了抽样分布的概念。**抽样分布**(sampling distribution)是由抽样程序选取的确定规模的各可能样本中获取的样本统计值及其出现的频率。

表 11.5　可能样本和样本平均值的部分列表

抽样 2 个家庭组成的样本	样本平均值（美元）
1,2	75
1,6；2,5；3,4	175
1,10；2,9；3,8；4,7；5,6	275
5,10；6,9；7,8	375
9,10	475

图 11.5 体现了从总体 10 个家庭中使用简单随机抽样程序挑选 2 个家庭的抽样分布。横轴描绘了实际样本平均值的分布范围，每条垂直矩形条代表相应样本平均值的出现频率。例如，如果我们抽取很多由 2 个家庭组成的样本并且计算每个的样本平均值，得到平均值为 175 美元的概率大概有 3/45（或者 6.7%）。换句话说，3 个独立的样本得出 175 美元的样本平均值（见表 11.5）。这三个样本中的每一个被选中的概率是相同的（1/45）。因此，样本平均值 175 美元的相关出现频率（或者概率）可以用如下方式计算出来：

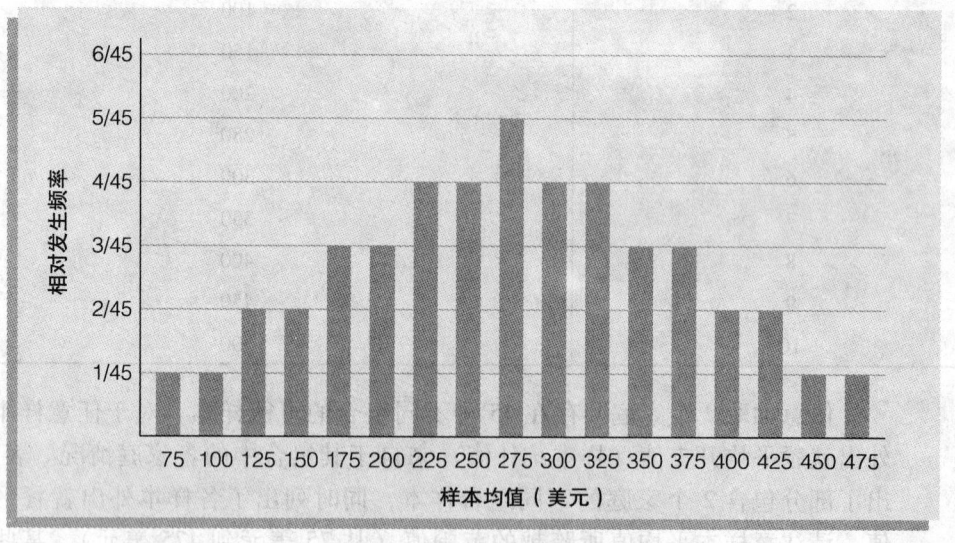

图 11.5　两个样本的简单随机样本分布

$$\frac{1}{45} + \frac{1}{45} + \frac{1}{45} = \frac{3}{45}$$

需要强调的是，抽样分布概念是一种理论概念，因为在实际生活中我们抽取的仅仅是一个随机样本而不需要能够构成抽样分布的大量随机样本。然而，关于这个概念的理解是重要的，因为它是根据样本统计值评估总体参数的基础。抽样分布的性质连同抽样程序是评估由抽样程序所生成抽样误差的关键。

图 11.5 中的抽样分布具有两个值得注意的特征：

1. 在总体参数值 275 美元周围发生频率最多的样本平均值；
2. 极端样本平均值尽管可能存在，却不太可能发生。

这些特性对于所有的抽样分布来讲是共有的。从同一个总体中重复抽取随机样本会产生这样的现象：越接近总体参数的样本统计值越常出现。

在我们假设的阐述中，总共 10 个家庭的样本是相对较小的，也因此限制了可能样本平均值的总数目。鉴于此原因，在图 11.5 中所显示的抽样分布是非连续的，且略微呈现出锥形。如果总体更大更多样化（如同实际生活中的通常情况），样本组成会更多样化，因而有可能样本平均值也会更多样化。因此，抽样分布会含有比图 11.5 显示的更多垂直矩形条和更密集的分布。

当可能存在无数样本组合情况时，样本平均值的范围可以被认为是连续的而非离散的。也就是说，样本平均值可被认为是从某一范围内获取的任意数值，而非我们案例中像 75 美元、100 美元、125 美元这样的具体、确定的值。持续变量的抽样分布通常以直方图的形式表示（而不是线条图的形式，例如表 11.5 显示参数各可能数值的出现概率）。体现样本平均值抽样分布的直方图范例请参考图 11.6。

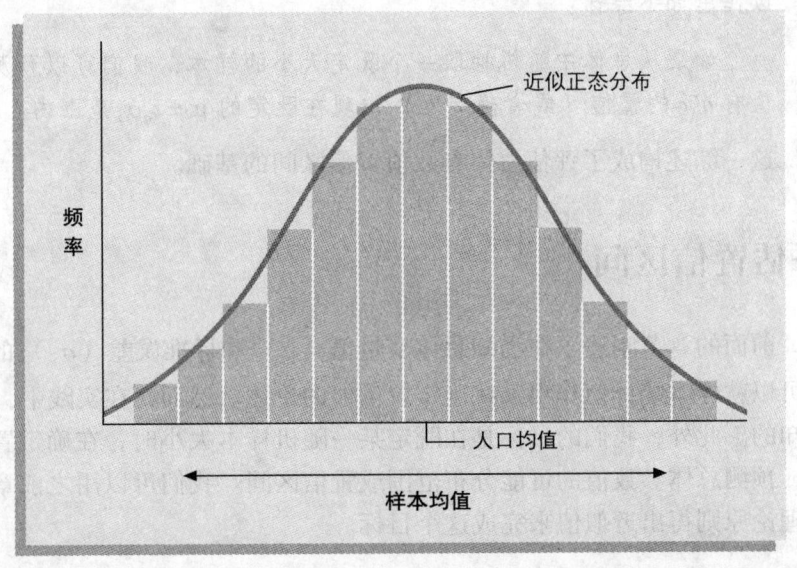

图 11.6　样本分布柱状图

在图 11.6 中，各矩形的高度代表所有样本平均值的总发生频率，总样本平均值介于由矩形两垂直边所定义的范围内。因此该直方图描绘了不同范围样本平均值的发生频率,而非各可能样本平均值。然而,请注意表 11.5 中的概率分布图和图 11.6 中直方图有同样的概形。确实,该直方图可以用钟形曲线来约估,正如在图 11.6 中显示的实线。这样的平滑曲线有时被叫做理论抽样分布。

抽样分布曲线有一个基于**中央极限定理**(central limit theorem)的重要特点:对于足够大的样本(在实践中,有 30 个或者更多的样本),根据抽样程序所产生的样本平均值的抽样分布曲线将以总体参数值为中央,并且具有正态概率分布(所谓的正态曲线)的全部特性[11]。不论初始变量值是如何在总体中分布,这些特性是保持一致的。换句话说,不考虑一个变量的总体分布形状,只要样本有足够的容量($n=30$ 或者更多),样本平均值就是正态分布的。该特性对于在样本数据基础上做总体推论是有帮助的,下面我们对此进行讨论。

遵循符号使用惯例,我们使用 μ 来代表真实的总体平均值,$\bar{x}$ 用来表示从相同总体中重复抽样获得的不同样本平均值的标准差。我们可认为 $\sigma_{\bar{x}}$ 代表某一抽样程序的抽样误差平均数,传统意义上,它被作为**样本均位的标准差**。

如果理论抽样分布表现类似正态概率分布,我们可以作出如下综述:

> 如果从总体中重复进行既定大小的随机抽样,我们可以预测某一确定比例的样本平均值会落在既定的 $\mu \pm z_q \sigma_{\bar{x}}$ 范围内,其中 z_q 是对应于 $q\%$ 的标准正态差值。z 的值可以从正态概率表格中读取,见附录 1。或者,我们也可以作出如下综述:

> 如果从总体中随机抽取一个既定大小的样本,我们可以预测该样本平均值有 $q\%$ 的置信(或者确定性)出现在既定的 $\mu \pm z_q \sigma_{\bar{x}}$ 范围内。

这一综述构成了评估总体参数值置信区间的基础。

11.4 评估置信区间

前面的章节阐述了在已知总体变量值(μ)和标准误差($\sigma_{\bar{x}}$)的情况下,我们可以就样本统计值作出某些确定置信值的论述。然而,在实践中,μ 和 $\sigma_{\bar{x}}$ 都是未知的。此外,我们的目标是在既定某一随机样本大小时,在确定置信度的情况下,预测总体参数值的可能分布范围或置信区间。我们可以用之前章节中讨论到的理论原则得出近似值来完成这个目标。

得到总体平均值的置信区间

z 值对应的 95% 双尾 q 值(two-tailed q-value)为 1.96(请见附录 1)。请注意对于"双尾"的强调,该术语强调了置信区间相对于平均值(或者比例)是对称的，因此 z 值对应一个正态曲线涵盖相当于 $(100-q)\div 2$ 范围的两侧。这种置信区间的双尾性贯穿于今后的讨论当中。

现在，正如在前面看到的那样，我们有 95% 的把握认为任意样本平均值处于 $\mu \pm 1.96\sigma_{\bar{x}}$ 的范围内；也就是说，我们对如下表达式的准确性有 95% 的置信度：

$$\mu - 1.96\sigma_{\bar{x}} \leq \bar{x} \leq \mu + 1.96\sigma_{\bar{x}} \tag{11.1}$$

表达式 11.1 可以被重分成如下两个等式：

$$\mu - 1.96\sigma_{\bar{x}} \leq \bar{x} \tag{11.1a}$$
$$\mu + 1.96\sigma_{\bar{x}} \geq \bar{x} \tag{11.1b}$$

让我们将表达式 11.1a 和 11.1b 按照如下方式重写：

$$\mu \leq \bar{x} + 1.96\sigma_{\bar{x}} \tag{11.2a}$$
$$\mu \geq \bar{x} - 1.96\sigma_{\bar{x}} \tag{11.2b}$$

表达式 11.2a 和 11.2b 可以被组合成一个单独的表达式：

$$\bar{x} - 1.96\sigma_{\bar{x}} \leq \mu \leq \bar{x} + 1.96\sigma_{\bar{x}} \tag{11.2}$$

在对比表达式 11.1 和 11.2 时，请注意 $\bar{x}$ 和 μ 已经交换了位置。因此之前的代数操作已经导致了置信区间的偏差。具体地讲，我们得到有 95% 把握总体变量可能介于上下限范围。这个区间确实是我们要找的置信区间。不幸的是，表达式 11.2 在实际操作中有一个弊端：我们不知道 $\sigma_{\bar{x}}$ 的值。然而，从统计学理论上讲，如果我们知道随机样本单位数据的标准偏差，就能得到样本平均值标准误差（惯常用 $s_{\bar{x}}$ 表示）的大致评估。

标准偏差的等式如下：

$$s = \sqrt{\frac{\sum_{i=1}^{n}(x_i - \bar{x})^2}{n-1}}$$

其中

n = 样本个数

x_i = 第 i 个样本的取值

$\bar{x}$ = 样本均值，由 $\dfrac{\sum_{i=i}^{n} x_i}{n}$ 给出

$s_{\bar{x}}$ 和 s 之间的简单关系为

$$s_{\bar{x}} = \frac{s}{\sqrt{n}}$$

因此，给定 $\bar{x}$ 和 $s_{\bar{x}}$（二者均可由样本数据计算得出），我们可以计算出总体平均数95%的置信区间。如下所示：

$$\bar{x} - 1.96 s_{\bar{x}} \leq \mu \leq \bar{x} + 1.96 s_{\bar{x}}$$

换句话说，我们正在寻找的总体变量有95%的置信度（或者95%的确定性）会位于既定的 $\bar{x} \pm 1.96 s_{\bar{x}}$ 的范围内。在前述阐述中，我们挑选了95%的 q 值并不是意外。大多数实际抽样都使用95%置信区间。然而，我们能够使用同样的程序来构建其他种类的置信区间；对应于可能期望的任意置信水平，我们可以简单地选取一个合适的 z_q 值（从正态概率表格中）。例如，对于总体平均值可使用 $\bar{x} \pm 2.575 s_{\bar{x}}$ 设定的99%置信区间，因为 z 值对应的99%置信水平是2.575（请见附录1）。我们也可以用1.645的 z 值来构建90%的置信区间。

我们一起来看一个能够说明置信区间的数字问题。

问题 从某城市同类商店总体中挑选出100个男装商店的简单随机样本。男士西装的平均年销售量是1 278套，其标准偏差为399套。对于商店总体的男士西装年均销售量构建一个95%的置信区间。

在此问题中，$n=100$，$\bar{x}=1\,278$ 套，$s=399$ 套，因此：

$$s_{\bar{x}} = \frac{s}{\sqrt{n}} = \frac{399}{\sqrt{100}} = 39.9 \text{（套）}$$

95%的置信区间为：

$$\bar{x} \pm 1.96\,\bar{s} = 1\,278 \pm (1.96)(39.9) = 1\,278 \pm (78.204) = 1\,278 \pm 78.204 = 1\,278 \pm 78$$

根据该样本数据，我们对于年均男士西装销售量在总体男士服装商店中介于1 200和1 356套之间有95%的把握。

11.5 得到总体比例的置信区间

一些研究项目的参数可能包括总体比例（例如，在一个城市拥有 DVD 的家庭比例，或者在一个地区雇员超过50人的公司比例）。在这样的情况下，我们必须从样本数据构建总体比例的置信区间。这个程序与我们讨论过的针对总体平均值构建置信区间非常类似。描述总体比例的置信区间通常使用下面的符号：

π = 真正的总体比例（例如变量值）

p = 从个体样本（例如统计值）获取的总体比例

s_p = 样本比例的标准误差评估

实地调研 11.2

《美国人口统计调查》：最大抽样误差评估

根据《美国人口统计调查》(American Demographics)的资料：美国人口统计调查是具有全国代表性的，其样本覆盖大概1000个随机挑选的应答者。有了这样大小的样本，抽样误差（由于在总体中只有某些样本被用于调查所导致的结果变动性）被减少到95%置信区间水平的±3%。例如，如果一项调查显示55%应答者每月购买一次小杂货商品。我们可以确定，如果不确定地重复进行调查，后续调查结果中有95%的可能将证明一定是52%~58%的应答者每月购买一次小杂货商品。

此案例中±3%的误差是在95%置信区间上从1 000个样本所获得的百分比评估的最大抽样误差。我们来看看这±3%的误差是如何得到的。当 $p=0.5$ 或者50%时，标准差以及标准误差（是对抽样误差的测量）是最高的。因此在《美国人口统计调查》杂志的案例中，最大抽样误差可以通过评估当 $p=0.5$ 时计算95%置信区间的条件得出：

$$\text{最大标准误差} = \sqrt{\frac{(0.5)(0.5)}{1\,000}} = \sqrt{\frac{0.25}{1\,000}}$$
$$= 0.0158 \text{ 或 } 1.58\%$$

在惯例95%置信区间水平上，1.58%的标准误差暗示了抽样误差为 $\pm(1.96)(1.58) = \pm 3.09$，或者说大概为±3%。对于并非恰好为50%的百分比评估，误差会低于50%。因此，对于此样本任意的百分比评估来讲，3%代表了抽样误差上限[b]。

对于总体比例的置信区间可以通过如下公式计算：

$$p - 1.96 s_p \leq \pi \leq p + 1.96 s_p \tag{11.3}$$

其中

$$p = \frac{\text{具有某一特性的样本单位数目}}{\text{总样本单位数目}(n)}$$

$$s_p = \sqrt{\frac{p(1-p)}{n}}$$

请注意我们仅仅需要知道样本比例和样本大小就能够评估标准误差 s_p。实地调研11.2阐明了《美国人口统计杂志》调查案例的最大抽样误差评估。

问题 从一个城市的全部杂货商店中选取一个包括100家杂货商店的简单随机样本。其中只有64家商店栽种盆栽植物；也就是说，在该样本中栽种盆栽植物的比例是0.64。让我们针对栽种盆栽植物的商店总体比例构建一个95%置信区间。

在该问题中，$n=100$，$p=0.64$，所以

$$s_p = \sqrt{\frac{p(1-p)}{n}}$$

$$= \sqrt{\frac{(0.64)(0.36)}{100}} = 0.048$$

则95%置信区间为

$$p \pm 1.96 s_p = 0.64 \pm (1.96)(0.48)$$
$$= 0.64 \pm 0.09408$$
$$= 0.64 \pm 0.09，约数。$$

这个置信区间也可以用百分比形式表示为：64%±9%。换句话说，我们有95%的把握在该城市有55%~73%的杂货商店栽有盆栽植物。

关于置信区间评估的最后一点注意事项：用置信区间评估对总体作定量概括只适用于概率抽样。使用非概率抽样进行的研究只能得出关于总体的预言或者假说性的定性陈述。

11.6 样本大小的确定

抽样的一个基本目的是尽可能准确地评估总体参数值。我们已经知道，除非进行普查研究，否则我们无法确定总体参数值。唯一通过样本数据"预测"参数值的方法就是评估置信区间，通常是95%置信区间。对于既定的置信水平，越紧凑或者紧密的置信区间就是越精确的，也是越有用的。

例如，考虑两个抽样研究，A和B，用来评估试用过新引进产品目标市场的比例。假设两个研究的结果如下：通过研究A，我们有95%的把握试用过此产品的顾客占所有目标顾客的比例介于0.48和0.52之间；通过研究B，我们有95%的把握试用过此产品的顾客占所有目标顾客的比例介于0.35和0.65之间。请注意这两个置信区间暗示通过各研究获取的样本比例都相同，为0.5。

如果你是一名产品经理，你认为哪一个研究结果对于制定决策更有用？研究A明显是更好的，因为从研究A得到的区间评估是更精确的。其结果暗示你有理由确定约一半目标市场已经试用用你的新产品，因而提供给你对于产品营销策略的效用的精确评价。从研究B中获得的区间评估几乎不包含任何的有用信息，它仅仅表明你有理由相信在目标市场中试用过你新产品的顾客比例可以低至0.35或者高至0.65。这个信息对于评价投放产品的营销策略效用并非真正有帮助。

简而言之，想要在管理方面有用，从样本统计值中提取的和附加的条件（也

就是±条件）必须尽可能小。这一点与决定样本大小的某些因素有重要关联，下面对此进行讨论。

影响样本规模的因素

让我们来检查用于构建置信区间±条件的组成。当涉及总体平均值时条件为 $z_q s_{\bar{x}}$，当涉及总体比例时条件为 $z_q s_p$。我们知道 $s_{\bar{x}} =$（样本标准差）$\div \sqrt{n}$。s_p 的表达式为 $\sqrt{p(1-p)} \div \sqrt{n}$。

然而，$\sqrt{p(1-p)}$ 仅仅是比例样本标准差。因此，不管我们是否对构建总体平均值或者总体比例的置信区间有兴趣，对于±条件的概括性表达式如下：

$$z_q \times \frac{\text{样本标准差}}{\sqrt{n}}$$

其中 z_q 是对应于期望置信水平的标准正态偏差值，n 是样本大小。

这个关于±条件的表达式是决定置信区间紧凑或者宽大程度的关键。通过简单地考察这个表达式，我们可以得出一些决定研究中样本规模的看法：

首先，期望的置信区间紧凑度——通常称做期望精确度——决定样本规模。在其他因素相同的情况下，期望精确度越高，可接受的±条件左右浮动范围就越小，因此样本就越大。

既定某一期望的精确度，z_q 的值越大则样本就越大。换句话说，如果表达式中的分子较大，则分母也必须相应较大来保持左右浮动的小范围。因此，在决定样本规模时第二个必须考虑的因素是 z_q 值，或者是 z_q 值决定的置信区间。其他因素相同的情况下，我们想在区间评估中得到越高的置信度，z_q 的值就越大，因此样本也越大。例如，与关联到 95% 和 99% 的置信度对应的 z 值分别为 1.96 和 2.575。因此，如果我们期望的是一个 99% 置信区间（而非 95% 置信区间），但又希望它与 95% 置信区间的分布宽度，或者精确度相同，那么我们需要比构建 95% 置信区间挑选更大规模的样本。

在±条件表达式中，样本标准差是另外一个重要变量。标准差的大小意味着什么？标准差概括性地度量个体样本单位的数据和全部样本（样本平均值或者比例）总体主要趋势的不同。样本的标准差度量组成样本的个体单位间的相似或不相似程度，标准差越大，样本包括的单位就越多样化。因为一个简单随机样本应该是总体的客观体现，我们可以将样本标准差视为构成总体各单位的多样化或者相似程度的大概度量。因此，决定样本规模的第三个务必考虑的因素是各样本单位的多样化程度。其他因素相同的情况下，总体的多样化程度越高，则样本规模越大。

最后，研究时可利用的资源也影响样本规模。时间和资金是非常重要的，在实践中，它们对于样本规模往往有更大的局限性。毕竟，如果资源是无限的，我们可以随机抽取最大的样本，或者甚至进行普查，不用为决定样本规模而苦恼。这样的理想情况在实际生活中即便有，也是罕见的。尽管决策制定者期望调研结果有一定的置信度和指定的精确度，但是这种期望的完成常常受到资源匮乏的约束。在很多实际生活情形中，预算是决定样本规模的唯一决定要素。

11.7 确定样本容量的方法

调研人员如何在不同情形下决定样本规模的数值？首先，必须作出一些假设并输入如下数据：

1. 期望的精确度：也就是调研人员（或者决策制定者）愿意接受的±条件浮动范围。例如，某决策制定者想要在±4岁的范围内评估一个目标市场的平均年龄，或者在±5%的区间范围内评估拥有微波炉的总体百分比。
2. 期望的置信水平：即决策制定者在区间评估中想要获得的置信度。
3. 对总体多样化程度的评估，以标准差的形式表示。

既定一个期望的精确度（通常用符号 H 来表示半区间，即1/2置信区间范围）、一个期望的置信水平（q）和对于标准差（s）的评估，我们可以得出如下公式：

$$H = \frac{z_q s}{\sqrt{n}} \tag{11.4}$$

我们可以将公式11.4的两边都进行平方，然后重新得到下面的公式：

$$n = \frac{z_q^2 s^2}{H^2} \tag{11.5}$$

无论是为了评估总体平均值还是总体比例，公式11.5都可以用来决定样本容量。下面的问题示范了应用该等式评估总体平均值的情形。

问题 某冷冻食品公司的营销经理想在±10美元的范围内评估某城市家庭年均消费冷冻食品的开销，并且评估需要有99%置信度。他估计家庭年均消费冷冻食品开销的标准差约为100美元。在这个研究中必须选取多少个家庭？

在该问题中，$H = 10$ 美元，$s = 100$ 美元，$z_q = 2.575$（对应于99%置信度）。请注意 H 和 s 是用相同的计量单位（美元）；在使用 H 和 s 解决任何此类问题时，都必须是相同计量单位的。用公式 11.5 来计算 n：

$$n = \frac{(2.575)^2 (100)^2}{(10)^2} = 663 \text{ 个家庭}$$

尽管数学方式在我们的问题中是简单直接的，但是在评估冷冻食品开销的标准差时还有一个重要的潜在条件。经理是如何获取评估要求的？如果仅仅是来自教条的推测，我们如何相信其准确性？这个猜测值对于评估样本规模有多大影响？将有重大影响。例如，即使经理的评估只比真正的标准差少 ±10 美元（如果真正的标准差值是 110 美元，而不是假设的 100 美元），真正需要的样本规模将约为 802 个家庭，因此评估的样本规模容量 663 个家庭就缺少了 139 个家庭。

这里的要点是，评估的样本规模对假设的标准差值的（即便是非常微小的）误差是十分敏感的。在现实中的很多情况下，单纯依靠直觉猜测标准差然后用公式 11.5 来估算样本规模的做法是毫无意义的。

经理或者调研人员能否得到比主观判断更好的标准差值呢？在某些情况下，我们可以获得更好的评估：

1. 如果一个类似于目前项目的研究以前曾经进行过，则调研人员或许可以使用以前研究中获取的标准差。
2. 如果有充足的时间和资金，采用一项 30 个样本单位或者类似规模的前导性研究可以用来简单地评估标准差。
3. 如果总体中的最小和最大变量值是已知的，并且如果总体单位的变量值可以被假定是正态分布的，标准差可以按照如下方式进行评估：

$$s = \frac{\text{最大值} - \text{最小值}}{6}$$

该等式是通过如下方式得到的：既定一组正态分布的数字，几乎所有的数字都被包括在由该组数字平均值 ±3 标准差组成的区间内。换句话说，该组中最大和最小数字间的差额应该近似等于 6 个标准差值。

尽管上述三种情形可能产生比基于主观判断更好的标准差评估，调研人员仍然需要记住，这样的评估只是近似值，而不能希望它们是完全无误差的。

现在，让我们看看在评估总体比例的情形下如何决定样本规模。正如之前提到的，在评估总体比例时，公式 11.5 可用于决定样本规模。然而，对这一参数的标准差评估可能比总体平均值标准差评估更复杂。根据定义，比例的标准差是由比例本身表示的，即 $s = \sqrt{p(1-p)}$。因此，要评估 s，我们需要评估在研究完成时应该得到的 p 值。

当然，如果资源允许，我们可以进行前导性研究来评估 p 并且用其来决定最终研究的样本规模。然而，在包括比例的问题中，一种更有意义的方法是为样本规模设定上限，要求该规模上限可以保证具有期望精确度和置信度的区间评估。我们该如何决定此上限？根据计算一般样本规模的公式 11.5，可以看出对于既定的 H 和 z_q 值，当 s 为最大值时 n 也呈现出其最大值。对于比例来说，当 $p=0.5$ 时其值为最大，并且最大值通过如下方式计算：

$$s = \sqrt{0.5\ (1-0.5)}$$
$$= \sqrt{(0.5)\ (0.5)}$$
$$= 0.5$$

因此，我们可以用如下等式计算样本容量的上限：

$$n_{max} = \frac{0.25 z_q^2}{H^2} \tag{11.6}$$

问题 一个体育用品营销人员想要评估美国高中生打网球的比例。他希望评估在 ± 0.02 的范围内是精确的，同时希望是 95% 的置信区间。一个前导性的对于 50 名高中学生展开的电话调查显示其中 20 人打网球。请根据此数据评估最终调查需要的样本规模。如果要求保证期望的精确度和置信度，样本规模应该为多大？

在这个问题中，$H=0.02$，$z_q=1.96$。（根据前导性调查）对于 s 的评估为：

$$s = \sqrt{20/50\ (1-20/50)}$$
$$= \sqrt{(0.4)\ (0.6)}$$
$$= \sqrt{0.24}$$

因此，

$$n = \frac{z_q^2\ s^2}{H^2}$$
$$= \frac{(1.96)^2\ (\sqrt{0.24})^2}{(0.02)^2}$$
$$= 2\ 305\ \text{个学生}$$

样本规模最大值

$$n_{max} = \frac{0.25\ z_q^2}{H^2}$$
$$= 2\ 401\ \text{个学生}$$

你可能已经注意到一个重要的因素——可利用的资源——根本没有出现在我们讨论的样本规模计算公式内。然而，可利用的资源常常会导致预估样本规模的修正。如果有丰富的资源，通过公式预估出的样本规模应该是可取的。然而，如果资源是有限的，我们可能无法选取根据样本规模公式计算出的样本量。例如，如果某项研究的指定样本规模为 1500 个单位，但是可使用的资源只有 1000 个单位，则调研人员除了抽取这 1000 个单位外并无他选。在这种情况下，样本规模受到可利用资源的限定，调研人员或者决策制定者将只能接受比期望中更低的精确度（更高的 H 值）或者更低的置信水平（更低的 z_q 值）。

样本规模公式另一个值得注意的地方是只使用一项变量或者问题的数据。具体地说，在公式中使用的标准差评估（s）是针对单一变量（例如冷冻食品的年开销或者微波炉的所有权）。在实践中，调研人员对测量同一研究中的多个变量有特别兴趣。当一项研究包含多变量时，可以用这个公式评估最重要变量（要求对其求出最精确的评估）的标准差。或者，用这个公式预测会有最大变化（和最大标准差）的变量的标准差。对于既定置信水平，这种方法可能生成足够达到或者超过对所有变量期望精确度的样本容量。当研究中的变量可以用比例来衡量时，可以保证所有变量达到期望精确度的样本容量可以通过计算 n_{max} 的公式 11.6 评估得出。

对于包含某些特殊总体（例如拥有 Palm Pilots 的家庭或者有小于 5 岁儿童的家庭）的研究，决定其样本规模时的最后一个要点是问题中特性的关联率。某一特性的**关联率**（incident rate）是总体中拥有该特性的比例。假设在某项拥有 Palm Pilots 的家庭调研中，计算出的样本规模是 200，同时评估总体中的一半家庭拥有 Palm Pilots（关联率为 0.5）。在总体中用于生成 200 个家庭拥有 Palm Pilots 的实际样本为 200/0.5 = 400 个家庭。总体上说，当关联率是 I，需要样本规模是 n 时，实际样本规模 n' 可以通过方式如下计算得出：

$$n' = \frac{n}{I}$$

当特殊总体存在充分样本框架时，不需要对样本规模进行调整。也就是说，不需要从总体中挑选样本单位来决定它们是否与研究有关。

本 章 小 结

大多数营销调研使用抽样方法，这是对被称为总体的总样本单位作出推论的首要步骤。对于调研者来说，其关心的总体可能是人类或者非人类的单位总计。普查是一种对总体中每个单位都进行检查的研究方法。

当一项研究的总体相对大时，抽样研究可

能比普查更便宜、更快捷,而且更精确。此外,考虑到对于人类总体调研项目的快速增长,抽样研究可以帮助减少对于新应答者的消耗。

当普查研究是可行而且必须时,它们在营销调研中也占有一席之地。普查研究的可行性和必要性必须满足的条件是:总体相对小而且各样本都显著不同。

在概率抽样中,总体单位的个体选取与调研者的判断或者偏好无关。在非概率抽样中,调研者的主观判断与总体单位的个体选取相关。简单随机抽样是概率抽样的最基本形式。它给既定大小的总体中各可能样本分配相同的选取概率。然而,一个简单随机样本的实际抽取通常是通过从总体中随机挑选期望数量的样本单位完成的。这个程序在统计学中,同首先确定期望规模的所有样本然后从中随机挑选一个样本的程序是相同的。

除了简单随机抽样,概率抽样技术还包括分层随机抽样(成比例和不成比例)、整群抽样和系统抽样。在分层随机抽样中,样本必须包含总体中各层面的样本单位。从各层面中抽取的样本可与该层面中的样本单位总数成比例。在不成比例分层随机抽样中,样本是从各总体层面中根据其样本单位多样化程度抽取出来的。

便利抽样和判断抽样是非概率抽样的两种基本形式。然而便利抽样纯粹是在调研者便利性的基础上进行的,判断抽样还包括了选取一个具有代表性样本的努力。

定额抽样是具有某些分层随机抽样特性的最精致的非概率抽样形式,在样本单位的选取中还要运用判断。不过,定额抽样也可能由于包括某些非代表性度量因素而产生严重偏差。定额抽样的相对灵活性和能够提供合理代表性样本的能力使它成为一项广泛使用的技术。

概率和非概率抽样方法的选择取决于研究目的和研究中的可利用资源。

每种抽样程序都有相应的抽样分布。抽样分布显示了总体中给定规模样本的随机抽样统计值的变化情况。与抽样程序相关的分布本质决定了抽样误差的程度。样本统计值的标准差可以通过重复抽样获得,从而对抽样误差进行量化;这一量化数值就是标准误差。

根据中央极限定理,当样本规模够大时,与抽样程序相关的抽样分布呈现出正态概率分布的特性。根据该定理,我们可以针对从样本统计值中获取的总体变量值(平均值或者比例值)构建置信区间。

在样本数据基础上得到的、以置信区间评估形式进行的关于总体的量化概括,只有在使用概率抽样的情况。因此,使用非概率抽样的研究只能得出关于总体的预言或者假设。

一项研究的样本规模取决于期望的精确度、期望的置信区间、研究总体的多样化水平和可利用资源。我们可以用公式来决定某项研究要求的样本规模。由于在研究前很难得到标准差的精确评估,在使用样本规模公式时必须要谨慎。此外,我们讨论过的样本规模公式并未直接考虑到研究中的可利用资源。另外,如果样本研究关注样本单位的某一特性,考虑到特性的关联率,我们可能不得不增加样本规模。

复习讨论题

1. 抽样与普查研究有何区别,前者与后者相比有何优势?
2. 为什么分层随机抽样比简单随机抽样能得到更精确的总体评估?
3. 选择一个合适的案例,阐述成比例和不成比例分层随机抽样的区别。
4. 描述一个需要使用整群抽样和系统抽样的理想情境,并证明自己描述的合理性。

5. 简要讨论非概率抽样的不同方法。
6. 简要讨论非概率抽样相对于概率抽样的优势与局限性。
7. 选择一个合适的案例简要讨论参数和统计值之间的区别，同时定义抽样误差。
8. 定义抽样分布。请具体阐述随机抽样的抽样分布曲线有什么特性。
9. 在任意研究中决定样本规模的四个因素是什么？指出各个因素是通过什么方式影响样本规模的。
10. 定义特性的关联率，并且阐述它在决定样本规模时的作用。

应用练习

1. 由900名Exmont大学学生组成的简单随机样本平均成绩为2.3，其标准差为2。该样本是从一个包括所有Exmont大学学生姓名和成绩的记录中随机抽取出来的，平均值和标准差也是电脑计算出来的。
   a. 对于Exmont大学的学生平均成绩构建一个95%的置信区间。
   b. 如果要求你从一无所有开始评估总体平均成绩，你会使用同a中一样的程序吗？你会使用不同的程序吗？请解释你的答案。

2. 某营销人员在决定某区域开设零售型卖场的位置前，对该区域主要家庭收入至少为12 000美元有95%的把握。由该区域81个家庭组成的某简单随机抽样样本平均收入为13 000美元，其标准差为4 500美元。
   a. 是否要在该区域开设零售卖场？
   b. 如果将最低收入从12 000美元上涨为12 500美元，你的答案会不同吗？为什么？

3. 公司XYZ在试营销区推广某新产品。在产品上市后6个月，对当地500户家庭的随机电话调查显示有150户已经试过该产品。
   a. 对该试验区所有家庭中试用过此产品的家庭所占比例构建一个95%置信区间；
   b. 假设XYZ的目标是"在推广后的12个月内，要保证在该试验区至少有50%的家庭试用过此新产品"。根据a的答案，你会提出什么建议？

4. J. R. Soper，一名总统候选人，不想在任意她不确定（确定是有99%的把握）至少有30%的登记投票者已经支持她的州参与竞选。一项对A州1 000名注册选民的随机电话采访显示有320名登记投票者支持Soper。她应该在A州参与竞选吗？

5. 某慈善机构在考虑是否开办一个基金筹集类的长期连续电视节目。然而，在决定是否开办之前，机构想在全国开展一项家庭电话调查来评估一个家庭对节目的平均捐献。该机构要求从此调查得到的评估区间有95%的把握，而且需要评估值在±20美元范围内浮动。在过去的类似节目中慈善募捐的标准差为125美元。此机构需要对多少家庭开展电话采访？

6. ABC公司想开展研究，在±10%的范围内评估得克萨斯州拥有数码便携式摄像机的家庭比例。此外，ABC对于区间评估想有99%的把握。一项对典型得克萨斯州社区的250个家庭导向性调查发现有50个家庭拥有数码便携式摄像机。ABC公司在研究中应当使用多大的样本规模？如果ABC公司希望保证在99%置信水平上区间评估在±5%的范围内浮动，则样本规模应该为多大？

7. 一项1990年的调查显示，家庭在旅游和娱乐上的年度开销介于 500 美元到 3 500 美元之间。尽管现在的家庭在旅游和娱乐上的开销范围可能与 1990 年相同,平均开销可能已经略微发生变化。假设你想要在 ±10 美元的范围内评估现在的平均开销,并且你要求评估位于 95% 的置信水平。你应该对多少家庭展开旅游和娱乐开支调查?

8. 某公司想要定向推广某新产品,希望在 90% 置信水平和 ±3 套的范围内评估家庭购买此新产品的平均数。来自其他地域的数据显示,区域经理评估每个家庭的标准差为 20 套。如果要达到期望的精确度和置信水平的话,请计算最小样本规模。

9. 某调研员希望评估游览机场主要通道礼品商店的旅游者比例。根据其他机场的经验,100名旅游者中有 20 名游览此类商店。如果调研员期望评估的精确性在 ±0.05 内,并且希望对评估有 95% 的把握,请评估样本规模应该多大?如果期望的精确度和置信区间能得到保证,则样本规模应该为多大?

10. 对下面每一种情况,建议一个具体的抽样计划——概率,非概率,或者两种方法的结合——同时证明你的选择。并简要描述在各情况中应该如何挑选样本。

a. 美国参议院的一名候选人正与其竞争对手展开紧张的竞赛。还有 10 周就是选举日,该候选人希望每周获得有多少登记投票者更偏好她的数据。

b. 某大型独立折扣商场贩售 2 万种不同产品,商场经理希望了解顾客在寻找到他们需要的产品时是否有困难。

c. 某电子产品公司总裁希望了解计算机芯片技术领域在未来 5 年会是什么样子。

d. 在某大城市的一个学区中分布了 30 所小学。学区管理者想确定在此学区内家长们对他们子女所接受的小学教育质量的意见。

11. 某大型购物中心的管理者设计了"决定消费者对购物中心不同方面的感知和喜好/厌恶"的研究。这项研究要求一个由 600 名成年顾客(300 名男性和 300 名女性)组成的样本,样本是在随机挑选的一周(周一至周六)从下午 2:00 至晚上 8:00 通过主要入口进入购物中心的所有逢"10"的成年顾客中选取出来。哪种抽样方法可以合理描述这个这个抽样计划?在这种情况下,样本相对于总体的代表性有多强?

互联网练习

1. 访问 www.cnn.com. 进入 QuickVote 版块并点击"View Results"来浏览当天的民意调查情况。当天的问题是什么?QuickVote 使用哪种量表?多少人说"是",多少人说"否"?描述 QuickVote 使用的抽样程序。我们可以概括所有互联网使用者的结果吗?可以概括全美总体的结果吗?

2. 访问 www.gallup.com,挑选你感兴趣的一项民意测试并且简要描述其结果(你可能需要以 Gallup Poll 的免费试验者身份先注册)。盖洛普进行民意调查的研究方法是什么?盖洛普使用何种抽样方法?抽样误差的最大极限是多少?我们可以针对更大总体作出总结吗?如果可以,是什么总体?

案例 11.1 耐克链锯广告（PART B）
(*www.nike.com*)

假设你是一名向耐克公司调研主管汇报的调研助理，你正在浏览根据一个非常重要调查的结果所制成的表格。该调查是用于评估在NBC电台报道澳洲悉尼奥运会时所播放的争议性耐克广告的顾客反应。这项调查是由Greenfield Online的辅助网站（QuickTake）展开的。调查结果是根据150名应答者的样本统计出来的。你的一些同事担心该调查的结果可能无法代表看过此电视广告的顾客总体。

公司背景

作为全世界最大的体育服饰和鞋类公司，耐克主要涉足高品质鞋类、服饰、器械和配件产品的设计、开发和世界范围内的营销。尽管耐克的鞋类产品很大比例是出于日常目的被消费者穿着，但是公司对它们的设计主要是针对具体的运动。耐克同样销售体育运动服饰、运动背包和适用于这些运动的配件。耐克的产品在全世界范围内由独立的合同制生产商制造，耐克公司则负责品牌的全部营销活动。耐克品牌闻名全世界，除了美国之外，其产品营销于大概140个国家。耐克产品在全世界成千上万的独立零售商场内贩售。

链锯广告

该广告是三系列中的一个，而全系列都充斥幽默场景。该广告始于一个偏僻小屋前的怪诞场景，然后镜头切到苏珊·菲尔·汉密尔顿准备好要洗澡。她正在梳头发的时候，突然盯住浴室内的镜子，发现自己身后出现一个戴着面具挥舞着链锯的杀人狂。在一系列快速变换的场景后，这个气势汹汹的疯子追逐着他的目标，他用链锯将镜子击碎，刺穿了门，在树林内追赶着害怕的苏珊。广告中的唯一对话便是苏珊的恐怖尖叫声和沉重的呼吸声。场景在筋疲力尽的追逐者累瘫倒下和这名奥运会田径选手跑入遥远的树林中结束。广告以"为什么运动？你会活得更久"和耐克的商标结束。

广告是为十几岁的青少年男生设计的，他们的消费占跑鞋市场的60%。然而，大众对该广告的反应却十分消极，因为NBC共收到超过2 000条投诉，在投放市场几天后该广告不得不停播。这条广告具有很强的争议性以至于它成为多家媒体争论的焦点。

调查的抽样

在回顾调查结果的时候，请考虑所使用的抽样方法的恰当程度。请注意，透过QuickTake与一些公司（例如DoubleClick, Engage, 和24/7 Real Media）的关系，该调查得以在网络上进行（参考表格1、2和3的相关人数统计）。QuickTake认为它的样本是"普通上网者"，当他们在线点击网页上的"小标语"来赢取现金时进行调查。所有的应答者都被筛选为18岁及以上成人。该"小标语"出现在下列种类约2 500个相关网站中：汽车、商业、旅游、企业、娱乐、技术和健康。由于抽样方法影响到如何解释调查结果，理解所使用样本的特性是重要的。

案例问题

1. 描述现有样本和抽样方法。它们是合适的吗？

2. 如果要尽可能精确地评估消费者对链锯广告的反应，耐克应该使用何种抽样方法？

注：根据 Chana R. Schoenberger 的 "Sneaker Attack" Forbes，2000 年 10 月 30 日

此案例由 Jeanne L·Munger（南缅因州立大学）和教材编著者合作写作。此案例应作为班级讨论的材料而非成功或不成功的商业实践介绍。

表 1　广告触犯到的消费者年龄和性别

如下哪种性别/年龄组合可以最好地描述您？	应答者的数目	百分比
1. 男性 18～24	6	16.22
2. 男性 25～34	7	18.92
3. 男性 35～44	3	8.11
4. 男性 45～54	3	8.11
5. 男性 55 岁及以上	3	8.11
6. 女性 18～24	6	16.22
7. 女性 25～34	3	8.11
8. 女性 35～44	3	8.11
9. 女性 45～54	2	5.41
10. 女性 55 岁及以上	1	2.7
总计	37	

表 2　样本的年度家庭收入

您的税前家庭年收入？（美元）	应答者的数目	百分比
1. 少于 15000	19	12.67
2. 15 000～30 000	26	17.33
3. 30 001～45 000	35	23.33
4. 45 001～60 000	24	16.00
5. 60 001～75 000	20	13.33
6. 75 001～90 000	5	3.33
7. 90 001～105 000	9	6.00
8. 105 001～125 000	4	2.67
9. 125 001～150 000	5	3.33
10. 150 001～200 000	2	1.33
11. 超过 200 001	1	0.67
总计	150	

表 3　样本的婚姻状况

您的婚姻现状	应答者的数目	百分比
1. 单身	66	44.00
2. 已婚	56	37.33
3. 离婚	23	15.33
4. 丧偶	5	3.33
总计	150	

案例 11.2　投票后调查：2000 年和 2004 年的总统竞选

民意测验专家 Harry O'Neill 是 Roper Starch Worldwide 公司的副董事长，他这样概括 2000 年的美国总统竞选："从所有的竞选前投票来看，这将是一场势均力敌的竞选，可能只有 2%～3% 的差距。我从来不认为这将是一场结果悬殊的选举。"电视网最初认为戈尔是赢家，然后又认为布什是赢家，它们解释这是由于得票数太接近而难以判断。由于在 2000 年的总统竞选中，媒体预测了错误的当选者，2004 年的报道变得更谨慎。CNN 使用包括公开投票、趋势跟踪、采访和独立研究在内的混合调研方法来预测布什—克里的总统竞选中谁会在各州获胜，然后记录选票数。报道明确指出，调查的结果只有调查后马上选举时才适用，而无法预测选举日当天的情况。

选举投票后调查

在选举中，媒体通常依赖投票来预测结果。

布鲁金斯媒体与公共事务研究院曾经对电视网对选举的报道进行分析，他们发现当前的特点是更强调对于选举结果的调查。事实上，选举时投票后的结果已经成为大选日当天晚间新闻报道的中心话题。

选举投票后调查是在投票者离开投票点时采访他们。投票者们会被问到他们所属的党派、他们为谁投票、根据哪些因素选择候选人，还包括个人特性、经济状况和职业，以及统计方面的特性（例如性别、年龄和收入）。除了用来预测赢家之外，这些信息还被用来为各候选人的投票者建立典型描述。新闻主持人和记者经常讨论用各候选人投票者的哪些特征来区分他们，尤其是代表两大主要政党的候选人。

主流媒体都从同样的资源获得他们的投票信息，VNS 是由 ABC、CBS、CNN、FOX、NBC 和 AP 共同投资建立的投票联盟。VNS 从样本范围内的投票后调查、实际的投票反馈和县投票表实际结果中搜集资料，应用于预测结果的统计模型。从模型中得到的结果将提供给新闻机构。各主要电视网在进行各自预测的时候独立地解释这些信息。

2000 年结果

2000 年 11 月 7 日，总统竞选激烈竞争的那天晚上，很显然佛罗里达州的结果将决定胜出者。根据州内 45 个投票后调查设置点的反馈，VNS 指出戈尔领先 6.5%。大概晚上 7:50 时，VNS 和旗下所有媒体成员根据佛罗里达州的 45 个设置点内有 38 个投票后调查的结果和少数设置点的实际投票情况，认为戈尔获胜。VNS 公开发表的陈述如下：

> 投票后调查显示戈尔略微领先，但是无论 VNS 还是旗下成员都认为那还不足以确定地公布竞选结果。但是，当得到实际投票结果样本或者模型范围时，它们支持了调查结果，因此我们能够公布竞选结果。

2004 年的结果

尽管谨慎地进行报道，在 2004 年选举前周末不同的新闻媒体获得的选票情况还是导致了冲突性的预测，有些认为克里领先，其他则认为布什领先。CBS/NYT&PR 调查发现布什领先了 3%，显示了与其后一周举行的竞选相同的结果。然而，UT/CNN/G 的调查声称克里在佛罗里达州领先 3%（实际上他在该州落后 5%）。类似地，布什被预测在宾夕法尼亚州领先 4%，但是结果却令人失望地发现他在该州落后了 2%。

案例问题

1. 网络在公布 2000 年戈尔竞选获胜时依赖何种样本？投票后调查的样本框架是什么？
2. 你如何解释投票结果和最终结果的不同（2000 年和 2004 年的竞选）？哪种误差可能用来解释这些不同？

第 4 部分

数据分析

第12章　数据质量控制与初步分析
第13章　假设检验
第14章　相关分析与回归分析
第15章　多变量分析方法和数据挖掘

第 12 章
数据质量控制与初步分析

本章学习目标 ▷

- ☐ 区分现场编辑和办公室编辑
- ☐ 明确数据编码及步骤
- ☐ 计算数据集中趋势和离散趋势指标
- ☐ 进行数据频数分析和使用单变量数据分析表

开篇故事

罗克布里奇营销调研公司的数据分析：从数据完整性到假设检验*

数据完整性是成功市场调研的基础。如果没有精确的数据作为支持，定义问题、编制调查问卷、汇报调查结果、提供建设性的意见都是不可靠的。

罗克布里奇公司（Rockbridge）注重在数据收集和处理的过程中确保数据的完整性。例如，在进行诸如邮寄调查这类以书面形式进行的数据收集时，罗克布里奇公司事先把这些数据编制成电子文档形式，制成表格，方便统计分析。为了确保准确，他们要把所有的数据输入两遍，并比较两次输入的结果，以尽可能消除所有错误。他们把全部数据（包括计算机辅助电话访问［CAIT］调查和网络调查的数据）直接输入到数据库中，并对调查方案做了仔细的检查，以确保数据采集的正确性。罗克布里奇公司通过电话调查收集数据时，计算机会系统地指引整个调查流程，同时 CATI 可以提供更高效、更全面透明的监控方式，提高了数据收集的质量。

大多数调查问卷采用的是封闭式问题。罗克布里奇公司程序化的访谈软件会自动排除被访者的非逻辑性和不一致的回答。还有些调查问题是开放式的、定性的，这样能够提供更丰富的数据和非结构化信息，例如"您觉得这种方式怎样，为什么？"这些开放式问题需要编码，在这个过程中需要一些经验丰富的数据分析员参与。

我们把所有的调查数据制成列表，再进行分析小组的细分（例如人口统计特征），由数据分析员检查其准确性并且运用软件进行不同列表间的对比。

数据准备过程是相当重要的，它影响分析结果的可靠性。比如，有一个案例由于输入错误，导致最后的结果被低估0.5%，这个错误直到在数据分析过程中才被发现。尽管这个改变很小，但是信息使用者由于质疑研究结果的精确度而舍弃了所有的信息。

数据完整性也影响对分析结果的解释。每个学过统计或市场调研课程的人都知道，所有样本都存在可测量的自然误差。这需要进行假设检验，以确保调查结果尽可能反映真实情况。假设检验最常用于衡量群体之间的差异，其中最常用的统计方法就是T-检验。

罗克布里奇公司能取得成功并在市场中保持良好的关系来自提供建设性的、卓有成效的营销战略咨询。但同时，罗克布里奇团队中的每一个成员都高度重视数据准备，以确保分析研究的可信度。

* 由罗克布里奇公司总裁供稿

尽管我们在设计问卷、人员培训等方面做了大量的工作，但是一些未曾预料的错误还是时有发生。这些错误如果没有及时发现或纠正，会产生一些无意义的甚至是错误的数据。

例如，本书作者之一曾参与了一项研究。该研究要求对500个成年人进行访谈。研究目的是为了获得诸如生活方式（闲暇活动、阅读习惯、看电视习惯）等变量的数据。项目招募了一些职业的调查员来收集数据，要求受访者男女各半。调查问卷尽管有些冗长，但相当结构化且提问直截了当。此外，受访者在收集数据过程中，表示没有困难或出现投诉的情况。结果，负责该项目研究员得意洋洋，对受访者的性别配额表格仅做了粗略的检查就开始进行大量的研究工作。直到所有的问卷调查表返回之前也没有进行详细的检查。

对问卷调查表中的数据进行仔细检查后，发现在回答"受访者性别"这一栏下有25张问卷既填了男又填了女。我们只好对这25张问卷的调查员进行追踪。不幸的是，他们已经迁往别处。因此，以后对这些奇怪答案的填答者进行判别的唯一的线索就是调查员的以下记录：

- 男　　丈夫；回答了大部分问题
- 女　　妻子；回答了某些休闲娱乐方面问题

显然，这些调查员在丈夫和妻子都愿意参加该项调查时没有严格限制只能一人参加，从而犯了部分调查问题由丈夫填写、部分调查问题由妻子填写的错误，导致25份问卷只得丢弃。这也许是个很显然易见的错误，因为按照正式配额说明，要求调查员调查50%男性和50%女性。问题是，无论错误是否是显然易见的，都应该及早发现和纠正。下一节讨论现场错误和如何在项目早期阶段进行纠正。

12.1 编辑

编辑（editing）是为了提高问卷数据的准确性和精确性而对数据收集表格进行的再检查，目的是筛选出问卷中看不清楚、不完整、不一致或模棱两可的答案。编辑是在原始数据阶段进行的质量控制工作，旨在及时发现和纠正数据收集中的问题。例如，前述生活方式调研中的错误完全可以通过初步编辑或现场编辑得到解决。

现场编辑

现场编辑（field edit）或初步编辑（preliminary edit）是当场对收集到的所有数据进行检查，这项工作通常在填表的同一天进行。在上述有关生活方式的调查研究中，如果调查者能够在收集到所有的调查问卷之后立刻进行，哪怕只是粗略地检查也能发现一部分调查问卷既填了男性又填了女性。可以对出错的调查员进行配额方法的再培训，再用正确的程序重复调查。即使重复调查不现实，也可以减少今后的错误。这样，废卷率就会降低。

现场编辑有两个目标：确保按照适当的程序选择受访者；采访并记录他们的反应，在出现大问题之前纠正错误。显然，时间性对于有效的现场编辑是至关重要的：这项工作最好是在每天访问工作结束后立即进行。事实上，在一些以计算机为主的电话或互联网调查访问的情况下，应该由监督员当场进行编辑。

现场编辑可以发现一些问题，例如受访者选择不当、访谈记录不完整（一个或几个问题未回答且没有说明原因）、回答模糊不清（特别是对于开放性问题）。在调查过程中出现这些问题是很自然的，而作为现场编辑人员，必须及时从调查员那里得到合理的解释。

办公室编辑

最终编辑（final edit）或办公室编辑（office edit）是审核调查问题回答的一致性和准确性，作出必要的更正，并决定是否应该抛弃部分或者全部数据。因此，编辑的第二阶段是把现场编辑后的所有数据集中到一个中心地点进行编辑。以计算机为基础的电话或网上访问是典型的没有实体问卷的调查方式，调查者把访问收集的资料直接存储到电脑中。这些数据的最终编辑可以借助一台计算机进行。

办公室编辑比现场编辑更全面，工作也要复杂得多。下面的案例列举了办公室编辑要处理的各种问题：

案例1　被访者18岁，但他是博士。

案例2　在一份调查问卷中，受访者对所有问题的回答都是"非常赞成"。

案例3　"在过去一个月里，您支出最大的项目是什么？"三位被访者给如下答案：1."购买新车"；2."去夏威夷度假"；3."水、天然气和电在我的家庭开支中比例最大"。

案例1中被访者的年龄和教育程度似乎不一致。案例2中被访者对所有问题的回答一致，显然是回答时心不在焉，是无效的。在这种情况下只好丢弃整个问卷[1]。

案例3描述了不同类型的编辑问题，即根据调查问卷对同一问题回答的一致性和可比性问题。尽管三个受访者给出的答案都是合理的，但是他们是基于不同的参照体系。摆在办公室编辑者面前的主要问题是：如何对不同的回答进行分类以便于数据编码。提高问题回答质量的方法之一就是重述问题，不再按购买类型分类（必需品和奢侈品）。在编码过程中研究对象的特殊信息起着很关键的作用。实际上，在数据编辑前研究者就应该有一个关于开放问题回答的说明。

这个编辑问题的例子当然不太全面，图12.1包含了编辑者在发现和解决的一些更为全面的问题。注意其中一些问题可能会在现场编辑过程中遇到。

预防错误

关于编辑最后要讨论的几点是，首先，一些潜在的编辑错误可以在现场编码之前通过细心的计划加以预防。防止模棱两可的答案、不适当的被访者比错误发生之后再去纠正要好得多。编辑不是解决数据质量问题的万灵药，抱有这样的念头是完全错误的。

其次，利用互联网或计算机辅助将收集到的数据保存在计算机存储器中时，编辑工作会更彻底和更高效。特别是一些难以和不可能由手工完成编辑的大型调查，可以通过计算机进行编辑。例如编制计算机程序来检查回应值是否落入预定的区域，对关键问题的回答是否与其他问题的回答相一致，以及某一受访者的回答是否显著偏离平均值。这样办公室编辑就可以方便地注意到有问题的受访者和回答。

再次，为提高数据质量，编辑在邮件调查中的作用要大于个人访谈或电话调查。一旦问卷用邮件的方式寄出，研究者对数据质量基本无法控制。因此，对邮件调查收集到的数据唯一可能的编辑就是有限的办公室编辑。

最后，在编辑过程中，不仅可以通过问卷来评估数据质量，还可以通过观察来评估。例如尼尔森公司提供的一项名为扫描追踪的信息服务，通过电子扫描记录杂货店的每周销售数据,直接传送到尼尔森公司。

---

1. 不恰当的调查程序
    a. 使用了错误的调查问卷
    b. 访谈不充分
2. 不完整的访问
    a. 未回答问题
    b. 没有遵循正确的访问程序(调查问卷部分没有填写)
3. 不恰当的访谈
    a. 受访者选择不当(例如儿子代替父亲回答)
    b. 访问者或被访者曲解了问题
    c. 偏见
    d. 答案不全
    e. 访谈者不能理解问题的真正意图
    f. 访谈者记录模糊
    g. 录音采访资料,泄露了本应受到保护的受访者资料
    h. 访问者需要进行必要的训练和说明(例如没有写下调查结果、错误的缩写、没有遵循指示)
4. 调查问卷中或调查过程中的技术问题
    a. 必要的问题没有留下足够的空间填写信息
    b. 在调查过程中被访者对某些问题出乎意料频繁给予极端回答,表明应重新定义这些问题
    c. 访谈者在调查中出现不恰当的或不可行的行为
    d. 问题顺序的混乱会导致被访者回答时的不满和偏见
5. 被访者对问题的态度
    a. 频繁拒绝回答某些问题
    b. 由于一些敏感的问题(或存在敌意)导致调查中止
    c. 有证据显示调查者和被访者在进行"您需要什么答案我就给您什么答案"的"游戏"
    d. 调查现场的其他人也会带来一些问题
6. 应当解决的一致性冲突问题
    a. 矛盾的答案(在回答调查问题时前面说没有银行存款后面却说有银行账户)
    b. 错误的分类(如抵押贷款债务不应当作为分期付款债务)
    c. 不可能的答案(例如1971年付600美元买一辆新车Edsel,这车一定是二手的;把周薪记成月薪)
    d. 不合理的(可能是错误的)回答

图12.1 编辑能够帮助发现的问题

来源:A List of Problems That Editing Can Help Uncover

Source:John A. Sonquist. William. C. Dunkelberg. Survey and Opinion Research:Procedures for Processing andAnalysis. @ 1977, pp. 43 –44. Reprinted by permission of Pearson Education.

实地调研12.1

尼尔森市场研究公司：数据追踪扫描的计算机化编辑

由于商店扫描系统中的某些特性可能导致数据问题，尼尔森公司统计人员设计了一套计算机数据编辑程序，每星期运行一次以确定这些特性是否影响到数据。这种例行编辑的原理是基于多年来数千小时的对实际扫描数据的详细访谈和研究。尼尔森公司对从零售商那里收集的头几个星期的数据的一致性和完整性进行彻底检查。新的电脑质量编辑程序可以对所有电子扫描仪所记录的UPC代码数据进行全面分析，以确保扫描数据准确反映商店的销售情况。

为了检查数据的完整性，UPC的每个磁带被分为1000多个产品模块。每个模块的销售额扫描都是累加的，如果销售额模块数据为零，则检测是否有扫描数据丢失或该商店有无这种产品。

把这1000种产品模块再分成80类以对新商店的销售额数据进行进一步的全面检查。整体中每个类别的销售额扫描都可计算出来，再将这些销售份额与同一地区其他商店的数据进行比较。明显偏离市场常规的需要进一步分析，以确定是否由于扫描导致的偏差。

最后，把磁带中记录的销售额与商店提供的累计销售额进行比较，以保证通过数据扫描测得的商店规模与通过外界测得的规模相一致。

只要能够确保从每家商店扫描得到的数据是完备而准确的，这些测试就可以持续进行下去。在整个评价过程中，只要出现问题，尼尔森公司的数据分析员就会接触零售商的数据处理中心进行核对，还会亲自到商店检查出现偏差的扫描数据。

尼尔森市场研究公司的可用性存储编辑

在商店通过了初始质量评估并纳入到尼尔森公司的报告样本中之后，尼尔森公司每个星期都要对收集到的数据进行一次准确性和完整性的评估。因为电脑的可用性储存编辑程序会自动把所有扫描数据与过去几个星期在同一商店收集到的数据进行比较。

程序开始时采用是的上述80类产品，再进一步分解成十大"超级群体"，如冷冻食品、保健和美容产品，等等。总销售额根据每一大类分别计算和比较。每个商店计算平均销售额时使用前8个星期的扫描销售额。如果商店销售额和销售数量的平均值落在可接受的统计范围内，数据存储程序都会自动接受。如果数据落在可接受范围以外，就要进行诊断以确定是何原因造成了异常的销售额。

为协助尼尔森数据分析员调查可疑数据，凡是超出正常范围的数据都会自动打印出来。分析员会同该商店联系确认是否由于促销或其他一些市场事件影响销售额。与此同时，还会生成一个UPC异常报告，列出可能导致问题的不正常的高销售额或销售价格。基于这些分析，判断超出范围的数据反映的是实际的市场活动还是扫描问题。

如果要求进一步分析，就把一周的可疑数据与前一周的数据比较，详细分析每周项目的频数分布差异，进行统计检验以确定这两周的基本销售结构是否一样。对两周均出现的UPCs和只在一周出现的UPC项目的检验可以帮助我们鉴别异常销售数据的来源，并可以帮助我们纠正数据或决定放弃该数据。

存储可用性编辑系统为所有尼尔森样本的商店提供了持续全面的数据质量检查，由于使用了电脑，这一系统可以保证每周对数以百万计的数据记录作出详尽的编辑。对输入数据质量的关注会带来更加可靠和准确的输出报告[a]。

在大多数的调查研究项目中，与编辑过程、特别是办公室编辑过程同步进行的是编码过程。

12.2 编码

编码（coding）是为每个问题的每种可能的答案分配一个代码，通常是一个数字。在本书中，我们的重点是结论性调研，即基于大样本和计算机化的数据分析。而探索性调研中数据收集和分析过程都是非正式的，因此探索性研究中数据编码并不是必须的。

数据编码分为以下几个步骤：

1. 对每一个问题的每个答案进行有意义的分类；
2. 建立相互排斥和完全穷尽的编码类别；
3. 建立一个适合于电脑分析的数据集。

在讨论这些步骤后，我们以一项作者关于作过的研究为例（国民保险公司服务质量评估）来说明这一过程。该项目旨在要求顾客对国民保险公司的服务质量进行评估，从而找出需要改善的地方。一份四页的调查问卷邮寄给以随机抽样的方式从国民保险公司客户中选出的1 000名投保人，回收285份问卷。问卷见图12.2，我们将用它来说明编码的各个步骤。

对问题的答案进行有意义的分类

编码的困难程度和耗费的时间取决于调查问卷的结构。结构化问题是在事先指定了一组答案选项和答案格式的问题。如果被访者的回答类型很多的话，访问者将很难对非结构性或称开放式问题进行有意义的、可行的分类工作[2]。

在图12.2的调查问卷中列出的问题除了最后一部分的问题6（询问受访者如何才能更好地服务）是开放式问题，其余都是封闭式问题。对于如何才能得到更好的服务这个问题，由于很少有受访者能够给出建议，因此不会造成编码困难。可是如果大量的受访者有可能回答这一开放性问题时，该调查问卷就要设计足够的选项以涵盖各方面的服务质量，供大部分的受访者选择。换句话说，一个精心设计的调查问卷是不允许出现任何重大编码问题的。

提示：第一部分和第二部分的五个维度并没有在原始的调查问卷中出现。

第一部分

说明：下列问题是关于您对国民保险公司服务质量的看法。每一个问题描述了保险公司在某一方面的特征。选择"1"表示您对保险公司该方面的描述强烈反对，选择"7"表示您强烈赞成。

	强烈反对						强烈赞成

可靠性
1. 国民保险公司履行承诺　　1 2 3 4 5 6 7
2. 当您遇到问题时，国民保险公司能真诚帮您解决　　1 2 3 4 5 6 7
3. 国民保险公司的服务能够在第一次就做对　　1 2 3 4 5 6 7
4. 国民保险公司按时履行承诺　　1 2 3 4 5 6 7
5. 国民保险公司保持无差错记录　　1 2 3 4 5 6 7

同情心

6. 国民保险公司对您细心照顾　　1 2 3 4 5 6 7
7. 合理安排营业时间，以方便所有投保人　　1 2 3 4 5 6 7
8. 国家保险公司有员工为您提供个人服务　　1 2 3 4 5 6 7
9. 国民保险公司关注您的最佳利益　　1 2 3 4 5 6 7
10. 员工了解您的具体需求　　1 2 3 4 5 6 7

有形性

11. 国民保险公司有现代化的装备　　1 2 3 4 5 6 7
12. 国民保险公司设施引人注目　　1 2 3 4 5 6 7
13. 员工衣着整洁　　1 2 3 4 5 6 7
14. 与服务有关的材料（例如手册和说明）很清楚　　1 2 3 4 5 6 7

响应性

15. 国民保险公司员工告诉您提供服务的准确时间　　1 2 3 4 5 6 7
16. 员工能给您提供即时的服务　　1 2 3 4 5 6 7
17. 员工总是很愿意帮助您　　1 2 3 4 5 6 7
18. 员工总是及时回复您的咨询　　1 2 3 4 5 6 7

保证性

19. 员工的行为会增加您的信任　　1 2 3 4 5 6 7
20. 您觉得与国民保险公司的交易很安全　　1 2 3 4 5 6 7
21. 员工一贯礼貌待人　　1 2 3 4 5 6 7
22. 员工拥有丰富的知识，回答您的问题　　1 2 3 4 5 6 7

第二部分

说明：下面是有关保险公司和其提供服务的五个特点，我们想知道当您评价保险公司服务质量时您对哪方面感兴趣。这五个方面一共100分，请您根据对保险公司这五方面的印象打分，对您来说越重要的特点分值越大，请确保总分为100分。

有形性
1. 保险公司的设施、设备、人员和沟通材料_____分

可靠性
2. 保险公司履行其承诺服务能力的可靠性、准确性_____分

响应性
3. 保险公司愿意为投保人提供快捷的服务_____分

保证性
4. 保险公司员工的知识和礼貌能增强投保人的信心和信任_____分

同理心
5. 保险公司为他的投保人提供关怀及个性服务_____分

合计　　　　　　　　　　　　　　　　　100分

第三部分

在这部分问题中，请选择与您答案相应的数字
1. 请用数字1~10去评价国民保险公司提供服务的质量

非常差　　　　　　　　　　　　非常好
　1 2 3 4 5 6 7 8 9 10

2. 您会向对保险有兴趣的朋友推荐该保险公司吗？
　是　　1
　否　　2

(续图)

```
3. 您在国民保险公司投保多长时间?        45~64                    3
   不到1年          1                   65岁以上                  4
   1~2年           2                4. 家庭年收入（美元）
   2~5年           3                   10 000以下               1
   5年以上          4                   10 000~19 999           2
4. 您最近在接受国民保险公司服务时遇到过问题吗?  20 000~29 999           3
   是              1                   30 000~49 999           4
   否              2                   50 000~64 999           5
5. 当遇到问题时，公司的反应令您满意吗?        65 000以上               6
   是              1                5. 您的最高学历
   否              2                   高中及以下                 1
                                       大专                    2
第四部分                                 本科                    3
   下列信息仅作为统计用途，我们为调查对象保密，    研究生                   4
请选择相应数字                         6. 请提出宝贵意见以便我们能为您提供更好的服务
1. 性别                                 _____
   男              1                   _____
   女              2                   _____
2. 婚姻状况                              _____
   未婚            1                   _____
   已婚            2                   _____
   丧偶            3                   _____
   离异            4                   _____
3. 年龄                              非常感谢!
   25岁以下         1
   25~44          2
```

图 12.2　国民保险公司投保人问卷调查

第二部分中的问题尽管是开放的，但要求的却是数字化的回答。数字化的回答已经进行了定量编码，因此不再需要划分更小的类别。事实上，如果将数字化回答归入更小的类别可能导致信息缺失，因此是不可取的。

在对开放性问题和结构性问题进行数据编码时，如何处理"不知道"的回答是一个值得注意的问题。"不知道"可能是一个合理的反应，也许被访者真的不知道；也可能是被访者知道答案但出于某种原因没有透露。这就要求编辑/编码人员必须事先辨别。但这并不容易。例如，"您有信用卡吗"，回答是"不知道"，这是典型的被访者知道答案但出于某种原因不便透露的情况。

处理"不知道"这类情况没有最佳方式。办法之一是根据受访者的实际情况推断答案。例如，一名被访者的可能收入跟他或她的年龄、教育程度及职业等有很大关系。不过，这种做法有很大的假设性，因而其有效性值得怀疑。一个更安全和更可靠的办法是干脆把"不知道"作为每一类问题的一个单独的答案。如果"不知道"成为一个正式的选项，至少可以和访谈错误区分开来，这样的回答也称为缺失值。

缺失处理。缺失（missing-value category）就是对某个变量的取值不明，原因可能是调查对象拒绝回答、访谈者没有提问该问题、答案不清楚或者记录不完整。合理的问卷设计、严谨的现场工作控制和深入的现场编辑可以帮助减少、但并不一定会消除数据缺失问题。不良的问卷设计、拙劣的数据编辑都会导致大批有价值的数据缺失。在这种情况下，研究者在数据收集后进行资料分析和解释时必须谨慎。

赋值

编码过程的下一阶段是为不同的回答分配适当的数值代码，即对不同的回答进行量化。数值编码的目的是为了方便电脑对不同的回答进行操作和分析。在图12.2中，第三部分的问题2、3、4、5和第四部分问题1~5需要分配数值代码。

我们在第9章中介绍过数值编码赋值问题，这里就不重复了。尽管如此，我们再次强调，数值编码所反映的量表和测量水平取决于变量的性质和变量测量的目的。表12.1总结了问卷12.2中出现的各种问题。在分析和解释定量化的回答时，研究人员必须记住这些测量水平。

图12.3是对国民保险公司的投保人进行问卷调查的部分数据，用SPSS和Excel（请参见附录6利用EXCEL进行数据分析）进行分析。行中的数值代表一位受访者的全部回答。

为了避免编码错误，调查时必须给出一个详细的答卷指南，最好是文字性的。表12.2列出了图12.2中问卷和图12.3电子表格的编码指南。

为了理解调查问卷内部（图12.2）、编码指南（表12.2）和电子表格（图12.3）之间的相关性，我们以第3号受访者为例，根据电子表格中的数值推断他的回答。你可以看出他对第一部分中的问题1选择了7（p1，第1列），对第一部分中的问题2选择了7（p2，第2列），对第一部分中的问题10选择了6（p10，第10列），等等。

表 12.1　国民保险公司的投保人问卷调查数据的测量水平

问题	测量的对象	测量水平
第一部分问题 1~5	可靠性	区间量表
第一部分问题 6~10	同情心	区间量表
第一部分问题 11~14	有形性	区间量表
第一部分问题 15~18	响应性	区间量表
第一部分问题 19~20	保证性	区间量表
第二部分问题 1~5	特点的重要性	比例量表
第三部分问题 1	总体服务质量	区间量表
第三部分问题 2	向他人推荐该服务	类别量表（也可以当成是顺序量表，因为"1"比"2"更好）
第三部分问题 3	接受服务年限	顺序量表
第三部分问题 4	服务中的问题	类别量表（也可以当成是顺序量表，因为"1"比"2"更好）
第三部分问题 5	问题解决的满意程度	类别量表（也可以当成是顺序量表，因为"1"比"2"更好）
第四部分问题 1	性别	类别量表
第四部分问题 2	婚姻状况	类别量表
第四部分问题 3	年龄	顺序量表
第四部分问题 4	收入	顺序量表
第四部分问题 5	学历	顺序量表

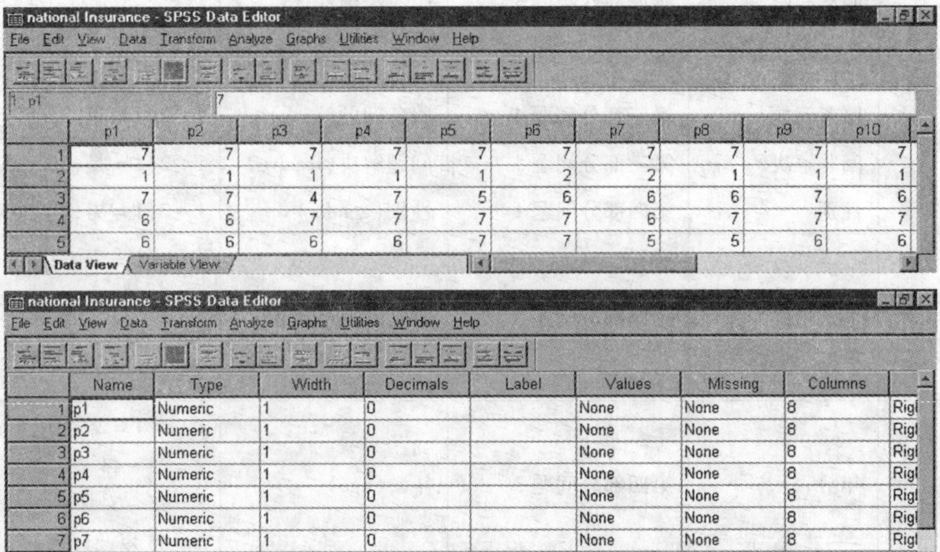

图 12.3　国民保险公司投保人调查分析（数据显示和变量显示）

表 12.2 有两个特点值得注意。首先，每个调查问题只有一个相应变量，原因是每个调查问题仅有一个可能的回答。其次，变量名称列中的词条使用了投保人调查表中的符号，这样在进行计算机分析时可以区别出相应的变量。在任一特定的变量中，对变量问题的编码应具有排他性，即不应该有相互交叉的部分以便于计算机进行数据分析。

表 12.2 对国民保险公司投保人问卷调查的编码

电子表格栏	编码描述	问题编号	变量名称	编码
9	响应性,保证	问题 1~22		7 = 强烈赞成
23	有形性	第二部分问题 1	有形性(tanimp)	0~100 分
24	可靠性	第二部分问题 2	可靠性(relimp)	0~100 分
25	相应性	第二部分问题 3	相应性(resimp)	0~100 分
26	保证性	第二部分问题 4	保证性(asrimp)	0~100 分
27	同情心	第三部分问题 1	同情心(empimp)	1~10(1 = 非常差; 10 = 非常好)
28	服务质量评价	第二部分问题 5	服务质量评价(QQ)	0~100 分
29	服务推荐	第三部分问题 2	服务推荐(rec)	1~2(1 = 是;2 = 否)
30	服务年限	第三部分问题 3	服务年限(use)	1~4(1 = 1 年以下; 2 = 1 到 2 年; 3 = 2 到 5 年; 4 = 5 年及以上)
31	服务问题	第三部分问题 4	服务问题(prob)	1~2(1 = 是;2 = 否)
32	问题解决	第三部分问题 5	问题解决(resolve)	1~2(1 = 是;2 = 否)
33	性别	第四部分问题 1	性别(gender)	1~2(1 = 男;2 = 女)
34	婚姻状况	第四部分问题 2	婚姻状况(mstat)	1~4(1 = 未婚; 2 = 已婚; 3 = 丧偶; 4 = 离异)
35	年龄	第四部分问题 3	年龄(age)	1~4(1 = 25 岁以下; 2 = 25~44 岁; 3 = 45~64 岁; 4 = 65 岁及以上)

(续表)

表 12.2 对国民保险公司投保人问卷调查的编码

电子表格栏	编码描述	问题编号	变量名称	编 码
36	年收入	第四部分问题 2	年收入(inc)	1~6(1 = 1 000 美元以下； 2 = 10 000~19 999； 3 = 20 000~29 999； 4 = 30 000~49 000； 5 = 50 000~64 999； 6 = 65 000 及以上)
37	学历	第四部分问题 5	学历(ed)	1~4(1 = 高中及以下； 2 = 大学 3 = 大学毕业 4 = 高中毕业)

*当数据缺失时相应栏可不填

一个问题只有一个相应变量的情况是较少见的。如果一个问题允许多种答案选择，就会需要与之相应的多个变量来进行描述。下面的问题就是一个很好的例子：

在过去的 12 个月里您访问过以下哪些国家？
_____加拿大
_____英国
_____法国
_____德国
_____日本
_____墨西哥

事实上，问卷可以分成六个问题，"在过去 12 个月里您访问过加拿大吗"、"在过去 12 个月里您访问过英国吗"，等等。因此，我们将需要 6 个变量对应每一个具体的国家，有两个可能的选项，如 1 = 否，2 = 是。同样的，在电子表格（或计算机**数据记录**）上还需要建立 6 个列来记录对问题的回答[3]。许多"排序"问题对应的变量还需要按照重要程度进行排序，下面给出一个例子：

请根据您的印象为下列快餐店排序，在您认为最好的快餐店前标 1，以下顺次标 2、3、4
_____汉堡王
_____麦当劳
_____温迪
_____沃特汉堡

建立一个数据集

数据集（data set），也称为数据档案，是关于原始数据记录的分类。每个样本称作一个**案例**（case）或一个**观察结果**（observation）。如果样本大小为 n（观察次数 = n），问卷中的变量数为 m，由此产生的数据集是一个 $n \times m$ 矩阵，如表 12.3 所示。每个数值对应着第 i 个样本第 j 个变量。

表 12.3 数据结构

观察结果	变量					
	1	2	…	j	…	m
1	X_{11}	X_{12}	…	X_{1j}	…	X_{1m}
2	X_{21}	X_{22}	…	X_{2j}	…	X_{2m}
.	.	.		.		.
.	.	.		.		.
.	.	.		.		.
i	X_{i1}	X_{i2}	…	X_{ij}	…	X_{im}
.	.	.		.		.
.	.	.		.		.
.	.	.		.		.
n	X_{n1}	X_{n2}	…	X_{nj}	…	X_{nm}

有时研究者在数据分析过程中会对某个变量的数据进行修改以建立新的变量。例如，前面提到的表 12.2 中每一个问题代表一个不同的变量。第一部分中的问题 1 用 "国民保险公司履行承诺" 这样的陈述来衡量可靠性。第一部分中的问题 2 是采用 "当您遇到问题时，国家保险公司能真诚帮您解决" 这一陈述来衡量可靠性。类似这种由调查问卷数据直接定义的变量称为**原始变量**（raw variable）。把原始数据加以整理称做**转换变量**（transformed variable）或**再编码变量**（recoded variable）。

为了说明这一点，假设我们想从五个评估方面来构建关于 "可靠性" 的全面评估量表。可以用投保人调查问卷中出现的关于 "可靠性" 的五个属性来建立新的转换变量。

请用数字 1（极差）~7（极好）来表示您对国民保险公司下列五个方面的印象。

可靠性	强烈反对	强烈赞成
1. 国民保险公司履行承诺	1 2 3 4 5 6 7	
2. 当您遇到问题时，国民保险公司能真诚帮您解决	1 2 3 4 5 6 7	

3. 国民保险公司的服务能够在第一次就做对　　　1　2　3　4　5　6　7
4. 国民保险公司按时履行承诺　　　　　　　　　1　2　3　4　5　6　7
5. 国民保险公司保持无差错纪录　　　　　　　　1　2　3　4　5　6　7

为这些属性编码需要五个原始变量，即 $p1$、$p2$、$p3$、$p4$ 和 $p5$。这五个问题都用来评估同一个方面：可靠性。确定国民保险公司客户总体可靠性的办法之一是将这一过程分为以下几个步骤：

1. 计算平均数。即每个顾客对可靠性的五个属性评估值和的平均

$$可靠性 = (p1 + p2 + p3 + p4 + p5)/5$$

2. 计算所有顾客对可靠性整体评估值的平均

在这种方法中，"可靠性"是一个转换变量或再编码变量，并且是数据分析的合理组成部分。我们可以利用转换变量在随后的数据分析中获取更多有用信息。

变量转换过程是与原始数据的编码、存储过程同步进行的。几乎所有的标准计算机程序都能够进行变量转化。但是研究者必须详细说明必要的转换。构建转换变量会增加数据集的规模。例如，如果我们利用表 12.3 中的数据集创建一个转换变量，则表中就会多出一栏数据。因此数据集就变成了 $n \times (m+1)$ 阶矩阵形式。表 12.4 是运用 SPSS 软件构建一个新变量的步骤及对话框。

12.3　初步数据分析：基本描述统计

在用高深的统计技术对数据集进行分析之前，研究者必须对数据有一个总体印象。初步数据分析的目的是揭示所收集数据的基本特征和结构。它也能为接下来的研究工作和进一步的数据分析提供有用建议。

初步数据分析可以描述数据的集中趋势和离散趋势。不论是区间量表、比例量表顺序量表还是类别量表都可以进行分布描述。表 12.4 总结了常用的不同的变量类型。

请注意，表 12.4 中对区间数据和比例数据的集中和离散趋势采用了相同的测量方法。尽管统计上没有适用于比例数据的技术，但我们总是可以将区间数据的处理方法用于比例数据。这是因为比例数据拥有区间数据的所有特性。此外，图 12.4 中的类别数据和顺序数据的测量结果也可以用于计算区间数据和比例数据。与此相似，类别数据可以用于计算顺序数据。

图 12.4　SPSS – 转换原始数据：国民保险公司

根据五个评估标度设一个新变量"可靠性"

可靠性 =（p1 + p2 + p3 + p4 + p5）/5

运用 SPSS 软件构建新变量的步骤：

1. 选择"Transform"菜单
2. 点击"Compute"选项
3. 在"Target Variable"对话框中输入"reliable"
4. 点击（ ），把它移到 Numeric expressions 对话框
5. 点击"p1"，并移动到 Numeric expressions 对话框（ ）中
6. 点击"+"
7. 点击 p2 并移动到 Numeric expressions 对话框（ ）中，点击"+"
8. 对"p3"，"p4"，"p5"重复上述步骤，再把整个表达式除以 5。
9. 在目标变量对话框下键入变量类型和标签，把可靠性的五个评估属性分类
10. 点击 OK

SPSS 软件建立了新的变量栏"可靠性"

这一栏将包括所有五个评估属性的平均值

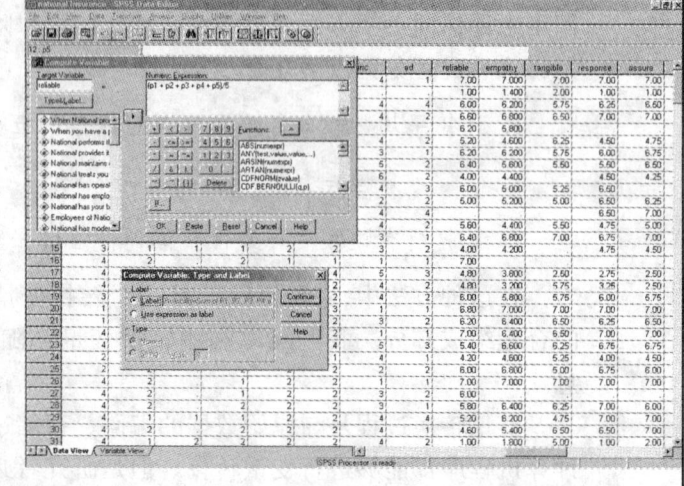

表 12.4　不同类型变量集中趋势和离散趋势的测量

变量类型	集中趋势指标	离散趋势指标
类别数据	众数：出现次数最多的数值	严格地说，离散这一概念对类别数据没有意义，但是在检查出现频数的过程中可以获得数据答案的分布信息
顺序数据	中位数：将所有数据按升序或降序排列后位于 50% 位量的数值	极差：数据的最大值和最小值的绝对差；居中的数值四分位距 = 数据分布中第一个和第三个四分位之间的距离
区间数据	均值：变量的算术平均值	标准差：见第 9 章定义
比例数据	均值：变量的算术平均值	标准差：见第 9 章定义

集中趋势的测量

集中趋势的测量有三个常用指标：众数、中位数和均值。

众数。众数（Mode）指出现次数最频繁的数值。回到前面国民保险公司案例，"您在国民保险公司投保多长时间了"这一问题的回答参见表12.5，回答"5年以上的"有193次，出现次数最多，所以是这一统计数据的众数。表12.5详细描述了用SPSS软件进行这一分析的过程并输出了分析结果。

表12.5　您在国民保险公司投保多长时间了？计算众数

服务年限分类（USE）	取值	频数	
不到一年	1	36	
1年多不到2年	2	16	
2年多不到5年	3	26	
5年及以上	4	193	←——（众数=4，出现次数最多的数值）
合计		271	

运用 SPSS 软件统计

1. 选择"Analyze"菜单
2. 选择"Descriptive Statistics"选项
3. 选择"Frequency"
4. 把变量"USE"放入变量栏
5. 点击"Statistics"按钮
6. 点击"Continue"
7. 点击 OK

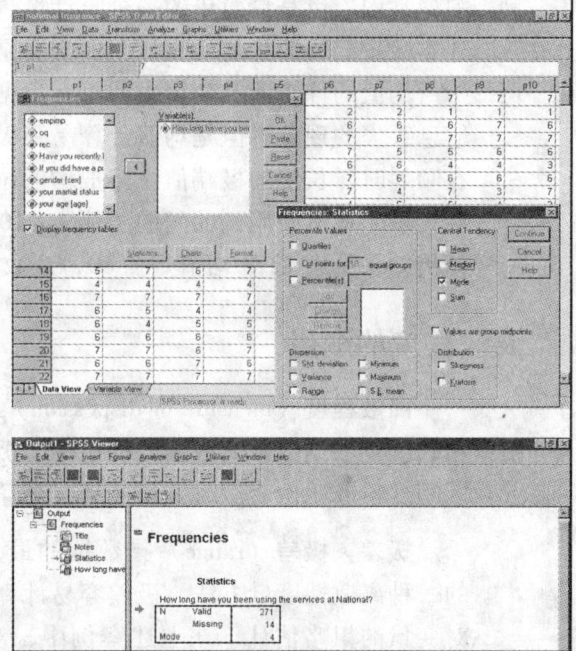

中位数。中位数（median）是将所有数据按升序或降序排列后居中的数值。这个中位数把样本分成相等的两部分。再看"您在国民保险公司投保多长时间了"这一问题的回答，表12.6给出了20个受访者的回答。把数据按顺序排好可

以得到两个中间数值4和4,中位数是二者的平均值。因为两个数值都是4所以样本的中位数也是4。表12.7给出了整个样本用SPSS软件统计分析的结果。计算中位数的变量度量方式至少应该是顺序变量。

表12.6　投保年限:数据代表20个受访者的回答

您在国民保险公司投保多长时间了?

4	3	4	1	4	4	4	4	4	4	3
4	4	3	4	4	4	3	1	1		

1 = 不到1年;2 = 1年多不到2年;3 = 2年多不到5年;4 = 5年及以上

把20个数据按顺序排列

1	1	1	3	3	3	3	4	4	4
4	4	4	4	4	4	4	4	4	4

因为有20个样本,所以中间数值有两个4和4,中位数是二者的平均值4。

均值。均值(mean)是所有变量响应值的简单算术平均,是集中趋势指标中最常用、也是最简单的一个统计量。均值的计算方法是有效数据总和除以有效样本数量。计算均值的变量至少应当是区间变量。

均值的计算涉及变量中的所有数据,因此不会像计算中位数和众数那样出现信息丢失的现象。但是均值计算易受极端数据影响,当变量数据分布是向左或向右倾斜时,长尾的极端值0将把均值拉向它的方向。考虑国民保险公司服务质量调查这一案例中用到的问题"用1~10的标度评价国民保险公司整体服务质量?"分析结果见表12.8 均值是7.80,众数是10,中位数是9.00。

离散程度的测量

离散程度(measure of dispersion)是指数据远离其"中心值"的程度。最常用的度量数据分布离散程度的指标是极差和标准差。这种度量方式只有当变量是区间变量或比例变量时方可适用(见第9章)。

极差。极差(range)指数据的最大值和最小值之间的绝对差。它是最简单的一种离散性度量方法。极差容易计算,但也容易受极端数据的影响,仅能提供对变量的粗略估计。在上述案例中,对国民保险公司整体服务质量评估最高是10,最低是1。极差就是最大值和最小值的差9。

第 12 章 数据质量控制与初步分析

表 12.7 投保年限:计算中位数

运用 SPSS 软件统计

1. 选择"Analyze"菜单
2. 选择"Descriptive Statistics"选项
3. 选择"Frequency"
4. 把变量"USE"放入变量栏
5. 点击"Statistics"按钮
6. 选择"Median"
7. 点击"Continue"
8. 点击 OK

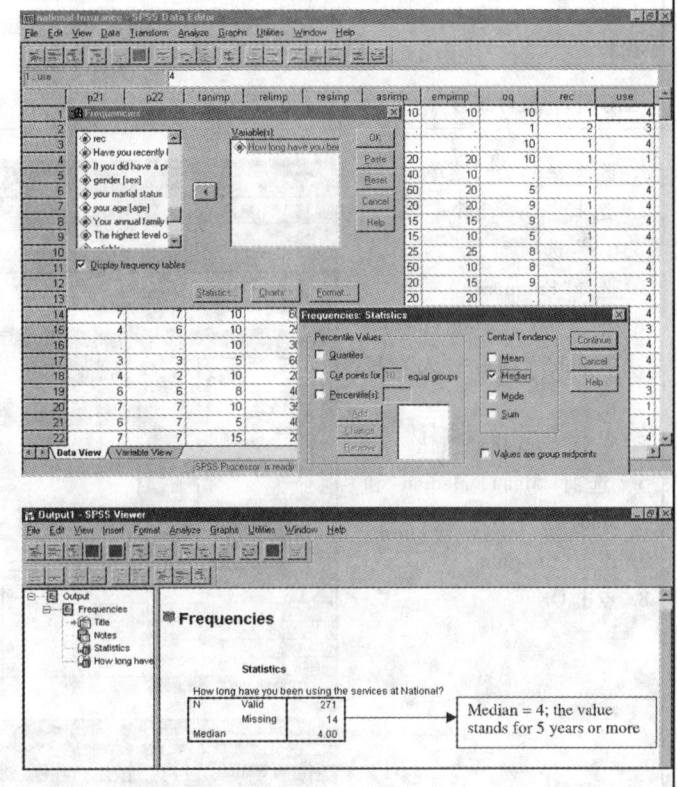

方差和标准差。**方差**(variance)指的是变量的每一个观测值与平均值之差的平方和的均值,用于测量一组数据围绕算术平均值的偏差程度。方差的算术平方根就是**标准差**,是一种应用非常广泛的描述离散程度的度量方法,标准差很容易解释,因为它与平均数有相同的单位。标准差定义如下:

$$s = \sqrt{\frac{\sum_{i=1}^{n}(x_i - \bar{x})^2}{n-1}}$$

公式中

n = 数据个数

x_i = 变量单个观测值的具体数据

$\bar{x}$ = 样本均值,由公式给出 $\dfrac{\sum_{i=1}^{n}(x_i)}{n}$

表 12.8　国民保险公司整体服务质量评价：计算平均值

用 1~10 的标度评价国民保险公司整体服务质量？

非常差　　　　　　　　　　　　　　　　　　非常好
1　2　3　4　5　6　7　8　9　10

运用 SPSS 软件统计

1. 选择"Analyze"菜单
2. 选择"Descriptive Statistics"选项
3. 选择"Frequency"
4. 把变量"Overall Service Quality"（QQ）放入变量栏
5. 点击"Statistics"按钮
6. 选择 Mean、Median 和 Mode
7. 点击"Continue"
8. 点击 OK

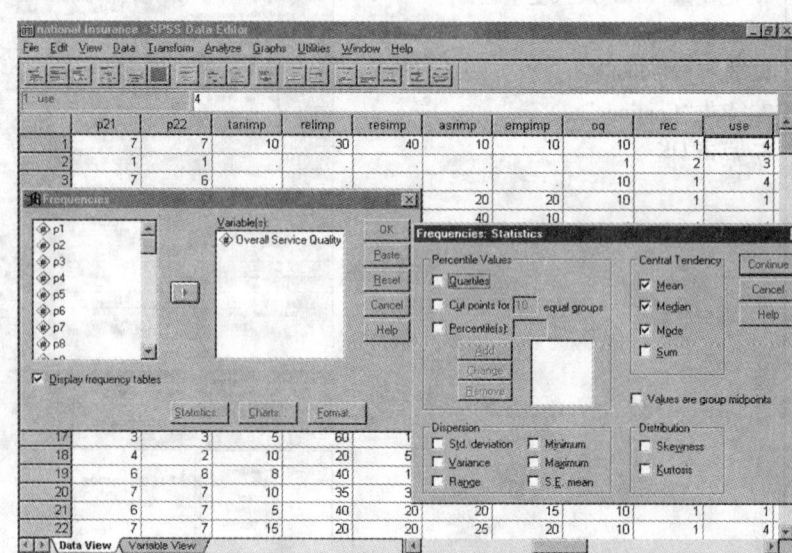

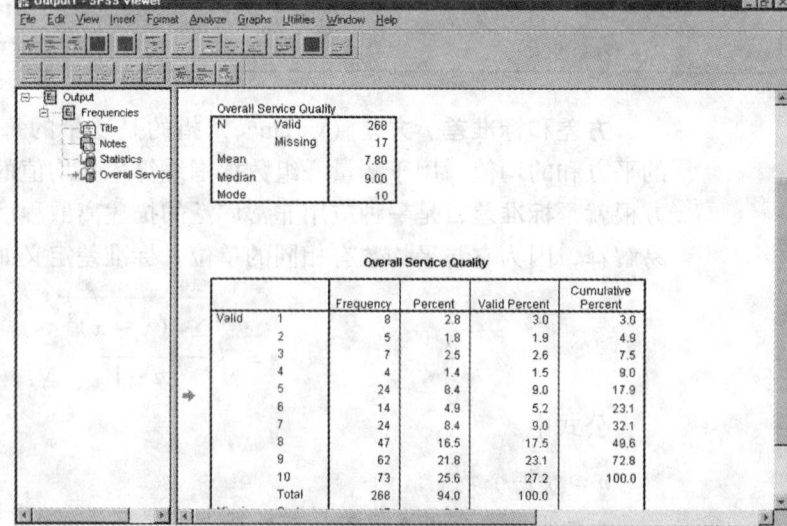

因为是区间变量，所以我们能计算平均值、中位数和众数

和算术平均值一样，标准差也容易受极端数据的影响，如果调查数据分布不对称时就不能使用这一度量方式。市场调研人员经常在描述性统计和推断性统计中用到标准差。从第 11 章的正态分布（图像为钟形对称的）可以看出 ±1s 包含了 68% 的观测值，±2s 包含了 95% 的观测值，±3s 包含了 99.7% 的观测值。表 12.9 给出了如何运用 SPSS 软件计算出关于国民保险公司整体服务质量评价的极差、方差和标准差。

单变量频数分析表

对**单一变量**的数据分布研究时，单变量频数分析表（描述单一变量在不同取值间的分布情况）是最好的方法。实际上，任何一个数据分析软件都能对变量进行频数分析。表 12.10 就包含了国民保险公司服务质量调查中投保年限（顺序数据）变量的频数分析，单变量频数分析特别适用于类别变量和顺序变量。

表 12.9　国民保险公司整体服务质量评价：计算极差、方差和标准差

运用 SPSS 软件统计

1. 选择"Analyze"菜单
2. 选择"Descriptive Statistics"选项
3. 选择"Frequency"
4. 把变量"Overall Service Quality"放入变量栏
5. 点击"Statistics"按钮
6. 选择 Range、Variance 和 Standard Deviation
7. 点击"Continue"
8. 点击"OK"

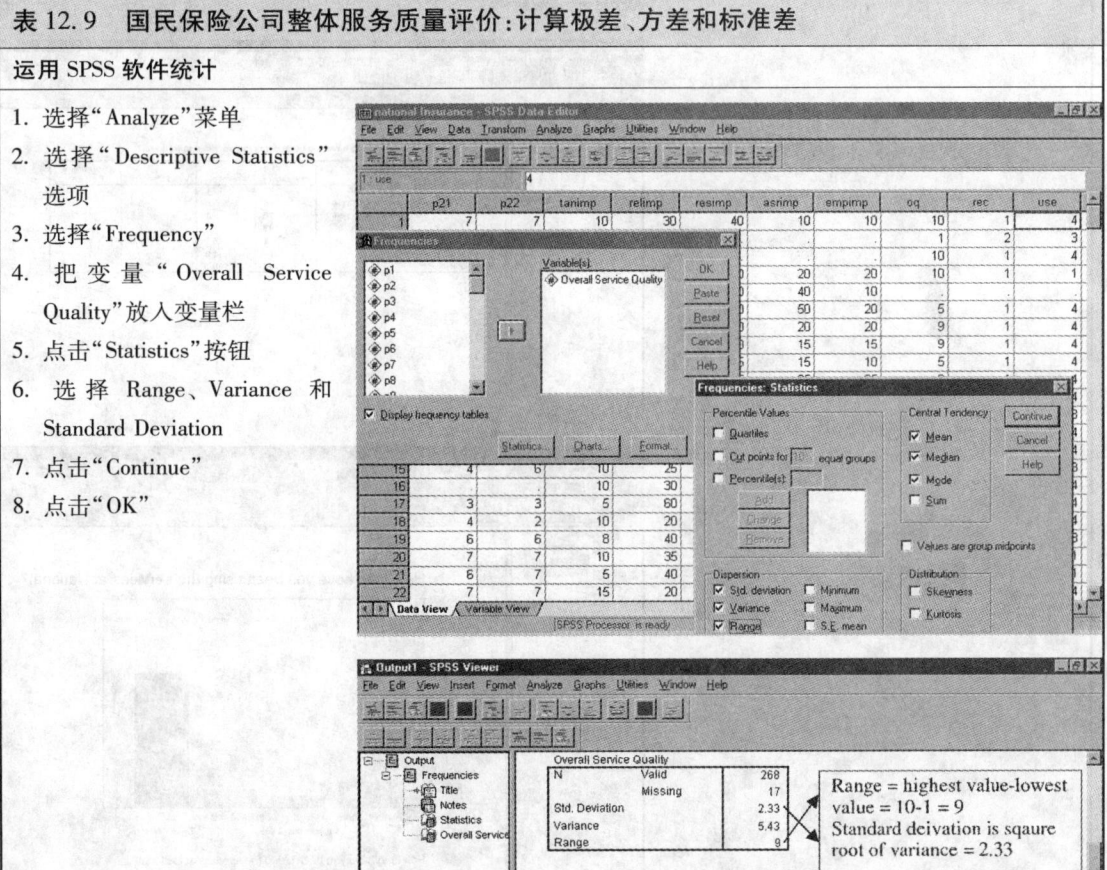

表 12.10　投保年限的频数分布

运用 SPSS 软件统计

1. 选择"Analyze"菜单
2. 选择"Descriptive Statistics"选项
3. 选择"Frequency"
4. 把变量"USE"放入变量栏
5. 选择 Charts
6. 选择 Bar Charts
7. 点击"Continue"
8. 点击"OK"

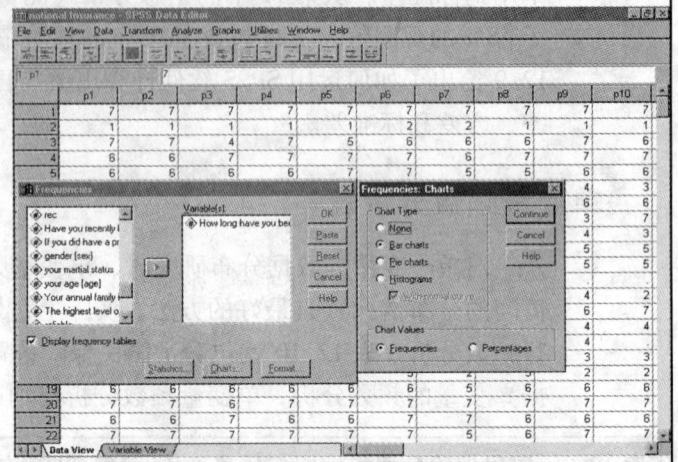

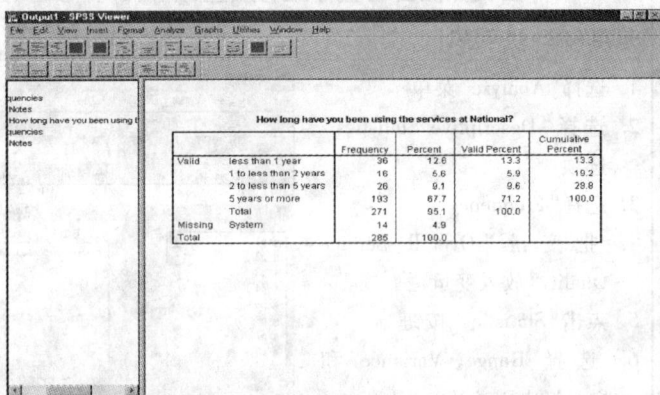

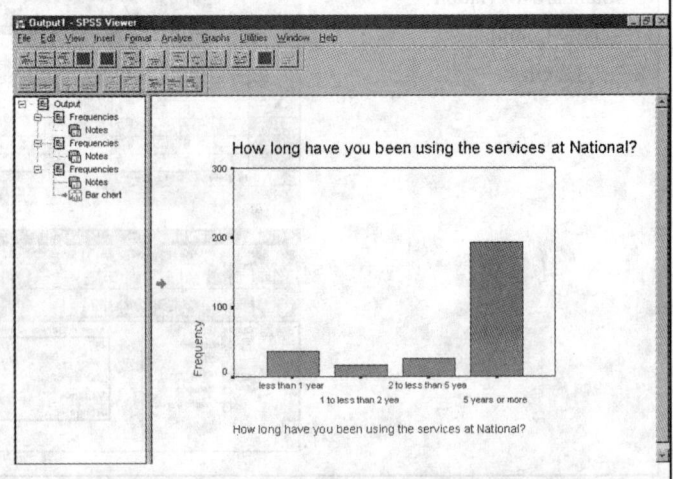

单变量频数分析表除了能揭示数据的一般特性之外还有其独特的作用。第一，它能发现某些类型的编码错误。数据编码过程中总是会出现一些由于人为因素的造成的错误，例如在国民保险公司服务质量调查中，对变量"USE"（投保时间）的初步列表发现有 2 个标记"8"的答案，而这个变量只有从 1~4 的 4 个取值，通过编码过程检查，有两位受访者对这一问题回答为 3 却被错误编码为 8。但是，我们不能发现一些不太明显的错误。例如，把编码 2 错误的用编码 3 代替，因为 3 也是合法的反应类别。

第二，通过将单变量的频数分析与其他相关分布进行比较，可以得到一些启示，它们可以帮助研究者理解被访群体的组成，寻找"无回答误差"的原因。例如：把受访者的频数分布和总体分布比较，可以看出样本数据是否具有代表性。

单变量频数分析的另一个作用是比较同一变量在不同时间的测量结果。实地调研 12.2 说明了将之前的研究与先前频数分布相比较的结果。

另一个例子是一家报纸对专栏阅读情况的调研。表 12.11 列出了三个报纸专栏的频数分布。显然，克林顿的专栏是赢家，接下来顺次是刘易斯专栏和克鲁格曼专栏。

表 12.11　报纸专栏读者人数研究的单变量频数分析表

	数据分布					
	比尔·克林顿专栏		安东尼·刘易斯专栏		保罗·克鲁格曼专栏	
回答分类	人数	百分比	人数	百分比	人数	百分比
经常读	228	76	108	36	42	14
偶尔读	45	15	60	20	66	22
极少或从未读过	27	9	132	44	192	64
总计	300	100%	300	100%	300	100%

第三，单变量频数分析能够进行变量转换。考虑单变量的频数分析表 12.10 中的变量"投保时间"，大部变量取值都集中在一端，换句话说，"投保时间"这一变量的分布是偏离的。**偏离的变量分布**（skewed response distribution）不能满足随后的数理统计分析的需要。因此，这样的变量应该转换成更接近研究需要的变量。

为了说明如何转换，我们再看一下"投保时间"这一变量，对于国民保险公司客户进行调查的目的之一是看客户接受国民保险公司服务的时间长短是否与向朋友推荐的意愿有关，为完成这一目的所运用的相关分析工具是卡方统计分析（这一工具将在第 13 章讨论）。卡方统计分析要求每一个回答类别都有足够多的数据支持。这样一来"投保时间"这一变量的数据就不足了,因为回答类别中的1和2仅有很少的人选择。而单变量频数分析表的性质可以把前两个分类合并成一个,这样转换变量就有三种分类(不到2年、2年以上不到5年、5年及以上),每一类都有足够的回答数据。

总之,单变量分析表尽管不像其他数据分析技术那样复杂,可是非常实用。事实上,如果事先不理解数据的特征就使用复杂的分析工具进行数据分析可能会产生无意义的结果,并导致错误的结论。即使是像计算变量平均值这样一个简单的任务,如果不了解变量的分布都会变得毫无意义。

Elrick and Lavidge 营销调研公司总裁 Robert L. Lavidge 进一步强调了忽视数据分布特征的潜在危险:

> 在一种新的调味品的测试中,顾客既不希望它太辣也不希望过于清淡。参与测试者的平均估计值非常接近中值。其中"极辣"和"极清淡"是两个极端值。这种取值设置是考虑到顾客先入为主的观念。但是测试结果数据分布显示,相当一部分顾客希望调味品味道辛辣,另有大约同样多的顾客希望调味品味道清淡些。只有相对极少顾客希望调味品味道适中[5]。

简而言之,对于变量取值分布的理解有助于研究者避免错误的推论。

本 章 小 结

编辑是为了提高问卷数据的准确性和精确性而进行的再检查,目的是筛选出问卷中看不清楚、不完整、不一致或模棱两可的答案。最初步的编辑是数据收集过程中进行的现场编辑,旨在验证调查者是否遵循了正确的访问程序,纠正数据收集过程中出现的一些问题,防止出现更大的错误。更全面的编辑,被称为最终编辑或办公室编辑,是指所有调查收集到的数据返回研究中心后进行的数据编辑。办公室编辑要保持一致性,决定采取何种适当的方式来处理"不知道"、缺失数据、开放问题的分类。

随后进行的是编码过程,这一过程通常与办公室编辑同步进行。先把开放式回答分类再赋予不同数值,也即把开放式回答数量化。数据分析之前先对数据进行编码,形成一个数据集或数据文件存储在电脑中。数据集是矩阵形式,其中每一行都包含由一个受访者提供的编码答案(通常称为一个案例或观察结果)。

对数据进行初步分析可以了解数据的自然属性。数据的初步分析包括获得和检查所有变量的集中趋势和离散趋势(包括转换变量)。选择最适当的集中趋势和离散程度的度量方法取决于变量是类别变量、顺序变量、区间变量或是比例变量。

一个相对比较简单的确定数据特征的方式是单变量数据分析表,即每一个变量出现的频数分布。单变量分析表可以反映数据的一般特征,找出某些编码错误,把变量的分布与其他相关分布进行比较,将一个变量的数据分布与其他相关分布(如整体人口分布和其他相似变量)进行比较,并提出有意义的变量转换。

实地调研12.2

政府在遏制不良媒体宣传中的作用：保守派和自由派立场的转换

皮尤研究中心（www.pewresearch.org）的一个独立研究小组，在全国范围内进行了一项美国民众对遏制不良媒体态度的调查。舆论普遍认为自由派希望加强政府作用而保守派的观点恰恰相反。然而，当涉及一些敏感的家庭/社会问题时，事实并非如此。调查揭示了美国民众在关于政府角色和遏制不良媒体需求之间存在矛盾。

当受访者被问到"什么是更大的危险：有害内容或政府过度的限制？"57%的保守派共和党人表示，有害的内容在媒体上造成了比政府不适当的限制更大的危害。但是72%的自由派民主党人认为政府过度限制造成的危害比不良的媒体内容更严重。实际上，自由派民主党不希望政府过度干预。有趣的是，总体而言，受访者认为政府不适当的限制比不良的内容在媒体上公布更危险。

研究中受访者被问到以下问题：

您对影视业的观点
1. 支持
2. 反对
3. 不知道

自1993年以来，尽管对媒体中的性、暴力内容持批评态度，受访者对影视业的观点几乎没什么变化。

受访者虽然表示反对政府不适当的限制，但也提出一些支持政府管制的建议。正如图表显示，保守的共和党对政府限制的支持率高于自由派民主党。结果似乎反映出了政治鸿沟[b]。

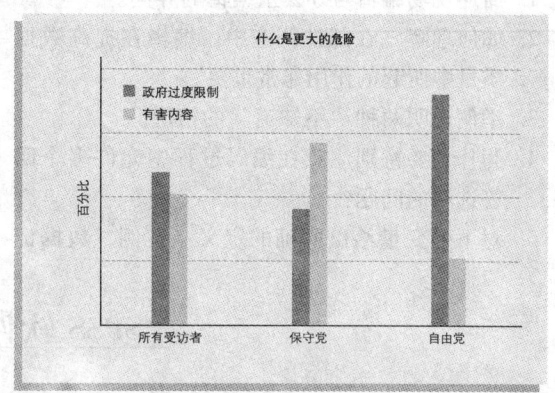

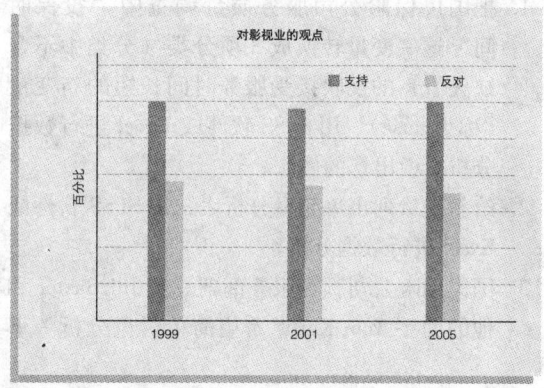

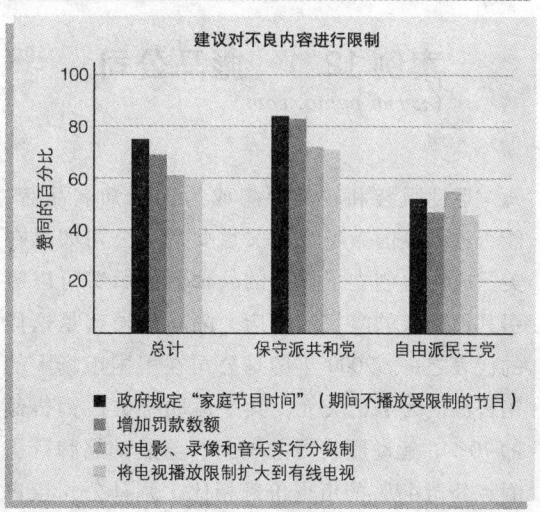

复习讨论题

1. 简述现场编辑与办公室编辑的异同。
2. 如何理解"在邮件调查中,编辑在提高数据质量中所起的作用非常重要"。
3. 举例说明两种"不知道"的情况。
4. 为什么要特别注意在编码过程中允许多个回答选项的问题?
5. 对下列变量给出明确的定义:案例、数据记录、数据集。什么是转换变量?
6. 简述单变量频数数据分析表的三个用途。
7. 什么叫偏离分布?假设有2个顺序变量,每个变量都有8个等级,都是离度偏离分布的。您为这两个变量建立什么样的转换变量将使得它们的列联表更有意义?

SPSS 软件分析练习

1. 把国民保险公司服务质量调查中"投保时间"这一变量转换成3项分类(分类中不含缺失值)的反映接受服务时间长短的新变量(称为 nuse)。用 SPSS 软件或 Excel 进行数据分析。说出您的做法。
2. 给新变量列出单变量分析表,用 SPSS 软件或 Excel 进行数据分析。
3. 国民保险公司顾客服务部副总监 Jill Baxter 和他的助手 Tom Kurtis 希望简单讨论分析一下受访者的人口结构特征。用 SPSS 软件或 Excel 进行数据分析。
4. Jill Baxter 和 Tom Kurtis 想了解受访者对国民保险公司五个领域服务质量平均评估水平?在客户眼中,哪一领域服务做的最好?哪一领域服务做的最差?用 SPSS 软件或 Excel 进行必要的数据分析。研究结果报告要用统计术语和管理术语。

案例 12.1 彪马公司
(www.puma.com)

运动服装和鞋类要想成为国际知名品牌,能否进入美国市场是至关重要的。公司如果在美国成功地创立了自己的品牌就预示着可以吸引其他国家的零售专卖店。彪马公司就是这样的代表之一。2000年彪马公司在美国市场上的销售额仅为1亿美元,其中运动鞋类占销售额的70%,运动服装类占30%。与运动品牌巨头耐克公司47%的市场份额相比,彪马公司仅占0.48%,但是彪马公司的目的是利用市场细分与其他的竞争对手区别开而不是片面追求市场占有率。

背景

彪马由鲁道夫·达斯乐在1948年创办于德国,主营运动服装、运动鞋、运动装备和体育相关的配件。彪马将自己定位于引领潮流、新思想的代表。这一切归功于它的 CEO 和董事会主席 Jochen Zeitz。1993年,年仅30岁的 Jochen

Zeitz出任彪马公司的CEO兼董事会主席，成为德国上市公司中最年轻的主席，在他的带领下，彪马公司重新开始盈利。

彪马的产品定位与体育紧密结合，同时融入运动、时尚、休闲元素。彪马认为消费者购买的不仅是产品本身，还包括一种适合自己生活方式。基于对市场的细分和对时尚生活方式的诉求，彪马对品牌重新定位，让休闲、时尚、体育结合起来，由运动鞋品牌向运动时尚品牌转变，同时以酷为诉求点，以个性、时尚为品牌元素，成功地完成了时尚生活方式代表这一品牌定位。

彪马公司的营销战略

从人口统计特征来看，青少年市场大约占了全球体育用品销售额的50%，然而市场是多变的。不久前，许多青少年疯狂崇拜诸如迈克尔·乔丹、奥尼尔、皮蓬这类体坛巨星，模仿他们的穿着，购买这些巨星做广告的服饰。而现在的青少年选择运动鞋时更注重该产品能否表现自己特立独行的个性，不再仅仅因为追星去购买该产品。但麻烦的是运动鞋厂商已经习惯于这种明星效应。事实上，彪马公司必须改变自己逢人就卖的品牌销售策略，对消费者采取市场饥渴法，制造出彪马产品在市场上很难买到的感觉，由此去引爆消费者的购买欲。不仅如此，因为不是最大的运动品牌，所以个性是彪马生存关键，即消费者最想要的运动生活方式品牌。

彪马的经理们相信最重要的是保持"酷"的感觉，吸引前卫的消费者。为此，彪马要定期进行市场调研保证自己设计出的产品更具有超前和时尚的概念。调查问卷表如下。本次调查由QuickTake.com进行。

案例问题

1. 为调查问卷建立一个SPSS数据模板。提示：参考本章表12.1、12.2和图12.3。
2. 说明彪马调查问卷中每一项所用的变量是什么类型的变量（类别变量、顺序变量、区间变量还是比例变量），并证明您的结论。
3. 每一个问题中相应的集中程度的度量方式是什么？为什么？
4. 找出每个问题回答数据的中位数和众数。
5. 哪一个调查问题的变量呈偏离分布？证明您的答案，说明如何建立一个新的转换变量以降低分布的偏离程度。

本案例由Jeanne L Munger（南缅因大学）和本书作者合作完成，仅作为课堂讨论的问题而不是说明营销实践的有效或无效。

案例12.2 罗克布里奇：国民技术准备调查（A）
（www.rockregearch.com）

近日受聘于国家银行担任助理研究员的汤姆正在考虑如何才能对罗克布里奇公司（一家弗吉尼亚市场调研公司）收集到的数据进行更好的分析。汤姆的老板兼国家银行网上银行业务负责人安娜提醒他注意这项国民技术准备调查的报告。安娜吩咐汤姆仔细研究这项调查报告，提出有创意的见解，这将有助于该银行的网上银行部设计出新的营销活动。

可能的选项	绝对频数（数目）	相对频数（百分率）
1. 您听说过彪马运动鞋品牌吗？		
1. 是	93	83.04
2. 否	16	14.29
3. 不知道	3	2.68
总计	112	
2. 听到彪马运动鞋您能联想到哪些属性？（可全选）		
1. 运动	83	86.46
2. 时尚的生活方式	11	11.46
3. 质朴但实用	15	15.63
4. 蹩脚货	12	12.50
5. 男性化	34	35.42
6. 女性化	13	13.54
总计	96	
3. 在上一问题中。对于彪马运动鞋您最先想到的是哪一个属性？（只选一项）		
1. 运动	72	75.00
2. 时尚的生活方式	2	2.08
3. 质朴但实用	9	9.38
4. 蹩脚货	7	7.29
5. 男性化	5	5.21
6. 女性化	1	1.04
总计	96	
4. 如果您最喜欢的一款彪马品牌运动鞋有货且价格合理，您会买吗？		
1. 是	72	75.00
2. 否	4	4.17
3. 不知道	20	20.83
总计	96	
5. 您的年龄？		
1. 17 岁以下	0	0
2. 18～24 岁	33	29.46
3. 25～34 岁	31	27.68
4. 35～44 岁	23	20.54
5. 45～54 岁	15	13.39
6. 50 岁及以上	10	8.93
总计	112	
6. 您的性别？		
1. 男	58	51.79
2. 女	54	48.21
总计	112	
7. 您的种族？		
1. 白种人	69	61.61
2. 非洲裔美国人	7	6.25
3. 亚洲人	16	14.29
4. 拉丁美洲人	4	3.57
5. 其他	16	14.29
总计	112	
8. 您家庭平均年收入是多少？		
1. 不到 15 000 美元	24	21.43
2. 15 000～30 000 美元	19	16.96
3. 30 001～45 000 美元	22	19.64
4. 45 001～60 000 美元	16	14.29
5. 60 001～75 000 美元	10	8.93
6. 75 001～90 000 美元	8	7.14
7. 90 001～105 000 美元	3	2.68
8. 105 001～125 000 美元	1	0.89
9. 125 001～150 000 美元	3	2.68
10. 150 001～200 000 美元	1	0.89
11. 200 001～250 000 美元	1	0.89
12. 250 001～300 000 美元	1	0.89
13. 超过 300 000 美元	3	2.68
总计	112	

问卷　彪马频数统计调查问卷

数据来源：Courtesy of Greenfield Online

银行背景

在过去几年中，通过一系列兼并，国家银行成为美国第二大银行。在美国，银行爆炸性增长战略的重点不仅在于传统银行业务，更强调网上银行业务。美国的网上银行业务普及率较高。有 40% 的国家银行客户在使用网上银行服务，而全国网上银行业务平均普及率为 31%。显然国家银行在这场比赛中走到了前列，但高层管理人员仍然制定了进取性目标，期望到 2010 年，网上银行业务普及率至少在 50% 以上。

网上银行为顾客和银行提供的服务明显优于传统银行。对于客户的几个显而易见的好处是：一周24小时账户登录，即时跟踪交易，检查账户余额，支付账单。对于银行来说，网上银行业务大大节约了成本。此外，网上银行客户的满意度评分都高于传统银行的客户。银行和汤姆面前的一个关键问题是，如何确定哪些顾客是最有可能使用网上银行业务的。汤姆认为，了解最可能使用网上银行业务顾客的概况将有助于设计最合适的营销活动，以实现银行的50%的普及率目标。

国民技术准备调查

国民技术准备调查（NTRS）是美国一项广泛的对成年人（18岁及以上）有代表性的调查，抽取规模为1 000人的样本，NTRS涵盖了不同的与科技相关问题的态度和行为。问卷中还有几个涉及受访者人口统计特征的问题。安娜交给汤姆的NTRS的报告包括本次调查的简单总结和用SPSS对调查问题进行统计分析的结果。图1是简单的NTRS调查问卷。为了对调查数据有一个初步的了解，汤姆随机抽取了4个调查问题用SPSS程序来分析它们的频数分布。图2包含用SPSS程序进行分析的结果。汤姆现在意识到，为从调查数据中获得最好的信息，他应该了解和评估调查问题，从而以一种更加系统化的方法对数据进行更全面的分析。

案例问题：

1. 说明在图1中每一个问题所用的变量是什么类型的变量（类别变量、顺序变量、区间变量还是比例变量），并证明您的结论。
2. 每一个问题中相应的集中程度的度量方式是什么？为什么？
3. 为图1中的调查问题建立一个SPSS数据模版。
4. 基于汤姆用SPSS程序进行的基本分析结果（图2），确定汤姆四个所选问题的众数、中位数、平均值的具体值。

转载许可：罗克布里奇营销调研公司

本案例由Jeanne L Munger（南缅因大学）和本书作者合作完成，仅作为课堂讨论的问题而不是说明营销实践的有效或无效。感谢罗克布里奇营销调研公司提供的NTRS调查数据。

您好，我叫_____，我代表罗克布里奇公司，一家位于弗吉尼亚的营销调研公司。我们正在进行一项技术在生活当中所占的分量的研究，很想得到您的意见。我们随机访谈一些使用技术和很少使用技术的人，这不是一个商业调查，您的回答是完全保密的。为保证质量这次访问已被监测。

不必读　性别　　　1. □男　　　2. □女

1. 我们对您的观点，即科技在多大程度上影响了您的生活很感兴趣，我们将告诉您一些说法，对每一个问题，请告诉我是否非常同意，有点同意，一般，有点不同意或者非常不同意。

1. 非常不同意
2. 有点不同意
3. 一般
4. 有点同意
5. 非常同意
8. 不知道
9. 拒绝回答

[随机问题列表]

a. 您喜欢能够为您度身制作以符合自己需要的电脑程序吗？
b. 您感觉新技术很刺激吗？

（续图）

c. 当您从高科技产品服务供应商那里得到技术支持，您有时觉得这就像是被比您知道多的人教训。
d. 如果您把信息提供给一台机器或者网络，您永远不能肯定它是否被发布到正确的地点。
e. 其他的人会来向您咨询新技术的建议
f. 一般来说，当新技术出现时，您总是朋友中第一个使用这一技术的。
g. 没有别人的帮助您通常也能够理解新高科技产品和服务。
h. 您认为任何网上交易都是不安全的。
i. 您担心在网上发送的信息有可能被别人看到。
j. 当您在使用高科技小玩意时遇到麻烦，而又有人在看着您是很令人尴尬的。

2. 我们想更多的了解您使用技术的情况，首先，您家里有电脑吗？

　1 是　　2 没有　　9 不知道/拒绝回答

3. ［对每一个人的问题，即使没有电脑的］您家庭有付费的互联网接入吗？

　1 有　　2 没有　　9 不知道/拒绝回答

4. 您家里用标准的电话线接入互联网吗，或者您有别的高速连接互联网的形式吗，例如 DSL 或者电缆接入？

　1. 标准的电话线
　2. 高速连接
　3. 两者都有
　4. 其他连接方式，详细说明_____
　8. 不知道
　9. 拒绝回答

5. 大约多少年前您家里第一次申请在线服务或者互联网接入［必要情况下准备好所有分类］？

　1. 去年
　2. 2 年前
　3. 3 年前
　4. 4 年前
　5. 5 年前
　6. 6 年前
　7. 7 年前
　8. 8 年前
　9. 9 年前
　10. 10 年以上

99. 不知道

6. 一个星期内您个人原因大概上网多少小时［不包括您上班时上网的时间］［填整数，不要用范围表示］_____ 小时，DK 不知道　REF 拒绝回答

7. 过去的一年您在家、上班或者别的地方因为个人原因上过网吗？［逐个读下面的问题了］

　1 是　　2 否　　6 不知道　　9 拒绝回答

　a. 网上预定旅行安排
　b. 在网上购买超过 100 美元的东西
　c. 在网上买卖股票或者证券
　d. 在网上查询您的银行信息
　e. 在网上进行银行转账，存取款
　f. 网上申请信用卡
　g. 在网上支付您的账单
　h. 进行网络在线教学
　i. 在线购买商品，例如通过拍卖网站或者分类网站

8. 对使用过的所有网上银行业务，您的满意程度如何？（如果超过一家网上银行，那么请回答您接受服务最多的一个）

　1. 极不满意
　2. 很不满意
　3. 有点不满意
　4. 一般
　5. 有点满意
　6. 很满意
　7. 极满意
　8. 不知道或者拒绝回答

9. 您的年龄是多少？_____
　［请填写整数］

10. 您的婚姻的状况怎么样？
　1. 已婚
　2. 单身未婚
　3. 离婚或者分居
　4. 寡居
　5. 其他；详细说明_____
　9. 不知道或者拒绝回答

11. 您家里有几个 18 岁或以下的小孩？_____ 不知道或者拒绝回答填 999

12. 您的就业状况如何？［如果回答"是"就停止］

1. 全职 2. 兼职 3. 无职业且没有找工作 4. 无职业但是在找工作 9. 不知道或者拒绝回答 13. 您是从事科技有关的职业吗，例如计算机、设计、系统工程、系统顾问或者技术销售？ 　　1. 是　2. 不是　9. 不知道或者拒绝回答 14. 您的最高学历是：［事先准备好所有可能的分类答案，如果受访者回答"是"或给出答案就停止］ 　　1. 中学以下 　　2. 高中毕业 　　3. 大专 　　4. 本科 　　5. 硕士 　　6. 博士 　　7. 博士后 　　8. 其他：详细说明_____ 　　9. 不知道或者拒绝回答 15. 您的种族？	1. 白人 2. 非洲裔美国人 3. 西班牙裔美国人 4. 亚洲裔美国人 5. 其他 9. 不知道或者拒绝回答 16. 以下哪个数据更好地说明了您全家税前的收入？ 　　［如果受访者回答"是"或给出答案就停止］ 　　01. 低于1万美元 　　02. 1万到低于2万美元 　　03. 2万到低于3万美元 　　04. 3万到低于4万美元 　　05. 4万到低于5万美元 　　06. 5万到低于7.5万美元 　　07. 7.5万到低于10万美元 　　08. 10万到低于15万美元 　　09. 15万到低于20万美元 　　10. 20万以上 　　99. 不知道或者拒绝回答 感谢您接受我们这次访问！

图1　美国国民技术准备调查（NTRS）

国民技术准备调查
问卷基于更全面的国民技术准备调查（NTRS.，版权所有）
2004年获得 Rockbridge Associates, Inc 和 Professor A. Parasuraman 许可改编。

您在网上买卖过股票或者证券吗？

		频数	百分比	有效百分比	累计百分比
有效值	是	100	10.0	12.1	12.1
	否	726	72.6	87.9	100.0
	合计	826	82.6	100.0	
缺失值	DK	1	0.1		
	REF	1	0.1		
	System	172	17.2		
	合计	174	17.4		
总计		1 000	100.0		

(续图)

您在网上查询自己的银行信息吗?

		频数	百分比	有效百分比	累计百分比
有效值	是	457	45.7	55.3	55.3
	否	369	36.9	44.7	100.0
	合计	826	82.6	100.0	
缺失值	DK	1	0.1		
	REF	1	0.1		
	System	172	17.2		
	合计	174	17.4		
总计		1 000	100.0		

您对网上银行提供的服务满意程度如何?

		频数	百分比	有效百分比	累计百分比
有效值	极不满意	4	0.4	0.9	0.9
	很不满意	4	0.4	0.4	1.8
	有点不满意	12	1.2	2.7	4.5
	既不是满意也不是不满意	20	2.0	4.5	9.0
	有点满意	90	9.0	20.2	29.1
	很满意	181	18.1	40.6	69.7
	极满意	135	13.5	30.3	100.0
	合计	446	44.6	100.0	
缺失值	DK/REF	15	1.5		
	System	539	53.9		
	合计	554	55.4		
总计		1 000	100.0		

您家里有几个18岁或18岁以下的小孩?

		频数	百分比	有效百分比	累计百分比
有效值	0	610	61.0	61.9	61.9
	1	157	51.7	15.9	77.9
	2	140	14.0	14.2	92.1
	3	56	5.6	5.7	97.8
	4	13	1.3	1.3	99.1
	5	8	0.8	0.8	99.9
	6	1	0.1	0.1	100.0
	合计	985	98.5	100.0	
缺失值	DK/REF	15	1.5		
总计		1 000	100.0		

图2 初步分析结果

第 13 章
假设检验

本章学习目标 ▶

- 区别描述性统计分析和推断性统计分析
- 描述与多种正式假设检验相对应的原假设和备择假设
- 界定第一类错误和第二类错误并说明二者之间的关系
- 定义显著性水平和检验能力
- 描述假设检验的步骤
- 说明交叉列联表和卡方检验
- 使用适当的统计量对单均值、单比例、双均值(样本独立和样本不独立)、双比例进行检验

开篇故事

假设检验:可行性的关键*

通常情况下,市场调研项目始于对提出调研课题和假设的高层管理者的深度访谈。在结束会谈时,重要的是要让高层管理者明白这些仅仅是假设,还需要调研的验证。因为这些假设只是公司的看法,没有任何证据支持,需要进一步的验证。

企业领导者参与假设形成过程的好处是很明显的,此外还有一些其他的利益,包括:

1. 确定你询问了所有必要的问题以收集用于检验相关假设的数据。
2. 作为整个项目的合作者,增加企业对调研的信任,采取后续营销行动的可能性会大幅增加。
3. 改善调研机构的形象,将其看做企业战略导向以及战术实施方面不可缺少的、有价值的贡献者。

例如,银行家们认为高收入的客户比低收入的客户更有利可图(他们的存款余额和手续费较高)。另一个例子是认为那

些每个月都要仔细平衡他们的支票簿尽量减少透支费用的客户是无利可图的客户。这些都是过于简单或者不正确的假设,需要进行更正式的假设检验。

在这些例子中,第一步就是建立一个利润与收入或者利润和支票账户或是储蓄账户余额的交叉列联表。通常的情况是检验结论表明它们之间不存在相关关系,或者说,即使存在相关关系,在统计上也不显著。尽管有时候这个过程看起来可能有些单调乏味,但是你必须认识到可能还有其他的变量在起作用。通过增加其他假设,我们可以得出比较可信的结论。像这样的发现可以帮助我们获得竞争优势。此外,这个优势是可持续的。因为可以使银行以更新、更有效的方式更好地与客户交流,分析和细分客户。

在另一个案例中,我们发现年纪较大的客户(与年纪较小的客户相比)更有可能减少持有大额存单。这与我们的直觉不符,传统的观点认为年纪较大的客户一般来说会拥有较多的资产组合,并且他们通常会寻求风险较小的投资。这一发现引发了一次小规模的定性市场调研,其结果使得竞争性的金融机构将销售投资基金的目标区定在了那些具有较高大额存单余额的人群,导致这一领域中营销策略发生了戏剧性的变化。

第12章讨论了数据分析的过程——集中趋势、离散趋势、单变量频率分析表。这些过程构成了描述性分析,它们帮助研究人员总结变量和变量间关系的一般特性,能够提供一些有价值的观点。前面章节中的例子已经对此进行了说明。事实上,某些研究要求的其实只是对数据进行描述性分析。

13.1 描述性分析和推断性分析

在另一些研究中,我们必须超越描述性分析来验证一些具体的陈述或假设。以测试某一假设为目的的数据分析通常称为**推断分析**(inferential analysis)。

本章将描述假设检验中的一般过程,讨论假设检验在数据分析中的作用,介绍几个在营销经常应用的假设检验方法。

假设检验

情景1 Karen是一名产品经理,她的公司为顾客提供手机上网服务(具有上网和收发电子邮件功能的手机)。她正考虑是否要将该服务引入到新的市场。最近,一项对新市场400个家庭的随机抽样调查显示,该地区每个家庭的平均收入为3万美元。基于过去的经验和对现有市场的全面研究,Karen认为,只有在那些家庭平均收入高于2.9万美元的市场上,才能有利可图。那么,Karen是否应该将该项目引进到新市场中去呢？

情景 2 Tom 是宝马公司广告部的经理，他正在考虑使用短片 X 或 Y 以吸引年轻的消费者。这两个短片中的故事里都有好莱坞的明星和宝马车，并且在故事中宝马车都起着关键作用（www.bmwfilms.com）。Tom 不确定哪一个短片在吸引目标市场上更有效，该目标市场主要针对的是 18～30 岁的消费者。因此，Tom 随机抽取了 400 个样本。被访者通过 Google.com 参与调查。在调查中，被访者（所有的人都经过筛选以确保他们的年纪在 18～30 岁）可以随机选择是看短片 X 还是看短片 Y，每个短片分配 200 人。看过之后，要求他们回答对短片的喜爱程度。在看了短片 X 的 200 个人中，40 个人表示喜欢。因此，也就是说有百分之 20% 的人喜欢短片 X，而 25% 的人喜欢短片 Y。那么，Tom 是否可以得出这样一个结论，即短片 Y 更能有效地吸引 18～30 岁这个年龄层的消费者呢？

情景 1 和情景 2 在哪些特征上具有共同点呢？很明显，为了作出决策，Karen 和 Tom 都必须根据样本数据对总体进行推断。情景 1 和情景 2 中都暗含了一个判定标准。在情景 1 中，这个标准是所考虑的市场地区所有家庭的平均收入水平。具体而言，如果总体家庭的平均收入水平高于 2.9 万美元，Karen 就会将这项服务引进到该新市场中去。在情景 2 中，判定标准是 18～30 岁年龄层对两个宝马汽车短片喜爱程度的评价。只有当预期短片 Y 的喜爱程度超过短片 X 时，Tom 才会得出短片 Y 比短片 X 更有效的结论。

情景 1 中 Karen 的决策等价于基于一个假设作出接受还是拒绝的决策。该假设是：新市场地区的总体家庭的平均收入水平要高于 2.9 万美元。同样，在情景 2 中，Tom 的决策等价于基于另一个假设作出接受还是拒绝的决策。该假设是：短片 Y 在 18～30 岁这个年龄层中所产生的潜在认知度要高于短片 X。在要求对假设进行正式检验的情况下，一般我们都会规定一个特定的标准，以使我们在各种可选择的行为中作出决策。但是，我们在以后将会看到，一些特定的假设检验的方法中并没有像情景 1 和情景 2 中那样明确的标准。也就是说，在现实的情形中，最终的决策取决于众多变量的共同作用，而不仅仅是取决于某一个确定的标准。

原假设和备择假设

在认识到作出特定的决策需要正式的假设检验之后，我们所要做的第一步就是写出原假设和备择假设。我们将分别用符号 H_0 和 H_a 来表示原假设和备择假设。在讨论 H_0 和 H_a 的具体含义之前，我们要对假设做一个一般性的解释：假设总是与总体参数或特征有关，是对总体参数的具体数值所做的陈述。我们希望从有限的数据中得出的是总体特征而不是样本特征。尽管这一点很明显，但是我们在描述或解释假设时还是会很容易弄混淆。

通常将研究者想收集证据予以支持的假设称为**备择假设**（alternative hypotheses），研究者想收集证据予以反对的假设称为**原假设**（null hypotheses，也称零假设）。原假设和备择假设是一个完备的假设组，在互补的同时相互排斥。这意味着，在一项假设检验中，原假设和备择假设必须有一个成立，而且只有一个成立。即如果样本数据给出的信息明显支持 H_0，则 H_a 一定不会被接受。同样，如果样本给出的信息明显拒绝接受 H_0，则我们将接受 H_a。在情景 1 中，我们用 μ 来表示总体家庭的平均收入。因此，这两个假设如下：

$$H_o: \mu \leq 29\,000$$
$$H_a: \mu > 29\,000$$

你也许会好奇如何判断哪一个假设是原假设（H_o），哪一个是备择假设（H_a）。原假设是其中表述更为保守的一个，也就是说，如果样本证据不能拒绝 H_o，则应当保持现状。请注意，在情景 1 中如果 H_o 没有被拒绝，则产品将不会在这个市场区域中投放（也即保持现状）。如果决策中包含两项假设，其中一项假设中包含严格的相等关系（例如 $\mu = 29\,000$），则这一假设就是原假设 H_o。

第一类错误和第二类错误

只有经过普查后我们才能知道原假设是否正确。在不能做普查的情况下，我们只能根据来自样本的证据决定是否接受原假设。但是因为抽样误差的存在，这样的证据有时会导致对总体的错误推断。当原假设为真时拒绝原假设，所犯的错误称为**第一类错误**（type Ⅰ error）；当原假设为假时没有拒绝原假设，所犯的错误称为**第二类错误**（type Ⅱ error）。

需要注意的是：只有当原假设被拒绝时，我们才会犯第一类错误；只有当原假设未被拒绝时，我们才会犯第二类错误。因此，我们可以不犯第一类错误或不犯第二类错误，但不可能两类错误都不犯。从直觉上说，这两类错误的概率之间存在这样的关系：当犯第一类错误的概率增大时，犯第二类错误的概率减小；当犯第二类错误的概率增大时，犯第一类错误的概率减小。我们自然希望犯两类错误的概率都尽可能小，但实际上很难做到。我们只能在两类错误的发生概率之间进行平衡，以使两类错误发生的概率在可接受范围内。一般地，由于犯第一类错误的概率可以由研究者控制，因此在假设检验中，人们往往先控制犯第一类错误的概率。事实上所有假设检验的过程都会设置第一类错误的限度，在稍后我们将看到，这构成了何时拒绝 H_o 和何时不拒绝 H_o 的决策基础。

显著性水平

显著性水平（significance level）是人们事先指定的犯第一类错误的概率 α 的最大允许值。**置信水平**（confidence level）是显著性水平的补数（即 1 - 显著性水平）。β，即希腊字母 beta，用来表示犯第二类错误的概率，$1-\beta$，是避免发生第二类错误的概率，也被称作检验的功效，或简称**功效**（power）。假设检验的功效就是当 H_0 为假时拒绝 H_0 的概率。

表 13.1 总结了假设检验中的主要概念及其形式。尽管研究人员通常会指定 α，但 β 的值却很难进行控制，因为它取决于总体参数的真实值（一般是未知的）。更重要的是，在 α 和 β 间存在相反的关系。换句话说，当我们要降低犯第一类错误的概率时，犯第二类错误的概率就会上升（假设检验的功效下降）。因此，我们很难将 α 和 β 同时控制在事先确定的范围内。

表 13.1　有关假设检验错误的总结

基于样本数据的推断	实际情况	
	H_0 为真	H_0 为假
H_0 为真	正确的决策，置信水平 = $1-\alpha$	第二类错误的概率 $p = \beta$
H_0 为假	第一类错误，显著性水平 = α*	正确的决策，功效 = $1-\beta$

*表示犯第一类错误的最大概率

现在，我们来检验显著性水平在我们拒绝 H_0 时的作用。在情景 1 中，假设当 H_0：$\mu \leq 29\,000$ 美元时，Karen 想要拒绝原假设的概率不超过 5%（即 = 0.05）。换句话说，她不希望拒绝 H_0，除非样本数据所提供的信息使之不得不拒绝它。在我们确定何种程度表明的是"压倒性地反对 H_0"时候，显著性水平起着十分关键的作用。

回忆在第 11 章中，从一个既定的总体中反复抽取的样本的均值将落在总体均值的周围，并围绕其分布（称为样本分布）。直觉上看，样本均值（$\bar{x}$）的值大于 29 000 美元——也就是 $\bar{x}$ 的值落在以 $\mu = 29\,000$ 美元为中心的样本分布的右边——表明 H_0 可能为假。更重要的是，距离 $\bar{x}$ 的真实值越远，拒绝 H_0 的可能性就越大。因此，如果超出了一些关键性的 $\bar{x}$ 的值，如 $\bar{x}_c$，Karen 就会得出这样一个结论，即有足够的理由拒绝 H_0。她将选择 $\bar{x}_c$ 这个值，因为任何一个超过 $\bar{x}_c$ 的样本来源于均值为 29000 美元的总体的可能性都要小于 5%。图 13.1 描述了这一标准。

我们该如何为一个假设检验选择一个合适的显著性水平（或置信水平）呢？举例来说，在场景 1 中，Karen 为什么以及如何选择 0.05 的显著性水平呢？对特

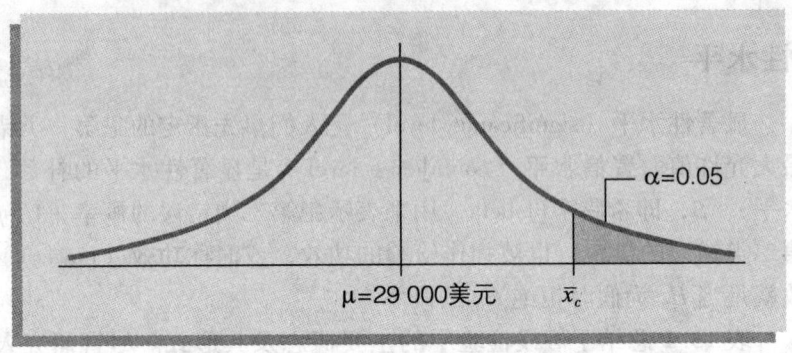

图 13.1　确定样本均值的临界值

定的显著性水平的选择具有主观性，还依赖于问题的性质以及决策者能够承受的风险程度。下面的例子就说明了这一点。

例子　苹果和 GoVideo 两家公司都在考虑引入一条新产品线。苹果公司拥有固定的消费者群体并且其现有的产品知名度很高。相反，GoVideo 在个人电子消费市场是一个相对新的企业，它现有的产品还没有自己固定的品牌形象。在作出引入新产品的决策的过程中，这两家企业各自需要注意哪些问题？

直观上，我们认为苹果公司需要更谨慎一点，因为很明显，如果作出一个草率的决定，苹果公司的损失要比 Govideo 公司的大。换句话说，两个企业在决策是否引入新产品时，应该收集消费者对新产品潜在的接受程度的样本数据，进行相关的假设检验，在这个基础上，与 Govideo 公司相比，苹果公司可能会选取一个较小的显著性水平（或一个相对较高的置信水平）。因此，在这种情况下，这两个公司有不同的显著性水平（举例来说，苹果公司的 $a = 0.01$ 而 GoVideo 公司的 $a = 0.20$）是合适的。当然，这两家公司的管理层对风险的接受程度也很关键：管理层越不愿意接受风险，显著性水平也越低。

总的来说，在选择假设检验的显著性水平时，合适的显著性水平取决于具体的情况。没有一个标准的显著性水平适用于所有的情况。换句话说，尽管大多数假设检验中使用的是 0.01、0.05 或 0.10 这些看起来似乎是标准的显著性水平，但是我们不需要担心这些数字。在既定的条件下，我们使用 0.20 或 0.30 的显著性水平并不表示我们就是错误的。

拒绝原假设的决策规则

决策规则（decision rule）是说明拒绝原假设的必要样本信息的原则。举例来说，在情景1中，Karen需要指定一个样本收入水平均值的临界值（$\bar{x}_c$）。如果实际的样本均值超过了那个水平，她就可以拒绝原假设H_0。根据给定的显著性水平确定的拒绝域的边界值，称为**临界值**。在给定显著性水平α后，查阅相关统计表就可以得到具体的临界值。将检验统计量的值与临界值进行比较，就可以做出据绝或不拒绝原假设的决策。假定，当总体均值少于或等于29 000美元时，Karen不想让拒绝原假设H_0的概率超过5%（也就是，她设置的α值为0.05）。图13.1表示出了总体均值为29 000美元的样本分布。通过对第11章的回忆，我们可以知道这条曲线服从正态分布，因为在情景1中，样本容量较大（$n = 400$）。因此，图13.1中的阴影部分反应了当总体均值为29 000美元时，所得的样本均值落在曲线尾部的概率（$\bar{x} > \bar{x}_c$）。因为这里概率取值为0.05（$\alpha = 0.05$），也就是说，如果获得的样本均值超过$\bar{x}_c$，总体均值等于29 000美元的概率只有5%（总体均值小于29 000美元的概率还要更小）。因此，我们可以将Karen的决策规则描述成：如果样本均值超过$\bar{x}_c$就拒绝原假设。

当然，在作出决策之前，Karen必须先要确定$\bar{x}_c$的实际值。她可以通过在该情况下样本分布服从标准正态分布的知识来确定$\bar{x}_c$的值。

一般来说，每一个均值$\bar{x}$有一个相应的，服从标准正态分布的统计量z，由下式给出：

$$z = \frac{\bar{x} - \mu}{\sigma_{\bar{x}}} \tag{13.1}$$

在这里，$\sigma_{\bar{x}}$是与样本分布曲线相关的标准差。当$\sigma_{\bar{x}}$为未知的时候，它由样本均值的标准差$s_{\bar{x}}$近似估计，由下式来表示：

$$s_{\bar{x}} = s/\sqrt{n}$$

这里s是样本的标准差，n是样本容量。因此，z的表示方法也可由下面的修正式表示：

$$z = \frac{\bar{x} - \mu}{s_{\bar{x}}} \tag{13.2}$$

重新整理的形式为：

$$\bar{x} = \mu + z s_{\bar{x}} \tag{13.3}$$

用$\bar{x}_c$来替代$\bar{x}$，z_c来替代z，在等式13.3中得出：

$$\bar{x}_c = \mu + z_c s_{\bar{x}} \tag{13.4}$$

这里z_c是与样本均值的临界值$\bar{x}_c$相对应的标准正态离差。也就是说，z_c是在标准正态分布曲线下，显著性水平为α时z的临界值。在标准正态分布曲线的不同区域内，与之相对应的区间、概率和 z 的临界值在本书后面的附录 1 中都以表格的形式给出。与特定的显著性水平相对应的 z_c 的值也在附录 1 中给出。

现在我们回到情景 1 中。假设由这 400 个家庭所构成的样本，家庭收入的标准差（standard deviation）为 8 000 美元。均值（$s_{\bar{x}}$）的标准误差（standard error）就由下式给出：

$$s_{\bar{x}} = \frac{s}{\sqrt{n}} = \frac{8\,000}{\sqrt{400}} = \frac{8\,000}{20} = 400 \text{（美元）}$$

依据下面的两个步骤，我们就可以计算出家庭平均收入的临界值 $\bar{x}_c$。

1. 确定 z 的临界值 z_c，在取该值时，标准正态曲线在该值右边的区域所对应的概率就是 α，在本例中 α 为 0.05。从附录一中得出，$z_c = 1.645$。
2. 将 z_c、s、μ 的值（在 H_0 为真的假设下）带入到等式 13.4 中并求出 $\bar{x}_c$。

在这里，需要解释一下关于 H_0 刚好为真的情况。当 H_0 被设定成一个不等式时（就像在情景 1 中那样），它为真的条件可能落在总体参数值的某个范围内。当总体参数的值恰好为所假定的那个值时，那么 H_0 就刚好为真，或者几乎为真。进一步讲，也就是当 H_0 恰好为真时，犯第一类错误的概率最大。在 H_0 为真时计算 $\bar{x}_c$ 的值，就是允许犯第一类错误的概率最大不能超过给定的显著性水平（α）。

在情景 1 中，当 $\mu = 29000$ 美元时，H_0 恰好为真。根据等式 13.4 有：

$$\begin{aligned}\bar{x}_c &= \mu + z_c s_{\bar{x}} = 29\,000 + 1.645 \times 400 \\ &= 29\,000 + 658 \\ &= 29\,658\end{aligned}$$

Karen 可以将她的决策规则描述为：如果家庭收入的样本均值高于 29 658 美元，就拒绝原假设，可以将手机的上网服务引进到该新市场地区。她也可以用 z 值来描述她的决策规则：若与家庭收入的样本均值对应的 z 值大于 1.645，则拒绝原假设，可以将手机的上网服务引入到该新市场上。一般来说，我们通常使用后面一种说法来作为拒绝原假设 H_0 的决策规则，因为它是以标准的检验统计量的方式来表述的。**检验统计量**（test variable）是一个标准变量，它的值是由样本数据计算出来的，可以通过与临界值（从概率表中可得到）的比较以决定是否拒绝原假设。

每一个假设检验都有一个依赖于样本分布的检验统计量与之对应。在情景 1 中，因为样本分布近似服从正态分布，所以合适的检验统计量就是 z 变量。因此，在该例中，检验统计量的值就是当 $\bar{x} = 30\,000$ 美元时对应的 z 的值。利用等式 13.2，有

$$z = \frac{\bar{x} - \mu}{s_{\bar{x}}} = \frac{30\,000 - 29\,000}{400}$$

$$= \frac{1\,000}{400} = 2.5$$

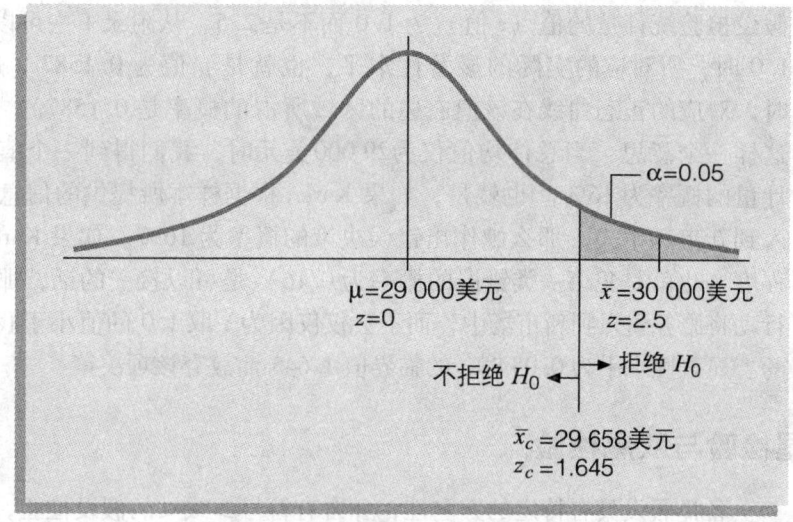

图13.2 拒绝原假设的临界值

很明显，从样本的信息来看，Karen 应该拒绝 H_o，因为 $\bar{x} > \bar{x}_c$，$z > z_c$。换句话说，就是她应该将该服务引入到新的市场中去。如果她这么做的话，她犯第一类错误的概率将小于 0.05，这在图 13.2 中可以看出。

直观上看，在假设检验中暗含了这样一个问题，那就是当收入的总体均值的实际值为 29 000 美元或者少于 29 000 美元时，收入的样本均值什么时候会高于 30 000 美元（或者说检验统计量的值大于 2.5）呢？在情景 1 中，该问题的答案是：小于我们主观选择的显著性水平 5%。因此，从样本所给出的信息来看，收入的总体均值为 29 000 美元或少于 29 000 美元的假设是不可能维持的，因此我们应该拒绝它。

当 μ 的值为 29 000 美元时，$\bar{x}$ 要取 30 000 美元或者高于 30 000 美元的值的概率取决于 $z = 2.5$ 时，分布曲线在该值右边区域的大小。从附录 1 中可得出概率仅为 0.006 2。这个值在检验中通常被称作实际的显著性水平，或 p 值，以区别调整后的、最大的显著性水平 α。在这个例子中，实际的显著性水平为 0.006 2 表明，样本收入均值的取值碰巧真的为 30 000 美元（当收入的总体均值为 29 000 美元或少于 29 000 美元）的概率要少于 0.62%。

当决策者们面临行动还是不行动的决策时（就像要作出是否应该引入一项新

的服务或是否要采用在线短片的广告形式等决策时），实际的显著性水平提供了估计错误决策风险的方法。决策者不一定通过事前设定的标准的显著性水平，例如0.05，来作出是否行动的决策，而可以通过检验实际的显著性水平来决定是否能够忍受做出无保证的行动决策可能带来的风险水平。举例来说，在情景1中，假设检验统计量的值（z 值）为1.0而不是2.5，从附录1中可以看出，当 z 值为1.0时，所对应的实际的显著性水平，也就是 p 值为0.1587（这说明当 $z=1.0$ 时，对应的正态曲线在该值右边的区域所占的概率是0.1587）。这个 p 值暗含了这样一个意思：当总体均值仅为29 000美元时，我们得到一个值为1.0 的检验统计量的概率为16%。也就是，如果 Karen 根据样本所提供的信息，决定将服务引入到新市场中去，那么她作出错误决策的概率为16%。如果 Karen 认为这个风险程度（也就是犯第一类错误的概率为0.16）是可以接受的话，那么她就可以采取行动将服务引入到新市场中，而不会仅仅因为 z 取1.0 的值小于我们之前人为设定的、显著性水平为0.05 时 z 的临界值1.645 而放弃该项决策。

单尾检验与双尾检验

备择假设具有特定的方向性，并含有符号 ≥ 或 ≤ 的假设检验，称为单尾假设检验。备择假设没有特定的方向性，并含有符号 ≠ 的假设检验，称为双尾假设检验。

在情景1Karen 设立决策规则的过程中，包含了一个我们称之为**单尾假设检验**（one-tailed hypothesis test）的过程。单尾的意思就是所有可能导致 Karen 拒绝原假设的或 z 的值都落在样本分布曲线的一侧（$\bar{x} > 29658$ 美元或 $z > 1.645$）。在单尾假设检验中，导致拒绝原假设的检验统计量的值仅落在样本分布曲线的一侧尾部，故称单尾。

只要原假设中包含不等式（≤ 或 ≥），我们就称其为**方向性假设**（directional hypothesis）。对应的假设检验就是单尾的。如果原假设中包含了一个严格的等式，那么它就是**非方向性的假设**。举例来说，考虑下面两个假设：

H_o：$\mu = 29\ 000$ 美元

H_a：$\mu \neq 29\ 000$ 美元

直观上看，较大的或较小的 $\bar{x}$ 的值都可能会导致拒绝原假设 H_o，因此，做出拒绝 H_o 的决策将有两个 $\bar{x}$ 的值与之对应：一个小于29 000美元（我们称之为 $\bar{x}_{c1}$），另一个大于29 000美元（我们称为 $\bar{x}_{c2}$）。如果 $\bar{x} < \bar{x}_{c1}$ 或 $\bar{x} > \bar{x}_{c2}$，我们就作出拒绝原假设的决策。如表13.3 所示，$\bar{x}$ 的值落在曲线的任一尾部，我们都将拒绝原假设。

在**双尾假设检验**中，导致拒绝原假设的检验统计量的值落在样本分布曲线的两个尾部内。双尾假设检验中包含了这样一个特殊的暗示：在检验中，设定的显

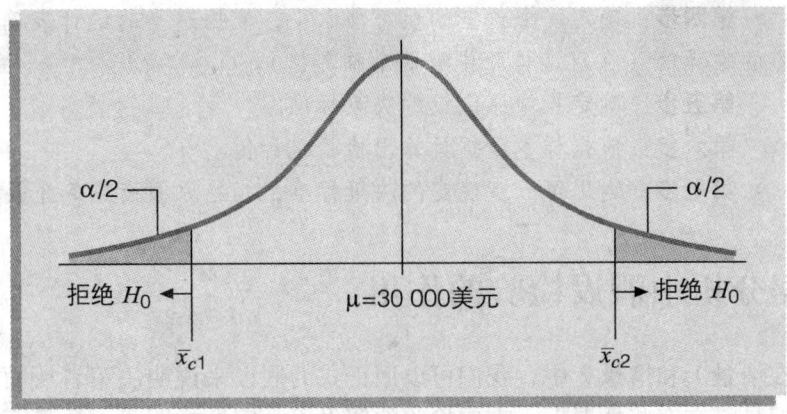

图 13.3　双尾检验的样本均值的临界值

著性水平必定是均等地落在样本分布曲线的双尾中的任一尾部。换句话说,当显著性水平为 α 时,检验统计量的两个临界值必须以这样一个方式确立:超出临界值的样本分布曲线尾部的比例对应的概率是 $\alpha/2$。这个分布可以在图 13.3 中得以说明。我们在后面将会看到更详细的关于双尾假设检验的案例。

事实上,假设检验是单尾的还是多尾的取决于问题本身的性质。当决策者关注的主要是问题的某一方面时,单尾检验是比较合适的选择。举例来说,偏好我们品牌的消费者的比例是否要比偏好我们竞争对手品牌的消费者比例多 0.3?我们现有广告的效果是否不如最新提议的广告的效果?而当决策者在关注问题时不需要优先考虑问题的某一方面时,双尾检验就比较合适。举例来说,消费者们认为家用电器的平均使用年限是否不同于客观上确定的 10 年的使用期限呢?从家庭平均收入来看,市场 C 和市场 D 是否存在差别呢?年龄在 30 岁以上的销售人员的满意水平是否与那些年龄为 30 及 30 以下的销售人员不同?

假设检验的步骤

我们已经讨论了一些有关假设检验的形式和概念。我们在情景 1 中的计算表明了如何进行假设检验。这些计算过程代表了一般的假设检验过程。总的来说,一般的假设检验的步骤如下所示:

第一步:设定原假设 H_0 和备择假设 H_a。

第二步:确定抽样分布曲线的性质,选择合适的检验统计量。注意,在情景 1 中,样本分布曲线是一条正态曲线,检验统计量是 z 变量。但是,我们在后面将会看到,在不同的具体情况下,样本分布曲线和 z 变量是会有变化的。

第三步:确定假设检验是单尾的还是双尾的。

第四步：确定一个适当的显著性水平，依据适当的统计表确定检验统计量的临界值（在双尾检验中有两个临界值）。

第五步：确定拒绝原假设的决策标准。

第六步：依据样本数据计算出检验统计值。

第七步：运用第五步确定的决策标准，拒绝原假设或备择假设。

13.2 数据分析中假设检验的作用

在情景1和情景2中，我们可以用正式的假设来说明决策者所面临的关键问题。但是，在有些情况下，需要检验的假设不一定这样明显。后面两章讨论的所有数据分析依赖于（至少是间接地）假设检验。换言之，假设检验是绝大多数不满足于单纯描述数据性质的分析过程中的一部分（即使没有明言）。下面我们对适当的分析技术中的关键因素进行分析。

在选择一个合适的分析程序时，有两点特别重要：所分析变量的个数以及与每个变量相关的数据的性质。分析的过程从广义上可分为单变量分析和多变量分析。正如大家所看到的，当涉及一个变量时，就用**单变量分析**（univariate analysis）；而当同时涉及两个及两个以上的变量时，则适用于**多变量分析**（multivariate analysis）。

影响分析技术的选择的第二点是所收集数据的性质。在这里需要特别注意的是数据的度量性质。也就是说，这些数据是类别数据、顺序数据、区间数据或是比例数据。正如我们在第9章和第12章中讨论的那样，类别数据和顺序数据（非数值型数据）的运用没有区间数据和比例数据（数值型数据）广泛。因此，我们对非数值型数据只是进行相对简单的统计分析。

适用于非数值型数据的假设检验和分析方法一般被称作**非参数过程**（nonparametric procedures）。非参数的统计过程只要求对数据的性质进行假定就可以了，特别是它的度量性质和分布形状。适用于数值型数据的分析方法被称作**参数分析**（parametric procedure）。大多数参数分析的运用都要求数据至少有区间量表的属性并且服从正态分布[1]。

简言之，作为一个一般的规则，非数值型过程适用于类别数据和顺序数据，而数值型过程适用于区间数据和比例数据[2]。

13.3 特殊的假设检验

这个部分将讨论一些经常使用的假设检验。表13.2中列出了我们将要讨论的特殊假设检验的概要[3]。我们首先要讨论的方法是交叉列联表分析，也叫做卡方检验。

交叉列联表分析：卡方列联检验

许多市场调研的目的在于找出关键变量间的关系。双向表是一种有用的初步分析一对变量间关系性质的工具。双向表（two-way table）是显示每个变量的反应中有多少落入另一变量类别的表格。

对于一个有意义的双向表，每个变量下的数据必须按照一组固定的类别进行编码，而且类别的数目不能太大。因此，双向表特别适用于类别的变量（包括类别数据和顺序数据）。当然，双向表也可以用于区间和比例变量，只要将它们转换为类别数目有限的顺序变量。

建立双向表意味着将一组变量在各个类别中的反应数量分别对应到另一个变量的类别中。这就是列联表的最简化形式，交叉列联表（cross-tabulation）是将两个或更多变量的数据同时列表的形式。现在已经有专门的统计软件，能够将数据集里的变量的任何组合建立数据列联表。

表 13.2 单变量假设检验

检验类型	检验的主要目的	举例
卡方列联检验	考查两个变量（类别或顺序数据）是否相关	消费者的受教育水平（以顺序数据表示）和他们是否会推荐 Sprint 公司的个人电脑给朋友（以顺序数据表示）之间有无显著相关性？
单均值检验	总体均值是否与指定的检验值之间存在显著关系	消费者在 Ace 超级市场付款平均等待时间是否明显多于 10 分钟？
单比例检验	检验假定：将一变量的总体比例与一个事先给定值比较	在达拉斯使用宽带网络服务的家庭比例是否明显大于 0.3？
双均值检验	利用来自两个总体的独立样本推断两个总体的均值是否存在显著差异	底特律的每个家庭在外就餐花费是否显著地高于得梅因？
非独立样本情况下的双均值检验	利用来自两个总体的配对样本推断两个总体的均值是否存在显著差异	根据特定家庭小组的数据，在广告活动前后，泡沫清洁剂的平均购买量是否有显著差异？
双比例检验	检验假定：比较两个独立总体中同一变量的总体平均值	中西部州的双收入家庭比例是否明显低于东北部州？

卡方列联检验（chi-square contingency）用于检验列联表中所观察到的相关

关系的统计显著性，帮助我们判断两个变量之间是否存在系统性的联系。为了说明卡方列联检验，让我们来看下面的例子。

例子 某电信公司的营销经理进行了一项新手机潜在用户调查。这项研究在公司的目标市场中随机调查了 200 个受访者。研究者通过列联表分析手机是否具有蓝牙技术与消费者购买意愿之间是否存在显著相关。表 13.3 为无线蓝牙技术特性和消费者是否会购买手机的列联表分析。

表 13.3 无线蓝牙技术特性和消费者是否会购买手机的列联表分析

是否会购买手机	蓝牙特性		总　　计
	会	不　会	
是	80（80%）	20（20%）	100
否	20（20%）	80（80%）	100
总计	100（100%）	100（100%）	200

表 13.3 表明两个变量间存在相关关系。当手机有蓝牙技术时，更多的受调查者乐意购买手机。然而，这一结果是否可信？对下面假设的卡方列联检验能回答这个疑问。

H_o：蓝牙技术特性和购买手机之间没有交互关系（两变量相互独立）。

H_a：蓝牙技术特性和购买手机之间有一定交互关系（两变量不相互独立）。

进行检验

在卡方列联检验中，检验统计值就是计算实际的、或观察到的交叉列联表（本例中为列联表）中的单元频率。原假设 H_o 为手机蓝牙技术特性和消费者购买手机之间没有联系，通过计算在给定列和行总数的条件下，变量之间没有联系时预期的单元频率来进行检验。将预期的单元频率 E_{ij} 与列联表中实际观察到的频率 O_{ij} 相比，计算出卡方统计量。频率的预期值与观察值差异越大，这个统计量的值越大。

在列联表中第 i 行、第 j 列定义的单元的期望频率（E_{ij}）为：

$$E_{ij} = \frac{n_i n_j}{n}$$

其中 n_i 和 n_j 分别是行边缘分布和列边缘分布，是行变量中 i 类的样本单位数和列变量中 j 类的样本单位数。

这一表达式的基本原理是建立在概率论基础上的，并且非常直观。样本中任何给定受调查者将归入行变量的第 i 类的概率为 n_i/n。同样地，这一受调查者将

归入列变量的第 j 类的概率为 n_j/n。因此，如果行变量和列变量相互独立，归入行变量第 i 类和列变量第 j 类的受调查者的联合概率被表示为 $(n_i/n)(n_j/n)$。对于有 n 个受调查者的总体样本而言，当 H_0 为真，我们能在单元 ij 中找到的期望值（受调查者数）被表示为 $(n)(n_i/n)(n_j/n)$，可简化为 $n_i n_j/n$。

利用此表达式，对于每个单元我们可以计算出一个 E_{ij} 值。比如，第一行第一列单元的期望频率可以表示为：

$$E_{ij} = 100 \times 100/200 = 50$$

表 13.4 包含了表 13.3 中各单元对应的期望单元频率。表 13.4 中的行总计对于观测频率和期望频率都是相同的（列也是如此）。这一特点始终正确，并且在检验计算得出的期望单元频率是否准确时非常有用。

我们可以通过以下的公式获得联合检验中的卡方检验统计量值：

$$\chi^2 = \sum_{i=1}^{r}\sum_{j=1}^{c} \frac{(O_{ij} - E_{ij})^2}{E_{ij}}$$

其中 r 和 c 分别为列联表中的行数和列数。关于这一卡方统计量的自由度的值表示为 $(r-1)(c-1)$ 的乘积［当以样本的统计量来估计总体的参数时，样本中独立或能自由变化的数据的个数称为该统计量的自由度（degree of freedom, d.f.）］。在我们的案例中为

$$\text{d.f.} = (2-1)(2-1) = 1$$

表 13.4　蓝牙技术特性与消费者是否购买手机间的观测单元频率和期望单元频率

是否会购买手机	蓝牙特性		总　计
	会	不　会	
是	80(50)	20(50)	100
否	20(50)	80(50)	100
总计	100	100	200

注意：在每个单元 ij 中，不带括号的数字为观测单元频率（O_{ij}），带括号的数字为期望单元频率（E_{ij}）。

假定一个显著性水平 0.05，附录 2 中得到自由度为 1 时的临界卡方（χ_c^2）值是 3.84。而且，两变量间独立性的卡方列联检验总是单尾检验。因此，决策规则为"如果 $\chi^2 > 3.84$，拒绝零假设"。检验统计量的计算值为：

$$\chi^2 = \frac{(80-50)^2}{50} + \frac{(20-50)^2}{50} + \frac{(80-50)^2}{50} + \frac{(80-50)^2}{50}$$
$$= 72.00$$

因为计算得出的卡方值大于临界值 3.84，我们就可以拒绝原假设。换句话说，"蓝牙技术特性"和"会否购买手机"间的相关性不显著。实际上，卡方值为 72 时的显著性水平小于 0.001（来自附录 2）。因此当蓝牙技术和购买手机间没有相关性时得到卡方值高达 72 的机会是 1 000 次中才有不到一次。

国民保险公司运用 SPSS 的交叉列联分析

在国民保险公司的客户调查中，有一个问题，即客户的受教育水平和她或他将国民保险公司推荐给身边的朋友的意愿之间是否有相关性。表 13.5 为国民保险公司客户调查的两变量交叉列联分析：类别变量"教育"（中学或更低、大学肄业、大学和研究生）和类别变量"你是否会将国有保险公司推荐给你身边对保险业务感兴趣的朋友"（会或者不会）。

首先，我们注意到交叉列联表是基于 259 个受访者的样本。这是因为在全部的 285 个调查对象中，有 26 个没有回答涉及教育的问题。双变量交叉列联表的一个重要特性是：总样本规模取决于丢失数据最多的变量（这个最大的有效样本规模还会进一步受到另一个变量丢失数据的影响）。即使两个变量中只有一个变量丢失了数据，双向表的结果也可能是误导性的。在这样的情况下，研究人员在解释双向表结果时必须非常谨慎，特别是当丢失数据的受访者在其他方面显著不同时。

其次，如表 13.5 显示的那样，我们通常把属于各个单元的受访者的回答视为原始频率和百分比。百分比容易比较，因此在掌握交叉列联表中变量之间的联系上是很有用的。简单地从表 13.5 中的单元百分比（表格形式和柱状统计图表），就可以揭示出 91.9% 的顾客属于"中学或者更低"的教育类别，90.1% 属于"大学肄业"教育类别，89.4% 属于"大学"教育类别的顾客，还有 71.9% 属于"研究生"教育类别的顾客在是否会将国民保险公司推荐给身边朋友的问题上的回答是"会"。因此一个顾客的受教育程度越低，她或者他把国民保险公司推荐给身边朋友的可能性越大。换句话说，在顾客的受教育程度和将国民保险公司推荐给身边朋友的意愿之间存在着反向或者负的关系。

最后，表 13.5 中的单元频率被表达成行总计的百分比而不是列总计的百分比。这里有一个重要的问题：在哪个方向（行或者列）计算单元频率的百分比更有意义？通常要沿着自变量的方向计算百分比，与因变量交叉[4]。需要注意的是：沿着因变量的方向计算百分比，与自变量交叉，是没有意义的。当然，这里所说的因果关系只是可能的但还没有得到证明的关系。

让我们根据这一方针来查看表 13.5。把一个顾客的受教育程度视为影响她或者他是否会把国家保险公司推荐给身边朋友的决定的变量，而不是从相反的方向产生影响，这看起来似乎更符合逻辑。因此，在表 13.5 中可能的自变量在左

（行加总），而可能的自变量位于上方（列加总）。

表 13.5　国民保险公司客户受教育水平和推荐意愿的列联表

1. 选择"Analyze"菜单
2. 选择"Descriptive Statistics"选项
3. 选择"Cross-tabs"
4. 把"highest leve of schooling"移至 row 框
5. 把"rec"变量移至 column 框
6. 点击"cells"按钮
7. 选择"Observed"和"Row Percentage"
8. 点击"continue"
9. 点击"OK"

注意：
计数（Count）表示每个单元中顾客的实际数目。
百分比以相应的行总计为基础。
总计数（Total Count）小于 285 的样本规模，因为两个变量中共发现 26 个遗漏值。

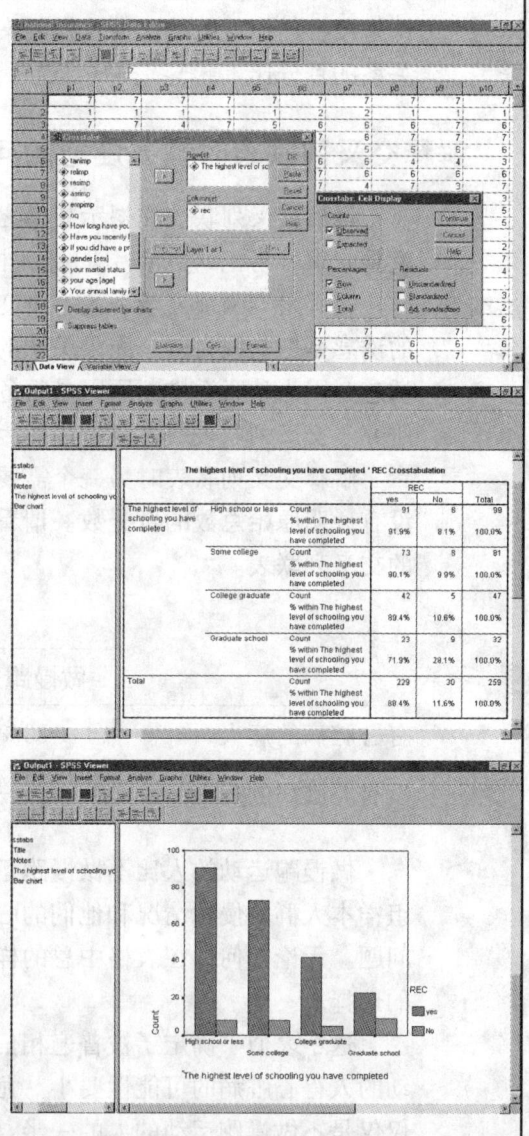

在交叉列联表中计算百分比的这一普遍方针存在一个潜在的问题：两个变量中哪一个变量是可能的因变量并不总是很清楚。例如，用公司的竞争地位（标识成弱、平均、强）和公司在市场调研上的费用（低、中等、高）的数据构成的交叉列联表。一个公司的竞争地位可能会影响它在市场调研上花费多少（竞争地位低的公司可能认为他们只有较少的经费可以花费，因此分派到市场调研上的

经费也很少甚至没有）。相反，一个公司在市场调研方面的开销可能也会影响它的相对竞争力（公司很有可能因为在市场调研上的经费不足导致竞争力很弱）。因此，当没有一个很清楚的推测变量之间特殊的因果关系的基础时，这个普遍方针是没有任何帮助的。在这样的案例中，研究者需要计算并报告每个方向的因果关系的百分比。

解释交叉列联表时需要注意的问题

虽然交叉列联表在揭示变量之间关系方面是有用的，但是还有一些缺陷，那就是它很容易把研究者引向毫无根据的结论。当交叉列联表显示出联系的根据时，尤其是当两个变量中的一个变量被认为会影响另一个变量时，一个时常出现的诱惑是把它视为一个因果关系的决定性证据。无论如何，研究者必须抵制这一诱惑，因为从联系推断原因是很危险的，除非这个证据产生于一个受控的经验性研究。交叉列联表最多只能说明因果关系的可能性。

解释交叉列联表时另一个需要注意的问题是密切关注小的单元数和提防那些没有说明原始总数的百分数。请看下面这个以 200 个医院病人的调查数据为基础的交叉列联表。

	病人	
	做慢跑运动	不做慢跑运动
有心脏病的病人	20%	40%
没有心脏病的病人	80%	100%
	100%	100%

做慢跑运动的人比不做慢跑运动的人得心脏病的可能性要小吗？一个根据一组样本人群的慢跑情况和他们的心脏情况的数据得到的交叉列联表可以揭示这个问题。无论如何，在表格中总的样本和个体单位必须充分大，从而避免作出错误的选择。

这个表似乎确定了被普遍相信是正确的观点：做慢跑运动的人比不做慢跑运动的人得心脏病的可能性要小。尤其是表显示做慢跑运动的人得心脏病的可能性仅仅是不做慢跑运动的人的一半（20% 对 40%）。但是想一下，假如你没有慢跑运动和得心脏病的可能性较低之间可能关系的事先的常识，你会推断做慢跑运动的人得心脏病的可能性是不做慢跑运动的人的一半吗？在确定这 200 个病人的样本中有多少是做慢跑运动的人之前，你应该不会作出这样的推断。例如，即使样本中只有 5 个人做慢跑运动，并且他们中间只有一个人患有心脏病，第一列的比例仍将是正确的。但是你不能够太信任这些数据。所以在你得出关于交叉列联表

实地调研13.1

国民保险公司研究的交叉列联表：运用SPSS的卡方(χ^2)检验

我们将以第12章中的国民保险公司为例进行分析，解释交叉列联表分析。国民保险公司客户服务部的副总裁吉尔和她的助手汤姆，为判断客户的受教育程度和他们把国民保险公司推荐给身边朋友的意愿之间是否存在统计意义上的相关关系，进行了卡方检验。

本检验的假设如下：

H_o：客户的受教育水平和他们把国民保险公司推荐给身边朋友的意愿之间没有联系（两个变量是相互独立的）。

H_a：客户的受教育水平和他们把国民保险公司推荐给身边朋友的意愿之间存在一定的联系（两个变量彼此不独立）。

卡方(χ^2)估计

1. 选择"Analyze"菜单
2. 选择"Descriptive Statistics"选项
3. 选择"Cross-tabs"
4. 把"highest level of schooling"移至row框
5. 把"rec"变量移至column框
6. 点击"Statistics"按钮
7. 选择Chi-Sqaure(χ^2检验)、Coeficient(列联系数)和CRAMER'SV
8. 点击"cells"按钮
9. 选择Observed(观察频率)和Expected requencies(期望频率)百分比
10. 点击"continue"
11. 点击"OK"

进行卡方检验的SPSS对话栏表示如下。电脑输出结果中，实际显著性水平(p值)为0.019（在表"Asymp Sig.[两边]"下），这意味着当客户的受教育水平和他们把国民保险公司推荐给身边朋友的意愿之间没有联系时，要得到一个高达10.007的卡方值的可能性小于1.9%。换句话说，由样本数据揭示的客户受教育水平和他们把国民保险公司推荐给身边朋友的意愿之间的显性关系几乎不可能是偶然的。吉尔和汤姆可以很安全地否定假设。

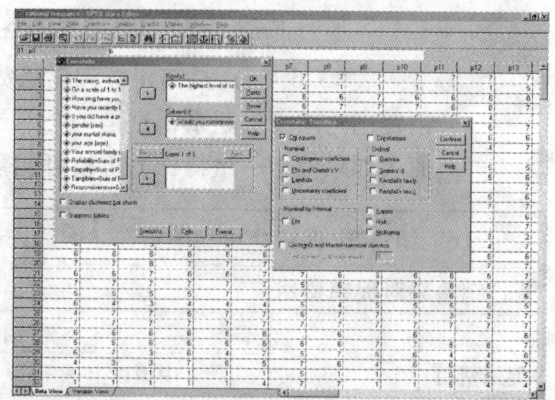

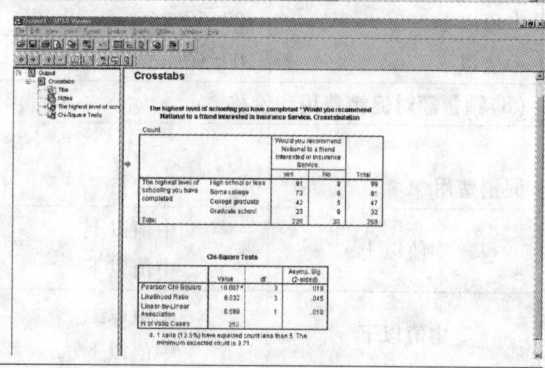

结果的结论之前（尤其是当证据与你预期的结果是一致的时），一定要确定个体单元数量和总的样本都足够大。

首先，从定义上看，交叉列联表是同时用两个变量的数据构成的。虽然这个特点使表格很容易解释，但是它也增加了得出错误结论的风险。因为两个变量之间的关系可能经常是依赖于其他变量的。例如，学生的天赋水平和他们的课程考试成绩之间联系的种类和程度也许还依赖于其他一些变量，比如课程内容、学生的努力程度和考试形式。不考虑这些外在变量就作出关于学生的天赋水平和他们的课程考试成绩之间因果联系的推论是很危险的。一对变量尽管被人为纳入交叉列联表，仍可能受其他变量的影响。交叉列联表显示出来的证据可能只是它们之间联系的一部分。类似地，二维交叉列联表中的变量明显没有联系并不必然意味着它们之间是没有联系的。被表格排除在外的临界变量也许掩盖了实际存在的联系，请看下面的例子：

例子 我们对400家食品杂货店进行随机抽样调查，并且收集一个特定品牌的清洁剂的数据。包括有三个变量：单位销售额、促销费用和价格。以这些数据为基础，我们把商店分类。换句话说，我们分别按照清洁剂的销售额、促销费用、价格，把每个商店标记成"位于中值以上的"或者"位于中值以下的"。这些数据的交叉列联表如表13.6所示。

表13.6（a）是销售额和促销费用的交叉列联表。这张表显示了销售额和促销费用之间没有联系，这是一个不寻常的发现。因为价格可以影响销售额，样本商店如果使用一组特殊的价格可能会掩盖销售额和促销费用之间的关系。

表13.6 销售额、促销费用和销售额之间的关系

（a）销售额对促销费用

促销费用	销售额		所有公司
	中值以上	中值以下	
中值以上	100(50%)	100(50%)	200(100%)
中值以下	100(50%)	100(50%)	200(100%)

（b）销售额对促销费用和价格

促销费用	价格	销售额		所有公司
		中值以上	中值以下	
中值以上	中值以上	40(33%)	80(67%)	120(100%)
	中值以下	60(75%)	20(25%)	80(100%)
中值以下	中值以上	20(25%)	60(75%)	80(100%)
	中值以下	80(67%)	40(33%)	120(100%)

表13.6（b）加入了价格变量，揭示了这种掩盖效应。从表格中的第一行和第三行的数据（这两行都是有关价格位于中值以上的商店的），我们可以看到促销费用位于中值以上的商店相较于其他商店更有可能获得位于中值以上的销售额（33%对25%）。第二行和第四行的数据（这两行都是关于价格位于中值以下的商店的）表现出一个相似的结论：高促销费用的商店更有可能获得高的销售额（75%对67%）。简单地说，当价格保持不变时，在促销费用和价格之间有一个直接的关系。因此，在原先的交叉列联表中加入价格作为第三个变量帮助揭示了这个重要的关系，否则就会被隐藏。

表13.6表明，交叉列联表中的变量的数目越多，作出错误推断的风险就越小。虽然这个规则听上去很合理，但在实践中有时并不可行。即使包含在交叉列联表中的变量数目的小幅增加也会使表格中单元数目急剧增加，其结果是减少了每个单元中的样本数目。因为总的样本规模是固定的，就像我们之前指出的那样，从小的单元数的表格中得出的结论可能是危险的。即使样本规模足够大，也并不总是能够很容易地分辨出最合适的第三个变量。

单均值检验

在之前描述的情景1中，我们检验了下面的假设：

$$H_o: \mu \leq 29\,000$$
$$H_a: \mu > 29\,000$$

在这里我们不需要重复整个过程。但是当进行单均值的检验时，有必要对选择适当的统计量和临界值进行一些说明。在情景1中，我们使用的统计检验是z-检验（标准正态分布）。我们对z-检验的使用实际上是一种近似，因为理论上正确的样本均值的样本分布是t-分布，并且适当的统计检验是t-检验。幸运的是，当样本规模是30或者更多时，t-分布近似于标准正态分布。因此，在情景1中我们对z-检验的使用是合理的。

如果在情景1中样本规模是25，而不是400，那么z-统计量不再是合适的。正确的统计量应该是t-检验，定义为：

$$t = \frac{\bar{x} - \mu}{s_{\bar{x}}}$$

而且，临界统计检验值（t_c）必须从t表中获得（本书结尾的附录3）。t_c的值不仅取决于于α，还取决于自由度的数目。一个单样本均值的t-检验的自由度是$n-1$，n是样本规模。

假设$n=25$，$\bar{x}=30\,000$美元，$s=8\,000$美元（同前）。从附录3的t表可以得

到 $t_c = 1.71$,因为 $\alpha = 0.05$, d.f. $= 24$。因此,决策规则是"如果 $t > 1.71$,拒绝 H_o"。现在让我们根据样本数据计算 t 值。

$$t = \frac{30\,000 - 29\,000}{8\,000/\sqrt{25}} = \frac{1\,000}{1\,600} = 0.625$$

因为计算出来的 t 值小于 1.71, H_o 不能被拒绝。换句话说,Karen 不应该把产品线引入新的市场领域。

注意这个结论与我们在前面同样的情况下(除了前者样本规模较大以外)进行 z-检验后得出的结论相矛盾。如果基于 t-检验我们没有拒绝 H_o,我们有可能犯了第二类错误。当其他所有条件都保持不变时,样本规模越小,β-可能性越高,检验的功效越低,H_o 被拒绝的可能性越小。因为传统的假设检验过程仅仅限制了犯第一类错误的可能性,在小样本的假设检验时发生 H_o 不能被拒绝的情况下,我们的解释必须非常谨慎。

单比例检验

例子 琼斯女士是某公司的营销部副经理,该公司销售 CompEase 品牌的个人电脑配件。白瑞先生是广告策划部经理,他要求增加公司的广告投入。白瑞先生刚刚调查了 100 个个人电脑用户,发现只有 20 个用户听说过 CompEase 品牌。在请求增加公司的广告开销过程中,白瑞先生认为样本认知率 0.2 "非常低"。但是琼斯女士坚持认为 0.2 的认知率并不那么糟糕,因为 CompEase 品牌的生产线近期才刚刚引进。琼斯女士不同意增加广告投入,除非白瑞先生可以证明他的假设(小于 5% 的误差可能):所有个人电脑用户的 CompEase 品牌的真实认知率小于 0.3。

这个例子主要是验证听说过 CompEase 品牌的个人电脑用户的人口比例的假设(π 是人口比例的符号):

H_o: $\pi \geq 0.3$
H_a: $\pi < 0.3$

理论上,样本比例是二项式分布。但是,对于一个大样本,二项式分布近似于正态分布,并且可以用 z-统计量检验。但是多大才算是"大样本"?经验的法则是样本数目 n 必须大到足以让下列的量至少为 10: $n\pi$ 和 $n(1-\pi)$。在我们的例子中,$n = 100$,$\pi = 0.3$。因此,$n\pi$ 和 $n(1-\pi)$ 都大于 10,因此 z-检验可以被用作统计检验。

$$z = \frac{p - \pi}{\sqrt{\pi(1-\pi)/n}}$$

p 是样本比例。注意这个式子的分母正是样本比例的标准误差。在检验均值的标准误差时，我们不得不用 $s_{\bar{x}}$（在样本标准离差计算出来之后就可以算出）近似表示 $\sigma_{\bar{x}}$。但在这里，只要知道 π 和 n，我们就能准确地知道比例的标准误差。

因为只有相较于 π 较小的 p 值（或者 z 的相对大的负值）能导致拒绝前面提到的 H_o，这个假设检验是单尾的，如图 13.4 所示。临界检验统计值（z_c）是负的，因为符合拒绝 H_o 的隐藏的尾部在样本分布的左手边上，$\pi = 0.3$ 或者 $z = 0$（在正态分布中央的 z 值通常为 0）。分布左侧的 z 值为负数，分布右侧的 z 值为正数。从附录 1 中可以看出，在 $\alpha = 0.05$ 的显著性水平下，$z_c = -1.645$。这里适用的决策规则是："如果 $z_c < 1.645$，则拒绝原假设 H_o"。本例中，由于 $p = 0.2$，$\pi = 0.3$ 和 $n = 100$ 我们可以计算出 z 的取值如下

$$z = \frac{0.2 - 0.3}{\sqrt{(0.3)(0.7)/100}} = \frac{-0.1}{0.046} = -2.174$$

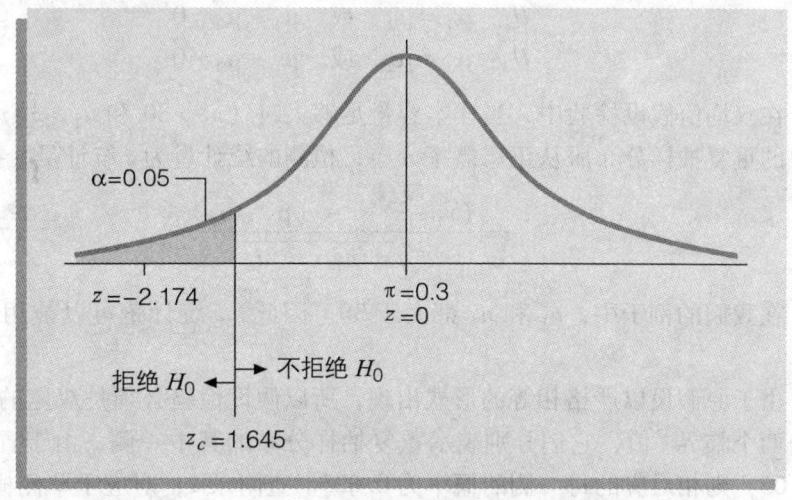

图 13.4　个人电脑拥有者品牌认知所占比例的假设检验

由于 $-2.174 < -1.645$，我们拒绝原假设 H_o。0.2 的样本识别率太低而无法支持 0.3 或更多的总体识别率。相对于 $z = -2.174$ 的真实显著性水平（p 值）大约为 0.015（见附录 1）。这个显著性水平表明，样本识别率为 0.2 的情况只会在可能性低于 1.5% 时偶尔发生（也就是说，当总体识别率为 0.3 或更高时才会发生）。换句话说，琼斯女士应该增加广告预算。

双均值检验

例子　一家健康服务机构想推出一项公共服务运动来促进健身。该部门

想在向公众推广这项运动前，了解它的潜在效用。为了对广告效果进行受控测试，该机构选择了两个类似的城市。城市 1 是接受检验的，城市 2 是受控对象，即用于比较的。他们对城市 1 中的 300 名成年人和城市 2 中的 200 名成年人进行了随机调查，以观测两个城市的成年人平均每天花在体育锻炼上的时间。调查显示，城市 1 居民为平均每天 30 分钟（标准差为 22 分钟），城市 2 居民为平均每天 35 分钟（标准差为 25 分钟）。从结论中我们能否得出这两个城市平均每天在体育锻炼上的时间相同的结论呢？

这属于典型的要求进行双均值假设检验的情况，我们分别用 μ_1 和 μ_2 来相应表示城市 1 和城市 2 的总体均值。两个城市的调查结果如下所示：

城市 1：$n_1 = 300$ $\bar{x}_1 = 30$ $s_1 = 22$

城市 2：$n_2 = 200$ $\bar{x}_2 = 35$ $s_2 = 25$

假设：

$$H_o: \mu_1 = \mu_2 \quad 或 \quad \mu_1 - \mu_2 = 0$$
$$H_a: \mu_1 \neq \mu_2 \quad 或 \quad \mu_1 - \mu_2 \neq 0$$

在双均值假设检验中，当样本容量足够大时（$n_1 > 30$ 和 $n_2 > 30$），不同样本均值的重复抽样分布服从正态概率分布，检测的统计量为 z 统计量。描述如下：

$$z = \frac{(\bar{x}_1 - \bar{x}_2) - (\mu_1 - \mu_2)}{\sqrt{s_1^2/n_1 + s_2^2/n_2}}$$

在我们的例子中，n_1 和 n_2 都大于 30。因此，z 统计量可以被用作检验统计量。

由于原假设以严格相等的形式出现，所以假设检验必须是双尾的，我们必须区分两个临界 z 值，它们分别表示重复抽样分布的其中一侧，由于置信水平为 $\alpha = 0.05$，则相对应的每一侧的概率为 0.025。查附录 1，对应于单侧概率为 0.025 的 z 值为 1.96。所以，决策规则为：如果 $z < -1.96$ 或者如果 $z > 1.96$，则拒绝原假设 H_o。

现在让我们根据调查结果在习惯性假设原假设为真成立的条件下（$\mu_1 - \mu_2 = 0$），来计算 z 值。

$$z = \frac{(30 - 35) - (0)}{\sqrt{(22)^2/300 + (25)^2/200}} = \frac{-5}{\sqrt{1.61 + 3.13}}$$

$$= \frac{-5}{\sqrt{4.74}} = \frac{-5}{2.18} = -2.29$$

由于 $z < -1.96$，我们应该拒绝原假设 H_o。因此，该健康服务机构不能很肯

定地认为目前两个城市居民的活动锻炼水平是完全相同的。

除了大样本规模假设外，双均值假设检验中 z 统计量的运用还需要我们假定样本是独立样本，也就是说，每个样本必须是独立选择的。因此，在检测同一样本不同时点获得的两个均值量是否有统计上的显著性不同时，z 检验是不适合的。在这种情况下，我们需要用到后面介绍的方法。

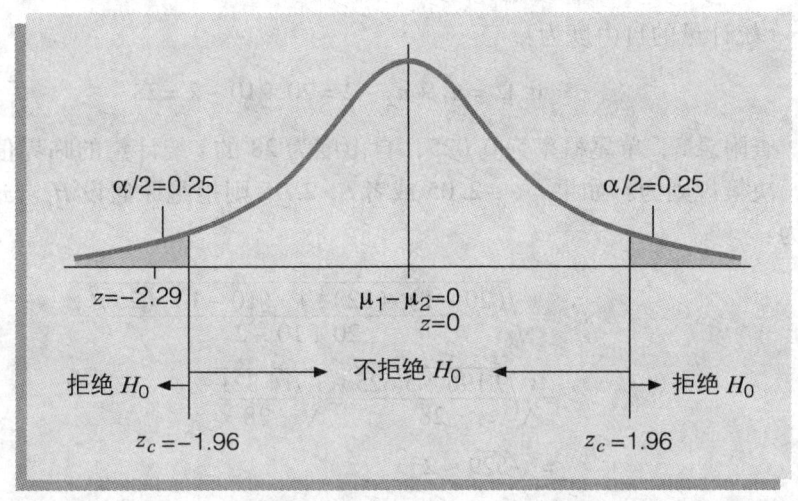

图 13.5　两个城市均值的假设检验

进一步说，在一个单均值的假设检验案例中，当一个或两个样本规模都很小时（$n_1 < 30$ 或者 $n_2 < 30$），应当用 t-检验而不是 z-检验。但是在进行双均值假设检验时，t 统计量的运用，需要我们额外补充两个假设：

1. 进行抽样的两个总体变量，服从正态分布。
2. 两个总体具有相同的方差。

我们通常认为，这些假设是默认的，但是事实上，我们必须验证它们以确定使用 t 统计量是正当的[5]。当上述两个假设和样本独立假设都满足时，这一合适的检验统计量为：

$$t = \frac{(\bar{x}_1 - \bar{x}_2) - (\mu_1 - \mu_2)}{s^* \left(\sqrt{1/n_1 + 1/n_2} \right)}$$

其中，自由度 d.f. $= n_1 + n_2 - 2$。在这一描述中，s^* 是联合标准差（pooled standard deviation），描述如下：

$$s^* = \sqrt{\frac{(n_1 - 1) s_1^2 + (n_2 - 1) s_2^2}{n_1 + n_2 - 2}}$$

实施 t 检验的程序和实施 z 检验的程序很相似。为了描述 t 统计量的使用，我们假设健康服务机构调查的城市 1 和城市 2 的样本容量分别为 20 和 10。但是均值和标准差像前面一样假设是相等的：

$$n_1 = 20 \quad \bar{x}_1 = 30 \quad s_1 = 22$$
$$n_2 = 10 \quad \bar{x}_2 = 35 \quad s_2 = 25$$

t 统计量的自由度为：

$$\text{d.f.} = n_1 + n_2 - 2 = 20 + 10 - 2 = 28$$

查附录 3，单尾概率为 0.025，自由度为 28 的 t 统计量的临界值为 2.05，因此，决策规则为：如果 $t < -2.05$ 或者 $t > 2.05$ 则拒绝原假设 H_0。这个联合标准差为：

$$s^* = \sqrt{\frac{(20-1)(22)^2 + (10-1)(25)^2}{20 + 10 - 2}}$$

$$= \sqrt{\frac{9\,196 + 5\,625}{28}} = \sqrt{\frac{14\,821}{28}}$$

$$= \sqrt{529} \approx 23$$

因此检验统计量为：

$$t = \frac{(30 - 25) - (0)}{23\ (\sqrt{1/20 + 1/10})} = \frac{-5}{23\ (\sqrt{0.05 + .1})}$$

$$= \frac{-5}{23\ (0.39)} = \frac{-5}{8.97} = -0.56$$

由于 t 既不小于 -2.05 也不大于 2.05，所以我们不能拒绝原假设。换句话说，样本资料不是很充分，因此无法得出两个城市居民的锻炼水平是不相同的这一结论。正如我们在单均值检验的 t-检验中所指出的，我们必须小心看待这一推论，因为小样本规模极大地增加了犯第二类错误的可能。

样本不独立情况下的双均值检验

前述的检验程序只有在两个样本彼此独立的情况下才能应用。但是，营销人员经常会遇到在两个样本不独立的情况下检验两个均值的显著性差异的问题。例如："丈夫和妻子对我们产品偏好的均值，是否有显著性差异呢？"在这里，丈夫的样本数据和妻子的样本数据不是独立的，因为它们来自相同的家庭样本。营销人员也可能要检验从相同回应者样本（同样的个人）中得出的数据是否具有双均值显著性差异。例如，检验在营销活动前后同一组妇女对我们产品的平均使用率是否具有显著性差异。在这两个例子中，正如下面将要讨论的，必须对假设检验程序进行修正。下面的例子列举了需要进行修正程序的另一种情况。

例子 某零售公司计划在其连锁店中随机抽取了 10 加连锁店开展促销活动，以期扩大销售额。表 13.7 显示了促销活动实施前后每家商店的周销售额。现在的问题是表 13.7 的样本数据是否充分满足管理者对促销活动导致销售额显著性提高的预期？

表 13.7 促销活动前后每家商店销售额情况

商店数目(i)	每家商店的销售额(千美元)		销售额改变($X_{di} = X_{ai} - X_{bi}$)
	销售前(X_{bi})	促销后(X_{ai})	
1	250	260	10
2	235	240	5
3	150	151	1
4	145	140	-5
5	120	124	4
6	98	100	2
7	75	70	-5
8	85	95	10
9	180	200	20
10	212	220	8
总计			50

在本例中，营销活动前后得出的销售额数据（分别用 X_{bi} 和 X_{ai} 描述）很明显不是独立的，因为它们都来自相同商品样本的数据。在我们的例子中，这些样本的数据差异用表 13.7 最后一栏的 X_{di} 来表示。这一步基本上把看起来是两个样本的数据转变成一个单样本的差异数值组。该过程的检验和单均值假设检验过程是相似的。

我们用 μ_d 来表示每个商店销售额的总体均值改变量。由于营销经理对这一特别的促销活动的效用有一个初始的最优预期，因此该预期也应该和改变后的假设相一致。原假设——这一特别促销活动没有显著地改善销售额，应该被描述得更加谨慎。因此假定：

$$H_o: \mu_d \leq 0$$
$$H_a: \mu_d > 0$$

对样本 μ_d 的估值为 $\bar{x}_d$，形式如下：

$$\bar{x}_d = \frac{\sum_{i=1}^{n} X_{di}}{n}$$

实地调研13.2

国民保险公司案例研究：
男性与女性消费群体服务品质认知度的区别

运用SPSS t值检验程序的双均值检验

在第12章国民保险公司案例研究的调查问卷包含了许多评估消费者对企业提供服务的品牌认知度的问题。其中的一个问题让消费者用1~10这10个等级来评价企业全部服务的质量，1代表"非常差"，而10代表"非常好"。企业对男性和女性消费群体的评价均值是否存在显著差异感兴趣。运用SPSS t值检验程序分析由两个消费群体提供的评估样本并得到以下的结果。SPSS对话框显示如下：

在这个10等级评价中，男性消费群体评价样本的均值大约为7.87，女性消费群体的评价样本的均值大约为7.83。输出值包含两个显著区域或p值（一个在"sig"栏以下，一个表示为"Sig[two-tailed，双尾]"）。第一个值是检验的总结（一个F统计量），以了解这两个群体的方差是否等同。0.210的p值表示在常规的显著性水平0.05下，不能拒绝原假设——两个群体的方差等同。实际上，0.210的p值暗示了可观察的区别发生的整体几率大于21比100（在与输出结果上半部分显示的标准差对比后，此值并不大）。因而，计算一个标准差的合并估计量（本章定义的s^*值）是正确的。

基于如此估计的t值和自由度、p值显示于标识为"t"和"sig(双尾)"栏中。p值表示，数量为0.04（7.87-7.83）的差异发生率为88比100。因而，在常规的显著性水平0.05下，不能拒绝原假设——两个群体的方差没有区别。

除了用于计量t值的标准差，公式并不假定是两群体等同之外，第二行的输出结果和第一行十分相似。当F统计量（用于检验方差等同性）显示出统计上的显著性时，需要检验第二行（而不是第一行）（方差等同性的原假设将被拒绝）。

群体统计					
	性 别	数 量	均 值	标准差	均值的标准误差
OQ	男	137	7.87	2.26	0.19
	女	126	7.83	2.31	0.21

SPSS 程序运作：

1. 选择"Analyze"菜单
2. 点击"compare means"项
3. 选择"独立样本 t 检验"项
4. 将"OQ—整体服务水平"移动至"test variable"框
5. 定义组别（SEX=1，为男性；SEX=2 为女性）
6. 点击"OK"

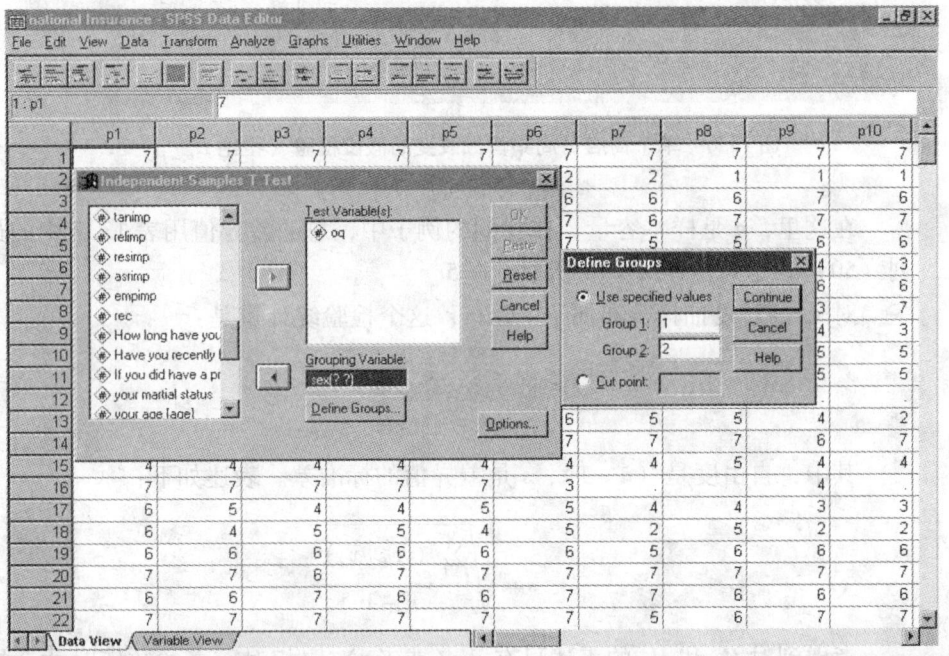

独立样本检验									
	检验方差相等		均值相等的 t 检验						
								95% 的置信区间	
OQ	F 统计量	显著性	t 统计量	自由度	显著性（双层）	Mean Difference	Standard Error Difference	最低	最高
假设方差相等	1.579	0.210	0.154	216	0.878	0.04	0.281	-0.511	0.597
假设方差不等			0.153	258.11	0.878	0.04	0.282	-0.511	0.598

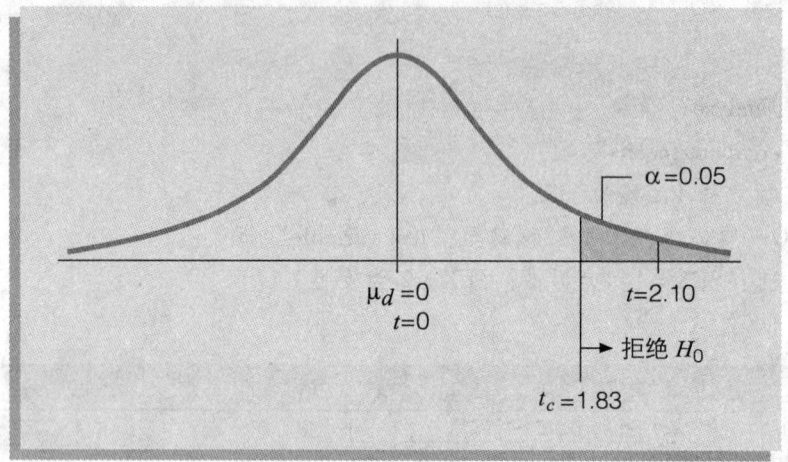

图 13.6 单个商店每周销售额改变的假设检验（拒绝 H_o）

在这里，n 是样本容量，在我们的例子中，总的差异值用表 13.7 中的最后一列（50）表示。由于 $n = 10$ 所以 $\bar{x}_d = 5$

对 $\bar{x}_d$ 的重复抽样分布属于 t 分布，这个检验统计量是：

$$t = \frac{\bar{x}_d - \mu}{s/\sqrt{n}}$$

其中，自由度是 $(n-1)$，s 是差异值的标准差。表述如下：

$$s = \sqrt{\frac{\sum_{i=1}^{n}(X_{di} - \bar{x}_d)^2}{n-1}}$$

考虑到对 H_o 和 H_a 的表述只有 $\bar{x}_d$（或者 t）取相对较高的数值时才会拒绝原假设。因此该假设检验是单尾的，如图所示，在图中我们设定显著性水平为 0.05，查附录 3，自由度为 9、单尾概率为 0.05 的 t 的临界值为 1.83。决策规则为，如果 $t > 1.83$ 则拒绝原假设。

本例中，差异的标准差计算结果是 7.53，现在我们可以计算检验统计量的数值：

$$t = \frac{\bar{x}_d - \mu}{s/\sqrt{n}} = \frac{5 - 0}{7.53/\sqrt{10}}$$

$$= \frac{5}{2.38} = 2.10$$

由于 $t > 1.83$，我们拒绝原假设，单个商店销售额的平均改变是显著大于零的。换句话说，该特别促销活动确实是有效果的。

双比例检验

我们可以运用情景 2 中的数据,来说明双比例假设检验。回想一下,那位 BMW 公司的广告部经理汤姆想知道该公司的影片 Y 是否比影片 X 更能吸引年轻的顾客(18~30 岁年龄段的群体)。该项目随机指向观测影片 X 或影片 Y,调查显示喜欢影片 X 和影片 Y 的得分分别为 25% 和 20%。

运用下标 1 标记影片 Y,运用下标 2 标记影片 X。如下所示:

样本规模:$n_1 = 200 \quad n_2 = 200$

样本比例:$p_1 = .25 \quad p_2 = 0.20$

假设如下:

$H_o: \pi_1 \leq \pi_2 \quad 或 \quad \pi_1 - \pi_2 \leq 0$

$H_a: \pi_1 > \pi_2 \quad 或 \quad \pi_1 - \pi_2 > 0$

在双比例检验中,当两个样本规模足够大时,我们可以假设样本比例间差异的重复抽样分布服从正态分布,因此可以采用 z 检验。样本规模的经验法则是这些数值至少是 10:$n_1 p_1$,$n_1(1-p_1)$ 和 $n_2 p_2$,$n_2(1-p_2)$,情景 2 中的数据满足这些需要。因此,z 检验是恰当的,检验统计值公式是:

$$z = \frac{(p_1 - p_2) - (\pi_1 - \pi_2)}{\sigma_{p1-p2}}$$

这里 σ_{P1-P2} 是比例间差异的总体标准误。因为 σ_{P1-P2} 总是不可知的,它的估计一般根据样本的标准误差 s_{p1-p2} 得出。等式如下:

$$s_{p1-p2} = \sqrt{PQ(1/n_1 + 1/n_2)}$$

在这里 P 是样本间的加权比例,而 Q 是 P 的补数。

$$P = \frac{n_1 p_1 + n_2 p_2}{n_1 + n_2}$$

$$Q = 1 - P$$

只有当 $P_1 - P_2$ 是某些正值时,情景 2 中的原假设才会被拒绝,因此,假设检验是一个单尾检验,假定通常的显著性水平是 0.05,临界值 z 是 1.645(由附录 1 中的数据可以得出)。决策规则是如果 $z > 1.645$,则拒绝原假设 H_o。

为了从样本数据中计算出 z 值,我们首先不得不计算出 P 值和 Q 值,然后再计算 s_{p1-p2} 和 z:

$$P = \frac{200(0.25) + 200(0.2)}{200+200} = \frac{50+40}{400} = \frac{90}{400} = 0.225$$

$$Q = 1 - 0.225 = 0.775$$

$$s_{P1-P2} = \sqrt{(0.225)(0.775)(1/200 + 1/200)}$$
$$= \sqrt{(0.225)(0.775)(1/100)} = \sqrt{0.00174} = 00.42$$

$$z = \frac{(0.25 - 0.20) - (0)}{0.042} = \frac{0.05}{0.042} = 10.19$$

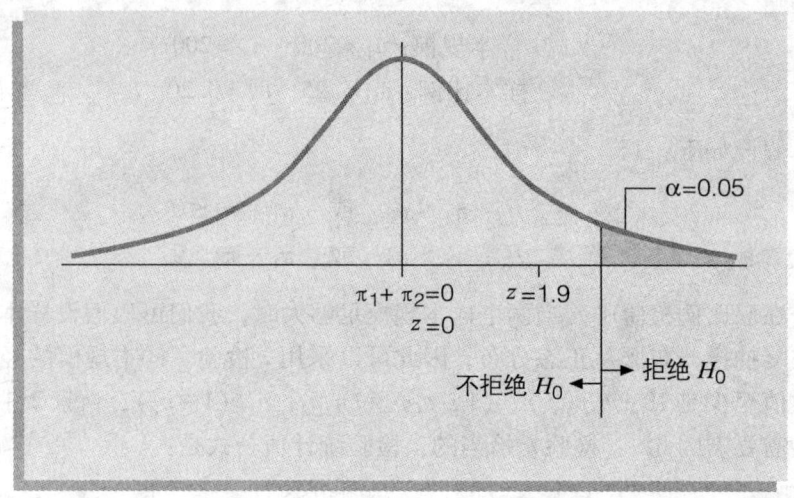

图 13.7　两个在线 BMW 公司影片产生的相似度的假设检验（不拒绝 H_o，拒绝 H_o）

因为 $z < 1.645$，我们不能拒绝原假设 H_o。因此，样本依据不能强有力地证明影片 Y 比影片 X 更有效力。

最后还要指出，假设检验往往用检验值来分类。当样本规模足够大时，用 z 统计量（标准正态离差），我们经常称这样的检验为 z 检验。对样本规模小的单均值检验，用 t 检验。

本章小结

不满足于单纯的数据描述的分析过程称为推断分析，推断分析总是会涉及一些假设检验。在进行假设检验时需要设置一些具体的标准，才能得出最后的结论或推断。这样的标准在正式的原假设和备择假设中扮演着关键的角色。

根据样本数据推断总体特性时可能产生两种错误：当原假设为真时拒绝原假设，所犯的错误称为第一类错误；当原假设为假时没有拒绝原假设，所犯的错误称为第二类错误。传统上，在假设检验过程中会对第一类错误的概率设置上限，称为显著性水平 α，但不能有效地控制第二类错误。当 α 降低时，第二类错误的概率（称为 β）将会升高，而功效（1-β）（表示防止犯第二类错误的能力）则会减少。因此，我们可以不犯第一类错误或不犯第二类错误，但不可能两类错误都不犯。从直觉上说，这两类错误的概率之间存在这样的关系：当犯第一类错误的概率增大时，犯第二类错误的概率减小；当犯第二类错误的概率增大时，犯第一类错误的概率减小。

一般的假设检验程序包括下面一些步骤：

第一步：设立原假设 H_o 和备择假设 H_a。

第二步：确定样本分布曲线的性质，选择合适的检验统计量。

第三步：确定假设检验是单尾的还是双尾的（当 H_o 中不包含严格等式时，则检验将是单尾的）。

第四步：依据事先设定的显著性水平，用统计表确定检验统计量的临界值（在双尾检验中有两个临界值）。

第五步：确定拒绝原假设的决策规则。

第六步：依据样本数据计算出检验统计值。

第七步：运用第五步里确定的决策规则，拒绝原假设或备择假设。

通常，只要不是单纯的数据描述，所有的统计分析都会包含假设检验，虽然有时候是隐含的。因而，影响适当分析技术选择的因素也与选择适合的假设检验密切相关。其中，变量的个数和数据的计量水平是两个关键变量。只有一个变量的称为单变量计量分析和假设检验；有两个或以上变量的则称为多变量计量分析和假设检验（当只包含两个变量时，有时也被称作双变量计量分析和假设检验）。非度量统计量（类别或顺序数据）适用于非参数检验；度量统计量（区间或比例数据）适用于参数检验。

这一章讨论了几种假设检验：一种称为非参数检验，另一种称为参数检验。详细的分类如下：

- 用于检验两个非度量变量是否相关的卡方检验
- 用于样本规模较大的单均值检验的 z 值检验
- 用于样本规模较小的单均值检验的 t 值检验
- 用于单比例检验的 z 值检验（仅适用于样本规模较大时）
- 用于两个样本容量皆较大时的双均值检验的 z 值检验
- 用于两个样本规模较小时的双均值检验的 t 值检验
- 用于样本间独立的双均值检验的 t 值检验
- 用于双比例检验的 z 值检验（仅适用于样本规模较大时）

发生第二类错误（β 错误）的风险概率在小规模样本的 t 值检验中特别高。

复习讨论题

1. 在描述性调研中收集的数据能否用于推断性调研？为什么能或不能？（请回忆第 3 章有关描述性调研的学习内容）
2. 第一类错误和第二类错误分别是什么？简述这两类错误之间的关系。
3. 当显著性水平从 0.05 提高到 0.1，犯第二类错误的概率会有什么变化？
4. 讨论以下表述："假设检验程序遵循严格的统计方法，因此不包含决策者的主观性。"
5. 卡方检验的潜在局限是什么？

应用练习

1. 从1000个家庭的调查中，得出以下双向数据表：

收入水平	拥有产品 X	
	是	否
高	200	150
中	175	100
低	125	250
	500	500

请回答：在95%的置信水平下，收入水平和拥有 X 产品之间是否存在统计上的显著性关系？

2. 在一个固定的包含 500 名消费者的随机样本中，300 名为男性消费者，200 名为女性消费者。其中，男性消费者中有 150 名为吸烟者，女性消费者有 75 名为吸烟者。基于这个条件，在 95% 的置信水平下，消费者的性别和其是否吸烟有无统计上的显著性关系？

3. 一个电脑零售商想知道购买苹果电脑的原因是否与家庭中有儿童相关。在城市中一个包含有 900 个家庭的随机样本中，300 个家庭有儿童。这个调查同时显示，40% 有孩子的家庭拥有苹果电脑，30% 无孩子的家庭也拥有苹果电脑。请问：孩子和拥有苹果是否存在统计上的显著性关系（假设显著性水平为 0.01）？

4. MC 公司为其下属的一个品牌运作广告活动已经有很长时间了。除非有 20% 的目标受众群还不知道这个品牌，否则公司便不会继续此广告活动。一个刚刚完成的对目标受众群中 500 名消费者的调查显示，90% 的消费者知道这个打广告的品牌。请问：基于这个调查，MC 公司是否需要停掉这个广告活动？假设 MC 公司希望这个决定正确的置信水平在 95%。

5. XYZ 公司想在一个杂志上打广告，条件为当且仅当这个杂志读者群体的平均年龄在 40 岁以上。一个包含有 625 名读者的随机样本的读者年龄均值为 41 岁，标准差为 20。假设这个公司希望将作出错误决定（即在这个并不合适的杂志上打广告）的几率不大于 5%，设立和检验适当的假设对并指出此公司是否需要在该杂志上打广告？

6. ABC 公司最近在全美国的 3 000 家零售商出售 Z 产品。为了加强 Z 产品的市场地位，ABC 公司计划让 Z 产品成为这 3 000 家零售商当中每一个的最高销售额产品。为达到此目标，ABC 公司的方案之一是降低 Z 产品的零售价。而 ABC 公司选择此方案的条件是当且仅当去年的销售数据显示 Z 产品在超过半数的零售商中并非最高销售额产品。基于此样本信息，ABC 公司希望当 Z 产品在这 3 000 家零售商中至少半数以上的商店确为最高销售额产品时，选择降低 Z 产品零售价的几率不大于 5%。假定 ABC 公司选择了一个包含有 400 家零售商的随机样本，且发现在当中的 210 家商店中 Z 产品并非最高销售额产品。请问：基于此样本信息，需要降低 Z 产品的零售价吗？

7. 一家公司希望了解，两个邻近社区之间是否存在家庭人口均值的显著性区别。对第一个社区 100 个家庭的随机调查显示，每个家庭的人口均值是 3，标准差为 5。对第二个社区 90 个家庭的随机调查显示，每个家庭的人口均值是 4，标准差为 6。假定显著性水平为 0.01，检验两社区家庭规模在统计上相同的假设。

8. 一个某产品 400 个女性消费者的样本，其年龄均值为 33 岁，标准差为 5。而另一个该产品 500 个男性消费者的样本，其年龄均值为 32 岁，标准差为 3。请问：是否可以认为女性消费者和男性消费者的年龄均值存在显著性差异（假定显著性水平为 0.05）？

9. 一个新产品在两个相似的目标市场用两种不同的广告媒体进行推广：媒体 1 用于目标市场 1，媒体 2 用于目标市场 2。在推广活动结束后，市场 1 调查由 200 人组成的随机样本，市场 2 调查由 300 人组成的随机样本。在市场 1 样本中，154 人知道这个新产品；而在市场 2 样本中，210 人知道这个新产品。运用此数据，对原假设进行假设检验：以产生知名度为衡量标准的产品市场推广有效性上，媒体 1 与媒体 2 的有效性相同（假定显著性水平为 0.05）。

SPSS 练习

1. 国民保险公司的汤姆和吉尔希望了解，顾客向朋友推荐国民保险公司的意愿与下列变量间是否存在联系？
   a. 年龄
   b. 婚姻状况
   c. 收入

   运行交叉表程序，以统计学和管理学的语言报告结果。

2. 国民保险公司的汤姆和吉尔要知道，顾客向朋友推荐国民保险公司的意愿与服务品质整体认知度是否存在联系？运用适当的分析，然后阐述汤姆和吉尔能从结果中得到哪些启示。

案例 13.1　罗克布里奇公司：国民技术准备调查（B）

(*www.rockresearch.com*)

汤姆是国家银行的分析师，同时也是由安娜领导的网上银行团队的一员。他们的目标是到 2010 年时，将国家银行网上银行系统客户使用率从现在的 40% 提高到 50%。安娜让汤姆分析一份调查报告（由维吉尼亚罗克布里奇公司负责进行的调查项目），并提出一些针对发展银行网上业务的市场战略。

该调查以全美 18 岁以上的人群为调查对象，随机抽取了 1 000 人。调查涵盖了受访者对科学技术的态度和行为等多种议题。安娜给汤姆提供了具体数据。如第 12 章案例 12.2 的图 1。

在进行一些基础分析后（案例 12.2 的图 2 总结了这个分析的结果），汤姆开始深入研究发展银行网上业务的问题。这个调查的第一部分包含有 10 个问题（从 1a～1j），这部分问题组主要询问受访者对科学技术的认知和态度。汤姆认为，这些问题和受访者家中已拥有的技术性产品和服务（如问题 2 和问题 3）、受访者网上活动（如问题 7a～7i）、受访者对网上银行服务的整体满意度（如问题 8）以及受访者的人口统计特征（在调查的最初关于受访者性别的问题和问题 9～16）都对勾勒出对网上银行服务最感兴趣的消费群体类型有所帮助。

汤姆分析了调查数据以了解家中有电脑是否（问题 2）使得受访者对于（1）满足人们需

求的程序（问题1a）和（2）受访者对网上银行服务的整体满意度（问题8）有显著差异。汤姆运用SPSS程序进行了一个独立样本的t检验以检验有电脑的受访者和没有电脑的受访者对问题1a和问题8的回答的均值是否有显著性差异。图1显示了这个分析的SPSS程序输出结果。现在，汤姆正在探索其他的分析方法，以辅助他制定银行市场战略。

案例问题：

1. 说明图1所显示的SPSS程序输出结果以更清楚地表明汤姆想在初步数据分析中探求的两个结果。
2. 汤姆想确定家中有电脑和没有电脑的受访者对于科学技术的整体态度是否有显著性差异（基于对问题1a~1j的回答，见图1）。为了帮助汤姆完成此分析，完成如下步骤：
   a. 结合对问题1a~1j的回答，设立一个整体的"技术准备"变量［提示：复习在第12章所学的构造转换变量的知识。请注意这10个问题（从问题1a~1j）中的5个都是消极问题。识别出这些问题然后在与其余5个问题集合分析之前在数据集中反转标识（用如下等级值转换这些问题的得分：5＝1，4＝2，3＝3，2＝4和1＝5）］。
   b. 进行一个独立样本的t检验以分析家中有电脑的受访者的"技术准备"变量的均值和家中无电脑的受访者的"技术准备"变量的均值是否存在显著性差异。
3. 运行合适的SPSS程序以分析下列"技术准备"变量的均值是否不同：
   a. 男性和女性
   b. 受过高中教育或以下的受访者与受过高中教育以上的受访者
   c. 30岁及以下的受访者与30岁以上的受访者
   d. 家庭收入低于40 000美元的受访者与家庭收入在40 000美元及以上的受访者
   e. 使用过网上银行服务的受访者（对问题7d或问题7e的回答为"是"，或者对两个问题的回答皆为"是"）与没有使用过网上银行服务的受访者。（提示：在研究关于教育、年龄、收入和网上银行服务的计量分析中，你需要先构造两类转换型变量。）
4. 你推荐哪些其他类型的分析方法给汤姆？进行这些分析并解释结果。
5. 假设你为汤姆，给Anna写一份总结各种分析结果的预见力及陈述你对制定市场战略的建议的文件。

此案例由C·CK（达特茅斯的马萨诸塞州立大学）和教材编著者合作写作。此案例应作为班级讨论的材料而非成功亦或不成功的商业实践介绍。作者感谢若克桥（ROCKBRIDGE）合伙有限公司和所有提供国家技术大调查数据的员工。

群体统计					
	您想了解更多吗？	数量	均值	标准差	均值的标准误差
您喜欢为您量身定做以适应自己需要的程序吗	是	798	4.25	1.046	0.037
	否	169	3.37	1.499	0.115
您用过一些网上银行业务吗？您满意吗？	是	428	5.86	1.128	0.055
	否	18	5.56	1.149	0.271

Independent Samples Test									
		\multicolumn{2}{c}{levene's 的方差相等的检验}	\multicolumn{7}{c}{均值相等的 t 检验}						
									95% Confidence Interval of the Difference	
您喜欢为您量身定做以适应自己需要的程序吗?	假设方差相等	74.412	0.000	9.121	965	0.000	0.879	0.096	0.690	1.068
	假设方差不等			7.258	203.995	0.000	0.879	0.121	0.640	1.117
您用过一些网上银行业务吗? 您满意吗?	假设方差相等	0.474	0.491	1.129	444	0.259	0.307	0.271	-0.227	0.840
	假设方差不等			1.110	18.404	0.281	0.307	0.276	-0.273	0.886

图 1　T 检验

案例 13.2　潘基学院
(www.pankey.org)

本案例考察提供给牙医的继续教育服务的整体满意程度。最重要的目的是为了获取牙医们在第一次培训后决定返回潘基学院再次学习的决定的影响因素。

背景

潘基学院创建于 1972 年,它推进了牙科医术的快速发展,帮助牙科医生有效治疗他们的病人,促进广泛的口腔护理。由于它是教育性的组织,潘基有三个关注的中心点:临床技术的提高、专业管理训练技术的发展和人际关系的培养。所有的任务和潘基学院的目标都清楚地显示在它的网址上(www.pankey.org):

简单来说,通过系统性地促进个人和专业成长,我们帮助牙科医生和牙科专家达到卓越,引领更加科学的病人教育。我们的目标是:

1. 提供最先进的临床培训和一系列成功的执业行为。
2. 推崇鼓励改善关系和促进牙科专家与病人交流的哲学。
3. 遵循最优治疗的原则,坚定地提倡正直、品质和有偿服务的价值,实行恰当的、个性化的、以关系为基础的和全面的治疗。

今天,潘基学院被认为是世界上最权威的牙科教育发展中心。该学院的课程构建很独特,每个课程都是通向最优化治疗的概念和原理的基础。教学计划从核心课开始,直至高度复杂的治疗计划。所有课程为期一周,从星期天开始,在星期五的午间进行总结。每个课堂学生和教师的比例不超过7:1,而且学生总数不得多于24名,除了内部教师,还包括至少3名由来自全国各地的全职执业医师担任的访问教授。

教堂过程划分为一系列项目的研究,称为"系列水平"。基础项目是连续统一体水平1,集中于新患者经验,包括新患者的测验和评估。由于后来发生在医生和患者之间的大多数事情,几乎都取决于第一经验,在一开始就建立良好的医患关系具有关键性的意义,它决定了能否发展为一个相互信任的医生患者关系。系列水平1强调对不同患者的认知和采取针对性方法的重要性。除基本的牙科实习之外,基础课程还是学员们形成愿景的过程,潘基学院所有的课程中都贯穿着这样的过程。

在系列水平1基础上的后续课程中讲授了不同难度的课程,从系列水平2到系列水平4。最近还增加了系列水平5和系列水平6,讲授疑难的病例。

调查表

这份调查表的设计有两个目的(调查表的一个简化版本见图1)。首要的目的是为了比较参加过潘基学院两次或两次以上课程的牙医和仅仅只参加过系列水平1的医师的特性、态度和偏好。除了用于识别愿意参加课程的牙医和学习目标中事项的优先顺序,还可以用于帮助潘基学院决定是否扩大对现有顾客的服务范围。

有几个问题是为了评估教课中是否应当花更多时间用于牙科处理、牙科行医或临床实践。其他问题还包括确定临床措施的相关性、对行医者的帮助和掌握这些技术的难度。

有许多问题是为了了解对讲师和员工的感受,对课程各个方面的质量的判断。另一些问题是关于课程的价格的反馈、总的课程费用(包括旅行成本和劳动日的损失)和对学费的看法。最后的一系列问题是非课程性问题,例如膳食、住所和学院的地点。

初步分析结果

潘基学院总裁 Christian Sager 对调研的结果十分重视,在收集数据之后,他便下决心开始着手更好地理解项目整体满意程度的各个方面:关于课程质量和乐趣的评估、态度、价格和价值、对员工和设施的评估。他也对不同用户群体的特性和影响在学院继续参加课程的个人偏好和情境因素很感兴趣。

来自15道问题的初始数据,第1~5题、第6题的A~C、第7~10题和第12~14题,产生了可识别的五个变量:趣味程序、学费效用、材料新颖性、环境及职员和材料的适用性。有四个问题属于趣味程度变量:"我喜欢课程";"我喜欢来讲课的访问教授";"我喜欢内部教师"和"总体上讲,我喜欢在潘基学院度过的这个星期"。三个问题属于学费效用变量:"课程的收费很合理";"相比我曾经上过的其他继续教育学院课程,潘基学院课程物有所值";"全部课程的花销(包括旅游费和损失的工作时间)值那么多钱"。两个问题属于材料新颖性:"大量的课程素材对我来说是新奇的";"有些材料很难领悟"。三个问题属于环境、职工变量:"所有的讲师都是专家";"支持性员工的工作是非常有用的"和"牙科设备很高级"。三个问题属于材料适用性变量:"更多的课程本应花在(a)牙科治疗;(b)牙科业务;(c)牙科临床实践"。

Sager 先生对问卷中与人口统计特征有关的方面非常感兴趣,这些方面包括性别、年龄、执业类型、是否在大都市地区执业和执业所在地域。他也想从简化数据所分析出的5组因素中逐一研究性别和执业地点的影响。这需要大量的工作,但他还是期望能够从结果中有所收获。

案例问题

1. 检验你认为可能相互关联的重要人口统计特征之间的关系。证明你对变量选择的合理性(提示:采用交叉表分析,评估卡方统计值的统计显著性)。

2. 检查性别和执业地点对经过数据简化分析确定的5种因素的影响(提示:在适当的时候需要采用t检验)。

This case was written by Jeanne L. Munger (University of Southern Maine) in collaboration with the textbook authors, as a basis for calss discussion rather than to illustrate either effective of ineffective marketing practice.

第一部分的这些问题,与设备、人员和你在潘基学院参加的最后一课有关。请你用1~4 标识出这项指标的满意和不满意程度。(1 = 非常不满意,4 = 非常满意)

	SD	D	A	SA
1. 所有的讲师都是专家	□	□	□	□
2. 支持性员工的工作是非常有用的	□	□	□	□
3. 牙科设备很高级	□	□	□	□
4. 大量的课程的素材对我来说是新奇的	□	□	□	□
5. 有些材料很难领悟	□	□	□	□
6. 更多的课程时间应当安排给	□	□	□	□

    a. □牙科治疗
    b. □牙科业务
    c. □牙科临床实践

7. 我喜欢课程	□	□	□	□
8. 我喜欢来讲课的访问教授	□	□	□	□
9. 我喜欢内部教师	□	□	□	□
10. 总体来说,我喜欢在潘基学院的这个星期	□	□	□	□

11. 请标出你上次参加的课程
    □ C - I   □ C - II   □ C - III
    □ C - IV   □ C - V   □ C - IV

下面一组问题关注你上次参加的课程对你的业务的价值。请用数字1~4(1 = 非常不满意,4 = 非常满意)来表述对每种情况你的满意度和不满意程度。

	SD	D	A	SA
12. 这门课的定价非常合理	□	□	□	□
13. 相比其他我曾参加过的继续教育课程,潘基学院的课程物有所值	□	□	□	□
14. 全部课程的花销(包括旅游费和损失的工作时间)值那么多钱	□	□	□	□
15. 我对这门课程很满意	□	□	□	□

下面的问题所关注的不是潘基学院课程本身。请用下列等级指标描述你的预期实现或未实现的程度。

(续图)

	未实现预期	实现预期	比预期好
16. 提供了好餐饮	☐ ☐	☐	☐
17. 住宿设施情况	☐ ☐	☐	☐
18. 我在该机构所在地的经历	☐ ☐	☐	☐
19. 我在该机构的内部经历	☐ ☐	☐	☐

最后的问题只是为了对学员进行分类：

20. 你的性别？　　☐ 女性？　　☐ 男性？

21. 你的年龄？
　　☐ 35 岁以下；　☐ 35～44 岁；　☐ 45～54 岁；　☐ 55 岁以上

22. 你偏向哪种类型的业务？
　　☐ 个体业务；　☐ 团队业务；　☐ 其他_____

23. 你执业的位置是在大都市地区吗？
　　☐ 是；　☐ 不是

您的建议将帮助潘基学院提供更好的项目和服务，感谢您。

图 1　潘基学院的问卷调查

第 14 章
相关分析与回归分析

本章学习目标 ▶

- ☐ 计算顺序变量间的斯皮尔曼相关系数,并检验在统计上的显著性
- ☐ 计算两个变量之间的皮尔森相关系数,并检验它们在统计上的显著性
- ☐ 解释一元回归分析的结论,并能区分出自变量和因变量
- ☐ 描述回归方程解释效力的指标。应用回归分析解释实际问题,清楚在使用过程中需要注意的问题
- ☐ 解释多元回归分析的结果

开篇故事

你知道吗?

- 你知道大学文凭、肤色以及种族影响你获得房屋贷款吗?一项研究表明,那些没有大学文凭的贷款者平均要比拥有大学文凭的贷款者多支付1472美元的利息。该研究还表明,在除了种族以外的所有其他因素保持不变的情况下,非洲裔美国人平均要比白种人多支付500美元,西班牙裔的美国人则比白人平均多支付275美元。这些结论是建立在对房屋贷款数据进行回归分析的基础之上的,它显示借款者的不同特征是否对他所支付的费用产生影响[1]。

- 针对受灾地区的演讲与选票有关吗?一项基于1989—2003年数据的研究表明:该州在美国总统选举中是否具有重要作用与该州能否被认定为是一个受灾地区的概率紧密相关。这项研究使用回归分析的方法来检验该州实际上所需要的受灾资金(根据保险公司提供的数据和国家气象数据中心所提供受灾程度来估计)和该州的选票数量之间(它代表了该州在总统竞选中的重要性)的影响。结果表明,在控制了实际所需的受灾资金后,一个拥有20张选举人票的州将比一个只有三张选举人票的州多获取50%的受灾资金[2]。

- 国家橄榄球联盟球队会提高租房成本？一项关于房地产价格的回归分析表明，拥有国家橄榄球联盟球队的城市，其中心地区公寓的租金要比没有该种球队的同类城市贵8%。国家橄榄球联盟球队的存在还增加了房产税的收入。研究表明，在25个拥有国家橄榄球联盟球队的城市中，有22个城市的政府来自房产税收益的潜在增长高于政府给球队的补贴[3]。
- 额外的浴室或卧室可以增加房屋的销售价值？一项不动产价值研究对广大地区里不同物理特性和销售价格的28828处房产进行了回归分析。研究得出了一些有趣的发现：增加一间卧室，房屋的销售价格提高4%，增加一间功能齐全的浴室提高24%，车库提高12.9%，临水的房屋提高8%[4]。

前面一章介绍了交叉列联表（卡方相关性检验，是用来测度两个类别变量或两个顺序变量之间相关性的检验）和用来考察与单一变量相关的均值或比例差异是否具备统计上的显著性的假设检验。在本章，我们将探讨两个及两个以上变量之间的关系。表14.1列出了本章将要使用的方法，指出了它们适用的范围以及潜在应用（其他的多变量方法将在下一章提及）。我们将要使用的第一个方法是斯皮尔曼相关系数，它是用来测定两个顺序变量之间的关系的。

表14.1 相关分析方法概览

方　　法	适用范围	举　　例
斯皮尔曼相关系数	度量顺序变量间的线性相关关系	销售人员的积极性和其销售业绩之间是否存在显著关联？
皮尔森相关系数	度量区间变量间的线性相关关系	消费者年龄和他们对本企业认知之间是否显著相关？
一元回归分析	一个定量（区间或比例）因变量与一个定量自变量之间的函数或公式关系	广告支出是否会对销售收入产生重要的影响？由广告支出的变化所带来的销售收入的变化占整个销售收入变化的百分比是多少？销售收入对广告支出变化的敏感程度有多大？
多元回归分析	定量因变量与多个自变量之间的相关关系	广告支出和价格是否会对销售收入产生重要影响？由广告支出和价格的变化所带来的销售收入的变化占整个销售收入变化的百分比是多少？销售收入对广告支出和价格变化的敏感程度有多大？

14.1 斯皮尔曼相关系数

第 13 章所讨论的卡方相关性检验可以用来检验顺序变量之间的关系。但是，一个更有效的检验两个顺序变量之间关系的方法是斯皮尔曼相关系数（r_s）。我们看下面的这个例子：

例子 多年来，某企业的销售人员一直来自于附近的 10 所商学院。为了了解这 10 所学校的知名度和其毕业生的表现之间是否存在一种相关关系，该企业的销售经理们对这 10 所学校的知名度及从这些学校中招收的毕业生的表现水平进行了主观上的排序。这些排序在表 14.2 的第二、三栏中。

斯皮尔曼相关系数（Spearman correlation coefficient）是一种测度两个顺序变量间相关关系的方法。计算公式如下：

$$r_s = 1 - \frac{6\sum_{i=1}^{n} d_i^2}{n(n^2-1)}$$

其中 d_i 是两个变量在第 i 个样本数据上的排序差，n 是总样本数。$\sum d_i^2$ 取 0 时 $r_s = 1$，也就是说，此时这两个变量的排序是相同的[5]。可能的取值范围在 +1（完全正相关）到 -1（完全负相关）之间。当其取 0 时意味着两个变量之间不存在相关性。

如表 14.2 最后一栏所示，在我们的例子中 $\sum d_i^2$ 的值为 56。因此：

$$r_s = 1 - \frac{(6)(56)}{10(100-1)} = 1 - 0.339 = 0.661$$

r_s 取 0.661 表明这两个变量之间存在较高的相关性。这种关系在统计上是否显著？为了回答这个问题，我们假定这 10 所学校是我们从大量商学院中抽取出的一个随机样本并对其进行检验：

$$H_o: p_s = 0$$
$$H_a: p_s \neq 0$$

表 14.2　学校知名度和毕业生表现的相关关系

商学院	学校知名度的等级	学校毕业生表现排序	排序差	排序差的平方
1	10	8	2	4
2	7	3	4	16

（续表）

表 14.2 学校知名度和毕业生表现的相关关系

商学院	学校知名度的等级	学校毕业生表现排序	排序差	排序差的平方
3	9	7	2	4
4	1	2	1	1
5	6	9	-3	9
6	2	4	-2	4
7	3	5	-2	4
8	8	10	-2	4
9	5	6	1	1
10	4	1	3	9
				$\sum_{i=1}^{10} d_i^2 = 56$

其中 p_s 是两个排序的总体相关系数，当 $n \geq 10$ 时，下面给出的统计检验量将服从一个自由度为 $n-2$ 的 t 分布：

$$t = r_s \sqrt{\frac{n-2}{1-r_s^2}}$$

这个假设检验是一个双尾检验。假设显著性水平为 5%，则自由度为 8（d.f. $= n - 2 = 10 - 2 = 8$）的 t 统计量的临界值分别为 +2.31 和 -2.31。因此，如果 $t > 2.31$ 或 $t < -2.31$ 就拒绝原假设。在此例中：

$$t = 0.661 \sqrt{\frac{10-2}{1-(0.661)^2}} = 0.661 \sqrt{\frac{8}{1-0.437}} = (0.661)(3.770) = 2.49$$

因为 $t > 2.31$，所以我们拒绝原假设，认为商学院的知名度与它的毕业生的工作表现之间具有显著的相关关系。换句话说，样本相关系数为 0.661 不大可能是偶然出现的。

注意到 r_s 取决于对不同排序间差别的计算。它与这样一个理念相矛盾，即比较顺序数据的实际值之间的差异是没有意义的。事实上，在计算 r_s 时我们暗自假定两个变量之间的排序差是可比的。如果它们不可比，则斯皮尔曼相关系数会产生误导。

14.2 皮尔森相关系数

皮尔森相关系数（Pearson correlation coefficient，又称为**皮尔森级差相关**）是

区间或比例变量之间相关程度的测度系数。它在高级多变量分析过程中也起着重要作用。

如何计算和理解皮尔森相关系数？我们以光明牌清洁剂的全国销售为例。表14.3 包含了来自于 20 个地区的数据，变量包括：该清洁剂的月度销售额、该月的广告支出、在每个销售区的其他竞争性的清洁剂厂商的数量。

表 14.3　光明牌清洁剂的数据

市场所在地区	光明牌的美元销售额（千美元）	光明牌的广告支出（百美元）	竞争性清洁剂厂商的数量
1	5	5	15
2	10	13	8
3	6	5	14
4	20	15	5
5	15	10	9
6	9	9	10
7	11	5	12
8	18	13	4
9	22	17	6
10	7	6	13
11	24	19	2
12	14	12	8
13	16	15	6
14	17	14	7
15	23	18	1
16	8	7	11
17	12	10	10
18	13	12	7
19	21	16	7
20	19	16	3

注意，表 14.3 中的数据都是区间数据。理解任意两个变量之间的相关系数的第一步就是在一个二维的平面上描出这些相关数据的位置，我们称之为**散点图**（scatter diagram）。它可以指出这些变量之间以何种趋势以及何种程度联系在一起。图 14.1 描述了销售额和广告支出之间的关系。

从图 14.1 中可以清楚地看到销售额与广告支出之间呈正相关：广告支出越多，销售收入也越高。而且，图中散点的分布看起来遵循一种线性趋势。请注意，线性散点关系的存在是皮尔森相关系数有意义的前提条件，因为皮尔森相关系数就是为了掌握变量间线性关系的。

以皮尔森相关系数为基础的统计推断有两个重要的假定：

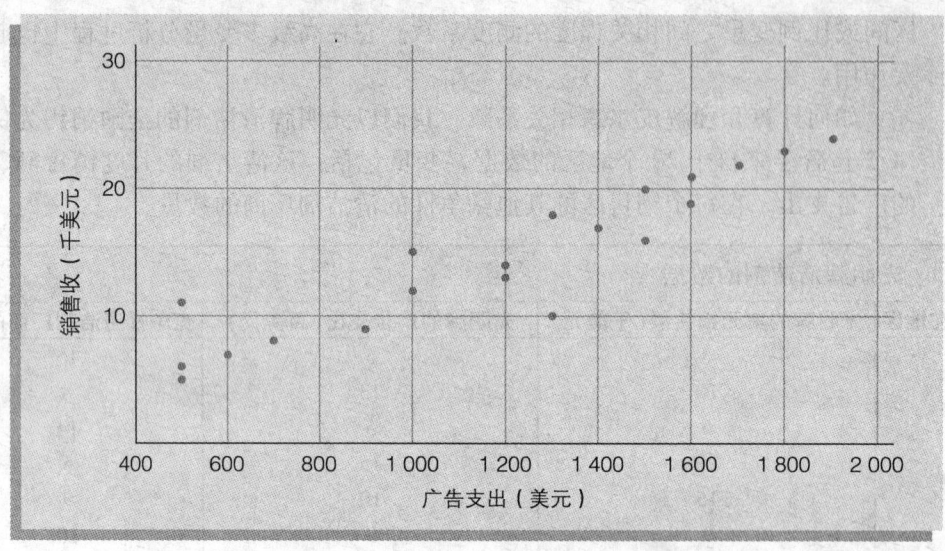

图 14.1　光明牌清洁剂销售收入和广告支出关系的散点图

1. 两个变量必须服从标准正态分布；这就是说，总体中任何一个具有某一给定变量的单位，其另一个变量的值服从正态分布。
2. 不论另一个变量如何取值，服从标准正态分布的变量的方差是不变的。

这些假定很难通过样本数据证明，因此一般被视为是理所当然的[6]。

在图 14.2 中的散点图显示了销售收入和竞争性厂商数量之间的一种潜在的线性相关关系。请注意，这种趋势是一个负相关的关系，即竞争性厂商的数量越多，光明牌清洁剂的销售收入就越低。

当我们将两个变量分别看做是 X 和 Y，则 X、Y 之间的皮尔森相关系数 r_{xy} 可以表示为：

$$r_{xy} = \frac{\sum_{i=1}^{n}(X_i - \overline{X})(Y_i - \overline{Y})}{(n-1)\,s_x s_y}$$

在这里 n 表示样本规模（数据的总个数），X_i 和 Y_i 分别表示第 i 个变量的样本值，$\overline{X}$ 和 $\overline{Y}$ 是平均数，s_x 和 s_y 分别是 X 和 Y 的标准差。

一旦数据确定下来，我们就可以用现有的电脑软件轻松地计算相关系数。但是如果想自己手动计算相关系数的话，我们可以使用一个比这里给出的表达式更简洁的公式，该公式可以在初级的统计或回归分析教科书上找到[7]。

皮尔森相关系数的取值范围和斯皮尔曼相关系数一样，都是在 +1 和 -1 之间。相关系数的符号表明了相关性的趋势，而数值的大小则表明了相关程度。在

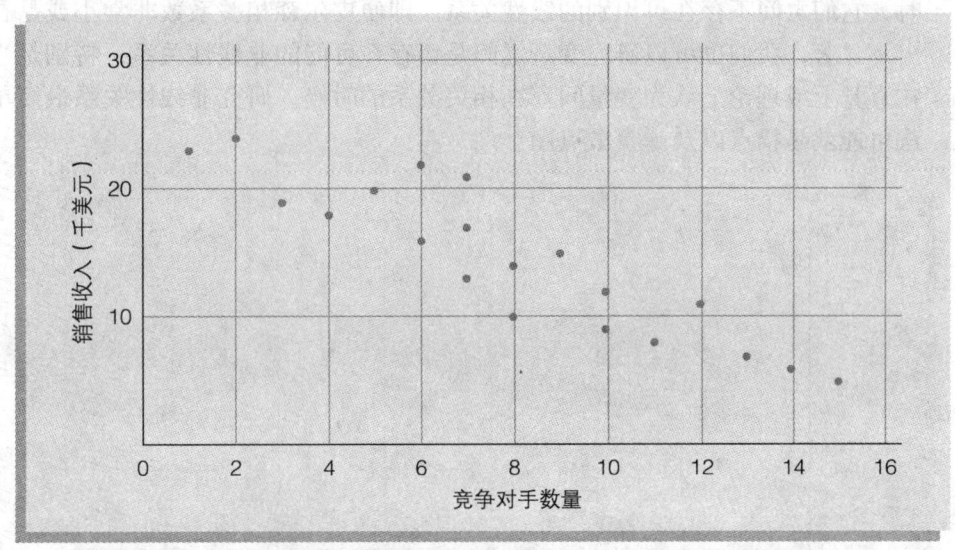

图14.2 光明牌清洁剂销售收入和竞争性厂商数量关系的散点图

我们的例子中,销售收入和广告支出之间的相关系数是0.927。这个数值再次确定了图14.1中的散点图所描述的两者之间明显的正相关关系。与我们对图14.2中散点图的解释相一致,销售收入和竞争性的厂商数量之间的相关系数是-0.909(明显的负相关)。

在一个如下所示的双尾假设检验中,样本相关系数 r 自身就可以作为统计检验量:

$$H_o: p = 0$$
$$H_a: p \neq 0$$

在这里 p 是总体相关系数。r 的自由度为 $n-1$,附录4中列出了它的临界值。在我们的例子中,显著性水平 $a=0.05$,自由度为19(d.f. $= n-1 = 19$),临界值为 $r_c = +0.433$ 和 $r_c = -0.433$。如果 $r > 0.433$ 或 $r < -0.433$ 就作出拒绝原假设的决定。将这个方法用于销售收入和广告支出的相关关系,得出相关系数为0.927,销售收入和竞争性厂商数量之间的相关系数为-0.909,在这两个例子中我们都将拒绝原假设。

尽管皮尔森相关系数在揭示两个变量之间的关系时非常有用,但是在使用中,我们必须考虑两个重要的影响因素。首先,样本相关系数较小(或不拒绝原假设)并不意味着变量间不存在相关关系;它只是表明不存在线性关系。图14.3说明了这一点。该散点图清楚地表明了 X 和 Y 之间存在着明显的 U 形关系。但是在这种情况下皮尔森相关系数接近于0,因为如果将这些数据综合起来考虑时，它们之间不存在可识别的线性关系。即便皮尔森相关系数非常小或是在统计上不显著，我们也可以研究变量之间是否存在可能的非线性关系，特别是当我们在直觉上或理论上认为变量间存在相关关系的时候。研究非线性关系最简单的方法可能就是描点以及观察散点图。

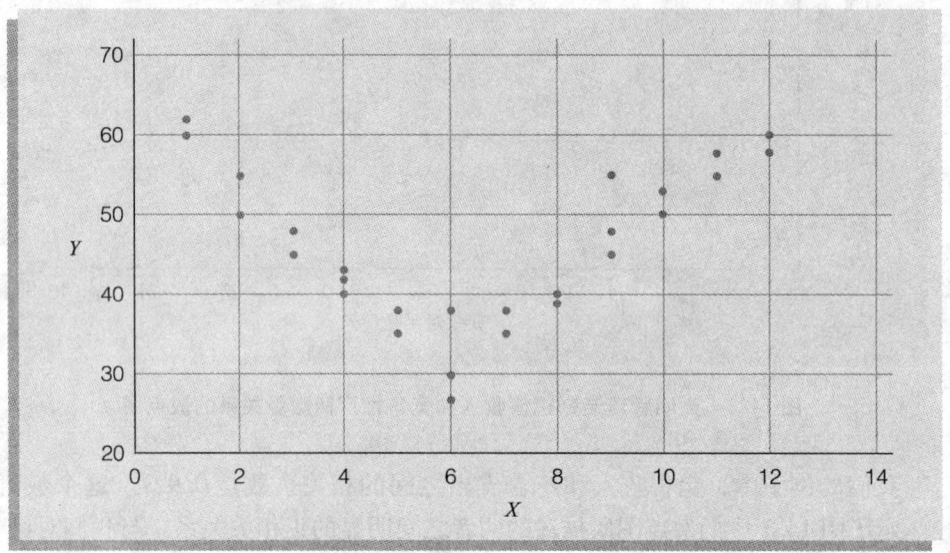

图14.3 散点图表明了变量之间的非线性关系

其次，就像在本书前面所指出的那样，我们并不能由相关关系的存在而推断出变量之间存在因果关系。举例来说，由销售收入和广告支出之间0.927的相关系数并不一定能够推断出广告支出的增加必定会导致销售收入的增加，尽管它常常倾向于得出这样一个结论。该相关系数所能说明的唯一一件事就是：在20个市场的研究中，这两个变量之间的数据遵循一个非常相似的趋势。但是这只能说明，与其他可能的原因相比，这种趋势更可能是来源于销售收入和广告支出之间的因果联系。比如说，对每个市场上特定销售水平的预期可能取决于既定的相对较高或较低的广告支出。因此，除非其他所有的相关因素能够被控制或是既定的，否则仅依赖于相关系数就简单地推出变量之间具有确定的因果关系是非常危险的。实地调研14.1表明了运用SPSS计算国民保险公司数据的皮尔森相关系数的过程。

14.3 一元回归分析

一元回归分析（simple regression analysis）描述了一个自变量（X）和一个因

变量（Y）之间的数学关系（称为回归方程）。**多元回归分析**（multiple regression analysis）描述的是两个及两个以上的自变量（X_s）与一个因变量（Y）之间的数学关系（称为回归方程）。在多元回归中，用来解释或预测因变量的一个或多个变量称为自变量，以散点图 X 轴上的值表示；被解释或被预测的变量称为因变量，以散点图 Y 轴的值表示。

相关分析和回归分析有很多共同点。但是，在目标和假设方面两者仍然存在着一些微小的差别。首先，相关分析主要是用一个值来概括变量之间的相关性及程度，而回归分析是通过一个数学函数或方程式将变量之间联系起来。最终的方程被称作回归方程。

其次，在一元回归分析中，我们必须指派两个变量之一作为**自变量**（independent variable），也就是解释变量或是**预测变量**（explanatory or predictor variable）。这个变量一般被认为是引起其他变量变动的原因，在散点图中用 x 轴描述。第二个变量，也就是受自变量影响的那个变量一般称作**因变量**（dependent），或是被解释变量，它一般在散点图的 Y 轴上予以表示。

最后，在回归分析中同样适用相关分析对数据统计特性的假定，只有一处重要的不同：在回归分析中，只有因变量才是随机的，我们暗含了自变量是一个确定的变量的假定[8]。

建立回归方程

散点图能够直观地发现变量间的统计关系及它们的强弱程度和数据对的可能走向，对于建立回归方程的概念框架是十分有益的。我们再来看图 14.1，管理者有理由假定广告支出是可能的原因变量，也就是说，光明牌清洁剂在 20 个市场地区的广告支出并不受过去或是预期的销售影响。因此，广告支出是自变量并且在图 14.4 的 x 轴中描述出来。销售额，也就是因变量则在 y 轴中描述出来。通过这些点，我们可以画一个散点图。任何一个构建在散点图上的直线在数学上都可以通过以下的有关 x 和 y 的等式加以描述：

$$Y = a + bX$$

在这里 a 和 b 都是常数。

我们如何通过散点图来构建一条合适的直线呢？一种方法就是通过视觉估算在主观上构建一个看起来合适的直线。但是这种方法存在这样一个问题：它不可能只产生一条直线，存在着无数条看起来与散点图拟合很好的直线，就如同图 14.4 所示。因此，我们需要一种更客观的方法来找出拟合程度最好的那条直线。在本书的网站上，我们会讨论一种广泛使用的方法，即最小二乘法（least square approach）。大多数电脑上都装有可以用来进行最小二乘法分析的软件包（比如

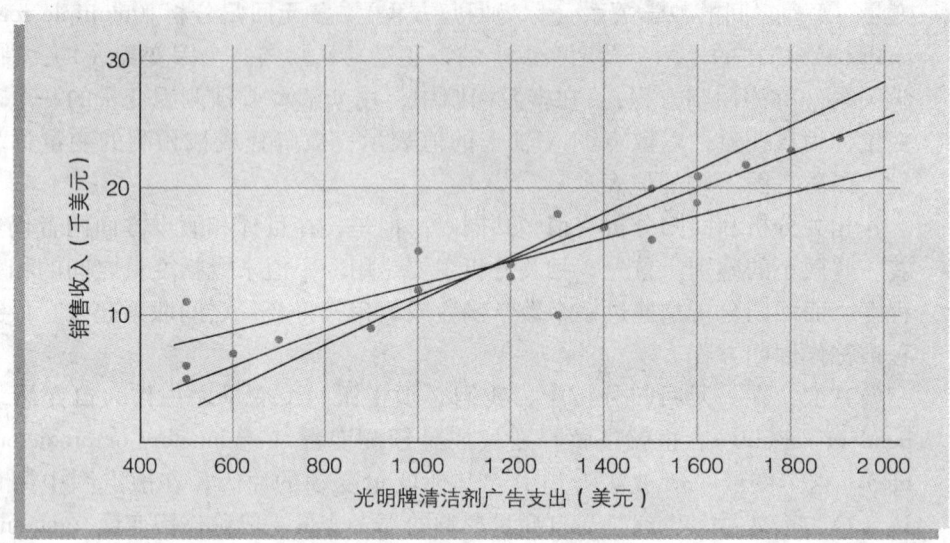

图 14.4　几条主观绘制的回归线

SPSS，EXCEL）。它们可以提供 a 和 b 的数值以及其他各种用于估计回归方程的统计量。表 14.5 列出了基于销售和广告支出数据的回归分析的计算结果（利用 SPSS 软件）。

我们至今还没有讨论能够使我们完全理解这个结果所需的回归分析的概念。因此，我们将首先看图 14.5。

当所有的自变量取零值时，Y 的截距代表了因变量的预期值。假定所有其他可能引起因变量变动的变量保持不变，则斜率表明了自变量和因变量间这样一种关系：自变量每变动一个单位所引起的因变量的变动。

现在，让我们简单地从图表中获取 a 和 b 的数值。在表中 B 代表的是广告支出，它的数值就是 b。在这个数值之上的那个数字就是 a 的值。因此：

$$a = 0.163$$
$$b = 1.210$$

回归方程为：

$$Y_i = 0.163 + 1.210 X_i$$

在这里，Y_i（千美元）是根据给定的广告支出水平 X_i（百美元）利用回归方程估计出的销售收入。

当 $X_i = 0$，$\hat{Y}_i = 0.163$，这也就是常数 a 的值。a 在回归方程中就是 **Y 的截距**（*Y*-intercept），表示的是当自变量取零值的时候，因变量的预期值。常数 b 代表

模式总结

模式	R	R²	修正后 R²	估计值的标准误差
1	.927[a]	.860	.852	2.28

预测值：（常量）光明牌清洁剂广告支出（美元）

ANOVA[b]

模式	平方和	自由度	均方	F 统计量	显著性水平
回归	571.646	1	571.646	110.221	.000[a]
残差	93.354	18	5.186		
合计	665.000	19			

预测值：（常量）光明牌清洁剂广告支出（美元）
因变量：光明牌清洁剂销售收入（千美元）

系数

模式	非标准化系数		标准化系数	t 统计量	显著性水平
	B	标准误差	β		
常量	.163	1.457		.112	.912
光明牌清洁剂广告支出（百美元）	1.210	.115	.927	10.499	.000

因变量：光明牌清洁剂销售收入（千美元）

图 14.5　基于销售和广告支出数据，利用 SPSS 所进行的回归分析的结果

的是 X_i 的系数，也就是方程的斜率。**斜率**（slope）有着十分重要的意义：它表示的是在假定所有其他可能引起因变量变动的变量保持不变的情况下，自变量每变动一个单位所引起的因变量的变动。在我们的例子中，由于销售收入是以每千美元计算的，而广告支出是以每百元美元计算的，b 值为 1.210 说明了：假定其他的相关因素不变，如果广告支出增加（减少）100 美元（即广告支出每一单位的变动），销售收入预期将增加（减少）1210 美元（即预期销售收入 1.210 单位的变动）。

实地调研14.1

国民保险公司：运用SPSS计算服务质量皮尔森相关系数进行

Jill Baxter是国民保险公司消费者服务部门的副总裁，她的助手，Tom Kurtis——消费者服务部门的经理，对消费者反馈的整体服务质量(分为10个等级)和它们在5个维度上各自的平均值感兴趣。

在SPSS中
1. 按ANALYZE键
2. 选择CORRELATE
3. 选择BIVARIATE

在Bivariate Correlations中
4. 将oq, reliable, empathy, tangible, response, 和 assure移到VARIABLES栏中。
5. 点OK。

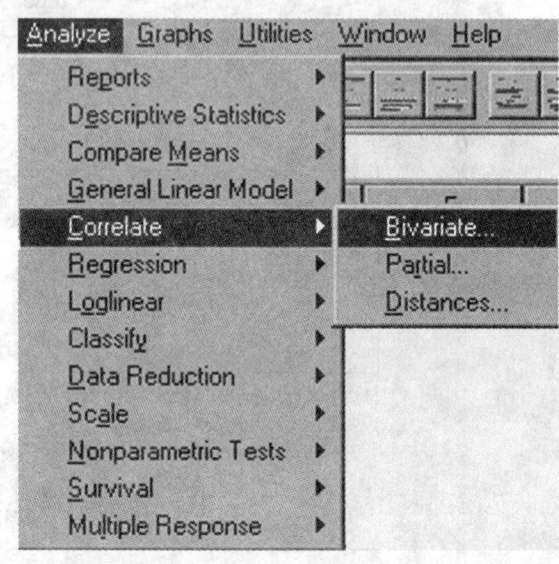

Tom使用SPSS构建了一个回归分析。他列出了他所使用的步骤和最终的结果。

每一个度量服务质量的标准：可靠性、同情心、有形性、响应性和保证性（reliability, empathy, tangibles, responsiveness, and assurance）在0.01的显著性水平下（双尾）都与总体质量(OQ)显著相关。响应性与其相关程度最强，相关系数0.863；而有形性与总体质量水平的相关性最弱，相关系数只有0.504，从数值上来看，所有这些相关性都是有意义的。

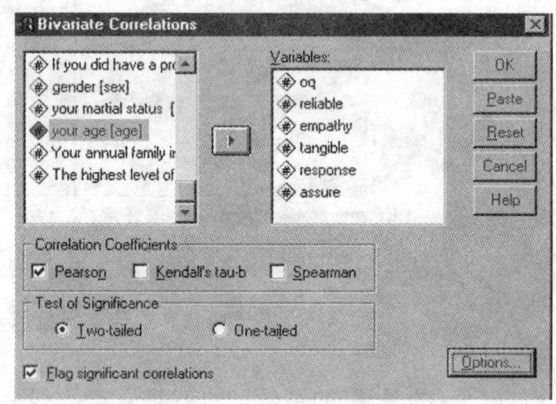

评价回归方程

在给定数据集的情况下，使用最小二乘法将会得到一个拟合最优的直线和最

实地调研14.1

Correlatlons		总体服务质量	可靠性	同情心	有形性	响应性	保证性
总体服务质量	皮尔森相关系数 显著性（双尾）	1 — 268	846* 0.000 251	0.822* 0.000 250	0.504* 0.000 217	0.863* 0.000 260	859* 0.000 254
Reliable	皮尔森相关系数 显著性（双尾）	0.846* 0.000 251	1 — 254	0.826* 0.000 256	0.581* 0.000 217	0.867* 0.000 249	0.842* 0.000 243
Empathy	皮尔森相关系数 显著性（双尾）	0.826* 0.000 250	0.826* 0.000 256	1 — 262	0.648* 0.000 216	0.882* 0.000 250	0.873 0.000 243
Tangible	皮尔森相关系数 显著性（双尾）	0.504* 0.000 217	0.581* 0.000 217	0.648* 0.000 216	1 — 219	0.607* 0.000 219	0.567* 0.000 213
Resoibse	皮尔森相关系数 显著性（双尾）	0.863* 0.000 260	0.867* 0.000 249	0.882* 0.000 250	0.607* 0.000 219	1 — 262	0.921* 0.000 253
Assurance	皮尔森相关系数 显著性（双尾）	0.859* 0.000 254	0.842* 0.000 243	0.873* 0.000 243	0.567* 0.000 213	0.921* 0.000 253	1 — 256

* 相关系数显著性水平为0.01（双尾）。

有效的方程。但是，当我们观察到这些数据在散点图上的分布不是相对集中而是相对分散，从而不存在一个相对集中的向上倾斜或向下倾斜趋势的线性组合时，此时回归方程的结果的准确度是令人怀疑的。

为了说明这种情况，我们来考察图14.6中的两个散点图。假设对这两个散点图的最小二乘法分析得出了两个相同的回归方程（即 a 和 b 的值相等）。但是直观上来看，来源于图14.6（a）的散点图的回归方程比来源于14.6（b）散点图的回归方程更有效也更令人信服。但是，我们必须使用更客观的标准来评价回归方程的好坏。其中一个标准就是拟合优度，用 R^2 来表示。**拟合优度**（coefficient determination）是回归方程中自变量对因变量预测程度的一个整体测量。

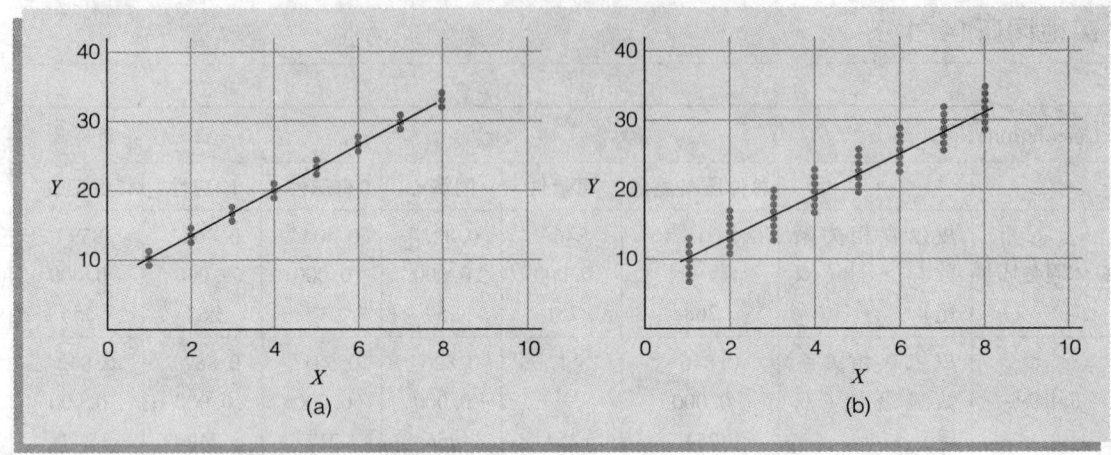

图 14.6 由两个不同散点图得出的两个相同的回归方程

对于给定的 X 的值，如果不用回归方程，那么该用什么来对 Y 值进行估计呢？最优的估计应该为 $\bar{Y}$，即因变量的平均值。尽管 $\bar{Y}$ 可能会高估或低估真实值，但是平均来看，(涵盖所有的预测值时) 高估的部分和低估的部分会抵消掉。

对于任何一个给定的 X_i，Y 的实际值和平均值之间的背离，也就是 $(Y_i - \bar{Y})$ 被称作总变差 (total deviation)。总变差的平方值之和，也就是 $(Y_i - \bar{Y})^2$ 涵盖了散点图中所有数据的 $(Y_i - \bar{Y})^2$，是 Y 对于其平均值偏离程度的测量。这个总和被称作总平方和 (total sum of squares)，用 SS_T 来表示。当回归方程为已知时，SS_T 中的一部分可由回归方程来解释。可以由回归方程解释的那部分被称作回归平方和 (regretssion sum of squares)，记作 SS_R。不能被回归方程所解释的那部分被称作误差 (error)，或者叫做残差平方和 (residual sum of squares)，记作 SS_E。

最小二乘法适用于在散点图上存在线性趋势的方程，此时 SS_E 为可能的最小值。由于 SS_T 的值是由原始的 Y 所决定的，与拟合程度最好的直线相联系的 SS_R 就应该尽可能取较大的值。直观上看，在给定 SS_T 的条件下，SS_R 的值越大，回归方程就越好。因此，判断一个回归方程的好坏的一个方法就是检测 SS_R 和 SS_T 之间的比率，而这也就是拟合优度所起到的作用。

$$R^2 = \frac{由回归方程解释的平方和}{总平方和} = \frac{SS_R}{SS_T}$$

图 14.5 计算结果右边的那部分包含了在总平方和 (Sum of Squares) 标题下的 SS_R 和 SS_T 的取值，它们是：

$$SS_R = 571.646$$
$$SS_E = 93.354$$
$$SS_T = SS_R + SS_E = 665$$
$$R^2 = \frac{SS_R}{SS_T} = \frac{571.646}{665} = 0.860$$

因此，从我们例子中的回归方程来看，广告支出的变动可以解释86%的收入变动。

R^2 的取值在 0 到 1 之间。如果与回归方程想联系的散点图中散点的分布没有表现出明显的向上倾斜或向下倾斜的线性趋势的话，R^2 的值应该会接近于 0。如果散点图中散点的分布是一条水平线的话，回归线此时就是一条与 $\bar{Y}$ 重合的水平线，并且 $Y = \bar{Y}$。基于这样一条回归线的估计值将几乎与给定的 $\bar{Y}$ 相等。此时 R^2 为 0。当散点图中散点的分布具有完全的向上或向下的趋势时，R^2 将取什么值呢？在这种情况下，SS_E 将取值为 0，SS_R 与 SS_T 相等，R^2 为 1。

利用 SS_R 和 SS_T 之间的比率计算出的 R^2 的值在图 14.5 中也列出来了，在 R^2（R square）值的下面。旁边是修正的 R^2，在考虑了构建回归方程的一系列可得的自变量的数据之后，修正的 R^2 的值就可以计算出来。一般而言，修正的 R^2 要比 R^2 小。关于为什么要进行修正以及如何修正的探讨在任何一本有关高级回归分析的课本上都可以找到[9]。我们以后都使用未修正的 R^2，因为它更为直观。

电脑输出的 R 仅仅是 R^2 的平方根。它一般被称作是多元回归系数，表明因变量和自变量之间的总体相关程度。由于我们的例子中只有两个变量，因此 0.927 的多元相关系数就与销售收入与广告支出之间的皮尔森相关系数是相等的。在任何一个双变量的回归分析中，自变量和因变量之间的皮尔森相关系数的平方与拟合优度的值是相等的。

检验 R^2 的显著性 R^2 的值是度量回归方程拟合优度的重要方法。R^2 的值越大，方程的可信程度就越高。然而，回归方程和 R^2 都是建立在样本数据基础上的。因此，在特定的样本数据下，我们有时候会得到一个相对较大的 R^2 值，然而此时在总体数据中，自变量和因变量之间实际上可能并不存在相关性。举例来说，假设我们获取的销售收入和广告支出的数据来源于这样一个样本，该样本是我们从所有市场中随机抽取出的两个市场。根据这些数据所描绘出的散点图只有两个点构成。不管这些点分布在平面图的什么地方，我们都可以找到一条适合的直线来描述它们。因此，R^2 将会等于 1，因为拟合是完全的。但是我们不能认为这样一条回归线准确地代表了销售收入和广告支出之间任何一种潜在的相关性。因此，R^2 的值较大是必要的，但它却不能肯定地说明回归方程是可信赖的。我们需要一个适当的方法，来检验来源于样本数据的非零的 R^2 值是否能够准确地反映总体的潜在的线性相关性。我们可以通过计算以下 F 统计量的值来看样本 R^2 的值是否显著不为零：

$$F = \frac{SS_R/k}{SS_E/(n-k-1)}$$

其中 k 是方程中自变量的个数，n 是样本规模。为了确定 F 统计量的临界值，我们需要知道与 F 统计量相关的两个自由度：一个是分子的自由度，为 k；另一个是分母的自由度，由 n-k-1 给出。显著性水平为 0.05 的条件下的 F 统计量的临界值在附录 5 中可以查到。在本例中，$k=1$，$n-k-1=18$。由该分子和分母的自由度水平，从附录 5 中查到 F 统计量的临界值是 4.41。本例中的决策规则为，如果 F 统计量的取值大于其临界值，我们就可以拒绝认为 R^2 的值并非显著不为零的原假设。

在我们的例子中，F 统计量的值为：

$$F = \frac{571.646/1}{93.345/18} = \frac{571.646}{5.186} = 110.221$$

由于 F 统计量的值大于其临界值，所以我们可以推断出 R^2 为 0.860 在统计上是显著的，而不是因为样本数据的某些特征所造成的。

我们已经介绍了如何使用 F 统计量进行检验的方法，现在我们将正式定义几个检验中使用的重要方法的概念。这些概念有助于我们理解以后将要介绍的其他方法。其中一个概念就是均方（mean square）。它是用平方和的值除以与其相对应的自由度得出的。F 统计量的分子（SS_R/k）和分母（$SS_E/n-k-1$）都是均方。SS_R/k 是回归均方，我们可以将其理解为每单位自变量所引起的总变差平方和的均值的变化。$SS_E/(n-k-1)$ 是误差均方或残差均方，可以粗略地理解为回归方程中未能解释的总变差平方和的均值。从这些说明中我们可以看出，为什么一个较大的回归均方和较低的残差均方，以及由此得到的一个较大的 F 值能够表明 R^2 的值在统计上是显著的。由电脑计算出的均方值以及 F 统计量的值在图 14.5 中给出。

残差均方的开方被称为回归的标准差（standard error of the regression）。从概念上讲，它是一种无法由自变量的变化（或是多元回归方程的多个自变量）所解释的那部分因变量变化的标准差。一般用 $s_{y/x}$ 作为与某个一元回归方程相对应的标准差的记号，它由下面的式子给出：

$$s_{y/x} = \sqrt{\frac{SS_E}{n-k-1}}$$

标准差 $s_{y/x}$ 的值列在图 14.5 中（标注在估计的标准差下面），它的值为 2.28。

它是残差均方值 5.186 的开方。在为回归方程得出的预测值构建置信区间时，回归标准差的概念是非常重要的。同样重要的是判定斜率是否显著不为 0。我们将在下面进行讨论。

斜率的显著性检验：判定一个回归方程是否有效的一个重要步骤就是检验自变量的系数是否显著地不为 0。一个基于样本数据（定义为 $\hat{Y}_i = a + bX_i$）的回归方程（如 $\hat{Y}_i = a + bX_i$）是对一个潜在的总体回归方程（$\hat{Y} = \alpha + \beta X_i$）的重要反映。总体回归方程只有在全部的总体数据都是可得的情况下才能被构建出来。换句话说，斜率 b 仅仅是总体参数 β 的样本估计值。判定斜率在统计上的显著性也就是检验下面这个假设：

$$H_o: \beta = 0$$
$$H_a: \beta \neq 0$$

在这里最优的检验统计量是 t 统计量，将其表示为：

$$t = \frac{b - \beta}{s_b}$$

其中 s_b 是 b 的标准差，定义为：

$$S_b = \sqrt{\frac{s_{y/x}^2}{(n-1)\, s_x^2}}$$

s_x 是与我们所要判断显著性水平的斜率相对应的自变量的标准差。t 统计量的自由度为 $n - k - 1$（在我们的案例中，d.f. = 18），该假设检验为一个双尾检验。从附录 3 中得知，在 0.05 的显著性水平下，案例中统计量的临界值分别为 +2.10 和 −2.10。因此，如果 $t > 2.10$ 或 $t < -2.10$，我们就将拒绝原假设。

在计算 t 统计量之前，我们需要先确定 s_b 的值。在我们的案例中，广告支出的标准差（即 s_x）的值是 4.534，因此：

$$S_d = \sqrt{\frac{(2.28)^2}{(20-1)\,(4.534)^2}} = 0.115$$

s_b 的值显示在图 14.5 所示的计算结果中标准误差项的下面。由此可得：

$$t = \frac{b - \beta}{sb} = \frac{1.210 - 0}{0.115} = 10.499$$

由于 $t > 2.10$，我们就应该拒绝原假设 H_o，认为估计出的取值为 1.210 的斜率在统计上是显著不为 0 的。

在一元回归分析中，检验 b 值显著性水平的 t 统计量与检验 R^2 值显著性水平

的 F 统计量是等价的。实际上，t 统计量的值是与 R^2 相对应的 F 统计量的开方（我们可以从案例中得到证实）。我们也可以通过描述当 b 为 0 时真实回归线的性质来看出这两种检验的等价性。该条线是完全水平的，暗含了此时 R^2 的值为 0。同样的，当 R^2 的真实值为 0 时，β 的值也为 0。在多元回归分析中，只存在一个总体的 F 检验但是存在多个 t 检验。每一个 b 值都有一个对应的 t 检验。此时，认为对 R^2 的 F 检验和 t 检验是等价的观点就是没有什么意义的（我们之后将对该话题进行更详细的讨论）。

通过分析图 14.5 中的计算数据，我们可以得出最终的结论：在 β 标记下的数值并不一定是真实回归线斜率 β 的值。相反，它仅仅是标准的回归系数。也就是在使用最小二乘法回归分析之前，当所有变量的数据都是标准化的数据（即均值为 0，标准差为 1）时的 b 值。我们发现回归系数有这样一个缺陷，它们依赖于变量的样本规模。如果广告支出是用每千美元来衡量（而不是以每百美元），回归系数就将变小。基于这个原因，许多研究人员倾向于使用标准化的系数（该系数标注在 SPSS 计算结果中 Beta 项那一栏里）。如果回归使用的是标准化的变量数据，则可以得到标准化的系数。标准回归系数在多元回归分析中是有效的，因为我们可以通过比较自变量之间该取值的大小来获取各个自变量对因变量相对影响的大小。若其他自变量不变，标准化的回归系数的值越大，某个自变量对因变量的相对影响也就越大。

14.4 回归方程的实际应用

我们已经探讨了许多关于如何构建、分析和评价回归方程的问题，在我们继续讨论多元回归分析之前，我们将转而对一元回归方程的实际应用进行讨论。

我们先假定设定的回归方程是有效的。也就是说，它拥有一个相对较高且在统计上显著的 R^2 的值（没有特定的标准来告诉我们多大的 R^2 的值才是相对较高的，但在实际应用中，一般认为 0.7 左右或是大于 0.7 的 R^2 值就被看做是适当的）。回归方程的用途体现在以下两方面：

首先，回归系数（regression coefficient），即斜率，可以表明因变量的变化对自变量变化的敏感程度。为了进一步说明，假定生产光明牌清洁剂的公司最近在一个特定市场上投入了 2000 美元作为该清洁剂的广告费用。它们计划将其广告预算削减 20%，想知道该项措施将会使该市场上的销售收入降低多少。该公司想要了解的信息可以从我们设定的回归方程的斜率中得到：

$$b = 1.210$$

这里必须要考虑到 X 和 Y 的度量单位。上面的 b 值意味着广告支出每减少

100 美元，销售收入就将下降 1210 美元。同样，预计的广告支出的减少额 = 2 000 × 0.2 = 400 美元。所以：

$$预期的销售收入的减少额 = \frac{1.210 \times 400}{100} = 4\ 840\ （美元）$$

其次，回归方程是在给定自变量取值的情况下，预测因变量取值的预测工具。举例来说，假定生产光明牌清洁剂的公司想要对一个准备投入 750 美元用于该清洁剂广告宣传的市场上的销售收入进行预测。我们只需令回归方程中的 X_i 等于 7.5 并求出 $\hat{Y}_i$ 就可以得到我们所需要的预测结果（注意，广告支出在回归方程中是以每百美元来衡量的）。

$$\hat{Y}_i = 0.163 + 1.210 X_i = 0.163 + 1.210\ （7.5）\ = 0.163 + 9.075 = 9.238$$

因为在回归方程中，销售收入是以每千美元来衡量的，所以预测的销售收入以美元来表示的数值就应为：

$$9.238 \times 1\ 000 = 9\ 238\ 美元$$

大多数有关回归方程的实际应用都涉及某种形式的预测。但是并不是所有的应用都是用于销售收入的预测[10]。实地调研 14.2 表明了在各种不同的情况下可以运用回归分析进行有效预测的情形。

14.5 运用回归分析时需要注意的问题

回归分析的广泛应用以及电脑操作软件的进展在很大程度上推动了研究人员们广泛地使用这种方法，但是他们常常忽略这种方法在研究中的适用性以及这种方法的缺陷。因此，在使用回归分析之前，研究人员必须了解一些重要的限制条件，忽略这些因素可能导致错误的推论[11]。本节将讨论一元回归分析的限制条件，这些限制条件也适用于多元回归分析（这将在下一节中予以讨论）。

第一，与相关分析的情形相类似，回归分析也只适用于分析自变量和因变量间的线性关系。当散点图并未给出一个明显的线性趋势时，我们所使用的回归方法就不适用了[12]。

第二，一个具有显著的 R^2 值的回归方程并不一定能够表明自变量和因变量之间具有因果关系。这一点是特别值得注意的。在将一个变量定义为因变量而另一个定义为自变量的惯例下，一个粗心的研究人员可能会在回归结果是显著的情况下，认为前者（因变量）的变化是由后者（自变量）的变化所导致的。但实际情况却是，两个变量之间的因果关系的特定方向必须是来源于先验信息和理论上的考虑。而不是来源于变量数据的数学变换。注意，是研究人员而不是回归方法来指定哪一个变量是自变量、哪一个变量是因变量。

实地调研14.2

回归方程的应用：进行回归分析的说明性情景

情　　景	可能的因变量	可能的自变量
Curisshi 是该国一个经济萧条地区建筑行业的游说家，他目前的任务是让地方政府官员对建筑行业一系列的税收减免计划投赞成票。他正考虑是否可以提供一个具体的证据来说明税收减免能够刺激建设活动的增多，从而使该地区受益。	失业人数或失业率，这两个变量的数据可以从国内各个地区的样本数据中得到。	建筑许可证颁发的数量或正在进行中的建筑工程的数量。这些变量的数据应当从同一个样本中获得。
Carol 是一个大学图书馆的主要负责人。她想要增加来图书馆借书的学生人数以及每个学生借书的数量。但是，她觉得她需要用一些有说服力的证据来表明借书数量的增长对学生是有利的。	过去学生的成绩，这个变量的数据需要根据过去到图书馆借图书的学生记录中取得样本。	借书的数量；假定图书馆拥有学生借书的记录。变量的数据也可以从同样的关于学生的记录的样本中得到。
Jack 是一个负责整合和促进行业贸易展览协会的官员，正在考虑参加贸易展览人数的影响程度和性质。	参观贸易展览的人数、该组织过去的记录，这些变量的数据可由贸易展览一个有代表性的样本得到。	贸易展览参展商的数量；该数据可以从过去的记录中获得。

我们再来看看实地调研14.2中分析的第二部分。假定图书管理员 Carol 构建了一个回归方程，该回归方程的因变量为学生的成绩，自变量为所借图书的本数。并且该方程的 R^2 值在统计上是显著的，数值为9。那么，这个结果是否就意味着好成绩是由借书数量的增多引起的呢？结论并不一定是这样，尽管 Carol 想要得出这样一个结论。对这个方程的结果还有另外一个似是而非的解释，就是那些借了大量图书的学生的人数也可以使得 R^2 的值很大，且在统计上是显著的。因为他们很勤奋，并且在开始时成绩就比较好。换句话说，Carol 可以通过将回归方程中的自变量和因变量进行转换，而仍然得到一个较大的 R^2 值。

第三，当预测所需要的自变量的值超过了构建方程时所适用的取值范围时，回归方程就不大可能得到一个令人信服的因变量的预测值。举例来说，在构建光明牌清洁剂销售收入的回归方程时，其广告支出的实际取值范围在500美元到1 900美元之间。如果广告支出的费用水平是50美元或2 500美元，而我们仍然使用该回归方程来预测与之相关的销售收入的话,那么该预测值就是有风险的。如果在散点图上描进新的数据点的话,向散点图的两边延伸后的新的散点图是否与原来的散点图遵循同样的线性趋势呢?我们并不知道。事实上,即使自变量是在原有的取值范围内取值,随着我们在任一方向上对样本均值($\bar{X}$)的偏离,预测误差也会增加。

对于给定自变量取值的回归方程的预测仅仅是一个点估计。我们可以对每一个这样的预测值构建一个预测区间(这与我们在第 11 章所讨论的 95% 的置信区间相类似)。举例来说,95% 的置信区间就是,因变量的真实值落在所有估计出的因变量的取值范围中的可能性是 95%(因变量的取值是在给定的自变量取值的基础上估计出来的)。在大多数统计学教科书上都有如何构建置信区间的函数式[13]。由自变量不同取值水平所产生的置信区间的图形如图 14.7 中所示。它是沙漏状的。

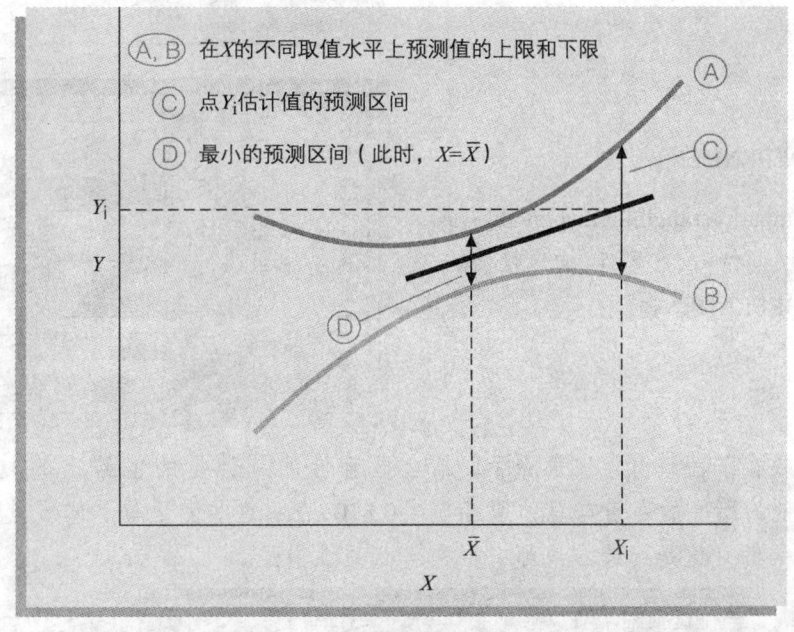

图 14.7　与回归方程相关的预测区间

第四,建立在一个数据相对较少的样本上的回归方程也有可能是不准确的。如前所示,建立在一个仅有两个数据基础上的回归方程,不管这两个数的取值如何,它的 R^2 的取值都为 1。样本规模以及可得数据的数量在多元回归分析中尤其重要。当样本规模较小时,若引入太多的变量将会人为地导致一个非常大的 R^2 的值。经验规则认为回归方程中的每个自变量至少要有 10 个样本数据与之对应。

实地调研14.3

国民保险公司:运用SPSS进行多元回归

吉尔和汤姆构建多元回归感兴趣。在多元回归中,对总体服务质量的感觉为因变量,五个不同方面的比率为自变量。SPSS的对话框如下图所示:

1. 点ANALYZE键
2. 选择REGESSION
3. 点LINEANAR键

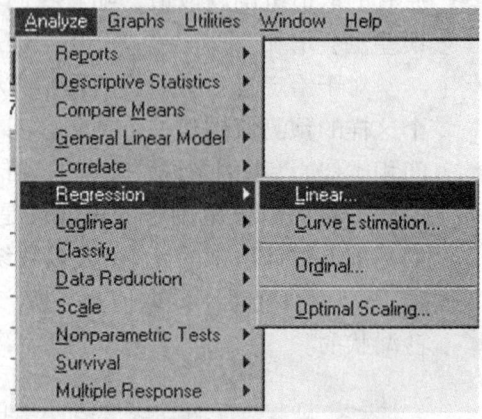

4. 将OQ移到DEPENDENT栏中
5. 将reliable,empathy,tangible,responsible,assure(可靠性、同情心、有形性、响应性、保证性)移到INDEPENDENT栏中
6. 点OK

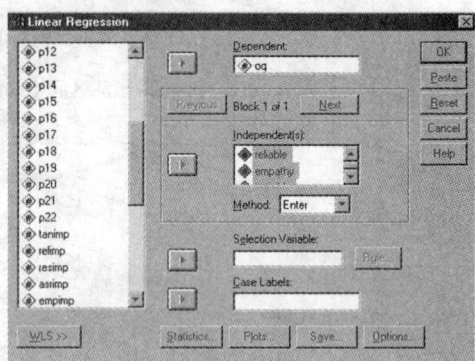

SPSS的结果在下面给出,注意除了同情心empathy,其他的所有的变量与总体服务质量都是显著相关的(这是由最右边那一栏中显著性的统计量的值给出的)。R^2的值为0.810,表明这些变量与总体质量水平之间的相关性很强。

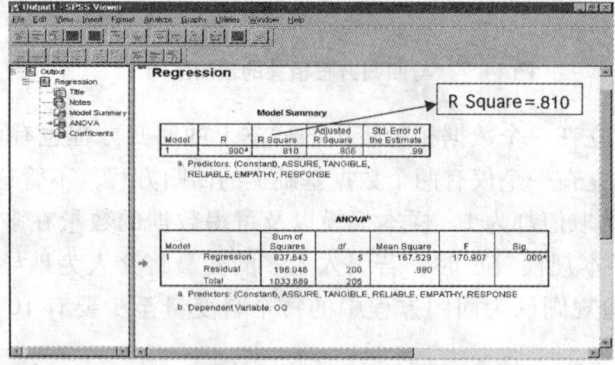

实地调研14.3

回归分析

	系　　数*				
	未标准化系数		标准化系数		
Model	B	标准误差	β	t	显著性水平
常量	0.263	0.394		0.668	0.505
可靠性	0.505	0.101	0.327	5.003	0.000
同情心	0.123	0.115	0.076	1.075	0.284
有形性	-0.198	0.085	-0.093	-2.333	0.021
响应性	0.247	0.133	0.167	1.858	0.065
保证性	0.685	0.135	0.428	5.053	0.000

* 因变量：总体服务后量

第五，自变量和因变量数据的取值范围将会影响回归方程的有效性。要使回归方程有效就必须使两种变量的取值范围尽可能的广。当任一变量的取值范围较窄的时候，想要得到一条最优的回归线是很困难的。

14.6　多元回归分析

当因变量受到多于一个自变量的影响时，以及确定所有这些自变量都可用来解释因变量的变化时，多元回归分析就是有用的。我们可以用 k 个自变量来写出如下的一个多元回归方程：

$$\hat{Y}_i = a + b_1 X_{1i} + b_2 X_{2i} + \cdots + b_k X_{Ki}$$

这里 $\hat{Y}_i$ 是某个样本 i 中因变量的估计值。$b_1 X_{1i}$，$b_2 X_{ki}$，…，$b_k X_{ki}$ 是样本 i 中各个自变量的取值。b_1，b_2，…，b_k 是与自变量相联系的回归系数（或斜率）。a 表示的是当所有自变量取值都为 0 时，Y 的预测值，也就是 Y 轴的截距。斜率 b_1 到 b_k 的意义与一元回归分析中是相同的。举例来说，b_k 表示的是每单位 X_k 的变化所引起的 Y 的变化。此时假定所有其他的变量都保持不变。

Y 的截距与斜率的取值都可以通过使用最小二乘法得到。该方法的使用与我们在讨论一元回归分析时是类似的。只要得到了一个数据集合（如表 14.3 中的那样一个数据集合），我们就可以通过使用标准的电脑软件包立即得到它们的值。实地调研 14.3 描述了使用 SPSS 对国民保险公司的数据进行多元回归分析的过程。

在我们前面所讨论的回归方程中，光明牌清洁剂的广告支出是唯一的一个自变量。但是，我们发现，在相关关系的分析中，竞争性厂商的数量与光明牌清洁剂的销售收入也有很强的相关性。因此，构建一个将广告支出与竞争性的厂商数量都作为自变量的回归方程将是有意义的。基于表14.3中的数据，进行多元回归分析，利用SPSS计算的结果如图14.8所示。

广告支出和清洁剂竞争厂商的数量是自变量。若除去新增的竞争性厂商数量这个变量，则这个计算结果的函数式就和一元回归分析的结果是一样的（图14.5）。用Y来表示销售收入（以每千美元来计算），X_1代表广告支出（以每百美元衡量），X_2代表竞争性厂商的数量（以竞争性厂商的实际数量来表示）。我们可以将回归方程写作：

$$\hat{Y}_i = 8.854 + 0.808X_1 - 0.498X_2$$

为了简化方程，我们将变量的下标i省略掉了。同样，我们可以从计算机输出的结果中直接得出a（8.854），b_1（0.808），b_2（-0.498）的值。b_2前面的负号来源于销售收入和竞争性的厂商数量之间的一个反向变动关系（见图14.2）。

在多元回归方程中，R^2的值为0.873。因此，在光明牌清洁剂销售收入的总变动中，由广告支出和竞争性厂商的数量两者共同解释的部分约占87%。该R^2的F统计量的值为58.293。其中分子的自由度为$k=2$，分母的自由度为$n-k-1=17$。在0.05的显著性水平下，F统计量的临界值是3.59（查附录5）。由于计算出的F统计量的值大于临界值，我们因此可以推断出R^2的值在统计上是显著的，并且该回归方程是有效的。

在多元回归分析中一个统计上显著的R^2值并不一定意味着所有的回归系数b在统计上都是显著不为0的。每一个b值都应该运用t统计量分别进行显著性检验。其方法与一元回归分析中的检验是类似的。因为在我们的多元回归中有两个自变量，所以必须进行两个假设检验：

$$H_o: \beta_1 = 0 \quad H_a: \beta_1 \neq 0$$

和

$$H_o: \beta_2 = 0 \quad H_a: \beta_2 \neq 0$$

每个回归系数的统计量值都在图14.8中给出。t统计量的自由度为$n-k-1=17$。假定显著性水平为0.05，双尾假设检验t统计量的临界值分别为2.11和-2.11（查附录3）。b_2的t统计量的值为负数。

将这些值与t统计量的临界值相比较可得，b_1在统计上显著不为0，而b_2则

模式总结

模式	R	R²	修正后 R²	估计值的标准误差
1	.934[a]	.873	.858	2.23

预测值：（常量）竞争对手数量、光明牌清洁剂的广告支出（百美元）

ANOVA[b]

模式	平方和	自由度	均方	F 统计量	显著性水平
回归	580.373	2	290.187	58.293	.000[a]
残差	84.627	17	4.978		
合计	665.000	19			

预测值：（常量）竞争对手数量、光明牌清洁剂的广告支出（百美元）
因变量：光明牌清洁剂的销售收入（千美元）

系数

模式	非标准化系数 B	非标准化系数 标准误差	标准化系数 β	t 统计量	显著性水平
常量	8.854	6.717		1.318	.205
光明牌清洁剂广告支出	.808	.324	.619	2.496	.023
竞争对手的数量	−.498	.376	−.328	−1.324	.203

因变量：光明牌清洁剂的销售收入（千美元）

图 14.8 利用 SPSS 对表 14.3 中的数据进行多元回归分析的结果

不是这样。换句话说，根据我们多元回归的结果，尽管广告支出对销售收入有很重要的影响，但是竞争性厂商的数量对销售收入的影响却不明显。这个结果令人感到惊讶，因为从我们前面的讨论中可以看出，销售收入与竞争性厂商数量之间的皮尔森相关系数是很高的（为 −0.909），并且该值在统计上是显著的。对这个明显不正常的情况的解释依赖于这样一个事实，即两个自变量之间具有较强的联系。这可以从表14.3中看出来。当多元回归方程中自变量之间是高度相关的时候，我们就说自变量之间存在**多重共线性**（multicollinearity）。当存在多重共线性时，对单个回归系数的解释是很困难的，而且容易产生误导。这一点我们将在下一部分中看到。

14.7 多重共线性的含义

多重共线性是一个经常会遇到的问题。我们在解释一个多元回归方程时必须先检验变量间是否存在多重共线性。大多数电脑软件都会在回归结果的分析中提供一个所有变量之间相关系数的矩阵，图14.9中就包含了一个这样的相关系数矩阵。该矩阵是利用SPSS软件对光明牌清洁剂的销售收入作多元回归分析所得出的。在图14.9中，广告支出和竞争性厂商的数量之间高度的相关性表明，分析它们的回归系数将是有风险的。在使用多元回归的方法时必须检验这样一个相关系数矩阵，并且在解释任意一个与其他一个或多个自变量有较强相关性的自变量的相关系数（斜率）时要十分谨慎。

相关分析

		光明牌清洁剂的销售收入（千美元）	光明牌清洁剂的广告支出（百美元）	竞争对争的数量
光明牌清洁剂的销售收入（千美元）	皮尔森相关系数显著性N（双层）	1.000 — 20	.927 .000 20	-.909** .000 20
光明牌清洁剂的广告支出（百美元）	皮尔森相关系数显著性N（双层）	.927** .000 20	1.000 — 20	.937** .000 20
竞争对争的数量	皮尔森相关系数显著性N（双层）	-.909** .000 20	.937** .000 20	1.000 — 20

**Correlation is significant at the 0.01 level(2-tailed).

图14.9 利用表14.3中的数据进行回归分析的SPSS结果

我们可以从其他地方找到当存在多重共线性时对回归方程系数解释困难的理由[14]。实际上，只要我们对回归系数的总体解释进行再检验，就可以从直觉上发现为什么会存在困难了。因为我们在进行回归分析时假定了当其他所有的变量保持不变时，某一自变量的单位变动将会导致的因变量的变动。在这里我们要强调的一点就是，当存在多重共线性时，上述条件不能被满足。换句话说，就是如果两个变量之间存在高度的相关性，则其中一个变量的变化将会同时引起另一个变量的变化。因此，我们将很难弄清楚单个自变量变动的影响程度[15]。

利用光明牌清洁剂公司的有关数据进行一元回归和多元回归分析，可以得出了广告支出的两个不同的回归系数值。在一元回归分析中（图 14.5）它的值为 1.210；而在多元回归分析中（图 14.8），它的值为 0.808，尽管我们在两个回归分析中使用的是同一个广告支出和销售收入的数据集合。在多元回归分析中 b 值较低是由于广告支出与竞争性的厂商数量之间存在着高度相关性。其中不是广告支出的回归系数 0.808 和竞争性厂商数量的回归系数 -0.498 都无法得出清晰的解释，因为由这两个变量之间存在着严重的共线性。如果它们之间的共线性很弱，那么多元回归分析中广告支出的回归系数就会接近它原来的值 1.210。进一步说，我们可以有效地解释竞争性厂商数量和广告支出之间标准化的回归系数（在电脑输出结果 Beta 项的下面列出）。如果竞争性厂商的数量和广告支出之间只有很弱的相关性，那么它们的标准化的回归系数（对竞争性厂商来说是 0.328，而广告支出的该值为 0.619）的相对大小将表明，在解释光明牌清洁剂销售收入的变动中，广告支出变动的作用要比竞争性厂商数量变动的作用强大约两倍。

多重共线性的存在并不意味着回归方程是无效的。只要 R^2 的值较大且在统计上是显著的并且所有自变量的取值是给定的，我们仍然可以继续使用该方程来预测 Y 值。但是，需要注意的一点是，自变量的相关取值必须和用于多元回归方程的数据取值的一般情形相一致。

考察利用光明牌清洁剂的销售收入数据得出的多元回归方程，输入的广告支出和竞争性厂商数量的数据（表 14.3）不能同时取较大的值和较小的值。因为这两个变量之间存在明显的负相关性。如果我们想要用一组自变量新的数据来预测该清洁剂的销售收入，为了使预测是有效的，其中一个数据的取值必须较大而另一个数据则较小。举例来说，当广告支出为 650 美元，而竞争性厂商数量为 2 时，该回归方程对销售收入的预测恐怕就是不可靠的。这两个值在数据集的取值范围中都处于相对较小的部分。

多重共线性并不是多元回归分析中唯一的潜在限制因素。我们在一元回归分析中所讨论的注意事项也同样适用于多元回归，我们必须注意到这些问题以避免推导出错误的结论。这些注意事项包括:(1)必须牢记回归分析讨论的只是自变量和因变量之间某种程度上的线性关系;(2)仅仅通过统计上显著的回归结果,并不能推断出变量之间存在着因果关系;(3)预测因变量的取值时,要注意自变量的取值是否落在用于构建回归方程的取值范围之外;(4)确保有足够的数据(经验规则要求每个变量至少要有10个数据与之对应);(5)确保每个变量的取值范围都足够广。

尽管本章使用了很多计量的方法,但是我们只涉及了一些很基本的方法以使大家能对回归分析有一个基础的认识,包括它的作用和限制条件。想要进一步了解回归分析的同学可以从其他的阅读材料中获取自己所需的内容并将从中受益。[16]

本 章 小 结

确定检验变量间的相关性是本章探讨的主要问题。斯皮尔曼相关系数 r_s 用来检验当变量的数据是顺序数据,或样本中的数据是以排序数据表示时变量之间的相关性。它的取值在 -1 到 $+1$ 之间。当其取值为 0 时表明变量间不存在相关性。可以通过 t 检验来检验该系数在统计上是否显著。

皮尔森相关系数是一种对尺度变量(区间或比例)的相关性进行检验的方法。它的取值范围在 -1 和 $+1$ 之间。且我们可以从中看出散点图中散点分布的趋势和密集程度,散点图中标明了各个变量的值。通过给定变量的值、样本规模和期望的显著性水平,我们就可以很容易判断出该系数是否显著不为 0。皮尔森相关系数的一个限制条件是:它仅能用于判定变量间的线性相关程度。它所表示出的高度相关性并不意味着在任一方向上存在着因果关系。

一元回归分析与相关分析是类似的。所不同的是一元回归分析建立的是两个变量间的数学关系(也称作回归方程)。其中一个变量被称作因变量(Y)另一个变量被称作自变量(X)。一般假定,自变量在某种程度上能够对因变量产生影响。回归方程 $\hat{y}_i = a + bX_i$ 来源于散点图上一条能够使残差平方和最小的拟合直线。这个方法被称作最小二乘法,大多数电脑软件都会提供该方法。常数 a 被称作是 Y 轴的截距,回归系数 b 被称作斜率。斜率的一个重要含义是,当所有其他可能影响 X 的变量保持不变时,每单位 X 的变化所引起的 Y 的预测值的变化。

许多指标都可以用来检验回归方程的有效性。其中应用较广泛的一个是拟合优度 R^2。R^2 的值在 0~1 之间,它度量的是 Y 的总变动中有多大比例可由回归方程所作出的预测来解释。R^2 的值越大,回归方程的拟合就越好。R^2 值在统计上是否显著可用 F 检验来判定。R^2 值的开方称为多元回归系数。在双变量的回归分析中,多元回归系数和皮尔森相关系数是相同的。另一个度量回归方程好坏的工具是回归方程的标准差 $s_{y/x}$,它是 y 的平均变动中未被回归方程所解释的那部分。$s_{y/x}$ 的值越小,回归方程也就越好。

评价回归方程的另一个方法是看方程的斜率是否显著不为 0。这里使用的是 t 检验。在一元回归分析中,检验 R^2 的显著性的 F 检验和检验斜率 b 的 t 检验是同等重要的。

一元回归分析的实际应用是确定当自变量发生变动时，因变量的变动程度。或是在给定自变量的取值下，预测因变量的值。但是研究人员在使用和解释回归方程时必须牢记该方法所存在的一些缺陷。回归分析自己并不能建立变量间的因果联系。若散点图描述的不是线性关系、样本数据较少或数据的取值范围较窄，则建立在此基础上的回归方程就不是有效的。同样，当自变量的取值落在构建回归方程所适用的范围之外时，对因变量的预测将是有风险的。

多元回归分析是一元回归分析在逻辑上的延伸。它包含两个或两个以上的自变量。对回归结果的分析和解释也是同一元回归分析类似的。一元回归分析的限制条件同样适用于多元回归分析。两种方法的重要区别就是，多元回归分析中统计上显著的 R^2 值（基于 F 检验）并不意味着所有的回归系数（b 值）是显著不为 0 的。每一个系数都必须单独使用 t 检验来进行检验。另外，多元回归分析中还有可能存在潜在的多重共线性问题。即自变量之间存在高度相关性。当存在多重共线性时，我们在解释单个回归系数值的含义时就必须小心。

复习讨论题

1. 一元回归和相关分析有什么显著差别？
2. 用一两句话概括回归分析中最小二乘法的作用。
3. 一元回归和多元回归分析的区别是什么？
4. 什么是多重共线性？在解释和使用回归方程时，多重共线性的存在说明了什么？

应用练习

1. Ace Chemicals Inc（ACI），随机选取了15个客户公司并将它们按照1（等级1）～15（等级15）分等级，等级的标准是这些公司在 ACI 公司中购买的比例。再根据上述同样15家公司采购运作管理的正规化程度将其划分为15个等级（正规化程度最高的为等级1，正规化程度最低的为等级15）。对那些以购买量来划分等级的公司，我们给出了与之对应的采购运作管理正规化程度的等级：3, 4, 2, 1, 5, 8, 13, 7, 6, 11, 9, 10, 15, 12, 14。计算客户采购运作管理的正规化程度与客户在该公司购买之间的斯皮尔曼相关系数。运用 SPSS 得出斯皮尔曼相关系数。你如何解释该相关系数？该系数在统计上是否显著？为什么？
2. 某公司的销售经理对该公司销售人员的一个样本发放了标准化、多项目的工作满意度量表。该经理将样本中销售人员的年龄与其工作满意度联系起来。经计算得出，工作满意度与年龄间的皮尔森相关系数为 0.08，基于这个结果，该经理得出这样一个结论：销售人员的年龄与工作满意度没有显著的关系。并且，随着年纪的增大，他们对工作的满意度保持在相同的平均水平上。你是否同意该经理的结论？说出你的理由。
3. 利用 SPSS 计算问题1中所给数据的皮尔森相关系数。与之前所算的斯皮尔曼相关系数相比，皮尔森相关系数的值是多少？经过比较，对市场研究人员通常假定顺序数据拥有区间性质的假定，你可以得出什么结论？
4. 图 14.10 给出了根据表 14.3 中竞争性厂商数量和销售收入（以每千美元来衡量）的数据

进行一元回归的 SPSS 结果。请注意,图 14.10 的格式与图 14.5 是一样的。根据图 14.10 中的结果来回答以下问题:

a. 指出 Y 的截距和斜率,并加以解释。
b. 写出描述该清洁剂的预计销售收入和竞争性厂商数量之间关系的回归方程。
c. 与回归方程相对应的 R^2 值为多少?它在统计上是否显著?为什么?
d. 验证 $R^2 = SS_R/SS_T$,并对 R^2 的值作出口头解释。
e. 计算出两个变量间的皮尔森相关系数的值。
f. 证明残差均方的开方是该回归方程的标准误差。
g. 该回归方程的斜率在统计上是否显著?为什么?
h. 运用回归方程预测当存在 19 个竞争性厂商的时候,该清洁剂在某市场上的销售收入。该预测是有效的么?解释你的结论。
i. 现在,该公司在某个特定的市场上有 5 个竞争者,并且它预测未来将会有另外的 5 个厂商进入该市场,新进入该市场的厂商对该清洁剂公司的月销售收入将会产生什么影响?在预测结果时你需要注意什么问题?

5. 下表是一个基于 30 个样本观测值的回归结果。该回归中有两个自变量(X_1 和 X_2)和一个因变量(Y)。

a. R^2 值在统计上是否显著?为什么?
b. 你能有效地判断出当 X_1 增加 1 单位时 Y 的变化吗?若能,Y 的变化是多少?若不能,说出你的理由。
c. 回归方程未能解释 Y 的变化的那部分的比例是多少?该结果能否说明该回归方程的好坏?

均值	$\bar{Y} = 3\,000$	$\bar{X}_1 = 100$	$\bar{X}_2 = 150$
标准差	$S_y = 25$	$S_{x_1} = 30$	$S_{x_2} = 20$
相关系数	$r_{yx_1} = 0.75$	$r_{yx_2} = 0.95$	$r_{x_1 x_2} = 0.8$
回归方程估计		$\hat{Y} = 1\,000 + 5X_1 + 10X_2$	
$R^2 = 0.85$		与 R^2 对应的 F 统计量 $= 5.78$	

SPSS 练习

1. 国民保险公司客服部的副总裁吉尔和她的助手汤姆想要分析整体服务质量(以 oq 表示,有 10 个等级)和与之相关的 5 个可靠性标准(问题 1 ~ 5,记作 $p1, p2, p3, p4, p5$)之间的相关性。这 5 个可靠性标准与整体服务质量之间的相关性如何?这些相关系数在统计上是否显著?使用 SPSS 或 EXCEL 进行分析。

2. Jill 和 Tom 想要知道各个可靠性标准(问题 1 ~ 5,记作 $p1, p2, p3, p4, p5$)对整体服务质量(以 oq 表示,有 10 个等级)的影响程度。建立一个多元回归方程,其中整体服务质量是因变量(oq),相关的 5 个可靠性标准是自变量($p1, p2, p3, p4, p5$)。从回归分析中可以得出什么结论?检验标准回归系数,对各个自变量对因变量的相对影响进行评论。

模式总结

模式	R	R^2	修正后 R^2	估计值的标准误差
1	.909[a]	.826	.816	2.53

预测值：（常量）竞争对手的数量

ANOVA[b]

模式	平方和	自由度	均方	F 统计量	显著性水平
回归	549.348	1	549.348	85.500	.000[a]
残差	115.652	18	6.425		
合计	665.000	19			

预测值：（常量）竞争对手的数量
因变量：光明牌清洁剂的销售收入（千美元）

系数

模式	非标准化系数 B	非标准化系数 标准误差	标准化系数 β	t 统计量	显著性水平
常量	25.377	1.306	—	19.435	.000
竞争对手的数量	-1.377	.149	-.909	-9.247	.000

因变量：光明牌清洁剂的销售收入（千美元）

图 14.10 基于销售收入和竞争性厂商数量的一元回归分析的 SPSS 结果

案例 14.1 雅典娜神庙书店（A）

Constantine Karvonides 在接手雅典娜神庙书店时就知道，图书零售是一个高度竞争的行业。为了与全国性的连锁书店进行竞争，他必须设计出一个能提供高水平服务质量的机制。他刚刚进行了一项调查研究，该研究衡量的是消费者对他们之前经营状况的满意程度，并对其结果进行了研究，以了解消费者对该公司的看法。

背景

35 年前，Homer Karvonides 在洛杉矶的市中心设立了雅典娜神庙书店。最近五年，他的儿子 Constantine 接管了该书店。Homer 则以顾问的身份留在公司，因为他对消费者的需求变化有很敏锐的洞察力而且与他们建立了紧密的联系。他知道所有顾客的名字。

雅典娜神庙书店坐落在一个交通便利的地方，从这里去任何一条商业街都很方便，停车也很方便。书店将营业时间从上午9:00延长到晚上11:00，并且一周七天都营业。书店占地约40 000平方英尺，拥有100 000 ~ 120 000册各种种类的书籍。雅典娜神庙书店的销售计划是成为权威的社区书店。在各个种类图书的选择上占据主导地位，包括小出版社和大学所出版的各种类别的书籍。书目是多样的而且可反应本地居民和旅游者的兴趣爱好。雅典娜神庙书店也提供一个更广泛的网上目录，顾客可以将书寄在书店也可以要求直接送货上门。Constantine Karvonides 认为，多样化的选择，包括很多很难找到的书籍可以帮助他们建立客户对该书店的忠诚度。雅典娜神庙书店与客户间紧密的联系不仅加强了书店在市场上的地位，还增加了它的认知度。

		VAPER	ABDPER	CSHPER	LOPRIPER	VALUE
VAPER	Pearson Correlation	1	-0.301**	0.307**	-0.016	-0.028
	sig. (2-tailed)	—	0.000	0.000	0.846	0.743
	N	142	142	142	142	142
ABDPER	Pearson Correlation	-0.301**	1	-0.341**	0.100	0.328**
	sig. (2-tailed)	0.000	—	0.000	0.238	0.000
	N	142	142	142	142	142
CSHPER	Pearson Correlation	0.370**	-0.341**	1	0.411**	0.323**
	sig. (2-tailed)	0.000	0.000	—	0.000	0.000
	N	142	142	142	142	142
LOPRIPER	Pearson Correlation	-0.016	0.100	0.411**	1	0.504**
	sig. (2-tailed)	0.846	0.238	0.000	—	0.000
	N	142	142	142	142	142
VALUE	Pearson Correlation	-0.028	0.328**	0.323**	504**	1
	sig. (2-tailed)	0.743	0.000	0.000	0.000	—
	N	142	142	142	142	142

** Correlation is significant at the 0.01 level (2-tailed).

变量说明：VAPER，视觉吸引力；ABDPER，折价图书供应；CSHPER，营业时间便利性；LOPRIPER，低价格；VALUE，总体价值感受。

图1　书店：相关性

除了图书品种上的多样性，雅典娜神庙书店还拥有咖啡厅、儿童部、音乐厅、杂志区以及活动预告，包括作者签售以及儿童活动，这些让它成为本社区中一个异常活跃的地方。雅典娜神庙书店利用宽广的阅读空间为大家创造出了一个令人舒服的氛围。咖啡厅里提供咖啡、茶、三明治和面点。音乐厅里为消费者提供最流行的 CD 试听，此外还有一个公共休息室。咖啡厅进一步强化了书店成为该地区重要公共场所的功能。此外，该公司还持续研究和引进新的产品和服务，以满足客户的口味的变化。这些产品和服务使得该公司成为了一个社区性的机构。

模式总结

模式	R	R^2	修正后的 R^2	估计值的标准误差
1	0.809[a]	0.655	0.642	0.343

[a] Predictors: (constant), VALUE, VAPER, CSHPER, LOPRIPER, ABDPER

ANOVA[b]

模式	平方和	自由度	均方	F 统计量	显著性水平
回归	30.376	5	6.075	51.672	0.000[a]
残差	15.990	136	0.118		
合计	46.366	141			

[a] Predictors: (constant), VALUE, VAPER, CSHPER, LOPRIPER, ABDPER
[b] Dependent variable: OSAT

系数

模式	非标准化系数 B	非标准化系数 标准误差	非标准化系数 β	t 统计量	显著性水平
1 (Constant)	-0.886	0.436		-2.30	0.044
VAPER	$6.502E-02$	0.043	0.085	1.511	0.133
ABDPER	0.155	0.031	0.314	5.040	0.000
CSHPER	0.590	0.099	0.405	5.949	0.000
LOPRIPER	0.133	0.41	0.201	3.241	0.001
VALUE	0.201	0.038	0.341	5.224	0.000

[a] Dependent variable: OSAT

因变量：OSAT，总体满意程度
自变量：VAPER，视觉吸引力；ABDPER，折价图书供应；CSHPER，营业时间便利性；LOPRIPER，低价格；VALUE，总体价值感受。

图 2 书店：多元回归

雅典娜神庙书店还为客户提供高级会员制度，会员消费者在该书店买书时可享受九折优惠，而在 Athenaeum.com 上买书的话则可享受九五折的优惠。会员也还可以享受其他的优惠措施或是被邀请参加只为会员提供的活动。

调查

该项调查是由当地一家研究机构进行的，用于评价消费者对该书店各个方面的满意度（调查的结果在案例的末尾给出）。调查的对象是在一周内来书店的顾客。通过每天不同时段的调查可以得到一个较好的不同消费者的反映资料。总共完成了 142 个可用的调查资料，该研究机构的研究人员使用 SPSS 软件对数据进行了基本的分析（图 1 和图 2 标出了分析的结果）。该机构将回归分析和相关性分析的结果交给了 Constantine Karvonides。

案例相关问题

1. 帮助 Constantine Karvonides 解释图 1 所提供的相关性，其中包括 5 个变量相关性的资料。它们分别是：VAPER，视觉吸引力；ABDPER，折价图书供应；CSHPER，营业时间便利性；LOPRIPER，低价格；VALUE，总体价值感受。说明它们之间相关关系的显著性、影响程度和影响的方向，并说明这些结果在管理上有何意义。

2. 帮助 Constantine Karvonides 解释图 2 中所列出的回归分析结果。因变量是总体满意度 OAST，自变量有 VAPER，视觉吸引力；ABDPER，折价图书供应；CSHPER，营业时间便利性；LOPRIPER，低价格；VALUE，总体价值感受。对该回归方程的显著性水平及可解释的比例进行说明。同样，根据自变量影响的显著性水平、在总体中影响的相对大小（标准 β）和影响的方向来解释每个自变量的影响。

案例标注

1. 该案例中的数据是真实的，但是该公司的名字是虚构的。
2. 该案例是由 Jeanne L. Munger（University of Southern Maine）和本书的作者共同编写的，其主要是用于课堂讨论而不能用来说明市场行为是否有效。

消费者满意度调查

我们需要占用您一点时间来帮助我们完成这项调查，请谅解对此所造成的不便。再次谢谢您的参与。

第一部分：根据您对 Athenaeum 的看法请您标出各项指标的重要程度及您对该指标的满意程度。

```
  重要程度              满意程度
1 = 极不重要          1 = 极差
2 = 不重要            2 = 差
3 = 中等              3 = 中等
4 = 重要              4 = 良
5 = 非常重要          5 = 优
```

重要程度					指标	满意程度				
1	2	3	4	5	视觉吸引力	1	2	3	4	5
1	2	3	4	5	品种选择范围	1	2	3	4	5
1	2	3	4	5	员工素质	1	2	3	4	5
1	2	3	4	5	找书的容易程度	1	2	3	4	5
1	2	3	4	5	折价图书供应	1	2	3	4	5
1	2	3	4	5	服务态度	1	2	3	4	5
1	2	3	4	5	杂志及评论文章的数量	1	2	3	4	5
1	2	3	4	5	书桌和沙发的数量	1	2	3	4	5
1	2	3	4	5	餐厅或咖啡厅的数量	1	2	3	4	5
1	2	3	4	5	营业时间	1	2	3	4	5
1	2	3	4	5	清洁度	1	2	3	4	5
1	2	3	4	5	低价格	1	2	3	4	5

请您选择对雅典娜神庙书店书店整体满意程度的看法
极不满意   1   2   3   4   5   **非常满意**

基于您对雅典娜神庙书店的看法，您是否还会再次光顾雅典娜神庙书店？
完全不可能   1   2   3   4   5   **极有可能**

您认为您支付给雅典娜神庙书店的产品和范围的费用是否有价值？
价值极低   1   2   3   4   5   **极有价值**

您会向朋友们推荐雅典娜神庙书店吗？
_____会   _____不确定   _____不会

您有上网购买书籍的经历吗？
_____没有（请您转向第二部分）
_____有（请您标明网址）_____

您对您从网上购买的书籍有什么看法？
非常差   1   2   3   4   5   **非常好**

您以后是否还会继续从网上购买书籍？
不可能   1   2   3   4   5   **极有可能**

您是否访问过 Athenaeum.com？
_____是   _____不是（请您转向第二部分）

您对 Athenaeum.com 的看法如何？
极差   1   2   3   4   5   **极好**

您是否还会继续在 Athenaeum.com 上购买书籍？
极不可能   1   2   3   4   5   **极有可能**

第二部分：在适当的地方标上 X

性别：　　　_____男　　　　_____女

年龄：___ 20 岁以下　___ 25~29　___ 30~39　___ 40~49　___ 50~59　___ 60 及以上

婚姻状况：　_____单身　　_____已婚　　_____离婚或分居　　_____丧偶

教育程度：　_____高中及以下　　_____职校或技校
　　　　　　_____本科　　　　　_____研究生

收入：　_____20 000 美元以下　　　_____20 000~29 999 美元
　　　　_____30 000~39 999 美元　　_____40 000~49 999 美元
　　　　_____50 000~74 999 美元　　_____75 000 美元及以上

家中小孩的数量：___无　___1　___2　___3　___4 个及以上

案例 14.2　潘基学院（B）
(*www. pankey. org*)

潘基学院的主管 Christian B. Sager 进行了一项调研，以评价该机构对牙医们提供的各种继续教育培训。在完成了最初的分析之后，现在 Sager 先生进入了数据分析的第二个阶段。本阶段最重要的目标就是了解，在参加了第一次的培训之后，影响参与者决定是否继续参加培训的因素。该分析的第二阶段还包括对这些不同影响因素之间相关性的分析。且该分析是建立在对最初数据简化的基础上的。

背景

潘基学院成立于1972年，它的宗旨是促进牙医疗的发展以及帮助牙医们教育患者关于牙齿保健的实用性及受益性。它被公认为是世界上最权威的几个高级牙医教育中心之一。该机构提供了一系列学好牙科所需的全部概念和基本原理的课程。

结果的分析

对15个问题所组成的数据子集进行了因素分析性包括以下五个因素：趣味程度、学费效用、材料新颖性、环境/员工、材料适用性。这些变量以 TENJOY、TVALUE、TNEW、TENVIRON 和 TAPPLY 在数据集中予以给出。Sager 先生认为趣味程度与学费效用、环境/员工以及材料适用性这几个因素之间存在正的相关性。但他不能确定该因素与材料新颖性之间存在何种关系，尽管他了解到大多数牙医们都倾向于使用新材料，但他不知道如果引入了更复杂的内容将会对其他因素产生怎样的影响。他还想知道每个因素对该项培训整体满意度的影响情况。在这里它以"我对该课程很满意"来表示。

Christian Sager 渴望获悉分析的第二阶段的结果。虽然很多工作已经完成了，但是他还是希望通过本次分析过程得出更深层次的结论。

有关案例的问题

1. 运用所给的数据，检验各个因素之间的相关性。（提示：对 TENJOY、TVALUE、TNEW、TENVIRON 和 TAPPLY 进行相关分析。）
2. 检验各个因素（TENJOY、TVALUE、TNEW、TENVIRON 和 TAPPLY。）对整体满意度的影响。（提示：运用回归分析）

案例标注

1. 对潘基学院的一个更详尽的讨论以及针对它的一个调查表在案例 13.2 潘基学院（A 部分）中给出。
2. 该案例是由 Jeanne L. Munger（University of Southern Maine）和本书的作者共同编写的，其主要是用于课堂讨论而不能用来说明市场行为是否有效。

第15章
多变量分析方法和数据挖掘

本章学习目标 ▶

- ☐ 区分相依分析技术和互依分析技术
- ☐ 讨论方差分析并能解释方差分析的结果
- ☐ 解释因子方差分析的交互效应
- ☐ 明确判别分析的主要目的
- ☐ 讨论因子分析的程序,解释因子负荷矩阵
- ☐ 区分聚类分析和判别分析
- ☐ 陈述多维标度分析的目的并学会解释和应用其分析结果
- ☐ 说明联合分析的目的并学会运用其分析结果
- ☐ 定义数据挖掘并讨论其应用
- ☐ 解释一些数据挖掘方法:市场篮分析、分级、评分模型和预测
- ☐ 讨论数据挖掘分析的新趋势

开篇故事

虚拟消费者计划

美国麻省理工学院教授 John Hauser 领导的虚拟消费者(VC)研究(Virtual Consumer Initiative),把互联网作为一种媒介,对消费者研究方法进行了创新。VC 利用互联网提高了将消费者数据融入产品开发决策的速度,如基于网络的联合分析的运用。基于互联网的联合分析方法适用于多种应用软件,这一方法包括估计消费者对可供选择特性的偏好。我们在网站 (http://mitsloan.mit.edu/vc/) 上提供了几个基于实际研究的案例。

- 混合动力型汽车研究 研究消费者对混合动力型汽车不同特征的偏好。消费者从给定的 7 个不同特性中进行选择,这些特性包括座位容量、货运空间、燃料的经济性、马力、加速度、牵引力和价格[1]。

- 滑雪场研究 该研究对消费者对滑雪场地不同特征的偏好进行评估：价格、距离、拥挤程度、滑雪地形类型、雪量状况、夜生活的丰富程度和参与活动的可能性[2]。
- 照相机研究 照相机研究测量青少年对一款即拍即成相机的6个不同特点的偏好：成像效果、拍摄程序步骤、照片剪切过程、测光模式、包装风格。在此基础上，美国宝丽来公司开发了i-Zone即拍即成小型相机，该小型相机拥有可移动的面板并且体积更小、更人性化，于2001年投入市场。售价为24.99美元，它集青少年的各种偏好于一身，如极佳的成像效果、傻瓜式操作、手动剪切照片、3种测光模式和一种特别的包装[3]。
- 便携式电脑包 该研究评估了消费者对一款便携式电脑包的各种特征的偏好，主要是10种特征：价格、大小、颜色和可选择性，包括标牌、手柄、个人数字助理固定插座、手机插座、放水壶或钥匙的空间、款式和底部承受力。消费者现在可以登录www.timbuk2.com来从3种不同风格中选择定制他们自己的电脑包。他们可以选择不同的大小、布料、颜色，自定义特征以及配件。而且，这一电脑包是根据订单制作，并在2~5个工作日内向顾客发货[4]。

前一章我们讨论了相关检验的多种技术方法，包括回归分析。回归分析是一种广泛使用的多变量分析方法。同时，还有很多种其他的多变量分析方法，这一章我们介绍了其中的几种方法，并试图使你对每一种方法都能有直观的理解。

15.1 相依分析技术和互依分析技术

多变量分析方法可以大致地分为相依分析方法和互依分析方法。**相依分析方法**（dependence technique）将一个变量作为因变量，而其他的变量则作为自变量。回归分析就是一种相依分析方法。**互依分析方法**（interdependence technique）则不指定任何变量为自变量或因变量，专注于研究变量间关系的模式。

表15.1列出了常用的相依分析方法和互依分析方法。在这些分析方法中，回归分析在第14章中已经讨论，其他的分析方法都将在本章中介绍。由于这些多变量分析方法相当复杂，我们仅限于基本的介绍。

表 15.1　多变量分析方法概览

分析方法类型	输入数据格式	主要目的
相依分析 回归分析	因变量,可度量 自变量,可度量	确定自变量在多大程度上解释了因变量的变动,同时在给定自变量值时预测因变量值
方差分析 (ANOVA)	因变量,可度量 自变量,不可度量	验证不同的自变量水平是否会对因变量产生显著的影响
判别分析	因变量,可度量 自变量,不可度量	考察自变量的组间差异是否显著;判断哪些自变量对组间差异贡献最大;评估分类的准确程度;根据自变量的值将样本归类
互依分析方法 因子分析	可度量	以最少的信息丢失将众多原有变量浓缩成少数几个因子,并使因子具有一定的命名解释性
聚类分析	可度量	将一批数据根据其诸多特征,按照在性质上的亲疏程度在没有先验知识的情况下进行自动分类,产生多个分类结果。分类内部的个体具有相似性,不同分类间的个体差异性较大
多维标度分析	不可度量(基于实际目标对比的相似性排序)	表示研究对象的感知和偏好的分析方法。用于确认消费者对不同品牌感知维度的数目与性质;现有品牌在这些维度上的定位;消费者的理想品牌在这些维度上的定位
联合分析	不可度量(基于假设刺激对比的偏好排序,系统性地变动所选择的属性水平)	确定消费者选择过程中不同属性的相对重要性;估计具有不同属性品牌的市场份额;确定最受欢迎的品牌的属性构成;根据不同属性水平偏好的相似度进行市场细分

15.2　方差分析

方差分析(ANOVA,analysis of variance)和回归分析有着密切的关系,因为方差分析也是检验因变量和自变量的关系。然而,方差分析和回归分析存在一个基本的不同:回归分析中,因变量和自变量都是可以度量的(区间或比例),而在方差分析中只有因变量是可以度量的,自变量是类别变量或顺序变量。因此,方差分析适用于自变量固定于某一组确定水平(在方差分析中称为**处理**,treatment)上,而相应于自变量的不同水平来度量因变量的情况。研究人员通常会用ANOVA程序来分析营销数据。例如,在实验法中可以利用方差分析。下面就让我们通过一个详细的案例,来理解方差分析是如何应用的。

案例 某食品连锁公司想要测量其自主品牌橙汁的价格弹性。随机从其连锁店中抽取 24 家参与实验。在研究中使用了如下三种处理方法：

1. 以常规价格销售自主品牌的橙汁
2. 以低于常规价格 50 美分的价格销售
3. 以低于常规价格 75 美分的价格销售

其中随机抽取 8 个连锁店进行第一种处理，8 个连锁店进行第二种处理，其他 8 个连锁店进行第三种处理。研究人员对每一个商店自主品牌橙汁一周的销售情况进行监测。实验数据见表 15.2。

这一实验设计所隐含的思想就是第 8 章中描述的完全随机设计。用 X's 表示处理方法，O's 表示量度，我们就能用以下的符号来表示出这一实验设计。

$$EG_1 \quad (R) \quad X_1 \quad O_1$$
$$EG_2 \quad (R) \quad X_2 \quad O_2$$
$$EG_3 \quad (R) \quad X_3 \quad O_3$$

在表 15.2 中，价格作为自变量（不可度量，分三类）。销售量是因变量，并且是比例变量。现在的问题是优惠条件是否会对销售量产生显著效果。方法是计算并比较不同处理组的平均销售量，并用 t 统计量检验显著性。但是用此方法的问题是，每一对处理都要求有一个单独的 t 检验量与之对应。我们就必须要在此模型中建立 3 个 t 检验量，而这会很烦琐。所以 ANOVA 更适合。方差分析可提供一次性的全面的检验，这一检验能检测到组之间使用不同处理方法所引起的显著差异。

表 15.2　不同价格处理下的销售量数据

处　　理	常规价格($j=1$)	优惠 50 美分($j=2$)	优惠 75 美分($j=3$)
每个商店的销售量(Y_{ij})	37	46	46
	38	43	49
	40	43	48
	40	45	48
	38	45	47
	38	43	48
	40	44	49
	39	44	49
商店数量(n_j)	8	8	8
平均销售量($\bar{y}_{\cdot j}$)	38.75	44.13	48.00

当模型中有 k 个处理组或样本时，ANOVA 可以作如下的测试假设：

$$H_o: \mu_1 = \mu_2 = \cdots = \mu_k$$
$$H_a: 至少有一个 \mu 不等于其他的一个或多个 \mu$$

上式中，μ 表示因变量的平均数，对应于总体中不同处理组（即每种处理方法对应的商店数）。在这个案例中的统计检验量是 F 统计量，F 统计量对总的平方和进行比例分析，我们已经在第 14 章讨论回归分析时介绍过。下面的基本符号有助于我们理解在 ANOVA 中 F 统计量的含义。

Y_{ij} = 第 i 单位第 j 处理组的样本因变量值
$\overline{Y}_{.j}$ = 第 j 处理组的平均值
$\overline{Y}_{..}$ = 总体平均值（包括所有处理组中的所有单位）
n_j = 第 j 处理组的样本单位数

总离差即每单位样本值与总体平均值之差的和，表示为 $Y_{ij} - \overline{Y}$。这一总离差可以写作：

$$(Y_{ij} - \overline{Y}_{..}) = (Y_{ij} - \overline{Y}_{.j}) + (\overline{Y}_{.j} - \overline{Y}_{..})$$

有以上的表达式作为出发点，离差平方和可表示为：

$$(Y_{ij} - \overline{Y}_{..})^2 = (Y_{ij} - \overline{Y}_{.j})^2 + (\overline{Y}_{.j} - \overline{Y}_{..})^2 \qquad (15.1)$$

对等式 15.1 求和，包括第 j 个处理组的所有单位，得出：

$$\sum_{i=1}^{n_j} (Y_{ij} - \overline{Y}_{..})^2 = \sum_{i=1}^{n_j} (Y_{ij} - \overline{Y}_{.j})^2 + n_j (\overline{Y}_{.j} - \overline{Y}_{..})^2 \qquad (15.2)$$

现在再对等式 15.2 求和，包括所有的处理方法，得出

$$\sum_{j=1}^{k} \sum_{i=1}^{n_j} (Y_{ij} - \overline{Y}_{..})^2 = \sum_{j=1}^{k} \sum_{i=1}^{n_j} (Y_{ij} - \overline{Y}_{.j})^2 + \sum_{j=1}^{k} n_j (\overline{Y}_{.j} - \overline{Y}_{..})^2 \qquad (15.3)$$

等式 15.3 左边是总体平方和（SS_T），表示所有单位和处理的方差。等式右边的第一个表达式称为内部平方和（SS_W, within sum of squares）。SS_W 衡量有限处理组中的因变量的方差。等式右边的第二个表达式称为连接平方和，或者是归因于不同处理组的平方和（SS_{TR}, between sum of squares）。SS_{TR} 是不同处理组的方差值的加权测度。

由此得出的结论是 $SS_T = SS_{TR} + SS_W$。观察可以发现，这一表达式与第 14 章回归分析讨论中得出的 $SS_T = SS_R + SS_E$ 存在相似之处。连接平方和 SS_{TR} 类似于回归分析中的解释方差（SS_R），内部平方和（SS_W）类似于残差（未解释方差）（SS_E）。直观上看，如果实验处理方法（自变量）对 Y 值（因变

量）影响很小，我们就可以说 SS_{TR} 很小。如果给定 SS_T 的值，SS_{TR} 值小就表示 SS_W 值大。正像回归分析中的一样，考虑到 SS_{TR} 和 SS_W 的适当自由度，SS_{TR} 和 SS_W 的对比研究是 ANOVA 中 F 统计量的基础。

当有 k 种处理方法时，SS_{TR} 和 SS_W 的自由度分别为 $(k-1)$ 和 $(n-k)$，其中 n 是所有处理方法中单位数的总量。因此：

$$F = \frac{SS_{TR}/k-1}{SS_W/n-k}$$

式中 F 的分子和分母是平方平均值，分别对应于处理方法产生的方差和样本产生的概率方差。要想看实验处理方法是否对因变量产生重大影响，我们可以将 F 计算值和在 F 数据表中查阅到的临界值比较。如果计算值超过临界值，我们就拒绝原假设。

回过来看表 15.2 中的数据，我们可以运用 ANOVA 来看是否至少有一种处理方法的平均值（在表 15.2 的最后一行显示出）与另外一个或多个处理方法的平均值有显著的不同。虽然我们可以利用刚才得出的公式手动地计算出需要的 F 值，但是利用一款更有用的计算机软件来计算会更方便。给定每种处理方法的原始因变量值（Y_{ij} 值），计算机软件能高效地模拟 ANOVA，并且得出大量的输出信息。用计算机 SPSS ANOVA 程序，并根据表 15.2 的原始数据分析得出的结果见图 15.1。

标记"处理方法"用来表示计算机程序中的因变量（显示在图 15.1 中第二个面板的第三行）。图 15.1 表列出了各类平方和、自由度、平方和平均值、F 值和它们相应的显著水平，这样的表通常称为方差分析（ANOVA）表，它在形式上类似于我们在回归分析中看到的计算机输出的格式（图 14.5 和 14.8）。

在图 15.1 中，F 列下标记为"处理方法"（有时标记为组间，以反映不同组间差异的估计）一行中的数字 137.445，就是我们想要的 F 值。它是该项平方和均值 172.625（即 $SS_{TR/k-1}$）与误差项平方和均值 1.256（即 $SS_W/n-k$）的比率。在传统显著性水平为 0.5，分子自由度为 2，分母自由度为 21 时，F 统计量的临界值为 3.47（见附录 5）。因此，我们应该拒绝原假设，并得出结论：至少有一种处理下的销售量均值显著不同于另一种。

我们不仅仅需要确定的 F 统计量的临界值，还要看显著性。在 ANOVA 模型输出结果的"Sig."列下，表示出了 F 统计量的实际显著性水平 0.000。这一数值表示，当 TREAT 对销售量没有影响时，要使 F 统计量值达到 137.445 的可能性不到 0.001。换句话说，在已知条件下犯第一类错误拒绝原假设的机会不到 1/1 000。

我们依次对图 15.1 中的输出数据做一些补充说明。或许你会奇怪，为什么

组间因素

	价格水平	N
处理组 1	常规价格	8
2	便宜50美分	8
3	便宜75美分	8

各因素之间影响的检验

因变量销售量收入

来源	各类平方和	自由度	均方	F 统计量	显著性水平
修正模型	345.250[a]	2	172.625	137.445	.000
截距	45675.375	1	45675.375	36367.123	.000
处理方法	345.250	2	172.625	137.445	.000
误差	26.375	21	1.256		
合计	46047.000	24			
修正合计	371.625	23			

[a] R squared = .929 (Adjusted R squared = .922)

图 15.1　ANOVA 模型分析表 15.2 数据所得 SPSS 计算机输出结果

在计算机输出结果中有两行数字（第一行和第三行）完全相同。即使我们的解释说明中只有一个自变量，我们同样能利用 ANOVA 模型检验这一自变量对两个或两个以上因变量的影响。标记为"修正模型"的一行指的是，在给定条件下被选中的所有自变量的总和。因为"处理方法"是这一模型中的唯一自变量，计算机输出结果的第一行和第三行数字是相同的（假设模型中有多于一个的自变量，就会有更多行数字与"处理方法"行相对应，每增加一个变量即增加一行）。此外，因为我们的案例只包含一个自变量，就没有交互效应发生。"误差"（有时标记为"残差"）行表示因变量的方差，即未被自变量及其交互效应所解释的部分。因此，在"修正模型"和"误差"行中的平方和与自由度必须加到相应的"修正合计"行（在图 15.1 中检验了此结果）的数值中。在实验设计中，我们不考虑解释"截距"行。R^2 值表示 92.9% 的销售量变化可以用处理方法的变动来解释。

既然我们知道"处理方法"对销售量有显著影响，那么具体哪一个处理组的销售量均值存在显著差异呢？直观地观察三个处理组销售量的平均值，可以发现每一个处理组的销售量平均值都显著地不同于另外两个。有一种 ANOVA 模型分析法的扩充技术，我们将其称为构造与估计对照（constructing and evaluating contrasts），它可检验任意一对处理组销售量平均值差异的统计显著性。我们将不会涉及这一技术的具体方法[5]。许多运算 ANOVA 的计算机软件都可以对处理差异进行详细评估。

前面我们已经指出了 ANOVA 和回归分析中的总体平方和（SS_T）表达式的相同之处。实地调研 15.1 描述了如何用 SPSS 中的 ANOVA 程序来分析国民保险公司的数据。

ANOVA

教育对质量评估的影响

OQ	平方和	自由度	均方	F 统计量	显著性
组间	77.538	3	25.846	5.218	0.002
组内	1 273.022	257	4.953		
总计	1 350.559	260			

15.3 因子方差分析

因子方差分析（factorial ANOVA）用于分析一个以上类别数据的自变量对可度量因变量的影响。我们将用前面的食品连锁店案例来回顾并解释。假设我们想要调查店内购买点展示和价格对橙汁销售量的影响。假设设置和不设置购买点展示是新因素的两种处理。当我们同时考虑购买点展示和价格两个因素时，就有六种可能的处理水平：在各种价格处理方法（常规价格、优惠 50 美分、优惠 75 美分）下设置或不设置购买点展示。现在我们可以将样本商店分配到 6 个处理水平中，通过监测并分析销售量来深入研究两种因素的影响。

当因子设计中涉及更多的因子（其中每个因子包括多个层次），可能的组合结果和处理组将会很多，在每一个组合水平下研究次级样本单位的成本会非常高。好在现在有软件可以帮助我们，只要系统性地选择和研究少数几个层次，就可以相当可靠地获得所有因子的影响[6]。

当然，在我们的案例中，我们可以用两个独立的单变量设计：一个用于研究价格的影响，另一个用于研究购买点展示的影响。然而，这种方法的主要局限是，它不能反映两因素对单位销售量可能产生的交互效应。**交互效应**（interaction effect）是指一个因子的处理层次对另一个因子处理层次的相对影响。

由于价格折扣会使销售量增加，并且当设置购买点展示时单位销售量的增加

实地调研15.1

国民保险公司:教育水平对整体认知能力的影响

Jill Baxter是国民保险公司客户服务部的副总裁,她的助理Tom Kurtis是客户服务部的经理。他们想知道,在不同教育背景的客户中是否存在明显的感受服务质量的差异。

下图显示了群体间的一些有意义的差异。但检验平均值还不足以得出群体间有显著差异的结论。因此,Jill让Tom建立ANOVA来比较群体间差异和群体内差异。演示ANOVA的SPSS对话框在下面。

与F值相关的显著性水平为0.002。因此Jill和Tom拒绝原假设,并得出至少有一个群体的感受服务平均值显著不同于另一个或更多群体的感受服务平均值的结论。数值0.002表示ED(受教育的最高程度)对总体服务感受能力平均值无影响时,F值达到5.218的可能性不到0.002。换句话说,在已知条件下犯第一类错误拒绝零假设的机会不到2/1000。

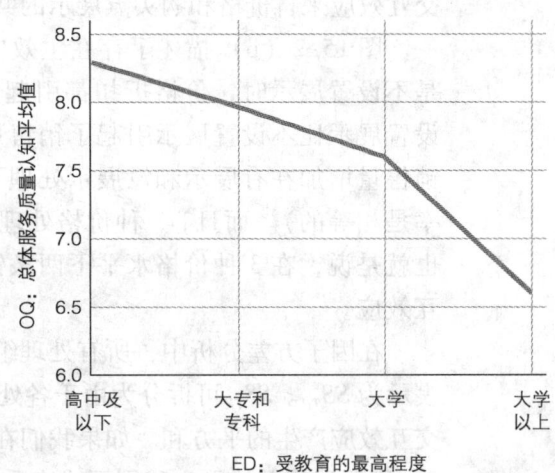

ED:受教育的最高程度

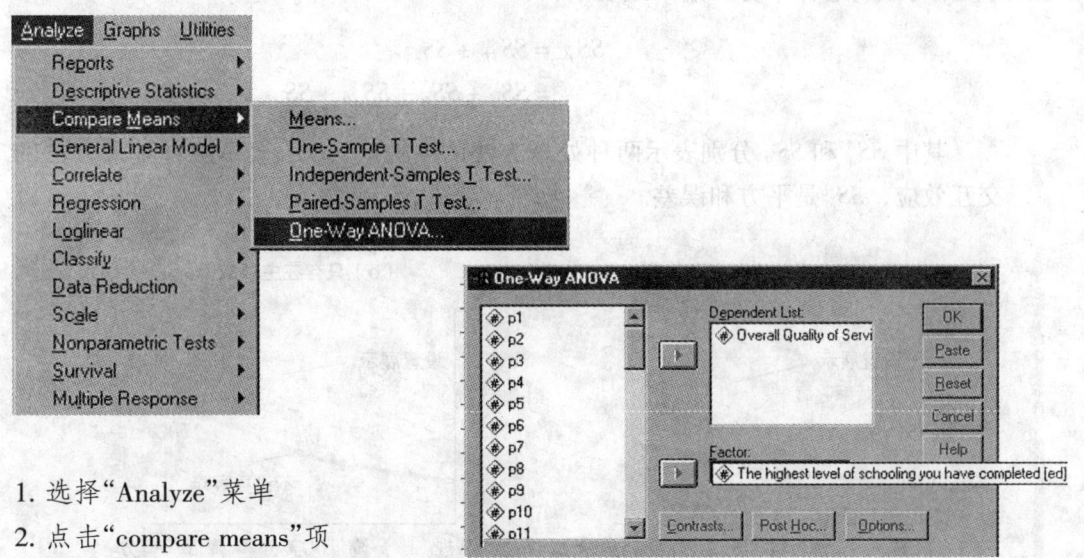

1. 选择"Analyze"菜单
2. 点击"compare means"项
3. 选择单因子方差分析ONE-WAY ANOYA
4. 将整体服务质量QUALITY移动到因变量框dependent list;将受教育程度(ED)移动到自变量因子框factor box。
5. 点击OK

比不设置时更显著。因此，这两个因素（价格和购买点展示）就会在影响因变量的同时相互影响。图15.2（a）解释了这一交互效应。这里，在设置和不设置购买点展示情况下，价格折扣都会对单位销售量产生正效应。这一效应反映了价格因素的主效应。类似地，有展示处理比没展示处理时的销售量更高（在所有的价格标准下），这一结果反映了购买点展示因素的主效应。在有展示处理时单位销售量的陡然增加（回应价格折扣）和非平行的销售趋势线反映了交互效应，这个交互效应来自价格和购买点展示的共同影响。

图15.2（b）描述了存在主效应但无交互效应的状况。无论在设置展示还是不设置展示时，价格折扣都引起了销售量的走高；而且在3种价格水平下，设置展示比不设置展示引起了销售量更多的走高。然而，由于价格折扣产生的销售量增加在有展示和没展示处理下是相同的（两条销售趋势线相应部分的斜率是相等的）。而且，3种价格处理下由于展示而产生的销售量增加是相同的；也就是说，在3种价格水平下两条销售趋势线的距离是相等的。因此，没有交互效应。

在因子方差分析中，所有处理组合（在我们的案例中有6种组合）的平方和表示为 SS_{TR}。SS_{TR} 可拆分为由于各处理变量分别产生的平方和与由于处理变量间交互效应产生的平方和。如果我们在一个双向因子方差分析中记处理变量为 A 和 B，则可以将总体平方和用下式表示：

$$SS_T = SS_{TR} + SS_e$$
$$= SS_A + SS_B + SS_{AB} + SS_e$$

其中 SS_A 和 SS_B 分别表示两种处理方法的主效应，SS_{AB} 表示两种处理方法的交互效应，SS_e 是平方和误差。

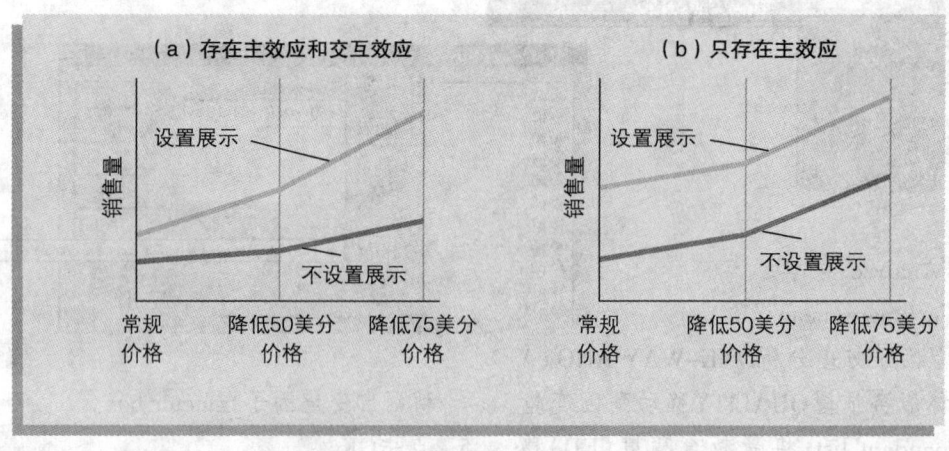

图15.2　主效应和交互效应图解

因子方差分析的计算机输出结果指出了 SS_T 表达式中各部分 SS 的值,以及各自相关的自由度和平方和均值。同时,输出结果中还会有各自的 F 值,以确定每个主效应和交互效应的显著性。实地调研 15.2 描述了利用 SPSS 的 ANOVA 程序考察主效应和交互效应的研究结果。

15.4 判别分析

判别分析(discriminal analysis)是根据事先确定的因变量类别(例如产品的主要用户、普通用户或是非用户,自有房屋或租赁,电视观众或非电视观众)找出相应处理组的区别性特性。在判别分析中,因变量为类别数据,有多少类别就有多少类别处理组;自变量通常为可度量数据。判别分析的目的如下:建立能够最大限度地区分因变量类别的判别函数;考察自变量的组间差异是否显著;判断哪些自变量对组间差异贡献最大;评估分类的准确程度;根据自变量的值将样本归类。

案例 某计算机生产商想知道家庭收入(X_1)和家长受正式教育的年限(X_2)是否有助于清楚地区分拥有个人电脑的家庭和未拥有个人电脑的家庭。如果 X_1 和 X_2 看起来是个人电脑拥有情况的重要决定因素,公司还想判断在给定家庭的 X_1 和 X_2 值情况下,预期的家庭顾客是否很可能会购买个人电脑。公司已经汇集了两个随机家庭样本的 X_1 和 X_2 数据:一个拥有个人电脑的家庭样本和一个未拥有个人电脑的家庭样本,见图 15.3。

图 15.3 中有两个圈起来的区域,一个区域主要包括拥有个人电脑的家庭,另一个区域主要包括未拥有个人电脑的家庭。虽然两区域有重合,但是重合程度并不显著。直观上看,这一图示意味着,在个人电脑拥有家庭和未拥有家庭之间,收入和受教育年限是两个好的判别因子。就像图 15.3 中一样,组间重合程度最小是使判别分析有效的关键条件。

判别分析的任务是利用两组数据点:(1)用数量表示 X_1 和 X_2 在判别两组家庭时的相对重要性;(2)建立对个人电脑拥有家庭和个人电脑未拥有家庭的分类标准。

完成这一双重任务的关键是建立一个适当的判别函数,此函数为关于 X_1 和 X_2 的线性函数,详细表示为:

$$v_1 X_1 + v_2 X_2$$

其中 v_1 和 v_2 是常数,被称为判别权重(discriminal weight)或系数。给定 v_1

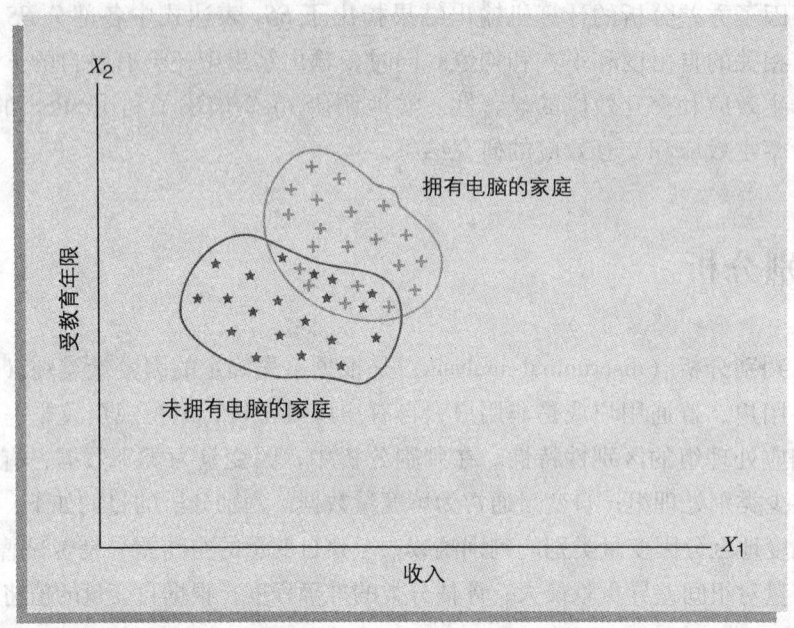

图 15.3　个人电脑拥有者和未拥有者的收入与受教育年限数据散点图

和 v_2 的值（稍后我们就能看到它们是如何确定的），通过总计每个样本家庭的线性组合可计算得出一个数。这个数被称为家庭判别得分，我们将其表示为 Y-得分。对任意家庭 h，

$$Y_h = v_1 X_{1h} + v_2 X_{2h}$$

现在我们开始研究 v_1 和 v_2 的决定。理论上，v_1-和 v_2-值的无限多个组合是可能的。而且，样本家庭的 Y-得分是随着这些值变动的。在判别分析中选取 v_1 和 v_2 时应当使得两处理组间家庭 Y-得分的变动尽可能地与处理组内家庭 Y-得分变动相关。换句话说，v_1 和 v_2 的选取标准是，使相应的处理组间和处理组内 Y-得分的平方和之比最大化。因此，判别函数是能够让预先设定的处理组间 Y-得分的差别最大化（重合最少）的自变量的线性组合。

图 15.4 提供了判别函数 $v_1 X_1 + v_2 X_2$ 的图形解释。函数图形在以 X_1 和 X_2 为坐标轴的二维图中是一组平行直线。平行线组中的每一条直线都对应一个具体的 Y-得分。因此，同一条直线上各点的 Y-得分是相同的，但不同直线上各点的 Y-得分是变化的。事实上，我们可以用一条垂直于平行线族的直线来表示 Y-得分，这条垂线就代表了判别函数，它被称为判别轴线，表示沿着这条直线实现了两组间最大化分离。换言之，对应两组数据的点在判别轴线上的投影将呈现为组内密集而组间分散的分布。

实地调研15.2

银行客户感受研究：主效应和交互效应的因子方差分析

美国的一家大型银行开展了一项针对客户的邮件调查，主要是为了了解客户对银行服务各方面的评价，让受访者对银行服务进行整体质量评级，测评标度从1("非常差")到10("非常好")。银行经理很想弄清楚三个问题：(1) 客户的总体评价是否存在性别差异；(2)客户的评价是否存在年龄差异；(3)性别和年龄在影响客户评价中是否存在交互效应。调查已经提供了性别(为一个二分变量)和年龄(为一个三分变量：35岁以下；35~64岁之间和64岁以上)的数据。

经理运用了双向因子方差分析。在这个ANOVA中，性别和年龄是两类自变量，整体评价等级是因变量，样本规模是474。下面是SPSS的ANOVA程序的输出结果。

正如计算机输出显示，性别和年龄对整体服务质量评价的主效应和它们的交互效应都非常显著。注意到（输出的最后一栏），年龄、性别的主效应和它们的交互效应都在通常的显著水平，0.05之下不同处理组对于质量评估的平均(由SPSS方差分析程度产生)也在表中列出("N"栏下的数据是二级分组的样本规模)。六个性别、年龄的联合平均值也在相应的图解中刻画出来。

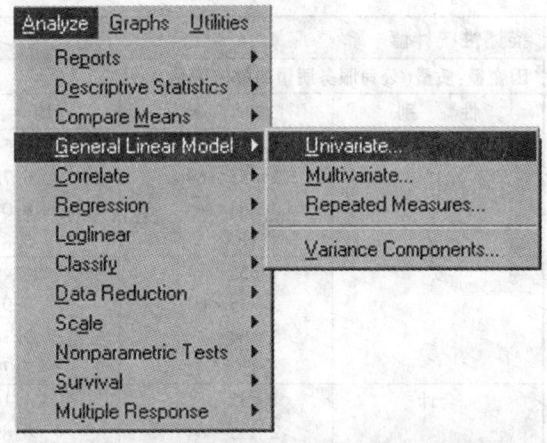

1. 选择"Analyze"菜单
2. 单击"General Linear Model"
3. 选择"univariate"
4. 将整体服务质量QUALITY移动到因变量框(dependent variable box)中；将性别GENDER和年龄AGE移动到固定因素框 (fixed factor box)中。
5. 点击OK

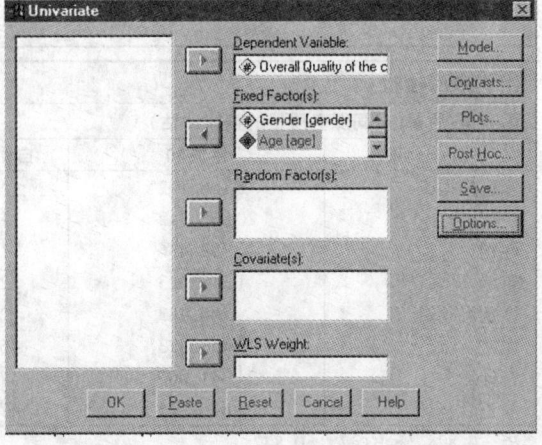

实地调研15.2

公司服务整体质量的边际平均值估计

		Value Label	N
性别	1	Male	252
	2	Female	222
年龄	1	<35	134
	2	35~64	167
	3	>64	173

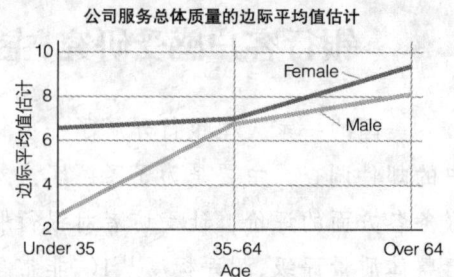

公司服务总体质量的边际平均值估计

图表显示了性别的主效应（女性对服务质量的评价比男性高）、年龄的主效应（年龄越大的客户对服务质量的评价越高）及性别—年龄的交互效应。交互效应表明男性和女性对服务质量评价的差异随着年龄而变化：这一差异在35岁以下客户群中最明显，而在35~64岁客户群中最不明显。

描述性统计值

因变量：质量（公司服务质量的整体评估）

性别	年龄	均值	标准差	N
男	1 <35	2.54	1.31	79
	2 35~64	6.72	1.17	88
	3 >64	8.08	.82	85
	合计	5.87	2.57	252
女	1 <35	6.49	1.39	55
	2 35~64	6.95	.58	79
	3 >64	9.36	.48	88
	合计	7.79	1.53	222
合计	1 <35	4.16	2.36	134
	2 35~64	6.83	.94	167
	3 >64	8.73	.93	173
	合计	6.77	2.35	474

组间效应检验

因变量：质量（公司服务质量的整体评估）

资源	平方和	自由度	均方	F 统计量	显著性
修正模型	2 156.112[a]	5	431.222	438.891	.000
拦截	20 665.912	1	20 665.912	21 033.424	.000
性别	382.436	1	382.436	389.237	.000
年龄	1 311.623	2	655.811	667.4741	.000
性别 * 年龄	260.433	2	130.216	132.532	.000
误差	459.823	468	.983		
合计	24 341.000	474			
修正后合计	2 615.935	473			

[a] $R^2 = 0.824$，修正后 $R^2 = 0.822$

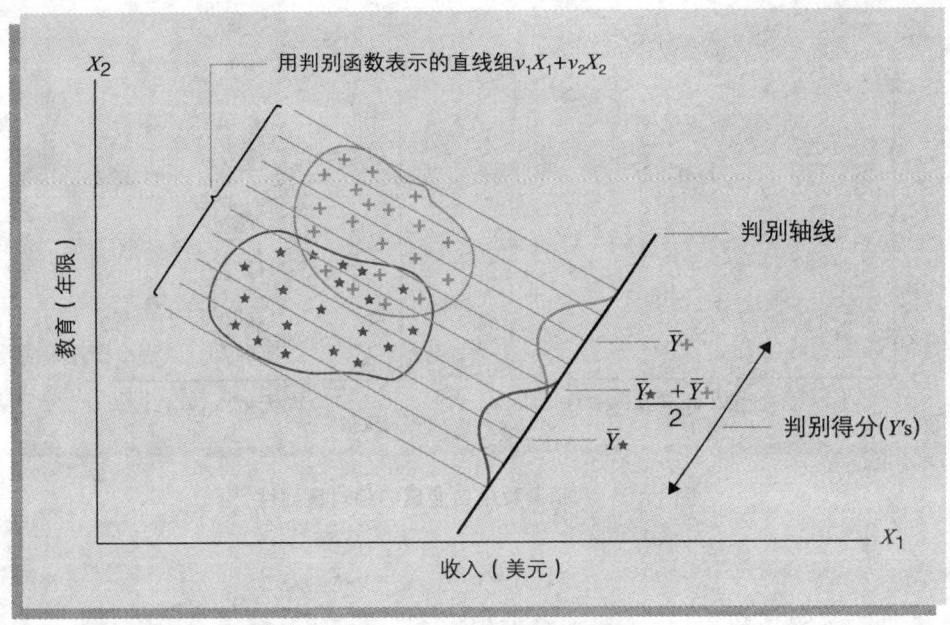

图 15.4 判别函数和判别得分

判别函数的应用

如果两个自变量都以相同的单位计量，X_1 和 X_2 用于区别两个处理组，权重 v_1 和 v_2 可理解为 X_1 和 X_2 的相对重要性。当两个自变量的度量单位不同时（就像在我们的案例中），我们必须获取标准权重——称为 v_1^* 和 v_2^*——如下：

$$v_1^* = v_1 s_1$$
$$v_2^* = v_2 s_2$$

其中 s_1 和 s_2 分别是 X_1 和 X_2 的样本标准差。任意变量 X_k 的样本标准差 s_k 可以用下面的公式计算出。公式中的下标 1 和 2 分别表示两个样本：

$$s_k = \sqrt{\frac{(n_1-1)s_{k1}^2 + (n_2-1)s_{k2}^2}{n_1 + n_2 - 2}}$$

使用此公式的假设前提是：两样本总量中 X_k 方差相等。

图 15.5 描述了两种极端情况，生动地说明了判别权重和判别函数中两个自变量的相对重要性之间的关系。

利用判别函数对一个新家庭归类是最简单的。给定一个新单位的 X_1 和 X_2 值，我们就能利用判别函数计算出新家庭的 Y-得分。

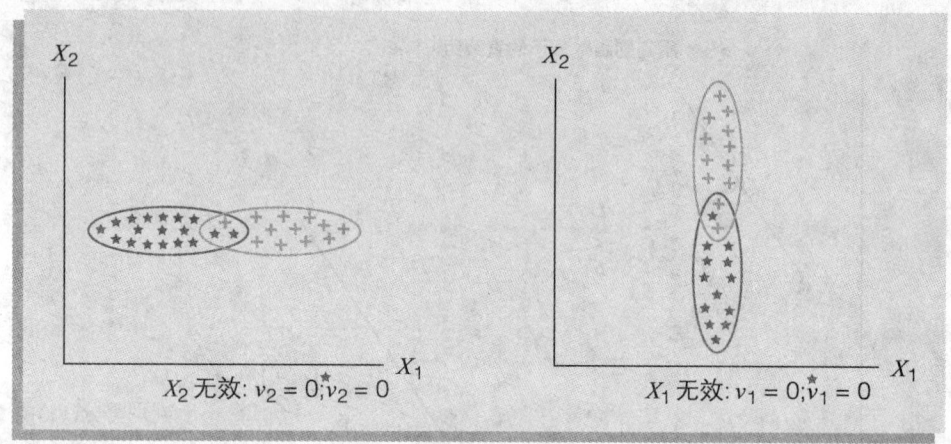

图 15.5　判别函数中自变量的相对重要性

$$Y_{\text{new}} = v_1 X_{1,\text{new}} = v_2 X_{2,\text{new}}$$

我们将 Y_{new} 与两组的平均判别得分（$\overline{Y}_*$ 和 $\overline{Y}_+$）比较，计算过程如下（下标 + 表示拥有个人电脑的家庭，下标 * 表示未拥有个人电脑的家庭）：

$$\overline{Y}_* = v_1 \overline{X}_{1,*} + v_2 \overline{X}_{2,*}$$
$$\overline{Y}_+ = v_1 \overline{X}_{1,+} + v_2 \overline{X}_{2,+}$$

如果 Y_{new} 更接近于 $\overline{Y}_+$，我们将新家庭归入拥有组；如果相反，我们将其归入未拥有组。下面是另一种分配标准：将 Y_{new} 与一个临界判别得分 Y_{cri} 比较，Y_{cri} 定义如下：

$$Y_{\text{cri}} = \frac{\overline{Y}_* + \overline{Y}_+}{2}$$

如果 $Y_{\text{new}} > Y_{\text{cri}}$，将新家庭归入拥有组；如果相反，将其归入未拥有组。这一分配规则暗含地假定了两组的错误分配成本是相等的。换句话说，错误地把一个潜在拥有者归类为潜在未拥有者和错误地把一个潜在未拥有者归类为潜在拥有者花费的成本相同。当错误分配成本不同时，我们需要一个更复杂的分类标准（在此不作讨论）[7]。图 15.4 中，平行线族的中间一条线是临界判别线。

为了说明判别函数的运用，假设计算机生产商收集了关于拥有和未拥有个人电脑的家庭的数据，对这些数据的分析结果如下：

	拥有家庭	未拥有家庭
样本规模	$n_+ = 20$	$n_* = 20$
样本均值	$\overline{X}_{1+} = 30\,000$ $\overline{X}_{2+} = 18$ 年	$\overline{X}_{1*} = 20\,000$ $\overline{X}_{2*} = 16$ 年
标准差	$s_{1+} = 6\,000$ $S_{2+} = 4$ 年	$s_{1*} = 5\,000$ $s_{2*} = 6$ 年
判别权重	$v_1 = 0.009; v_2 = 3.25$	
判别函数	$0.009 X_1 + 3.25 X_2$	

当给定样本单位的事前详细分组情况和每个单位的自变量数据时，我们能在一些计算机软件包（如 SPSS）中找到程序得出一个判别函数。

除了想知道在判别拥有个人电脑家庭和未拥有个人电脑家庭时，收入（X_1）和受教育年限（X_2）的相对重要性之处，公司还希望把 $X_1 = 28\,000$ 美元和 $X_2 = 15$ 年的预期家庭归类到其中一个组中。由于 X_1 和 X_2 是以不同单位度量的，判别权重 v_1 和 v_2 必须通过乘以相应的样本标准差 s_1 和 s_2 来标准化：

$$s_1 = \sqrt{\frac{(n_+ - 1) s_{1+}^2 + (n_* - 1) s_{1*}^2}{n_+ + n_* - 2}}$$

$$= \sqrt{\frac{(19)(6\,000)^2 + (19)(5\,000)^2}{38}} = 5\,522.68$$

$$s_2 = \sqrt{\frac{(n_+ - 1) s_{2+}^2 + (n_* - 1) s_{2*}^2}{n_+ + n_* - 2}}$$

$$= \sqrt{\frac{(19)(4)^2 + (19)(6)^2}{38}} = 5.10 \text{ 年}$$

$$v_1^* = v_1 s_1 = (0.009)(5\,522.68) = 49.70$$
$$v_2^* = v_2 s_2 = (3.25)(5.10) = 16.52$$

将 v_1^* 与 v_2^* 比较，我们可以说，在区分拥有个人电脑家庭和未拥有个人电脑家庭时，家庭收入的重要性差不多是一家之主受教育年限的重要性的三倍。

为了将预期家庭分类，我们需要确定预期家庭的 Y-得分，并将 Y-得分与 Y_{cri} 作比较。

$$Y_{new} = v_1 X_{1,new} + v_2 X_{2,new}$$
$$= (0.009)(28\,000) + (3.25)(15)$$
$$= 252 + 48.75 = 300.75$$
$$\overline{Y}_+ = (0.009)(30\,000) + (3.25)(18)$$

$$= 270 + 58.5 = 328.5$$
$$\overline{Y}_* = (0.009)(20\ 000) + (3.25)(16)$$
$$= 180 + 52 = 232$$
$$Y_{cri} = \frac{\overline{Y}_+ \overline{Y}_*}{2} = \frac{328.5 + 232}{2} = 280.25$$

因为 $Y_{new} > Y_{cri}$，我们就将预期家庭归类为潜在拥有个人电脑的家庭。

检验判别函数

在前面的判别分析讨论中，我们没有考虑推出的判别函数的可信度。然而，通过检验，我们可以考察判别函数及其判别权重的统计显著性。这些检验类似于我们在回归分析中讨论过的检验。因为回归分析和判别分析构建的都是自变量的线性组合，回归分析的潜在局限和在解释结果中需注意的事项也都适用于判别分析。

对于统计上显著的判别函数，检验判别函数实用性的直观方法是构建并检验一个混合矩阵（confusion matrix）。混合矩阵指出了实际样本单位组和通过判别函数将单位分类所得出的预测组间的拟合程度。表 15.3 表示出了与图 15.4 相对应的混合矩阵。

表 15.3　对应于图 15.4 的混合矩阵

实际组	预测组	
	拥有个人电脑家庭	未拥有个人电脑家庭
拥有个人电脑家庭	17	3
未拥有个人电脑家庭	4	16

混合矩阵中从左至右对角线上的数字表示了被正确分类的样本单位数。判别函数预测水平的简要指示器是下面这个比率，称为正确率：

$$\frac{被正确分类的单位总数}{样本总规模}$$

表 15.3 中，混合矩阵的正确率是：

$$\frac{17+16}{20+20} = \frac{33}{40} = 0.825$$

这说明我们的描述性判别函数可以在 82.5% 的正确率水平上进行所有样本的分组。

我们注意到，这里计算出的正确率是以同一组样本单位为基础的，这些样本还被用来构建判别函数。因此，这一结果极可能在某种程度上对函数有利。更令人信服的衡量判别函数预测水平的方法是：用部分样本（比如说，1/2 或 2/3），而在余下样本单位预测值基础上计算出正确率。当然，我们是否有能力采用此方法取决于样本规模的大小。

那么，准确率 82.5% 有多好（预测精确度）呢？回答取决于我们能多精确地将单位分类，预测精确度是关于两个实际组相对规模的函数。在我们的案例中，两组规模相同，这就意味着任何样本单位成为个人电脑拥有者的先验概率是 0.5。同时，我们的目标是将单位归类到拥有者和未拥有者中。因此，假设我们为每一单位掷硬币，如果掷到正面就将该单位归类为个人电脑拥有者，如果掷到反面则归类为未拥有者。我们有 50% 的机会得到正确的结果，因此我们的预测精确度是 50%。所以，判别函数有 82.5% 的准确率可以认为是非常好的。

如果两组样本的规模不同将会怎样？例如，假设拥有组规模是未拥有组规模的三倍。则一个样本单位成为个人电脑拥有者的先验概率是 0.75。因此，如果在没有判别函数辅助下，我们想要将每个单位归类，就需要采用下面的程序。对每个单位，我们从 1 到 100 中抽一个随机数字。如果数字在 1~75 之间，将此单位归类为拥有者；如果不在 1~75 之间，将此单位归类为未拥有者。在这个案例中，偶然性预测的精确度可表示为

$$p^2 + (1-p)^2$$

其中 p 为单位在一组中占比，$(1-p)$ 为单位在另一组中占比。当 $p=0.75$ 时，偶然性预测的精确度为 0.625，或 62.5%。82.5% 的准确率与 62.5% 的偶然性预测精确度相比仍不差。即使它比当两组容量相等时更差（即 $p=0.5$，此时偶然性预测的精确度为 50%）。

总而言之，原始组向规模大小差别越大，判别函数胜过仅依赖于相对组容量的偶然性分类方案的可能性越低。这种偶然性分类方案体现着通常称作比例偶然性标准的运用。还有另一种采用所谓最大化机会标准的偶然性分类方案，在此方案中，所有单位都被归类到大的一个先验组中。因此，当一个有 40 单位的样本有 30 个拥有者和 10 个未拥有者时，将所有 40 单位归类为拥有者，会导致 75% 的最大预测精确度。然而，因为将所有单位放入一个组违背了区别不同组成员的目的，所以最大化机会标准不切实际。

总结

我们对判别分析的应用主要集中在这样的情况下，根据一些预定的标准将总样本划分成了两组。然而，判别分析并不仅限于两组的情况。多组判别分析的基本原理类似于基本的两组的情况，尽管技术分析方法的细节会更复杂。

判别函数并不局限于只有两个独立变量的情况。在我们的讨论中只包括两个

独立变量的原因，是为了保证运用分析技术做出的图形解释更加简单和方便。判别函数可以并且往往含有两个以上的独立变量。包含 k 个变量的判别函数的一般形式为：

$$v_1 X_1 + v_2 X_2 + \cdots + v_k X_k$$

考虑到营销者经常需要确定目标群体，找出关键的特征指标，并对潜在的客户群体进行合适的分类，我们认为，判别分析法的潜在应用价值是很大的。

15.5 因子分析

因子分析（factor analysis）是研究如何以最少的信息丢失将众多原有变量浓缩成少数几个代表变量间关系的因子（factor），并使因子具有一定的命名解释性。通常是从考察原始变量中矩阵配对的相关关系入手，然后再将这些变量组合为少数几个能够最大限度代表相关变量的因子。我们在这里不打算介绍如何从相关关系中拣出因子[8]，而是将重点放在直观地了解"如何进行因子分析、如何解释分析结果以及如何使用结果"方面。

一个直观的解释

为了说明因子分析的过程，让我们首先考虑下面一种假设情况。

例子：明星公司（简称 SBI）是一家家用电器和电子产品的制造厂商，最近对使用明星产品的顾客进行了一项调查。目的是要了解顾客对该公司的整体形象，尤其是对具体的明星产品是如何评价的。调查使用李克特－7 级量表评价，分数值越高，表示顾客越喜欢。

在第 9 章中，我们已经讨论了各种比例量表。我们知道，通过比例量表获得的数据通常被假定具有区间数据的特性。因子分析处理的数据至少在区间尺度上有所缩小。虽然通常情况下因子分析会同时涉及大量指标（变量），但是在这里我们只考虑 SBI 在调查过程中提取的两个指标，以说明该分析技术的基本原理：

1. 我对我所购买的明星品牌的产品很满意。
2. 将来购买家用电器时，我很可能会购买明星品牌的产品。

客户对每项指标的评级可以视为把数据存放在了一个单变量中。假定 s_1 和 s_2 维度代表隐含在两个指标中的变量。图 15.6 描绘出了对 s_1 和 s_2 进行调查得到的数据。显然，s_1 和 s_2 是高度相关的。换句话说，对这两个指标进行评级基本上是多余的，因为它们显然代表着非常相似的客户偏好。

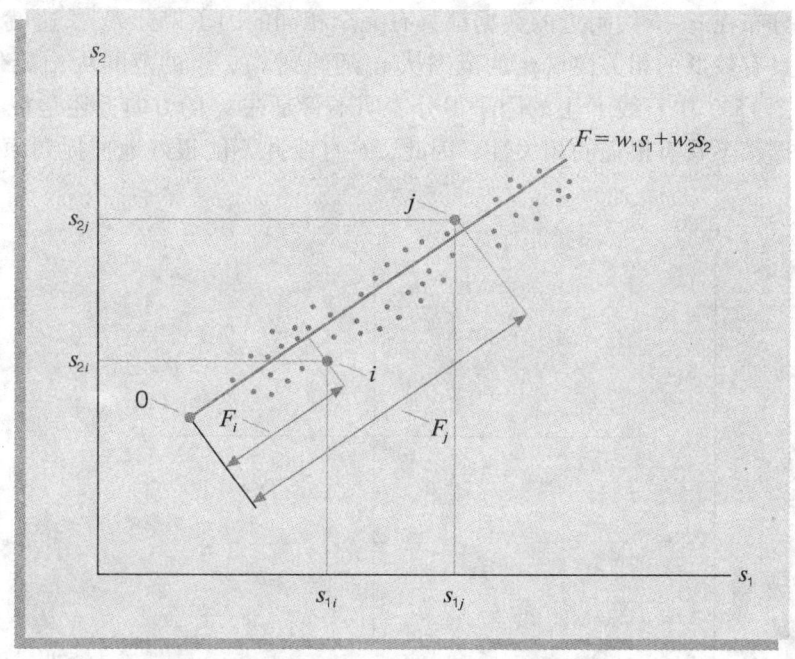

图 15.6　因子分析有效的情况：s_1 和 s_2 高度相关

因此，我们应该把二者结合为一个维度，这并不会严重破坏原始数据集中包含的信息。这样的结合就是我们所说的对数据 s_1 和 s_2 进行因子分析。图 15.6 中的直线 F 即是本例中能够同时代表这两个维度的因素，它可以从任意假定的起点，比如说点 0 处出发对所有的样本单位进行测量。这些测量值被称为因子得分（factor scores）。在图中，F_i 和 F_j 就表示了受访者 i 和 j 的因子得分。

对受访者 i 和 j 在 s_1 和 s_2 维度上的因子得分进行比较可以发现什么呢？显然，受访者对 s_1 和 s_2 评价越高，受访者几乎呈同样比例分布的因子评分就越高。图 15.6 还可以进一步推广到整个样本数据的因子得分。在因子分析中，我们认为 s_1 和 s_2 在 F 上具有较高的因子载荷。因子载荷（factor loading）是原始变量和因子之间的皮尔森相关系数。

总之，受访样本在 F 上得到的数据事实上和在 s_1 和 s_2 两个纬度上单独评价得出的结果是一样的。尽管可以提取的变量个数并不局限于两个，但是图 15.6 描述的两个变量的情况却是因子分析的基础。现实中存在着大量某些变量与另一些变量高度相关的情况，而因子分析却能在不损失原有信息的同时找到一系列更为精简的因素。在以上描述中，我们着重强调原始数据相关性的原因是：如果原始变量之间存在的相关性很差，因子分析就不会产生较好的效果。

图 15.7 描述了因子分析的局限性，在本图中 s_1 和 s_2 之间是低相关的。由于

所有分布在 $a-b$ 线附近的数据都具有完全相同的因子得分 F_{ab}，这就表明 s_1 和 s_2 之间具有较低的相关性（s_1 的范围从 s_{1a} 延伸到 s_{1b}，s_2 的范围从 s_{2a} 延伸到 s_{2b}）。

图 15.7 中直线 F 上的因子得分表明不管是在 s_1 的方向上还是在 s_2 的方向上的数据都不具有很强的相关性，因此，F 直线并不能很好地捕捉到原来数据集中

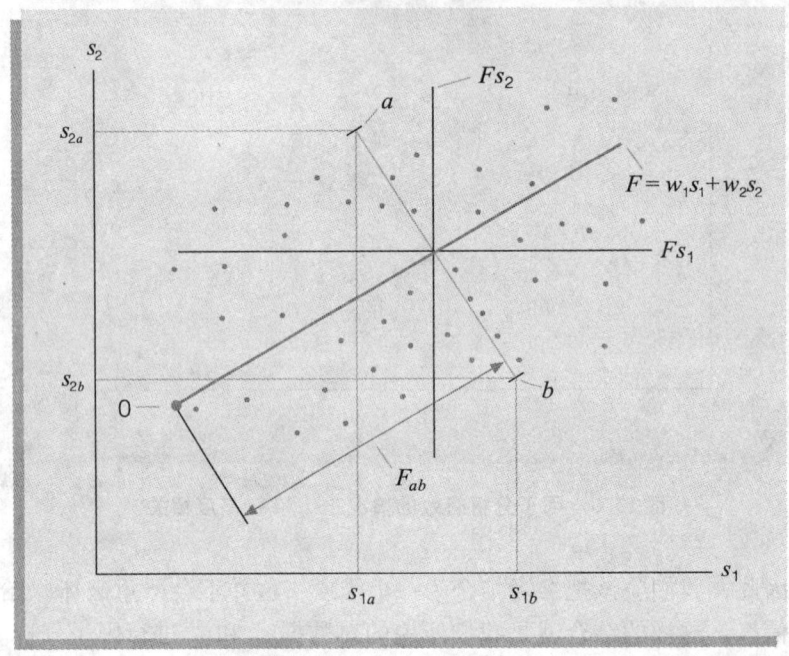

图 15.7　因子分析无效的情况：s_1 和 s_2 低度相关

的关键因素。我们可以使 F 平行于 s_1 轴，得到直线 FS_1，从而得到能够准确描述 s_1 等级的因子得分。遗憾的是，沿直线 Fs_1 的因子得分并不能够反映 s_2 维度。为了得到 s_2 的因子得分，我们必须构建一条垂直直线，如 Fs_2。但是如果这样做，我们就无法得到我们所推崇的因子分析缩减数据和减少变量的优点。显然，如果需要用两因子解释原始数据的特点时，我们最好还是用那两个原始的变量。因此，因子分析并不能保证一定可以达到预期的目的。

回到图 15.6 中，我们应当如何来诠释 F 呢？从数理方面考虑，可以使用一个线性组合来说明 s_1 和 s_1 中的所有变量：

$$F = w_1 s_1 + w_2 s_2$$

在这里 w_1 及 w_2 是通过因子分析确定的权重。但是它们是否具有任何实质性的意义呢？或者换句话说，因为 F 是一个新出现的组合变量，我们怎样对它命名呢？

由于对因子的确定具有很强的主观性，因此任何命名都是具有争议的。因子

分析的使用者经常简单地选择一个字母来描述这些具有很强因子载荷的原始数据的共线分布。但是如果变量数据几乎没有共通点，命名一个因子是很困难的，而且这种情况在因子分析的实际应用过程中并不少见，这是因子分析技术的一项缺陷。在我们的例子中，s_1 代表顾客对明星产品的满意度，s_2 代表顾客日后购买明星产品的可能性。因此，F 就代表了顾客对明星产品的信任度。这里，信任度就是 F 的命名。

因子分析的结果及其解释

大多数统计软件包，如 SPSS，都可以执行因子分析。这些软件包一般对变量进行标准化之后才作出分析（把每个变量转换成均值为 0 和方差为 1 的变量）。因子分析输出一个因子负荷矩阵。为了说明这一矩阵，我们对 SBI 的明星牌 DVD 进行调查，得到六个指标。我们对明星产品的使用者提供了 7 个分数等级并进行了因子分析。上述六个指标（被设计为变量 X_1 到 X_6）及其因子负荷矩阵如表 15.4 所示。表 15.4 表明我们通过对数据变量 X_1 到 X_6 进行分析构建了两个因子（F_1 和 F_2）。一般情况下，因子的数量可以和来自原始数据集中的变量数一样多。软件包允许因子分析的使用者指定被提取出来的因子数量。当然，能够充分反映原始数据集信息的因子越少越好。

在因子分析中，诠释结果时要注意的一点是因子本身是独立的。换句话说，在构造因子时我们要求任意对因子之间的相关性都为零。在这里，因子之间没有信息的重叠或冗余。

表 15.4 中"因子"栏下的数字都是因子载荷。例如，X_1 和 F_1 之间的相关系数为 0.89，而 X_1 和 F_2 之间的相关系数为 0.15。从第 14 章的讲述中我们知道，两个变量间相关系数的平方表示一方的差异中有多大比例可以由另一方解释。因此，X_1 变异中的 $(0.89)^2$ 可以通过 F_2 说明，X_1 变异中的 $(0.15)^2$ 可以通过 F_2 说明。由于 F_1 和 F_2 之间没有重叠的信息，因此，X_1 的变异由这两个因素共同引起的比重是 $(0.89)^2 + (0.15)^2 = 0.815$。这一数值被称为 X_1 的变量共同度。原始变量的变量共同度代表的是所有提取出的因子间的差异比例。上述六个变量的变量共同度被列在表 15.4 的最后一栏中。

表 15.4 基于明星牌 DVD 消费者数据的因子载荷矩阵

因子载荷	因子		变量共同度
	F_1	F_2	
X_1：我不介意为 DVD 支付高昂的价格	0.89	0.15	0.815
X_2：我对 DVD 可以做各种各样的事情感到很满意	0.16	0.86	0.766

（续表）

表 15.4　基于明星牌 DVD 消费者数据的因子载荷矩阵

因子载荷	因子 F_1	因子 F_2	变量共同度
X_3：我几乎从不担心我的 DVD 会坏掉	0.18	0.94	0.916
X_4：我的朋友们对我的 DVD 印象深刻	0.96	0.06	0.926
X_5：DVD 采用了最先进的技术	0.09	0.88	0.782
X_6：没有其他品牌的 DVD 可以比得上明星牌	0.92	0.17	0.875
特征值：由每个因子解释的标准差	2.626	2.454	
每个因子所解释的总方差的比例	0.438	0.409	

我们通过加总对应于每个变量的平方因子载荷从原始的变量中得到这些变量的共同度。这些估值揭示了减少的因子组对每个原始变量数据的反映程度。前面的两因素例子中，每个因子可以解释六个变量中每一个变量 75% 以上的变化，这说明因子分析是非常有效的。

表 15.4 中标有"特征值"的那一行的数值总结了由各个因子捕捉到的大量信息。任一因子的特征值都是该因子所解释的总标准差异。所提取的因子的特征值通过加总对应于每个变量的平方因子载荷得到。原始数据组中的总标准差异就是变量的数量，因为每一个变量的差异都是 1。我们例子中的总标准差异是 6。因此，F_1 由解释的差异的比例是它的特征值除以 6，或者 2.626 ÷ 6 = 0.438。同样地，由 F_2 解释的总差异的比例是 0.409。这些比例都显示在表 15.4 的最后一行。由两个因素共同解释的总差异的比例是 0.847（或 84.7%）。这一结果又一次证明因子分析是非常有效的[9]。

现在让我们来解释 F_1 和 F_2。第一个因素 F_1 与 X_1、X_4 和 X_6 强相关，与 X_2、X_3 和 $X5$ 弱相关。第二个因素 F_2 与 X_2、X_3 和 X_5 强相关，与 X_1、X_4 和 X_6 弱相关。得到这样的结果是有些幸运的，因为因子载荷并不总能如此清晰说明一个因子的关键变量与另一个因子几乎没有共同点[10]。X_1、X_4 和 X_6 的共同点是什么？不介意产品的高价格（X_1）、让朋友们对产品留下深刻的印象（X_4）、把该产品视为大大优于其他竞争产品（X_6），这表示它们之间的共同点可以被称为声望因素。同样地，对产品性能的满意度（X_2）、不担心产品会坏掉（X_3）、相信产品使用的技术是最先进的（X_5），这表示 F_2 可以被认为是绩效因素。但是，正如我们前面所指出的，这些标识是主观的，可能会因为不适当而受到挑战。

不是所有的因子载荷都像表 15.4 中那样是正的。毕竟，它们是相关系数，取值范围是从 −1 到 +1。原始变量所测量的特征和它们之间联系的性质将对因子载荷的符号产生影响。例如，如果在 SBI 调查中有一个条目表示明星 DVD 在技术上落后于时代,表 15.4 中的 F_2 的值极有可能是负的。直观地看,一个负的因子载荷意味着变量所表示的东西与整体因素所表示的相反。

应用

因子分析有多种应用。首先,我们可以用它来开发简单但全面的多项目量表。从收集的研究报告和文献中我们可以判断,这种应用是最常见的。在第 9 章中我们了解了开发多项目量表的过程(用于测量态度的李克特量表或者语义差异量表)。因子分析可以用来把一大堆陈述简化成一张简单的问卷,同时确保精简后的问题充分反映所需测量的概念。

例子 一个公用事业公司想要开发一个 15 个项目的量表,用来测度客户对其核电站的态度。该公司已经编制了包含 100 个项目的初步问卷。问卷采用李克特 -7 点制。

正如我们在第 9 章中讲到的那样,态度包括三个维度:认知、情感和行为。因此,我们可以对初始的 100 个项目进行因子分析,并从中提取三个因子。根据因子载荷矩阵可以判断这三个态度维度是否充分包含在初步的项目组中。如果是,我们可以从每个因素中选择 5 个最高载荷的项目,形成最后的 15 个项目的量表[11]。

因子分析的第二个应用是在现有的数据基础上解释截然不同的维度的性质,从而提供管理建议——为细分市场和营销组合策略提供参考。例如,关于 SBI 调查数据的因子载荷矩阵(表 15.4)表明在客户评价明星 DVD 时,声望和绩效可能是两个重要的标准。这一结论表明 SBI 可以围绕声望和绩效的主题制定明星 DVD 的营销策略,并从中受益。

第三,因子分析把大量的数据转化成有限数量的不相关因素的一组因子得分,这种功能使该技术可以与其他分析过程联合使用,比如多元回归分析和判别分析。假定 20 个密切相关的独立变量都包含在一个多元回归方程式中,这会带来两个潜在的问题,分别是多重共线性和缺乏足够的观测数据。解决这两个问题的有效方法是对这 20 个独立变量进行因子分析。因为这些变量是密切相关的,仅仅需要几个因素,比如说四个,应该就能捕捉到独立变量组中的大部分信息。四个不相关的因素可以看做是独立的变量,它们的因子得分可以被用作多元回归分析的原始数据。

15.6 聚类分析

聚类分析(cluster analysis)是将对象(消费者、市场区域或产品)划分为不同的群体，群体内成员间在诸多方面表现出相似性。聚类分析对于旨在区分出不同消费群体的市场细分非常有用。这一技术可以根据对一系列变量的赋值找出对象的自然群体，而不必将其中的任何一个设定为因变量。

例子 某娱乐性企业想要进入一个新的地区。对所在地区的100个家庭进行了随机调查，包括人口统计数据、娱乐、休闲和家庭成员兴趣上的花费等。该企业想要细分出一个或几个可能对它的广告和服务最敏感的家庭组群。

企业进行市场细分的一种方法是对它已经收集到的数据进行聚类分析。这个分析的结果将揭示了家庭聚类，聚类中的每一个家庭都包含所估量特征的相似数据，并且聚类中的每一个家庭都明显地不同于其他聚类中的家庭。分析各个聚类的特征将帮助企业决定把哪个聚类作为目标聚类、如何最好地通过广告来获得这一客户群[12]。

尽管聚类分析和判别分析都是将很多研究对象分割成不同的群体，使各组包含的研究对象彼此相似，但这两种方法是不同的。在判别分析中，研究者研究各个组是基于一个独立的因变量，然后根据一组自变量的作用来有效地区分不同的组群。在聚合分析中，各个组没有作事前的详尽分析，相反，这种技术生成出各个组是基于研究对象在很多变量上的相似性。

聚类分析是如何进行分析的？有几个可以使用的聚类过程，每一个都是基于一系列有些许不同的复杂的电脑程序[13]。但是它们的基本原则是相同的，都是基于各种特征的不同取值来估量研究对象之间的相似性。研究对象之间的相似性通常是通过一些距离测量（distance measure）来确定的。距离测量在只包含两个特征变量的情况下，可以最好地解释这种相似性。假定我们可以获得一个个体样本的下面两个变量的数据：

- 他们参加室外活动的程度（X_1）
- 他们通过电视收看室外活动的程度（X_2）

将X_1和X_2的数据绘制在一张二维图表上（如图15.8）。图15.8中的每一个点都代表一个个体。当两个点的X_1和X_2的取值被同时考虑时，它们之间的物理距离与相应的两个个体之间的相似性成反比。所以相较于与个体C或者个体D，个体A与个体B的相似性更大。从这样一些点之间的距离的比较可以看出，图15.8揭示了三个不同的聚类。

从一张散点图划分出聚类，也就是说，辨别出有多少个截然不同的聚类，并且每一个数据点将被分配到哪一个聚类，这是一个不断重复试错的过程。为了有效地、系统地构造出聚类，我们必须运用电脑运算法则。这种方法以任意聚类边

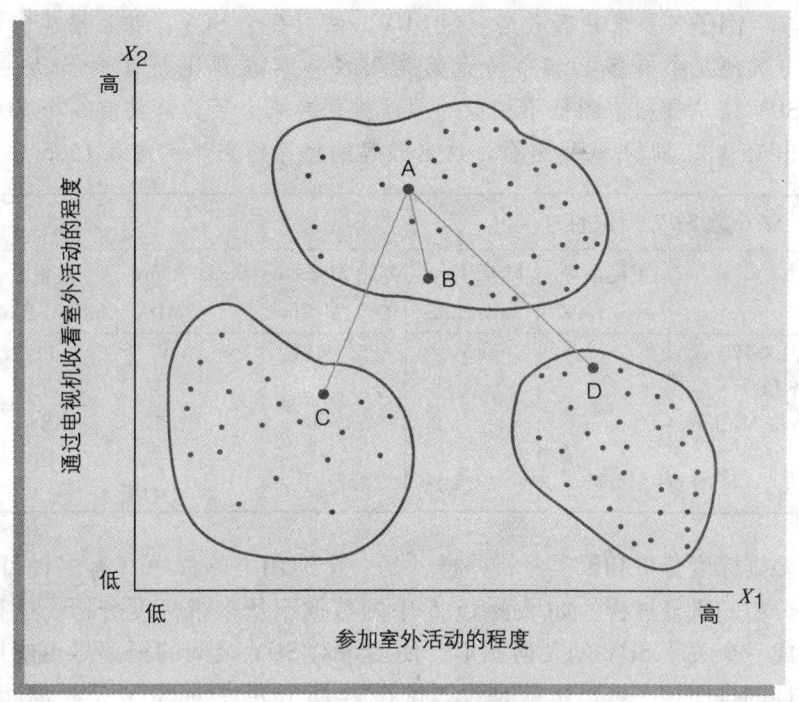

图 15.8　由两个特征因素的数据形成的组群

界开始，然后进行不断地修正直到平均点间距离落入聚类中，这一距离相对于两聚类之间的平均距离尽可能的小。聚类内的距离最小化和聚类间的距离最大化，这一原理同样适用于有很多变量作为基础的分组的情形。我们不仅可以利用聚类分析分割客户群，还可以分割其他的一些研究对象，比如市场的地域划分或者一个产品的品牌划分。

15.7　多维标度分析

聚类分析是根据预设的维度上数据间的相似性进行对象分组，**多维标度分析**（multidimensional scaling）则在一定程度上是相反的过程，它是找出消费者评估中所表现出的关键维度，根据给定数据集中的消费者对产品或品牌的偏好得出相似和偏好的判断。这种方法在营销中最常用于找出竞争性品牌、商店等在消费者心目中的相对定位。描述感受相似性或偏好的数据可以是非度量的（例如可以是排名），也可以是度量的（例如更确切的排名），可以用于分别分析相似和偏好，也可以同时分析相似和偏好[14]。

例子 要求顾客考虑一组SUV，共有6个SUV，并且描述出每一个SUV与其他几个有多么相似。尤其是要求一名顾客比较几对SUV并且把几对SUV按从最相似到最不相似的顺序排列起来。因为总共有6个SUV，可以列出15对不同的SUV组合。这名顾客的排序结果显示在表15.5中。

表15.5 2005年6款SUV相似性

	雷克萨斯 Lexus LX470	陆虎 Land RoverLR3	奔驰 Mercedes-Benz M-Class	Acura MDX	英菲尼 lnfiniti FX45	宝马 BMW X5
雷克萨斯 Lexus LX 470		15	14	12	11	13
陆虎 Land Rover LR3			1	4	7	2
奔驰 Mercedes-Benz M-Class				5	8	3
Acura MDX					10	6
英菲尼 lnfiniti FX45						9

多维标度分析和聚类分析一样，是一个运用电脑程序（有多种可用的程序）进行分析的重复过程。如果表15.5中的数据服从多维标度分析，这种方法将试图生成一个关于SUV的几何图形，使得每对SUV之间的距离尽可能地与顾客对相似性的排序相一致。也就是说，排在第15位的一对SUV是距离相距最远的，排在第14位的是距离相距次远的，依次类推。

这种方法的一个重要特征是它试图用构造与相似性序列一致的图形所必须的最低维数，在一个几何空间中描绘研究对象。例如，假定有三个研究对象A、B和C，研究者发现A和B是最相似的（秩等于1），B和C是最不相似的（秩等于3），A和C的相似性位于前两者之间（秩等于2）。我们可以很容易地将这些相似性的排列转换成相应的几何图形，只需要用到一维空间，如下所示：

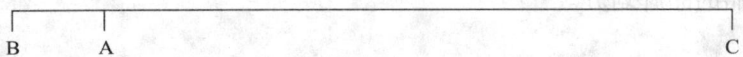

但是，随着研究对象数目的增多，描绘研究对象需要用到多维空间，使研究对象在图中的距离和觉察到的相似性序列保持一致。

从概念上讲，这种技巧是从在一条直线上（一维）排列研究对象开始的。如果对象不能按它们之间的相似性要求保持这条直线上，那么就得加上另外一条垂直的线，把对象在这个二维空间中移动，看看能否找到一个与对象之间的相似性更适合的图形。如果这样的图形也做不到，那么就得加上第三个维度，重新在这个三维空间中为这些研究对象拟合一个图形，依次类推。图15.9显示了这6个SUV的一个二维图形。在这个图形里，每对SUV之间的距离与表15.5中所示的排序是一致的。

暂时不考虑标有"理想的SUV"（Ideal SUV）的那个点，从图15.9中我们可以看出什么？为了回答这个问题，我们必须知道这两个坐标轴分别表示了什么。标识坐标轴是很主观的，因此是一个潜在的问题。它需要我们沿着每一个维度检查研究对象的相对位置，并且根据我们对研究对象先前的认识，推断这些维度最可能说明了什么。

当例子中的6个SUV被沿着水平维度（维度1）排列的时候，英菲尼 Infiniti FX45 最靠近原点，雷克萨斯 Lexus LX470 最远离原点。根据我们对 SUV 的认识，我们也许可以把维度1标识成价值，从左至右，价值沿着坐标轴不断增加。同样地，维度2可以被认为是质量，并且质量沿着坐标轴从下到上不断提高（记住，其他人面对同样的一幅图表可能会对这两个坐标轴作出不同的解释。同样地，在一些例子中要充分地解释某一坐标轴的意义也许是不可能的）。

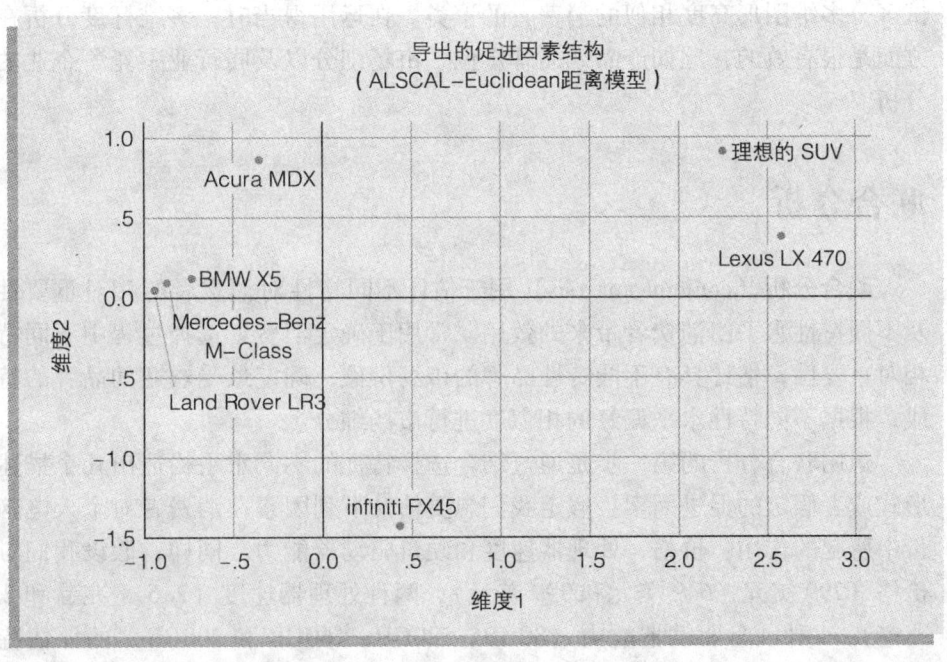

图 15.9

图15.9总结了将多维标度分析运用于消费者的相似性排序的结果，因此，从图15.9我们可以推断出这个特定的消费者暗含地以价值和质量作为比较6个SUV的关键标准。这些标准可能因此成为影响消费者选择SUV的重要因素。

现在，让我们看看图15.9中标有"理想的SUV"的那个点。顾名思义，这个标志意味着一个假定的SUV能够最好地满足消费者的特殊需求。我们可以通过把它放在所有的SUV中由消费者作最初的比较来得到"理想的SUV"的位置，也就是说，让消费者在7个SUV中做两个两个的比较（6个实际的SUV和1个理想的 SUV）。从图 15.9 中理想的 SUV 的位置可以看出，对于消费者来说，雷克萨斯 Lexus LX470 是最具有吸引力的，而英菲尼 Infiniti FX45 是最没有吸引力的。像这样的观点将带来策略上的改变，并且这种改变沿着坐标轴将移至一个特殊的 SUV，使它更接近消费者的理想。

图 15.9 显示出 SUV 的图形是源于一个消费者感知的 SUV 之间的相似性，因此并不必然反映其他消费者的观点。对于同样一组 SUV，另一个消费者的相似性排序可能会得到一个完全不同的多维图形。在这里可以看出多维排序的另外一个局限（第一个局限是如何给坐标轴命名）：当图形对应于不同的消费者时，我们可能无法通过多维标度分析的结果得到一个普适性的推论，尤其是当各自的维数也不同时。我们可以通过把一个合适的聚类分析技术和多维标度分析相结合，尝试区分多维图形高度相似的消费者的聚类。在运用得当时，多维标度分析在一些方面是很有效的，比如产品或品牌定位、市场细分以及同行业中竞争企业的定位分析。

15.8 联合分析

联合分析（conjoint analysis）用于估计不同特性对消费者的相对重要性，以及不同特性水平给消费者带来的效用。常用于确定消费者选择过程中不同特性的相对重要性；估计具有不同特性品牌的市场份额；确定最受欢迎的品牌的特性构成；根据不同特性水平偏好的相似度进行市场细分。

运用联合分析的第一步是通过结合选择特征的不同水平构造出几个描述性的形式或者假定的促进因素。假定我们想要估计下列因素在消费者对个人电脑的评价中所起的作用：价格、处理器速度和硬盘驱动器能力。同样，假设我们对三种价格（299 美元、649 美元和 999 美元）；两种处理器速度（2.6 千兆赫和 2.8 千兆赫）；4 种硬盘驱动器能力（80GB、120GB、160GB 和 200GB）的评估特别感兴趣。根据这三个特征的不同水平，我们总共可以得到个人电脑的 24 种描述性形式（3 个水平的价格×2 个水平的处理器速度×4 个水平的硬盘驱动器能力）。

获取适用于联合分析的消费者偏好序列数据的一种方法称为同次两因素法，或者称为权衡方法（trade-off approach）。在这种方法中，我们要求消费者根据特征水平的不同组合排列他们的消费偏好，一次只考虑一对特征。在例子中，我们考虑价格和处理器速度，消费者被要求根据他们的偏好（最偏好的一组＝1，最不偏好的一组＝6）排列六组可能的特征水平的组合。对于价格—硬盘驱动能力和速度—硬盘驱动能力的特征对，我们可以获得相似的一组偏好排序。

另一个获得消费者偏好排序数据的方法是使用形式完整方法（full-profile ap-

实地调研15.3

个人电脑研究

联合分析中指令和促进因素的数据收集：同次两因素方法

我们想要知道你对个人电脑特性的相对偏好以及你在这些特性之间的相对取舍。右边的图表有6个空白的格子，分别表示价格和个人电脑储存能力的不同组合。请通过简单地在格子中填进数字指出你对于这些组合的相对偏好。填进数字1表示你最偏好这个价格——储存能力组合，然后填进数字2表示你第二位偏好这个价格——储存能力组合，依次类推，直到你填进数字6表示最不偏好这一组合。

形式完整方法

这里有24张卡片表示个人电脑的价格、处理器速度和硬盘驱动能力的不同组合。请研究每一张卡片并把它放在三类中的一类里——(a)明确的偏好；(b)无差异；(c)明确的不偏好——根据你有多么偏好一台拥有卡片上所列特征的个人电脑的程度。在你将24张卡片分别放入三个不同类别中后，把每个类别中的卡片按最偏好到最不偏好的顺序排列。

处理器速度	价格		
	$299	$649	$999
2.6GHx	☐	☐	☐
2.8GHz	☐	☐	☐

个人台式电脑	个人台式电脑	个人台式电脑	个人台式电脑
价格 299	价格 299	价格 299	价格 299
处理器速度 2.6GHz	处理器速度 2.6GHz	处理器速度 2.6GHz	处理器速度 2.6GHz
硬盘驱动能力 80GB	硬盘驱动能力 120GB	硬盘驱动能力 160GB	硬盘驱动能力 200GB

Note: Only 4 of the 24 cards are shown. Also, the stack of cards willy typically be shuffled to randomize the order before being given to each respondent.

proach）。在这里，我们要求消费者对24个不同的形式进行偏好排序，这24个不同的形式描述了三种特征所有可能的组合。实地调研15.3说明了联合分析中通常用于收集数据指令和促进因素的每一种方法。

同次两因素的方法对消费者理解和作出回应更为容易，尤其是当分析中包含大量特征因素时。这种方法的结果在一定程度上并不真实反映现实，因为它只提供局部的促进因素给回应者。因此，对于偏好排序到底有多大意义是有疑问的。形式完整的方法更能够得到真实的现实反映，但是当特征因素的数量很大时可能给回应者带来很大困难[15]。不过，形式完整的方法似乎适用于互联网的环境中[16]。

联合分析的结果是相对于每个特性的一组效用值。对于任一特性的某一水平，效用值越高，消费者对包含那一水平的描述性形式的偏好越大。例如，假定图15.10中的效用值图是由一个消费者偏好排序的联合分析所生成的。这个图反映出几个有趣的观点。正如我们所期待的那样，价格水平越高，价格的效用降低，而处理器速度和硬盘驱动能力的效用则随着特征水平上升而上升。通过计算和比较它们各自效用值的范围，我们可以明确这三个特征因素的相对重要性。

$$价格的效用范围 = 0.8 - 0.3 = 0.5$$
$$处理器速度的效用范围 = 0.9 - 0.6 = 0.3$$
$$硬盘驱动能力的效用范围 = 0.8 - 0.4 = 0.4$$

直观地看，效用范围宽应该意味着消费者偏好对特性水平的变化非常敏感。因此，在我们的解释中，价格是最重要的，而处理器速度在影响消费者对个人电脑的偏好方面是最不重要的。

在图15.10中，效用值也可以用来比较不同的个人电脑构造的潜在吸引力。例如，有一台个人电脑，处理器速度是2.6千兆赫，硬盘驱动能力是120GB，价格是649美元，相较于另一台处理器速度是2.8千兆赫、硬盘驱动能力是160GB、价格是999美元的个人电脑来说，可能更具有吸引力。我们可以通过计算两台假想产品的总效用来回答这个问题，计算如下:[17]

$$2.6千兆赫、120GB、649美元的个人电脑的总效用$$
$$= 0.6 + 0.7 + 0.4 = 1.7$$

$$2.8千兆赫、160GB、999美元的个人电脑的总效用$$
$$= 0.9 + 0.8 + 0.3 = 2.0$$

因此，后一个特性组合的电脑比前一个对消费者更有吸引力。

就像多维标度的分析结果一样，联合分析的结果是个人性的。也就是说，为每个个体分别生成一组效用值。所以，如果想要得到一个普适性的推论，我们必须汇集回应者所有的效用值。有一些方法可以得到总效用，也有助于估计不同特性水平下不同组合产品的市场份额。例如，研究者Terry Vavra, Paul Green 和 Abba Krieger 使用联合分析结合电脑模拟器检测消费者对名为E-ZPass的电子收费系统的反应[18]。在过去几年里，联合分析已经有了几百种商业应用[19]。高运行速度的电脑和联合分析结果的吸引力可能进一步增加这种技术在未来的使用。运用电脑构造促进因素，把它们呈现给回应者，记录回应者的偏好，然后把数据及时输入电脑中，这样，即使一些与联合分析相关的数据收集难题，比如当特性的数量很大时难以系统和明确地描述，以及如何将大量的特性呈现给回应者的困难等，都可以得到解决[20]。

低价格、高运行速度的电脑的出现为使用数据库进行营销的新方法铺平了道路。很多分析工具被发展起来用于分析大的数据库。这些工具都很受欢迎，尤其是数据挖掘工具。接下来，我们将介绍一下这些工具。

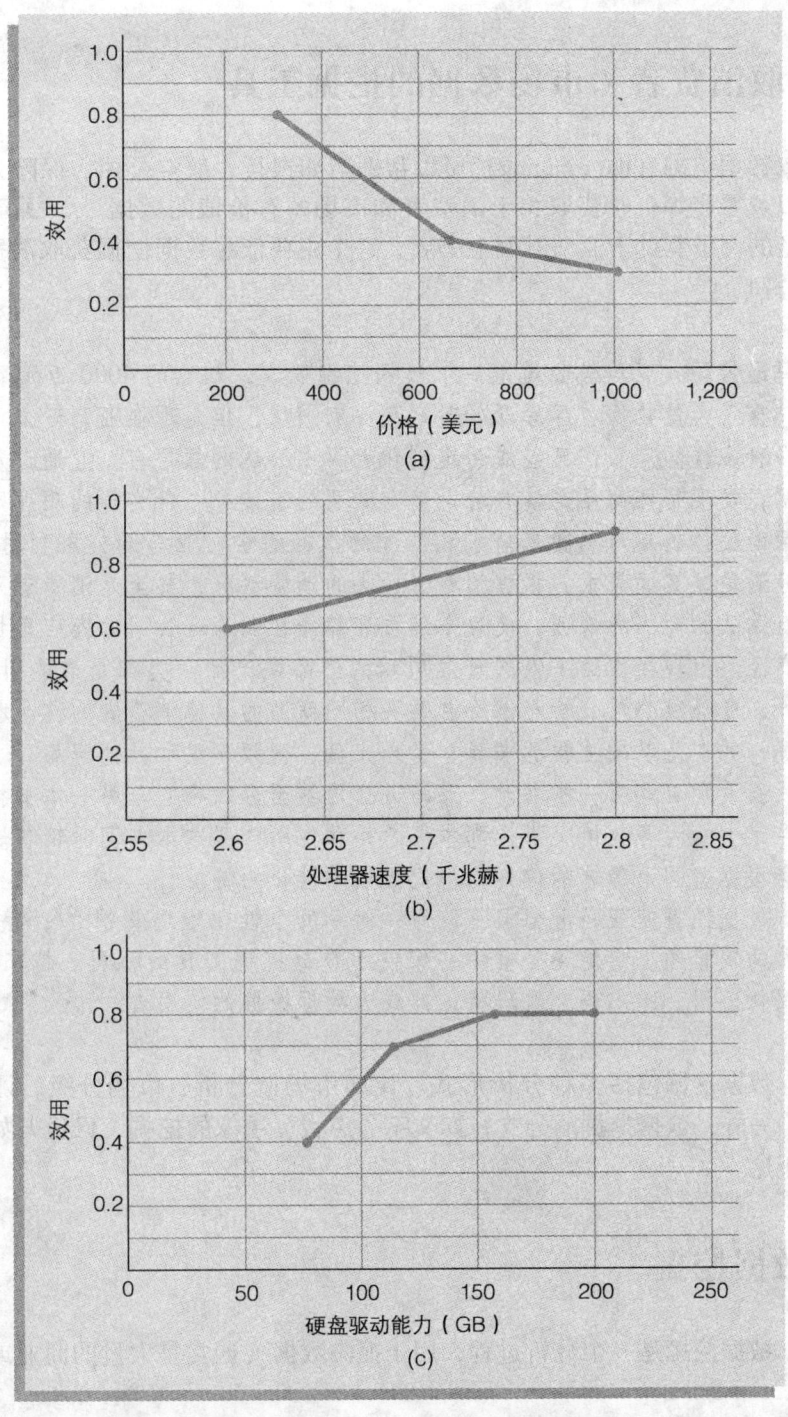

图 15.10　三台个人电脑特征的实用价值

15.9 获取消费者和市场数据的挖掘工具[①]

数据挖掘（data mining）可以帮助诸如银行、航空公司、保险公司、运输公司以及零售等企业获取关于消费者和市场的有价值的数据[21]。关于数据挖掘最典型的例子莫过于亚马逊网上书店，一个主要依靠数据挖掘获取消费者认识的网络公司。

现场实例 亚马逊公司 亚马逊公司是一个数据挖掘巨人，从它的 4000 万消费者那里搜集并储存了大量数据。尽管开始时只是一家书店，但是现在亚马逊公司在网站上销售多种多样的产品，已经成为定制化世界中公认的领导者。它通过定期的市场篮分析，发现哪些商品是消费者一直在购买的、按一个什么样的顺序购买。这些信息帮助公司制定与消费者需求相匹配的产品组合。亚马逊公司利用个性化网站，充分满足顾客的需求，根据消费者过去的消费情况，甚至是消费者只是挑选但并没有购买的商品的情况，使每个消费者都能在亚马逊公司的商店里找到自己需要的商品。出现在你的个人网页最顶端的产品或产品种类都是最能引起你兴趣的。此外，亚马逊公司分析与消费者购买相同商品的其他消费者的购买和浏览网页的情况，并在此基础上推荐书籍、音乐光盘、视频光盘和其他产品。

当消费者购买一本书时，亚马逊公司甚至可以将它与另一本书搭配销售，因为在过去的大多数情况下，那本书总是和你所购买这本书同时销售。亚马逊公司还会根据美国消费者的偏好为他们提供个性化的特价。

数据挖掘使亚马逊公司可以做一对一的个性化市场营销[22]，获得了 50 多亿美元的销售额。它绝不是唯一一家使用数据挖掘工具的公司。越来越多的企业，如福特公司、沃尔玛、凯玛特，都成为数据挖掘的使用者[23]。

数据挖掘包括多种分析形式，比如市场篮分析、市场分级、评分模型和预测。另外，数据挖掘的分支，如文字、声音、录像的挖掘，已经开始提供新的商业用途。

15.10 数据挖掘

数据挖掘是一个分析过程，用于搜集数据（通常是大量的商业或者市场相关

[①] This section on data mining was written by Professor M. J. Xavier, Institute for Financial Management and Research (IFMR), Chennai, India.

数据),从中发现一个固定的模式或者变量间的系统性关系。找出这些关系之后,数据挖掘工具就试图通过将发现的模式用于新的数据子集,从而验证这些发现。因为任何数据挖掘工作的关键点都是从数据中揭示有趣的或有用的模式,有时候也被称为数据库中的信息发现(KDD)或者预测分析。

一个典型的数据挖掘过程中的数据需求可能是非常巨大的。即使是数据储存(又称数据仓储)也需要复杂的技术。正如我们在第4节中描述的那样,数据仓库是一个集中的数据库,从各种复杂的操作系统中提炼出大批数据。数据仓储从各种在线交易过程或者网上浏览申请以及其他一些来源中选择性地摘录和组织数据,为后来的研究和分析做准备。数据挖掘从数据仓库中获取数据,并且运用特定的统计技术、自动化的机器改进技术(一种使用人工智能运算法则的技术)、神经网络、遗传算法以及先进的数学模型来生成关于消费者行为的看法。例如,欧盟维萨信用卡与太阳微系统和爱森哲公司合作建立了一个欧盟最大的数据仓库来存储30亿张信用卡和借记卡交易的数据,每年跨越26个不同的国家处理这些数据[24]。这个巨大的金融数据池的作用在于使欧盟维萨信用卡能够帮助它的成员银行比之前更好地理解消费者的行为。

数据挖掘同样可以揭示一些重要问题的详细信息,比如在一个新界定的细分市场中的新兴使用模式、高边际消费倾向的顾客日益增长的消费速度、消费者账户流失中未发现的趋势,以及消费者的终身价值。例如,Harrah's娱乐公司用了一个先进的数学预测模型,根据消费者初次光顾娱乐场的行为评估消费者的终身价值[25]。下面这个例子显示了通过社会关系网去了解电信用户行为的一个有趣的应用。

现场实例 ▶ **社会网络——你是阿尔法用户还是欧米茄用户?** 直到最近,电信公司仍然依赖对个人用户汇总数据的分析来开发消费者档案。但是现在他们发现,不是一个用户打了多少个电话,而是用户之间的交流模式——社会网络的交通图——揭示出有利可图的市场。例如,每个月的通话时间相同的两个客户可能呈现出非常不一样的社会网络。一个客户使用移动电话可能更多地是去联系他或她的父母,另一个客户使用移动电话可能更多地是去联系朋友。类似地,一些用户可能会用语音电话去联系他们的工作客户,而使用手机短信去联系他们的社交朋友。社会网络分析可以使公司了解到谁打出更多的电话、谁接到更多的电话。喜欢交流和保持社会团体联系的人称为阿尔法用户,阿尔法用户在他们的社会网络中通常比他们的同龄人更早地使用通信技术,这使得公司很容易用一项新的服务或产品来发现这个细分市场。阿尔法用户占这个细分市场中所有用户的52%~86%。透过阿尔法用户市场然后到第二类用户市场,即欧米茄用户市场,这些用户接到很多来电,但是很少打出电话[26]。

复杂的数据挖掘会用到一些新软件,其中一些知名的软件包括 STATISTICA 数据挖掘者、SPSS Clementine、Affinium 模型、Insightful Miner、SAS Analytics 和 KXEN,它们将分析工具和数据挖掘结合起来[27]。

数据挖掘过程

数据挖掘过程包括以下步骤:

- 联系。寻找将一个事件或者特征与另一个事件或者特征相联系的模式。
- 序列或路径分析。寻找从一个事件导致另一个事件的模式。
- 分类。寻找将数据分割成组的新模式。
- 聚类。发现并直观地记录此前不知道具有相似性的事实组或者消费者组。
- 评分模型。计算每个个体消费者的倾向得分。
- 预测。揭示数据中的模式以引导公司作出对于未来的合理预测。

联系与序列或路径分析通常用于市场篮分析;分类和聚类用于市场细分分析;评分模型用于结合 RFM 的分析;预测是用于预测活动的回应率。我们在下面描述和讨论这些模型、方法和分析。

市场篮分析

市场篮分析(market basket)是通过检查消费者的购物推车来确定哪些商品最经常被同时购买。市场篮分析是运用一种运算方法来分析长长的购物清单,进而确定哪些商品最经常被同时购买。市场篮分析的名字形象地描述了一个人在超级市场里把他或她所要购买的所有商品都丢进一辆购物推车(一个市场篮子)中。此外,它反映出在零售部门中大多数购买都是在冲动的情况下发生的。由采购点广告协会进行的研究显示,食品杂货店中购买者的购买决定有 2/3 是在进入商店之后作出的。1965 年,采购点广告协会首次进行了这一研究。从那一年以来这个比例或多或少地一直维持在这个水平。市场篮分析给出了消费者如何构建市场篮子的线索,如下例所示。

现场实例▶美容护理、贺卡和季节性糖果的市场篮分析[28] Mind Meld 公司是一家数据挖掘公司,分析 32 个星期的销售点数据,包含 800 万个市场篮子。市场篮分析揭示了有美容意识的消费者在 25% 的时候会购买贺卡,在 16% 的时候会购买季节性糖果。以这个市场篮分析的结果为基础,超级市场把贺卡和季节性糖果的销售迁移到邻近美容护理的地方,使两者的销售额同时得到增加。

了解哪些产品可以在一起销售对其中任何一个都是有利的。一个明显的好处是零售商店通过重新组合它的产品陈列，将那些一起出售的产品放在邻近的地方，这可能带来销售的增加。这种安排有利于刺激冲动购买，有助于确保过去购买某种商品的客户不会因为看不到这种商品而忘记购买它。此外，有效的产品安排有提高客户满意度的附带利益，一旦发现他们想要购买的商品，客户不需要找遍整个超市去寻找另一件通常与这种商品同时购买的商品。网上商店和邮寄目录销售商通过确定最有效的在网站和目录上组织和展示商品的方式，从而获得同样的好处。正如先前的例子，亚马逊公司很好地运用了市场篮分析，决定哪些商品应该同时销售。

但是从市场篮分析得到的建议并不总是这么直截了当。假设一家商店发现一个受欢迎的玩具65%的时候是随着糖果一起销售的。这个发现的潜在市场暗示是：

1. 在商店里保持玩具和糖果彼此邻近。
2. 把糖果和玩具绑在一起。
3. 把玩具和糖果以及另外一件滞销的商品绑在一起（以促进滞销商品销售）。
4. 提高一种商品的价格，同时降低另一种商品的价格。
5. 保持玩具和糖果位于商店的两端，以确保消费者经过尽可能多的商品去收集玩具和糖果。

进行市场篮分析通常需要一张市场交易清单，表格中的每一列代表一种产品，每一行代表一次销售（如果分析的目的是为了确定哪些产品要同时销售）或者一个消费者（如果分析的目的是为了确定哪些产品会由同一个人同时购买）。表格中的数值通常只包含二进制值：1（表示购买商品）或0（表示不购买商品）。接下来的这个例子解释了公司如何运用市场篮分析。

假定我们监测8个消费者的购物推车，如图15.11所示，消费者将购买8种商品（A~H）的任意组合。8个消费者的交易显示在他们的购物推车中。例如，消费者1购买产品B、D和G；消费者2只购买产品A；消费者3购买A、B、C、E和G；等等。这些数据总结在表15.6中。

此外，产品可以被制成交叉列表，如表15.7所示。对角线上的数字表示个别产品被购买的次数，其余的数字表示它们与其他产品被同时购买的次数。从第二行我们可以看到产品B与A、C、D被同时购买了一次，与E和G被同时购买了两次。B没有和F、H被同时购买过。这些数据可以以很多不同的形式显示。市场篮分析可以产生任意数量的联系规则，但是只有最好的规则才可以用于开展营销活动。有两个衡量联系规则质量的方法：支持和信心[29]。

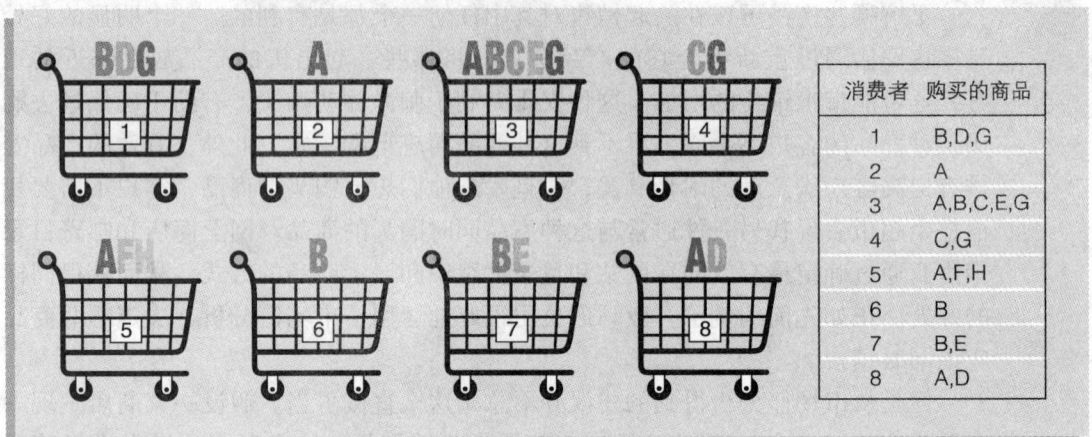

图 15.1　8 个消费者的购物推车

表 15.6　市场篮分析交易数据

Customer	A	B	C	D	E	F	G	H
1	0	1	0	1	0	0	1	0
2	1	0	0	0	0	0	0	0
3	1	1	1	0	1	0	1	0
4	0	0	1	0	0	0	1	0
5	1	0	0	0	0	1	0	1
6	0	1	0	0	0	0	0	0
7	0	1	0	0	1	0	0	0
8	1	0	0	1	0	0	0	0

表 15.7　市场篮分析交叉表

	A	B	C	D	E	F	G	H
A	4	1	1	1	1	1	1	1
B	1	4	1	1	2	0	2	0
C	1	1	2	0	1	0	2	0
D	1	1	0	2	0	0	1	0
E	1	2	1	0	2	0	1	0
F	1	0	0	0	0	1	0	1
G	1	2	2	1	1	0	3	0
H	1	0	0	0	0	1	0	1

支持 为确定一个组合或联系从数据中得到的支持，我们可能会制定如下规则：一个人购买产品 C 和 G 的支持是 25%，也就是 2/8 的交易中会同时包括 C 和 G[30]。支持也可以用于衡量一个单独的商品，例如，产品 C 的支持是 25%，因为它在 8 次交易中出现了两次。类似地，产品 G 的支持是 37.5%（在 8 次交易中出现了 3 次）。在测量对一个单独的商品的支持时，你会发现表的中央对角线是很有用的。

信心 支持是一个不完全的衡量联系规则质量的工具。产品 C 和 G 的组合 25% 的支持是一个好的规则吗？一个顾客购买 C 并不能真正告诉我们他或她是否会同时购买 G。我们需要的是在何种信心上可以确定。给定一个顾客已经购买了某种产品，那么我们可以在多大程度上确定他或她会购买另一种产品？

联系规则的信心（confidence）表示的是组合的支持除以条件的支持[31]。用我们之前的例子，组合 G+C 的支持是 25%，因为在 8 次交易中它发生了 2 次。而 G 的支持是 37.5%，因此，我们可以得到一个信心水平 25% ÷ 37.5% = 67%。还要注意到，信心是有方向性的。对规则"如果一个客户购买 G，那么他或她将同时购买 C"的信心水平是 25% ÷ 37.5% = 67%。

同样的逻辑也可以延伸到多种产品。迄今为止，我们仅看到涉及两种产品的联系规则，但当考虑两个以上产品的时候，有时会出现更精确的规则。在组合中考虑更多产品的市场篮分析必须不断地重复。先是发现两个产品间的联系规则，然后是三个、四个，依次类推。进行分析所必需的运算次数随着同时考虑的产品的数量呈指数增长。换句话说，n 种产品的运算次数与同时考虑的产品的数量是成比例的，直到 n 次幂。因此包括两个以上产品的市场篮分析会导致多维图表，这在视觉上很难表达。但是，尽管有许多显而易见的困难，数据挖掘软件的应用仍然催生了很多有意义的规则。

序列和市场篮分析 排序工具（sequencing）和组合工具非常类似，但是它在分析和产品规则中加入了时间因素。例如，已经购买了一部数码相机的人在相机购买后的 2～4 个月的时间里，有 3 倍的可能性再去购买一台摄像机。

排序需要一个主身份证（ID），比如一个消费者身份证，它把发生在不同时间的交易联系在一起。所有交易都有相同的主身份证（也就是说被同一个客户购买），通过取得所有交易的两两组合，计算每一对之间的时间差异，运算法则可以区分所有显著不同的产品对。

排序规则应用的一个例子是网站设计。一个网络公司可以收集客户浏览网页情况的数据，以及这些网页被访问的顺序。用合适的数据挖掘技术分析数据可能揭示出模式和排序规则，这些模式和排序规则可以提出最有效的网页设计原则，以最大限度地方便导航。

高级的市场篮分析 迄今为止，我们的讨论还主要着眼于运用数据挖掘技术在给定数据库的情况下揭示总体层次的模式。当可以通过一些机制比如客户在零售商店购物时扫描他们的忠诚卡，进而把客户的身份证与每一个交易联系起来的时候，我们可以开展更多高级的市场篮分析。

零售商在对消费者忠诚度进行分析的同时获得了大量信息，这些信息丰富了收集到的客户交易数据，从而扩大了该领域的市场篮子。

举例来说，可以通过如下问题的研究得到消费者购买行为的更深入了解：

- 消费者多久购物一次？
- 消费者购物花费的费用是多少？
- 消费者多久购买一次特定商品？
- 在一次购物中，消费者会购买多大数量的特定商品？
- 消费者会购买什么类型的产品，是竞争型的，还是互补型的？
- 消费者在哪些商品部门购物？
- 频繁购物的消费者与那些偶尔的买家相比，在购买者人口统计特征和购买模式方面有何不同？
- 特定商品的非购买者与购买者相比，在人口统计特征及购买模式方面有何不同？

高级的市场篮分析可以回答这些问题，在制定有效的营销策略以提升店面产品结构和增加产品交叉销售方面给经营管理人员提供宝贵建议。

分类模型

决策树是目前最流行的分类算法之一，广泛应用于数据挖掘技术之中。其他有效的算法还包括自动交互检测、回归树、答案树、分类树以及分类与回归树（简称CART）。决策树分析技术能够迅速分析包含许多潜在解释变量的数据集，并找出对某一具体变量影响最大的解释变量。

决策树分析技术的基本思路，是根据指定的类别因变量（例如购买或者不购买某种产品）将包含在同一个数据集里的个体进行分门别类。其中，解释变量同样也是类别化的，并可能包含如下信息：

- 人口统计特征（年龄组别、性别、职业）
- 态度（对各种描述是同意还是反对）
- 过去的行为（买过或者没买过其他的产品）

该技术创造了一棵决策树，它是一个以二元树（双向分裂树）为代表的逻辑模型，其功能是说明利用一组预测变量（解释性变量）的数值来预测和显示目标

变量（因变量）的准确程度。图 15.12 描述了一个有关决策树的例子

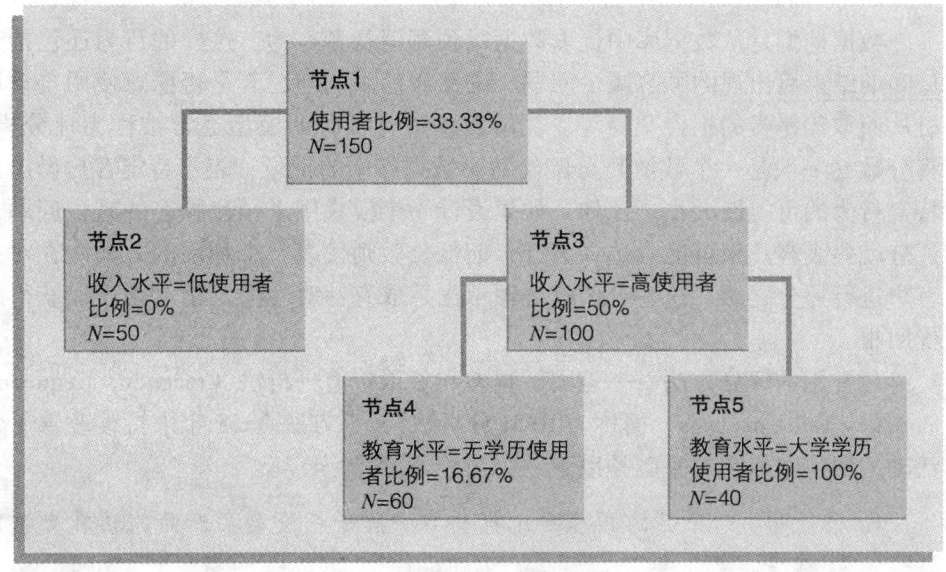

图 15.12　决策树样本

　　决策树上的矩形盒被称为节点（nodes），一个矩形盒代表从原来的数据集中提取的一套记录（行）。在这个例子中，原始数据包括 150 名客户，其中 50 名使用了这一特定的产品，带有子节点的节点（如节点 1 和 3）是所谓的内部节点，而那些没有子节点的节点（如节点 2、4、5）被称为叶子节点。最上层节点（节点 1）被称为根节点（注意，这并不是一棵真正的树，因为决策树的根基在顶部）。在构建决策树的过程中，二元分裂使得一个节点分为两组（即子节点），然后再以相同的方法继续进行二元分裂[32]。如上所述的这个过程被称为递归分裂。最优的分裂方式是构建一棵可以用来预测目标变量值的决策树。

　　在这个例子中，第一次分裂基于对收入变量的分析，我们发现所有使用该产品的用户都属于高收入群体。第二次分裂基于对教育变量的分析，结果显示，在使用该产品的高收入群体中（$N=40$），100% 的用户具有大学文凭。而在那些没有学历的使用者中，只有 16.67%（60 名之中只有 10 名）使用了该产品。根据该决策树，公司实施销售的目标群体应该是具有大学文凭的高收入顾客。

　　除决策树分析之外，也可以使用聚类分析，把顾客群（或其他群体）纳入在管理上有意义的群体分类之中（本章对聚类分析作为多元分析技术的一部分已经进行了简要介绍）。这两种分析方法和 k 均值聚类法在涉及分类或分割的应用数据挖掘技术中都有所应用。

评分模型和 RFM 分析

数据挖掘是从数据库中提取数据以预测消费者行为。这样的行为还包括杂志订阅期结束后出现的顾客减少问题、交叉产品采购问题、是否愿意使用自动取款机从而取代昂贵的柜台交易等。能够提供这种预测的模型通常被称为评分模型：将分数（一般是一个数值）分配给每个数据库中的记录，表示特定客户做出某一特定行为的可能性大小。比如，如果设计一个模式用来预测顾客的减少问题，高评分就代表客户很可能会选择离开，而低分数则代表一个相反的方向。在对一组客户进行评分之后，这些分值将会预示出采取有针对性的营销活动可以获得的最优回报。

最常用的评分方法——近因、频率和货币价值分析法（recency, frequency ad monetary value analysis，简称为 RFM 分析法），该方法在 25 年来持续改善了营销活动的回应率。它的基础是以下三个简单概念：

1. 最近购买过产品的顾客要比那些有一阵子都没购买产品的顾客更可能再次购买。
2. 频繁购买产品的顾客要比那些仅购买过一两次的顾客更有可能再次购买。
3. 总是花费大量金钱购物的顾客更有可能再次购买。在消费方面最大方的客户倾向于变得更加大方，即最有价值的客户将倾向于变得更有价值。

由此可见，RFM 分析通过对客户数据资源细分来以找到那些最有可能作出（对诸如邮寄目录之类的营销信息）回应的客户群。这一顾客群信息将有助于降低公司的运营成本，增加利润，因为它可以尽量把商品目录邮寄给那些更可能购买产品的顾客。要进行 RFM 分析，研究人员需要建立一个数据库，该数据库包含每位客户的最近访问日期、迄今为止的访问次数，以及迄今为止客户的购货价值总额。

在进行近因评分的过程中，应该根据顾客的最近访问日期进行数据库整理，最高的 20% 的客户可以分配 5 分。根据最近采购日期计算的下一个 20% 的客户可以得到 4 分，依此类推。因此，每个人都可能在数据库中得到近因 5 分、4 分、3 分、2 分或 1 分。我们对从数据库中抽取的一个具有代表性的样本进行促销测试，图 15.13 描绘了该测试可能引起的顾客回应的大小[33]。对近期购买商品的前 20% 的顾客分配 5 分的方法同样适用于对购买/访问频率的分析整理。访问次数越高，顾客回应新促销活动的可能性就越大。最后，顾客的购货价值总额也可以用同样的方法分配给 5 分、4 分、3 分、2 分或 1 分。

现在，通过对不同组合维度进行 RFM 分析，所有客户数据被分割成了 125 个子部分，从 111~555。在上例的三个分析维度中，全场得分最高的组合是 555，而 111 则代表了各个维度的最低评分。当然，在 111 和 555 两者之间，还存在着各种不同的组合，如 543、245、234、412，等等。

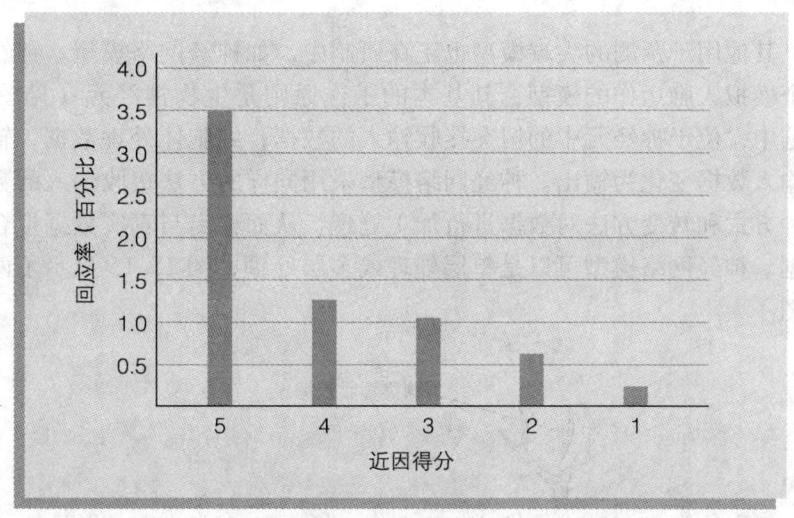

图 15.13　近因分数和回应率

通常情况下，得分最高的部分往往表现出较高的促销活动回应率，因此公司应该针对这些最敏感的部分实施具体的促销优惠活动和新产品推出方案。

然而，这种固定选取客户的做法的可能缺陷是忽略了目前正处于较低 RFM 水平但却可能会使公司有利可图的客户。因此，我们建议从处于低 RFM 评分水平的顾客群中随机抽取一部分，让他们参与营销活动或者进入营销活动的调查范围，以防万一。

预测模型

逻辑回归和神经网络是最常用的预报或者预测模型。**逻辑回归**（logistic regression）是普通回归的一种变异，它用于被解释变量（即因变量、反应变量）是二分法，即以 0 或者 1 为其编码值的情况，以描述结果事件是发生还是不发生。例如，在新产品的研究中，客户购买或者不购买产品；在一份银行贷款的研究中，借款人可能会及时还款或者不还款从而变为欠款人。在逻辑回归中，独立（输入）变量或是连续变量或是类别变量，或是两者同时。与一般线性回归不同，逻辑回归并不假设独立变量和因变量之间是线性的关系，也不假设因变量或者误差项的分布属于正态分布。逻辑回归的形式如下所示：

$$\log\left(\frac{p}{1-p}\right) = \beta_0 + \beta_1 X_1 + \beta_2 X_2 + \cdots + \beta_n X_n$$

其中，p 是 $Y=1$ [事件发生] 的概率，X_1，X_2，$\cdots X_n$ 是独立变量（预测变量），β_0，β_1，β_2，$\cdots$，β_n 被称为回归系数，它们可以利用数据从公式中估算出来。

其他用于预测的尖端模型也正在研制中，如神经网络模型。神经网络模型是一个模拟人脑运作的模型，其基本的工作原则是生物神经元（见图 15.14）。在大脑中，位于神经元中的树突接收输入的数据，细胞体处理数据，轴突把处理过的输入数据变化为输出。神经网络模型采用同样的方法接收输入的数据，并利用各种方式和转变方法对数据进行加工处理，从而输出与真实数据拟合程度最高的数据。神经网络模型可以是单层处理或多层处理，图 15.15 显示了两层的神经网络图。

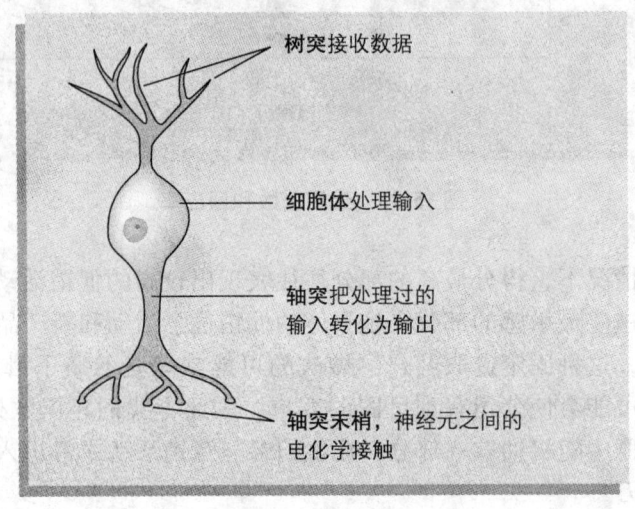

图 15.14　生物神经元

神经网络模型通过学习获取信息，并把信息储存在轴突末梢中。相对于判别分析与逻辑回归分析，神经网络模型有着更大的预测精度。但是模型在诊断方面的缺陷却是该模型的症结所在。因为神经网络的每层都是"黑匣子"，这就很难评估投入变量的相对重要性。在处理大的问题时，建模的过程可能会消耗大量的计算时间；一般情况下，神经网络项目在得到最终的预测结果之前需要花费很长时间进行计算处理[34]。

数据挖掘的新趋势

为了处理庞大的组织数据，新的数据挖掘技术正迅猛增加。例如，为了从数以万计的电子邮件中挖掘数据，或者为了从大量呼叫中心产生的语音中挖掘数

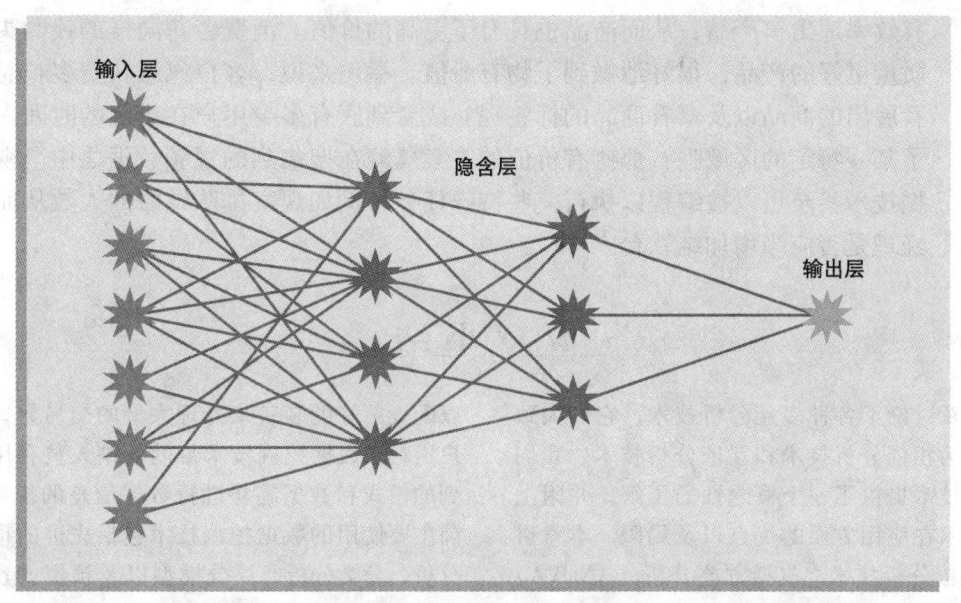

图 15.15 两层的神经网络

据,诸如文本和声音挖掘的技术正在被越来越多地使用。随着监视摄像机的广泛应用,一些公司还建立了海量的视频数据,推动了视频数据挖掘技术的产生。虽然视频挖掘技术还处于初生阶段,但却吸引着不同的使用人群并被运用到不同的领域[35]。

文本和音频挖掘 文本挖掘通过揭示数以万计的文本模式以及文本间的关系来分析非结构化的文本数据、电子邮件、呼叫报告、网站和其他信息资源。以文本文件形式存在的非结构化数据通常占组织信息的 85%。在通常情况下,这些信息在搜寻、获取、分析或使用方面存在非常大的困难。但是新一代的文本挖掘工具,却能使公司从大量非结构化的数据集中提取出关键性的信息,发现文本间的关系,并进行资料总结。尽管完成这项工作仍需要专业技能,许多组织已经部署或正在考虑使用此类软件来处理大量堆积如山的文本[36]。

音频数据挖掘在把语音数据转换成文本数据后也可以使用同样的文本挖掘工具进行数据挖掘。目前已经出现了多个可以把音频文件转换成文本文件的软件包。

视频挖掘 最新的趋势是进行视频数据的挖掘,以识别行为模式并提取有价值的挖掘信息。举例来说,一些零售商店已经开始使用计算机软件,通过录像资料来确定诸如有多少人以及哪些类型的人会穿过商店的某一特定区域,或停下来看看某种特定的产品[37]。

由于可以减少在无法销售出去的产品上浪费资源,视频挖掘技术帮助商店更有效率地出售产品,从而产品也具有了更高的价值。消费者花同样的钱购买到了质量更好的产品,很好地做到了物有所值。举例来说,客户愿意花费多长时间观看展出的商品以及察看商品的标签呢?或者到底有多少用户在指定的时间内通过了某一特定的区域呢?那些有价值的答案蕴藏在搜集到的视频数据之中。视频挖掘技术甚至可以被编程以执行一些特殊任务,例如观察排队结账的人数从而提醒经理是否应当增加结款台[38]。

本 章 小 结

本章讨论了各种多元分析技术,它们大致可以分为相依分析技术和互依分析技术。我们对这些技术提供了一个概念性的了解,并附上各种技术在应用方面的优点以及局限。本章讲述的相依分析技术,包括方差分析(ANOVA)和判别分析;互依分析技术包括因子分析、聚类分析、多维标度分析、联合分析和数据挖掘。

多元分析技术显而易见的统计精确性和可以随时利用电脑程序录入的特点,可能诱使研究者在没有充分考虑该技术是否适合的前提下,便急匆匆地使用它们。对这种诱惑的屈服很可能会导致无效的结果。但是,尽管有明显的计量精确的优点,在应用多元分析技术时仍然存在不能完全脱离研究者主观性的缺陷。举例来说,在使用解释变量分析技术进行实际应用时,主要由研究者决定使用哪一个独立变量。然而,对某一特定独立变量的选择可能会极大地影响定量的结果以及由此得出的推论。随着超高速计算机和分析工具的广泛使用,营销者目前可以配置更好的装备来处理大量的交易数据及客户资料。数据挖掘技术帮助营销人员利用观察到的模式和数据趋势进行数据信息的挖掘。目前主要使用的数据挖掘技术包括先进的市场篮分析、分类分析、评分模型以及预报或预测模型。在高级的市场篮分析中,组织通过观察消费者普遍购买的产品类型帮助营销人员理解购买者的购买模式。分类分析中通常使用的方法是决策树分析、传统的 k 均值分析以及分层次聚类分析。评分模型——近因、频率和货币价值分析,简称为 RFM——通过观察客户的行动来帮助营销人员预测客户对市场营销策略的反应。预报或预测模型,可以帮助营销人员预测消费者对新产品的行为。逻辑回归是最常用的预测工具,因为它能够处理类别变量以及连续预估变量这两个范畴的数据。公司还可以利用神经网络模型进行预测。文本挖掘技术、音频挖掘技术和视频挖掘技术是数据挖掘技术发展的新趋势。

复习讨论题

1. 依赖型分析技术和独立技术分析技术最关键的区别是什么?针对每种技术举一个例子。
2. 什么时候互动效应会发生?运用一个合适的例子说明这种效应。
3. 描述并说明判别分析的两个关键用途。
4. 用自己的话描述什么是因子分析,并说明其潜在的优点。
5. 解释聚类分析和判别分析有何不同。
6. 界定联合分析,并说明其潜在的应用。
7. "虽然有计量精确的优点,多元分析技术仍然脱离不了研究者或者决策者的主观性"。利用本章讨论中所涉及的各种分析技术的主观性，为这一陈述进行辩护。

应用练习

1. 一间冷藏果汁饮料营销商为产品开发了三个新的封装设计，这些设计使饮料可以在室温下储藏。该营销商想知道这些封装设计与目前仍然需要冷藏的封装设计相比，是否可以大幅度地提高销售额？你会建议使用哪种适当的研究方法，实事求是地评价每一种设计方案？你会使用哪种分析技术来研究数据从而满足营销者的信息需求呢？解释你的答案。

2. 以随机抽样方式选出 600 名受访者，其中包括 300 名产品使用者（第 1 组）和 300 名产品的非使用者（第 2 组）。有关这两个群体的受访者年龄（A 变量）的均值和标准差以及受访者收入（B 变量）的均值和标准差如下所示：

   第一组：$\bar{A}_1 = 30$ $\bar{B}_1 = 15\,000$
            $S_{1A} = 3$ $S_{1B} = 100$

   第二组：$\bar{A}_2 = 40$ $\bar{B}_2 = 20\,000$
            $S_{2A} = 4$ $S_{2B} = 90$

   对两组成员的年龄和收入数据进行判别分析将产生以下判别函数：

   $$Y = v_A A + v_B B$$

   其中 $v_A = 0.10$ $v_B = 0.01$

   a. 运用判别分析，您能判定一个年龄 25 岁、收入 18000 美元的人是产品的使用者还是非使用者吗？为什么是或者为什么不是？

   b. 在区分使用户和非使用用用户时，上述年龄和收入两个解释变量中是否有一个是更为重要的？如果是，哪一个变量是相对更为重要的变量？如果不是，解释不是的原因？

3. 考虑以下因子负荷矩阵：

	F_1	F_2	F_3
X_1	0.90	0.02	0.05
X_2	0.80	0.02	0.10
X_3	0.05	0.90	0.02
X_4	0.03	0.03	0.95
X_5	0.75	0.05	0.10
X_6	0.10	0.80	0.05
X_7	0.60	0.06	0.08
X_8	0.05	0.85	0.03

   a. 在原始变量集中，这三个因素合起来可以解释多大比重的总体差异？

   b. 什么是 X_4 和 X_7 变量的共同度？如何解释该共同度？

   c. 这三个因子容易说明吗？解释是与否的原因？

4. 银行进行了一项客户调查，并取得了假定的各项银行指标的排名情况，其中采用了以下三个方面的特征指标和每个指标的特征水平。

   营业时间：

   A. 平日（指星期一至星期五）的早上 8:00 到下午 3:00

   B. 平日（指星期一至星期五）的早上 9:00 到下午 5:00

   C. 平日（指星期一至星期五）的早上 9:00 到下午 5:00 加上周六早上 9:00 到中午

   在线业务（为使日常的 24 小时常规业务更加便利）：

   A. 是   B. 不是

   每月服务费：

   A. 没有   B. 5 美元

   C. 15 美元   D. 20 美元

   对数据进行联合分析得到了三个特征指标在各个水平上的效用值，如下所示：

营业时间：A = 0.3
B = 0.3
C = 0.8
在线业务：A = 0.6
B = 0.3
每月服务费：A = 1.0
B = 0.8
C = 0.4
D = 0.1

a. 三个银行特征指标中的哪一个在影响客户偏好上是最关键的？

b. 在经营时间为平日的上午 8 时到下午 3 时，没有提供网上交易，没有每月服务费的条件下银行获益更大？还是把经营时间定为平日上午 9 时到下午 5 时加上星期六早上 9 时至中午 12 时，提供网上交易，每月收取服务费 15 元时银行获益更大？如果把后者的每月服务费改为 20 元呢？

6. 图 15.11 表示某人以产品 B 和 G 作为市场购物篮。相对于购买产品 G，购买产品 B 的信任水平是多少？并计算出当购买产品 B 时购买产品 G 的信任水平是多少？

SPSS 练习

1. Constantine Karvonides 是雅典娜神庙书店的老板（见案例 14.1 和 15.1），他委托进行了一项调查，以了解客户对目前公司业务的满意度，并希望通过调研理解消费者如何感受书店。这项统计调查由当地一家研究公司设计并执行。该公司的研究主管已经采用了 SPSS 软件对顾客数据进行了初步的分析。Karvonides 对单因素方差分析得出的"顾客教育水平的不同对书店的整体满意度也不同"的研究结果很感兴趣，在这里，顾客的整体满意度用一个 5 等级指标进行衡量，分为 1 "非常不满意"和 5 "非常满意"。学历通过文凭来衡量，分为 1 "大学以下"、2 "本科水平"和 3 "研究生"。请帮助 Karvonides 解释如下的单因素方差分析结果：

方差分析（ANOVA）

因变量：OSTA（顾客对雅典娜神庙书店的整体满意度）

	平方和	自由度	均方	F 统计量	显著性
组间	26.700	2	13.350	94.353	0.000
组内	19.667	139	0.141		
合计	46.366	141			

描述

因变量：OSTA（顾客对雅典娜神庙书店的整体满意度）

	容量	均值	标准差	标准误差	均值95%的置信区间 下限	均值95%的置信区间 上限	最小值	最大值
1.00 本科以下	48	3.08	0.65	$9.34E-02$	2.90	3.27	2	4
2.00 大学本科	65	4.00	0.00	0.00	4.00	4.00	4	4
3.00 研究生	29	4.00	0.00	0.00	4.00	4.00	4	4
合计	142	3.69	.57	$4.81E-02$	3.60	3.79	2	4

2. Constantine Karvonides 还想要察看随机因子分析设计的输出结果,以决定是否受访者整体满意度的差异可以通过顾客的受教育程度和性别进行解释(对满意度和教育水平进行等级度量的方法与在前面练习中讲述的方法相同)。请帮助 Karvonides 解释在本页和下页提供的因子方差分析的结果。具体来说,请结合互动效应解释它们对书店整体满意度的影响。

请记住,重要的互动效应出现时要小心处理。

两因素指标

		指标	容量
性别	1	女性	68
	2	男性	74
NEWED:新的教育水平	1.00	本科以下	48
	2.00	大学本科	65
	3.00	研究生	29

两因素方差分析检测

因变量:OSTA(顾客对雅典娜神庙书店的整体满意度)

资源	平方和	自由度	均值的平方	F 统计量	显著性
修正模型	35.373[a]	5	7.075	87.524	0.000
截距	1 687.072	1	1 687.072	20 871.617	0.000
性别	2.483	1	2.483	30.720	0.000
新的教育水平	5.693	2	2.847	35.218	0.000
性别及教育水平	5.693	2	2.847	35.218	0.000
误差	10.993	136	$8.083E-02$		
合计	1 980.000	142			
修正后的合计	46.366	141			

[a] $R^2 = 0.763$(修正后的 $R^2 = 0.754$)

1. 总体均值

因变量:OSTA(顾客对雅典娜神庙书店的整体满意度)

均值	标准差	95% 的置信区间	
		下限	上限
3.706	0.026	3.656	3.757

2. 性别

因变量:OSTA(顾客对雅典娜神庙书店的整体满意度)

性别	均值	标准差	95% 的置信区间	
			下限	上限
1 Female	3.848	0.035	3.779	3.918
2 Male	3.564	0.037	3.490	3.639

3. 新的教育水平

因变量:OSTA(顾客对雅典娜神庙书店的整体满意度)

新的教育水平	均值	标准差	95% 的置信区间	
			下限	上限
1.00 本科以下	3.119	.041	3.037	3.200
2.00 大学本科	4.000	.036	3.930	4.070
3.00 研究生	4.000	.054	3.892	4.108

4. 性别和教育水平

因变量:OSTA(顾客对雅典娜神庙书店的整体满意度)

性别	教育水平	均值	标准差	95%的置信区间	
				下限	上限
1. 女性	1.00 本科以下	3.545	0.061	3.426	3.665
	2.00 大学本科	4.000	0.054	3.894	4.106
	3.00 研究生	4.000	0.067	3.867	4.133
2. 男性	1.00 本科以下	2.692	0.056	2.582	2.803
	2.00 大学本科	4.000	0.047	3.908	4.092
	3.00 研究生	4.000	0.086	3.830	4.170

案例 15.1　雅典娜神庙书店（B）

在刚接手雅典娜神庙书店业务的时候，Constantine Karvonides 就知道，要与全国性的大型连锁书店竞争，他必须提供高层次的产品服务。他委托进行了一项调查，以了解客户对目前公司业务的满意度，希望从中获得影响顾客选择书店的原因。

背景

35 年来，雅典娜神庙书店已经成了美国旧金山市中心的一部分。雅典娜神庙书店的营销目标是成为当地社区的一家权威性的书店，销售各个领域中的图书，包含小型的、独立的出版社和大学出版社的产品。它提供的选择范围多种多样，并能反映本地社区和外来人员两方的利益。雅典娜神庙书店还拥有咖啡店、儿童区、音乐区、杂志区和活动专栏，包括作者签售和儿童活动，这令它成为本社区中异常活跃的一分子。雅典娜神庙书店还创造了一个舒适的环境和充足的公共阅读空间。咖啡店能够提供咖啡、茶、三明治以及面包等食品，还能提供多间可以让顾客预览选定光碟的试听室以及公共的休息室。

分析研究的结果

由当地一家调研公司设计完成的这项调查有助于评估消费者对雅典娜神庙书店图书不同方面的满意度。这项调查研究了一周之内进书店观看书籍的个人，并研究了一周内每天不同时间段间的数据以获得消费者的截面数据。该公司的研究主任表示公司已经完成了总数为 142 个的问卷调查，并利用 SPSS 软件进行了一些初步的数据分析（表 1 显示了数据分析的输出结果）。Constantine Karvonides 特别关注对大量数据进行初步因子分析后得到的输出结果，以确定它们是否捕捉到了不同层面的客户满意度。观测结果有助于他认识到是否有额外的基本面因素可以帮助公司增加顾客的满意度。

案例问题

1. 解释表 1 中显示的因子分析结果并论述其对 Karvonides 来说有什么含义。

案例说明

1. 在案例 14.1 "雅典娜神庙书店（A 部分）"中我们对雅典娜神庙书店进行过更加详尽的讨论。
2. 在案例 14.1 结束时我们提供了一些调查问卷表。

表 1　书店的因子分析

考虑的变量：视觉吸引力的重要性（VAIMP）；多样化选择的重要性（WSIMP）；知识渊博员工的重要性（KSIMP）；折价图书供应的重要性（ABDIMP）；友好服务的重要性（FSIMP）；营业时间便利的重要性（CSHIMP）；低价格的重要性（LOPRIMP）。

总方差分析

因素	初始特征值			萃取平方和			旋转平方和		
	总值	方差%	累计%	总计	方差%	累计%	总计	方差%	累计%
1	3.110	44.435	44.435	2.780	39.708	39.708	2.686	38.372	38.372
2	1.829	26.127	70.562	1.359	19.408	59.116	1.452	20.744	59.116
3	0.607	8.671	79.233						
4	0.498	7.118	86.351						
5	0.483	6.893	93.243						
6	0.295	4.212	97.456						
7	0.178	2.545	100.000						

提取方法：主轴因子法

因子负荷矩阵

	因素	
	1	2
KSIMP	0.953	
FSIMP	0.796	
WSIMP	0.722	
VAIMP	0.692	
LOPRIIMP		0.694
ABDIMP		0.687
CSHIMP		0.642

案例 15.2　潘基学院（C）
(www.pankey.org)

Christian B. Sager 是潘基学院的执行理事。他委托进行了一项研究，以评估该机构提供给牙医的各方面继续教育服务的质量。在进行初步分析时他确定了包含教育经验在内的几个因素，Sager先生对这些要通过进一步数据分析确定的因素很感兴趣。

对15个问题（问题1~5，问题6的a~c，问题7~10和问题12~14）的初始数据进行缩减后，只有五个因素被考虑：

- 趣味程度。趣味程度由四项指标描述："我很享受该课程"、"我很喜欢外部访问的老师"、"我喜欢内部的老师"、"整体而言，我很享受在潘基度过的这一周"。
- 学费效用。有三项指标描述学费效用因素："上课收取的费用价格非常合情"、"比起其他我曾经参加过的继续教育课程，在潘基上课物有所值"，以及"全部课程费用（包括旅行费用和损失的工作时间）是物有所值的"。
- 材料的新颖性。有两个指标描述材料的新颖性因素："对我来说，很多课程材料是很新的"、"一些材料很难理解"。
- 环境/工作人员。有三个指标描述环境/工作人员因素："所有的老师都是专家"、"辅助人员都非常有帮助"，以及"采用的牙科设备是国内最先进的"。
- 材料适用性。有三项指标描述材料的适用性因素："更多的课程应该关注（a）牙科的实践，（b）牙科实践的管理，及（c）对临床过程动手学习"。

背景材料

成立于1972年的潘基学院致力于推广卓越的牙科技术并帮助牙医教导病人认识到全面口腔护理的实用性和好处。它被认为是世界上最负盛名的高等牙科教育培训机构。该研究所教授的一系列课程，奠定了成为最好牙医的基础。

对研究结果的深入分析

这一阶段的分析任务是验证调研公司确定的因素，分析参加者年龄变量对各种缩减后因素的影响。Sager先生期待该阶段分析的结果。目前大量的研究工作已经完成，Sager先生希望能从最后的分析中得到一些有用的信息。

案例问题

1. 利用数据缩减技术（因子分析）来核实研究公司确定的因素（提示：重点对问卷项目的问题1~5、问题6的a~c、问题7~10和问题12~14，运用SPSS中的主成分分析法和正交旋转法进行分析；为了进一步详细了解主成分分析法和正交旋转法，请咨询您的导师或查阅在本章第7节和第10节中列举的书籍）。
2. 观察年龄对数据缩减阶段确定的各种因素的影响（提示：运用方差分析法）。
3. 基于因子分析和方差分析的结果，你会建议对现有的问卷做哪些修改？证明你的建议。

案例说明

1. 问卷和有关潘基研究所的更完整的讨论在案例13.2"潘基研究所（A部分）"中。其他分析讨论在案例14.2"潘基研究所（B部分）中"。

本例由southern maine大学的Jeanne L. Munger与本书作者共同编写。编写的目的并非为了证明营销实践有效抑或无效，而是为了课堂讨论。

第5部分

与调研用户沟通

第16章 提交调研结果

第16章
提交调研结果

本章学习目标 ▶

- ☐ 根据调研用户的性质决定采用书面报告或口头报告
- ☐ 确定书面报告的组成部分并指出每个部分应该包括哪些内容
- ☐ 在报告或演示中运用 SIMPLE 原则（简短、有趣、逻辑性、准确、明了、无误）
- ☐ 掌握图形说明并指明它们最适合的场合：扇型图、线条、层次图、柱状图
- ☐ 单向表格和双向表格中包括的图形演示信息
- ☐ 识别口头报告中有哪些需要特殊关注和努力的独特特征

开篇故事

纺织品配额的终结：中国会成为大灰狼吗？[1]

以易于理解的方式来传达调研结果是对决策者产生影响的关键。采用合适的表格、图表、数字可以增加报告的清晰度。以下 2004 年 12 月 14 日《纽约时报》文章就是一个例子。文章提供了纺织品出口排名前 25 位国家（地区）的详细信息。针对相同的信息，我们采用两种不同的方式来演示，哪种方式更好呢？你来决定吧。

首先，表格形式：

国家和地区	占纺织品出口总额的比重
中国	31.1
意大利	8.4
德国	6.2
美国	5.3
韩国	4.7
法国	3.9
土耳其	3.9
印度	3.8
中国台湾	3.7
比利时	3.4
墨西哥	3.1
英国	2.5
巴基斯坦	2.2
印度尼西亚	2.1
其他（11国）	15.6
总计	100.0

再将上述表格同以下的扇型图做比较。

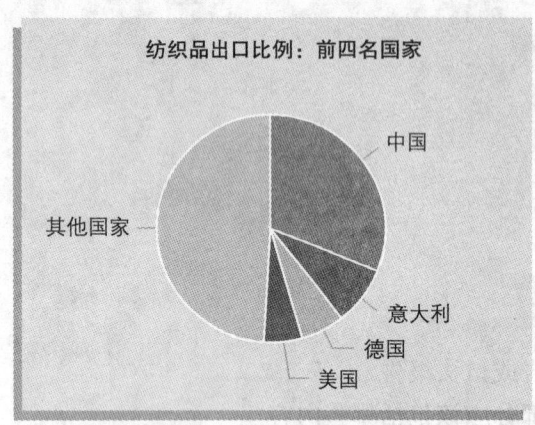
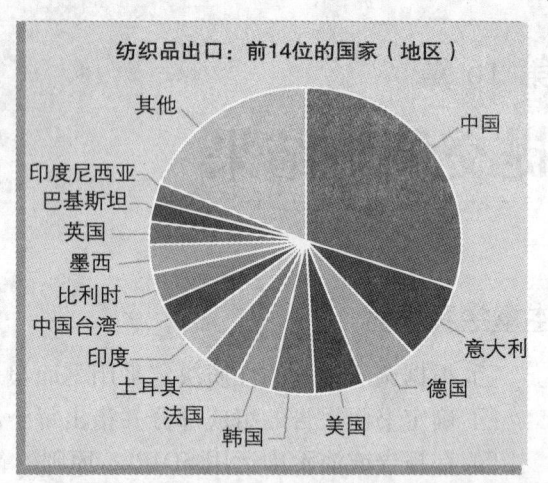

或者，将上述表格的信息用图表示为排名前 14 位的国家。

显然，当组成部分不多、而且组成部分的相对大小类似时，扇型图比表格形式更好。然而，在第一个扇型图中，我们在缩减类型数量时，会丢失信息。在第二个扇型图中，由于组成部分众多而且组成单位的相对大小很不同，扇型图是没有用的。当种类众多时，表格的形式更好。本章主题就是如何最有效地传达调研结果。

虽然本章是调研流程的最后一步，但是将调研结果传达给决策者却绝不是最不重要的一个环节。实际上，调研结果是否以及在多大程度上影响决策者往往取决于如何传达调研结果。

有效的报告可以避免成为沾满灰尘的书面报告或是对牛弹琴的口头汇报——只有这样，调研才可以真正有用。不幸的是，沟通也许是调研者和调研用户之间最薄弱的联系。当我们要求一组调研经理向对调研感兴趣的大学生提出他们的最佳建议时，许多人的回答是：

- 开发良好的沟通能力，包括书面和口头沟通的能力。
- 努力发展书面和口头能力，特别是如何以尽量精简的文字传达最多的信息[2]。

16.1 理解读者的重要性

调研者总是用书面形式来报告调研项目和调研结果。他们通常也用口头汇报来补充书面报告以突出关键的结果和回答决策者的问题。不论书面汇报或是口头汇报,其影响都取决于是否适合读者或听众的背景和需求。调研者有时试图让决策者印象深刻,这不是有效的沟通,将不可避免地导致调研者和调研用户之间的误解。

在准备书面或口头报告时,首要的是很好地理解读者的特征和需求。你可以问自己这样的问题,比如:读者或听众来源于机构的哪个层次?这些人员有多忙碌?他们对调研项目的熟悉程度?他们最可能对调研项目的哪个方面感兴趣?他们具备相关的背景和训练,能够理解调研项目的技术复杂性和相关术语吗?

调研者通常无法获得上述所有问题的正确答案。然而,对上述问题保持敏感是确保良好报告或汇报的前提条件。另外,当读者由不同背景和兴趣的人群组成时,如果可能的话,调研者应该准备几份不同的报告或汇报并针对每个人群进行专门的汇报,尽可能地扩大调研项目的影响。在调研项目的最后也是最关键的环节,必须遵循以客户为本的原则[3]。

本章主要探讨书面报告。然而,所有涉及的要点也适用于口头汇报。在本章最后,我们会提供如何准备良好口头汇报的指南。

16.2 书面报告的组成部分

本节讨论各种书面报告的组成部分和它们的目的。

报告函

如同名称暗示的那样,报告函(transimittal letter)将调研报告介绍给读者。它通常采取商业信函的格式并包括一个调研报告的要点描述。我们还将讨论报告的执行概要,如果是简短报告,可以将执行概要同报告函合并。当调研者亲自将报告递交给读者时,也可以不用报告函。

标题页

标题页包括调研的标题、调研报告作者的名称和所属单位、调研日期、要求调研的人员名称和所属单位。排版吸引人的标题页将让读者产生最初的好印象。

目录

当调研报告包括很多节时，目录可以帮助读者迅速确定感兴趣的任何章节。目录页通常不包括调研的题目，而是被称为"内容目录"或简单的"目录"。当报告主体包括大量表格、数字或其他说明时，需要用额外的一页即"表格清单"或"图录"等附在目录页之后。

执行概要

执行概要（executive summary）是从整个报告中谨慎提炼的概要，通常只有几页。作为更详细或技术更复杂的报告的前导部分，执行概要要概述调研的宗旨、采用的方法论、重要发现、关键结论和建议。因为执行概要通常只是完整报告中的一小节，因此公务繁忙的执行人员——那些最终有权执行调研结果的高层，也有时间来深入阅读。执行概要极为重要，马虎撰写的执行概要必定会导致对调研的恶劣印象并危害调研的效果。

起草执行概要的有效起点是列出大纲，说明调研的主要目的（即贯穿整个调研需要搜索的信息）并列出每个调研目的的调研结果。这样的大纲有助于读者将同一调研目的相关研究结果集中起来。

假定一家食品销售公司决定开展客户调查，主要宗旨为"识别本公司品牌蛋糕添加剂和竞争品牌产品的客户独特特质"。调研问卷的不同部分将揭示不同方面的发现：品牌喜好、购买频率、使用行为、人口统计数据等。在上述宗旨下组织这些发现并识别应该在执行概要中包括的关键点。比如，通过审核品牌喜好、购买频率、使用行为、人口统计数据答案的单向和双向表格可以得到执行概要中的以下内容：

本公司品牌蛋糕添加剂用户虽然在几个方面同竞争品牌类似，但是我们也有许多独特特征。尽管各种品牌的用户在年龄、教育程度、家庭规模等方面的差距并不大，然而本公司品牌的用户的平均收入比竞争品牌的高（45000美元而不是35000美元）。而且，本公司品牌的购买频率比竞争对手低（每个家庭每年6盒而不是10盒）。最后，本公司品牌的用户忠诚度似乎更高（本公司品牌的每10个用户中有7个表示在未来还会购买，而竞争品牌的每10个用户中只有5个表示在未来还会购买）。因此，本公司品牌享有高端、优良的形象，这也是我们在过去两年广告战中试图达到的目的。然而，我公司在将来的广告战中，必须考虑能提高家庭每年购买频率的主题。

许多调研问题可以简化为如上所示的简短段落。这样的段落，再加上几个描述调研目的和方法论的简短介绍性段落，一起构成执行概要的主体。围绕调研目的关键发现撰写的执行概要可以组织并协助调研者起草完整的报告：执行概要可以作为建立和完善最终报告的框架。实际上，执行概要中的主题和发现应该与完整报告的主体相同。通过执行概要，需要了解特定章节信息的读者可以迅速在报告主体中找到相关章节。

报告主体

报告主体向读者提供研究的全景，详细介绍其中的各个阶段。前面曾讨论过各种调研项目的步骤，分别对应五个小节：最初为项目宗旨，最后是调研结果的解释。如果这些小节冗长或复杂时，可以划分为适当的次节。虽然调研的实际内容各不相同，但是都应该注重下文中列出的一般事宜。

宗旨 清楚定义调研问题并列出调研目的，还包括调研的理由和与目前问题的相关性。

方法论 描述和建立归纳和分析调研数据采用的程序。包括以下内容

- 在该调研中采用的整体调研方式或设计是什么（探索性、结论性或先探索性后结论性）？为什么该设计是最适合的？
- 该调研是否完全依赖二手数据，或者也需要原始数据收集？采用的二手数据来源是什么？
- 原始数据是如何收集的（通过观察、询问或这两种方式的结合）？调研对象如何构成？样本如何选取？如果采用询问方式，采用哪种方式来开展（问卷邮件、电话、网络或面对面访问）？数据在什么时期收集？
- 采用哪种技术来分析所收集的数据？比如，分析限于单向和双向表格吗？或汇总性的统计计算？或采用更先进的统计技术？

发现 报告和讨论从所有分析工作中得到的结论。如同在执行概要中推荐的那样，有效的报告方式是将调研结果按照调研目进行分组。比如，执行概要可能只介绍了基于系列表格的关键观点，那么在报告的主体中就应该提供完整的表格并讨论所有的观点。图形演示（之后讨论）是令报告结果简单有效的方式。

结论 简短回顾调研活动、总结并得到推论，强调支撑每个推论的证据。本节通常十分简短，因为其目的是概述在之前各节已经讨论过的主要观点。如果调研委托方要求的话，本节还可以包括一组建议。一些经理希望调研者提出特定的建议，其他经理也许希望调研者只是简单报告并解释结果，而不需要针对经理们如何行动来提出建议。

限制 本节包括对调研结果的任何谨慎注释，说明存在哪些将对调研结论产生影响的、事先没有预见到或不可避免的方法论缺陷或外部事件。比如，如果调研样本的人口统计构成与兴趣人群的构成非常不同，则必须明确承认这样的差异。还应当包括差异为什么会出现以及这样的差异如何影响调研结果的一般性。

附录

附录（addenda）是没有包括在报告主体中的相关附件。一个典型的附录是参考文献清单。当报告主体包括大量引用时（数据来源、网站、以往研究、文章、书籍等），该清单是非常必要的。当引用比较少时，一般在脚注中注明参考来源，而不是采用专门的附录页。

调研报告还有另一种附录（appendix）（或一组附录）。问卷、原始数据表、公式、复杂计算和类似的项目通常作为一组附录出现在报告结尾。包含每个问题答案概要的问卷是特别有用的附录，因为它同时提供实际询问的问题并对问题的回答做概要介绍。通常，任何调研材料如果放在报告主体中间将导致分散主题而不是阐明主题时，都应该考虑放在附录中。

实地调研16.1

国民保险公司的调研问卷（包括调研结果概要）

提供全部数据的一个简单方式是在调研报告中附上问卷，该问卷应当包括各种问题的结论性统计（比如类型问题不同答案的频率分布、数量问题的平均值和标准差）。以下是国民保险公司消费者调研报告附录问卷中的两个摘要。在两个摘要中，N为样本规模，其他数字除非特别说明为百分数。摘要解释了包括评级分数的概要统计。

指南：以下系列陈述与您对国民保险公司的感觉有关。针对每个陈述，请您指出您认为国民公司具备这样特征的可信度。"1"代表您强烈不相信国民公司有这样的特征，"7"意味着您强烈相信。您可以圈其中的任何数字来表明您的态度。这里没有正确或错误的答案——我们感兴趣的是您能给出对国民公司的看法。

[下划线数字为平均值]

可靠性	样本规模	强烈不同意					强烈同意		标准差
1. 国民保险公司履行承诺	277	1	2	3	4	<u>5.33</u>	6	7	1.67
2. 当您遇到问题时，国民保险公司能真诚帮您解决。	278	1	2	3	4	<u>5.59</u>	6	7	1.65

3. 国民保险公司的服务能够在第一次就做对	275	1	2	3	4	5.20	6	7	1.77
4. 国民保险公司按时履行承诺	275	1	2	3	4	5.46	6	7	1.65
5. 国民保险公司保持无差错记录	266	1	2	3	4	5.45	6	7	1.59

类型问题或开放结尾问题答案的概要统计

1. 您会将国民保险公司推荐给对保险感兴趣的朋友吗?
  是　　　　　　　　　　　1　　　235
  否　　　　　　　　　　　2　　　32　　　　$N=267$

2. 您在国民保险公司投保多长时间?
  少于一年　　　　　　　　1　　　36　　　　$N=261$
  1～2年　　　　　　　　 2　　　16
  2～5年　　　　　　　　 3　　　26
  长于5年　　　　　　　**4**　　　**193**　　　中值

3. 您最近在国民保险公司的服务中遇到问题吗?
  是　　　　　　　　　　　1　　　80
  否　　　　　　　　　　　2　　　180　　　$N=260$

4. 当遇到问题时,您对国民保险公司的服务满意吗?
  是　　　　　　　　　　　1　　　47
  否　　　　　　　　　　　2　　　30　　　　$N=77$

以下信息完全为统计目的并高度保密。请在您的答案上划圈。

1. 您的性别
  男　　　　　　　　　　　1　　　144
  女　　　　　　　　　　　2　　　132　　　$N=276$

2. 您的婚姻状况
  单身　　　　　　　　　　1　　　20
  已婚　　　　　　　　　　2　　　219
  独居　　　　　　　　　　3　　　12
  离婚　　　　　　　　　　4　　　24　　　　$N=275$

3. 您的年龄
  25岁以下　　　　　　　　1　　　20
  25～44　　　　　　　　**2**　　　**219**　　　中值
  45～64　　　　　　　　　3　　　12
  65岁以上　　　　　　　　4　　　24　　　　$N=275$

4. 您的家庭年总收入:

低于10 000美元	1	12	
10 000～19 999美元	2	20	
20 000～29 999美元	3	59	
30 000～49 999美元	**4**	**106**	中值
50 000～64 999美元	5	38	
65 000美元以上	6	32	$N = 267$

5. 您的最高学历：

中学或以下	1	102	
大专	**2**	**86**	中值
大本	3	50	
研究生	4	35	$N = 273$

16.3 准备有效的书面报告

没有人可以在一夜间获得优异写作技能，这需要通过不断练习来培养，准备优秀报告的能力也只有在实践中才能提高。本节提供有效调研报告应该包括的关键特征的清单并说明它们的重要性。

我们可以将调研报告的主要特征总结为一个字——SIMPLE，即简短、有趣、逻辑性、准确、明了、无误。虽然这六个特征在某种程度上重叠，但每个特征都很重要，所以我们必须分别讨论。

简短

决策者通常只有几个小时可以来阅读花费数周或数月调研得到的报告。因此，报告必须尽可能简短（short）。报告只应该详细说明调研客户感兴趣、能对决策者产生直接影响的内容。然而这并不容易，由于之前在调研中费尽周折，调研者倾向于解释他们做过的所有工作，也许是为了获取对自己劳动的认可。这样的倾向在不熟悉调研报告写作的作者中尤其明显。

然而报告应该如何精简才可以被称为简短呢？报告的长度并没有标准。理想长度取决于读者的需要，因此需要根据具体的情景而定。需要记住的原则是，报告不能包括与目标读者不相关的材料。

有趣

报告也许不需要是幽默或娱乐性的，但它必须足够有趣（interesting），能抓住读者兴趣。经理用于听取报告的时间有限，因此，一个枯燥的报告可能不会被完整阅读，从而不能对决策产生应有的影响。

如果你理解你的读者，并能以一种吸引他们的方式来写作的话，你就可以准备一份有趣的报告[4]。要关注报告内容中与读者相关、而且是他们最需要了解的事宜，采用合适的解释和其他图形辅助也是有用的（本章后面将讨论）。

逻辑性

书面报告必须有逻辑性（methodical），让读者容易阅读。报告中的各节必须在逻辑上富有条理以确保流畅性。章节数量以及最佳组织方式在某种程度上取决于调研项目和读者的性质。然而，在大多数情景下，构思报告适用以下结构[5]：

1. 报告函
2. 标题页
3. 目录
4. 执行概要
5. 报告主体
   a. 宗旨
   b. 方法论
   c. 发现
   d. 结论（和建议，如果需要的话）
   e. 限制
6. 附录
   a. 参考文献
   b. 附录

注意，不是所有的报告都必须包括这里列出的项目。

准确

一份准确（precise）的报告应当是清楚的，陈述应当无歧义。它也是综合性的报告，能包括所有相关信息并让读者获得调研的完整和真实图像。清楚是写作风格和报告格式的功能，我们将在后面章节讨论。

综合性意味着能提供关于调研的足够多细节——比如，样本性质、数据收集流程、分析技术等，可以帮助读者决定调研结果的有效性和普遍性。为确保客观性和道德，调研者有义务通知调研用户该项调研的潜在限制。

如同我们在本书中看到的，对实际调研项目的完美期望是不现实的。有经验的调研用户都明白。结果是，调研用户往往带着怀疑的眼光来看待那些听起来太好太不真实的调研报告。与某些调研者认为的不一样，比起不承认缺陷的报告，一个承认自己调研缺陷的报告更可能树立良好的印象。

撰写报告必须仔细，但也不要过头，比如列举调研中遇到的所有细枝末节的问题。如果这样的话，不仅报告冗长，而且会破坏报告的印象。另外，仅仅承认所有的缺陷并不能解救由于调研者疏忽导致的千疮百孔的调研。总之，那些调研质量较高的报告——缺陷只是由于超出调研者控制的调研，如果能承认自身缺陷，将比那些不承认缺陷的报告更可信。

明了

明了（lucid）是报告有效性的关键，这有几项原因。首先，报告越清楚明了，读者就可以花更少的时间来理解报告陈述，就可以有更多时间来消化报告内容。我们在前面提到，大多数经理用于阅读报告的时间非常有限。因此，如果能够让他们将精力集中在消化报告内容上而不是为理解报告文字伤脑筋的话，调研报告的潜在影响会更大。其次，不清楚的报告使读者感到困惑，并误导他们得出调研报告并不支持而且也不是报告撰写者所预期的结论。最后，不清楚的报告可能激怒读者并对整个调研项目产生恶劣印象。

那么，调研者该如何准备一个清晰的报告呢？一个简短、有趣、逻辑性、准确和无误的报告注定比不具备这些特点的报告更清楚。我们还可以给出另外几个更具体的提高报告准确性的原则。

起草清晰报告的一个前提是彻底理解读者，并在撰写时考虑他们的背景风格。经理们经常抱怨调研报告太过于技术性。这一抱怨来源于报告作者常犯的错误——没有给读者足够的重视。技术复杂材料的意义可能对报告作者而言是清楚的，甚至是为了让读者印象深刻而刻意为之。然而在大多数情况下，这样的材料既不具有揭示性，也不能加深读者印象，太理论性的报告反而可能没有使用价值。

以下例子表明：花费一些时间和精力将技术说明转化为朴实语言将极大地提高报告的清晰度。

- 技术性说明：由于自变量之间的严重的多重共线性（个人销售费用和广告支出），因此难以解释系数的回归性（预计贝他值）和它们对因变量（销售额）的影响。
- 朴实语言：在过去，我们产品的个人销售费用和广告支出之间紧密结合（同方向变动），因此难以指明这两种类型支出中的哪一种可能导致我们产品销售的变化。
- 技术性说明：根据我们对调研数据的分析，区域 A 和区域 B 每个商店的平均销售额差异呈现统计重要性，阿尔法水平超过 0.05（基于双尾 t 检验）。
- 朴实语言：根据我们对调研数据的分析，观测到区域 A 和区域 B 中每个商店平均销售额的差额随机出现的几率不超过 5%。

上面的例子并不是建议报告应该按照与读者交谈的方式来撰写。技术术语（特别当它们可以减少报告长度时）在读者熟悉这些术语时是合适的。实际上，将技术术语解释为平白语言实际上是对专业读者的侮辱。这里的底线是，读者的性质决定了报告应该在不丧失清晰度的同时又保持技术性[6]。

适合的表格、图表或数字可以更有效和精简地传达书写材料内容，增加报告的清晰度。比如，考虑以下营销杂志文章的摘录（在该摘录中，ES1 和 ES2 表示在不同调研中选取的样本）：

对 ES1 和 ES2 的比较表明，两者的人口统计特征没有显著差别……在 ES1 中，典型的受访者是白人（85.5%）、已婚（72.7%）、男性（66.8%）、白领（36.4%）。55% 的受访者报告收入低于 20000 美元，48.2% 为高中或更低的学历、44% 为 45 岁以下。在 ES2 中，男性为 59.7%、已婚为 70.2%、白领人士为 28.94%、白人为 81.8%。样本中约 43% 为 45 岁以下，53.2% 为高中或更低的学历，50% 的受访者报告收入低于 20 000 美元[7]。

上述摘录传达的信息如果采用以下表格的方式会更清晰。

受访者特征	受访者比例	
	ES1 样本	ES2 样本
白人	85.5	81.8
已婚	72.7	70.2
男性	66.8	59.7
白领雇员	36.4	28.9
收入少于 20 000 美元	55.0	50.0
高中毕业或更低	48.2	53.2
年龄在 45 岁以下	44.0	43.0

我们将在图形说明一节进一步讨论表格和图表。

无误

为在读者面前树立好印象，一个报告应该是无误的（error free）——没有任何计算、语法和印刷的细微错误。仔细地审核完成的报告应该花不了多少时间，但是，也许由于感觉该项任务已经完成，作者通常匆匆检查最后的草稿，或根本不检查。

不谨慎的代价非常高。错误的数字、合计不等于100%的比例数字、错拼的单词以及其他细微错误都会误导读者。而且，出现这样错误的报告将使得读者对调研项目本身产生怀疑。因此，反复审核报告，最好是得到熟悉编辑和校对的人士的帮助，这些投入都是合理的。

16.4 图形说明

在ES1和ES2样本的例子中，将数据以表格的形式呈现通常比在报告主体中用语言描述更有效。但是，当表格复杂或令人迷惑时，将报告数字以图形演示出来（扇形图、图表等）可以提高报告的清晰度。因为视觉吸引人的图形演示可以让读者从单调文字和数字中得到缓解，提高沟通的效果。

将表格转化成适当图形的方式多种多样，没有什么限制。尽管常用的只有一些基本的图表和图形，但它们的变形很多。为描述这些基本的模式，让我们考虑表16.1中关于某个地区六种牙膏品牌的市场份额的假定数据。

假定表16.1将提供给负责市场营销的经理。仔细审视该表格将为经理提供几个关键结论。比如，市场主导品牌为X品牌和Y品牌，X品牌的市场地位在过去有所削弱。在下节我们将看到，这样的结论以及其他表格中不明显的结论通过图形演示的方式可以更有效地传达。

表16.1 六种牙膏品牌的市场份额

年份	品牌X	品牌A	品牌B	品牌C	品牌D	品牌E
1996	30	29	25	5	5	6
1997	22	35	22	7	6	8
1998	25	25	30	10	5	5
1999	25	29	28	8	6	4
2000	28	30	25	6	6	5
2001	25	28	28	6	7	6
2002	22	30	29	6	6	7
2003	22	27	32	7	7	5
2004	20	29	33	5	7	6
2005	18	28	34	7	8	5

扇形图

扇形图（pie charts）是将一个圆划分为符合数量比例的几个部分。扇形的相对大小显示所对应的比例。一个扇形图可以完美显示数据总额的组成部分——比如，公司某产品线对销售额或利润的贡献；使用某产品家庭的收入分配；总预算在各种费用类型上的分类；某行业内企业的市场份额或某产品种类的品牌份额。图 16.1 演示 1996 年和 2005 年六种牙膏品牌的市场份额。

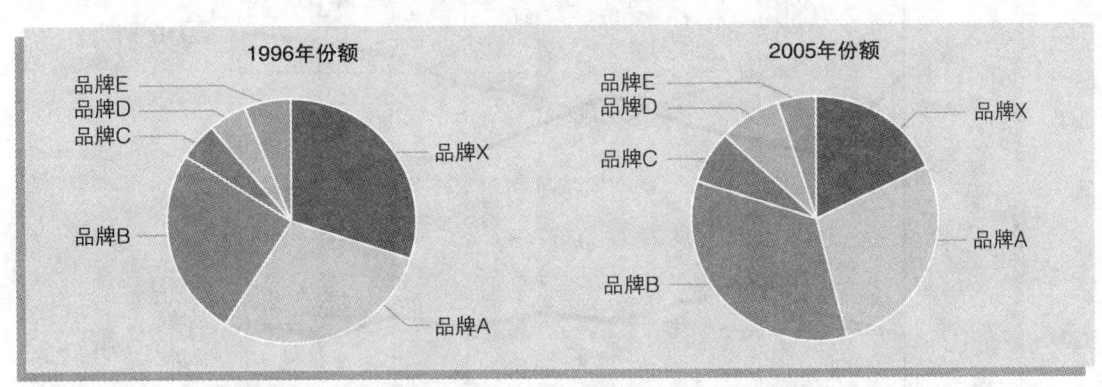

图 16.1　1996 年和 2005 年品牌市场份额的扇形图

图 16.1 中的扇型图清楚显示，与 B 品牌相比，X 品牌市场份额在 1996 年到 2005 年之间逐渐丧失。表 16.1 虽然提供同样的结论，但不如图 16.1 直观。虽然单独的扇型图本身已经具有强烈的揭示性，但通过比较不同时间段的扇型图，或比较同一时间点的相关扇型图（如显示公司产品线对销售额和利润的相对贡献）可以揭示更多的洞察性结论。

对扇型图的不同部分使用不同的深度或颜色可以提高有效性。不过，我们建议将扇型图控制在六或七片。太多的扇片将使图形显得凌乱并降低视觉效果。当一个总体组成部分众多时，将细微部分（即那些相对较小的组成部分）归类在"其他"中可以避免图形的拥挤。

当总体中包含众多组成部分、而且每部分对总额的贡献均等时，扇型图可能没用。比如，当一个公司市场预算分配在 20 个不同的类型，每个类型约占总预算的 4%~6%，扇型图并不比表格图更好。

总之，当数字的组成部分相对少而且组成部分的相对规模不同时，扇型图最有效。

线条图

线条图（line charts）是两维图形，通常用于显示一个或更多项目在不同时间段的演变。横坐标通常为时间坐标，纵坐标通常为项目的值。图 16.2 是 1996—2005 年牙膏市场份额演变的线条图。

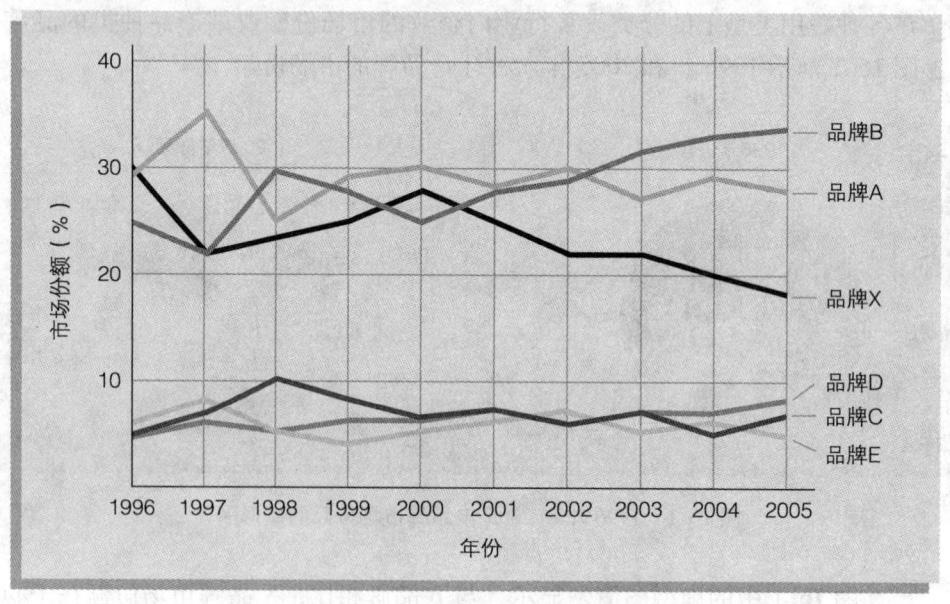

图 16.2 1996—2005 年期间的市场份额

图 16.2 以具有揭示性的方式来概括表 16.1 中的数据。浏览该图能提供只有通过仔细审视表 16.1 才可能获得的关键洞察观点（与品牌 B 稳步上升相比，品牌 X 的份额呈现对应比例的下降）。

如图 16.2 中那样，为使一个线条图最有效，与不同项目对应的趋势必须通过不同颜色或不同形状的线条来表示。同扇型图一样，一个线条图中不能包括太多的项目。太多的线条将显得视觉拥挤，而且导致混淆。

层次图

层次图（stratum charts）也是两维坐标，横坐标为时间，纵坐标为项目的值。图形的区域被划分为几个横向的层次，每个层次对应相应的项目。在任何给定时间，每个层次的宽度代表相对该时间点上每个项目的相对重要性。图 16.3 为表 16.1 的层次图。

图 16.3 中最下面的层次为品牌 X，第二层为品牌 A，该层的上限表明图

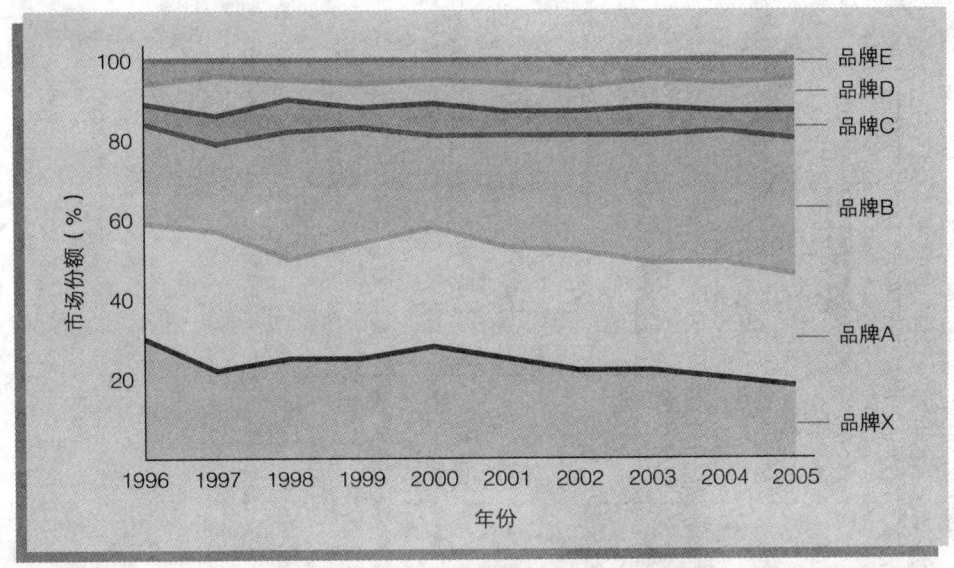

图 16.3 1996—2005 年市场份额的层次图

16.2 中的 X 和 A 品牌的市场份额之和。同样,第三层上限代表 X、A 和 B 品牌之和。

层次图是线条图的累计。它的信息内容与不同时间段的系列扇型图的内容相似;跟踪项目不同时间段的相对重要程度。与扇形图和线条图一样,层次图也需要采用不同的颜色或阴影深度来表示不同的层次。

柱状图

如同名称暗示的那样,**柱状图**(bar charts)包括一系列同等宽度的柱形,柱形不同的高度(或长度——在柱形横向演示时)代表项目的值。图 16.4 包括两个柱形图,分别表示 1996 年和 2005 年的市场份额。

图 16.4 传达的信息与图 16.1 一样。然而,我们如何选择扇形图或是柱状图?这并没有清楚和明确的答案。如果图形表示的数据值(市场份额、预算比例以及其他类型比例)相对较小时,使用扇形图更好,因为扇形的不同扇片从直觉上似乎更合适代表相对的份额。而在描述实际或绝对值时(不同产品线的销售额、不同市场活动的支出等),柱状图更适合。柱子的高度或长度可以对应该项目的绝对值,而且柱形区域也提供该项目相对重要性的视觉图像。

柱状图也可以用于显示在时间段之间的演变,比如,将时间点分布在横坐标上,在每个时间点建立一个纵向柱形,并将该柱体划分为若干部分、每个部分对应该项目在那个时间点的值。这样的时间序列柱状图的视觉影响与层次图类似。

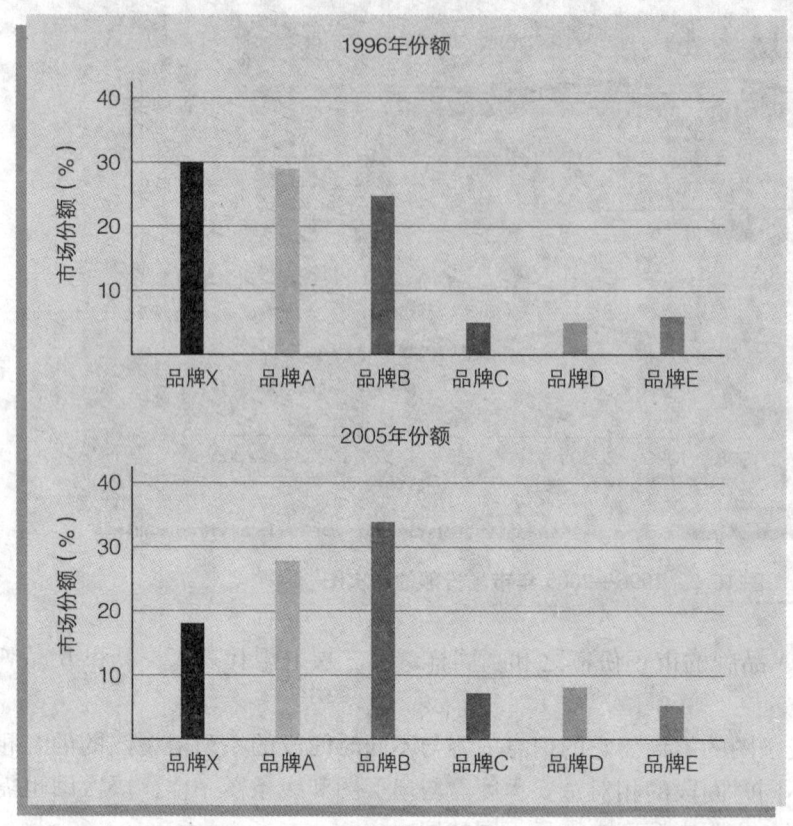

图 16.4 1996 年和 2005 年市场份额柱形图

图 16.5 中的柱状图传达与图 16.3 中的层次图相同的信息。

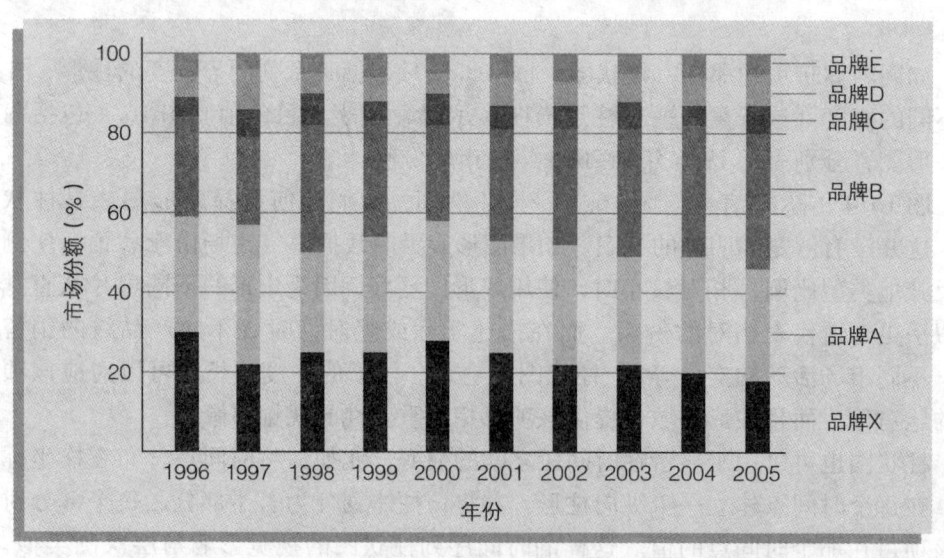

图 16.5 1996—2005 年市场份额柱状图

单向和双向表格的图形演示

图形还可以用于概述单向和双向表格中的信息,这也许是在实际调研项目中分析调查数据最广泛使用的方式。实地调研16.2描述一个公司如何就众多问题的不同类型答案,通过使用系列柱状图来直观表示单向表格。

柱状图也可以清楚和迅速地传达包括在双向图表中的信息。解释如下:考虑表16.2中的双向表格。该表显示跨表格的答案(从1 000个消费者中获得)与两个变量有关:消费者年龄(<30岁,30~50岁,>50岁)和某种

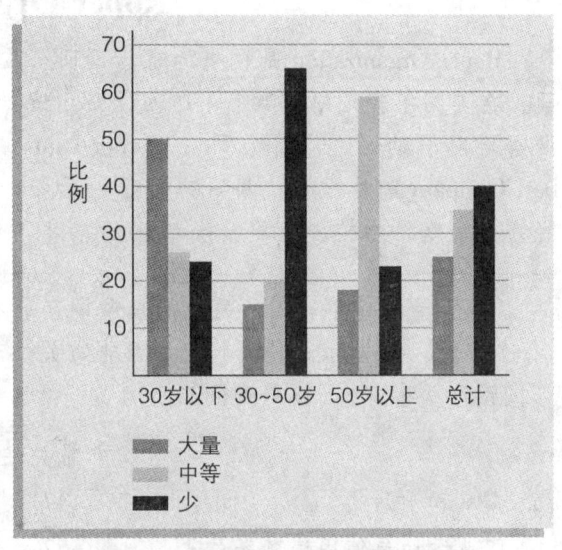

图16.6 反映表16.2信息的柱形图

产品的消费程度(大量、中等、少量)。虽然我们可以根据该表的比例模式来推断两个变量之间的联系性质,但类似于图16.6中的柱形图并不是图示双向表格的唯一方式。比如,与图16.6中拥挤的四簇三柱图形不同,调研者可以建立四个扇形图,每个扇形图划分为三片。

电脑图形

个人电脑的普及各种计算机图像软件都极大提高了用图形演示调研结果的可能性[8]。许多计算机图像程序能够在报告中引入图像、电影、动画以及声音。用户可以详细考察最终图片的视觉演示并打印其中效果最好的。这些功能可以简化选择最适合的调研结果图像演示的工作。实际上,计算机专家预计,在不远的将来,"某些图像软件将具备人工智能,可以为特定的某组数据自动选择最有效的图像。"[9]

许多图像软件正日益成为当今桌面电脑的组成部分。比如,大多数电脑装备了微软公司的PPT幻灯片程序。报告可以同网络连接,让遥远的客户收看。调研者可以通过在报告中建立包括主要图表的彩色幻灯片,轻松地将书面报告和口头汇报结合起来。没有图像演示的书面和口头报告将越来越少,而图形演示注定在未来将越来越普及。

实地调研16.2

Roper Organization

Roper Organization 是领先的市场调研公司，在美国年轻人中开展个人访问调研。该调研是由华纳—兰伯特公司（Warner-Lambert Company）委托的，调研宗旨是评估年轻人对家庭、学校、主要社会事宜的态度。年龄从8岁到17岁的1 000个年轻人参与了调研，最后的报告包括调研问卷以及回答的概述（与实地调研16.1中的摘录类似）。以下为该问卷的样本节选（其中的数字为受访者选择的答案的比例）。

以下为一些年轻人所关注的当今事宜（将卡片递给受访者）。阅读以下清单，针对每个事宜，请告诉我们您个人是否非常关注该事宜、关注的类型或根本不关注？首先，（阅读这些事宜）（逐一询问）。

	非常关注	关注	不关注	不知道/拒绝
a. 空气和水污染	47	38	13	2
b. 职业运动员使用违禁药	52	25	20	3
c. 核战争	65	20	12	3
d. 艾滋病	65	20	10	3
e. 父母中离婚率的提高	39	33	25	3
f. 您某天不得不参战的可能	47	26	25	2
g. 儿童和青少年绑架	76	16	8	1

本节的每行数字实际上是关于询问事宜答案的单向表格。

在报告主体中对答案的讨论附带以下柱状图。该柱状图中，每个柱体为一个关注事宜的图形表示，可以迅速和有效地将结果传达给读者。注意，调研事宜在柱状图中的序列号与问卷中不一样。柱状图中事宜的序号提高了该图形的有效性[a]。

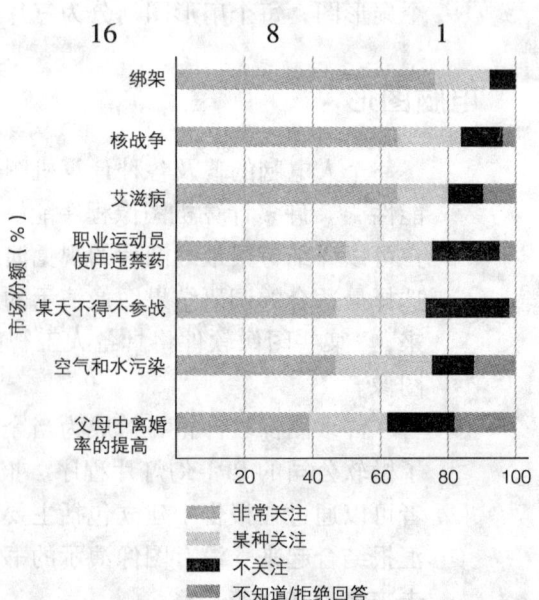

调研结果图像演示的方便性并不意味着每个调研结果都应该建立图表或图形。虽然图像演示可以让一个报告更有趣并增加清晰度，但太多的图像会使得报告拥挤并扰乱读者。因此应该仔细确定图形的数量和适合的模式，以避免混淆、无意义或误导解释[10]。

我们可以用图 16.6 中的方式来演示表格比例，从而可以更有效地传达该信息。年龄和产品消费程度之间有明显和强烈的联系。年龄在 30 岁以下的人群消费最多，30~50 岁人群消费最少，超过 50 岁的人群处于中间位置。

表 16.2 年龄和消费程度的双向表格

年龄	产品消费程度			总计
	大量	中等	少	
<30 岁	125 （50%）	65 （26%）	60 （24%）	250 （100%）
30~50 岁	60 （15%）	80 （20%）	260 （65%）	400 （100%）
>50 岁	65 （18%）	205 （59%）	80 （23%）	350 （100%）
总计	250 （25%）	350 （35%）	400 （40%）	1 000 （100%）

注释：所有的比例基于行；为使得总计为 100，某些比例轻微调整。

16.5 口头报告

与书面报告相同，口头报告也必须符合 SIMPLE 原则：简短、有趣、逻辑性、准确、明了、无误。然而，由于与听众直接互动，准备口头报告在某种程度上比书面报告更困难。在口头报告中的任何迟疑都会对听众产生负面影响，降低报告人的自信。有效的口头报告需要认真准备内容及阐述方式，也需要考虑某些意外因素，比如图像投放设备突然瘫痪或来自听众的未预计到的严重问题。因此，即使是 30 分钟的汇报也需要数小时（或数天）的准备。认真规划和预演是口头报告有效性的关键。

归纳和完成优异报告的细节可以在许多书籍中找到[11]。然而，书面报告讨论中谈到的三个基本原则对口头汇报的成功特别有用：

1. 调研听众。了解谁是你的听众（他们的背景和信息需求）可以让你预见他们可能会提出的问题。

2. 选择在报告中陈述的调研关键点。注意不要选择过多的主要观点。
3. 有效使用图形辅助——简单的视频、幻灯片等可以提高报告的清晰度和听众兴趣。

关于第三点，考虑到图像辅助技术和设备的普及，在几乎所有的报告中，听众会预见到这样的辅助，报告人也会使用这样的辅助，因此效果可能有限。必须审慎选择和安排图像辅助，每个图像应该只包括一个简单和相关的信息。表16.3提供了正确使用幻灯片的一些建议。许多这样的建议也可以提高其他图像辅助的有效性。

表16.3　有效使用幻灯片的指南

文字幻灯片
• 保持简洁，只使用关键文字
• 使用黑体和彩色以突出要点
• 将信息分解为系列循序的幻灯片
框图
• 用于组织图、流程图
• 简化以增加识别性
• 将复杂图形分解为系列幻灯片（按照时间序列划分流程图；在组织图中显示总图和部门"放大图"）
柱状图
• 用于分类排列的数据（年、月等）
• 选择纵向或横向柱（在横向幻灯模式中）
• 为维度柱增加下拉块（drop shadow）
• 通过使用多柱或分柱来清晰显示复杂事实
• 如果能提高有效性的话，可以将幻灯片划分为系列
扇形图
• 用于强调整体各部分之间的联系
• 选择单一扇形或双扇形
• 考虑为维度效果选择下拉、拖出幻灯片等
• 以最有效的方式来安排幻灯片（见开篇故事）
• 将幻灯片划分为系列以提高有效性
线图和层次图
• 用于演示趋势或连续数据
• 考虑线图还是层次图更有效
• 选择基线和比例以获得最大的有效性
• 用编号来识别图形中的关键点
• 将广泛的数据划分为系列幻灯片
其他图形
• 在暗调色泽的背景中（如水印）使用标记和解释是在汇报中增加视觉兴趣和持续性的有效方式

本章小结

将调研结果有效传达给读者的首要问题是很好地理解听众和他们的信息需要。传达调研结果最常用的工具为书面报告。为获得有效性，书面报告必须遵循SIMPLE原则：简短、有趣、逻辑性、准确、明了、无误。虽然这六个原则相互关联，但每个原则具有某些特定的要求：

- 简短。一个报告应该只讨论与调研相关、而且从读者角度是重要的方面。其他方面，比如方法细节，尽管调研者很喜欢但却会混淆读者，所以必须省略或只做简要讨论。
- 有趣。报告的风格、模式和内容都必须吸引并保持读者的注意力。
- 逻辑性。在选择报告中包括的内容时必须考虑读者的需要，按照逻辑顺序来安排。
- 准确。报告必须清楚和完整。清楚是书写风格和格式的函数。完整性意味着报告必须包括足够的细节以提供该调研的准确和完整画面；报告应该承认主要限制并说明这些限制如何制约调研结果。
- 明了。报告必须以读者熟悉的语言来撰写。它必须采用简单的文字和语句，以及合适的表格和图形清楚和迅速地传达报告内容。
- 无误。即使细微的计算、语法或印刷错误也会刺激读者并损害报告的可信度。在报告完成之前，必须花费足够的时间和精力来发现和更正这些错误。

各种图形演示——比如扇形图、线条图、层次图和柱状图——可以提高清楚度和有效性。必须审慎选择图形演示采用的数量和类型。对图形的不当使用只会对读者造成困惑或误导。

在提交书面报告之外，调研者还经常采用口头报告。准备书面报告的原则也适用于准备有效的口头报告。了解听众、从主要信息中提炼需要报告的关键点、正确使用合适的图像辅助对口头报告的有效性非常重要。一个成功的口头报告要求在规划和预演上花费足够的时间和精力。

复习讨论题

1. 调研流程的最后一步——传达调研结果——可能也是最重要的步骤。为什么？
2. 书面报告需要具备的两个特点为简短和准确。这两者之间有何冲突吗？如果有，你如何来协调？如果没有，为什么不会有冲突？
3. "为对读者产生影响，调研报告必须是幽默和娱乐性的。"请讨论该声明。
4. 为什么执行概要是调研报告的关键部分？

应用练习

1. 将下述声明转化为更朴实的语言：
    a. "根据我们的调研，购有DVD家庭比例在95%置信水平下为0.4 ± 0.05。"
    b. "销售（因变量）对广告费用（自变量）回归产生的R^2值为0.9，呈现统显著性（$F = 55.7$, $P < 0.01$）。"
2. 浏览商业出版物，如《商业周刊》或《财富》，找出三个图形演示。请说明该图形演示

3. 使用表 16.1 中的数据，计算 X、A 和 B 品牌市场份额的变化率（从 1996—1997、1997—1998 年等）。请采用线条图和柱状图来演示这些变化。哪种图形更有效？为什么？

4. 可以采用扇形图或层次图来描述问题 3 中的市场份额变化吗？为什么可以或为什么不行？

5. 斯密斯女士是 XYX 公司的调研员，公司通知她最近完成的调研只需要做简短的口头汇报（不需要书面报告），所以她感到非常高兴。她想"谢天谢地，我不需要忍受撰写书面报告的折磨啦！"你会给斯密斯女士提出什么建议来帮助她准备口头汇报？

互联网练习

1. 登录 CNN 新闻网（www.cnn.com），评估当天快速投票（QuickVote）问题的结果。这些结果可以用更有效的方式来传达吗？如果可以，请建议新图形。

2. 登录 www.forrester.com，评估一个公司报告结果的方式。这些结果可以用更有效的方式来传达吗？如果可以，请建议新图形。

案例 16.1　国民保险公司

吉尔·保克特是国民保险公司负责客户关系的副总裁，她最近进行了公司客户基础的调研。该调研的主要目的是评估客户如何看待国民保险公司的服务质量并发现需要改进的领域（请参见图 12.2 该问卷的复本）。吉尔要求国民保险公司调研部的经理杰夫·洛德分析调研数据并为她准备报告。基于深厚的统计知识背景（他在本科时获得营销学和统计学的双学位），杰夫迅速开展数据的各种分析并准备一份"报告"，包括一系列对分析结果进行概括的表格（如同包括在第 12、13、14 章中的那样）。吉尔对报告的技术复杂性和统计细节印象深刻，但她也被大量技术性所淹没并感到困惑。她要求杰夫准备一份更具可读性、三到四页的执行概要。几经反复，杰夫起草了一份执行概要，如下文所示。他对该草稿并不满意，并考虑如何来改善该草稿。

杰夫撰写的执行概要草稿

我们对客户进行了大型的邮件调查并收到 285 个回复。调查问卷包括 4 个部分。第一部分包括 22 个 7 分制的问题（从"强烈不同意"到"强烈同意"），属于李克特量表类型。这些问题被组织成与国民保险公司服务质量有关的五个总类或范畴：

1. 可靠性（"国民保险公司信守承诺"）
2. 同情心（"国民保险公司对你关怀备至"）
3. 有形性（"国民保险公司拥有现代设备"）
4. 响应性（"国民保险公司雇员提供及时服务"）
5. 保证性（"国民保险公司雇员的行为传达信任。"）

针对每个声明，客户被要求在 7 分制上最代表他们意见的分数上划圈。国民保险公司对五个服务领域的整体评价将通过计算每个领域内的平均分数来获得（所有的分析都采用 SPSS 软件包）。国民公司的整体分数如下：可靠性 5.4265 分，同情心 5.5557 分，有形性 5.6233 分，响应性 5.6097 分，保证性 5.7480 分。显然，国民公司的最薄弱环节为可靠性，最佳表现为保证性。

调查问卷的第二部分要求受访者根据他们认为五个特征的重要性程度来将 100 分分配在五个领域中。答案的分析得到有趣的结果——可靠性（公司最薄弱环节）被认为是最重要的特征；可靠性的平均分数为 28.81（与其他特征的分数相比是最重要的）；同情心 17.55 分，有形性 11.09 分，响应性 22.70 分，保证性 19.85 分。建议：国民公司必须立刻采取行动来提高服务的可靠性。

调查问卷的第三部分要求受访者指出：(1) 他们对国民保险公司服务质量的整体评价，分数从 1~10；(2) 他们今后是否会将国民保险公司推荐给朋友；(3) 他们与国民保险公司的业务往来时间；(4) 他们最近是否在国民公司遇到难题；(5) 出现问题时，国民保险公司是否提供令人满意的解决办法。调查问卷的最后一部分是人口统计数据，询问受访者年龄、家庭收入和教育程度的问题。

后两个部分的受访者回答与前两个部分中的合适答案将采用以下技术来分析：单向表格、交叉表格、卡方分布、相关分析和回归分析。这些分析的目标是：(1) 了解样本构成的性质（与国民保险公司整体客户基础比较）；(2) 确定客户对国民保险公司服务质量的评价，以及他们愿意推荐国民保险公司的意愿程度；(3) 确定五个领域中的服务质量的评价如何影响对整体服务质量的评价。

受访者描述

约 52% 的受访者为男性，48% 为女性。样本分布与基于卡方分布的人口分布之间的区别不明显（p 值 = 0.546），约 80% 的受访者已婚。类似的受访者比例（79.6%）分布在年龄 5~44 岁之间；这比基于卡方分布的人口年龄构成（只有 70%）要高。样本中家庭中值收入为 39 999~49 999 美元（39.7% 的受访者）；其余受访者的收入平均分布在上述收入组之上和之下。少于 1/3 的受访者（31.1%）有大学文凭；教育程度的中值为"高中或更低"（37.4%）。受访者的多数与国民保险公司有长达五年或更久的业务往来（71.2%）；根据卡方测试，这一比例显著高于人口基础比例（约为 65%）。

客户群体间的不同

男性和女性在推荐意愿上差别不大（根据交叉表和卡方分布分析）。与此类似，推荐意愿与婚姻状况或年龄关系不大。有证据显示推荐意愿与收入负相关（卡方 = 10.639；p 值 = 0.059），与教育程度负相关（卡方 = 10.007；p 值 = 0.019）。

这些分析得出两个有趣的结论。首先，男性和女性在对国民公司服务质量的整体评价上差别不明显（男性和女性给出的平均分数分别为十分制的 7.87 和 7.83）。其次，那些愿意推荐和不愿意推荐的国民保险公司的人群在他们对公司服务质量的评价上非常不同；两组人群的平均分数为 8.45 和 3.34。第二个结论具有重要的管理意义：提供优异质量的服务是国民保险公司从客户基础中激发正面口碑的首要任务。

不同领域和整体服务质量的联系

关联分析的结果显示，五个不同质量领域的得分与整体服务质量的得分密切相关。受访者最强的联系为 0.863，最弱的联系为 0.504。而且，所有的五个领域均呈统计重要性（p 值为 0.001 或更低）。然显，国民保险公司在五个领域上的服务质量都会极大影响国民保险公司整体服务质量在消费者心中的形象。多元回归分析（整体服务质量评分为因变量，五个领域的评分为自变量）进一步支撑以上结论：回归的 R^2 值为 0.810，意味着整体意见中超过 80% 的方差可以用各个维度的评分来解释。

结论

从整体上讲，国民公司的服务质量似乎是良好的，但是也有待提高。在五个单独领域，客户评分分布在 5.4~5.7 之间（7 分制）。客户总体评价约为 7.8（10 分制）。虽然这些分数还好，但似乎也有改善的空间。经理应该立刻关注的领域为国民公司的可信任度。在五个服务领域中，客户认为可靠性是最重要的；然而国民保险公司在该领域的表现却最差。另一个需要探讨的领域为同低收入和低教育程度人群相比，为什么高收入人群和高教育程度人群明显更不愿意推荐国民保险公司。

案例问题：

1. 以 10 分制来算，你会对杰夫的执行概要评多少分？通过列举该执行概要的主要优点和缺点来支撑你的评分。
2. 请对该执行概要作批判性评价。特别是：
   a. 该概要包括了完整的执行概要的所有内容吗？如果没有，该概要遗失了哪些内容？
   b. 为使得该报告更有效，可以减少或删除任何不必要的信息吗？
3. 请批判评价该报告的结构。你会提出什么建议来帮助杰夫更有效地组织执行概要吗？
4. 准备一份详细修改该执行概要的框架供吉尔·保克特参考。

案例 16.2　潘基学院（D）
(*www.pankey.org*)

Christian B. Sager 是潘基学院的执行董事，最近他委托调研机构开展调研，评估该机构向牙科医生提供的继续教育的有效性。调研的目的是获得牙医在首次培训后愿意再次接受教育的影响因素。

调研人员进行了几项分析来评估授课程序的不同方面。首先完成最初数据的缩减并检验，识别出五个因素以及它们的相关性。然后调查人口统计因素的影响。之后进一步分析性别和从业区域对五个因素的影响。接下来是各种因素对培训整体满意度的影响。最后分析年龄对五个因素的影响。

现在需要将调研结果提交给其他负责该项目的高层人员。轮到你来提出整体分析计划、执行概要和最后的结果报告并准备幻灯演示。

案例问题：

1. 描述你的整体分析计划。
2. 基于你对潘基学院数据组的分析，准备执行概要和管理建议。
3. 基于你的分析和报告，准备幻灯片演示。

附录 1　标准正态分布下的区域（左侧区域）

z	0	1	2	3	4	5	6	7	8	9
-3.0*	.0013	.0013	.0013	.0012	.0012	.0011	.0011	.0011	.0010	.0010
-2.9	.0019	.0018	.0017	.0017	.0016	.0016	.0015	.0015	.0014	.0014
-2.8	.0026	.0025	.0024	.0023	.0023	.0022	.0021	.0021	.0020	.0019
-2.7	.0035	.0034	.0033	.0032	.0031	.0030	.0029	.0028	.0027	.0026
-2.6	.0047	.0045	.0044	.0043	.0041	.0040	.0039	.0038	.0037	.0036
-2.5	.0062	.0060	.0059	.0057	.0055	.0054	.0052	.0051	.0049	.0048
-2.4	.0082	.0080	.0078	.0075	.0073	.0071	.0069	.0068	.0066	.0064
-2.3	.0107	.0104	.0102	.0099	.0096	.0094	.0091	.0089	.0087	.0084
-2.2	.0139	.0136	.0132	.0129	.0125	.0122	.0119	.0116	.0113	.0110
-2.1	.0179	.0174	.0170	.0166	.0162	.0158	.0154	.0150	.0146	.0143
-2.0	.0228	.0222	.0217	.0212	.0207	.0202	.0197	.0192	.0188	.0183
-1.9	.0287	.0281	.0274	.0268	.0262	.0256	.0250	.0244	.0239	.0233
-1.8	.0359	.0351	.0344	.0336	.0329	.0322	.0314	.0307	.0301	.0294
-1.7	.0446	.0436	.0427	.0418	.0409	.0401	.0392	.0384	.0375	.0367
-1.6	.0548	.0537	.0526	.0516	.0505	.0495	.0485	.0475	.0465	.0455
-1.5	.0668	.0655	.0643	.0630	.0618	.0606	.0594	.0582	.0571	.0559
-1.4	.0808	.0793	.0778	.0764	.0749	.0735	.0721	.0708	.0694	.0681
-1.3	.0968	.0951	.0934	.0918	.0901	.0885	.0869	.0853	.0838	.0823
-1.2	.1151	.1131	.1112	.1093	.1075	.1056	.1038	.1020	.1003	.0985
-1.1	.1357	.1335	.1314	.1292	.1271	.1251	.1230	.1210	.1190	.1170
-1.0	.1587	.1562	.1539	.1515	.1492	.1469	.1446	.1423	.1401	.1379
-.9	.1841	.1814	.1788	.1762	.1736	.1711	.1685	.1660	.1635	.1611
-.8	.2119	.2090	.2061	.2033	.2005	.1977	.1949	.1922	.1894	.1867
-.7	.2420	.2389	.2358	.2327	.2296	.2266	.2236	.2206	.2177	.2148
-.6	.2743	.2709	.2676	.2643	.2611	.2578	.2546	.2514	.2483	.2451
-.5	.3085	.3050	.3015	.2981	.2946	.2912	.2877	.2843	.2810	.2776
-.4	.3446	.3409	.3372	.3336	.3300	.3264	.3228	.3192	.3156	.3121
-.3	.3821	.3783	.3745	.3707	.3669	.3632	.3594	.3557	.3520	.3483
-.2	.4207	.4168	.4129	.4090	.4052	.4013	.3974	.3936	.3897	.3859
-.1	.4602	.4562	.4522	.4483	.4443	.4404	.4364	.4325	.4286	.4247
-.0	.5000	.4960	.4920	.4880	.4840	.4801	.4761	.4721	.4681	.4641

（续表）

z	0	1	2	3	4	5	6	7	8	9
.0	.5000	.5040	.5080	.5120	.5160	.5199	.5239	.5279	.5319	.5359
.1	.5398	.5438	.5478	.5517	.5557	.5596	.5636	.5675	.5714	.5753
.2	.5793	.5832	.5871	.5910	.5948	.5987	.6026	.6064	.6103	.6141
.3	.6179	.6217	.6255	.6293	.6331	.6368	.6406	.6443	.6480	.6517
.4	.6554	.6591	.6628	.6664	.6700	.6736	.6772	.6808	.6844	.6879
.5	.6915	.6950	.6985	.7019	.7054	.7088	.7123	.7157	.7190	.7224
.6	.7257	.7291	.7324	.7357	.7389	.7422	.7454	.7486	.7517	.7549
.7	.7580	.7611	.7642	.7673	.7704	.7734	.7764	.7794	.7823	.7852
.8	.7881	.7910	.7939	.7967	.7995	.8023	.8051	.8078	.8106	.8133
.9	.8159	.8186	.8212	.8238	.8264	.8289	.8315	.8340	.8365	.8389
1.0	.8413	.8438	.8461	.8485	.8508	.8531	.8554	.8577	.8599	.9621
1.1	.8643	.8665	.8686	.8708	.8729	.8749	.8770	.8790	.8810	.8830
1.2	.8849	.8869	.8888	.9807	.8925	.8944	.8962	.8980	.8997	.9015
1.3	.9032	.9049	.9066	.9082	.9099	.9115	.9131	.9147	.9162	.9177
1.4	.9192	.9207	.9222	.9236	.9251	.9265	.9279	.9292	.9306	.9319
1.5	.9332	.9345	.9357	.9370	.9382	.9394	.9406	.9418	.9429	.9441
1.6	.9452	.9463	.9474	.9484	.9495	.9505	.9515	.9525	.9535	.9545
1.7	.9554	.9564	.9573	.9582	.9591	.9599	.9608	.9616	.9625	.9633
1.8	.9641	.9649	.9656	.9664	.9671	.9678	.9686	.9693	.9699	.9706
1.9	.9713	.9719	.9726	.9732	.9738	.9744	.9750	.9756	.9761	.9767
2.0	.9772	.9778	.9783	.9788	.9793	.9798	.9803	.9808	.9812	.9817
2.1	.9821	.9826	.9830	.9834	.9838	.9842	.9846	.9850	.9854	.9857
2.2	.9861	.9864	.9868	.9871	.9875	.9878	.9881	.9884	.9887	.9890
2.3	.9893	.9896	.9898	.9901	.9904	.9906	.9909	.9911	.9913	.9916
2.4	.9918	.9920	.9922	.9925	.9927	.9929	.9931	.9932	.9934	.9936
2.5	.9938	.9940	.9941	.9943	.9945	.9946	.9948	.9949	.9951	.9952
2.6	.9953	.9955	.9956	.9957	.9959	.9960	.9961	.9962	.9963	.9964
2.7	.9965	.9966	.9967	.9968	.9969	.9970	.9971	.9972	.9973	.9974
2.8	.9974	.9975	.9976	.9977	.9977	.9978	.9979	.9979	.9980	.9981
2.9	.9981	.9982	.9982	.9983	.9984	.9984	.9985	.9985	.9986	.9986
3.0$^+$	.9987	.9987	.9987	.9988	.9988	.9989	.9989	.9989	.9990	.9990

* $z \leqslant -4$，0 到 4 位小数。

* $z \geqslant 4$，1 到 4 位小数。

Source: Weiss, *Introductory Statistics*, pp. 576 – 577. Reprinted by permission of Pearson Education, Inc.

附录2 卡方分布（X_α^2 的值）

d.f. \ α	.995	.99	.975	.95	.90	.10	.05	.025	.01	.005
1	.00	.00	.00	.00	.02	2.71	3.84	5.02	6.63	7.88
2	.01	.02	.05	.10	.21	4.61	5.99	7.38	9.21	10.60
3	.07	.11	.22	.35	.58	6.25	7.81	9.35	11.34	12.84
4	.21	.30	.48	.71	1.06	7.78	9.49	11.14	13.28	14.86
5	.41	.55	.83	1.15	1.61	9.24	11.07	12.83	15.09	16.75
6	.68	.87	1.24	1.64	2.20	10.64	12.59	14.45	16.81	18.55
7	.99	1.24	1.69	2.17	2.83	12.02	14.07	16.01	18.48	20.28
8	1.34	1.65	2.18	2.73	3.49	13.36	15.51	17.54	20.09	21.96
9	1.73	2.09	2.70	3.33	4.17	14.68	16.92	19.02	21.67	23.59
10	2.16	2.56	3.25	3.94	4.87	15.99	18.31	20.48	23.21	25.19
11	2.60	3.05	3.82	4.57	5.58	17.28	19.68	21.92	24.72	26.76
12	3.07	3.57	4.40	5.23	6.30	18.55	21.03	23.34	26.22	28.30
13	3.57	4.11	5.01	5.89	7.04	19.81	22.36	24.74	27.69	29.82
14	4.07	4.66	5.63	6.57	7.79	21.06	23.68	26.12	29.14	31.32
15	4.60	5.23	6.26	7.26	8.55	22.31	25.00	27.49	30.58	32.80
16	5.14	5.81	6.91	7.96	9.31	23.54	26.30	28.85	32.00	34.27
17	5.70	6.41	7.56	8.67	10.09	24.77	27.59	30.19	33.41	35.72
18	6.26	7.01	8.23	9.39	10.86	25.99	28.87	31.53	34.81	37.16
19	6.84	7.63	8.91	10.12	11.65	27.20	30.14	32.85	36.19	38.58
20	7.43	8.26	9.59	10.85	12.44	28.41	31.41	34.17	35.57	40.00
21	8.03	8.90	10.28	11.59	13.24	29.62	32.67	35.48	38.93	41.40
22	8.64	9.54	10.98	12.34	14.04	30.81	33.92	36.78	40.29	42.80
23	9.26	10.20	11.69	13.09	14.85	32.01	35.17	38.08	41.64	44.18
24	9.89	10.86	12.40	13.85	15.66	33.20	36.42	39.36	42.98	45.56
25	10.52	11.52	13.12	14.61	16.47	34.38	37.65	40.65	44.31	46.93
26	11.16	12.20	13.84	15.38	17.29	35.56	38.89	41.92	45.64	48.29
27	11.81	12.88	14.57	16.15	18.11	36.74	40.11	43.19	46.96	49.65
28	12.46	13.56	15.31	16.93	18.94	37.92	41.34	44.46	48.28	50.99
29	13.12	14.26	16.05	17.71	19.77	39.09	42.56	45.72	49.59	52.34
30	13.79	14.95	16.79	18.49	20.60	40.26	43.77	46.98	50.89	53.67
50	27.99	29.71	32.36	34.76	37.69	63.17	67.50	71.42	76.15	79.49
100	67.33	70.06	74.22	77.93	82.36	118.5	124.3	129.6	135.8	140.2
500	422.3	429.4	439.9	449.1	459.9	540.9	553.1	563.9	576.5	585.2
1000	888.6	898.8	914.3	927.6	943.1	1058	1075	1090	1107	1119

Source: Weiss, *Introductory Statistics*, p. 579. Reprinted by permission of Pearson Education, Inc.

附录3 学生 t - 分布（t_α 的值）

d. f.	$t_{.10}$	$t_{.05}$	$t_{.025}$	$t_{.01}$	$t_{.005}$
1	3.08	6.31	12.71	31.82	63.66
2	1.89	2.92	4.30	6.96	9.92
3	1.64	2.35	3.18	4.54	5.84
4	1.53	2.13	2.78	3.75	4.60
5	1.48	2.02	2.57	3.36	4.03
6	1.44	1.94	2.45	3.14	3.71
7	1.42	1.89	2.36	3.00	3.50
8	1.40	1.86	2.31	2.90	3.36
9	1.38	1.83	2.26	2.82	3.25
10	1.37	1.81	2.23	2.76	3.17
11	1.36	1.80	2.20	2.72	3.11
12	1.36	1.78	2.18	2.68	3.05
13	1.35	1.77	2.16	2.65	3.01
14	1.35	1.76	2.14	2.62	2.98
15	1.34	1.75	2.13	2.60	2.95
16	1.34	1.75	2.12	2.58	2.92
17	1.33	1.74	2.11	2.57	2.90
18	1.33	1.73	2.10	2.55	2.88
19	1.33	1.73	2.09	2.54	2.86
20	1.33	1.72	2.09	2.53	2.85
21	1.32	1.72	2.08	2.52	2.83
22	1.32	1.72	2.07	2.51	2.82
23	1.32	1.71	2.07	2.50	2.81
24	1.32	1.71	2.06	2.49	2.80
25	1.32	1.71	2.06	2.49	2.79
26	1.32	1.71	2.06	2.48	2.78
27	1.31	1.70	2.05	2.47	2.77
28	1.31	1.70	2.05	2.47	2.76
29	1.31	1.70	2.05	2.46	2.76
∞	1.28	1.64	1.96	2.33	2.58

注：表格中最后一行（d. f. =∞）给定 z_α 的值。例如，表格显示 $z_{.10}=1.28$ 以及 $z_{.05}=1.64$。

Source：Weiss, *Introductory Statistics*, p.578. Reprinted by permission of Pearson Education, Inc.

附录 4　样本相关系数 r 的临界值

d.f. \ α	.10	.05	.02	.01
1	.988	.997	.9995	.9999
2	.900	.950	.980	.990
3	.805	.878	.934	.959
4	.729	.811	.882	.917
5	.669	.754	.833	.874
6	.622	.707	.789	.834
7	.582	.666	.750	.798
8	.549	.632	.716	.765
9	.521	.602	.685	.735
10	.497	.576	.658	.708
11	.476	.553	.634	.684
12	.458	.532	.612	.661
13	.441	.514	.592	.641
14	.426	.497	.574	.623
15	.412	.482	.558	.606
16	.400	.468	.543	.590
17	.389	.456	.528	.575
18	.378	.444	.516	.561
19	.369	.433	.503	.549
20	.360	.423	.492	.537
21	.352	.413	.482	.526
22	.344	.404	.472	.515
23	.337	.396	.462	.505
24	.330	.388	.453	.496
25	.323	.381	.445	.487
26	.317	.374	.437	.479
27	.311	.367	.430	.471
28	.306	.361	.423	.463
29	.301	.355	.416	.456
30	.296	.349	.409	.449
40	.257	.304	.358	.393
50	.231	.273	.322	.354
60	.211	.250	.295	.325
70	.195	.232	.274	.302
80	.183	.217	.257	.283
90	.173	.205	.242	.257
100	.164	.195	.230	.254

注：表格显示的为给定显著性水平下双尾测试中的右临界值。左临界值为右临界值的负数。

Source: Weiss, Introductory Statistics, p. 586. Reprinted by permission of Pearson Education, Inc.

附录5 $F_{.05}$ 的值

d. f. for 分子自由度	分母自由度								
	1	2	3	4	5	6	7	8	9
1	161.4	199.5	215.7	224.6	230.2	234.0	236.8	238.9	240.5
2	18.51	19.00	19.16	19.25	19.30	19.33	19.35	19.37	19.38
3	10.13	9.55	9.28	9.12	9.01	8.94	8.89	8.85	8.81
4	7.71	6.94	6.59	6.39	6.26	6.16	6.09	6.04	6.00
5	6.61	5.79	5.41	5.19	5.05	4.95	4.88	4.82	4.77
6	5.99	5.14	4.76	4.53	4.39	4.28	4.21	4.15	4.10
7	5.59	4.74	4.35	4.12	3.97	3.87	3.79	3.73	3.68
8	5.32	4.46	4.07	3.84	3.69	3.58	3.50	3.44	3.39
9	5.12	4.26	3.86	3.63	3.48	3.37	3.29	3.23	3.18
10	4.96	4.10	3.71	3.48	3.33	3.22	3.14	3.07	3.02
11	4.84	3.98	3.59	3.36	3.20	3.09	3.01	2.95	2.90
12	4.75	3.89	3.49	3.26	3.11	3.00	2.91	2.85	2.80
13	4.67	3.81	3.41	3.18	3.03	2.92	2.83	2.77	2.71
14	4.60	3.74	3.34	3.11	2.96	2.85	2.76	2.70	2.65
15	4.54	3.68	3.29	3.06	2.90	2.79	2.71	2.64	2.59
16	4.49	3.63	3.24	3.01	2.85	2.74	2.66	2.59	2.54
17	4.45	3.59	3.20	2.96	2.81	2.70	2.61	2.55	2.49
18	4.41	3.55	3.16	2.93	2.77	2.66	2.58	2.51	2.46
19	4.38	3.52	3.13	2.90	2.74	2.63	2.54	2.48	2.42
20	4.35	3.49	3.10	2.87	2.71	2.60	2.51	2.45	2.39
21	4.32	3.47	3.07	2.84	2.68	2.57	2.49	2.42	2.37
22	4.30	3.44	3.05	2.82	2.66	2.55	2.46	2.40	2.34
23	4.28	3.42	3.03	2.80	2.64	2.53	2.44	2.37	2.32
24	4.26	3.40	3.01	2.78	2.62	2.51	2.42	2.36	2.30
25	4.24	3.39	2.99	2.76	2.60	2.49	2.40	2.34	2.28
26	4.23	3.37	2.98	2.74	2.59	2.47	2.39	2.32	2.27
27	4.21	3.35	2.96	2.73	2.57	2.46	2.37	2.31	2.25
28	4.20	3.34	2.95	2.71	2.56	2.45	2.36	2.29	2.24
29	4.18	3.33	2.93	2.70	2.55	2.43	2.35	2.28	2.22
30	4.17	3.32	2.92	2.69	2.53	2.42	2.33	2.27	2.21
40	4.08	3.23	2.84	2.61	2.45	2.34	2.25	2.18	2.12
60	4.00	3.15	2.76	2.53	2.37	2.25	2.17	2.10	2.04
120	3.92	3.07	2.68	2.45	2.29	2.17	2.09	2.02	1.96
∞	3.84	3.00	2.60	2.37	2.21	2.10	2.01	1.94	1.88

(续表)

分子自由度									
10	12	15	20	24	30	40	60	120	∞
241.9	243.9	245.9	248.0	249.1	250.1	251.1	252.2	253.3	254.3
19.40	19.41	19.43	19.45	19.45	19.46	19.47	19.48	19.49	19.50
8.79	8.74	8.70	8.66	8.64	8.62	8.59	8.57	8.55	8.53
5.96	5.91	5.86	5.80	5.77	5.75	5.72	5.69	5.66	5.63
4.74	4.68	4.62	4.56	4.53	4.50	4.46	4.43	4.40	4.36
4.06	4.00	3.94	3.87	3.84	3.81	3.77	3.74	3.70	3.67
3.64	3.57	3.51	3.41	3.41	3.38	3.34	3.30	3.27	3.23
3.35	3.28	3.22	3.15	3.12	3.08	3.04	3.01	2.97	2.93
3.14	3.07	3.01	2.94	2.90	2.86	2.83	2.79	2.75	2.71
2.98	2.91	2.85	2.77	2.74	2.70	2.66	2.62	2.58	2.54
2.85	2.79	2.72	2.65	2.61	2.57	2.53	2.49	2.45	2.40
2.75	2.69	2.62	2.54	2.51	2.47	2.43	2.38	2.34	2.30
2.67	2.60	2.53	2.46	2.42	2.38	2.34	2.30	2.25	2.21
2.60	2.53	2.46	2.39	2.35	2.31	2.27	2.22	2.18	2.13
2.54	2.48	2.40	2.33	2.29	2.25	2.20	2.16	2.11	2.07
2.49	2.42	2.35	2.28	2.24	2.19	2.15	2.11	2.06	2.01
2.45	2.38	2.31	2.23	2.19	2.15	2.10	2.06	2.01	1.96
2.41	2.34	2.27	2.19	2.15	2.11	2.06	2.02	1.97	1.92
2.38	2.31	2.23	2.16	2.11	2.07	2.03	1.98	1.93	1.88
2.35	2.28	2.20	2.12	2.08	2.04	1.99	1.95	1.90	1.84
2.32	2.25	2.18	2.10	2.05	2.01	1.96	1.92	1.87	1.81
2.30	2.23	2.15	2.07	2.03	1.98	1.94	1.89	1.84	1.78
2.27	2.20	2.13	2.05	2.01	1.96	1.91	1.86	1.81	1.76
2.25	2.18	2.11	2.03	1.98	1.94	1.89	1.84	1.79	1.73
2.24	2.16	2.09	2.01	1.96	1.92	1.87	1.82	1.77	1.71
2.22	2.15	2.07	1.99	1.95	1.90	1.85	1.80	1.75	1.69
2.20	2.13	2.06	1.97	1.93	1.88	1.84	1.79	1.73	1.67
2.19	2.12	2.04	1.96	1.91	1.87	1.82	1.77	1.71	1.65
2.18	2.10	2.03	1.94	1.90	1.85	1.81	1.75	1.70	1.64
2.16	2.09	2.01	1.93	1.89	1.84	1.79	1.74	1.68	1.62
2.08	2.00	1.92	1.84	1.79	1.74	1.69	1.64	1.58	1.51
1.99	1.92	1.84	1.75	1.70	1.65	1.59	1.53	1.47	1.39
1.91	1.83	1.75	1.66	1.61	1.55	1.50	1.43	1.35	1.25
1.83	1.75	1.67	1.57	1.52	1.46	1.39	1.32	1.22	1.00

Source: Weiss, Introductory Statistics, p. 584 – 585. Reprinted by permission of Pearson Education, Inc.